Exilforschung · Ein internationales Jahrbuch · Band 32

Exilforschung
Ein internationales Jahrbuch

Herausgegeben im Auftrag der Gesellschaft für Exilforschung/
Society for Exile Studies von Doerte Bischoff, Claus-Dieter Krohn und
Lutz Winckler

Exilforschung
Ein internationales Jahrbuch

32/2014

Sprache(n) im Exil

Herausgegeben von
Doerte Bischoff, Christoph Gabriel und
Esther Kilchmann

edition text + kritik

Redaktion der Beiträge:
Prof. Dr. Doerte Bischoff
Walter A. Berendsohn Forschungsstelle für deutsche Exilliteratur
Von-Melle-Park 3
20146 Hamburg
buero.exil@uni-hamburg.de

Rezensionen:
Prof. Dr. Claus-Dieter Krohn
cdkrohn@web.de

Verantwortlich außerdem:
Prof. Dr. Lutz Winckler
Lutz.Winckler@gmx.de

Dieser Band erscheint seit 2021 als Print-on-Demand-Titel (POD) und E-Book (PDF) bei De Gruyter.
ISBN POD 9978-3-11-077995-0
e-ISBN (PDF) 978-3-11-078010-9

Bibliografische Information der Deutschen Nationalbibliothek

Die deutsche Nationalbibliothek verzeichnet diese Publikation in der Deutschen Nationalbibliografie; detaillierte bibliografische Daten sind im Internet über http://dnb.de abrufbar.

ISBN 978-3-86916-374-1

Umschlaggestaltung: Thomas Scheer, Stuttgart

Das Werk einschließlich aller seiner Teile ist urheberrechtlich geschützt. Jede Verwertung, die nicht ausdrücklich vom Urheberrechtsgesetz zugelassen ist, bedarf der vorherigen Zustimmung des Verlages. Dies gilt insbesondere für Vervielfältigungen, Bearbeitungen, Übersetzungen, Mikroverfilmungen und die Einspeicherung und Verarbeitung in elektronischen Systemen.

© edition text + kritik im Richard Boorberg Verlag GmbH & Co KG, München 2014
Levelingstraße 6a, 81673 München
www.etk-muenchen.de

Satz: Dörr + Schiller GmbH, Stuttgart
Druck und Verarbeitung: Laupp & Göbel GmbH, Talstraße 14, 72147 Nehren

Inhalt

Doerte Bischoff,
Christoph Gabriel,
Esther Kilchmann   Sprache(n) im Exil. Einleitung   9

I. Sprachkonzepte des Exils

Susanne Utsch   »In einer fremden Sprache gestalten kann man nicht«. Der prägende Einfluss von Muttersprachideologien der 1920er und 1930er Jahre auf die Sprachbewahrungstendenz der Exil-intellektuellen   29

Utz Maas   Sprache bei exilierten Sprachforschern   51

Esther Kilchmann   Von *short sentences, fancy-dresses* und *jeux de mots.* Die Psychoanalyse und der exilbedingte Sprachwechsel   66

Birgit R. Erdle   Adornos Sprachdenken im Exil   83

Daniel Weidner   Doppelstaat, Unstaat, Massenwahn. Wissenschaftssprache und politisches Denken im Exil   100

II. Sprachverlust, Spracherhalt, Sprachwandel: Linguistische Analysen

Monika S. Schmid,
Cornelia Lahmann
und
Rasmus Steinkrauss   Sprachverlust im Kontext von Migration und Asyl   121

Ilse Stangen und　　　Erhalt und Verlust von Sprache(n) im
Tanja Kupisch　　　　Migrationskontext. Vom Nutzen der
　　　　　　　　　　Analyse herkunftssprachlicher Daten
　　　　　　　　　　für die Exilforschung　　　　　　　　132

Christoph Gabriel,　　Judenspanisch in Bulgarien. Eine
Susann Fischer und　Diasporasprache zwischen Archais-
Elena Kireva　　　　 mus und Innovation　　　　　　　　150

Eva Duran Eppler　　 Sprach- und Kulturverlust im Exil　　168

Simona Leonardi　　　Sprachmetaphorik in biografischen
　　　　　　　　　　Interviews mit Israelis deutsch-
　　　　　　　　　　sprachiger Herkunft　　　　　　　　 187

III. Mehrsprachigkeit in der Exilliteratur: Formen, Funktionen, Grenzen

Primus-Heinz Kucher　»a precarious balance between my
　　　　　　　　　　two means of expression«. Sprach-
　　　　　　　　　　reflexion, Kulturtransfer und mehr-
　　　　　　　　　　sprachige Werksignatur im Exil
　　　　　　　　　　am Beispiel von Leo Lania und
　　　　　　　　　　Hilde Spiel　　　　　　　　　　　　211

Mark H. Gelber　　　 Mehrsprachigkeit und Stationen des
　　　　　　　　　　Exils in der Literatur des Überlebens.
　　　　　　　　　　Stefan Zweig, Fanya Gottesfeld
　　　　　　　　　　Heller, Ruth Klüger　　　　　　　　 231

Reinhard Andress　　 Benno Weiser Varons Dreisprachlich-
　　　　　　　　　　keit im Exil. Ein Beispiel für Trans-
　　　　　　　　　　kulturalität　　　　　　　　　　　　243

Lina Barouch　　　　 Heim(at)liche Nacht. Die mehrspra-
　　　　　　　　　　chigen Gedichte Ludwig Strauss' aus
　　　　　　　　　　den Jahren 1936 bis 1937 in Palästina　259

Friederike Heimann　 Sprachexil. Zum Verhältnis von
　　　　　　　　　　Muttersprache und »Vätersprache«
　　　　　　　　　　bei Gertrud Kolmar und Paul Celan　 276

Jenny Willner	Sprache, Sexualität, Nazismus. Georges-Arthur Goldschmidt und die deutsche Sprache	293
Elisabeth Güde	*Linguas i egzilos, diller ve sürgünler.* Über sephardische Mehrsprachigkeiten in der Literatur	310
Rezensionen		327
Kurzbiografien der Autoren und Autorinnen		355

Doerte Bischoff, Christoph Gabriel, Esther Kilchmann

Sprache(n) im Exil
Einleitung

>»Da ist zunächst die bittere Erfahrung, abgespalten zu sein vom lebendigen Strom der Muttersprache.« (Lion Feuchtwanger)
>
>»I had better tell you where I got my English from. Answer, in two words: from Hitler.« (Werner Lansburgh)
>
>»Das Leben zwischen den Sprachen […] ist schwierig und ermüdend. Aber wer es einmal gelebt hat, würde dennoch nicht wieder heimkehren wollen in eine Muttersprache, hinter deren Grenzen kein Land mehr liegt.« (Jean Améry)
>
>»In der Tat sind wir ja von Sprache zu Sprache gewandert und haben in jeder unser Leben verdienen müssen.« (Hilde Domin)
>
>»Wenn man Glück hat, findet man ein zweites Vaterland. Aber findet man auch eine zweite Sprache? Läßt sich die Muttersprache je vergessen? Oder können wir zwei Sprachen haben – zwei Mütter?« (Klaus Mann)
>
>»Aus einem Land kann man auswandern, aus der Muttersprache nicht.« (Schalom Ben-Chorin)[1]

I.

Sprache(n): die Diskussion um ihren Verlust und Erwerb, um die Einzigartigkeit der Muttersprache oder ihre Austauschbarkeit sind unter Exilierten ein durchgängiges und widersprüchlich diskutiertes Thema. Die eingangs zitierten Aperçus umreißen eine Vielfalt an möglichen Positionen. Teilweise werden traditionell wirkmächtige Vorstellungen von sprachlicher Verwurzelung und einer zwingenden Verbindung

---

1 Lion Feuchtwanger: Der Schriftsteller im Exil [1943]. In: Ders.: Ein Buch nur für meine Freunde. Frankfurt a. M. 1984, S. 533–538, hier: S. 535; Werner Lansburgh: »Dear Doosie«. Eine Liebesgeschichte in Briefen – auch eine Möglichkeit, sein Englisch spielend aufzufrischen. In: Ders.: »Dear Doosie«. Wiedersehen mit Doosie. Zwei Romane in einem Band. Frankfurt a. M. 1999, S. 5–261; hier: S. 119; Jean Améry: Das Leben zwischen den Sprachen. In: DIE ZEIT 37, 03.09.1976; Hilde Domin: Leben als Sprachodyssee. In: Dies.: Gesammelte Autobiographische Schriften. Fast ein Lebenslauf. München, Zürich 1992, S. 32–40; hier: S. 34; Klaus Mann: Das Sprach-Problem. In: Ders.: Heute und Morgen. Schriften zur Zeit. Hg. v. Martin Gregor-Dellin. München 1969, S. 287–292; hier: S. 287; Schalom Ben-Chorin: Sprache als Heimat. In: Germania Hebraica. Beiträge zum Verhältnis von Deutschen und Juden. Gerlingen 1982, S. 33–49; hier: S. 33.

von Sprache und Heimat aufgerufen. Formuliert wird aber auch ein Anspruch auf kulturelle Zugehörigkeit jenseits staatlicher Machtansprüche und territorialer Grenzziehungen. Schließlich rückt die Überwindung von Sprachgrenzen als ein möglicherweise auch produktives Moment in den Blick. Gemein ist den verschieden gelagerten Auseinandersetzungen mit Sprache unter den Bedingungen des Exils, dass sich darin eine – und sei es nur durch verstärkte Reflexion – veränderte Einstellung zur Erstsprache sowie Neuverhandlungen der Bedeutung und Funktion fremder Sprachen in Wort und Schrift abzeichnen. Dabei spielen unwillkürliche und unbewusste Prozesse der Hinwendung zur Fremdsprache, z. B. durch Formen der Sprachmischung, die die Publizistin Inge Deutschkron mit *Emigranto* überschrieben und so als einen eigenen exiltypischen Sprachmodus gekennzeichnet hat,[2] ebenso eine Rolle wie bewusste Entscheidungen für einen vollständigen oder situationsabhängigen Sprachwechsel und explizite Reflexionen über Möglichkeiten und Grenzen der Artikulation sowie der (Selbst-)Übersetzung.

Mag es sich zunächst bei der Anforderung, im Alltag eine fremde Sprache sprechen und diese eventuell erst erlernen zu müssen, um eines unter vielen anderen zu bewältigenden Problemen der Emigration gehandelt haben, so dokumentiert sich doch gerade in der Sprachpraxis und -reflexion von Exilierten ein existenzieller Einschnitt und oft auch Verunsicherung bezüglich der eigenen Zugehörigkeit. Obwohl diese Erfahrung strukturell mit den sprachlichen Implikationen jeder Migrationserfahrung vergleichbar ist, macht es doch offensichtlich einen Unterschied, ob jemand durch Reisen und Kommunikation beliebig Kontakt mit dem Herkunftsland halten kann oder nicht, und auch, ob er als Sprecher seiner Muttersprache weiterhin anerkannt und ›intakt‹ bleibt oder grundsätzlich infrage gestellt wird.[3] Gerade deutschsprachige Juden, die weitaus größte Gruppe der während der NS-Zeit Exilierten, sahen sich bereits seit Ende des 19. Jahrhunderts mit der antisemitischen Auffassung konfrontiert, Juden könnten nie ›echte‹ deutsche Muttersprachler werden. Im Kontext der Bücherverbrennung wurde ihnen dann jegliche Teilhabe an der deutschen Sprache, Literatur

---

2 Inge Deutschkron: Emigranto. Vom Überleben in fremden Sprachen. Berlin 2001. S. auch: Eva Duran Eppler: Emigranto. The syntax of German-English code-switching. Wien 2010.

3 Vgl. die Formulierung in Peter Weiss' *Laokoon*-Rede: »Er ist als Sprecher nicht mehr intakt«. Peter Weiss: Laokoon oder Über die Grenzen der Sprache. Rede anläßlich der Entgegennahme des Lessingpreises der Freien und Hansestadt Hamburg am 23. April 1965. In: Ders.: Rapporte. Frankfurt 1968, S. 170–187; hier: S. 175.

und Kultur abgesprochen.⁴ In den von der Deutschen Studentenschaft verbreiteten »Zwölf Thesen über den undeutschen Geist« etwa war u. a. behauptet worden, dass, weil Sprache und Schrifttum »im Volke« wurzelten, Juden grundsätzlich nicht befähigt und legitimiert seien, deutsch zu schreiben.⁵ Was Victor Klemperer in seinem zuerst 1947 publizierten Buch über die Sprache des »Dritten Reiches« *LTI* (d. i. lingua tertii imperii) gezeigt hat, dass nämlich die deutsche Sprache als »Sprache des Nazismus« zum »Nährboden« der »nazistischen Gesinnung« und damit selbst zu einem Instrument gewaltsamer Ausgrenzung wurde,⁶ wird in zahlreichen Dokumenten des Exils bereits auf unterschiedliche Weise artikuliert. Neben der Aufforderung, die deutsche Sprache, die nicht zuletzt eine gemeinschaftsstiftende Funktion haben sollte, vor dem barbarisierenden Zugriff der Nazis zu bewahren,⁷ gibt es aber auch (etwa bei Klaus Mann, Hannah Arendt oder Siegfried Kracauer) die Reaktion einer Abwendung von der deutschen Sprache, verbunden mit einer ausdrücklichen Hinwendung zur Sprache des asylgewährenden Landes. Für viele jüdische Emigranten war die Erfahrung, aus der deutschen Sprachgemeinschaft regelrecht ausgestoßen zu werden, auch Anlass, sich, nicht nur in Palästina/Israel, verstärkt mit traditionell jüdischen Sprachen wie Hebräisch und Jiddisch zu beschäftigen. Dies konnte sowohl mit einer z. T. programmatischen Affirmation jüdischer Traditionen von Mehrsprachigkeit wie auch mit deren Problematisierung als Signatur einer offensichtlich gescheiterten Kultur jüdischer Diaspora und Assimilation einhergehen.⁸

In jedem Fall muss der Eindruck, den die Behandlung des Sprachaspekts in der früheren Exilforschung erweckt hat, nämlich dass besonders die Erfahrung der Sprachberaubung und des Verstummens für das

---

4 S. hierzu Sander Gilman: Jüdischer Selbsthaß. Antisemitismus und die verborgene Sprache der Juden. Frankfurt a. M. 1993, S. 108–120.
5 »Der Jude kann nur jüdisch denken. Schreibt er deutsch, dann lügt er. [...] Wir fordern deshalb von der Zensur: Jüdische Werke erscheinen in hebräischer Sprache. Erscheinen sie in deutsch, sind sie als Übersetzung zu kennzeichnen. [...] Deutsche Schrift steht nur Deutschen zur Verfügung.« Zit. nach Joseph Wulf: Literatur und Dichtung im Dritten Reich. Reinbek bei Hamburg 1966, S. 44–45 (Auszüge aus der 5. und 7. These).
6 Victor Klemperer: LTI – Notizbuch eines Philologen [1947]. Stuttgart 2007 (22. Aufl.), S. 8. Dort heißt es auch: »Wie viele Begriffe und Gefühle hat sie geschändet und vergiftet!«
7 Vgl. etwa den Appell von Ludwig Marcuse: »Ich glaube, daß man bereits eine wichtige Sendung erfüllt, wenn die deutsche Sprache über diese Zeit ihrer fürchterlichsten Schändung hinübergerettet wird.« Ludwig Marcuse: Die Anklage auf der Flucht. In: Das Neue Tage-Buch 6, 08.02.1936, S. 132.
8 Vgl. zu diesem Komplex Andreas Wittbrodt: Mehrsprachige jüdische Exilliteratur. Autoren des deutschen Sprachraums. Problemaufriß und Auswahlbibliographie. Aachen 2001; sowie die Beiträge von Mark Gelber, Lina Barouch und Simona Leonardi in diesem Band.

Exil prägend gewesen sei,[9] revidiert werden. Die ohne Frage besonders eindrücklichen Gedichte »aus der Sprachverbannung«[10], die sprechenden Bilder von der »Geige aus Stein« oder dem »Klavier ohne Saiten«[11], um die »aus dem großen Strom ihrer bisherigen Welt herausgerissen[e]«[12] deutsche Sprache, die sich schöpferischer Gestaltung verweigere, zu beschreiben, artikulieren nur eine von vielen Perspektiven. Wie die Beiträge dieses Bandes zeigen, ist der Exilforschung wenig damit gedient, diese beim Wort zu nehmen und immer wieder erneut als repräsentative Aussagen über Sprache im Exil anzuführen. Vielmehr geht es darum, sie in das breitere diskursive Feld der Zeit einzubetten. Das heißt zum einen, dass solchen Bildern zugrunde liegende Sprachauffassungen und Wissensordnungen sowohl in ihrer historisch diskursiven als auch in ihrer ideologischen Funktion erkundet werden müssen. Es heißt darüber hinaus, dass auch andere, sich z.T. geradezu widersprechende Phänomene und Äußerungen in ihrer Bedeutung ebenfalls wahrgenommen und verzeichnet werden, womit nicht nur die den Bereich literarischer Produktivität betreffenden Befunde ausdifferenziert erscheinen, sondern insgesamt ein deutlich breiteres Spektrum an Sprachdokumenten in den Blick genommen werden kann. Das Anliegen dieses Bandes, dem eine vorbereitende Tagung mit dem gleichen Titel vorausging,[13] besteht vor allem darin, die genannten Topoi von der Sprachberaubung oder Sprachbewahrung im Exil mit breiter angelegten linguistischen Analysen zum Sprachverhalten von Migranten und Exilanten sowie mit Forschungen zu konfrontieren, die die rhetorische Etablierung von Nationalsprachen diskursgeschichtlich nachzeichnen. Gerade in der Zusammenschau und Kooperation von linguistischen sowie literatur- und kulturwissenschaftlichen Perspektiven auf den Komplex Sprache(n) im Exil liegt jedoch, wie im Folgenden deutlich wird, die Chance, die historische und rhetorische Verfasstheit

---

9 Eine zusammenfassende Darstellung der klassischen Topoi findet sich etwa bei Alexander Stephan: Die deutsche Exilliteratur 1933–1945. Eine Einführung. München 1979, S. 147–155.
10 Vgl. Carl Zuckmayer: Kleine Sprüche aus der Sprachverbannung. In: Ders.: Gesammelte Werke. Bd. 1: Gedichte. Erzählungen. Berlin, Frankfurt a.M. 1960, S. 123–124. Zum Aspekt des Sprachverlusts s. auch Manfred Durzak: Laokoons Söhne. Zur Sprachproblematik im Exil. In: akzente 21 (1974), S. 53–63; Birgit Erdle: Das Verstummen sprechen. Sprache und Sprachlosigkeit in Texten exilierter und deportierter Schriftstellerinnen. In: Zwischen Aufbruch und Verfolgung. Hg. v. Denny Hirschbach und Sonja Noweselsky. Bremen 1993, S. 116–131.
11 Leonhard Frank: Links wo das Herz ist. München 1952, S. 191.
12 Feuchtwanger: Der Schriftsteller im Exil (s. Anm. 1), S. 535.
13 Workshop »Sprache(n) im Exil«, 19./20.02.2014 in Hamburg. Zum Programm: http://www1.slm.uni-hamburg.de/de/forschen/arbstzentren/exilforschung/docs/flyer_sprachen_im_exil.pdf [abgerufen: 09.06.2014].

von Sprachkonzepten herauszustellen und außerdem Bedingungen ihrer Infragestellung und Dynamisierung auszuloten. Empirische Untersuchungen können nicht nur dazu beitragen, Abläufe und Bedingungen des Zweitspracherwerbs auch in Exilkontexten differenzierter zu beschreiben und mit den topischen Beschreibungen von Sprach-Exil abzugleichen. Sie öffnen auch den Blick für Phänomene des Sprachverlusts (*language attrition*) und der sprachlichen Verunsicherung jenseits der häufig doch noch recht wortreich artikulierten poetischen Beschreibungen.[14] Der tatsächliche Sprachverlust, das schmerzhafte Gefühl, jede Möglichkeit der adäquaten (Selbst-)Äußerung verloren zu haben, liegt gerade auch jenseits der überlieferten Worte der Schriftsteller.

So haben Untersuchungen zur gesprochenen Sprache deutscher Exilanten, die seit ihrer Vertreibung aus Hitler-Deutschland im englischsprachigen Kontext leben, gezeigt, dass Spracherhalt bzw. Sprachverlust in hohem Maße von der jeweils betrachteten sprachlichen Ebene abhängen: Zentrale syntaktische Regeln des Deutschen wie z. B. die Platzierung des konjugierten Verbs an der zweiten Position im Hauptsatz[15] beherrschen Exilsprecher auch dann fast fehlerfrei, wenn sie ihre Muttersprache jahrzehntelang nicht oder nur kaum verwendet haben.[16] Anfälliger für Sprachverlust, also ›fehleranfälliger‹ im normativen Sinn sind hingegen neben Flexionsmorphologie (u.a. bei unregelmäßigen Verbformen oder der Angleichung von Adjektiven und Artikelwörtern in der Nominalphrase), Wortschatz[17] und Aussprache (etwa in der Wahrnehmung fremdsprachigen Akzents)[18] vor allem sogenannte

---

14 Gerade als Lamentationen offenbaren Dichtungen des Exils ihren topischen, auf andere Exiltexte verweisenden Charakter. Bereits Ovid, dessen Exilschicksal auch von Exilanten des 20. Jahrhunderts immer wieder in Erinnerung gerufen wird, fasst sein Leid in eindrucksvolle Verse, die bis heute zur Weltliteratur zählen. Ilija Trojanow erklärt dazu: »Es ist bemerkenswert, wie wortreich virtuos Ovid sein Verstummen besingt. [...] Der Topos hat sich bis zum heutigen Tag frisch gehalten. Er nährt sich von den althergebrachten Vorstellungen von heiliger Heimat und seliger Muttersprache.« Ilija Trojanow: Exil als Heimat. In: Intellektuelle im Exil. Hg. v. Peter Burschel, Alexander Gallus und Markus Völkel. Göttingen 2011, S. 9–18; hier: S. 10.
15 Diese sog. V2-Eigenschaft des Deutschen zeigt sich darin, dass Sätze mit unterschiedlicher Wortstellung wie *Sie liest täglich Zeitung*, *Täglich liest sie Zeitung* oder *Zeitung liest sie täglich* allesamt grammatisch korrekt, jedoch in verschiedenen Kontexten in unterschiedlichem Maße angemessen sind. Grundsätzlich ausgeschlossen sind jedoch Konstruktionen, die gegen diese Eigenschaft verstoßen (z. B. **Täglich sie liest die Zeitung*).
16 Monika S. Schmid: First language attrition, use and maintenance. The case of German Jews in Anglophone countries. Amsterdam 2002, S. 158 und 191.
17 Monika S. Schmid: Language attrition. Cambridge 2011, S. 38–46.
18 Vgl. Holger Hopp und Monika S. Schmid: Perceived foreign accent in first language attrition and second language acquisition. The impact of age of acquisition and bilin-

Schnittstellenbereiche, in denen grammatisches u. a. mit pragmatisch-diskursivem Wissen interagiert: So produzieren Exilsprecher i. d. R. grammatisch korrekte Sätze, doch fällt es ihnen als im Sinne Feuchtwangers »vom lebendigen Strom der Muttersprache« Abgespaltenen zunehmend schwerer, die potenziell möglichen Stellungsvarianten den entsprechenden pragmatischen Kontexten zuzuordnen. Es kann also zu Verunsicherungen im Umgang mit sprachlicher Variation in der Muttersprache kommen – ein Aspekt, der diejenigen, die professionell mit den Nuancen und Varianten der Sprache umgehen, also nicht zuletzt Schriftsteller, unmittelbar betrifft. Schalom Ben-Chorins Diktum von der Unmöglichkeit, aus »der Muttersprache auszuwandern« scheint insofern bestätigt, als eine in den ersten Lebensjahren erworbene Sprache letztlich gar nicht in Gänze verloren werden *kann* – selbst wenn sie von den Sprechern kaum noch verwendet oder gar abgelehnt wird. Auch in anderer Hinsicht kommt der Muttersprache eine besondere Rolle zu, und zwar insofern als weitere Sprachen, zumindest wenn sie nach dem zehnten Lebensjahr erlernt werden,[19] nur in den seltensten Fällen so souverän von den Sprechern verwendet werden, dass dies von muttersprachlichem Gebrauch nicht zu unterscheiden ist. Andererseits können durchaus auch Nicht-Muttersprachler in einzelnen Bereichen, z. B. in der Aussprache, eine zielsprachliche Kompetenz erreichen, die der muttersprachlichen Lautung sehr nahe kommt.[20] Die von Klaus Mann formulierte Frage, ob man mit dem zweiten Vaterland auch eine zweite Sprache finden könne, lässt sich aus Sicht der neueren empirischen Forschung also nur damit beantworten, dass dies durchaus möglich ist, jedoch stark von individuellen Faktoren wie z. B. den Einstellungen der Sprecher zu ihrer Muttersprache und zur Zweitsprache[21] und nicht zuletzt auch von ihrer persönlichen Sprachlernfähigkeit (engl. *language learning aptitude*)[22] abhängt. Das Annehmen einer

---

gualism. In: Applied Psycholinguistics 34 (2013), S. 361–394; Esther de Leeuw: When your native language sounds foreign. A phonetic investigation into first language attrition. Dissertation (unveröffentlicht). Edinburgh 2008; Ester de Leeuw, Monika S. Schmid und Ineke Mennen: The effects of contact on native language pronunciation in a migrant context. In: Bilingualism. Language and Cognition 13 (2010), S. 33–40.

19 Zum frühen Zweitspracherwerb, der bis ungefähr zum zehnten Lebensjahr zu quasi-muttersprachlicher Kompetenz führen kann, vgl. u. a. Jürgen M. Meisel: Second language acquisition in early childhood. In: Zeitschrift für Sprachwissenschaft 28 (2009), S. 5–34.

20 S. Hopp und Schmid: Perceived foreign accent (s. Anm. 18).

21 Zu den außersprachlichen Faktoren beim Sprachverlust und beim L2-Erwerb s. Schmid: Language attrition (s. Anm. 17), S. 69–105.

22 S. z. B. Wendy Baker Smemoe und Naomi Haslam: The effect of language learning aptitude, strategy use and learning context on L2 pronunciation learning. In: Applied Linguistics 34 (2013), S. 435–456.

zweiten Sprache muss jedoch nicht unbedingt an den Erwerb quasimuttersprachlicher Kompetenzen auf allen Ebenen gebunden sein, d. h. die ›gefundene‹ Sprache kann auch nach erfolgreich vollzogenem Sprachwechsel durch Merkmale der Erstsprache gekennzeichnet sein. So galt etwa ein deutscher bzw. österreichischer Akzent im Englischen lange Zeit nachgerade als Gütesiegel für Psychoanalytiker.[23] Auch können Migranten beim Erlernen der Sprache des Ziellandes Besonderheiten der eingewanderten Sprache in diese einbringen, die sich so verfestigen, dass sie als identitätsbildendes Merkmal auch von Sprechern ohne Migrationshintergrund im intergenerationellen Transfer weitergegeben werden: Beispielhaft hierfür ist das in Argentinien gesprochene Spanisch, das auf allen sprachlichen Ebenen durch den migrationsbedingten Kontakt mit der Sprache der größten Einwanderergruppe, dem Italienischen, beeinflusst ist.[24]

II.

Emigration ist, so hat es Inge Deutschkron formuliert, nahezu immer ein »Überleben in fremden Sprachen«[25], insofern die Sicherung der Existenz nicht zuletzt auch an eine wie auch immer geartete Überwindung des Verständigungsproblems im Exilland geknüpft ist. Eine allzu ausschließliche Fokussierung der Einsprachigkeit im Exil (als Sprachbewahrung oder Sprachverlust) blendet all jene Formen des individuellen, aber auch kulturellen Überlebens aus, die an Übersetzung, Fremdspracherwerb und Sprachwechsel geknüpft sind. Dies gilt vielfach gerade auch für das literarische Schaffen, das über die Notwendigkeiten alltäglicher Kommunikation hinausgeht und häufig der Übersetzung regelrecht ausgesetzt war. Einflussreiche Exilromane wie Anna Seghers' *Transit* oder Arnold Zweigs *Das Beil von Wandsbek* erschienen zuerst in Übersetzung (Spanisch und Englisch bei Seghers; Hebräisch bei Zweig) und erst deutlich später in einer deutschsprachigen

---

23 S. den Beitrag von Esther Kilchmann in diesem Band.
24 S. hierzu María Beatriz Fontanella de Weinberg: El español bonaerense. Cuatro siglos de evolución lingüística. Buenos Aires 1987. Zur italienisch beeinflussten Prosodie vgl. Andrea Pešková, Ingo Feldhausen, Elena Kireva und Christoph Gabriel: Diachronic prosody of a contact variety. Analyzing *Porteño* Spanish spontaneous speech. In: Multilingual individuals and multilingual societies. Hg. v. Kurt Braunmüller und Christoph Gabriel. Amsterdam 2012, S. 365–389; Christoph Gabriel und Elena Kireva: Prosodic transfer in learner and contact varieties. Speech rhythm and intonation of Buenos Aires Spanish and L2 Castilian Spanish produced by Italian native speakers. In: Studies in second language acquisition 36 (2014), S. 257–281.
25 S. den Untertitel ihres Buches (s. Anm. 2).

Fassung, die nicht mehr ›original‹ genannt werden kann. Klaus Mann und Georges-Arthur Goldschmidt verfassten ihre (Exil-)Autobiografien zunächst in der Zweitsprache (auf Englisch bzw. Französisch), um sie dann später selbst mit vielen Änderungen zu übersetzen bzw. auf Deutsch neu zu schreiben. Konrad Merz, dessen literarisches Debüt *Ein Mensch fällt aus Deutschland* unmittelbar aus der Exilerfahrung heraus entstanden ist, experimentiert wie etwa auch Hans Keilson mit niederländischen Einsprengseln, wodurch Prozesse des Selbst- und Sprachverlusts, aber auch der Übersetzung und der Neuerfindung des Schreibens im Exil erkundet werden. Werner Lansburgh wird erst Ende der 1970er Jahre mit seinen ständig zwischen Deutsch und Englisch hin- und herwechselnden Briefromanen bekannt, die trotz ihres unterhaltsamen Charakters keinen Zweifel an der Herkunft des sie konstituierenden Übersetzungsverfahrens lassen: »I had better tell you where I got my English from«, schreibt der Protagonist an seine imaginäre Leserin, »Answer, in two words: from Hitler.«[26]

Tatsächlich gibt es durchaus zahlreiche literarische Beispiele, die mit Sprachmischungen und Formen der Übersetzung experimentieren, wie eine Reihe der hier versammelten Beiträge belegt.[27] Die Aufmerksamkeit auf sie zu richten, trägt dazu bei, den etablierten Kanon der Exilliteratur zu erweitern und zudem die Kategorisierung von (Exil-)Literatur im Horizont von Nationalliteraturkonzepten kritisch zu befragen.[28] So kann auch die beachtliche Zahl jener Autoren und Autorinnen stärker Beachtung finden, die zeitweise oder für immer die Sprache wechselten, wodurch sie aus dem Zuständigkeitsbereich einer

---

26 Lansburgh: »Dear Doosie« (s. Anm. 1), S. 119. Im selben Kapitel wird beschrieben, wie der in Schweden lebende Exilant als Englisch-Übersetzer arbeitet (für die Deutsch-Übersetzungen gibt es bereits genügend Nazis) und zwar ausgerechnet für das schwedische »tourist magazine called COME TO SWEDEN!« (ebd., S. 120). So wird der Exilant nicht nur ironisch als Übersetzer und Vermittler einer (fremden) Kultur inszeniert; indem eine dritte Sprache ins Spiel gebracht wird, unterläuft die Konstellation auch die Dichotomie von Muttersprache und Fremdsprache.
27 Zu Lansburgh und weiteren Beispielen (etwa Gedichten Mascha Kalékos) s. auch den Newsletter der Hamburger Berendsohn-Forschungsstelle zum Thema »Sprachwechsel und Mehrsprachigkeit in der Exilliteratur«: Exilograph 18 (Sommer 2012); zu Kaléko außerdem Sophie Bornscheuer: Heimat als Lücke. Referenzloses Heimweh in Mascha Kalékos *Emigranten-Monolog*. In: Exil Lektüren. Studien zu Literatur und Theorie. Hg. v. Doerte Bischoff. Berlin 2014, S. 26–31.
28 S. dazu bereits Dieter Lamping: »Linguistische Metamorphosen«. Aspekte des Sprachwechsels in der Exilliteratur. In: Germanistik und Komparatistik. DFG-Symposion 1993. Hg. v. Hendrik Birus: Stuttgart, Weimar 1995, S. 528–540; Bernhard Spies: Exilliteratur – ein abgeschlossenes Kapitel? Überlegungen zu Stand und Perspektiven der literaturwissenschaftlichen Exilforschung. In: Exilforschung 19 (1996): Rückblick und Perspektiven, S. 11–30.

traditionell auf deutschsprachige Zeugnisse gerichteten Exilforschung herausfielen.[29]

Im Exil greifen also bestimmte Konzepte, die die westliche Sprachordnung seit der frühen Neuzeit wesentlich charakterisieren, nicht mehr: die Idee einer »Verwurzelung«, einer unwiderruflichen kulturellen Zugehörigkeit qua Zugehörigkeit zu einer Mutter- und Nationalsprache, die unhintergehbare Determinierung des Sprechens und Schreibens durch diese Muttersprache.[30] Diese Krise lässt Konzepte eines kulturellen Monolingualismus und einer auf der unmittelbaren Verbindung von Sprache und Territorium beruhenden Nationalsprache fragwürdig werden. Dies wird nicht nur an bestimmten Formen von Mehrsprachigkeit wie *code-switching* evident. Sie ist selbst im Aufruf zur Sprachbewahrung und im Topos ›Sprache als Heimat‹ ablesbar. So drückt ja auch der Appell von Exilautoren, durch den Gebrauch der in Deutschland und Österreich selbst durch die NS-Herrschaft deformierten Sprache die deutsche Kultur auf fremden Boden zu bewahren, letztlich die Vorstellung einer grundsätzlich möglichen Deterritorialisierung von Sprache aus, die der für den Nationaldiskurs typischen Verschränkung von Volk, Sprache und Territorium zuwiderläuft (möglicherweise ohne dass die Initiatoren dieses Appells das selbst so wahrgenommen hätten). Die Affirmation der Unverlierbarkeit der Muttersprache angesichts einer Abwendung von der deutschen Nation deutet also vielfach schon eine Neukonzeptualisierung von Sprache und Identität an. Wenn etwa Schalom Ben-Chorin, der in Israel ein neues (Vater-)Land gefunden und seinen eigenen Namen hebraisiert hat, die deutsche Sprache für sich nach wie vor als Heimat reklamiert, treten mehrfache Zugehörigkeiten in den Vordergrund, die sich solchen ethnonationalen Einheits- und Verwurzelungsphantasmen widersetzen.[31] Herta Müller, die als rumäniendeutsche Autorin 1987 aus der

---

29 Vgl. Primus-Heinz Kucher: Sprachthematik im Exil. Sprachkrise, Sprachreflexion und Sprachwechsel. Positionierungen und Texte. In: Handbuch zur Österreichischen Exilliteratur. Hg. v. Ulrike Oedl und Evelyn Adunka. Wien (in Vorbereitung). S. auch Eugen Banauch: Fluid exile. Jewish exil writers in Canada 1940–2006. Heidelberg 2009.

30 Zur Historizität des Mutter- und Nationalsprachenkonzepts vgl. Thomas Paul Bonfiglio: Mother tongues and nations. The invention of the native speaker. New York 2010; Claus Ahlzweig: Muttersprache – Vaterland. Die deutsche Nation und ihre Sprache. Opladen 1994. Zur Virulenz und Transformation kultureller Wurzelmetaphorik in Exiltexten vgl. Doerte Bischoff: »Sprachwurzellos«. Reflexions on exile and rootedness. In: On the intersection between philosophy of language and political theory: German-Jewish thought between 18th and 20th centuries. Hg. v. Sabine Sander und Ilit Ferber. Berlin (erscheint) 2015.

31 Gerade in Bezug auf deutsche Sprecher und deutschsprachige Literatur in Israel gibt es derzeit eine rege Forschung, die jenseits nationaler Vereindeutigung vielfältige

Ceaușescu-Diktatur nach Deutschland emigrierte, hat sich mit dem auch von Ben-Chorin formulierten Satz »Sprache ist Heimat« in ihrem Essay »In jeder Sprache sitzen andere Augen« ausführlich auseinandergesetzt und dabei ausdrücklich darauf verwiesen, dass diese affirmative Verknüpfung von Sprache und Heimat von Exilanten geprägt sei.[32] Damit kann sie nicht rechtmäßig für territoriale Ansprüche reklamiert werden. Als aus dem Exil heraus formulierte Aussage ist »Sprache ist Heimat« vielmehr besonders dazu geeignet, die ausgrenzende Logik national(sprachlich)er Besitzansprüche zu bezeugen und in Erinnerung zu halten. An das historische Exil deutschsprachiger Literatur erinnert bis heute auch der 1934 in England gegründete Exil-P.E.N. als »Zentrum deutschsprachiger Autoren im Ausland«, der trotz mehrerer Bestrebungen, ihn zu schließen, auf Betreiben seiner Mitglieder weiterhin aktiv ist und neue Mitglieder aufnimmt.[33] Dies ist offensichtlich ein weiteres Indiz für die sich im Gefolge des historischen Exils 1933–1945 allmählich auflösenden starren Zuordnungen von Literaturen zu Nationalstaaten und deren Territorien. Dass ein irakischer, in Deutschland im Exil lebender und inzwischen deutsch schreibender Autor wie Abbas Khider auch Mitglied dieses Verbundes »deutschsprachiger Autoren im Ausland« ist, kann als besonders aussagekräftiges Symptom einer solchen Dynamisierung von Zugehörigkeits- und Gemeinschaftsentwürfen gelten.

---

sprachliche Zwischen-, Übergangs- und Mischphänomene entdeckt, die die Frage nach dem Verlust oder Erwerb der einen, einzig identitätsstiftenden und schöpferischen Sprache mit einem komplexen Feld von Zwischentönen konfrontiert. S. Lina Barouch: Between German and Hebrew. Language and crisis in the writings of Gershom Scholem, Werner Kraft and Ludwig Strauss. In: Auf den Spuren der Schrift. Israelische Perspektiven einer internationalen Germanistik. Hg. v. Christian Kohlross und Hanni Mittelmann. Berlin 2011, S. 135–143; sowie das umfangreiche Korpus biografischer Interviews, die Anne Betten mit deutschsprachigen Exilanten in Israel geführt hat, s. Anne Betten (Hg.), unter Mitarbeit von Sigrid Graßl: Sprachbewahrung nach der Emigration. Das Deutsch der 20er Jahre in Israel. Teil I. Transkripte und Tondokumente. Tübingen 1995; Anne Betten und Miryam Du-nour (Hg.), unter Mitarbeit von Monika Dannerer: Sprachbewahrung nach der Emigration. Das Deutsch der 20er Jahre in Israel. Teil II. Analysen und Dokumente. Tübingen 2000.
32 Herta Müller: In jeder Sprache sitzen andere Augen. In: Dies.: Der König verneigt sich und tötet. München, Wien 2003, S. 7–39; hier: S. 28 f.
33 S. die Informationen auf der Website des Zentrums: Hoppla, wir leben!, unter: http://www.exilpen.net/start/ueber.html [abgerufen: 10.6.2014].

III.

Stellt die Emigrationsituation den Sprach(en)gebrauch unter neue Vorzeichen, so verändern sich mit der Sprachpraxis zwangsläufig auch kulturell geprägte Vorstellungen von Sprache(n). Dokumente von Sprache(n) im Exil stellen deshalb auch ihre Erforschung vor die Herausforderung, dass sie mit den Ordnungskategorien von Muttersprachprimat, Sprachreinheit, Nationalsprache und -literatur nicht adäquat erfasst werden können.

In der sprachwissenschaftlichen Forschung ist kontaktbedingter Wandel traditionell ein zentrales Forschungsfeld, lassen sich doch zahlreiche Sprachveränderungsprozesse, etwa der Wandel vom (Vulgär-) Latein zu den romanischen Sprachen, kaum angemessen erfassen, ohne die jeweiligen historischen Kontaktszenarien mit einzubeziehen. Migrationsbedingte Mehrsprachigkeit sowie die daraus resultierenden Kontakt- und Sprachlernszenarien, wie sie heutzutage weltweit und insbesondere in großstädtischen Räumen gesellschaftliche Realität sind, gerieten jedoch erst gegen Ende des 20. Jahrhunderts in den Blick der empirisch arbeitenden Linguistik. Insbesondere die Beschäftigung mit sogenannten Herkunftssprachen (engl. *heritage languages*), die von Einwanderern der Folgegenerationen neben der dominanten Umgebungssprache in den jeweiligen *communities* verwendet werden, und die damit verbundene Frage, ob die dort zu verzeichnenden beschränkten Ausdrucksmittel Resultat von Sprachverlust (*language attrition*) oder unvollständigem Erwerb ist, stellt ein noch junges Forschungsfeld dar.[34] Dediziert zur Sprachentwicklung von Exilanten liegen nur wenige empirische Studien vor, was nicht zuletzt methodischen Problemen geschuldet ist: So liegen beispielsweise Sprachaufnahmen (biografische Interviews) von aus Hitler-Deutschland geflohenen und im anderssprachigen Kontext akkulturierten Deutsch-Muttersprachlern vor, die in Bezug auf Anzeichen von Sprachverlust ausgewertet wurden.[35] In Ermangelung sprechsprachlichen Materials derselben Exilanten aus der Zeit vor und unmittelbar nach der Vertreibung aus Deutschland lässt sich jedoch nur der Endpunkt einer kontaktbedingten Sprachentwicklung, kaum jedoch die Entwicklung als solche beschreiben. Inwieweit sich die empirischen Befunde der Herkunfts-

---

34 Am umfassendsten untersucht ist hier das Spanische als Herkunftssprache in den USA, s. hierzu Sara M. Beaudrie und Marta Fairclough (Hg.): Spanish as a heritage language in the United States. The state of the field. Washington/DC 2012.
35 S. hierzu Schmid: First language attrition, use and maintenance (s. Anm. 16); sowie den Beitrag von Monika S. Schmid, Cornelia Lahmann und Rasmus Steinkrauss in diesem Band.

sprachenforschung auf die Sprachentwicklung von Exilanten übertragen lassen, wird aktuell diskutiert.[36]

Die Literaturwissenschaft und insbesondere die historisch stark nationalphilologisch ausgerichtete Germanistik hat sich lange so gut wie gar nicht für Fragen der Mehrsprachigkeit und des Sprachwechsels interessiert. Hier galt das Schreiben in der Muttersprache als unhinterfragte Norm – obschon es zu allen Zeiten auch andere Beispiele gegeben hat.[37] Wechselte ein Autor seine Sprache, so wurde er in der überwiegenden Mehrzahl der Fälle nicht länger als Gegenstand deutscher Literaturwissenschaft betrachtet, wohingegen Praktiken literarischer Sprachmischung, wenn sie nicht in explizit avantgardistischen Verfahren begründet waren, als Zeichen minderwertiger Literatur galten. Erst in jüngster Zeit lässt sich, ausgehend von gegenwärtigem Literaturschaffen im Kontext der sogenannten Migrationsliteratur, ein gesteigertes Interesse auch der germanistischen Literaturwissenschaft an Fragen der Mehrsprachigkeit beobachten.[38]

Obwohl es, wie Dieter Lamping betont hat, seit der Antike gerade die im Exil entstandene Literatur ist, in der Fragen des Sprachwechsels und der Sprachbewahrung auf besondere Weise thematisch werden, und zahlreiche Autoren eine starke Verbindung von Zweisprachigkeit und Exilerfahrung erfahren haben,[39] sind Fragen des Sprachgebrauchs in der Erforschung des Exils aus NS-Deutschland bisher eher am Rande thematisiert worden. Dabei wurde eine eingehendere Untersuchung schon lange etwa von Bernhard Spies oder Wulf Köpke als Desiderat formuliert, auch wenn dies vor allem auf die Erhellung der schriftstellerischen Strategien zur Bewahrung des Deutschen gerichtet war.[40]

Dieses Manko erklärt sich zunächst mit der Einordnung der Exilliteratur als Epoche der deutschen Literaturgeschichte, womit gleichzeitig die nationalphilologische wie auch die zeitliche Begrenzung ihrer Untersuchung umrissen ist.[41] Zeigt sich bei ersterer eine strukturelle

---

36 S. hierzu Ilse Stangen und Tanja Kupisch in diesem Band.
37 S. hierzu Leonard Forster: The poet's tongues. Multilingualism in literature. London 1968.
38 Für einen Forschungsüberblick vgl. Esther Kilchmann: Mehrsprachigkeit und deutsche Literatur. Zur Einführung. In: Zeitschrift für Interkulturelle Germanistik 3 (2012), S. 11–19.
39 Lamping: »Linguistische Metamorphosen« (s. Anm. 28); s. auch Spies: Exilliteratur (s. Anm. 28).
40 Vgl. Spies: Exilliteratur (s. Anm. 28) sowie Wulf Köpke: Die Wirkung des Exils auf Sprache und Stil. Ein Vorschlag zur Forschung. In: Exilforschung (3) 1985: Gedanken an Deutschland und andere Themen, S. 225–237.
41 Vgl. hierzu Doerte Bischoff und Susanne Komfort-Hein: Vom »anderen Deutschland« zur Transnationalität. Diskurse des Nationalen in Exilliteratur und Exilfor-

Betriebsblindheit für Fragen der Mehrsprachigkeit, scheint auch die zeitliche Begrenzung der Emigration auf die Jahre von 1933–1945 für die Untersuchung von Sprache(n) im Exil eher hinderlich zu sein, insofern Sprachveränderungsprozesse sich über viele Jahre, z. T. über Generationengrenzen hinweg erstrecken können und in der Literatur und Selbstäußerungen oft Jahrzehnte nach Kriegsende von Autoren thematisiert wurden, für die es keine Rückkehr aus dem Exil gegeben hat.[42] Tatsächlich entstehen Ende der 1960er und Anfang der 1970er Jahre eine Reihe von retrospektiven Reflexionen über das Verhältnis von Sprache und Exil, die lebensgeschichtlich jeweils den zeitlichen Abstand vom Geschehen zur Voraussetzung haben. Zudem entstehen sie aber offensichtlich in Kontexten, in denen es möglich wird, das Verhältnis von Sprache, Nation und Territorialität neu zu denken. Berühmte Beispiele sind hier vor allem Jean Amérys Essay »Wieviel Heimat braucht der Mensch?« (1966), Peter Weiss' Lessing-Preis-Rede »Laokoon oder Über die Grenzen der Sprache« (1968), aber auch etwa der Essay von Hilde Spiel »Das vertauschte Werkzeug. Schriftsteller in zwei Sprachen« (1973) oder die Rede »Leben als Sprachodyssee«, die Hilde Domin bei ihrer Aufnahme in die Deutsche Akademie für Sprache und Dichtung 1979 hielt.[43]

Die Auseinandersetzung mit sprachlichem Wandel im Spannungsfeld zwischen Erstsprache und Kontaktsprache(n), aber auch in der transgenerationellen Weitergabe, ist dabei nicht länger als ein historisch begrenztes Übergangsphänomen zu behandeln, sondern als Sprach- und Schreibform eigenen Rechts jenseits eindeutiger territorialer und nationaler Verortungen. In diesem Sinne argumentieren auch einige größere Studien der letzten Jahre. Sie widerlegen die Annahme, dass es unter den deutschsprachigen Schriftstellern kaum Beispiele für einen erfolgreichen Wechsel der Schreibsprache gegeben habe, und verweisen in diesem Zusammenhang zugleich auf den Aspekt einer literarisch produktiv genutzten Zweisprachigkeit.[44] Außerdem liegt eine Reihe exemplari-

---

schung. In: Exilforschung 30 (2012): Exilforschungen im historischen Prozess, S. 242–273.
42 Wulf Köpke: Gibt es eine Rückkehr aus dem Exil? In: Deutschsprachige Exilliteratur seit 1933. Bd. 3: USA. Hg. v. John M. Spalek, Konrad Feilchenfeldt und Sandra H. Hawrylchak. Bern 2002, S. 334–363.
43 Jean Améry: Wieviel Heimat braucht der Mensch? In: Ders.: Jenseits von Schuld und Sühne. Bewältigungsversuche eines Überwältigten. Stuttgart 2000 (4. Aufl.), S. 74–101; Weiss: Laokoon oder Über die Grenzen der Sprache (s. Anm. 3); Hilde Spiel: Das vertauschte Werkzeug. Schriftsteller in zwei Sprachen. In: Literatur und Kritik 79 (1973), S. 549–552; Domin: Leben als Sprachodyssee (s. Anm. 1).
44 Robert Leucht: Experiment und Erinnerung. Der Schriftsteller Walter Abish. Wien 2006; Susanne Utsch: Sprachwechsel im Exil. Die »linguistische Metamorphose« von Klaus Mann. Köln 2007; Simone Hein-Khatib: Mehrsprachigkeit und Biographie.

scher Fallstudien vor, in denen das Werk einzelner Autoren in der produktiven Interaktion von Erst- und Zweitsprache untersucht wird.[45]

Die Spur der Sprache(n) im Exil zu verfolgen, heißt nicht zuletzt, Exilforschung mit Fragestellungen der Gegenwart zu verbinden, wo Sprachwandel und -bewahrung, Mono- und Multilingualismus im historisch veränderten Kontext von globalen Migrationsbewegungen mehr denn je von Interesse ist. In Fortführung aktueller Exilforschung, die die Emigration nach 1933 verstärkt unter der Perspektive von Transnationalität, Hybridität und Übersetzung in den Blick nimmt,[46] und im Bezug auf neuere Essays von Exilanten wie Vilém Flusser oder Ilija Trojanow, die den Konnex von »Exil und Kreativität« betonen,[47] zeigt der Band, dass es Dokumente (wieder) zu entdecken gilt, in denen heute zentrale Paradigmen wie das der Mehrsprachigkeit vorausgedacht werden. Nicht nur der Sprachwechsler Klaus Mann war, wie sich zeigt, davon überzeugt: »exile is not only a misfortune, but also a tremendous chance«[48].

Zum Sprach-Erleben der Schriftsteller Peter Weiss und Georges-Arthur Goldschmidt. Tübingen 2007; William Abbey (Hg.): Between two languages. German-speaking exiles in Great Britain 1933–45. Stuttgart 1995.

45 Stefan Willer: Being translated. Exile, childhood and multilingualism in G.-A. Goldschmidt and W. G. Sebald. In: Memory Contests. Cultural Memory, Hybridity and Identity in German Discourses since 1990. Hg. v. Anne Fuchs, Mary Cosgrove und Georg Grot. Rochester/NY 2006, S. 87–105; Carina de Jonge: Gebrochene Welt, gebrochenes Deutsch? Der Einfluss der Sprache des Gastlandes auf das Deutsch von Exilschriftstellern anhand des Beispiels Konrad Merz. In: Neophilologus 88/1 (2004), S. 81–101; Verena Jung: Writing Germany in exile. The bilingual author as cultural mediator. Klaus Mann, Stefan Heym, Rudolf Arnheim and Hannah Arendt. In: Journal of multilingual and multicultural development 25/5-6 (2004), S. 529–546; Christine Pendl: Der zweisprachige Zwiespalt. Das politische Exilwerk Ruth Landshoff-Yorcks. In: Gender-Exil-Schreiben. Hg. v. Julia Schöll. Würzburg 2002, S. 91–105; Richard Dove: Almost an English author. R. Neumann's English language novels. In: German Life and Letters 51 (1998), S. 93–105; Angelika Redder: Fremdheit des Deutschen. Zum Sprachbegriff bei Elias Canetti und Peter Weiss. In: Jahrbuch Deutsch als Fremdsprache 17 (1991), S. 34–54.

46 Doerte Bischoff und Susanne Komfort-Hein (Hg.): Literatur und Exil. Neue Perspektiven. Berlin 2013; Bettina Bannasch und Gerhild Rochus (Hg.): Handbuch der deutschsprachigen Exilliteratur. Von Heinrich Heine bis Herta Müller. Berlin 2013; Eckart Goebel und Sigrid Weigel (Hg.): »Escape to Life«. German intellectuals in New York. A compendium on exile after 1933. Berlin 2012; Exilforschung 27 (2009): Exil, Entwurzelung, Hybridität; Exilforschung 25 (2007): Übersetzung als transkultureller Prozess.

47 Vilém Flusser: Exil und Kreativität. In: Ders.: Von der Freiheit des Migranten. Einsprüche gegen den Nationalismus. Berlin 1994, S. 103–109. Kapitel und Band schließen mit der These: »Das Exil, wie immer es auch geartet sein möge, ist die Brutstätte für schöpferische Taten, für das Neue.« (ebd., S. 109); Ilija Trojanow: Exil als Heimat (s. Anm. 14).

48 Klaus Mann: Culture in exile [1939], zit. nach Utsch: Sprachwechsel im Exil (s. Anm. 44), S. 183.

Den in diesem Band behandelten Texten und Sprachdokumenten ist gemein, dass sie von translingualen Dynamiken bestimmt sind, die quer zur dominanten Vorstellung einer monolingualen Norm laufen und deshalb von dieser nicht adäquat erfasst werden können. Sie fordern auf diese Weise dazu auf, die Norm der Einsprachigkeit ebenso wie das Konzept eines emphatischen Muttersprachbezugs sowohl aus theoretischer als auch aus historischer Sicht zu hinterfragen.

In Bezug auf neuere linguistische Untersuchungen zu *code-switching*, (nicht-pathologischem) Sprachverlust (*language attrition*) und kontaktbedingtem Sprachwandel in Exil- und Diasporasituationen sowie auf aktuelle kulturwissenschaftliche Forschungen, z.B. zu Sprache und Trauma oder zu Phänomenen sprachlich-kultureller Hybridität, werden Dokumente und literarische Zeugnisse des Exils neu gelesen. Manche Textzeugnisse, die im Horizont nationalsprachlicher Kategorisierung und Rezeption sprachlicher bzw. literarischer Dokumente kaum Beachtung gefunden haben, werden so auf neue Weise relevant. Zugleich leisten die Aufsätze in ihrer Fokussierung auf die Bedeutung von Sprache(n) unter den spezifischen Bedingungen des Exils auch einen Beitrag zur Ausdifferenzierung linguistischer und kulturwissenschaftlicher Forschungen zu Sprachwechsel und Mehrsprachigkeit. Die Beiträge des Bandes erkunden, auf welche Weise das Exil die Sprachpraxis, aber auch die Einstellungen gegenüber einzelnen Sprachen und Fragen von Ein- und Mehrsprachigkeit auf spezifische Weise prägt und verändert und inwiefern dadurch neue Sprech- und Schreibweisen hervorgebracht werden.

Teil I behandelt »Sprachkonzepte im Exil«. Dabei geht es zunächst um die Frage, ob und inwiefern das mit Beginn des 20. Jahrhunderts in Deutschland vielfältig ideologisierte Konzept der Muttersprache auch ins Exil nachwirkte (Utsch). Untersucht wird außerdem, inwieweit für emigrierte Wissenschaftler die Konfrontation mit einer anderen Sprache bzw. der Sprachwechsel Anlass dazu war, Denkvorstellungen zu überprüfen und Reflexionen über die Spezifik verschiedener Wissenschaftssprachen anzuregen (Maas, Kilchmann, Erdle, Weidner). Gelegentlich lässt sich sogar die Entwicklung neuer Forschungsfelder aus den sprachlichen Kontakt- und Schwellenphänomenen beobachten.

Teil II »Sprachverlust, Spracherhalt, Sprachwandel: Linguistische Analysen« befasst sich mit der Veränderung von Sprache im anderssprachigen Kontext des Exils bzw. der Diaspora. Dabei werden Phänomene des Sprachverlusts dargelegt, wie er etwa bei deutschen Auswanderern im grammatischen Bereich (Schmid, Lahmann und Steinkrauss) oder auch in der durch die Kontaktsprache stark beeinflussten Lautung judenspanischer Sprecher in der bulgarischen Diaspora auftritt (Gabriel, Fischer und Kireva). Weiterhin wird gezeigt, dass Spracherhalt im Sinne der Bewahrung grammatischer Kompetenzen auch im Diasporakontext von den unterschiedlichen außersprachlichen Bedingungen der jeweiligen Sprechergruppen abhängen kann (Stangen und Kupisch). Inwiefern sich die Einstellungen individueller Sprecher im Exil zu ihrer Muttersprache und zur neu erlernten Fremdsprache lexikalisch konzeptionalisieren und in metaphorischem Sprachgebrauch ausdrücken, untersucht Leonardis Beitrag zu biografischen Interviews aus dem Betten-Korpus[49]. Duran Eppler dagegen thematisiert den Zusammenhang zwischen Sprache und Kultur im intergenerationellen Spannungsfeld von Segregation und Akkulturation bei deutschsprachigen Auswanderern im englischsprachigen Kontext.

Teil III beschäftigt sich mit »Mehrsprachigkeit in der Exilliteratur: Formen, Funktionen, Grenzen«. Dabei werden zum einen transkulturelle Dimensionen und Formen des Kulturtransfers in Werken mehrsprachiger Autoren und Autorinnen herausgearbeitet (Kucher, Andress, Barouch, Güde). Zum anderen wird gezeigt, auf welche Weise das Erzählen von traumatischen Erfahrungen der Ausgrenzung und Entortung durch Brüche auf der sprachlichen Ebene mit gestaltet wird. Sprachwechsel und Sprachbrüche im Text sind so Marker von erlebter Gewalt und thematisieren die Schwierigkeit, für diese Erfahrungen eine angemessene, nicht einfach repräsentierende Sprache zu finden (Gelber, Heimann, Willner).

Insgesamt zeigt sich, dass die untersuchten Dokumente von Sprache(n) im Exil das Verhältnis von Erstsprache, Zweitsprache und Literatur- bzw. Wissenschaftssprache auf vielfältige Weise neu zu lesen geben. Statt der bislang weitgehend angenommenen Dichotomie einer Bewahrung des Deutschen vs. der Aufgabe desselben im eindeutigen und womöglich irreversiblen Sprachwechsel zeigen die Untersuchungen dieses Bandes, dass sich Sprache(n) im Exil zwischen den Polen der Bewahrung bestimmter erstsprachlicher Wendungen und der Wertschätzung der Muttersprache einerseits sowie der unumgänglichen Veränderung durch Sprachkontakt andererseits bewegen. Phänomene des Sprachwechsels und der Mehrsprachigkeit erscheinen dabei als Momente, in

---

49 S. Anm. 31.

denen Sprache produktiv in Bewegung gerät, sei es, dass Wendungen oder Bilder der Erstsprache auf eine neue Weise reflektiert und transformiert werden oder dass Mischformen infolge unbewusster Prozesse entstehen oder auch bewusst ästhetisch gestaltet werden.

I. Sprachkonzepte des Exils

Susanne Utsch

»In einer fremden Sprache gestalten kann man nicht«
Der prägende Einfluss von Muttersprachideologien der 1920er und 1930er Jahre auf die Sprachbewahrungstendenz der Exilintellektuellen

Die meisten Intellektuellen und Schriftsteller, deren Exil um 1933 aus Angst vor oder Protest gegen die nationalsozialistische Diktatur begann, haben bekanntlich das deutsche Idiom auch nach ihrer Flucht aus Deutschland beibehalten. Zahlreiche Selbstaussagen, essayistische und literarische Texte zeugen von ihrer aktiven Bemühung um die deutsche Muttersprache. Das Weiterschreiben, ja Bewahren der deutschen Sprache galt ihnen als Norm; Ernst Bloch bezeichnete es als das »Normale« und »die Regel«.[1] Ein Sprachwechsel, zumal ein literarischer, schien den meisten Exilintellektuellen undenkbar und war geradezu tabuisiert. Sie teilten die Ansicht Ernst Blochs,

> daß nur wenige Menschen und unter ihnen nur äußerst wenige Schriftsteller je imstande waren, sich in einer fremden Sprache so sicher, gar so produzierend zu bewegen wie in der eigenen. […] [D]aß einer aus der eigenen Sprache desto schwerer in die andere fallen kann, je vertrauter er in der eigenen sich auskennt, je mehr er in ihr und durch sie erfahren hat.[2]

Dieses Zitat aus einem Vortrag, den Ernst Bloch 1939 in New York hielt, charakterisiert ein bekanntes Exilphänomen. Mit Etiketten wie »Sprachdilemma« oder »Sprachproblem« haben jedoch nicht nur die meisten Intellektuellen selbst, sondern auch die Exilforschung lange den exilbedingten Sprachkontakt beschrieben. Holzschnittartig und einseitig wurden die Selbstaussagen der Sprachbewahrer zum Normalfall und affirmativ-biografistisch zur Folie für wissenschaftliche Arbeiten.[3] Dies hing nicht zuletzt auch mit dem nationalphilologischen

---
1 Ernst Bloch: Zerstörte Sprache – zerstörte Kultur. Vortrag im Schutzverband Deutscher Schriftsteller, New York [1939]. In: Ders.: Politische Messungen. Pestzeit. Vormärz. Frankfurt a. M. 1970, S. 277–299; hier: S. 279.
2 Bloch: Zerstörte Sprache – zerstörte Kultur (s. Anm. 1), S. 279–280.
3 Wertvolle Verdienste hat hier Wulf Köpke geleistet, der als einer der ersten diese Schieflage thematisierte. Vgl. z. B. Wulf Köpke: Die Wirkung des Exils auf Sprache und Stil. Ein Vorschlag zur Forschung. In: Exilforschung. Ein internationales Jahrbuch 3 (1985), S. 225–237. Vgl. auch Ders.: Das Sprachproblem der Exilliteratur. In: Handbücher zur

Fokus zusammen, der auch die Erforschung der germanistischen Exilliteratur dominierte und erst langsam aufbricht. Im Zuge dieses erweiterten Blickwinkels beginnt die Exilforschung zunehmend, fremdsprachige Texte von ehemals deutschsprachigen Exilschriftstellern zu berücksichtigen und muss infolgedessen auch den Kreis ihrer Protagonisten erweitern.

Während Einzeluntersuchungen in den vergangenen Jahren erstmals die Mehrsprachigkeit und Sprachwechselbemühungen im deutschsprachigen Exil nach 1933 in den Blick genommen haben,[4] wurde die unter den Exilintellektuellen vorherrschende Sprachbewahrungstendenz als solche bisher kaum betrachtet und hinterfragt. Ausgehend von diesem Desiderat sollen deshalb hier der normative Charakter des Muttersprachenhalts sowie potenzielle, für dieses Sprachverhalten verantwortliche Prägungen der konservierenden Sprachauffassung untersucht und erörtert werden.[5]

Die Analyse basiert auf vielfältigen Selbstaussagen, die überraschend große Kongruenzen und Parallelen aufweisen und damit auch verallgemeinernde Rückschlüsse erlauben. Da eine Überblicksbetrachtung immer Gefahr läuft, undifferenziert und damit unzulänglich zu subsumieren, sollen zwei Prämissen gelten.

1. Natürlich treffen die folgenden Überlegungen nicht auf alle Exilintellektuellen zu. Gegen eine Vereinnahmung haben nicht wenige sich bereits zu Lebzeiten verwahrt; Lion Feuchtwanger legte zum Beispiel großen Wert auf die Unterschiedlichkeit der Exilanten. Diese seien

> Menschen jeder politischen Gesinnung, […] jeder sozialen Stellung und jeden Charakters. Jetzt, ob sie wollten oder nicht, bekamen sie alle die gleiche Etikette aufgeklebt, wurden sie alle im gleichen Topf gekocht. Sie waren in erster Linie Exilanten und erst in zweiter, was sie wirklich waren.[6]

Sprach- und Kommunikationswissenschaft. Band 2.4: Sprachgeschichte. Hg. v. Herbert Ernst Wiegand. Berlin 2004, S. 3110–3116.

4 An dieser Stelle seien nur folgende Monografien genannt: Bertina Henrichs: L'(im)possible abandon. Le changement de la langue chez les écrivains exilés. Paris 1998 (Mikrofiche); Andreas Wittbrodt: Mehrsprachige jüdische Exilliteratur. Autoren des deutschen Sprachraums. Problemaufriß und Auswahlbibliographie. Aachen 2001; Johannes Evelein: Kurt Bauchwitz. Heimfindungen: Lebensbuch eines Emigranten. Bonn 2006; Simone Hein-Khatib: Mehrsprachigkeit und Biographie. Zum Sprach-Erleben der Schriftsteller Peter Weiss und Georges-Arthur Goldschmidt. Tübingen 2007; Susanne Utsch: Sprachwechsel im Exil. Die ›linguistische Metamorphose‹ von Klaus Mann. Köln 2007; Jenny Willner: Wortgewalt. Peter Weiss und die deutsche Sprache. Konstanz 2014.

5 Vgl. auch Utsch: Sprachwechsel im Exil (s. Anm. 4), S. 44–50 und S. 233–245.

6 Lion Feuchtwanger: Größe und Erbärmlichkeit des Exils [1938]. In: Verbannung. Aufzeichnungen deutscher Schriftsteller im Exil. Hg. v. Egon Schwarz und Matthias Wegner. Hamburg 1964, S. 193–197, hier: S. 193.

Um bei aller Differenzierungsbemühung ein Vergleichsparameter zu haben, soll der Fokus hier auf der Perspektive des US-amerikanischen Exils liegen.

2. Die Ursachen und Gründe für die Bewahrung des deutschen Idioms im Exil, hier: in den USA, waren wie bei jedem Sprachverhalten von vielen Faktoren abhängig. Die wie auch immer geprägte Sprachauffassung kann also nur als ein, wenngleich dominanter Beweggrund für die Sprachbewahrungstendenz gelten. Bekanntlich empfanden es insbesondere die Intellektuellen als ihre Pflicht, die deutsche Muttersprache und mit ihr das deutsche Erbe und Kulturgut für die Post-Hitler-Ära zu konservieren.[7] Zudem war die deutsche Sprache Kommunikationsmittel mit dem sogenannten Anderen Deutschland, von dem sich zahlreiche Exilintellektuelle den Aufstand gegen Hitler erhofften und deshalb von ihren Exilländern aus über klandestine Wege mit vermeintlichen Weggefährten kommunizierten.[8] Erst nachdem Hitler im September 1939 den Krieg begonnen und keine innerdeutsche Revolution stattgefunden hatte, wandten sie sich enttäuscht von der in Deutschland verbliebenen Bevölkerung ab.

Neben diesen Aspekten beeinflussten zwangsläufig auch die äußeren Rahmenbedingungen in den USA das Sprachverhalten der Exilanten. Die meisten Intellektuellen verstanden ihr Exil als temporär und betrachteten es in jeder Hinsicht als Provisorium. »[K]ein Heim, ein Exil soll das Land sein, das uns aufnahm«[9], heißt es bei Bertolt Brecht; analog dazu sei hier auch Lion Feuchtwangers in seiner dreibändigen Romantrilogie oft bemühte Wartesaal-Metapher erwähnt. Aus diesem Verständnis resultierte ein zum Teil radikaler Rückzug in die deutsche Sprache, wie ihn im US-Exil etwa Alfred Döblin oder Heinrich Mann vornahmen. Diese Form der sprachlichen Selbstisolation düpierte allerdings die US-amerikanische Mehrheitsgesellschaft, die seit 1917, dem Eintritt der USA in den Ersten Weltkrieg, mehr als einwanderungskritisch eingestellt war und von sämtlichen Immigranten gleich welcher Herkunft ein hohes Maß an Assimilationsbemühungen erwartete.[10]

---

7 Vgl. z. B. Thomas Mann: Zur Gründung der »American Guild for German Cultural Freedom« und der »Deutschen Akademie« [1937]. In: Ders: Werke. Politische Schriften und Reden 2. Frankfurt a. M. 1968, S. 341–343.
8 Vgl. dazu u. a. Erika und Klaus Mann: The Other Germany. New York 1940. Vgl. auch Utsch: Sprachwechsel im Exil (s. Anm. 4), S. 142–146.
9 Bertolt Brecht: Über die Bezeichnung Emigranten [1940–1945]. In: An den Wind geschrieben. Lyrik der Freiheit. Gedichte der Jahre 1933–1945. Hg. v. Manfred Schlösser. Darmstadt 1960; hier: S. 226.
10 Vgl. Utsch: Sprachwechsel im Exil (s. Anm. 4), S. 95–98.

Dennoch behielten die meisten Exilintellektuellen die deutsche Sprache als Arbeitsmedium bei, weil es eben nicht nur eine Werk-, sondern auch eine Identitätskontinuität versprach, wie Günther Anders in seinem Text *Das Stammeldasein* reflektiert

> Weil die Sprache das einzige Gerät war, mit dessen Hilfe sie sich, wenn auch nicht vor dem physischen Untergang, so doch von dem letzten Herunterkommen bewahren konnten; und weil sie das einzige unraubbare Gut war, das einzige Stück Zuhause, das sie, wenn sie es verteidigten, selbst im Zustande restloser Entwürdigung noch *beherrschten* [...].[11]

Günther Anders beobachtete auch, dass gerade die bereits in Deutschland erfolgreichen Intellektuellen auch im fremdsprachigen Exilland an der deutschen Sprache als einzig adäquater Ausdrucksmöglichkeit festhielten.

> Auffällig war, daß sich diejenigen, die ein unverkennbares Idiom und einen unbestreitbaren Sprachrang erarbeitet hatten, viel stärker vor den Fremdsprachen, mindestens vor dem Fremdsprechen, gehemmt fühlten, als diejenigen, auch als diejenigen Schriftsteller, die auch früher nie etwas anderes gekannt hatten als das durchschnittliche Mitmachen. Während diese den (›Talent‹ genannten) vorteilhaften Charakterdefekt besaßen, in einer zweiten oder dritten Sprache mitzuparlieren, ließen sich Männer wie Thomas Mann oder Brecht nur höchst ungern darauf ein, unter ihr eigenes Niveau zu steigen oder gar zu radebrechen.[12]

Zu dieser Gruppe ist auch Theodor W. Adorno zu zählen, der den mittlerweile englisch schreibenden Freund Siegfried Kracauer in den 1950er Jahren wiederholt zu erinnern versuchte, »daß das Entscheidende, was unsereiner zu sagen hat, von uns nur auf deutsch gesagt werden kann. Englisch könnten wir allenfalls so schreiben wie die anderen, so wie wir selbst nur deutsch.«[13] Noch 1965 war er davon überzeugt, dass »man in der neuen Sprache niemals, mit allen Nuancen und mit dem Rhythmus der Gedankenführung, das Gemeinte so genau treffen kann wie in der

---

11 Günther Anders: Das Stammeldasein. In: Ders.: Die Schrift an der Wand. Tagebücher 1941 bis 1966. München 1967. S. 89–93; hier: S. 91.
12 Anders: Das Stammeldasein (s. Anm. 11), S. 89–90.
13 Brief von Theodor W. Adorno an Siegfried Kracauer am 1.9.1955. In: Theodor W. Adorno und Siegfried Kracauer: Briefwechsel. »Der Riß der Welt geht auch durch mich.« 1923–1966. Frankfurt a.M. 2008, S. 480–483; hier: S. 482. Vgl. den Brief von Theodor W. Adorno an Siegfried Kracauer am 19.7.1951: »Ich komme nun einmal nicht von meinem Aberglauben los, daß wir die entscheidenden Dinge nur in der einen Sprache sagen können, und bilde mir ein, zu dieser Meinung ein gewisses Recht zu haben« (S. 459–462; hier: S. 461). Vgl. auch Theodor W. Adornos Schreiben an Siegfried Kracauer am 23.2.1955 (S. 474–476; hier: S. 475). Herzlichen Dank an Birgit Erdle für die Hinweise.

eigenen«[14]. Diese Ansicht teilte fast wörtlich Ernst Bloch: »Keine Nuancen sind dem Ausländer echt ausdrückbar, keine Schärfe noch Tiefe« oder wie Lion Feuchtwanger schrieb: »Gewiß kann man lernen, sich in einer fremden Sprache auszudrücken, *die letzten Gefühlswerte* des fremden Tonfalls lernen kann man nicht. In einer fremden Sprache dichten, in einer fremden Sprache gestalten kann man nicht«.[15] Für Carl Zuckmayer schließlich war das Ausgeliefertsein an die englische Einsprachigkeit in Sprachkontaktsituationen einer der Hauptgründe, die USA als Exilland zunächst abzulehnen. Er »wollte absolut nicht nach Amerika«[16]: »Denn es ist für einen Schriftsteller und Dichter ein beschämender Zustand, bei jedem etwas komplizierteren Gespräch den Satz wiederholen zu müssen: ›I am not able to express myself‹«.[17]

Neben diesen Gründen wird auch das Lebensalter als Hinderungsgrund für einen Sprachwechsel angeführt.[18] »Den Sprung in die neue Sprache«, so Alexander Stephan, »wagten fast nur Mitglieder der jüngsten Exilgeneration«:

> Michael Hamburger, acht, Alexander Weiss, neun, Erich Fried, elf, Peter Weiss, sechzehn, Ernest Bornemann, siebzehn, Stefan Heym, neunzehn, Hertha Pauli, dreiundzwanzig, Ernst Erich Noth, dreiundzwanzig und, schon fast eine Ausnahme, der damals sechsundzwanzigjährige Klaus Mann.[19]

Problematisch an diesen zeitlichen Festlegungen ist, dass der Übergang zur Kontaktsprache des Exillandes selbstredend in keinem der Fälle über Nacht, sondern sukzessive und über Jahre hinweg in den einzelnen schriftlichen und mündlichen Domänen erfolgte. Das lässt sich beispielhaft an Klaus Manns schriftlichem Sprachwechsel illustrieren: Erste englische Schreibversuche unternahm er im Winter 1937/1938, also mit 31 Jahren, zu diesem Zeitpunkt allerdings noch mithilfe von englischsprachigen Korrektoren.[20] Den ersten eigenständigen englischen Aufsatz verfasste Klaus Mann im Frühjahr 1939, und im darauf-

---

14 Theodor W. Adorno: Was ist deutsch? Rundfunkgespräch [1965]. In: Ders.: Stichworte. Kritische Modelle 2. Frankfurt a. M. 1969, S. 102–112; hier: S. 110.
15 Bloch: Zerstörte Sprache – zerstörte Kultur (s. Anm. 1), S. 279; Lion Feuchtwanger: Die Arbeitsprobleme des Schriftstellers im Exil. In: Sinn und Form 6/3 (1954), S. 348–353; hier: S. 350
16 Carl Zuckmayer: Als Emigrant in Amerika [1948]. In: Verbannung. Hg. v. Egon Schwarz und Matthias Wegner (s. Anm. 6), S. 148–154; hier: S. 148.
17 Zuckmayer: Als Emigrant in Amerika (s. Anm. 16), S. 150.
18 Köpke: Das Sprachproblem der Exilliteratur (s. Anm. 3), S. 3111.
19 Alexander Stephan: Die deutsche Exilliteratur 1933–1945. Eine Einführung. München 1979, S. 151.
20 Vgl. zum Sprachgebrauch von Klaus Mann zwischen 1936 und 1949 Utsch: Sprachwechsel im Exil (s. Anm. 4), S. 103–111.

folgenden Winter 1939/1940 vollzog er dann den literarischen Sprachwechsel, schrieb also mit 33 Jahren sämtliche fiktionalen und essayistischen Texte in der Zweitsprache. Abgesehen von der privaten Kommunikation mit Familie und Freunden sprach er jetzt vorwiegend Englisch. Allerdings ging er erst zwei Jahre später mit dem Verfassen seines Tagebuchs und den Briefen an seine Mutter in sämtlichen schriftsprachlichen Domänen zum Englischen über. Klaus Manns Sprachwechsel war damit vollständig erst mit 35 Jahren vollzogen, und er kann entgegen der Subsumierung bei Alexander Stephan sicher nicht zu den jüngeren Autoren gezählt werden.

Es gibt im US-amerikanischen Exil weitere Beispiele für ältere zweisprachige bzw. sprachwechselnde Schriftsteller, die Alexander Stephan hier auslässt und die teilweise eben wegen ihres Sprachwechsels aus dem erwähnten Fokus der nationalphilologisch orientierten (Exil-)Forschung geraten sind. Zu ihnen gehören Stefan Heym (1913–2001), der österreichische Journalist und Schriftsteller Hans Habe (1911–1977) und auch Heinz Liepmann (1905–1966), der gleich zu Beginn seines US-Exils mit 31 Jahren begann, Englisch zu schreiben.[21] Ebenso ging Curt Riess (Jahrgang 1902) in den USA zur englischen Sprache über; er arbeitete für amerikanische Zeitungen und schrieb einige Bücher auf Englisch.[22] Der Arzt und Autor Martin Gumpert (1897–1955), ein Freund Klaus Manns, wechselte mit 39 Jahren zum amerikanischen Englisch, und der deutsch-tschechische Schriftsteller und Journalist Hans (Hanus) Natonek (1892–1963) konnte sich erst als Mittfünfziger zu der sprachlichen Neuorientierung durchringen. Der Jurist und Schriftsteller Kurt Bauchwitz (1890–1974), der sich 1946 in Roy C. Bates umbenannte, war im Alter von 50 Jahren in die USA geflohen und wechselte dort »im Laufe der zwanzig Jahre, die er dort verbrachte«, die Sprache.[23] Es gibt also durchaus Beispiele für ältere Exilautoren, die sich in den USA sprachlich neu orientierten. Dies wirft die Frage auf, weshalb sich die hier genannten auf einen Sprachwechsel einließen, die Mehrzahl der Exilintellektuellen jedoch nicht.

Denn während die zusammengetragenen Faktoren aus Sicht vieler Exilintellektueller die Sprachbewahrung nahelegten, gab es mindestens

---

21 S. zu Heinz Liepmann, Erika und Klaus Mann: Escape to Life. Deutsche Kultur im Exil [1939]. Hg. v. Heribert Hoven. München 1991, S. 323.
22 S. Christoph Eykman: Curt Riess. In: Deutsche Exilliteratur seit 1933. Bd. 3.1: USA. Hg. v. John M. Spalek, Konrad Feilchenfeldt und Sandra H. Hawrylchak. Bern, München 2000, S. 418–430.
23 Thomas S. Hansen: Kurt Bauchwitz (Roy C. Bates). In: Deutschsprachige Exilliteratur seit 1933, Bd. 4.1: Bibliographien. Hg. v. John M. Spalek, Konrad Feilchenfeldt und Sandra H. Hawrylchak. Bern und München 1994, S. 44–45.

ebenso viele Gründe für einen Sprachwechsel. Als wesentliches Manko der sprachlichen Isolation ist wiederholt der fehlende Resonanzboden genannt worden, also der Mangel an Leserschaft und Publikum, und damit einhergehend der öffentlichen Wahrnehmung, die in der die Identität und Existenz bedrohenden Exilsituation zur psychischen Stabilisierung verhelfen konnte. Es erübrigt sich beinahe zu sagen, dass die literarische Englischkompetenz nicht nur den übersetzungsfreien Zugang zum Buchmarkt ermöglichte – und damit im besten Fall die finanzielle Situation verbesserte –, sondern auch zu Arbeits- und Recherchemitteln wie Bibliotheken. Wer Englisch sprach, konnte sich zudem als weitere Einnahmequelle um die zwar mühsamen, aber ordentlich bezahlten Vortragsreisen quer durch die USA bewerben,[24] abgesehen von der deutlich besseren Integration und Kontaktmöglichkeit, die die Englischkompetenz mit der Mehrheitsgesellschaft ermöglichte. All dies sprach in den USA für einen nicht nur mündlichen, sondern auch literarischen Sprachwechsel, zumal das als Provisorium erhoffte Exil sich im Lauf der Jahre zu einem Providurium entwickelte.[25]

Ein Wechsel der Sprache ist aber nur indirekt von den objektiven Rahmenbedingungen abhängig. Entscheidend ist, wie ein Individuum diese erlebt und bewertet. Und diese subjektive Bewertung der Sprache und der mit ihr assoziierten sozialen und kulturellen Bedeutungen steht in engem Zusammenhang mit dem tatsächlichen Sprachgebrauch. Ein Sprachwechsel wird also vor allem durch Einstellungen motiviert, Einstellungen des Individuums den Kontaktsprachen und ihren Sprechern gegenüber.[26] Diese Einstellungen haben in Sprachkontaktsituationen unter anderem Orientierungs- und Erkenntnisfunktion. In den Sozialwissenschaften und auch in der Soziolinguistik werden sie üblicherweise mittels direkter Befragungen erhoben. Da diese Methode der Literaturwissenschaft nicht zur Verfügung steht, müssen hier sprachreflexive Texte ausgewertet werden, in denen sich Exilautoren explizit zu den Kontaktsprachen und ihren Sprechern äußern.[27] Angesichts der

---

24 S. dazu Helga Schreckenberger: Vortragstätigkeit der Exilschriftsteller in den USA: Ernst Toller, Thomas Mann, Klaus Mann, Erika Mann, Emil Ludwig. In: Deutsche Exilliteratur seit 1933. Bd. 3.3: USA. Hg. v. John M. Spalek Konrad Feilchenfeldt und Sandra H. Hawrylchak. Bern, München 2002, S. 307–333.
25 S. Utsch: Sprachwechsel im Exil (s. Anm. 4), S. 82–86.
26 S. zur Spracheinstellungsforschung Utsch: Sprachwechsel im Exil (s. Anm. 4), S. 28–34. Sowie auch Simona Leonardi: Sprachmetaphorik in biografischen Interviews mit Israelis deutschsprachiger Herkunft, in diesem Band.
27 Joachim Scharloth hat das Konzept der Spracheinstellungen erstmals für die Arbeit mit literarischen Texten operationalisiert, vgl. Ders.: Spracheinstellungen in Spätaufklärung und Sturm und Drang. Eine ethnographische Annäherung anhand von Bei-

Diskrepanz zwischen den offensichtlichen Vorteilen des Englischschreibens und der Sprachbewahrungstendenz der Exilintellektuellen in den USA stellt sich die Frage nach ihrer Einstellung zum Deutschen und zum Englischen bzw. zur Zweisprachigkeit. Sie lässt sich aus wertenden Sprachbeschreibungen zusammentragen, die sich in fiktionalen und nicht-fiktionalen Texten der Sprachbewahrer finden.

Bei der Sammlung und Sichtung von Äußerungen über das deutsche Idiom im US-Exil fällt die häufige Verwendung des Wortes *Muttersprache* auf ebenso wie Assoziationen, die das Wort *Mutter* bzw. einschlägige Wortbildungen hervorrufen. »Nichts besaß ich auf Erden, nichts gab die Welt mir, / Als dich, o deutsche Sprache, du meine Mutter und Heimat«[28], lauten zwei Zeilen aus Jacob Haringers Gedicht *Deutsch*. Der österreichische Lyriker Ernst Waldinger dichtete dem Deutschen eine Art Mutter-Kind-Beziehung an: »Solange wir die Treue dir nicht brechen / Sind auch im Neuen Land wir unverwaist«.[29] Auch für Theodor Kramer war die Sprache zur einzig zuverlässigen Instanz geworden: »Ich suche Trost im Wort, das niemals noch mich trog«[30], und für Günther Anders blieb das Deutsche wie oben bereits zitiert: »das einzige unraubbare Gut, [...] das einzige Stück Zuhause«[31]. Dieser Tenor findet sich auch bei Klaus Mann: »Das Vaterland kann man verlieren, aber die Mutter-Sprache ist der unverlierbare Besitz – die Heimat der Heimatlosen (der Trost der Geängstigten und Betrübten)«[32]. So erlebte es auch Berthold Viertel: Allein die Sprache versprach als natürlicher Besitz Beständigkeit und Kontinuität – im Unterschied zur

---

spielen aus Schubarts »Deutscher Chronik«. In: Einstellungsforschung in der Soziolinguistik und Nachbardisziplinen. Studies in Language Attitudes. Hg. v. Szilvia Deminger, Thorsten Fögen, Joachim Scharloth und Simone Zwickl. Frankfurt a. M. 2000, S. 41–57.

28 Jacob Haringer: Deutsch [1938–1944]. In: An den Wind geschrieben. Hg. v. Manfred Schlösser (s. Anm. 9), hier: S. 72.
29 Zit. nach Manfred Durzak: Laokoons Söhne. Zur Sprachproblematik im Exil. Akzente 1 (1974), S. 53–63; hier: S. 56.
30 Theodor Kramer: Ich suche Trost im Wort [1938]. In: An den Wind geschrieben. Hg. v. Manfred Schlösser (s. Anm. 9), S. 70.
31 Günther Anders: Lebenserlaubnis [1962]. In: Verbannung. Hg. v. Egon Schwarz und Matthias Wegner. (s. Anm. 6), S. 173–178; hier: S. 176.
32 Klaus Mann: Die Sprache. Manuskript (KM 593). Klaus-Mann-Archiv. Stadtbibliothek München. Monacensia. Literaturarchiv [KMA]. S. 1–7, hier: S. 1. Das Manuskript wurde zuerst unter dem Titel *Der Dichter und die Sprache* veröffentlicht. In: Aufbau 13 (1947), 15.8.1947, S. 7–8. Der Essay wurde außerdem am 28.9.1947 unter dem Titel *Das Sprach-Problem* in der *National-Zeitung* Basel publiziert und danach in gekürzter Fassung am 4.4.1948 in der Zeitung *Neues Österreich*. Die vorliegenden Essaysammlungen stützen sich auf die Basler Fassung: Klaus Mann: Das Sprach-Problem [1947]. In: Ders.: Mit dem Blick nach Deutschland. Der Schriftsteller und das politische Engagement. Hg. v. Michel Grunewald. München 1985, S. 131–136.

Staatsangehörigkeit, wie diese Gedichtzeilen illustrieren: »Man wird mit keinem Pass geboren / die Sprache lernte man als Kind«[33].

Der (Mutter-)Sprache werden hier existenzielle Funktionen zugeschrieben: Sie wird im Exil zum Ersatz für den gleichermaßen metaphorisch und konkret zu lesenden verschollenen Besitz, die verlorene Heimat, die vermisste Mutter. Die Überhöhung der (Mutter-)Sprache kulminiert in quasi-sozialen Eigenschaften und metaphysischen Fähigkeiten. Personifiziert als gewissermaßen unverwundbares Medium steht die Sprache dem Sprecher in Sprachbeschreibungen aktiv gegenüber, die eine durchweg positive Einstellung zur deutschen Sprache widerspiegeln.

Die hier als naturgegeben verstandene Bindung an die Muttersprache, ja ihre Überbewertung und Hypostasierung, verweist auf Kernthesen deutscher Sprachwissenschaftler in den 1920er Jahren. Nach dem Ersten Weltkrieg hatte sich in Deutschland auch in der Sprachwissenschaft ein sogenanntes Versailles-Syndrom herausgebildet, das revisionistisch die Verteidigung und Behauptung des Eigenen, hier der Muttersprache, implizierte. Als über Jahrzehnte hinweg besonders einflussreich sind hier Georg Schmidt-Rohr und Leo Weisgerber zu nennen, die die Muttersprache als »unwiderstehliche Allgewalt«[34] über das Individuum definierten. Insbesondere Weisgerber maß der Muttersprache metaphysische, aktive Kräfte zu: Er spricht nicht vom Beherrschen der, sondern vom »Beherrschtwerden durch die Muttersprache«[35]. »Als Glied einer Sprachgemeinschaft ist der Mensch nicht mehr das selbstherrliche Individuum, sondern der durch zahlreiche Bindungen mit anderen zusammengeschlossene Sprachgefährte.«[36] ›Muttersprache‹ ist Weisgerbers Zentralbegriff, der *god term*, um den dessen gesamte ganzheitliche Sprachphilosophie kreist.[37]

---

33 Berthold Viertel: Gekritzel auf der Rückseite eines Reisepasses [1941]. In: Feuerharfe. Deutsche Gedichte jüdischer Autoren des 20. Jahrhunderts. Hg. v. Josef Billen. Leipzig 1997, S. 70.
34 Georg Schmidt-Rohr: Die Sprache als Bildnerin der Völker. Jena 1932 (die zweite Auflage erschien 1933 unter dem Titel: Mutter Sprache), S. 130.
35 Leo Weisgerber: Die Zusammenhänge zwischen Muttersprache, Denken und Handeln [1929/1930]. In: Ders.: Zur Grundlegung der ganzheitlichen Sprachauffassung. Aufsätze 1925–1933. Hg. v. Helmut Gipper. Düsseldorf 1964, S. 175–208; hier: S. 202.
36 Leo Weisgerber: Sprachwissenschaft als lebendige Kraft unserer Zeit [1932]. In: Ders.: Zur Grundlegung der ganzheitlichen Sprachauffassung (s. Anm. 35), S. 386–393; hier: S. 392.
37 Mindestens 40 Schriften Leo Weisgerbers tragen den Begriff *Muttersprache* im Titel. Weisgerber stützt seine Thesen auf die überlieferte Semantik von *Mutter*-Komposita, die Claus Ahlzweig um 1800 verortet, vgl. Claus Ahlzweig: Muttersprache – Vaterland. Die deutsche Nation und ihre Sprache. Opladen 1994, S. 189. Den Begriff *god term* hat Clemens Knobloch im Zusammenhang mit Weisgerber geprägt, vgl. Clemens

Auch wenn Weisgerber als Universitätsprofessor deutlich stärker rezipiert worden ist, vertrat Georg Schmidt-Rohr als Studienrat und akademischer Außenseiter ähnliche Thesen.[38] Er hatte seine ›Flugschrift‹ *Unsere Muttersprache als Waffe und Werkzeug des deutschen Gedankens* bereits 1917 im sprachkämpferischen Duktus veröffentlicht:

> Die Sprache vermittelt dem Menschenkinde Außenwelt und Innenwelt, es entfaltet und entwickelt sich unser Sehen, Denken, Fühlen, Wollen durch sie. [...] In der Gemeinschaft der Menschen, die durch unsere Muttersprache verbunden sind, ist unser eigenes geistiges und seelisches Werden in bedeutender Weise vorbestimmt. Hier ist unsere beste Heimat, hier unser Vaterland, dem wir wie unserem leiblichen Geschlecht verpflichtet sind.[39]

Sowohl Weisgerber als auch Schmidt-Rohr verstehen oft in fast wörtlicher Übereinstimmung, wie Florian Coulmas zusammenfasst, »Sprache als hermetische Denkform einer Nation«[40] mit durchaus politischem Impetus.

Wulf Köpke konstatierte für die literarische Produktion im Exil eine »konservative Tendenz, Bewahrung, Konservierung statt Neuerung und Experiment«[41]. Tatsächlich lässt sich diese Beobachtung auch auf die Sprachauffassung und das daraus resultierende Sprachverhalten der Exilintellektuellen übertragen. Die hier zugrunde liegende These geht davon aus, dass die Sprachauffassung, ja das Sprachwissen der exilierten Schriftsteller wesentlich von den Muttersprachideologien der 1920er und 1930er Jahre geprägt war, wie es sich anhand dieser und weiterer inhaltlicher, nahezu wörtlicher Übereinstimmung nachweisen lässt.[42] In einem zweiten Schritt wird zu zeigen sein, dass dieser Rückschluss

---

Knobloch: Volkhafte Sprachforschung. Studien zum Umbau der Sprachwissenschaft in Deutschland zwischen 1918 und 1945. Tübingen 2005, S. 87. Vgl. auch Leo Weisgerber: Hat das Wort »Muttersprache« ausgedient? In: Muttersprache. Zeitschrift zur Pflege und Erforschung der deutschen Sprache 80/3–4 (1970), S. 163–171; hier: S. 165.

38 S. Knobloch: Volkhafte Sprachforschung (s. Anm. 37), S. 229.
39 Georg Schmidt: Unsere Muttersprache als Waffe und Werkzeug des deutschen Gedankens. Jena 1917, S. 36. Im Folgenden wird von Schmidt-Rohr gesprochen, da unter dem Doppelnamen alle späteren Werke erschienen.
40 Florian Coulmas: Muttersprache – auf Gedeih und Verderb? In: Merkur 551/2 (1995), S. 120–130; hier: S. 123.
41 Köpke: Das Sprachproblem der Exilliteratur (s. Anm. 3), S. 3113.
42 Sprachwissen im Sinne der Definition von Klaus J. Mattheier: Sprachgeschichte des Deutschen. Desiderate und Perspektiven. In: Sprachgeschichte des Neuhochdeutschen. Hg. v. Andreas Gardt, Klaus J. Mattheier und Oskar Reichmann. Tübingen 1995, S. 1–18; hier: S. 16: »Es geht um das systematische und unsystematische Sprachwissen und die unterschiedlichen Handlungs- und Urteilsmotivationen, die bei einem Sprachgemeinschaftsmitglied bzw. in einer Sprachgemeinschaft verbreitet sind. Hierzu sollen alle Formen der geistigen Auseinandersetzung mit der eigenen und anderer Sprachlichkeit gezählt werden [...].«

zulässig ist, weil die Muttersprachauffassungen von Georg Schmidt-Rohr und vor allem Leo Weisgerber im öffentlichen Diskurs der Weimarer Republik weit verbreitet waren und so das Sprachwissen dieser Zeit entscheidend mitgeprägt haben.

Die Kongruenz lässt sich auch anhand von Weisgerbers Verständnis einer Weltbild und Gemeinschaft stiftenden Kraft der Muttersprache veranschaulichen. Die Muttersprache ist für ihn die »Trägerin und Vermittlerin des einem Volke gemeinsamen Weltbildes«[43]. »Spracherlernung ist also in erster Linie Aneignung des muttersprachlichen Weltbildes, Hineinwachsen in die Geisteswelt der Sprachgemeinschaft«[44].

> Und diese geistige Welt umfängt jeden neu in die Sprachgemeinschaft hineinwachsenden Menschen; von frühester Kindheit an wird ihm mit der Spracherlernung das Weltbild der Muttersprache so stark eingeprägt, daß es ihm zum natürlichen Weltbild, zur selbstverständlichen Form seines geistigen Lebens wird.[45]

In Gegenüberstellung dazu finden sich Selbstaussagen von Exilintellektuellen, die ebenfalls von einer sprachinhärenten Haltung und Weltauffassung ausgehen, wie zum Beispiel Ernst Bloch in seinem Vortrag *Zerstörte Sprache – Zerstörte Kultur* aus dem Jahr 1939. Sein Sprachverständnis geht ebenfalls über Bindung und Besitz hinaus: Für ihn bestimmt die Sprache »Habitus und Merkwelt«[46] eines Menschen entscheidend mit. Bloch spricht von Merkwelt, Weisgerber von Weltbild und Geisteswelt: Auch wenn Bloch entschieden eine daraus resultierende »sozusagen linguistische Geschichtsauffassung« ablehnt – denn diese wäre eine »sonderbare« und »Unsinn«[47] – ist die begriffliche Nähe offensichtlich.

---

43 Weisgerber: Die Zusammenhänge zwischen Muttersprache, Denken und Handeln (s. Anm. 35), S. 188. Hier bezieht sich Weisgerber auf Humboldts Begriff der sprachlichen Weltansicht. Wie mehrfach nachgewiesen wurde, kann bei Weisgerber allerdings nicht von einer Humboldt-Rezeption die Rede sein, hier lässt sich vielmehr eine Humboldt-Adaption zugunsten des eigenen, Weisgerber'schen Sprachkonzeptes belegen. Vgl. dazu Hans Lösener: Zweimal Sprache: Weisgerber und Humboldt. In: Interpretation und Re-Interpretation. Beiträge zu einem Kolloquium anlässlich des 100. Geburtstags von Johann Leo Weisgerber (1899–1985). Münster 2000, S. 197–212; hier: S. 198–201. Hubert Ivo bezeichnet Leo Weisgerber als »gewendeten Humboldt«, sein Wissenschaftsentwurf sei »de facto eine Negierung von Humboldts Denkansatz«. Hubert Ivo: Muttersprache – Identität – Nation. Sprachliche Bildung im Spannungsfeld zwischen einheimisch und fremd. Opladen 1994, S. 152–153.
44 Weisgerber: Die Zusammenhänge zwischen Muttersprache, Denken und Handeln (s. Anm. 35), S. 193.
45 Weisgerber: Sprachwissenschaft als lebendige Kraft unserer Zeit (s. Anm. 36), S. 392.
46 Bloch: Zerstörte Sprache – zerstörte Kultur (s. Anm. 1), S. 280.
47 Bloch: Zerstörte Sprache – zerstörte Kultur (s. Anm. 1), S. 280.

Eine andere zentrale Kategorie in den Sprachbeschreibungen der Exilintellektuellen ist die emotionale Bindung in Form einer schicksalhaften Zugehörigkeit. »Ein Schriftsteller kann seine Sprache nicht wechseln wie ein Hemd«[48], formulierte Friedrich Carl Weiskopf. Auch Ernst Bloch hat die Wichtigkeit der Muttersprachbindung betont. Für ihn gab es »keinen anderen Rat, als sich ganz in sie hineinzubegeben, sie nie zu verlassen und durchaus ihre Straße zu ziehen«[49]. Er war davon überzeugt,

> daß der Zufall, der uns in die oder jene Sprache hineingeboren werden ließ, später durch keinen anderen ›Zufall‹ korrigiert werden kann, auch nicht durch Emigration. Die Sprache wird dem Menschen sehr bald ein Stück seiner selbst, und eines, das – in der Mehrzahl der Fälle – am wenigsten abgetan werden kann.[50]

Auch in diesem Fall gibt es fast wörtliche Parallelen zur Muttersprachideologie der 1920er und 1930er Jahre. In Weisgerbers Aufsatz »Die Zusammenhänge von Muttersprache, Denken und Handeln« heißt es: »Muttersprache ist tatsächlich Schicksal für den einzelnen, so wie sie auch eine gewaltige Schicksalsmacht im Leben des Volkes ist.« Weisgerber war davon überzeugt, dass »keine Macht der Erde […] eine so zusammengeschlossene Gemeinschaft [wie die Sprachgemeinschaft] zerstören und zerteilen«[51] könne.

Neben den Kategorien »Mutter«, »Bindung« und »schicksalhafte Zugehörigkeit« finden sich in den Sprachbeschreibungen der Exilanten auch Negativcharakteristika. Das Dilemma der Einsprachigkeit war evident: Die Muttersprache mochte im Exil zwar als Heimatersatz dienen, gleichzeitig verhinderte sie die sprachliche Integration. Obwohl Autoren wie Alfred Polgar den Sprachwechsel ablehnten, war ihnen dieses Dilemma durchaus bewusst:

> Im fremdsprachigen Land wird die eigene, die Muttersprache – sonst war sie Haus und Heim, Sicherheit verbürgend, Wärme und, in ihren Grenzen, das himmlische Gefühl der Grenzenlosigkeit – zum Gefängnis, aus dem auszubrechen auch bei größter Wendigkeit und Geschicklichkeit nur schwer gelingen will.[52]

---

48 Zit. nach Köpke: Das Sprachproblem der Exilliteratur (s. Anm. 3), S. 3111.
49 Bloch: Zerstörte Sprache – zerstörte Kultur (s. Anm. 1), S. 286.
50 Bloch: Zerstörte Sprache – zerstörte Kultur (s. Anm. 1), S. 280.
51 Leo Weisgerber: Wesen und Kräfte der Sprachgemeinschaft [1933]. In: Ders.: Zur Grundlegung der ganzheitlichen Sprachauffassung (s. Anm. 35), S. 431–439; hier: S. 436.
52 Alfred Polgar, zit. nach Eike Middell und Alfred Dreifuss: Exil in den USA. Frankfurt a. M. 1980, S. 161–162.

Der prägende Einfluss von Muttersprachideologien der 1920er und 1930er Jahre 41

Die Gefängnismetapher hat Klaus Mann um das Bild der »geliebten Fessel« ergänzt: Er sah die weit verbreitete Muttersprachbindung, nachdem er selbst zum Englischen übergegangen war, und fand für die sprachbewahrenden Exilkollegen nur ironische Worte:

> [A]ll diese Schriftsteller [müssen] ihrer beschwerlichen Mutter und Tyrannin die Treue halten: es bleibt ihnen keine Wahl. Im Gegensatz zum Dentisten oder zum Heldentenor […] sind die Poeten an ihre Sprache geschmiedet, sind mit ihr verwachsen, völlig Eins [sic!] mit ihr.[53]

Hans Natonek entwickelte nach seinem Sprachwechsel für das anhaltend starke Bindungsgefühl ein weiteres Bild:

> Die englische Sprach [sic!] hat für mich den Reiz einer neuen Geliebten, aber in der deutschen Sprache fühle ich mich mehr zuhause, denn das Wort wandert nicht aus. Mitunter habe ich ein Reuegefühl, als wäre ich meiner ehemaligen Lebensgefährtin untreu …[54]

Stellt man diese Sprachmetaphern – also »Gefängnis«, »Fessel«, »geschmiedet«, »verwachsen«, »völlig Eins« und »Treue« – den Thesen Weisgerbers und Schmidt-Rohrs gegenüber, sind abermals die Analogien offensichtlich. Die einschlägige Kernthese hat Leo Weisgerber 1929 in der Abhandlung *Muttersprache und Geistesbildung* so formuliert: »Das also scheint mir das Entscheidende: der Mensch, der in seine Sprache hinweinwächst, steht für die Dauer seines Lebens unter dem Bann seiner Muttersprache«.[55] Und an anderer Stelle heißt es:

> Der unerbittliche Zwang zur Sprachgemeinschaft […] läßt dem einzelnen nicht die Entscheidung, ob er die Bindungen der Sprachgemeinschaft eingehen will oder nicht, er läßt ihm nicht die Wahl, welche Sprache er sich als Muttersprache – und damit welche Sprachgemeinschaft als Lebensgemeinschaft – aussuchen möchte. […] [E]s ist eine unmögliche Vorstellung, daß jemand plötzlich seinen Austritt aus seiner Sprachgemeinschaft erklären oder auf die Verwendung seiner muttersprachlichen Mittel verzichten könnte.[56]

Geht man nun davon aus, dass der so argumentierte Sprachbann und -zwang im öffentlichen Diskurs der späten 1920er und frühen 1930er Jahre kursierte, verwundert es nicht, dass selbst diese Negativcharakteristika keinen Sprachwechselimpuls auszulösen vermochten. Stattdes-

---

53 Mann: Die Sprache (s. Anm. 32), S. 4.
54 Hans Natonek: Erklärung zum Experiment der Selbst-Übersetzung. Unveröffentlichtes und undatiertes Manuskript. In: Hans Natonek Papers, Box 3, M.E. Grenander Department of Special Collections and Archives. University of Albany Libraries.
55 Leo Weisgerber: Muttersprache und Geistesbildung. Göttingen 1929, S. 164.
56 Weisgerber: Wesen und Kräfte der Sprachgemeinschaft (s. Anm. 51), S. 433.

sen schlossen die meisten Exilintellektuellen einen literarischen Sprachwechsel wie hier Alfred Döblin weiterhin kategorisch aus:

> Aber wir, die sich mit Haut und Haaren der Sprache verschrieben hatten, was war mit uns? Mit denen, die ihre Sprache nicht loslassen wollten und konnten, weil sie wußten, daß Sprache nicht ›Sprache‹ war, sondern Denken, Fühlen und vieles andere. Sich davon ablösen? Aber das heißt mehr, als sich die Haut abziehen, das heißt sich ausweiden, Selbstmord begehen.[57]

Überraschenderweise decken sich diese Überlegungen mit den metasprachlichen Äußerungen derer, die im US-amerikanischen Exil ihren Sprachwechsel reflektierten wie Hans Natonek und Klaus Mann. Hans Natonek empfand »die Situation zwischen zwei Sprachen, bedingt durch die Entfernung, Entfremdung der Muttersprache« als problematisch;[58] er spricht von einem Schwebezustand (»in limbo«).[59] Rückblickend beschrieb er den Sprachwechsel als »a spiritual adventure that stimulates and tries a writer's being. [...] The transition is a mutually conditioned process, painful as departure and blissful as arrival«.[60] Auch Klaus Mann hat die Ambivalenz dieses »Umstellungsprozess[es]« formuliert, den er als »quälend und riskant« bzw. als »höchst irritierendes und heikles Unternehmen« erinnerte:[61] »Es ist wohl so etwas wie eine psychologische Spaltung, ein schizophrener Prozess, den man durchmacht, wenn man zweisprachig zu werden versucht – interessant, aber beunruhigend«[62].

Tatsächlich war drohende Schizophrenie nach dem Ersten Weltkrieg die gängige Lehre über das potenzielle Schicksal von Zweisprachigen: »Der Zweisprachige sei doppelzüngig, entscheidungsschwach, unaufrichtig, wurzellos und dergleichen mehr – diese Behauptungen geistern unbewiesen durch die fachliche und populäre Literatur der Zeit«, fasst Clemens Knobloch zusammen.[63] 1928 waren auf dem Luxemburger Kongress *Le bilingualisme et l'éducation* die vermeintlichen Folgeschäden von Zweisprachigkeit intensiv erörtert worden.[64] In den Vorträgen

---

57 Alfred Döblin: Als ich wiederkam [1946]. In: Verbannung. Hg. von Egon Schwarz und Matthias Wegner (s. Anm. 6), S. 300–305; hier: S. 303.
58 Natonek: Erklärung zum Experiment der Selbst-Übersetzung (s. Anm. 54).
59 Hans Natonek: Between Two Languages, In: The Freeman, 6.4.1953, S. 490–492; hier: S. 491.
60 Natonek: Between Two Languages (s. Anm. 59), S. 492.
61 Mann: Die Sprache (s. Anm. 32), S. 4, 6.
62 Mann: Das Sprach-Problem (s. Anm. 32), S. 135.
63 Knobloch: Volkhafte Sprachforschung (s. Anm. 37), S. 116.
64 Vgl. dazu z. B. den Vortrag von David John Saer: L'étude des problèmes psychologiques du bilinguisme. In: Bureau international d'éducation. Le bilingualisme et l'éduca-

ging es um psychische und physische Probleme, um Phänomene wie Stottern, Schielen, Sprachausfallserscheinungen und eine geringere Leistungsfähigkeit.[65] Georg Schmidt-Rohr warnte ergänzend vor den charakterlichen Auswirkungen bei Zweisprachigkeit: Zwischen zwei Sprachen liege ein Zustand, der von Verwilderung und Verdummung geprägt sei, wodurch der ohnehin durch den Zweitspracherwerb gefährdete Muttersprachbesitz erst recht verloren gehe.[66] Schmidt-Rohr bezog sich dabei explizit auf das Englische: »Diese Sprache hat ihre höchst bedenklichen Schattenseiten, die im Deutschen nicht gleich stark ausgeprägt sind«.[67] Auch bei Leo Weisgerber lässt sich eine regelrechte Sprachwechsel- bzw. Zweisprachigkeitsphobie feststellen.[68] So sah er es als erwiesen an,

> daß die Zweisprachigkeit selbst unter den günstigsten Bedingungen im Sinne einer Zwiespältigkeit wirkt, mag diese Spaltung nun mehr in der Form einer gesteigerten kritischen Haltung oder mehr in der Form einer Unentschlossenheit, eines Schwankens zwischen mehreren Möglichkeiten wirken.[69]

Und auch Weisgerber drohte neben gesundheitlichen Schäden vor allem mit der charakterlichen Beeinträchtigung:

> Was da gesagt wurde über die Folgen dieses Dazwischen-Stehens zwischen zwei Sprachwelten, über das Erlahmen der schöpferischen Geisteskraft, über das Überwiegen eines sich im Kritisieren erschöpfenden Scharfsinns, über eine Reihe von wenig anziehenden Zügen des Charakters als Folge der Zweisprachigkeit, [...] mahnt [...] mit aller Eindringlichkeit, wie ungeheuer wichtig das feste Verbundenbleiben mit der angestammten Sprache, das Wurzeln in der Muttersprache in jeder Hinsicht ist.[70]

Die inhaltliche und sprachliche Nähe dieser Postulate von Schmidt-Rohr und Weisgerber zu den metasprachlichen Exilantenäußerungen

---

tion. Travaux de la conférence internationale tenue à Luxembourg du 2 au 5 avril 1928, Genf 1928, S. 30–40.
65 Vgl. etwa Wilhelm Henss: Mundart und Zweisprachigkeit. In: Bureau international d'éducation. Le bilinguisme et l'éducation. Travaux de la conférence internationale (s. Anm. 64), S. 99–117.
66 Schmidt-Rohr: Die Sprache als Bildnerin der Völker (s. Anm. 34), S. 190 und 193.
67 Schmidt-Rohr: Die Sprache als Bildnerin der Völker (s. Anm. 34), S. 200.
68 Vgl. dazu auch Knobloch: Volkhafte Sprachforschung (s. Anm. 37), S. 116–119.
69 Leo Weisgerber: Zweisprachigkeit [1933]. In: Ders.: Zur Grundlegung der ganzheitlichen Sprachauffassung (s. Anm. 35), S. 423–430; hier: S. 425.
70 Leo Weisgerber: Persönlichkeits- und Volkserziehung durch die Muttersprache [1931]. In: Ders.: Zur Grundlegung der ganzheitlichen Sprachauffassung (s. Anm. 35), S. 345–376; hier: S. 369–370.

stützt die These einer Prägung, die erst im Exil evident wurde: Die erzwungene Sprachkontaktsituation verstärkte offenbar jene symbolischen Dimensionen von Muttersprache, die in Deutschland in den 1920er und frühen 1930er Jahren verbreitet worden waren und nolens volens auch ihren Weg ins Exil gefunden hatten.

Hinsichtlich der Verbreitung resümiert die sprachhistorische Forschung, die sich intensiv mit Leo Weisgerbers Wirken beschäftigt hat, einhellig, dass dieser »mehr Einfluß auf den öffentlichen Diskurs hatte als jeder seiner Fachkollegen«[71]. Für Claus Ahlzweig wird

> die Bedeutung seiner Theorie [...] ebenso durch die vielen Verweise auf seine Schriften, die sich in deutschen sprachwissenschaftlichen Arbeiten seit dem Ende der zwanziger Jahre [...] zahlreich finden, wie durch die vielen Gesprächskreise und Publikationsorgane, an denen Weisgerber maßgeblich beteiligt war, sichtbar.[72]

Dies lässt sich anhand zentraler Orte des halb-öffentlichen und öffentlichen Lebens untermauern, an denen die beiden Sprachwissenschaftler wirkten. Zu nennen sind – hier nur skizzenhaft – die Geisteswissenschaften, der Schul- und Bildungsbereich sowie Hörfunk und Printmedien.

Tatsächlich ist es vor allem Leo Weisgerbers Verdienst, die deutsche Sprachwissenschaft aus einem abgehängten Schattendasein Anfang des 20. Jahrhunderts befreit zu haben.[73] Erstaunlich ist jedoch, dass seine radikale und vereinnahmende Denk- und Argumentationsweise unter deutschen Sprachwissenschaftlern bereits in den 1920er Jahren ohne größere Einwände akzeptiert wurde.[74] Ganz im Gegenteil unterstützten zahlreiche Fachkollegen seine Bemühungen: Spätestens mit den Versailler Verträgen war der quasi-völkische Sprachnationalismus offensichtlich auch in akademischen Kreisen plausibel und willkommen. Dabei politisierte sich der öffentliche Sprachdiskurs rapide, wie Clemens Knobloch in seiner Untersuchung zum Umbau der deutschen Sprachwissenschaft zwischen 1918 und 1945 anschaulich zeigt: »Der reklamierte Zusammenhang von ›Muttersprache‹, ›Volkszugehörigkeit‹ und machtpolitischer Zuständigkeit leuchtet[e] allen ein, gleich zu welchem politischen Lager sie sich zählen«[75].

Und schließlich wuchsen der Sprachwissenschaft durch die Schlüsselstellung der Sprache in der ›Gesamtkultur‹ (Weisgerber 1933/1934) eine Fülle

---

71 Coulmas: Muttersprache – auf Gedeih und Verderb? (s. Anm. 40), S. 122–123.
72 Ahlzweig: Muttersprache – Vaterland (s. Anm. 37), S. 185–186.
73 Knobloch: Volkhafte Sprachforschung (s. Anm. 37), S. 12.
74 Knobloch: Volkhafte Sprachforschung (s. Anm. 37), S. 64.
75 Knobloch: Volkhafte Sprachforschung (s. Anm. 37), S. 9.

neuer resonanzfähiger Themen und Ressourcen zu. Das erklärt den durchschlagenden Erfolg Weisgerbers in allen fachlichen Lagern der 20er und 30er Jahre.[76]

So gehörte die bereits zitierte Schrift *Muttersprache und Geistesbildung* 1929 nach Einschätzung von Florian Coulmas zu den »erfolgreichen und breit diskutierten sprachwissenschaftlichen Werken der ausgehenden Weimarer Zeit«[77]. Zeitlebens hat Weisgerber rund 400 Aufsätze publiziert; er ist nicht müde geworden, seine sprachesoterischen (Muttersprach-)Thesen fachübergreifend in wissenschaftlichen und populären Organen mantraartig zu wiederholen. In programmatischen Texten wandte sich Weisgerber an Vertreter diverser Disziplinen: Philologen, Philosophen, Psychologen, Soziologen, aber auch Naturwissenschaftler – besonders Chemiker, und andere.[78] Die »erklärte Allzuständigkeit der ›Muttersprache‹«[79] überzeugte über die Fachgrenzen hinweg und sorgte neben dem nationalistisch aufgeladenen Begriff ›Sprachgemeinschaft‹ für durchschlagenden Erfolg.[80]

Ein zentrales Wirkungsfeld war für Weisgerber auch die jetzt erstarkende Kultur- und Wesenskunde der Völker, die seit 1925 zum festen Bestandteil der Philologenausbildung gehörte und wegen ihres Chauvinismus und Revisionismus von Walter Apelt bereits 1967 als »Irrweg deutscher Philologen«[81] bezeichnet worden ist. Diese kultur- und volkskundliche Bewegung wirkte sich außerdem auf den Fremdsprachenunterricht aus, den auch die jüngere Exilantengeneration besucht hatte.

Der Mitte des 19. Jahrhunderts an den sogenannten Realgymnasien eingeführte neusprachliche Unterricht hatte sich zunächst didaktisch an der Grammatik-Übersetzungsmethode orientiert, mit der Griechisch und Latein an humanistischen Gymnasien vermittelt wurden. Den Unterrichtsinhalt bildeten laut Walter Apelt »antiquierte histori-

---

76 Knobloch: Volkhafte Sprachforschung (s. Anm. 37), S. 371.
77 Clemens Knobloch: Sprachauffassungen. Studien zur Ideengeschichte der Sprachwissenschaft. Frankfurt a. M. 2011, S. 81.
78 Vgl. Helmut Gipper: Vorbemerkung. In: Weisgerber: Zur Grundlegung der ganzheitlichen Sprachauffassung (s. Anm. 35), S. 10. Vgl. auch Knobloch: Volkhafte Sprachforschung (s. Anm. 37), S. 92–93.
79 Knobloch: Volkhafte Sprachforschung (s. Anm. 37), S. 13., auch S. 15, 57. Mit der These, »den Einfluß der sprachlichen Schicht aufzuweisen« gelang es Weisgerber nicht nur, die Sprachwissenschaft aus der Krise zu führen, sondern seine ganzheitliche Sprachauffassung als eine quasi interdisziplinäre, überfachliche Gegeninstanz zu den erstarkenden Naturwissenschaften zu etablieren. Vgl. Weisgerber: Muttersprache und Geistesbildung (s. Anm. 55), S. 159–161.
80 Knobloch: Volkhafte Sprachforschung (s. Anm. 37), S. 371.
81 Walter Apelt: Die kulturkundliche Bewegung im Unterricht der neueren Sprachen in Deutschland in den Jahren 1886–1945. Ein Irrweg deutscher Philologen. Berlin 1967.

sche Werke, sinnlose Übungstexte, englische und französische Übersetzungen klassischer Autoren der Antike usw.«[82]. Die sogenannte direkte Methode zum Erwerb aktiver Fertigkeiten wie Sprechen oder Schreiben wurde also gänzlich vernachlässigt. Die Praxisferne dieser überkommenen Methodik hatten Reformer um Wilhelm Viëtor seit Ende des 19. Jahrhunderts angeprangert und für die schulische Vermittlung mündlicher Fremdsprachenkompetenz geworben.[83] Ihre Bemühungen wurden spätestens durch den Ersten Weltkrieg desavouiert: Nach 1918 erlebte auch die Debatte um die Didaktik und Zielsetzung des Fremdsprachenunterricht einen Backlash; der Unterricht stand nun unter enormem Rechtfertigungsdruck. In dieses pädagogische Legitimationsvakuum hinein platzierte Leo Weisgerber ab 1926 seine volks- und wesenskundlichen Thesen. Darin postuliert er den Wert des fremdsprachlichen Unterrichts allein im Kontrast und zur Stärkung des Eigenen, ergo der deutschen Sprache: »Fremd-feindlichen Sprachen wird jeder Eigenwert in Sachen Bildung abgesprochen«[84].

Der Einfluss und die Folgen der praxisfernen Lehrmethoden waren auch im Exil spürbar, wie folgende Äußerung von Ludwig Marcuse über den niedrigen Status des Englischen illustriert:

> Wir hatten viel Griechisch und viel Latein und etwas Französisch auf der Schule, zu Hause eine Bonne und eine Mademoiselle, aber keine Miß [sic!]. Mit Perikles und Augustus waren wir ganz befreundet, mit den Franzosen waren wir bekannt wegen Sedan und auch wegen des Moulin Rouge – die Englisch sprechenden Völker verdienten nur Geld; was hatten wir, Söhne von Ministern und reichen Leuten, wir Zöglinge eines humanistischen Gymnasiums mit den Ländern des ›Koofmichs‹ zu tun? [...] Wer heute [d.i. 1960] jung ist, ahnt nicht, daß man vor fünfzig Jahren als gebildeter Europäer in einer Welt mit dem Zentrum Paris lebte; New York und das Kolonialgebiet drumherum war ferner als Afrika.[85]

Auch Hans Natonek lernte an der Schule zwar Englisch, aber sein »quaint old English tutor [...] was too bored to bother much about such trivialities as grammar and idiomatic speech«. Er stattete seine Schüler nicht etwa mit einem »workaday everyday English« aus, sondern las mit ihnen die Klassiker. »We learnt magnificent sentences by

---

82 Apelt: Die kulturkundliche Bewegung im Unterricht (s. Anm. 81), S. 11.
83 Vgl. Quousque Tandem (d. i. Wilhelm Viëtor): Der Sprachunterricht muss umkehren. Ein Beitrag zur Überbürdungsfrage. Heilbronn 1882.
84 Knobloch: Volkhafte Sprachforschung (s. Anm. 37), S. 74.
85 Ludwig Marcuse: Und wieder fliehen [1960]. In: Verbannung. Hg. v. Egon Schwarz und Matthias Wegner. (s. Anm. 6), S. 69–73; hier: S. 70.

heart – little help for those who only wanted to make themselves understood on their eventual vacation trip to London.«[86]

Exilintellektuelle konnten in den USA also selten auf englischsprachige Vorbildung bzw. praxisnahe Methoden zum Fremdspracherwerb zurückgreifen. Sie entwickelten stattdessen individuelle Verfahren. Das zeigen die autodidaktischen Bemühungen derer, die die Kontaktsprache lernen wollten oder mussten. Kurt Bauchwitz hatte sich z. B. mit alten *Reader's Digest*- und *Times*-Magazinen sowie einem Englischwörterbuch auf die USA vorbereitet. Wie er 1941 in dem Artikel *On Learning English* beschreibt, entwickelte er außerdem einen sogenannten *punning test* »[to] increase, refine, and spice one's command of language [...] I began grouping alliterating and rhyming words, later synonyms and antonyms – When I say I ›grouped‹ them you must not think I did any earnest work. I rather played with words ›grouping‹«.[87] Im Archiv finden sich alphabetische Listen mit englischen Wortfolgen wie »salary – celerity – celery« oder »color – collar – choler – calorie«[88], deren Bedeutung man raten und mit Eselsbrücken vernetzen sollte. Ähnlich spielerisch hat Hans Natonek in dem Gedicht *Tongue à la Mishmash. Newcomer's vocabulary to memorize slanguage [sic!] and rare words* gesammelt. Bereits die ersten Zeilen belegen die dadaistische Anmutung des gesamten Gedichtes: »Wishy-washy, fiddle-faddle, / gimcrack, gegaw, diddle-daddle.«[89]

Erika Mann, die sich dank Sprachbegabung und Nachahmungstalent in ihrer Kindheit als einziges Familienmitglied mühelos den bayrischen Dialekt angeeignet hatte,[90] empfand »[e]s [...] schwerer, Englisch zu lernen, als ich es mir vorgestellt hatte – ich mußte viel üben und mir manchen Gedanken darüber machen. Aber ich ließ mich nicht entmutigen«[91], schrieb sie über ihren Lernprozess. Als wortgewandte Kabarettistin und routinierte Bühnenperformerin gehörte sie zu den wenigen Exilanten, die in den USA als Vortragsreisende gefragt waren.[92] Diese kräftezehrenden Veranstaltungen fanden selbstverständ-

---

86 Natonek: Between Two Languages (s. Anm. 59), S. 491.
87 Bauchwitz alias Bates: On Learning English (s. Anm. 86).
88 Bauchwitz alias Bates: On Learning English (s. Anm. 86).
89 Hans Natonek: Tongue à la Mishmash. Newcomer's vocabulary to memorize slanguage [!] and rare words. Optional title: Sweet Nonsense of Words. Undatiertes Manuskript. In: Hans Natonek Papers (s. Anm. 54), S. 1.
90 Vgl. dazu Irmela von der Lühe: Erika Mann. Eine Biographie. Frankfurt a. M. 2001 (1993), S. 22.
91 Erika Mann: Gastgeber Amerika [1941]. In: Dies.: Blitze überm Ozean. Aufsätze, Reden, Reportagen. Hg. von Irmela von der Lühe und Uwe Naumann. Reinbek 2001, S. 198–211; hier: S. 207.
92 Vgl. Erika Mann: Aus dem Leben einer Vortragsreisenden [1945]. In: Dies.: Blitze überm Ozean (s. Anm. 91), S. 267–276.

lich in englischer Sprache statt, sodass Erika Mann ihre Vorträge anfangs komplett auswendig lernen musste. Sie erinnerte sich: »Natürlich war es peinlich, wenn ich nach dem durch mein Nachahmungstalent überzeugend klingenden Vortrag mit Fragen bombardiert wurde, die ich nicht verstehen und schon gar nicht beantworten konnte«[93]. Ähnliches beschrieb Hans Habe, der laut Selbstaussage die ersten »Vorlesungen wie ein Papagei herunterplapperte, kaum wissend, wo die einzelnen Wörter begannen und wo sie endeten«[94].

Der neusprachliche Unterricht war diesen Erfahrungsberichten zufolge also kaum geeignet, aktive Englischkompetenz, geschweige denn ein fremdsprachliches Selbstbewusstsein zu vermitteln. Vielmehr transportierte auch die Schule die Idee einer Vorrangstellung der deutschen Sprache: Die Schul- und Bildungspolitik des Kaiserreiches und insbesondere die Reichsschulkonferenz von 1890 unter Wilhelm II. hatte sich für eine Intensivierung des Deutschunterrichtes eingesetzt mit dem Argument, dass die Schule nicht nur junge Griechen und Römer, sondern junge Deutsche ausbilden solle. Diese Tendenz wurde entgegen der zwischenzeitlichen Reformbemühungen nach 1918 wiederbelebt und verkomplizierte die Sprachkontaktsituation durch die Auffassung einer unauflösbaren Bindung an Muttersprache und Sprachgemeinschaft.

Neben Universität und Schule verbreiteten aber auch Buchmarkt und Medien die zitierten Sprachwechsel- bzw. Zweisprachigkeitsphobien. Schmidt-Rohrs Hauptwerk *Die Sprache als Bildnerin der Völker* erschien zwar erst 1932, knüpfte aber unmittelbar an seine verbreitete Muttersprachphilosophie von 1917 an. Das Buch wurde mit »organisierten Rezensionen und breit gestreuten Vorabdrucken«[95] geradezu modern vermarktet und löste heftige Debatten aus. Es wurde z. B. auch in der *Zeitschrift für evangelische Geisteskultur* mit dem Schauspieler Lothar Müthel und dem Heimatdichter Hans Friedrich Blunck diskutiert. So waren die Texte von Schmidt-Rohr und Weisgerber also auch in populären Zeitschriften verbreitet und Schriftstellern bekannt.

---

93 Erika Mann: Gastgeber Amerika (s. Anm. 91), S. 207. S. auch Schreckenberger: Vortragstätigkeit der Exilschriftsteller in den USA (s. Anm. 24), S. 322 sowie von der Lühe: Erika Mann (s. Anm. 90), S. 292.

94 Zit. nach Schreckenberger: Vortragstätigkeit der Exilschriftsteller in den USA (s. Anm. 24), S. 308.

95 Knobloch: Volkhafte Sprachforschung (s. Anm. 37), S. 230. Vgl. zur Rezeption Franz Thierfelder: Die Sprache – Ausdruck oder Inbegriff des Volkstums? In: Mitteilungen der Akademie zur wissenschaftlichen Erforschung zur Pflege des Deutschtums 2 (1932), S. 255–258; Hans Teske: Die Sprache als Bildnerin der Völker. In: Deutsches Volkstum 15 (1933), S. 598–602.

Außerdem wirkte Leo Weisgerber über das Radio, zum Beispiel am 1. August 1932 mit dem Vortrag *Sprachwissenschaft als lebendige Kraft unserer Zeit*. Dieser wurde über die Deutsche Welle ausgestrahlt, die bis 1933 aus Berlin sendete und deutschlandweit empfangen werden konnte. Weisgerber nutzte auch dieses Forum, um »den Besitz der Sprache als das entscheidende Kennzeichnen menschlichen Seins« zu markieren, flankiert durch den Allmachtsanspruch der Sprachwissenschaft, deren Aufgabe es sei, »den Auswirkungen der Sprache in allen kulturellen Leistungen der Menschheit nachzuspüren«[96]. Wie immer mündeten Weisgerbers Ausführungen auch hier in der »schicksalhaften Macht der Muttersprache«[97], die alle ihre Sprecher unverbrüchlich aneinanderbinde.

Georg Schmidt-Rohr und Leo Weisgerber ist es erfolgreich gelungen, ihre bindende Sprachauffassung im halb-öffentlichen und öffentlichen Diskurs der 1920er und frühen 1930er Jahre zu verankern. Auf diese Weise konnten sie die nach dem Ersten Weltkrieg neu entfachte Diskussion um die Muttersprache in ihrem Sinne fokussieren und damit die Sprachauffassung einer ganzen Epoche prägen, die unbewusst-bewusst auch den Weg ins Exil fand. Dass mit diesem Sprachwissen die positive Einstellung zur Muttersprache gewissermaßen qua Geburt zementiert war und auch im Exil nach 1933 den Spracherhalt evozierte, kann vor diesem Hintergrund kaum überraschen. Die Überbewertung und Hypostasierung von Muttersprache in diesem sprachphilosophischen Kosmos hilft, die quasi reflexhaft hohe emotionale Bewertung des deutschen Idioms ebenso wie die Ablehnung von Zweisprachigkeit und Sprachwechsel im Exil zu erklären. Insofern liefert die Prägung durch die Muttersprachphilosophie Schmidt-Rohrs und Weisgerbers einen wichtigen Stein im Motivationsmosaik für das vorherrschende Sprachverhalten im Exil.

Es ist eine bitterböse Ironie der Geschichte, dass diese konservative Muttersprachauffassung nicht nur viele Exilanten beeinflusst hat, sondern in Deutschland nach 1933 den Boden für die völkisch-rassischen Muttersprachkonstruktionen der NS-Diktatur bereitete. Zwar erwies sich die muttersprachliche Totalinklusion nach 1933 mit der Machtübergabe an die Nationalsozialisten zunächst als dysfunktional, weil offensichtlich auch die ›falschen‹ Leute Muttersprachler waren, aber Leo Weisgerber und Georg Schmidt-Rohr zeigten sich flexibel genug, den Terminus Sprachgemeinschaft mit ausreichend Exklusionspotenzialen auszustatten, sodass er im Sinne der NS-Rassenpolitik durch

---
96 Weisgerber: Sprachwissenschaft als lebendige Kraft unserer Zeit (s. Anm. 36), S. 390.
97 Weisgerber: Sprachwissenschaft als lebendige Kraft unserer Zeit (s. Anm. 36), S. 393.

»Volksgemeinschaft« ersetzt werden konnte.[98] Leo Weisgerber und Georg Schmidt-Rohr haben nach 1933 daran gearbeitet, das Konstrukt der Muttersprache komplementär zum biologistisch konzeptualisierten Rassegedanken zu entwickeln, um die Überlegenheit der deutschen Sprache an prominenter Stelle in die NS-Weltanschauung einfließen zu lassen. Es ist ihnen jedoch nicht gelungen, die Sprachwissenschaft bzw. Germanistik als zentrale NS-Wissenschaft zu implementieren.

---

98 Vgl. dazu Knobloch: Volkhafte Sprachforschung (s. Anm. 37), S. 101, s. auch S. 227–272.

Utz Maas

Sprache bei exilierten Sprachforschern

Das Exil von Sprachforschern und -forscherinnen lässt auf den ersten Blick einen privilegierten Zugang zu den Fragen des Bandes erwarten, sind die mit der Herausgabe bzw. dem vorausgegangenen Symposion in Hamburg gestellten Fragen bei ihnen doch Bestandteil der professionellen Aktivitäten. Die Dokumentation zur Verfolgung und Vertreibung deutschsprachiger Sprachforscher[1] bietet eine Datenbasis für ihre Untersuchung: Sie enthält in der inzwischen überarbeiteten Netzversion biografische Darstellungen zu 227 exilierten Sprachforschern; hinzu kommen Einträge zu weiteren Personen: Verfolgte, die nicht auswandern konnten und z. T. auch umgebracht wurden, dann auch Emigranten ohne Verfolgungshintergrund sowie eine Reihe von Fällen, die aufgrund der oft widersprüchlichen Quellenlage und Angaben in der einschlägigen Literatur mitdokumentiert sind. Insgesamt handelt es sich um 335 biografische Einträge, die in gewissen Grenzen auch eine kontrastive Analyse der biografischen Verläufe bei Exilanten erlauben.[2] In diesem Beitrag versuche ich das Bild zu skizzieren, das sich beim Durchsehen dieses dokumentarischen Materials ergibt.

---

[1] Utz Maas: Verfolgung und Vertreibung deutschsprachiger Sprachforscher 1933–1945. Tübingen 2010.
[2] Die überarbeitete Version ist zugänglich unter http://www.esf.uni-osnabrueck.de [abgerufen: 09.06.2014]. Die Zusammenstellung des Katalogs erklärt sich aus der Geschichte dieses Unternehmens, das Anfang der 1980er Jahre begann, als die Quellenlage noch sehr undurchsichtig und wenig aufgearbeitet war. So waren viele Biografien zu klären, die durch falsche Fährten (etwa den Listen der *Displaced Scholars* aus den 1930er Jahren) vernebelt worden waren. Als Hilfsmittel für die Forschung sind diese mitdokumentiert. Faktisch enthält die Dokumentation so eine große Zahl von Kontrastbiografien, die als solche auch bei der folgenden Argumentation genutzt werden. Es versteht sich von selbst, dass der größte Teil der biografischen Einträge im Katalog auf Sekundäranalysen der einschlägigen Quellen beruht, die oft allerdings auch nur sehr rudimentäre Auskünfte geben. Lediglich in einigen Fällen konnte ich detaillierte Recherchen anstellen, zu denen auch biografische Interviews gehörten. Soweit diese auf Tonband registriert sind, sind sie (wie auch die anderen Quellenmaterialien) an der Universitätsbibliothek Osnabrück zugänglich, wo mein Archiv zu diesem Unternehmen deponiert ist. Um welche Quellen es sich jeweils handelt, geht aus den Hinweisen im Katalogteil der Dokumentation hervor. Biografische Kurzhinweise zu den in diesem Beitrag erwähnten Personen finden sich im Anhang (im Text stehen diese Namen in Kapitälchen).

Im Hintergrund dieser Dokumentation steht die fachgeschichtliche Frage nach der Professionalisierung der Sprachwissenschaft seit dem Ende des 19. Jahrhunderts, deren Ausformung zweifellos von politischen Eingriffen wie vor allem der rassistischen Verfolgung im Nationalsozialismus tangiert wurde, auch wenn die These von der »Enthauptung der deutschen Wissenschaft« durch die Vertreibung nicht aufrechtzuerhalten ist.[3] Für Sprachforscher gilt, anders als für die bei der Exilforschung traditionell im Vordergrund stehenden Literaten, dass ihre professionelle Arbeit in einem methodischen Koordinatensystem definiert ist, das sie grundsätzlich transportierbar macht. Von daher ist ein systematischer Einfluss der sprachlichen Umgebung im Einwanderungsland auf die wissenschaftliche Arbeit nicht zu erwarten. Schon die mittelalterlichen Universitäten kannten die universale Ausrichtung der Wissenschaft durch die einheitliche Wissenschaftssprache Latein.[4] Das prägte aber insbesondere auch die jüngere Wissenschaftsgeschichte, die, wie der Aufbau moderner universitärer Strukturen, durch Freizügigkeit bestimmt war: in der zweiten Hälfte des 19. Jahrhunderts in den USA, zu Beginn des 20. Jahrhunderts z.B. in der Türkei (im Rahmen von Vereinbarungen zwischen dem Deutschen und dem Ottomanischen Reich). Insofern war diese Freizügigkeit auch der Horizont für die wissenschaftliche Emigration nach 1933, bei der sich Exil und »reguläre Emigration«, also die nicht durch die politischen Verhältnisse erzwungene Auswanderung, überlagern. Der restriktive Faktor der national geforderten Anerkennung akademischer Abschlüsse war eine relativ junge Barriere, die vor allem auch explizit gegen die unerwünschte Konkurrenz durch die Exilanten gezogen wurde (besonders restriktiv war in dieser Hinsicht z.B. die Praxis in Frankreich).

Wo der Lebensentwurf eines jungen Menschen ohnehin auf die Auswanderung ausgerichtet war, sind die Bedingungen andere, als wenn diese eine erzwungene Reaktion auf die repressiven Verhältnisse war. Daher sind pauschalisierende Feststellungen nicht aussagekräftig: in den fremdsprachlichen Fächern gehörten Auslandsaufenthalte ohnehin zur Biografie, was bei dem dominierend germanistischen Blick in der Exilforschung oft übersehen wird. Die ausschlaggebenden Faktoren konnten hier aber auch ganz andere sein: die Flucht vor der familialen

---

3 Ausführlich zu den fachgeschichtlichen Verhältnissen und dem Bruch mit der älteren »philologisch« ausgerichteten fachlichen Tradition, der von dem politisch motivierten Eingriff überlagert wurde, siehe den Textband zur elektronischen Neubearbeitung des Katalogs (2014) (s. Anm. 2).

4 Diese Traditionslinie bestand bis zum Ende des 19. Jahrhunderts fort: Auch noch zu Beginn des 20. Jahrhunderts wurden Dissertationen z.T. in Latein redigiert und eingereicht, wie in einer Reihe der im Katalog repräsentierten Fälle.

Kontrolle, z. B. durch die oft als gewaltsam erfahrene familiale Lebensplanung;[5] die Flucht aus dem repressiven gesellschaftlichen Umgang mit Homosexualität mit der Auswanderung in die faktisch weniger repressiven Verhältnisse im Orient u. a. mehr.[6]

Vom wissenschaftlichen Arbeitsgegenstand zu unterscheiden sind die materiellen und sozialen Arbeitsbedingungen in der Emigration, bei denen allerdings, vor allem bei der universitären Lehrtätigkeit, sprachliche Fragen dominieren konnten. Für die fachliche Kommunikation ließen sich immer Lösungen finden: in vielen Bereichen war in der ersten Hälfte des 20. Jahrhunderts ohnehin immer noch das Deutsche die wichtigste wissenschaftliche Publikations- und oft auch internationale Verkehrssprache. Die (Alt-)Orientalistik in den USA stand z. B. in dieser Tradition, so konnten ganze Forschergruppen dorthin emigrieren und an Zentren wie z. B. der Universität Chicago ihre Arbeit nicht nur fortsetzen, sondern dort sogar unter vergleichsweise traumhaften Bedingungen weiterentwickeln, auch wenn sie z. T. erst auf Umwegen über andere Exilstationen (vor allem auch über die Türkei) ins Land gekommen waren.[7] Die Vertreibung erscheint hier gewissermaßen nur als Randbedingung der wissenschaftlichen Freizügigkeit, bei der auch die Forschung transportierbar ist.

Nicht in allen Fällen waren die Bedingungen so gut wie bei diesen Altorientalisten; aber die ungebrochene Kontinuität des Arbeitens auch unter erschwerten Emigrationsverhältnissen ist in vielen Fällen beeindruckend. Das gilt so z. B. für die relativ große Gruppe von Klassischen Philologen, die nach England emigrieren konnte, wo z. B. Otto SKUTSCH über 50 Jahre hinweg kontinuierlich an seiner großen Ennius-Ausgabe arbeitete. Bei den meisten Sprachforschern ist nicht erkennbar, dass die fremde Sprache des Einwanderungslandes mehr als nur alltagspraktisch definierte Probleme mit sich gebracht hätte. So konnte der Gräzist Paul MAAS, der mit seiner Flucht nach England (zum letztmöglichen Zeitpunkt vor Kriegsausbruch) noch sein extensiv annotiertes Griechischlexikon rettete, in England an diesem weiterarbeiten. Immerhin verfasste er auch kleine philologische Vignetten zu philolo-

---

5 Darunter vor allem auch die von traditionellen jüdischen Familien organisierte Verheiratung der Kinder. In einzelnen autobiografischen Darstellungen spielt das eine prominente Rolle, so z. B. bei meinem Interview mit Paul GARVIN, der allerdings nach der Auswanderung in diesem kulturellen Kontext blieb und damit vom Regen in die Traufe kam (s. im Katalog GARVIN)
6 Das ist ein wichtiger Faktor bei vielen orientalistischen Biografien im Katalog. Dokumentiert ist dieser nur, wenn er in den Quellen und Selbstaussagen der Betroffenen hervorgehoben wird, z. B. bei dem Orientalisten Hellmut RITTER oder dem Romanisten Traugott FUCHS, die beide in die Türkei emigrierten.
7 S. im Katalog GOETZE, LANDSBERGER, OPPENHEIM(ER), POEBEL.

gischen Gegenständen des Englischen: seine Art, auf die Rettung dorthin zu reagieren, die ansonsten für ihn mit schwierigen Lebensumständen verbunden war. Andere schafften es, ihre herkömmlichen Arbeitsbedingungen auch im Einwanderungsland aufrechtzuerhalten wie z. B. der Romanist Erich AUERBACH, der zwar gewissenhaft in Istanbul seine institutionellen Aufgaben als Professor für »Westliche Sprachen und Literaturen« erfüllte, aber seine Forschungen, gestützt auf eine reiche Klosterbibliothek in dem alten italienischen Stadtteil Galata (heute Karaköy), mit einem kleinen Kreis von Mitarbeitern (der vor allem auch aus Migranten bestand) fortführte.[8]

Anders war es da, wo die Lehrverpflichtungen im Gegenteil zu denen an forschungsorientierten Eliteuniversitäten nur wenig Raum für selbstbestimmtes Arbeiten ließen, wenn diese auf das Grundstudium ausgerichtet waren, vor allem beim Neuaufbau universitärer Strukturen, beispielsweise in der Türkei, aber auch in kleineren Hochschulen etwa im Mittleren Westen der USA. Hier stand die Landessprache zwangsläufig im Vordergrund. Ältere, die sich in ihren akademischen Gewohnheiten eingerichtet hatten, taten sich in diesen Fällen meist schwerer als Jüngere, die noch offen waren. Mehr als die Sprache selbst bereitete ihnen dabei der Umgang mit Studierenden ein Problem, die nicht den aus Deutschland noch gewohnten (bzw. dort in den philologischen Fächern selbstverständlich erwartbaren) Hintergrund eines humanistischen Gymnasiums hatten. Die Klage darüber zieht sich durch die meisten persönlichen Zeugnisse, nicht nur bei Emigranten, die unter relativ extremen Bedingungen wie an den neuen Universitäten Istanbul und Ankara zu unterrichten hatten. Ausschlaggebend war letztlich jedoch die Persönlichkeitsstruktur des Einzelnen. So gab es ältere (und fachlich längst etablierte) Forscher, die sich mit Elan auf die neue Situation einlassen konnten, wie z. B. Leo SPITZER,[9] der gemeinsam mit seinen jungen, aus Deutschland geholten Mitarbeitern (FUCHS, HEYD [BURKHARD], MARCHAND) in der Türkei tätig war. Selbst da, wo im Prinzip eine positive Einstellung zu den neuen Arbeitsbedingungen vorhanden war und wo sich im späteren Werk auch noch die Erfahrungen der Arbeit unter den ganz anderen hochschuldidaktischen Bedingungen widerspiegeln – etwa bei Hans REICHENBACH, der in seiner für die neuere Sprachwissenschaft grundlegenden Formalisierung von Elementen der Alltagsprache eben auch kontrastive Vergleiche mit

---

8 Sein Amtsvorgänger Leo SPITZER ließ sich in einer ganz anderen Art auf die Konstellation in Istanbul ein (s. u.), suchte ihr aber auch so rasch wie möglich wieder zu entkommen.

9 S. Leo Spitzer: En apprenant le turc. In: Bulletin de la société de linguistique de Paris 35 (1935), S. 82–101.

dem typologisch anderen Türkisch einbaute –,[10] war es häufig die frustrierende Konfrontation mit Studierenden ohne die gewohnten kulturellen Bildungsprämissen, die, wie bei SPITZER, zur raschen Weitermigration in die USA führte.[11] Anders war es selbstverständlich bei denen, die im Türkischen ihren Arbeitsschwerpunkt hatten wie z. B. Andreas TIETZE, oder auch bei den Jüngeren, die in der Türkei aufwuchsen wie z. B. Karl ZIMMER.

Die Offenheit für die Verarbeitung anderer als die gewohnten sprachlichen Verhältnisse ist ein Persönlichkeitsfaktor, der in die Emigration mitgebracht wurde, der sich aber nicht unbedingt auf die unmittelbaren Lebensumstände dort ausrichten musste. Daraus resultieren Spannungen, die schon bei demjenigen besonders deutlich sind, der eine Schlüsselrolle bei der Begründung der modernen deskriptiven Sprachwissenschaft hatte, nämlich bei Franz BOAS. BOAS war schon am Ende des 19. Jahrhunderts in die USA emigriert, nachdem er sich auch im wörtlichen Sinne (als schlagender Verbindungsstudent) in Deutschland mit dem Antisemitismus hatte herumschlagen müssen. Auch wenn er in den USA ein systematisches Forschungsprogramm für den Umgang mit den autochthonen Sprachen Nordamerikas entwickelte und für die nächsten Forschergenerationen institutionalisierte (u. a. auch als Mitbegründer der *Linguistic Society of America*), setzte er in seiner Auseinandersetzung mit den US-Verhältnissen seine politische Haltung dort fort – vor allem auch im Kampf gegen den Rassismus dieser Einwanderungsgesellschaft (aber auch in der engagierten Fortsetzung seiner Aktivitäten in Deutschland, die 1933 seine Ausbürgerung und die Verbrennung seiner Bücher zur Folge hatten).

Für die Bestimmung der Exil-Situation ist die politische Haltung ein ausschlaggebender Faktor. Ein Exil ist definitionsgemäß auf die Rückkehr ausgerichtet. Das legt nahe, sich erst gar nicht oder nur beschränkt auf die Verhältnisse im Einwanderungsland einzulassen. Zu diesem Personenkreis gehören denn auch designierte Remigranten nach 1945. Aber auch bei ihnen geben biografische Brechungen den Ausschlag. Auf der einen Seite steht jemand wie Alfons NEHRING, der in den USA am *Council for a Democratic Germany* beteiligt war, ansonsten aber

---

10 S. Hans Reichenbach: Elements of symbolic logic. New York 1947, dort insbesondere Kap. 7 »Analysis of conversational language«, mit türkischen Beispielen in den Übungsaufgaben.
11 Einer eigenen Analyse bedürfen noch die Arbeitsbedingungen der Altorientalisten in der Türkei, die damals dort politischen Rückenwind hatten, weil das nationalistische Programm Atatürks, gegen die traditionelle Fremdorientierung an arabisch-persischen Zentren, auf die Aufwertung einer eigenen großen historischen Tradition mit den Hethitern im Zentrum zielte.

den am Schreibtisch arbeitenden deutschen Professor verkörperte; auf der anderen Wolfgang STEINITZ, der einerseits in der Sowjetunion bei sibirischen Völkern (bei ihm wie damals üblich Wotjaken genannt) ethnografisch arbeitete, der andererseits aber eben auch immer schon mit Analysen des Deutschen befasst war, was er nach 1945 in der DDR in große Projekte umsetzte. Diese sollten zum einen die Arbeiterkultur dokumentieren, zum anderen aber auch die Bildungssprache bzw. generell den Sprachausbau. Als Kader der kommunistischen Partei war STEINITZ auch im Exil relativ gut über die tatsächlichen Verhältnisse in Deutschland informiert – und weit von einer in literarischen Exilkreisen verbreiteten imaginären Idealisierung der deutschen Sprache, die vorgeblich von den Nazis verhunzt würde, entfernt.[12]

Auch da, wo die soziale Umwelt grundsätzlich als fremd abgelehnt wurde, wie es bei den stereotypen Vorbehalten gegenüber der amerikanischen »Massenkultur« vor allem bei den älteren Emigranten häufig der Fall war, konnten die familialen Verhältnisse entscheidend sein. Eine Familie mit kleinen Kindern erzwingt ein Sich-Einlassen auf die soziale Umwelt. So hatte z. B. Karl BÜHLER bei früheren Aufenthalten in den USA einen Verbleib dort ausgeschlossen. Als er später (vermittelt über seine dort schon halbwegs integrierte Frau Charlotte) erzwungenermaßen dorthin ausreiste, machte seine Familie, vor allem die Kinder eine Rückkehr unmöglich – obwohl er wissenschaftlich in den USA nicht mehr Fuß fassen konnte. Für solche Emigranten war eine Remigration erst wieder eine Option, wenn die Kinder »aus dem Haus« waren.

Eine besondere Konstellation bestand schließlich bei denen, die nach Palästina emigrierten. Für die zionistisch Orientierten handelte es sich dabei ohnehin nicht um eine Emigration, sondern um die Rückkehr in das gelobte Land.[13] Mit den dort aufzubauenden neuen gesellschaftlichen Verhältnissen stellte sich auch die Sprachfrage, wobei das Arrangement mit der Sprache der dortigen Bevölkerung, also das palästinensische Arabische, für die meisten nur eine marginal-instrumentelle Rolle spielte.[14] Die Sprachforscher unter den Einwanderern waren

---

12 Sein praktisch orientierter Umgang mit Sprachfragen zeigt sich darin, dass er nach seiner Rückkehr aus der Sowjetunion ein erfolgreiches Lehrbuch des Russischen verfasste.

13 Im Hebräischen die ꜥalijah, wörtlich ›Aufstieg‹, ein Terminus, der auch im jüdischen liturgischen Ritus Verwendung findet. Ich behalte die (alt-)hebräische Transliteration mit dem ꜥajin bei; häufig wird das (entsprechend der Lautierung im Ivrit) nicht gemacht, ebenso wie die Femininendung oft ohne <h> geschrieben wird, also Alija.

14 In der ersten Phase der massenhaften Einwanderung nach 1933 wurden allerdings auch entsprechende Vorbereitungskurse durchgeführt; dafür erstellten arabistische Emigranten wie vor allem Chaim RABIN Lehr-Materialien.

immer auch professionell in diese Auseinandersetzungen einbezogen, die dann mit der Gründung eines israelischen Staats (1948) institutionell eine andere Ausrichtung erhielten. Die Mehrheit der jüdischen Siedler in Palästina kam aus Osteuropa und hatte Jiddisch als Umgangssprache, das so zunächst auch für Palästina als Verkehrssprache gesetzt war.[15] Hebräisch war als sakrale Sprache davon abgegrenzt, und durfte auch nach Auffassung der geistlichen Orthodoxie nicht profaniert werden. Das Programm einer neuhebräischen Umgangssprache (Ivrit) ist demgegenüber jung, und vor allem auch auf die Einwanderer aus Westeuropa geeicht, die im Jiddischen nicht zuhause waren. Es geht insbesondere auch nicht von der Sprache der »orientalischen« Einwanderer aus, vor allem der großen Gruppe der arabischsprachigen, deren Sprache von der Phonologie bis zur Syntax sehr viel näher an der Struktur des wiederzubelebenden Hebräisch war. Entsprechend wurde das Ivrit von exponierten Vertretern in diesen sprachpolitischen Auseinandersetzungen als europäische Sprache verstanden.[16]

Blättert man auf diese Weise das Spektrum von biografischen Verläufen in der (erzwungenen) Emigration auf, ergibt sich kein einheitliches Bild. In einigen Fällen hat sich das Exil als Glücksfall erwiesen. Bei der Etruskologin Eva FIESEL war das der Fall, hier ist auch der Faktor der Transportierbarkeit des wissenschaftlichen Gegenstands besonders deutlich. Für die von ihr betriebene, institutionell relativ marginale Etruskologie boten die deutschen Universitäten ohnehin keine Berufsaussichten. Dem stehen Fälle des dramatischen Scheiterns in der Emigration gegenüber. Dieses reicht vom wissenschaftlichen Verstummen, wie bei BÜHLER, bis zum Freitod: etwa bei der Hethitologin Leonie ZUNTZ in England, oder bei dem Semitisten Paul KRAUS in Ägypten;

---

15 Dabei war es damals (vor der Shoah) noch selbstverständlich, dass Jiddisch von Deutsch als Bildungssprache ›überdacht‹ wurde – mit dem in der Dialektforschung üblichen Ausdruck für eine sprachliche Varietät, die in einem sprachlichen Register genutzt wird, der das regional Beschränkte übergreift. Herzl war für seinen projizierten ›Judenstaat‹ in seinem gleichnamigen Buch noch von Deutsch als offizieller Sprache ausgegangen, s. Theodor Herzl: Der Judenstaat. Versuch einer modernen Lösung der Judenfrage. Leipzig, Wien 1896.

16 S. dazu die detaillierten Analysen von Haiim ROSÉN (Heinz Erich Rosenrauch), etwa Haiim Baruch Rosén: Contemporary Hebrew. Den Haag 1997. Zu seinen Arbeiten auf Hebräisch, in denen er diese Position z. T. sehr viel pointierter vertreten und extensiv diskutiert hat, s. den Eintrag zu ihm in Maas: Verfolgung und Vertreibung deutschsprachiger Sprachforscher (s. Anm. 1). Zu diesen Diskussionen, und insbesondere auch zu den konservativen Positionen in der israelischen Sprachdiskussion und der Rolle von früheren Immigranten aus Deutschland darin (im Katalog insgesamt 27 Personen), s. das entsprechende Kapitel 2.2.2.2 im Textband zum Katalog (s. Anm. 2); ausführlicher in der demnächst erscheinenden monografischen Darstellung (Utz Maas: Brüche in der Entwicklung der Sprachwissenschaften im 20. Jahrhundert. Berlin (erscheint) 2015).

aber gerade bei solchen biografischen Verläufen müssen die besonderen persönlichen Konstellationen genauer recherchiert werden, um sie tatsächlich einschätzen zu können.[17]

Auf einer solchen Folie ist auch die Frage nach der bewahrten Sprache in der Emigration zu betrachten. Häufig wurde die sprachliche Situation der Einwanderung im Familienverband bewältigt, in dem auch die Kinder mit den Großeltern nicht nur weiterhin Deutsch sprachen, sondern das auch in einer spezifischen regionalen Ausprägung. In biografischen Gesprächen ist mir dieser Faktor oft auch sehr eindringlich dargestellt worden (z.B. von den beiden KAHANES, die zwar ihr Studium in Berlin absolvierten und dort mit der Promotion abschlossen, aber familial in Wien verankert blieben). Bei solchen Gesprächen war es für mich immer überraschend, wie stark die dialektale Prägung der Sprache auch bei jemandem sein konnte, der 50 Jahre im Exil, z.B. in den USA gelebt hatte: So war z.B. bei den Gesprächen mit Karl Heinrich MENGES sein hessischer Akzent unüberhörbar – und das, obwohl ich diese Gespräche mit ihm in Wien führte, wohin er remigriert war. Eine systematische Auswertung solcher Gespräche habe ich für diesen Aspekt allerdings nicht unternommen: Es liegt auf der Hand, dass auch hier große biografische Unterschiede zu erwarten sind, wobei auch der in der einschlägigen Forschung diskutierte Faktor einer Art Altersregression auf frühe Lebensphasen und ihre Artikulationsformen in Rechnung zu stellen ist.[18]

Dabei geht es aber auch nicht nur um formale sprachliche Attribute, die den Äußerungen in solchen Gesprächsaufnahmen zuzuschreiben sind. Der Umgang mit Sprache ist in dem vieldimensionalen Feld des Sprachausbaus definiert, in dem vor allem auch der Umgang mit sprachlichen Normen verankert ist, u.U. auch in der Einnahme kulturell elitärer Verhaltensweisen. Diese Haltung kann auch auf die angenommene Sprache der Emigration transferiert werden, wie sich in einem gesucht exquisiten Stilbemühen im (gedruckten) Englischen bei

---

17 Soweit sich das nach den verfügbaren Quellen beurteilen lässt, gab es in beiden Fällen bei der sprachlichen Bewältigung des Alltags keine Probleme.
18 Ein anderer Faktor ist auch die Aufnahmesituation solcher Gespräche. Anne Betten, die das Sprachverhalten von ehemaligen Palästina-Emigranten im heutigen Israel untersuchte (s. Anne Betten (Hg.), unter Mitarbeit von Sigrid Graßl: Sprachbewahrung nach der Emigration. Das Deutsch der 20er Jahre in Israel. Teil I. Transkripte und Tondokumente. Tübingen 1995; Anne Betten und Miryam Du-nour (Hg.), unter Mitarbeit von Monika Dannerer: Sprachbewahrung nach der Emigration. Das Deutsch der 20er Jahre in Israel. Teil II. Analysen und Dokumente. Tübingen 2000), hatte bei diesen zunächst keine sonderliche regionale Sprachform registriert; bei späteren Gesprächen ihrer österreichischen Projektmitarbeiterinnen mit den gleichen Personen war der Befund bei Emigranten aus Österreich z.T. aber ein ganz anderer (Betten, persönliche Mitteilung).

einer ganzen Reihe der Personen in der Dokumentation, von Ernst
PULGRAM bis zu Yakov MALKIEL, zeigt, wobei die Fortschreibung
einer eigenen großbürgerlichen sprachlichen Selbstpositionierung von
vor der Emigration und die Reaktion auf die sprachlich nivellierende
Umgebung in den USA noch genauer zu analysieren sind. Dass die
Emigration zumindest mit einer spezifischen Sensibilisierung für
»sprachpflegerische« Aspekte verbunden sein kann, ist nicht an eine
Traumatisierung durch die Vertreibung gebunden: Ein »regulärer« Wissenschaftsemigrant wie Herbert PENZL, der in die USA einwanderte,
um dort Karriere zu machen, hat mich in den vielen Jahren unseres
Austauschs immer wieder auf – seiner Meinung nach – verräterische
»undeutsche« anglisierende Stilzüge in meinen Manuskripten aufmerksam gemacht.[19]

Der biografische Bruch durch die erzwungene Emigration konnte zu
einer radikalen Verschiebung in der Wahrnehmung von Sprache überhaupt führen, die der akademischen Abstraktion eines Sprachsystems
ihre Selbstverständlichkeit nahm. Die eigenen Probleme beim Umgang
mit der fremden, auch als repressiv erfahrenen Einwanderungssituation, die Notwendigkeit, sich in einer fremden Sprache auch im Alltag
zu artikulieren, konnten einen ganz anderen Horizont für ein Sprachverständnis aufspannen. Dafür finden sich im Katalog eindrucksvolle
Beispiele, etwa bei Luise HERCUS, die zunächst an akademisch recht
abgeschotteten philologischen Gegenständen arbeitete, bis sie bei der
Weitermigration von England nach Australien mit dem Elend der dortigen Aborigines in Kontakt kam. Daraufhin leistete sie Pionierarbeit
bei der empirischen Forschung zu deren Sprachrelikten und kämpfte
später für deren Rechte (von denen die Sprachenrechte nur ein Aspekt
sind). Im Katalog sind eine ganze Reihe solcher Verschiebungen dokumentiert: Der Romanist Robert POLITZER machte die Erforschung der
Sprache der *chicanos* zu seinem Hauptarbeitsgebiet (und engagierte sich
auch in der politischen Unterstützung für diese marginalisierte Bevölkerungsgruppe in den USA)[20] – neben der fortgeführten Arbeit in seinem philologischen Arbeitsfeld (aber auch empirischen Dialektstudien
in seiner österreichischen Heimatregion). Exemplarisch lässt sich eine
solche Verschiebung bei John (früher Hans-Josef) GUMPERZ nachvollziehen, der mit einer traditionellen dialektologischen Arbeit in den

---

19 Wie Recht er auch mit seiner stilistischen Kritik gehabt haben mag – um Anglizismen handelte es sich bei dem von ihm in meinen Texten Monierten definitiv nicht, wohl aber um Züge des Gegenwartsdeutschen, die einem Emigranten wie ihm nicht mehr geläufig waren.
20 Mit *chicanos* werden in den USA die Nachkommen mexikanischer Einwanderer bezeichnet.

USA promovierte, welche aber schon sprachliche Migrationsfragen zum Gegenstand hatte: die Rekonstruktion der Sprachentwicklung in einer deutschen Gemeinde in Michigan. Hierfür unternahm er auch Dialektstudien in deren Herkunftsregion in Württemberg. Für sein späteres Arbeitsfeld spannte er dann einen ganz anderen Horizont auf, der die gegenwärtige einschlägige Forschungslandschaft bestimmt: nämlich der gesellschaftliche Umgang mit der Sprache der Migranten und die Mechanismen der Stigmatisierung im Alltag; ausgehend von eigenen Feldforschungen in Indien lag sein Forschungsschwerpunkt dabei auf Migranten aus Indien und Pakistan.

Derartige Verschiebungen lassen sich in einer ganzen Reihe der dokumentierten Biografien nachzeichnen. Das Spektrum ist breit und weist auch weniger politisch exponierte Positionen auf. Dazu gehört z. B. Helene HOMEYER, die als Klassische Philologin mit traditionellen philologischen und auch buchgeschichtlichen Arbeiten beschäftigt war, im englischen Exil aber aus ökonomischen Notwendigkeiten sprachpraktische Aufgaben übernehmen musste (u.a. den Unterricht mit deutschen Kriegsgefangenen). Vor diesem Hintergrund bemühte sie sich in ihren späteren Arbeiten um eine systematisch umfassende Sprachreflexion. Ein anderes Beispiel am Rand der akademischen Welt bietet Wilhelm RECHNITZ, der als promovierter (und ambitionierter) klassischer Philologe nach England auswanderte, später jedoch in Nord-Australien als Missionar bei den Aborigines tätig war, deren Sprache er praktizierte und über die er auch publizierte.

Das politische Koordinatensystem der Einwanderung konnte eine professionelle Umorientierung bei der Sprachforschung mit sich bringen. Das gilt für die meisten jüngeren Sprachwissenschaftsimmigranten in den USA: Sie wurden mit ihrer Wehrdienstverpflichtung beim Eintritt der USA in den Zweiten Weltkrieg (im Rahmen eines militärisch organisierten Sprachvermittlungsprogramms zur Schulung der Truppen für den Einsatz in den zu besetzenden Gebieten) auf eine strikt methodenorientierte deskriptive Arbeitsweise geeicht. Eine ganze Reihe der im Katalog Dokumentierten arbeiten mit Gewährsleuten aus diesen Regionen an entsprechenden Sprachlehrwerken, die strikt auf die gesprochene Umgangssprache abgestellt waren: so Paul GARVIN, Henry (Heinrich) HOENIGSWALD, Conrad (Konrad) HOMBERGER, Heinrich KAHANE und Herbert PENZL; hier wurden sie zu (deskriptiven) Strukturalisten.

Andererseits bewirkten aber gerade auch die methodischen Vorgaben der professionellen Sprachwissenschaft häufig eine Abschottung von den gesellschaftlichen Dimensionen der Sprachverhältnisse, die im Kampf gegen das faschistische Deutschland aufgebrochen wurde. Bei den entsprechenden Unternehmungen, organisiert im Rahmen der Propagandaanalyse und insbesondere der Gegenpropaganda, entstanden aufschlussreiche empirische Analysen zur sprachlichen Verfasstheit der deutschen Gesellschaft, insbesondere auch in der Wehrmacht. Diese waren weit von den realitätsfremden Idealisierungen entfernt, mit denen in literarischen Exilzirkeln das vorgeblich von den Nationalsozialisten »verdorbene« Deutsch beschworen wurde. Hier waren jedoch vor allem sozialwissenschaftliche und psychologische Sprachforscher aktiv gewesen, Ernst KRIS, Henry PACHTER (Heinz Pächter), Hans SPEIER u. a., nicht aber professionelle Sprachwissenschaftler.[21] Ohnehin sind es Sprachforscher jenseits des institutionalisierten akademischen Faches, die in dieser Hinsicht aufschlussreiche Arbeiten produzierten, angefangen bei dem publizistischen »Freibeuter« Adolf STORFER bis hin zu eher literaturwissenschaftlich ausgerichteten Forschern, die auf vorübergehende Dienstverpflichtungen mit bemerkenswerten empirischen Gelegenheitsarbeiten reagierten, die Franz H. MAUTNER denn auch recht treffend als »unmittelbare Sprachbetrachtung«[22] charakterisierte; auch Gerhard LOOSES Verarbeitung seiner Erfahrungen als Geheimdienstoffizier im Krieg sind hierzu zu zählen.

Die sprachwissenschaftlichen Forschungserrungenschaften durch Fachfremde machen eine Spannung im Fach offensichtlich, die noch systematischer aufzuarbeiten ist. Es sind nur ausnahmsweise auch Personen, die zum harten Kern der modernen Sprachwissenschaft gerechnet werden, die die Erfahrung der Vertreibung und damit das erzwungene Arrangement mit einer fremden sprachlichen Umgebung in einer systematischen Reflexion verarbeiteten, die sprachvergleichende Aspekte hatte und damit das tradierte Gegenstandsverständnis des Fachs aufbrach. *Faute de mieux* werden sie denn meist auch fachgeschichtlich der Literaturwissenschaft zugeordnet wie etwa Käte HAMBURGER, die ihre sprachtheoretische Orientierung zwar schon aus Deutschland mitbrachte, diese aber über die zum Lebensunterhalt im schwedischen Exil nötige sprachpraktische Arbeit systematisch ausbaute. Es sind solche fachlichen Grenzgänger, die in ihrem Werk auch das biografische Grenzüberschreiten spiegeln, etwa indem sie systematisch die Problematik des Sprachausbaus in die Analyse integrieren, vor allem aber auch mit dem in der neueren Forschung ausgeklammerten Feld des schriftsprachlichen Ausbaus wie z. B. bei Franz BÄUML. In

---

21 Die Folge davon ist, dass diese Analysen auch bis heute in den einschlägigen Arbeiten zur »Sprache im Nationalsozialismus« weitgehend ignoriert bleiben. Genauere Hinweise dazu in meiner Dokumentation (s. Anm. 1 und 2).
22 S. Franz H. Mautner: Wort und Wesen. Kleinere Schriften zur Literatur und Sprache. Frankfurt a. M. 1974, S. 328.

dieser Hinsicht ist die Biografie und das Werk von Leo SPITZER ein Schlüssel zu diesem Spannungsfeld – das gegen seine literaturwissenschaftliche Vereinnahmung (und sprachwissenschaftliche Ausgrenzung) weitgehend noch (wieder) zu entdecken bleibt.[23]

Die kursorischen Bemerkungen dieses Aufsatzes können nicht mehr sein als ein Fenster auf ein noch zu beackerndes Forschungsfeld. Die mit dem Katalog (2010)[24] vorliegende Bestandsaufnahme der Sprachforschung unter den Bedingungen von Verfolgung und Vertreibung bietet zumindest einen ersten Ansatzpunkt.

Anhang: Biografische Kurzinformationen zu den genannten Personen aus dem Katalog

AUERBACH, ERICH (1892 – 1957). Romanist. 1933 Emigration in die Türkei, 1947 in die USA.

BÄUML, FRANZ (geb. 1926). Germanist, 1939 Emigration mit der Familie aus Österreich in die USA.

BOAS, FRANZ (1858 – 1942). Geograf, Ethnologe und allgemeiner Sprachwissenschaftler. Er war seit 1886 in den USA. 1933 wurden seine Bücher verbrannt, später Aberkennung des 1881 erworbenen Doktortitels und Entzug der Staatsbürgerschaft.

BÜHLER, KARL (1879 – 1963). Psychologe. Emigration 1938 (aus Wien) über Norwegen in die USA. Führender Vertreter der damaligen kognitiven Psychologie.

FIESEL, EVA (1891 – 1937). Germanistin und Etruskologin. Emigration 1933/4 in die USA.

FUCHS, TRAUGOTT (1906 – 1997). Romanist. Emigration 1934 in die Türkei als Assistent SPITZERs. Er blieb dort bis zu seinem Tod.

GARVIN, PAUL (1919 – 1994). Allgemeiner Sprachwissenschaftler. 1938 Emigration (aus Prag) nach Schweden, später in die USA.

GOETZE, ALBRECHT (1897 – 1971). Hethitologe. 1933 Emigration als offen auftretender Gegner der Nationalsozialisten über Dänemark und Norwegen in die USA.

---

23 Zur bequemen verkürzenden Vereinnahmung gehört auch seine Reduktion auf einen »Romanisten«. Wie generell bei den älteren Fachvertretern ist bei ihm die Festlegung auf den institutionell vorgegebenen Gegenstand nicht zulässig, seine frühen Arbeiten in Wien waren durch seine deutsch-ungarische Zweisprachigkeit bestimmt (er leistete auch seinen Wehrdienst als Offizier in einer ungarischen Armee-Einheit). Im Exil zeigte er später große Offenheit für die sprachliche Umgebung, s.o. zu seiner Tätigkeit in der Türkei. In den USA nahm er dann auch Gegenstände wie die US-amerikanische Werbung in seine Forschung auf …

24 S. Anm. 2.

GUMPERZ, JOHN JOSEPH (1922 – 2013). Allgemeiner Sprachwissenschaftler. 1939 Emigration mit der Familie in die USA. Grundlegende Arbeiten der ethnografisch ausgerichteten Soziolinguistik.

HAMBURGER, KÄTE (1896 – 1992). Philosophin und Literaturwissenschaftlerin. Emigration 1933 über Frankreich nach Schweden.

HEYD (BURKHART), ROSEMARIE (1905 – 2002). Romanistin. Emigration 1933 als Assistentin von SPITZER in die Türkei. 1944 Rückkehr nach Deutschland.

HERCUS (SCHWARZSCHILD), LUISE (geb. 1926). Romanistin, Indologin, später Arbeiten zu den autochthonen Sprachen Australiens. 1938 Emigration mit der Familie nach England, 1956 mit ihrem Mann nach Australien.

HOENIGSWALD, HENRY (1915 – 2003). Indogermanist. 1933 Emigration über die Schweiz nach Italien, seit 1939 in den USA.

HOMBERGER, CONRAD PAUL (1900 – 1982). Jurist, später Fremdsprachdidaktiker. Emigration 1936 nach Italien, 1941 weiter in die USA.

HOMEYER, HELENE (1898 – 1996). Latinistin. 1938 Emigration nach England.

KAHANE, HENRY (HEINRICH) (1902 – 1992). Romanist. Arbeiten zum Sprachkontakt im mediterranen Raum. Emigration 1939 über Italien und Griechenland in die USA.

KAHANE (TOOLE), RENÉE (1907 – 2002). Romanistin. Emigration und wissenschaftliche Stationen gemeinsam mit ihrem Mann Heinrich K.

KRAUS, PAUL ELIEZER (1904 – 1944, Freitod). Arabist. Emigration 1933 nach Frankreich, 1936 nach Ägypten.

KRIS, ERNST WALTER (1900 – 1957). Psychoanalytiker. Arbeiten zu Ausdrucks- und Sprachproblemen. Emigration 1938 (aus Österreich) nach England, später Kanada und USA. Während des Weltkriegs Propagandaanalysen.

LANDSBERGER, BENNO (1890 – 1968). Altorientalist mit grundlegenden Arbeiten zu den Sprachen im babylonischen Reich (Akkadisch, Sumerisch). Emigration 1935 in die Türkei, 1948 in die USA.

LOOSE, GERHARD (1907 – 2000). Germanist, Schwerpunkt moderne Literatur, aber auch Arbeiten zur Sprache deutscher Kriegsgefangenen. 1934 Emigration in die USA, nachdem er wegen Widerstandsaktivitäten verhaftet worden war.

MAAS, PAUL (1880 – 1964). Gräzist. 1939 Emigration nach England, wo er keine reguläre universitäre Stelle mehr erhielt.

MALKIEL, YAKOV (1914 – 1998). Romanist und Allgemeiner Sprachwissenschaftler. Emigration 1940 (mit einem Nansen-Pass) über die Niederlande in die USA.

MARCHAND, HERBERT (1907 – 1978). Anglist. 1934 Emigration als Assistent von SPITZER in die Türkei; 1953 in die USA, 1957 zurück nach Deutschland.

MAUTNER, FRANZ H. (1902 – 1995). Germanist, Schwerpunkt moderne Literatur. 1938 Emigration nach England, 1939 weiter in die USA.

MENGES, KARL HEINRICH (1908 – 1999). Slawist und Altaist. 1936 Flucht, nachdem er wegen seiner Verbindungen zum politischen Widerstand polizeilich vorgeladen worden war. Zunächst in der Tschechoslowakei, seit 1937 in der Türkei, seit 1940 in den USA.

NEHRING, ALFONS (1890 – 1967). Indogermanist. 1937 Emigration in die USA. 1952 Rückkehr nach Deutschland.

OPPENHEIM, ADOLF LEO (1904 – 1974). Altorientalist. 1938 Emigration (aus Österreich) nach Frankreich; seit 1939 interniert, 1941 in die USA.

PAECHTER, HENRY MAX (1907 – 1980). Historiker. Widerstandsaktivitäten bis zur Emigration Ende 1933 nach Frankreich, 1941 in die USA. Arbeiten zur Sprache im Nationalsozialismus.

PENZL, HERBERT (1910 – 1995). Anglist und Germanist, aber auch Arbeiten zum Paschtu. 1936 Emigration (aus Österreich) in die USA (kein Verfolgungshintergrund).

POEBEL, ARNO (1881 – 1958). Altorientalist, Schwerpunkt beim Sumerischen. Seit 1929 Gastprofessur in Chicago, wo er das große *Assyrian Dictionary* aufbaute. 1933 blieb er unter Protest in den USA.

POLITZER, ROBERT LOUIS (1921 – 1998). Romanist. 1938 Emigration (aus Österreich) in die USA.

PULGRAM, ERNST (1915 – 2005). Romanist. 1938 Emigration (aus Österreich) über Italien und die Schweiz in die USA.

RABIN, CHAIM (1915 – 1996). Semitist. 1934 Emigration nach Palästina, 1934 weiter nach England, 1956 nach Israel.

REICHENBACH, HANS (1891 – 1953). Emigration 1933 in die Türkei, 1948 weiter in die USA. Philosoph und Logiker. Arbeiten zur Physik und Sprache.

RECHNITZ, WILHELM (1899 – 1979). Klassischer Philologe, später Missionar. Emigration 1934 nach England, 1940 nach Australien deportiert, wo er blieb.

RITTER, HELLMUT (1892 – 1971). Orientalist. Seit 1927 in der Türkei, wo er das dortige Institut der Deutschen Morgenländischen Gesellschaft aufbaute; seit 1949 wieder in Deutschland, aber auch später wieder in der Türkei tätig.

ROSÉN, HAIIM (HEINZ ROSENRAUCH) (1922 – 1999). Indogermanist und Hebraist. 1938 Emigration nach Palästina.

SKUTSCH, OTTO (1906 – 1990). Latinist. 1938 Emigration nach Nordirland, 1939 weiter nach England.

SPEIER, HANS (1905 – 1990). Soziologe. 1933 Emigration als Gegner des NS in die USA. Kommunikationswissenschaftliche Analysen, insbesondere der Kriegspropaganda.

SPITZER, LEO (1887 – 1960). Romanist, aber auch umfangreiche sprachtypologisch orientierte Arbeiten. 1936 Emigration in die Türkei, 1936 in die USA.

STEINITZ, WOLFGANG (1905 – 1967). 1933 noch im Untergrund, dann Emigration in die UdSSR, 1937 Schweden. Nach 1946 in der DDR, zeitweise im ZK der SED. Arbeiten zum Finno-Ugrischen, aber auch zur deutschen Gegenwartssprache.

STORFER, ADOLF JOSEF (1888 – 1944). Publizist, detaillierte Sprachstudien. 1938 Emigration (aus Österreich) nach China, 1941 nach Australien.

TIETZE, ANDREAS (1914 – 2003). Turkologe. Emigration 1937 in die Türkei (wo er vorher schon einen Studienaufenthalt absolviert hatte), 1958 in die USA, 1973 zurück nach Österreich.

ZIMMER, KARL (geb. 1927). Turkologe. Emigration 1936 mit den Eltern in die Türkei, seit 1946 in den USA.

ZUNTZ, LEONIE (1908 – 1942, Freitod). Hethitologin. Emigration 1936 nach England.

Esther Kilchmann

Von *short sentences, fancy-dresses* und *jeux de mots*
Die Psychoanalyse und der exilbedingte Sprachwechsel

Wie werden Ein- und Mehrsprachigkeit, Mutter- und Fremdsprache in bestimmten kulturellen Kontexten und diskursiven Formatierungen konzeptionalisiert? Welchen Einfluss hat die historische Zäsur des Exils nach 1933 und der damit erzwungene Sprachwechsel von Wissenschaftlern auf ihre theoretische Reflexion? Mein Beitrag widmet sich diesen Fragen am Beispiel der Psychoanalyse, die dafür sowohl unter historischem als auch theoretischem Blickwinkel relevant ist. In den Blick genommen wird eine in ihren Anfängen mitteleuropäische Wissenschaft, die allerdings bereits früh international vernetzt war. Ihre zum größten Teil jüdischen Vertreter und Vertreterinnen durften unter dem Nationalsozialismus in Deutschland, Österreich und dem deutsch besetzten Europa nicht mehr praktizieren und wurden verfolgt. Ein Großteil emigrierte, nicht zuletzt dank der Hilfe des Präsidenten der *British Psychoanalytical Society* Ernest Jones.[1] Gleichzeitig hat der Nationalsozialismus auch die psychoanalytische Lehre in ihren Herkunftsländern nachhaltig ausgelöscht, was der Wissenschaftsgeschichte der Psychiatrie zufolge einen nie wieder ganz ausgeglichenen Verlust bedeutete.[2] Durch die Emigration der Psychiater und Analytiker erfolgte (wie auch in anderen Disziplinen) ein massiver globaler Theorieexport, insbesondere in den nordamerikanischen Raum. Untrennbar damit verbunden ist der Sprachwechsel der Disziplin vom Deutschen in diverse andere Sprachen, insbesondere aber ins Englische. Auf theoretischer Ebene setzte ab den 1930er Jahren erstmals eine psychoanalytische Auseinandersetzung mit Fragen der Mehrsprachigkeit und des Sprachwechsels ein. Eine Reihe von Untersuchungen wurde dazu unter

---
1 Zur Geschichte der Verfolgung nach 1933: Riccardo Steiner: »It's a new kind of diaspora«. Explorations in the sociopolitical and cultural context of psychoanalysis. London 2000.
2 Uwe Henrik Peters: Psychiatrie. In: Handbuch der deutschsprachigen Emigration 1933–1945. Hg. v. Claus-Dieter Krohn, Patrik zur Mühlen, Gerhard Paul und Lutz Winkler. Darmstadt 2008, S. 846–856; Edward Timms und Naomi Segal (Hg.): Freud in exile. Psychoanalysis and its vicissitudes. New Haven, London 1988.

dem Eindruck des Exils in internationalen Fachzeitschriften publiziert.[3] Im Folgenden werden die hier entwickelten psychoanalytischen Perspektiven auf Sprachwechsel und Mehrsprachigkeit umrissen und im historischen Kontext psychoanalytischer Theoriebildung verortet. Dabei soll gleichzeitig auch skizziert werden, wie die hier formulierten Erkenntnisse zu Ein- und Mehrsprachigkeit, insbesondere die formulierten Positionen zu Muttersprache und Sprachwechsel für den kulturhistorischen Kontext des Exils nach 1933 produktiv gemacht werden könnten.

I. *A kind of diaspora:* Mehrsprachigkeit, Migration und die Anfänge der Psychoanalyse

In einem Brief vom 6. März 1934 bezeichnet Anna Freud Ernest Jones gegenüber die Vertreibung der jüdischen Analytiker und Analytikerinnen aus Deutschland als »a new kind of diaspora«[4]. Verfolgung und Emigration werden damit in den Kontext jüdischer Geschichtserfahrung gestellt, deren Kontinuum gerade durch Zerstreuungsbewegungen und Exilerfahrungen gebildet wird. Zusätzlich zu dieser für die Psychoanalyse prägenden spezifisch jüdischen Erfahrung[5] ist daran zu erinnern, dass diese in Wien um 1900 in einem weder national, kulturell noch sprachlich als homogen zu beschreibenden Kontext entsteht. Namentlich sind die Einwohner des Vielvölkerstaates Österreich-Ungarn in weiten Teilen trotz der Vormachtstellung des Deutschen bzw. Ungarischen zumindest partiell mehrsprachig. Sprachpolitische Fragen sind auf der Ebene von Politik und Kultur omnipräsent und gewinnen im Rahmen der sich zuspitzenden nationalen Konflikte um 1900 nochmals an Bedeutung.[6] Parallel dazu gehören auch Ortsveränderungen bzw. Migrationen innerhalb der Donaumonarchie zum Alltag. In der Zeit um 1900 ist eine verstärkte Zuwanderung aus den

---

3 Vgl.: Jacqueline Amati Mehler, Simona Argentieri und Jorge Canestri: Das Babel des Unbewussten. Muttersprache und Fremdsprache in der Psychoanalyse. Übersetzt von Klaus Laermann. Gießen 2010, S. 107–125.
4 6.3.1934, Zit. in: Steiner: It's a new kind of diaspora (s. Anm. 1), S. 2; zur Anknüpfung an »alte« Exilerfahrungen im jüdischen Exil nach 1933 s. Anne Kuhlmann: Das Exil als Heimat. Über jüdische Schreibweisen und Metaphern. In: Exilforschung 17 (1999): Sprache-Identität-Kultur. Frauen im Exil, S. 198–213.
5 Vgl. Yosef Hayim Yerushalmi: Freuds Moses. Endliches und unendliches Judentum. Übersetzt von Wolfgang Heuß. Frankfurt a.M. 1999.
6 Rosita Rindler Schjerve (Hg.): Diglossia and power. Language policies and practice in the 19th century Habsburg empire. Berlin 2003; Michaela Wolf: Die vielsprachige Seele Kakaniens. Übersetzen und Dolmetschen in der Habsburgermonarchie 1848–1918. Böhlau 2012.

Provinzen in die städtischen Zentren und insbesondere nach Wien zu verzeichnen. In diesen historischen Kontext eingebettet ist bekanntlich auch Sigmund Freuds frühe Biografie, kam er doch als Kind aus dem mährischen Freiberg/Příbor mit seinen Eltern, die wiederum beide galizische Juden waren, nach Wien.[7] Auch wenn Deutsch die Sprache Freuds war, kann hier nicht von einer monolingualen Kultur im engeren Sinne die Rede sein, also von der Übereinstimmung der *einen* in der Familie gelernten Erstsprache mit der *einen* örtlichen Umgangssprache und der *einen* Bildungs- und Nationalsprache, wie sie die modernen Nationalstaaten beförderten.[8] Dies gilt in verstärktem Maße für das (mitteleuropäische) Judentum, das in vielem quer zu auf Eindeutigkeit abzielenden nationalen und sprachlichen Verortungen steht.[9] Das Deutsche Freuds ist vielmehr, wie Stephan Braese gezeigt hat, innerhalb einer »deutschen Sprachkultur von Juden« zu verorten.[10] Es ist mithin als eine »europäische Sprache« zu betrachten und nicht als eine national verengte und rein monolingual gedachte »Muttersprache«. Auch Freud bewegt sich in der Tradition eines Deutschen, das die Sprache des Kosmopolitismus war und neben dem selbstverständlich auch andere Sprachen im Umlauf waren. Es kommt hinzu, dass Freuds Psychoanalyse von Beginn an, und verstärkt nach dem Ersten Weltkrieg, als eine internationale Wissenschaft angelegt war. Für Analytiker wie Analysanden – letztere kamen bekanntlich aus ganz Europa und Übersee nach Wien – war, salopp formuliert, Mehrsprachigkeit der Normalfall.[11] In Freuds Schriften wird Sprachwechsel zuweilen *en passant* notiert,[12] als ein herausgelöst zu untersuchendes Problem erscheint er aber nicht. Möglicherweise war Mehrsprachigkeit zu sehr die kulturelle Norm, als dass sie Aufmerksamkeit erregen oder gar als Problemquelle

---

7 Vgl. Johannes Reichmayr: Grundlagen der Ethnopsychoanalyse. Freud als Migrant. In: Freuds Aktualität. Hg. v. Wolfram Mauser und Joachim Pfeiffer. Würzburg 2006, S. 63–71.

8 Beispielsweise im deutschsprachigen Raum das 1870 in kleindeutscher Variante realisierte Kaiserreich. Vgl. Claus Ahlzweig: Muttersprache – Vaterland. Die deutsche Nation und ihre Sprache. Opladen 1994, S. 154–207.

9 Vgl. Joshua Shanes: Diaspora nationalism and Jewish identity in Habsburg Galicia. Cambridge 2012; Richard I. Cohen, Jonathan Frankel und Stefani Hoffman (Hg.): Insiders and outsiders. Dilemmas of East European Jewry. Oxford 2010 sowie die Überlegungen zu Diaspora und Kosmopolitismus: Doerte Bischoff: Exilanten oder Emigranten? In: Literatur und Exil. Neue Perspektiven. Hg. v. Ders. und Susanne Komfort-Hein. Berlin 2013, S. 213–238; hier: S. 233–236.

10 Stephan Braese: Eine europäische Sprache. Deutsche Sprachkultur von Juden 1760–1930. Göttingen 2010.

11 Vgl. Amati Mehler u. a.: Das Babel des Unbewussten (s. Anm. 3), S. 79–84.

12 Z. B. in den Studien zur Hysterie, in denen Anna O. zeitweise ihre Muttersprache vergisst und nur noch Englisch spricht.

erscheinen konnte. Es ist angesichts dieses plurikulturellen Kontextes allerdings auffällig, dass sich bei Freud auch das Innenleben des Menschen nicht einheitlich, sondern vielmehr als vielfach verschlüsselt und von Verschiebungen und Verdichtungen strukturiert darstellt. Kurzum als ein »Babel des Unbewussten«, wie es Jacqueline Amati Mehler, Simona Argentieri und Jorge Canestri in der einzigen größeren Studie zur Bedeutung von Mutter- und Fremdsprachen in der Psychoanalyse treffend formuliert haben.[13] Dem Psychoanalytiker kommt dabei die Aufgabe zu, Äußerungen zu dechiffrieren und zu übersetzen. In diesem Sinne stellt die Psychoanalyse schon von ihrer theoretischen und soziokulturellen Anlage her einen wesentlichen Ansatz zur Erforschung von Sprache(n) im Exil bereit. Diese These lässt sich in Anschluss an Elisabeth Bronfen formulieren, der zufolge die Psychoanalyse überhaupt einen grundlegenden theoretischen Ansatz für die Exilforschung bereit hält, beinhalte doch Freuds zentrale Einsicht, das Subjekt sei nicht Herr im eigenen Haus, »eine brisante Denkfigur des Exils […]. Nicht beheimatet zu sein […] ist *das* Bild, an dem Freud die moderne *condition humaine* festmacht.«[14] Analog dazu sind aus Freuds Perspektive Sprache und Sprachen sowohl soziokulturell als auch strukturell in Prozessen von Mehrdeutigkeiten, Vermischungen und Übertragungen zu beschreiben. Ebendieses Sprachdenken wird, wie ich nun an drei unterschiedlichen Dokumenten ausführen möchte, ab den späten 1930er Jahren zu neuen Praktiken und Theorien von Sprache(n) im Exil aktualisiert.

---

13 Amati Mehler u.a.: Das Babel des Unbewussten (s. Anm. 3). Abgesehen von dieser exzellenten Studie ist die Fachliteratur überschaubar (vgl. ebd., S. 107–134). Gegenwärtig scheint in praxisorientierten Arbeiten das Interesse an Auswirkungen migrationsbedingten Sprachwechsels zu steigen. Problematisch ist dabei m. E. insbesondere in den deutschsprachigen Arbeiten, dass oft mit unhinterfragt emphatischen Muttersprach-Konzepten operiert wird. Vor der monolingualen Norm tritt Mehrsprachigkeit zuerst als potenzielle Problemquelle und insbesondere Sprachmischung als pathologisches Symptom in den Blick wie in: Christiane Winter-Heider: Mutterland Wort. Sprache, Spracherwerb und Identität vor dem Hintergrund von Entwurzelung. Frankfurt 2009; Elisabeth Pelzl: »Das Schweigen der Polyglotten«. Über Muttersprache, ihren Verlust und fremde Mütter. In: Psyche 67/1 (2013), S. 1–22. Für eine umfassende historische und kulturwissenschaftliche Kritik des angeblich natürlichen Muttersprachen-Primats vgl. Thomas Paul Bonfiglio: Mother tongues and nations. The invention of the native speaker. New York 2010; Yasemin Yildiz: Beyond the mother tongue. The postmonolingual condition. New York 2012; Till Dembeck und Liesbeth Minnaard (Hg.): Challenging the myth of monolingualism. Amsterdam 2014.
14 Elisabeth Bronfen: Die Kunst des Exils. In: Literatur und Exil (s. Anm. 9), S. 381–395; hier: S. 384.

II. *A short sentence in German:* Freud in London

Am 7.12.1938 nimmt die BBC Sigmund Freud an seinem Londoner Wohnort auf. Ein halbes Jahr nach der Emigration aus Wien und knapp ein Jahr vor seinem Tod entsteht so das einzig bekannte Tondokument der Stimme Freuds, das gleichzeitig ein historisches Dokument für den Sprachwechsel der Psychoanalyse darstellt. Freud, in seiner Artikulation durch den weit fortgeschrittenen Kieferkrebs bereits schwer beeinträchtigt, fasst in einem rund zweiminütigen Statement zunächst auf Englisch die Entwicklung der Psychoanalyse zusammen, um dann auf Deutsch von der Vertreibung aus Wien zu berichten:

> I started my professional activity as a neurologist, trying to bring relief to my neurotic patients. Under the influence of an older friend and by my own efforts I discovered some new and important facts about the unconscious in psychic life, the role of instinctual urges and so on. Out of these findings grew a new science, Psycho-analysis, a part of psychology and a new method of treatment of the neuroses. I had to pay heavily for this bit of good luck. People did not believe my facts and thought my theories unsavoury. Resistance was strong and unrelenting. In the end I succeeded in acquiring pupils and building up an international Psycho-Analytic Association. But the struggle is not yet over.
> A short sentence in German
> Im Alter von zweiundachtzig Jahren verließ ich als Folge der deutschen Invasion mein Heim in Wien und kam nach England, wo ich mein Leben in Freiheit zu enden hoffe. My name is Sigmund Freud.[15]

Das Interessante an diesem Dokument ist, dass es an der Erfahrung des Exils das Moment der Bewegung und des Transitorischen hervortreten lässt. Unterstrichen wird dies durch den zweifachen Sprachwechsel ebenso wie durch die Inkongruenz von Manuskript und Tonaufnahme. Der englische Text wurde zuvor handschriftlich fixiert und vom Manuskript abgelesen. Sein Inhalt gilt der Geschichte der Psychoanalyse und der Sorge um ihre Zukunft; der »struggle« wird im neuen Land, in der neuen Sprache weitergehen, er ist es, der über die Zäsur des Exils hinweg verbindet – das unterstreicht noch der im Manuskript fehlende Punkt, dem hier der paratextuelle Vermerk »a short sentence in German« folgt. Im Tondokument folgt der nicht schriftlich fixierte deut-

---

15 Freud's speech for the BBC recording. Page one – Page two. Holograph notes, 1938. Manuscript Division. Library of Congress (193), unter: http://www.loc.gov/exhibits/freud/images/vc008094.jpg [abgerufen: 04.04.2014]. Die Tonaufnahme unter: https://archive.org/details/BbcInterview; bzw. http://www.freud-museum.at/freud/media/audio-e.htm [abgerufen: 31.3.2014], wo der deutsche und der englische Teil allerdings getrennt abgelegt sind.

sche Teil, in dem die Information über die Exilierung nachgereicht wird, fast als persönliche Marginalie zur Fachgeschichte. Auf Deutsch ist nur noch auf ein persönliches Lebensende in Freiheit zu hoffen, Weiterleben müssen die Theorie und der Name Freuds in der englischen Sprache. Bezeichnenderweise wechselt Freud für die Signatur des Dokumentes wieder ins Englische: »My name is Sigmund Freud«. Freud bezeugt mit diesem Dokument die fachgeschichtliche Zäsur, den Wechsel vom Deutschen als Hauptsprache der mitteleuropäischen Psychoanalyse zum Englischen als Hauptsprache einer fortan transatlantisch orientierten Disziplin. Von einem Exil im engeren Sinne kann bei der Vertreibung der Analytiker und der Auslöschung von Freuds Disziplin durch die Nationalsozialisten allerdings nur bedingt die Rede sein: Die vertriebenen Analytiker haben sich in der überwiegenden Mehrzahl in ihren Exilländern in andere institutionelle und wissenschaftliche Kontexte eingegliedert bzw. diese neu mit aufgebaut, und auch Theorien und Methoden haben sich dadurch unterschiedlich weiter entwickelt.[16] Eine nennenswerte Remigration nach 1945 hat nicht stattgefunden. Freuds Tondokument bewahrt vor diesem Hintergrund weniger feste Räume wie »Exil« und »Heimat«, als dass es den Moment der Bewegung und des Übergangs betont. Anders als im emphatischen Muttersprachen-Bezug mancher Exil-Schriftsteller suggeriert, bietet die deutsche Sprache hier keine Beheimatung mehr an. Der Verweis auf sie ist vielmehr auf »a short sentence in German« geschrumpft, durch das Englische bereits distanziert und verfremdet. Berichtet werden kann in jener *sentence* (in der man auch die Konnotation eines abschließenden »Urteils« mit hören mag) dann auch nur noch vom Verlust, von der Vertreibung des Deutschsprachigen durch die Deutschen. Gleichzeitig gibt es in Freuds Dokument aber auch keinen innigen Bezug auf das Exil als sicheren Ankunftsort – es ist lediglich der Ort, an dem der »struggle« weiter- und das Leben seinem Ende zugeht.[17] Das Dokument legt so den Fokus auf den Akt der Vertreibung und die Bewegung des Überganges. Als weiteres Charakteristikum einer Sprache im Exil

---

16 Vgl. dazu die Beiträge in den Abschnitten »Reception and exile« und »Problems of translation« in Timms/Segal: Freud in exile (s. Anm. 2), S. 109–222. Zur Weiterentwicklung zentraler Freud'scher Konzepte vgl.: Michael Ermann: Psychoanalyse in den Jahren nach Freud: Entwicklungen 1940–1975. Stuttgart 2012.

17 In diesem Sinne hat auch Liliane Weissberg darauf hingewiesen, dass in Freuds letztem Buch, dem *Mann Moses*, Exil und Heimat als Räume beschrieben werden, »in denen man sich niemals befinden kann. Für Freud, nicht zuletzt als Juden, bleibt nur der Akt der Vertreibung bestimmt.« Liliane Weissberg: Freuds Exil. In: Literatur und Exil. (s. Anm. 9), S. 323–336; hier: S. 335.

kommt schließlich der Akzent im gesprochenen Text hinzu.[18] Er erinnert auch in der englischen Rede, die ja die Emigration aus der Geschichte der Psychoanalyse auslässt, an den Sprachwechsel. Ähnlich ist auch die Erfolgsgeschichte der Psychoanalyse in ihren neuen Zentren und Sprachen mit dem deutschen oder österreichischen Akzent verknüpft: Er wird zu einer Art Gütesiegel des Analytikers und kennzeichnet diesen bis in seine Adaptionen als Filmfigur hinein.[19] Die Sprache der Psychoanalyse bewahrt so auch im Nachkriegskontext Spuren der Exilierung, der Akzent wird in gewisser Weise zu einem Erinnerungssymbol, das über den Orts- und Sprachwechsel hinweg an die Geschichte der Vertreibung aus dem Deutschen und zugleich an die Verbindung der Disziplin mit einem nicht-homogenen Sprach- und Kulturverständnis erinnert.

III. Theoretiker des Sprachwechsels: Immanuel Velikovsky und Erwin Stengel

Es ist in diesem Kontext wenig verwunderlich, dass die ersten psychoanalytischen Untersuchungen, die sich explizit Fragen des Sprachwechsels und der Mehrsprachigkeit zuwenden, von emigrierten Analytikern stammen.[20] In den wiedergegebenen Fallgeschichten spielen Migrationserfahrungen – wenn auch nicht überall infolge der Vertreibungen durch den Nationalsozialismus – eine zentrale Rolle. Die Artikel

---

18 Wobei hier zu unterstreichen ist, dass Freud in seinen Bemühungen um die Internationalisierung der Psychoanalyse schon in der Zwischenkriegszeit auch auf das Englische setzte. Birgit Erdle verdanke ich in diesem Zusammenhang die Beobachtung, dass das als einziges Wort im Tondokument falsch ausgesprochene *luck* – Freud sagt *look* – auch als bewusstes Wortspiel verstanden werden kann. In diesem Fall würde sich Freud hier gezielt des kreativen Potenzials des Sprachwechsels bedienen und in der Mischbildung Mehrdeutigkeiten freisetzen.
19 Vgl. Peters: Psychiatrie (s. Anm. 2), S. 848–849; Riccardo Steiner: Analysts in transition. Analysis in translation. In: Lost childhood and the language of exile. Hg. v. Judit Szekacs-Weisz und Ivan Ward. London 2004, S. 134–152; hier: S. 142.
20 Im Folgenden in chronologischer Reihenfolge wiedergegeben. Stengel, Buxbaum und Krapf sind aus Österreich geflohen, Velikovsky bereits vor 1933 nach Palästina eingewandert, Greenson ist amerikanischer Jude. Emmanuel Velikovsky (Jerusalem): Jeu de mots hébraïques. Une langue nouvellement acquise peut-elle devenir la langue de l'inconscient ? In: Revue française de Psychanalyse 10/1 (1938), S. 66–73; Erwin Stengel (Bristol): On learning a new language. In: The International Journal of Psychoanalysis 20 (1939), S. 471–480; Edith Buxbaum (Seattle): The role of a second language in the formation of Ego and Superego. In: The Psychoanalytic Quarterly 18 (1949), S. 279–289; Ralph Greenson (Santa Monica): The mother tongue and the mother. In: The International Journal of Psychoanalysis 31 (1950), S. 18–23; Eduardo Krapf (Buenos Aires): The choice of language in polyglot psychoanalysis. In: The Psychoanalytic Quarterly 24 (1955), S. 343–357.

erscheinen in internationalen Fachzeitschriften und sind in der Mehrzahl auf Englisch verfasst. Offensichtlich führte die Kondition der Emigration dazu, Mehrsprachigkeit als Gegenstand psychoanalytischer Forschung zu entdecken und auch die Frage zu behandeln, in welcher Sprache eine Analyse durchzuführen sei und ob der Analytiker über die gleichen Sprachkenntnisse wie der Analysand verfügen sollte. Dies dürfte nun weniger daran liegen, dass Analytiker und Patienten nun plötzlich »eine andere als ihre Muttersprache in ihrem psychoanalytischen Alltag verwendeten«, war dies doch, wie hier von Amati Mehler gleich etwas ratlos angefügt wird, »schon seit Beginn ihrer Arbeit in der vielsprachigen Welt Mitteleuropas der Fall«[21]. Vielmehr scheint eine entscheidende Rolle zu spielen, dass dieser Sprachwechsel durch die Vertreibung erzwungen wird und zwar auch auf der Ebene der Wissenschaftssprache selbst. Der Wechsel vom Deutschen Freuds ins Englische wirft dabei die Frage auf, die die frühere Psychoanalyse, selbst eingelassen in einen vielsprachigen Kontext, noch nicht entdeckt hat: Wie wirken sich Sprachwechsel und Mehrsprachigkeit auf die psychische Verfassung aus, und wie beeinflusst diese umgekehrt die Fähigkeit, neue Sprachen zu erlernen? Die Artikel nehmen sich dieser Problematik auf verschiedene Weise an. Aus kulturwissenschaftlicher Sicht sind die beiden frühesten Artikel am interessantesten, da sie individuelle Sprachprobleme mit dem Kontext des Exils zusammendenken und so auch nach den Konturen einer Sprache im Exil forschen. In den späteren Artikeln werden dann hauptsächlich Fallgeschichten präsentiert, die den Zusammenhang von Sprachwechsel und Verdrängung aufzeigen. Diese entstehen nach Kriegsende und zielen auf die Beseitigung migrationsbedingter sprachlicher Hybriderscheinungen und die Integration der betroffenen Patienten in eine stabile neue nationale und sprachliche Identität ab.[22]

1938 erscheint in der *Revue française de Psychanalyse* der Aufsatz »Jeu de mots hébraiques. Une langue nouvellement acquise peut-elle devenir la langue de l'inconscient ?« Es handelt sich dabei um eine kaum abweichende französische Version der bereits 1934 in *Imago* veröffentlichten Abhandlung »Kann eine neugelernte Sprache zur Sprache des Unbe-

---

21 Amati Mehler u. a.: Das Babel des Unbewussten (s. Anm. 3), S. 108.
22 Am deutlichsten wird das in Buxbaums Analyse von Kindern aus deutschen Exilfamilien, in der der Heilungserfolg in der Beseitigung des deutschen Akzentes besteht, wodurch ein analysierter Junge schließlich »indistinguishably an American boy« wird. Buxbaum: The role of a second language (s. Anm. 20), S. 281.

wußten werden? Wortspiele in Träumen von Hebräisch denkenden«.[23] Autor ist Immanuel Velikovsky (1895–1979), ein russischer Jude, der an verschiedenen Orten Europas Medizin studiert und sich in der Zwischenkriegszeit bei Bleuler in Zürich und Stekel in Wien mit der Psychoanalyse vertraut gemacht hatte. Velikovsky praktizierte in Palästina, wo er als Zionist seit 1912 immer wieder lebte.[24] Er veröffentlichte eine Reihe von Artikeln in psychoanalytischen Fachzeitschriften, bevor er 1939 in die USA weiterreiste und dort ab den 1950er Jahren als Autor pseudowissenschaftlicher Katastrophentheorien bekannt wurde.[25] Der historische Kontext ist in mancher Hinsicht ein anderer als bei Freud und den Autoren der späteren Artikel: Velikovsky ist kein Emigrant aus Hitler-Deutschland, allerdings hätte er zu diesem Zeitpunkt als Analytiker in seinem Herkunftsland – der Sowjetunion – nicht mehr praktizieren dürfen. Seine Biografie ist von vielen Reisen und Ortswechseln geprägt, er ist polyglott und publiziert auf Deutsch, Englisch, Französisch, Hebräisch und Russisch, beherrscht Jiddisch und vielleicht sogar weitere Sprachen. Schließlich ist das jüdische Palästina auch hinsichtlich der Sprachsituation nicht mit anderen Exilländern vergleichbar. Zu dem als Umgangssprache erst wieder neu zu belebenden Hebräisch und dem Arabischen vor Ort kommt eine Vielzahl aus Europa mitgebrachter Sprachen hinzu. Die monolinguale Norm der westeuropäischen Moderne vermag in diesem Kontext (wie auch bereits in jüdisch-europäischen Biografien wie jener Velikovskys) nicht recht zu greifen. Möglicherweise ist das der Grund für den gewichtigsten Unterschied zwischen Velikovksys Untersuchung und den anderen psychoanalytischen Studien zum Sprachwechsel: Er erkennt in der bei den Analysanden beobachteten Sprachmischung keinerlei pathologische Symptomatik und interessiert sich auch nicht für die Frage, inwiefern Sprachen zusammen mit unliebsamen Erinnerungen verdrängt werden könnten. Stattdessen geht es zunächst um die Frage, inwiefern sich in einem Land wie dem späteren Israel die Mehrsprachigkeit seiner Bevöl-

---

23 Immanuel Velikovsky: Kann eine neugelernte Sprache zur Sprache des Unbewußten werden? Wortspiele in Träumen von Hebräisch denkenden. In: Imago 20/2 (1934), S. 234–239.
24 Zur Psychoanalyse in Palästina/Israel vgl.: Eran J. Rolnik: Freud in Zion. Psychoanalysis and the making of modern Jewish identity. London 2012.
25 Z.B. den Bestseller *Worlds in collision* von 1950. Vgl.: Michael D. Gordin: The pseudoscience wars. Immanuel Velikovsky and the birth of the modern fringe. Chicago 2012. Eine Auseinandersetzung mit Velikovskys früheren Schriften existiert nicht. Die biografischen Informationen zur Zeit vor 1939 sind ungesichert und basieren auf Velikovskys unpublizierter autobiografischer Schrift »Days and years«, die in einem Online-Archiv zum Autor verfügbar ist, unter: http://www.varchive.org/ [abgerufen: 28.3.2014].

kerung auf ein ›kollektives Unbewusstes‹ auswirkt, und inwieweit sich Sprachwechsel in die Bildschöpfungsverfahren des Unbewussten einschreiben. Zudem ist der Artikel an Phänomenen des Wortspiels interessiert und an dem kreativen Potenzial, das sich in Sprachmischungen entfaltet. Während dieser Punkt gerade für unsere Fragestellung besonders interessant ist, könnte er andererseits dafür verantwortlich sein, dass die Ansätze dieses Artikels in der psychoanalytischen Sprachwechselforschung so gut wie nicht aufgegriffen worden sind.

Die Basis für Velikovksys Untersuchung bilden die Träume seiner von ihrer Herkunft her bi- oder multilingualen, im Alltagsleben aber hebräisch sprechenden Analysanden. Dabei entdeckt er gleichsam auf der Nachtseite der neu erworbenen Sprache – und in diesem speziellen Fall auch dem neu als Nationalsprache wiederzubelebenden Hebräisch – eine Fülle an kreativen Sprachüberkreuzungen:

> In den Träumen der aus verschiedenen Sprachkulturen und Ländern stammenden neuen Bevölkerung Palästinas kommen nicht selten Wortspiele vor, die aus Wortklängen zweier Sprachen – hebräisch und russisch, hebräisch und arabisch, hebräisch und deutsch oder jiddisch usw. zusammengesetzt sind. (In einem Lande mit einer nach ihrer Herkunft polyglotten Bevölkerung stellt die Analyse große sprachliche Anforderungen an den Analytiker.)[26]

Den größten Raum in Velikovskys Sammlung nimmt eine Folge von Träumen ein, in denen das wiederkehrende zentrale Bild Mäuse sind. So träumt eine Patientin in der Nacht vor der Lotterie-Ziehung von Mäusen. Velikovsky erläutert: »›Mäuse‹ heißt im Jiddischen ›Maislech‹, im Hebräischen ›Maslech‹ – Dein Glück. Sie wünscht sich den Gewinn.«[27] Das hebräische »Glück« nimmt also im Traum das Bild der ähnlich lautenden jiddischen Bezeichnung für »Mäuslein« an. In einem anderen Beispiel träumt ein Patient, dass Mäuse in seinem Bauch herumwühlen. Er hat ein schlechtes Gewissen, schließt Velikovsky und übersetzt: Mäuse sind Nager. Auf Russisch übersetzen sich Vorwürfe als nagendes Gewissen. Auf der anderen Seite, auf Hebräisch, laute die idiomatische Wendung »das Gewissen in den Eingeweiden«: In der Fusion dieser zwei Ausdrücke habe der Träumende also die russischen Nager in die hebräischen Eingeweide versetzt. Velikovsky folgt hier Freuds Beobachtung verbaler Mischbildungen als Technik der Traumsprache (wie auch der Fehlleistungen und des Witzes). Dabei zeigt er gleichzeitig,

---

26 Velikovsky: Kann eine neugelernte Sprache zur Sprache des Unbewußten werden (s. Anm. 23), S. 235.

27 Velikovsky: Kann eine neugelernte Sprache zur Sprache des Unbewußten werden (s. Anm. 23), S. 235. Siehe auch Rolnik: Freud in Zion (s. Anm. 24), S. 57–59.

dass diese Technik bei Mehrsprachigen über Sprachgrenzen hinweg greift. Zugleich erscheinen Velikovskys Ausdeutungen aber als beinahe offensiv harmlos.[28] Der Autor scheint den Komplex der Verdrängung und Unterdrückung in seinen Deutungen geradezu bewusst auszusparen, um das in den Träumen entfaltete sprachliche Kreationspotenzial und damit die Möglichkeit, mittels Sprachmischung neue idiomatisch anmutende Wendungen entstehen zu lassen, in den Vordergrund rücken zu können. Die Träume Mehrsprachiger weisen hier nicht den Weg zur Erschließung psychischer Verwerfungen, sondern interessieren als Dokumente kreativer Spielmöglichkeiten zwischen den Sprachen. Hierbei ist auch das sprachliche und stilistische Erscheinungsbild des Aufsatzes von Bedeutung, das keiner streng monolingualen Norm gehorcht. »Hebräische Wortspiele« ist vielmehr insofern ein mehrsprachiger Text, als darin jiddische, hebräische und russische (allerdings lateinisch transkribierte) Wörter eingefügt sind. Stilistisch wird diese Vielfalt dadurch unterstrichen, dass es sich nicht um eine linear argumentierende Untersuchung mit umfassendem Deutungsanspruch handelt. So fehlt eine narrativ-explizierende Verknüpfung der Beispiele. In der späteren französischen Version ist der Aufsatz in kleinteilige, anekdotisch zugespitzte Paragraphen geordnet und gleicht so selbst einer Art *jeu*, einer Rätsel- oder Witzsammlung. Velikovsky orientiert sich in der Gestaltung also mithin an jenen literarischen Kleingattungen, in denen auch Sprachspiele konventionellerweise ihren Platz haben. Der Autor kommt zum Schluss selbst auf die Nähe zu diesen Textsorten und insbesondere auf ihre Verankerung in der jüdischen Literaturtradition zu sprechen. Wortspiele seien im Hebräischen besonders häufig und es gebe auch in der Auslegung der Heiligen Schrift eine Neigung zu Vergleich und Witz. Die Wortspiele im Unbewussten seiner Patienten rückt Velikovsky in die Nähe dieser jüdischen Schrifttradition.[29] Dass Velikovsky die notierten Träume explizit in Traditionen des Sprachspiels einreiht bzw. ihnen formal nacheifert, legt den Schluss nahe, dass es hier über die konkreten Fallgeschichten hinaus um den Entwurf einer möglichen Sprachordnung für das, wie er zu Beginn des

---

28 So muss auffallen, dass das am häufigsten wiederkehrende Traumbild der Einwanderer Mäuse sind, deren Verbindung mit Vorstellungen von Gejagt-Sein, aber auch mit dem antisemitischen Bildrepertoire des Schädlings sehr nahe liegt.
29 Velikovsky publizierte bereits 1933 einen Aufsatz zur »Traumdeutungskunst der alten Hebräer«, in dem es ihm um den Stellenwert des Wortspiels im Traum, aber auch in der hebräischen Sprache ging. In Vorschau auf seine Sprachuntersuchung schreibt er hier: »Vielleicht entspricht die Häufigkeit der Wortspiele seit jeher einer Eigenschaft des Denkens im Hebräischen.« Ders.: Psychoanalytische Ahnungen in der Traumdeutungskunst der alten Hebräer nach dem Traktat Brachoth. In: Psychoanalytische Bewegung 5.1 (1933), S. 66–69; hier: S. 69.

Aufsatzes schreibt, noch nicht ausgebildete *inconscient collectif* des Hebräischen geht. Stellt Velikovsky zu Beginn fest, dass in einem Land, das von einer Bevölkerung unterschiedlicher Herkunft bewohnt werde, die Analyse einen polyglotten Analytiker fordere, so gibt sein Text zu denken, inwiefern diese Situation darüber hinaus auch eine polyphone Darstellungsweise erfordere, in der die Brüche des Sprachwechsels sichtbar und produktiv gemacht anstatt erneut in Einsprachigkeit und Linearität überführt werden. Velikovsky überlegt hier, inwieweit unter dem Dach einer gemeinsamen Sprache andere Sprachen in ein produktives Wechselspiel eintreten und so auch neue Sprachbilder generiert werden können. Seine Beschreibung von Vielstimmigkeit skizziert so nicht zuletzt eine Alternative zur romantisch geprägten Vorstellung der Nationalsprache, die sich organisch wie ein Baum aus seinen Wurzeln entwickle und Einflüsse von außen entweder abwehre oder assimiliere. Insofern wäre Velikovskys Text auch als Utopie für eine sprachliche Gestaltung des Einwandererlandes vor der Staatsgründung Israels wiederzuentdecken.[30]

Der Grundlagentext psychoanalytischer Sprachwechselforschung wurde 1939 unter dem Titel *On Learning A New Language* im *International Journal of Psychoanalysis* publiziert. Der Autor Erwin Stengel (1902–1973), ein Wiener Jude, emigrierte 1938 nach Großbritannien und war nach erneutem Erwerb seiner medizinischen Abschlüsse von 1957–1967 Professor für Psychiatrie an der Universität Sheffield.[31] Das dem Artikel zugrunde liegende *paper* wurde im März 1939 der *British Psychoanalytical Society* in London vorgestellt und vertritt die – später bestätigte – These, dass das Über-Ich den Sprachwechsel kontrolliert. Ihren Ausgang nimmt die Untersuchung aber unmittelbar in der Exilerfahrung:

> The events of the last few years have given rise to an interesting mass problem which deserves the attention of the psycho-analyst. It is the problem of the mental processes which lead to and accompany the acquisition of a foreign language in a foreign country. This problem is of especially great importance for a psycho-analyst who has to continue his work in a new country.[32]

---

30 Dabei wäre auch nach Korrespondenzen zu in Israel entstandener Literatur zu fragen, die systematisch mit Sprachwechsel arbeitet, wie die in diesem Band von Lina Barouch untersuchten Texte Ludwig Strauss'.
31 Zum Überblick über Stengels Schaffen: Nikolaus Diether: Erwin Stengel. Leben und Werk. Mainz 1974.
32 Stengel: On learning a new language (s. Anm. 20), S. 471.

Als eine der wenigen Arbeiten der Zeit nimmt Stengels Aufsatz, wie Riccardo Steiner ausgeführt hat, explizit auf die Emigration Bezug.[33] Es handelt sich dabei nicht um die Auswertung von Fallgeschichten, vielmehr umreißt Stengel das Problem des Spracherwerbs in fremder Umgebung generell. Seine Ergebnisse sind deshalb auch aus literaturwissenschaftlicher Perspektive interessant, zumal Stengel Probleme aufgreift, die auch aus der Exilliteratur bekannt sind. Die Basis von Stengels Untersuchung bilden Selbstbeobachtung und Beobachtungen des »average foreigners«, also des deutschen und österreichischen Emigranten in Großbritannien. Folgende Verhaltensmuster seien hier auszumachen: Eine erste Gruppe sei bereits Gegenstand von Witzen, hoffe sie doch, ihre Sprache werde überall gesprochen und versuche, andere dazu zu bringen, Deutsch zu sprechen. Andere wiederum glaubten ernsthaft, die eigene Sprache sei objektiv die beste und ausdrucksstärkste, die neue eher primitiv. Es bestehe ein emotionaler Widerstand gegenüber dem Sprachwechsel, den Stengel nicht zuletzt in der durch die nationalliterarische Tradition beförderten Vorstellung von der Einmaligkeit der Muttersprache begründet sieht.[34] Zusätzlich zu diesen kulturellen Hemmnissen erschweren nach Stengel psychische Dispositionen Erwachsenen den Erwerb einer fremden Sprache. Erstens zwinge das Erlernen von Fremdsprachen im Erwachsenenalter zur Regression: »Acquiring a new language in adult life is an anachronism and many people cannot easily tolerate the infantile situation«[35]. Zweitens – und das ist Stengels Hauptargument – gebe es einen Zusammenhang zwischen Spracherwerb und Über-Ich. Eine von dessen Funktionen sei es nämlich, »to watch over the strict rules which regulate the relations between words and objects.«[36] Die »accurate correspondence between an object and its name« sei »of fundamental importance in the language of adults«[37]. Ebendiese Gewährleistung für das Funktionieren der Sprache durch einen stabil gehaltenen Zusammenhang von Wortlaut und -bezeichnung hemme aber gleichzeitig den Erwerb einer neuen Sprache. In ihm werde der Zusammenhang von Wortlaut und

---

33 Steiner: Analysts in transition (s. Anm. 19), S. 135. Steiner weist an dieser Stelle außerdem darauf hin, dass Stengels Artikel auch innerhalb des *International Journal of Psychoanalysis* der einzige war, der auf die Geschehnisse in Deutschland anspielt. Das *Journal* habe Verweise auf das Nazi-Regime aus taktischen Gründen sonst vermieden.
34 Stengel: On learning a new language (s. Anm. 20), S. 476: »By many poems, singing of the native language, the character of veracity, as inherent only to the native language, is praised.« Stengel kommentiert: »This idea is strange to those who had to learn more than one language in childhood.«
35 Stengel: On learning a new language (s. Anm. 20), S. 476.
36 Stengel: On learning a new language (s. Anm. 20), S. 472.
37 Stengel: On learning a new language (s. Anm. 20), S. 472.

-bezeichnung zumindest gelockert, da andere Sprachen Dinge unterschiedlich perspektivierten und in ein unterschiedliches Netz von Assoziationen einbänden. Stengel zufolge sind wegen dieses Zusammenhanges auch besonders jene von der Hemmung betroffen, sich eine neue Sprache anzueignen, die ohnehin von Formulierungszweifeln heimgesucht würden: »Each of us, and especially those with some traits of obsessional neurosis, is often haunted by doubts whether some chosen word really reflects the idea of the object. The obsessional neurotic character therefore slows down the acquisition of a new language«[38]. Mit dem Verweis »each of us« vor dem Publikum der *British Psychoanalytic Society* wird dabei deutlich, dass sich ausgerechnet jene Berufsgruppen, die unmittelbar mit Sprache und Bedeutungsgenerierung beschäftigt sind, mit dem Erwerb einer neuen Sprache besonders schwer tun können, weil sie ohnehin sprachskeptisch sind. Stengel gibt hier unter anderem eine Erklärung für ein Problem, das aus der Exilliteratur bekannt ist: die Schwierigkeit gerade der Schriftsteller, sich eine neue Sprache anzueignen.[39] Laut Stengel führt nun gerade das, was übertragbar schien – Sprache kann man mitnehmen, sie kann nicht enteignet werden, etc. – in der Situation des Exils zur Hemmung, sich Sprache in anderer, fremdsprachlicher Form weiter anzueignen. Im Bündnis mit dem Über-Ich wird also die Muttersprache, wie es Klaus Mann später formulierte, zur »Tyrannin«[40], die darüber wacht, dass keine Perspektivverschiebungen stattfinden. Im Kontakt mit anderen Sprachen würden Denkprozesse durch die einsetzende Lockerung zwischen Wortlaut und Ding Veränderungen ausgesetzt und die bestehende Verbindung von einzelsprachlichen Bezeichnungen und der libidinösen Besetzung der Objekte gefährdet. Ist ein solcher Prozess ohnehin schon mit Unlust verbunden, da sowohl vertraute Deutungsmuster als auch libidinöse Beziehungen ungern geändert werden, kann, wie León und Rebeca Grinberg ausgeführt haben, »auch das partielle Loslösen von Symbolen […], die die Herkunftsgruppe charakterisieren«[41], unter der Bedingung von Exil und Migration zur »Qual« werden. Dort, wo unfreiwillig Lebenszusammenhänge und Gegenstände zurückgelassen werden müssen, besteht eine nachvollziehbare Abwehr,

---

38 Stengel: On learning a new language (s. Anm. 20), S. 473.
39 Bspw. Klaus Mann: Das Sprach-Problem (1947). In: Ders.: Heute und Morgen. Schriften zur Zeit. Hg. v. Martin Gregor-Dellin. München 1969, S. 287–292; hier: S. 287: »Es gibt indessen eine Berufsgruppe, für die das Sprachproblem zur Lebensfrage wird – die Schriftsteller«.
40 Mann: Das Sprach-Problem (s. Anm. 39), S. 289.
41 Léon und Rebeca Grinberg: Psychoanalyse der Migration und des Exils. Übersetzt von Flavio C. Ribas. München 1990, S. 102.

auch noch die Wörter als Speicher der Erinnerung gravierend zu verändern. Das Bedürfnis einer »Bewahrung« der Sprache und damit der gewohnten Assoziationsfelder kann so den Spracherwerb nachhaltig hemmen. Interessanterweise konstatiert Stengel aber auch dort noch einen emotionalen Widerstand gegenüber der anderen Sprache, wo sich eine Person der Fremdsprache zunehmend fließend bediene. Gerade hier stellten sich oft Schamgefühle ein, der Sprecher käme sich vor, wie wenn er ein »fancy-dress«[42] trüge. Die Aneignung einer zweiten Sprache kann sich als »falsch«, »täuschend«, moralisch verwerflich anfühlen. Dabei wird deutlich, dass die Sprachschwierigkeiten der Exilierten nicht nur über faktische Sprachkenntnisse oder individuelle Sprachfähigkeiten erklärt werden können, sondern auch über die Verhaftung in der zeitgenössischen kulturellen Vorstellung von Einsprachigkeit und Muttersprache, die diese zum einzig authentischen Ausdruck des Selbst stilisiert und die Aneignung einer anderen Sprache als nicht authentische Verkleidung verwirft. Gerade im Motiv der Verkleidung hallt hier auch ein antisemitischer Vorwurf nach, dem die deutschen Juden seit ihrer Emanzipation im 19. Jahrhundert ausgesetzt sind: Sie verstellten sich, betrieben eine nicht zuletzt sprachliche Mimikry, wirkten dadurch wie Muttersprachler, die sie aber *per se* nie sein könnten.[43] In der Literatur zur vielfältigen Sprachproblematik im Exil wurde bislang nicht danach gefragt, inwiefern solche früheren Diskurse über einen prekären Muttersprach-Status der Juden die Sprachauffassung und -praxis der jüdischen Exilierten mit beeinflusst haben könnten.[44] Im Lichte von Stengels Ausführungen könnte allerdings darüber nachgedacht werden, inwiefern das von Einzelnen immer wieder beschworene »Festhalten« am Deutschen auch als Abwehr davor gelesen werden kann, erneut über die Sprache als unzugehörig markiert zu werden und als Versuch, nicht dem antisemitischen Stereotyp der mühelosen Anpassung in beliebige nationale und sprachliche Gemeinschaften in die Hände zu spielen.

Insgesamt formuliert Stengels Artikel wichtige Einsichten in die Sprachproblematik des Exils und insbesondere ihre Begründung in bestimmten kulturellen Sprachkonzeptionen. Von dieser Konditionierung ist aber auch die Untersuchung selbst letztlich nicht ganz frei. Dies zeigt sich darin, dass Stengel den Zweitspracherwerb aufgrund der einzigen in der monolingualen Ordnung legitimen Spracherwerbssitua-

---

42 Stengel: On learning a new language (s. Anm. 20), S. 478.
43 Vgl.: Sander L. Gilman: The linguistics of anti-semitism. In: Ders.: Jewish self-hatred. Anti-semitism and the hidden language of the Jews. Baltimore 1986, S. 209–219.
44 Der Beitrag von Susanne Utsch in diesem Band zeigt, dass die exilierten Intellektuellen sich auch an hergebrachten Vorstellungen von Muttersprache abarbeiten mussten.

tion zu begreifen versucht: des kindlichen Spracherwerbs und des Wiedererwerbs von Sprache nach einer Aphasie. Die Emigration wird dabei zu einer potenziell pathologischen Situation, weil sich der Fremdsprache gegenüber jenes gesteigerte Bewusstsein für bildliche Sprachverwendung (etwa in Idiomen) einstelle, das auch für Schizophrene charakteristisch sei: »and it would not be surprising if the reactions to the change in the external world experienced by a foreigner in a new country had something in common with the feelings of schizophrenics who experience an alienation in their environment«[45]. Interessant ist der Artikel allerdings gerade deshalb, weil sich im Laufe seiner Argumentation, der Durcharbeitung der exilbedingten Sprachschwierigkeiten und ihrer Ursachen, eine Verschiebung hin zu einer positiveren Einschätzung von Sprachwechsel abzeichnet. So wird am Ende des Artikels resümierend darauf verwiesen, dass hier nur die Schwierigkeiten und Widerstände gegenüber einer neuen Sprache beschrieben worden seien, »while I have not dealt with the forces which render the process possible and even pleasurable«[46]. Fährten dazu hat Stengel allerdings durchaus gelegt: Im als schamhaft beschriebenen Gefühl, beim Sprechen der neuen Sprache ein »fancy-dress« zu tragen, scheint ein lustvoll-karnevalistisches Potenzial des Sprachwechsels durch, der das Ideologem einer unverrückbaren Zugehörigkeit zu einer Muttersprache auch subvertieren kann. Im gesteigerten Bewusstsein für die Sprachbildlichkeit fremder Idiome, also die Materialität der Zeichen, könnte neben dem kindlichen und schizophrenen Blick auf Sprache auch der poetische erkannt werden. Hier träfe sich die Untersuchung Stengels, die die Schwierigkeiten des Sprachwechsels aufzeigt, dann mit jener Velikovskys, der das Moment der Kreativität in den Vordergrund rückt.

IV. Fazit

In Folge der Vertreibung aus Deutschland und Österreich wechselte die Wissenschaftssprache der Psychoanalyse sehr rasch vom Deutschen ins Englische. Gleichzeitig führte der exilbedingte Sprachwechsel dazu, dass Mehrsprachigkeit erstmals zum Gegenstand psychoanalytischer Theoriebildung wurde. Historisch gesehen ist es allerdings bezeich-

---

45 Stengel: On learning a new language (s. Anm. 20), S. 477. Auch dieser Gedankengang findet sich später bei Mann: Das Sprach-Problem (s. Anm. 39), S. 291: »Es ist wohl etwas wie eine psychologische Spaltung, ein schizophrener Prozeß, den man durchmacht, wenn man zweisprachig zu werden versucht – interessant, aber beunruhigend.«
46 Stengel: On learning a new language (s. Anm. 20), S. 478.

nend, dass die Beschäftigung mit dem Thema um 1955 abbrach und erst wieder ab den 1980er Jahren erneut einsetzte.[47] Ausgangspunkt ist dann der postkoloniale Kontext, aus dem auch die wesentlichen Impulse für die heutige kultur- und literaturwissenschaftliche Forschung zu Transkulturalität und Translingualität hervorgingen. In Einklang mit der gegenwärtigen Forschung, die für eine Relektüre des Exils nach 1933 unter der Perspektive von Transnationalität und Deterritorialisierung plädiert,[48] wurde auch in diesem Beitrag gezeigt, dass es Dokumente wieder zu entdecken gilt, in denen ein Vordenken heute zentraler Paradigmen wie dem der Mehrsprachigkeit stattfindet. In den besprochenen Texten werden sowohl Emigration als auch der damit verbundene Sprachwechsel in der Entdeckung eines neuen Untersuchungsfeldes wissenschaftlich und stilistisch produktiv. Gemeinsam ist den unterschiedlichen Dokumenten dabei, dass sie einen Ort vermessen wollen, der von translingualen Dynamiken gebildet wird und deshalb nicht in den Logiken der monolingualen Norm zu erfassen ist. Als Charakteristika von Sprache(n) im Exil wird in ihnen die Tendenz zur Vermischung und Vervielfachung von Bedeutung wie Sprecheridentitäten umrissen.

---

47 Amati Mehler verweist auf die Tagung »Du Bilinguisme« in Rabat/Marokko von 1981. Amati Mehler u.a.: Das Babel des Unbewussten (s. Anm. 3); hier: S. 125.
48 Doerte Bischoff und Susanne Komfort-Hein (Hg.): Literatur und Exil. Neue Perspektiven, Berlin 2013; Exilforschung 27 (2009): Exil, Entwurzelung, Hybridität.

Birgit R. Erdle

Adornos Sprachdenken im Exil

In seiner Antwort »Auf die Frage: Was ist deutsch«, gesendet im Deutschlandfunk am 9. Mai 1965, bemerkt Adorno: »Schreibt man in einer ernsthaft fremden Sprache, so gerät man, eingestanden oder nicht, unter den Bann, sich mitzuteilen, es so zu sagen, daß die anderen es auch verstehen.«[1] Ein Satz, gesprochen im Nachhinein, nämlich im Abstand von sechzehn Jahren zu Adornos erster Rückkehr aus dem Exil nach Frankfurt am Main im Oktober 1949. Der Kommunikationszwang, unter den das Schreiben im Exil gerät, wird hier nachträglich als einer beschrieben, der zuallererst daraus entsteht, dass beim Schreiben im Exil die Sprache und die Arbeit an der Sprache auf die Mitteilungsfunktion reduziert ist: »es so zu sagen, daß die anderen es auch verstehen.«[2] Der Unterschied zum Schreiben in der eigenen Sprache erhellt sich aus dem direkt nachfolgenden Satz: »In der eigenen Sprache jedoch darf man, wenn man nur die Sache so genau und kompromißlos sagt wie möglich, auch darauf hoffen, durch solche unnachgiebige Anstrengung verständlich zu werden.«[3] Die Möglichkeit, verständlich zu werden, zumindest die Hoffnung darauf, entspringt hier – im Schreiben in der eigenen Sprache – der Anstrengung des Begriffs selbst. Mit Adornos eigenen Worten gesagt, entspringt sie der Anstrengung, die Sache »so genau und kompromißlos« wie möglich zu sagen – sprachlichen Übereinkünften also mit äußerster Vorsicht zu begegnen. Sie erfordert eine Hingabe an die Sachen, an die »Konkretheit des Gegenstandes«, die gerade nicht »dem abstrakten Begriff zuliebe«[4] geopfert werden

---

1 Theodor W. Adorno: Auf die Frage: Was ist deutsch. In: Ders.: Gesammelte Schriften. Hg. v. Rolf Tiedemann unter Mitwirkung von Gretel Adorno, Susan Buck-Morss und Klaus Schultz. Bd. 10/2: Kulturkritik und Gesellschaft II. Frankfurt a. M. 2003, S. 691–701; hier: S. 700.
2 Adorno: Auf die Frage: Was ist deutsch (s. Anm. 1), S. 700.
3 Adorno: Auf die Frage: Was ist deutsch (s. Anm. 1), S. 700. Zum Trauma der Sprachentwurzelung siehe auch Martin Jay: Adorno in Amerika. In: Ludwig von Friedburg und Jürgen Habermas (Hg.): Adorno-Konferenz 1983. Frankfurt a. M. 1983, S. 354–376.
4 Theodor W. Adorno: Eine Stätte der Forschung. Das Institute of Social Research, Columbia University, New York, früher Institut für Sozialforschung an der Universität Frankfurt am Main, kommt hiermit unserer Aufforderung nach, etwas über seine Intentionen und Arbeiten auszusagen. In: Aufbau, New York, 10. Januar 1941, S. 7–8.

soll, und solche Hingabe kann für Adorno das Schreiben in der Fremdsprache nicht leisten.

I. Fremdsprache und Fremdwörter: zur Reflexion von Sprache und Fremdheit in Adornos Essay »Wörter aus der Fremde«

Die beiden zitierten Sätze aus Adornos Antwort »Auf die Frage: Was ist deutsch« werfen ein Schlaglicht auf zwei Unterscheidungen im Sprachdenken Adornos, die für den hier diskutierten Zusammenhang wichtig sind. Erstens: Adornos Rede von der »ernsthaft fremden Sprache« verweist auf die Unterscheidung zwischen *Fremdsprache* und *Fremdwörtern* – oder Wörtern aus der Fremde, wie er sie in seinem Essay gleichen Titels nannte. Zweitens: Die Rede von der *eigenen Sprache*, der die Fremdsprache entgegengestellt wird, umgeht auffällig das Nomen ›Muttersprache‹. Die Annahme einer (als natürlich vorgestellten) Verbindung der ›eigenen‹ Sprache zum biologischen Körper eines Kollektivs wird dadurch bestritten. Damit wird auch die Vorstellung abgestritten, die fremde Sprache repräsentiere einen anderen Körper (den Körper eines anderen Kollektivs), oder sie sei das Andere eines solchen Körpers.

Die Reflexion des Zusammenhangs von Sprache und Fremdheit, wie sie in den beiden Essays »Über den Gebrauch von Fremdwörtern« (aus den frühen 1930er Jahren) und »Wörter aus der Fremde« (aus dem Jahr 1959) dargelegt ist, bildet den Hintergrund – oder vielleicht genauer: die Voraussetzung – von Adornos Sprachdenken im Exil. Zugleich überbrückt sie die Zeit des Exils – sowohl von ihren Entstehungsdaten her, als auch biografisch und intellektuell, von ihrem Entstehungskontext her, der das Wissen um die Verfolgung und die Massenmorde an den europäischen Juden mit einschließt. In beiden genannten Texten geht es darum, Reinheitsvorstellungen, Programme des Sprachpurismus und eine Ethnifizierung der Sprache zu unterlaufen.[5] Prospektiv entworfen (und retrospektiv reflektiert) ist damit die Unsicherheit, wie das ›Eigene‹ der »eigenen Sprache« diesseits solcher Konzepte zu den-

---

5 Schon in seinem Essay aus den frühen 1930er Jahren bemerkt Adorno im Blick auf zeitgenössische Sprachdebatten kritisch, die »Vorstellung der Sprache als eines Organischen«, im Sinne einer »sich immanent entfaltenden Sprache, deren Gleichnis das Wachstum bliebe«, habe »die landläufige Verteidigung der Fremdwörter mit dem Purismus gemein«. Theodor W. Adorno: Über den Gebrauch von Fremdwörtern. In: Ders.: Gesammelte Schriften. Hg. v. Rolf Tiedemann unter Mitwirkung von Gretel Adorno, Susan Buck-Morss und Klaus Schultz. Bd. 11: Noten zur Literatur. Frankfurt a. M. 2003, S. 640–646; hier: S. 641.

ken ist: unter Zurückweisung der Vorstellung einer ›natürlichen Bindung‹ und zugleich einem Insistieren auf dem Unreduzierbaren, Besonderen, Intimen des Verhältnisses zur ›eigenen Sprache‹. Das Paradigma des Nationalen/Nationalistischen ist damit von vornherein kritisch gewendet. Der Reflexion über den Zusammenhang von Sprache und Fremdheit in den beiden Essays ist hier nicht im Einzelnen nachzugehen; wichtig ist mir nur, das Metaphernpaar der Sprengung und des Trüben, des Schwimmens im trüben Strom vorgedachter Redeweisen, hervorzuheben, das in beiden Essays mit ausdrücklicher Signifikanz wiederkehrt. Als »winzige Zellen des Widerstands gegen den Nationalismus im Ersten Weltkrieg«[6] werden die Fremdwörter in »Wörter aus der Fremde« bezeichnet. Die Sprengkraft des Fremdworts, der Aufruhr von Protest und Schock, den es bewirken kann, rührt für Adorno gerade daher, dass es »um seiner Herkunft aus einer Fremdsprache willen, wirklich kaum mehr recht verstanden wird«[7]. Wir sehen, wie hier das Thema des Verstehens, anders belichtet, wiederkehrt. Das unverstandene Fremdwort unterbricht die Selbstverständlichkeit des Sprechens selbst – Adorno beschreibt dieses Moment der Selbst-Unterbrechung als Stockung, als Einbruchstelle, später als Intermittenz – und damit unterbricht es das »konformistische Moment der Sprache«[8]. Subjektiver Ausdruck und Nuance sind in dieser Diskussion Adornos eng verknüpft: Die Fremdwörter sind »Träger subjektiver Gehalte: der Nuancen«[9], heißt es sogar im Essay »Über den Gebrauch von Fremdwörtern«. Gerade in jenen »harten, künstlichen, unnachgiebigen Fremdwörtern, deren Leben nur für Augenblicke die Sphäre der Nuancen schneidet«[10], ist für Adorno die Möglichkeit einer Sprache bewahrt, die er als »Utopie [...] einer Sprache ohne Erde«[11] kennzeichnet. Wenn Adorno diese »Sprache ohne Erde« als Utopie einer Sprache beschreibt, »die bewußtlos in ihrem kindlichen Gebrauch lebt«[12], scheint sich eine Berührung mit der Bedeutung der Muttersprache anzudeuten: jedoch nicht auf ein Kriterium der Herkunft bezogen, sondern auf den Gebrauch der Sprache in der Kindheit, wie Adorno sie in seinem Essay von 1959 erinnert. Seine Kritik hat sich hier gegenüber dem Text aus den frühen 1930er Jahren auf die wahrgenommene Ver-

---

6 Theodor W. Adorno: Wörter aus der Fremde. In: Ders.: Gesammelte Schriften. Hg. v. Rolf Tiedemann unter Mitwirkung von Gretel Adorno, Susan Buck-Morss und Klaus Schultz. Bd. 11: Noten zur Literatur. Frankfurt a. M. 2003, S. 216–232; hier: S. 218.
7 Adorno: Wörter aus der Fremde. (s. Anm. 6), S. 229.
8 Adorno: Wörter aus der Fremde. (s. Anm. 6), S. 220.
9 Adorno: Über den Gebrauch von Fremdwörtern (s. Anm. 5), S. 641.
10 Adorno: Über den Gebrauch von Fremdwörtern (s. Anm. 5), S. 642.
11 Adorno: Wörter aus der Fremde (s. Anm. 6), S. 224.
12 Adorno: Wörter aus der Fremde (s. Anm. 6), S. 224.

dinglichung der Sprache verschoben: es ist, wie Alexander García Düttmann dargelegt hat, die »comprehensive reification of the word into a commodity, not the nationalistically transfigured givenness of a natural language«[13], die den Bezugspunkt solcher Kritik darstellt. Es geht um eine Sprache der Nuancen:

> to distinguish itself from the uniformity of reified language, then it must be a language of nuances, of ›flexibility, elegance, and refinement of formulation‹, of ›precision‹, one that hits the ›meaning‹ of the matter at hand or through which the meaning of the matter is first constituted.[14]

Wenn Adorno bemerkt, im bedachten Gebrauch des Fremdwortes, das ja selbst eine »dinghafte Verhärtung«[15] präsent macht, stecke »das Wissen, daß Unmittelbares nicht unmittelbar zu sagen, sondern nur durch alle Reflexion und Vermittlung hindurch noch auszudrücken sei«[16], so mag darin ein Echo von Hegels Bemerkung anklingen, »daß die philosophische Kunstsprache für reflektierte Bestimmungen lateinische Ausdrücke gebraucht, entweder weil die Muttersprache keine Ausdrücke dafür hat oder, wenn sie deren hat [...], weil ihr Ausdruck mehr an das Unmittelbare, die fremde Sprache aber mehr an das Reflektierte erinnert«.[17] Doch Adornos Reflexion über Fremdwörter, die diese in »Wörter aus der Fremde« zurückbuchstabiert, überführt eine Diskussion, die Ressentiments ihnen gegenüber thematisiert, in ein Nachdenken über Assimilation und Vereinheitlichung, und auf diese Weise erhellt sie darüber hinaus auch kulturgeschichtliche Einschlüsse.

Die Erfahrung des Exils ist zwischen den Referenzpunkten dieser beiden Essays aus den frühen 1930er und den späten 1950er Jahren eingespannt: zunächst, seit 1934, nach dem Entzug der Lehrbefugnis an der Frankfurter Universität im September 1933, in London und Oxford, seit 1938 in New York, und dann, ab November 1941 in Los Angeles. Los Angeles markiert das »absolute Ende der Flucht«, wie Adorno an Siegfried Kracauer im Dezember 1942 schreibt.[18] Adorno bringt in mehreren Briefen zum Ausdruck, wie schwer ihm der

---

13 Alexander García Düttmann: Without soil: A figure in Adorno's thought. In: Gerhard Richter (Hg.): Language without soil. Adorno and late philosophical modernity. New York 2010, S. 10–16; hier: S. 14.
14 García Düttmann: Without soil (s. Anm. 13), S. 15.
15 Adorno: Wörter aus der Fremde (s. Anm. 6), S. 221.
16 Adorno: Wörter aus der Fremde (s. Anm. 6), S. 221.
17 Georg Wilhelm Friedrich Hegel: Werke. Auf der Grundlage der Werke von 1832–1845 neu edierte Ausgabe. Redaktion Eva Moldenhauer und Karl Markus Michel. Bd. 5. Frankfurt a.M. 1979, S. 113–114.
18 Theodor W. Adorno und Siegfried Kracauer: »Der Riss der Welt geht auch durch mich«. Briefwechsel 1923–1966. Hg. v. Wolfgang Schopf. Frankfurt a.M. 2007, S. 429.

»Abschied von Europa« und die »Aufgabe des europäischen Wohnortes«[19] fällt. »Daß ich mich je adäquat als Schriftsteller englisch soll ausdrücken können, halte ich für ausgeschlossen und ambitioniere es auch kaum«[20], bemerkt Adorno an Kracauer im Juli 1935. Doch die Notwendigkeit, Kernbegriffe und Kategorien der Theoriesprache ins Englische zu übersetzen, zwingt dazu, ihre Bedeutung in englischer Sprache begreiflich zu machen: so z.B. den Begriff des Nichtidentischen.

II. Vom Gebrauch der englischen Sprache: adjustment – ein theoriesprachlicher Begriff als Denkzeichen

Den Begriff des Nichtidentischen versucht Adorno seinem Übersetzer in einem Brief vom Juli 1941 begreiflich zu machen: »Freedom postulates the existence of something non-identical. The non-identical element must not be nature alone, it also can be man.«[21] Doch so, wie es in Adornos Augen Begriffe »wie den des Geistes, des Moments, der Erfahrung« gibt, die »mit all dem, was in ihnen auf deutsch mitschwingt« nicht »ohne Gewaltsamkeit in eine andere Sprache zu transponieren« sind – eine Nichtübertragbarkeit, die für ihn »eine spezifische, objektive Eigenschaft der deutschen Sprache«[22] anzeigt – so gibt es andererseits in seinen Schriften Wörter aus der englischen Sprache, in denen das Erinnern der Erfahrung des Exils ins Begriffliche transponiert ist. Ein solches Wort ist z.B. der Begriff *adjustment*, der – ohne Anführungszeichen – in dem zuerst auf Englisch geschriebenen und 1968 publizierten Essay »Wissenschaftliche Erfahrungen in Amerika« auftaucht, und zwar in einer Formulierung, die ihn als »Zauberwort« markiert, also in die Sphäre magischer Verwandlungskünste versetzt:

> Adjustment war noch ein Zauberwort, zumal dem gegenüber, der als Verfolgter aus Europa flüchtete, und von dem man ebensowohl erwartete, daß er in dem neuen Land sich qualifizierte, wie daß er nicht hochmütig bei dem sich versteifte, was er nun einmal war.[23]

---

19 Adorno/Kracauer: Briefwechsel (s. Anm. 18), S. 376.
20 Adorno/Kracauer: Briefwechsel (s. Anm. 18), S. 316.
21 Zit. nach Detlev Claussen: Theodor W. Adorno. Ein letztes Genie. Frankfurt a.M. 2003, S. 174 und S. 453.
22 Adorno: Auf die Frage: Was ist deutsch (s. Anm. 1), S. 700.
23 Theodor W. Adorno: Wissenschaftliche Erfahrungen in Amerika. In: Ders.: Gesammelte Schriften. Hg. v. Rolf Tiedemann unter Mitwirkung von Gretel Adorno, Susan

An einer späteren Stelle im selben Text nimmt Adorno den Begriff *adjustment* nochmals auf, und zwar in einer nicht gegenläufigen, von der konkreten Situation des Exils aber doch abstrahierten Perspektive, die sich kritisch von der Vorstellung des Mit-sich-selbst-identisch-Seins absetzt:

> Europäische Intellektuelle wie ich sind geneigt, den Begriff der Anpassung, des adjustment, bloß als Negativum, als Auslöschung der Spontaneität, der Autonomie des einzelnen Menschen anzusehen. Es ist aber eine von Goethe und von Hegel scharf kritisierte Illusion, daß der Prozeß der Vermenschlichung und Kultivierung sich notwendig und stets von innen nach außen abspiele. Er vollzieht sich, wie Hegel es nannte, auch und gerade durch »Entäußerung« [alienation im Englischen]. Wir werden nicht dadurch freie Menschen, daß wir uns selbst, nach einer scheußlichen Phrase, als je Einzelne verwirklichen, sondern dadurch, daß wir aus uns herausgehen, zu anderen in Beziehung treten und in gewissem Sinn an sie uns aufgeben.[24]

Adorno erkennt hier also die Bedingung eines *Außen* an, dem das Individuum exponiert und auf das es verwiesen ist, um ein freies, humanes Subjekt zu werden. Das Wort *adjustment* wird im Kontext dieser Textpassage zum Denkzeichen der amerikanischen Erfahrung, die so, wie sie Adorno in dem besagten Aufsatz von 1968 konstruiert und interpretiert, für ihn eine Unterbrechung zu bewirken scheint, einen Sprung, der das Selbstverständliche der eigenen kulturellen Voraussetzungen zerreißt. Solche Voraussetzungen, unter denen Adorno besonders die »europäischen Voraussetzungen musikalischer Kultur, von denen ich durchdrungen war«[25], hervorhebt, werden als ein Nicht-Selbstverständliches, ein Nicht-Natürliches, bloßgelegt. Es sei, so stellt er fest, »ein erheblicher Unterschied, ob man sie unreflektiert mitbringt oder ihrer inne wird gerade in ihrer Differenz von dem technologisch

---

Buck-Morss und Klaus Schultz. Bd. 10.2: Kulturkritik und Gesellschaft II. Frankfurt a. M. 2003, S. 702–738; hier: S. 702.

24 Adorno: Wissenschaftliche Erfahrungen in Amerika (s. Anm. 23), S. 735–736. In englischer Sprache lautet die Passage: »We Europeans are inclined to see the concept of ›adjustment‹ as a purely negative thing, an extinction of the spontaneity and autonomy of the individual. But it is an illusion sharply criticized by Goethe and Hegel that the process of humanization, of becoming civilized, necessarily proceeds from within out. Basically it is accomplished precisely through what Hegel calls ›alienation‹.« Theodor W. Adorno: Scientific experiences of a European scholar in America. In: The intellectual migration. Europe and America, 1930–1960. Hg. v. Donald Fleming and Bernard Bailyn. Cambridge/MA 1969, S. 338–370; hier: S. 368.

25 Adorno: Wissenschaftliche Erfahrungen in Amerika (s. Anm. 23), S. 734, engl. (s. Anm. 24) S. 367.

und industriell fortgeschrittensten Land.«[26] Der kulturellen Voraussetzungen »*inne* werden«, heißt es in der deutschsprachigen Fassung, ihrer ›bewusst werden‹, ›becoming »aware«‹ in der englischen: Die deutsche Sprache vollführt die in der zuvor zitierten Textpassage zum *adjustment* reflektierte Bewegung »von innen nach außen« nochmals in umgekehrter Richtung. Wenn Adorno in Amerika, wie er nachträglich aus einer reflexiven Perspektive formuliert, »dazu veranlasst wurde, nicht länger Verhältnisse, die geworden, historisch entstanden waren wie die in Europa, für natürliche zu halten, ›not to take things for granted‹«[27] so wechselt er auch in der deutschsprachigen Fassung an dieser Stelle in die englische Sprache. »Not to take things for granted« ist dabei in Anführungsstriche gesetzt und dadurch als zitierte Redewendung aus der fremden Sprache in die eigene eingefügt, und zwar auf eine Weise, die den Aufprall der Formulierungsweisen in beiden Sprachen nicht nivelliert. In diesem Zitat mag auch etwas von der Erfahrung kondensiert und auf Distanz gehalten sein, die Adorno in nächster Nähe zu der zitierten Stelle aufruft, wenn er von »der aufgestauten Bosheit und dem aufgestauten Neid, wie er in den Jahren 1933 bis 1945 in Deutschland explodierte«[28] spricht.

Doch Adornos Benennung von *adjustment* als Zauberwort in dem Essay von 1968 ruft andere Aspekte der Erfahrung im Exil in Erinnerung: die Erwartung nämlich an den aus Europa Geflüchteten, dass er – wie Adorno formuliert – »in dem neuen Land sich qualifizierte, wie daß er nicht hochmütig bei dem sich versteifte, was er nun einmal war.«[29] Diese im Rückblick und im Gestus des Résumés vorgenommene Kommentierung steht in einem direkten thematischen Bezug zu dem Prosastück »Nicht gedacht soll ihrer werden« aus dem ersten, 1944 entstandenen Teil der *Minima Moralia*. Das Fragment bringt den existenziellen Verlust des Flüchtlings zur Sprache, der sich vor der Verfolgung durch die Deutschen retten konnte: »Das Vorleben des Emigranten wird bekanntlich annulliert«[30], lautet der erste Satz. Adornos Sprachdenken im Exil wird auch hier thematisch, in der Wahrnehmungsgenauigkeit nämlich, die der Benennung der Register gilt, welche im Fragebogen bei der Immigration Herkunft und Biografie des

---

26 Adorno: Wissenschaftliche Erfahrungen in Amerika (s. Anm. 23), S. 734, engl. (s. Anm. 24) S. 367.
27 Adorno: Wissenschaftliche Erfahrungen in Amerika (s. Anm. 23), S. 734, engl. (s. Anm. 24) S. 367.
28 Adorno: Wissenschaftliche Erfahrungen in Amerika (s. Anm. 23), S. 735.
29 Adorno: Wissenschaftliche Erfahrungen in Amerika (s. Anm. 23), S. 702.
30 Theodor W. Adorno: Minima Moralia. Reflexionen aus dem beschädigten Leben. Gesammelte Schriften. Bd. 4. Hg. Rolf Tiedemann unter Mitwirkung von Gretel Adorno, Susan Buck-Morss und Klaus Schultz. Frankfurt a. M. 2003, S. 52.

Flüchtlings erfassen und ordnen. So richtet sich die Aufmerksamkeit Adornos auf eine als »Hintergrund« benannte Rubrik, die »als Appendix der Fragebogen« erscheint, »nach Geschlecht, Alter und Beruf«[31], und in der dasjenige registriert sein soll, was Adorno mit dem Ausdruck des *Lebens* belegt, welches sich dadurch auszeichnet, dass es sich einer unmittelbaren Aktualisierung entzieht: dasjenige, »was immer bloß als Gedanke und Erinnerung fortlebt.«[32] In Adornos Text vollzieht die Form einer solchen Annullierung, die das Vergangene »nochmals dem Vergessen weiht, indem sie es erinnert«[33], genau den Gestus der Verfluchung »Nicht gedacht soll ihrer werden«, die auf ein Gedicht von Heinrich Heine anspielt,[34] nach. Unmittelbar auf diesen Text folgt ein Stück mit dem Titel »English Spoken«. In der Reihe der Textstücke in den *Minima Moralia* steht »English Spoken« genau zwischen »Nicht gedacht soll ihrer werden« und »On parle français«. Dadurch stellt sich eine Anordnung der Sprachen her, in der das Deutsche, mit Heines Worten, zuerst kommt, gefolgt vom Englischen und vom Französischen, wobei das Englische von der deutschen und der französischen Sprache eingerahmt oder begrenzt wird.

Die szenischen Bilder der beiden fremden Sprachen, die Adorno in »On parle français« und »English spoken« entwirft, kontrastieren einander scharf: Vermögen in der französischen Sprache die Worte gefangene Leidenschaften noch beim Namen zu rufen,[35] bietet die englische Sprache das Terrain einer Referenzialität, die der Logik der Ware folgt. Nach Adorno sind die Wörter hier zu »Kennworten« (catchwords) für Schlager, die den Schlager »anpreisen« funktionalisiert, das heißt, die Worte selbst machen Reklame.[36] Die Verdinglichung des Wortes zur Ware wird hier anschaulich. In dem Textstück »English spoken« geht es darum, diesen Reklamecharakter vorzuführen: aus einer Kindheitserinnerung (einer Leseszene fremdsprachiger Bücher)

---

31 Adorno: Minima Moralia (s. Anm. 30), S. 52.
32 Adorno: Minima Moralia (s. Anm. 30), S. 52.
33 Adorno: Minima Moralia (s. Anm. 30), S. 52.
34 »Nicht gedacht soll seiner werden!«, lautet die Anfangszeile des Gedichts aus der III. Abteilung: Lamentationen der »Nachgelesenen Gedichte 1845–1856«. Heinrich Heine: Sämtliche Schriften. Hg. von Klaus Briegleb. Bd. 6, Teilbd. 1. München 1975, S. 324.
35 Adorno: Minima Moralia (s. Anm. 30), S. 53. Adorno spricht in diesem Zusammenhang von einem Verstehen solcher »Ausdrücke fürs Unanständige«, das er als »nachtwandelnd« beschreibt: »wie in der Kindheit die abseitigsten Äußerungen und Beobachtungen des Geschlechtlichen zur rechten Vorstellung zusammenschießen.«
36 Ob sich darin ein Affekt bemerkbar macht, der im Schatten der Rede über die Fremdwörter und die Exogamie der Sprache noch zu dem Diskurs der »Sprachbewahrer« (siehe den Beitrag von Susanne Utsch, in diesem Band) in Beziehung steht, bleibt hier offen.

entwickelt es eine Reflexion darüber, wie diese Bücher nichts anderes als Reklamen sind, um sodann abrupt in ein anderes Materialfeld zu wechseln, nämlich das der Übersetzung literarischer Sprache. Genau an dieser Stelle wird der Text selbst zweisprachig: er zitiert in deutscher Sprache einen Vers aus einem Gedicht von Paul Heyse, das von Johannes Brahms vertont wurde, und stellt daneben die Übersetzung dieser Zeilen in der, wie Adorno schreibt, »verbreitetsten amerikanischen Ausgabe«, um die Verwandlung der »altertümlich leidenschaftlichen Hauptwörter[n] des Originals« in »Kennworte für Schlager [...], welche diesen anpreisen«[37] vor Augen zu stellen – von *O Herzeleid, du Ewigkeit!/Selbander nur ist Seligkeit* zu: *O misery, eternity!/But two in one were ecstasy.*[38] In der durch die Differenz beider Sprachen vorgetragenen Verschiebung, also im Material der Sprache selbst, soll hier jene Annullierung oder Zerstörung von Leidenschaft, Erfahrung und Ausdruck evident gemacht werden, die Adorno mit Walter Benjamins Begriff des Reflektorischen in Zusammenhang bringt.

Bezieht sich die zuletzt diskutierte Passage auf die Sprache der Literatur, so überträgt sich die Spannung von ›Eigenem‹ und ›Fremdem‹, das Abwehrverhältnis, das sich darin zum Ausdruck bringt, auch auf die Wissenschaftssprache. Symptomatisch dafür erscheint eine Briefpassage, in der Adorno und Max Horkheimer am 26. Juni 1943 an Siegfried Kracauer über dessen Studie zu den Wochenschauen in Nazideutschland schreiben: »It is still your old style, sober as well as loaded with allusions; as a matter of fact it withstands the transfer into English much better than Teddie's or my own way of expression.«[39] Es ist ein großes Lob, das Horkheimer und Adorno hier aussprechen. Sie loben Sprache und Denkstil Kracauers, gerade insofern beides der Übertragung ins Englische standhält oder widersteht. Auch wenn der Begriff des *adjustment* hier nicht auftaucht, ist doch mit dem Gesagten ein ähnlicher Zusammenhang berührt. Den Anspruch an das Denken, der hier thematisiert wird, formuliert Adorno viele Jahre später so: »Die Kraft des Denkens, nicht mit dem eigenen Strom zu schwimmen, ist die des Widerstands gegen das Vorgedachte.«[40] Dieser Gedanke ist eng mit dem Nachdenken über die Wörter aus der Fremde verknüpft,

---

37 Adorno: Minima Moralia (s. Anm. 30), S. 53.
38 Adorno: Minima Moralia (s. Anm. 30), S. 53.
39 Adorno/Kracauer: Briefwechsel (s. Anm. 18), S. 433.
40 Theodor W. Adorno: Anmerkungen zum philosophischen Denken (1964). In: Ders.: Gesammelte Schriften. Hg. v. Rolf Tiedemann unter Mitwirkung von Gretel Adorno, Susan Buck-Morss und Klaus Schultz. Bd. 10.2: Kulturkritik und Gesellschaft II. Frankfurt a. M. 2003, S. 599–607; hier: S. 604.

wie die Rede vom »Convenu des Vorgedachten«[41] anzeigt und zugleich praktiziert.

Dass *adjustment* nicht bloß als soziologische Kategorie verstanden werden sollte, macht die zitierte Briefpassage ebenfalls deutlich. Vielmehr wird hier jener Zusammenhang kenntlich, der sich als »Synthese von Lebensform, Denkstil und ›idealtypische(r) Schreibweise‹« beschreiben ließe, welche sich »in den Inhalten wie in den Formen des Denkens und Schreibens niederschlägt«[42]. Dies entziffern Nicolas Berg und Dieter Burdorf in der Metapher vom Schreiben als Wohnen, die in dem Textstück »Hinter den Spiegel« in den *Minima Moralia* auftaucht: »Wer keine Heimat mehr hat, dem wird wohl gar das Schreiben zum Wohnen.«[43] Damit ist aber zugleich die Frage aufgeworfen: Wie ist Wissenschaftssprache als ›eigene Sprache‹ zu denken?

III. Die enteignete Sprache: Epistemologie und Adressierung

In einem Brief, den Adorno am 28. Mai 1940 an seine Eltern schrieb, die zu diesem Zeitpunkt über Kuba in die USA hatten flüchten können, verweist er angesichts der deprimierenden Nachrichten aus Europa (der Besetzung der Niederlande und Belgiens durch die Deutschen und ihr Eindringen in Nordfrankreich) auf den Halt, den »der Zwang, sich ausschließlich mit peniblen Darstellungsfragen in einer fremden Sprache abzugeben«[44] bietet. Diese Bemerkung bezieht sich auf die Arbeit am *Radio Research Project*, welches zu dieser Zeit kurz vor dem Abschluss stand. Gerade die Briefkorrespondenz Adornos gibt darüber Aufschluss, wie er die deutsche Sprache als ›eigene‹ bewertet. So die Briefe von Adorno und Kracauer, die in den 1950er Jahren zwischen Frankfurt am Main und New York gewechselt werden.[45] In einem Brief

---

41 Adorno: Anmerkungen zum philosophischen Denken (s. Anm. 40), S. 605.
42 Nicolas Berg und Dieter Burdorf: Einleitung. In: Dies. (Hg.): Textgelehrte. Literaturwissenschaft und literarisches Wissen im Umkreis der Kritischen Theorie. Göttingen 2014, S. 17.
43 Adorno: Minima Moralia (s. Anm. 30), S. 98.
44 Theodor W. Adorno: Briefe an die Eltern 1939–1951. Hg. v. Christoph Gödde und Henri Lonitz. Frankfurt a. M. 2003, S. 84.
45 Umgekehrt hat die durch das Exil neu aufgegriffene Wissenschaftssprache der Psychoanalyse in Adornos Wahrnehmung keine Heimat mehr im Deutschen. So bemerkt er im Vorwort zu der von ihm auf Englisch geschriebenen Studie *The stars down to earth*, welches er 1956 in Frankfurt am Main verfasste und auf Deutsch dem englischen Text voranstellte: »Sozialpsychologische Untersuchungen in Amerika können Begriffe der Psychoanalyse in ihrer strengen, Freudischen Gestalt ohne weiteres voraussetzen. Da jedoch in Deutschland die vom nationalsozialistischen Regime verfemte Freudische Theorie auch nach dessen Sturz noch nicht zur wahrhaft eindringli-

vom 23. Februar 1955 fragt Adorno Kracauer danach, wie es mit seiner Filmtheorie stehe: »Schreibst Du sie erst auf deutsch und denkst Du an eine deutsche Publikation? Du weißt, wie starrsinnig ich in dieser Hinsicht bin, trotz des Geschehens, das uns nur eben nicht dazu verführen dürfte, uns selber das nochmals anzutun, was der Hitler ohnehin uns angetan hat.«[46] Am 1. September 1955 schreibt er an Kracauer: »Halte mich nicht für den alten Cato, wenn ich Dich immer wieder daran erinnere, daß das Entscheidende, was unsereiner zu sagen hat, von uns nur auf deutsch gesagt werden kann. Englisch können wir allenfalls so schreiben wie die anderen, so wie wir selbst nur deutsch.«[47] Das Thema der Reduktion der Sprache auf die Mitteilungsfunktion, das wir anfangs gestreift hatten, scheint in der Wendung vom »schreiben wie die anderen« schon durch die Gegenüberstellung von »wir« und »die anderen« dabei in ein klares Gegensatzverhältnis gerückt. Ein paar Jahre später erklärt Adorno, wiederum in einem Brief an Kracauer, er könne »nicht von dem Glauben ablassen [...], daß man im Ernst und mit ganzer Verantwortlichkeit nur in der Sprache sich auszudrücken vermag, in der, wie sehr auch verschüttet, alle Assoziationen der Kindheit bereit liegen.«[48] Kracauers Antwort auf diese wiederholten Ermahnungen ist deshalb interessant, weil sie, anders als Adorno, entschieden Literatur von Theorie trennt:

> Was Du sagst, gilt sicher für bestimmte Gebiete der Literatur – Poesie, Roman und, sehr vielleicht, auch Essay. [...] Aber Dein Catonisches Diktum trifft bestimmt nicht zu für Werke des Gedankens, der Theorie – und ich meine hier eigenste Gedanken, eigenste Theorie. [...] Mein Stilideal ist, daß die Sprache in der Sache verschwindet wie der chinesische Maler im Bild, wobei ich mir bewußt bin, daß der Maler und das Bild, der Denker und die Sache eines sind – up to a point.[49]

---

chen Erfahrung gelangte und in weitem Maß durch Verwässerungen verdrängt ist, die dogmatisch als Fortschritt über Freud betrachtet werden, so schien es dem Autor angemessen, bei einer Reihe Freudischer Begriffe – und zwar genau denen, die in Deutschland heute noch den gleichen Schock ausüben wie vor dreißig Jahren – auf die wichtigsten Belegstellen zu verweisen.« Theodor W. Adorno: Gesammelte Schriften. Hg. v. Rolf Tiedemann unter Mitwirkung von Gretel Adorno, Susan Buck-Morss und Klaus Schultz. Bd. 9.2: Soziologische Schriften II, Zweite Hälfte. Frankfurt a.M. 1975, S. 13. Zur Reihe der Begriffe, die Adorno mit Belegnachweisen versieht, zählen unter anderem: »The Uncanny« (ebd., S. 16), »penis envy« (S. 48), »orality« (S. 51), »anal character« (S. 52), »pleasure principle« (S. 57), »narcissistic« (S. 71), »Oedipal phase« (S. 86), »castration fear« (S. 81).
46 Adorno/Kracauer: Briefwechsel (s. Anm. 18), S. 475.
47 Adorno/Kracauer: Briefwechsel (s. Anm. 18), S. 482.
48 Adorno/Kracauer: Briefwechsel (s. Anm. 18), S. 500 (Brief vom 3. Februar 1959).
49 Adorno/Kracauer: Briefwechsel (s. Anm. 18), S. 484 (Brief vom 5. September 1955).

Laut Adorno berühren sich demnach literarische Sprache und Wissenschaftssprache in einer Weise, die in beiden Sprachen überhaupt erst das Ausdrucksvermögen als ein ›Eigenes‹ begründet, welches sozusagen weder im Strom des Eigenen noch in dem der Anderen mitschwimmt. Die Produktivität einer Sprache der Kindheit, die im Essay von 1959 im Zusammenhang mit der Utopie einer Sprache ohne Erde aufgetaucht war, wird – das mag überraschen – hier, in den Briefen, für die Wissenschaftssprache oder die Theoriesprache geltend gemacht. Das hat mit der Sprache als Konstitutionsform des Wissens zu tun, wie sie Adorno auffasst. Denn seinem, auch in der Briefkorrespondenz belegten, Insistieren auf dem Schreiben in der deutschen Sprache liegen sehr genaue Überlegungen zum einen zur »Sprache als einem Konstituens des Gedankens«[50], zum anderen zum spezifischen epistemologischen Vermögen der deutschen Sprache zugrunde.[51] Aus der Perspektive des Zurückkehrenden, der – wie es Adorno formuliert – »die Naivetät zum Eigenen verloren hat«[52], bedarf dieses Spezifische jedoch gerade der reflektierenden Distanz – Adorno spricht von der notwendigen »Wachsamkeit gegen allen Schwindel«, den die deutsche Sprache befördert.[53]

Das Motiv des Festhaltens an der deutschen Sprache als der ›eigenen‹ zieht eine Kontinuitätsspur in die Exilzeit. Deutlich wird dies z. B. an einem Brief an Max Horkheimer vom 29. Juli 1940. Darin unterstreicht Adorno die Bedeutung der gemeinsamen Projekte – er spricht von »unseren programmatischen Dingen« –, und setzt hinzu: »Diese verliere ich keine Sekunde aus den Augen und meine im übrigen nach wie vor, daß wir für unsere heiligen Texte an unserer Sprache festhalten sollten.«[54] *Unsere Sprache* – das ist apologetisch gemeint gegenüber einer Abwehr vom theoretischen Denken, die Horkheimer auch unter den emigrierten Intellektuellen ausmacht, es bezieht sich auf das Denken des dialektischen Materialismus, meint aber auch die deutsche Sprache und markiert darin die Abwehr gegen die institutionalisierte Wissenschaftssprache, die Adorno in Amerika vorfindet. Diese Passage aus dem Brief an Horkheimer belegt die Rede vom ›Eigenen‹ im Moment der Enteignung. Die Erfahrung solcher Enteignung ist im Fragment »Schutz, Hilfe und Rat«, ebenfalls aus dem ersten Teil der *Minima Moralia*, festgehalten, wenn Adorno von der Beschädigung

---

50 Adorno: Auf die Frage: Was ist deutsch (s. Anm. 1), S. 701.
51 Dazu genauer Adorno: Wörter aus der Fremde (s. Anm. 6), S. 218–220.
52 Adorno: Auf die Frage: Was ist deutsch (s. Anm. 1), S. 701.
53 Adorno: Auf die Frage: Was ist deutsch (s. Anm. 1), S. 701. Er verweist damit auf ein Projekt, das er in der 1964 veröffentlichten Schrift *Jargon der Eigentlichkeit* umsetzt.
54 Theodor W. Adorno und Max Horkheimer: Briefwechsel 1927–1969. Bd. II: 1938–1944. Hg. v. Christoph Gödde und Henri Lonitz. Frankfurt a. M. 2004, S. 77.

jedes Intellektuellen im Exil spricht und notiert: »Enteignet ist seine Sprache und abgegraben die geschichtliche Dimension, aus der seine Erkenntnis die Kräfte zog.«[55] Dies bringt seine Erfahrung immenser Isolation im Exil zum Ausdruck.

Die Frage nach der Bedeutung des wiederholten »wir« in den zitierten Passagen aus Adornos Briefen, die Frage, an welche ›Gemeinschaft‹ sich diese Rede als Anrede richtet, welche *community* sie durch die Anrede herstellen will und wie konstant, multipel und variabel diese *community* ist, stellt sich sowohl für die Zeit des Exils in den USA wie auch für die der 1950er Jahre in Frankfurt am Main. Aus den wenigen, zitierten Passagen wird deutlich, dass es Adressierungen sind, die der Form und der Sprache des Briefs bedürfen. Wenn das »wir« im Brief an Horkheimer in der Rede von »unserer Sprache« und »unsere[n] heiligen Texte[n]« als Anspielung auf die Zugehörigkeit zum ›homogenen Institutskern‹[56] gelesen werden könnte, so korrespondiert dies mit dem »wir«, das Adorno in einem Brief an eine potenzielle Geldgeberin, ebenfalls im Juli 1940, ins Spiel bringt:

> Our Institute, formerly at Frankfurt University, now at Columbia, New York, consists of a group of exiled German scholars. We try to preserve certain elements of German cultural tradition which may be valuable for the American intellectual life – this country being the only place where this tradition has any chance of surviving.[57]

In der zitierten Briefpassage wird kenntlich, wie sehr zu diesem Zeitpunkt der Fokus auf *preservation* und *survival* liegt – weit entfernt von Versuchen einer Einschreibung des eigenen Denkens in eine angloamerikanische Tradition. Dass die Welt, der diese Traditionselemente entstammen, überleben könnte, erscheint zunehmend unvorstellbar. Während Adorno in diesem Brief dennoch die Projekte der Institutsmitglieder strategisch mit dem intellektuellen Leben in Amerika in Verbindung bringt, liest sich dies in einem Brief an seine Eltern aus demselben Jahr anders. New York wird von Adorno hier als »Schlupfwinkel« benannt, der es ermöglicht, »wenigstens einiges von unseren Erkenntnissen unter Dach und Fach zu bringen, was vielleicht zu einer andern Zeit sich einmal für die Menschen als nicht ganz wertlos erweisen kann.«[58] Und in einem Brief an Max Horkheimer, datiert am 21. August 1941, der also mehr als ein Jahr später geschrieben wurde, ver-

---
55 Adorno: Minima Moralia (s. Anm. 30), S. 35.
56 S. Max Horkheimer: Gesammelte Schriften. Bd. 15: Briefwechsel 1913–1936. Hg. v. Gunzelin Schmid Noerr. Frankfurt a. M. 1995, S. 387–388.
57 Adorno/Horkheimer: Briefwechsel 1927–1969. Bd. II: 1938–1944 (s. Anm. 54), S. 69.
58 Adorno: Briefe an die Eltern (s. Anm. 44), S. 85 (Brief vom 28. Mai 1940).

gleicht Adorno die Situation im Exil mit der Lage eines allein auf einer Insel Zurückgelassenen. Damit ruft er überlieferte Bilder der Verbannung auf, geprägt durch Verlassenheit und durch eine aufklaffende Entfernung, die sich durch die menschliche Stimme nicht mehr überbrücken lässt: »Etwa wie wenn man, verlassen auf einer Insel, verzweifelt einem davonfahrenden Schiff mit einem Tuch nachwinkt, wenn es schon zu weit weg ist zum Rufen.«[59] In dem gewählten Bild wird die Verzweiflung, die diese Geste ausdrückt, durch das Motiv des Tuchs abgewehrt und unterstrichen. »Unsere Sachen«, so fährt Adorno fort, »werden immer mehr solche Gesten aus Begriffen werden müssen«[60]. Der Gestus der Adressierung ist in dieser Passage schon ganz in die Schrift und in die Arbeit am Begriff zurückgenommen. Aber das »wir« scheint hier als dasjenige auf, was solche Gesten überhaupt noch ermöglicht.

Die Sprache ist hier Medium eines eingekapselten, für die Zukunft bestimmten Wissens, das seine Adressatenschaft verloren hat. Dieses Bild ruft auch eine Passage aus den »Aufzeichnungen und Entwürfen« der *Dialektik der Aufklärung* auf – jenem Buch, das zu den »heiligen Texte[n]« zählt, die aus der gemeinsamen Autorschaft Adornos und Horkheimers entstanden. »Wenn die Rede heute an einen sich wenden kann, so sind es weder die sogenannten Massen, noch der Einzelne, der ohnmächtig ist«[61], heißt es in der Aufzeichnung »Propaganda«. Hier scheint der Zweifel durch, ob es einen Adressaten, einen, an den sich die Rede »heute« wenden kann, überhaupt gibt. Wenn es einen solchen gäbe, dann wäre es eher »ein eingebildeter Zeuge, dem wir es hinterlassen, damit es doch nicht ganz mit uns untergeht.«[62] Die Einbildung eines Adressaten ist Bedingung der Möglichkeit, die eigenen Erkenntnisse und Schriften als Hinterlassenschaften zu denken, und ihnen dadurch eine Zukunft zu verleihen.

Es gibt jedoch noch eine andere Gedankenfigur in Adornos Exilschriften, die den Zusammenhang von Sprache und Erfahrung reflektiert, nämlich eine Aufzeichnung vom Sommer 1939. In ihr lässt sich eine Momentaufnahme von Adornos Sprachdenken im Exil entdecken, welche die Frage nach dem Erkenntnisvermögen der deutschen Sprache

---

59 Max Horkheimer: Gesammelte Schriften. Hg. v. Gunzelin Schmid Noerr. Bd. 17: Briefwechsel 1941–1948. Frankfurt a. M. 1996, S. 153.
60 Horkheimer: Gesammelte Schriften (s. Anm. 59), S. 153.
61 Theodor W. Adorno und Max Horkheimer: Aufzeichnungen und Entwürfe. In: Gesammelte Schriften. Hg. v. Rolf Tiedemann unter Mitwirkung von Gretel Adorno, Susan Buck-Morss und Klaus Schultz. Bd. 3: Dialektik der Aufklärung. Philosophische Fragmente. Frankfurt a. M. 2003, S. 294.
62 Adorno/Horkheimer: Aufzeichnungen und Entwürfe (s. Anm. 61), S. 294.

angesichts dessen, was in NS-Deutschland vor sich geht, aufwirft, den epistemischen Bruch durch die Geschehnisse also sprachtheoretisch verortet, ihn in die Sprache einzeichnet. Entsprechend der in »Auf die Frage: was ist deutsch« von 1965 formulierten Bedeutung der Sprache als dasjenige, worin der Gedanke gründet, wird die Sprache hier als Organ, nicht als Instrument der Theorie benannt. Die Notiz soll festhalten, wie die Sprache selbst dem Entsetzen ausgesetzt ist: »Daß die Gewalt der Fakten so zum Entsetzen geworden ist, daß alle Theorie, und noch die wahre, sich wie Spott darauf ausnimmt – das ist dem Organ der Theorie selber, der Sprache, als Mal eingebrannt.«[63] Notiert wird der Moment einer Verfehlung im Erkennen, die sich der Sprache als Mal einprägt. Was kann die Theoriesprache dann leisten? Es ist diese Frage, die auf dem Spiel steht, und sie wirft Licht auf die Ohnmacht im Exil, wie Detlev Claussen dargelegt hat.[64] In der Begriffssprache der Aufzeichnung selbst dagegen wird das Entsetzen, das von der »Gewalt der Fakten« hervorgerufen wird, noch durch die Formulierung der »prohibitive[n] Schwierigkeit der Theorie«[65] in Schach gehalten.

In Adornos Neujahrsgrüßen an Kracauer Ende Dezember 1944 kommt die Erfahrung der Ohnmacht ungehindert und doch nur angedeutet im Wunsch Adornos zum Ausdruck, »daß endlich wenigstens die schlimmste und unmittelbarste Angst ausgelöscht werde.«[66]

Drei Traumnotate Adornos möchte ich an den Schluss stellen, Textfragmente, die die Zeiträume von Verfolgung, Exil und Nach-Exil, den Ort des Schreibens und die Frage nach der Praxis des Gebrauchs von Wörtern aus der Fremdsprache in der Bildsprache des Traums thematisieren. Die erste Traumszene erzählt von einem verschollenen Manuskript. Sie ist mit »Los Angeles, September 1948« überschrieben. Der Schreibtisch der Mutter, nicht die Muttersprache, ist in dem Traum der Ort der Genese der Schrift:

> In der Emigration träumte ich immer wieder, mit Variationen: es war zuhause in Oberrad, schon unterm Hitlerregime. Ich saß im Wohnzimmer am Schreibtisch meiner Mutter, beim Garten. Herbst, verhängt mit tragischen Wolken, eine unendliche Schwermut, aber eine voll Duft über allem. Überall Vasen mit Herbstblumen (»Stell auf den Tisch die duftenden Reseden«). Ich schrieb und zwar in ein blaues Schulheft wie vom Gymnasium, eine lange Abhandlung über Musik. [...] Ich wußte noch, daß ich das ganze Manuskript, von dem keine Kopie existierte, an eine Musikzeit-

---

63 Theodor W. Adorno: Notiz. Sommer 1939. In: Frankfurter Adorno Blätter IV. Hg. Theodor W. Adorno Archiv. München 1995, S. 7.
64 Detlev Claussen: Theodor W. Adorno. Ein letztes Genie. Frankfurt a. M. 2003, S. 320.
65 Adorno: Notiz. Sommer 1939 (s. Anm. 63), S. 7.
66 Adorno/Kracauer: Briefwechsel (s. Anm. 18), S. 435.

schrift (die Stuttgarter?) schickte, wo sie zur Publikation angenommen war, aber wegen der Nazis nicht erscheinen konnte und dann wohl verloren ging. Das Angstvolle des Traumes hing mit der Vorstellung zusammen, ich müßte jenes Manuskript wiederfinden, weil es Gedanken von höchster Wichtigkeit für die gegenwärtige Arbeit enthielte.[67]

Adorno beendet die Aufzeichnung des Traums mit der Deutung, dessen »wahrer Inhalt« sei »offenbar die Wiedergewinnung des verlorenen europäischen Lebens.«[68] Und er notiert das Faktum der zeitlichen Koinzidenz mit der Reise Max Horkheimers nach Europa im Frühjahr 1948.

In den beiden anderen Aufzeichnungen geht es um das Auftauchen englischsprachiger Wörter in Traumprotokollen, die Adorno in deutscher Sprache verfasste. So lesen wir in einer Traumnotiz, die am 10. Januar 1943 in Los Angeles niedergeschrieben wurde, das Wort »to register« in Anführungsstrichen. Der Traum handelt vom Einlass in ein amerikanisches Bordell, »ein großes, überaus anspruchsvolles Etablissement. Aber wer eintrat hatte endlose Formalitäten zu überstehen: ›to register‹, Fragebogen auszufüllen, mit der Leiterin des Ganzen, ihrer Assistentin, schließlich der Vorsteherin der Verkaufsabteilung zu reden.«[69] Das Wort *to register* sticht in einer sonst fast ganz (mit Ausnahme des französischen Worts *Etablissement*) in deutscher Sprache gehaltenen Traumerzählung heraus.

Zeitlich nahe zum Traum vom verlorenen Manuskript, am 6. Dezember 1948, wurde, ebenfalls in Los Angeles, das zweite Traumnotat verfasst. Hier taucht das Wort *eviction* auf, ohne Anführungsstriche: ein Wort aus der Fremdsprache, das hier in das deutschsprachige Traumnotat einwandert. Die Aufzeichnung beginnt:

> Um 8.20 wurde ich durchs Schellen eines Rechtsanwalts geweckt, wegen unserer eviction. Ich war mitten im Traum. Wir waren in einer kleinen, süddeutschen oder hessischen Stadt, parkten das Auto in der Hauptstraße, ich ging in die Nebenstraße, fand ein unbeschreiblich schönes altes Rathaus.[70]

Eviction heißt ins Deutsche übersetzt Ausweisung, Zwangsräumung. Es handelt sich um die Szene einer Verschränkung: verschoben auf ein

---

67 Theodor W. Adorno: Traumprotokolle. Hg. v. Christoph Gödde und Henri Lonitz. Frankfurt a.M. 2005, S. 55. Die Zeile »Stell auf den Tisch die duftenden Reseden« zitiert das Gedicht »Allerseelen« des österreichischen Dichters Hermann von Gilm zu Rosenegg, welches von Richard Strauss in sein »Opus 10. Acht Gedichte aus ›Letzte Blätter‹« aufgenommen wurde.
68 Adorno: Traumprotokolle (s. Anm. 67), S. 56.
69 Adorno: Traumprotokolle (s. Anm. 67), S. 25.
70 Adorno: Traumprotokolle (s. Anm. 67), S. 57.

Wort aus der englischen Sprache, der Sprache des Exils, auf einen Ausdruck, der eine Verwaltungsmaßnahme bezeichnet, kehrt die Traumszene zurück an den Ort der Verfolgung, den des unheimlichen Zuhauses.

Daniel Weidner

Doppelstaat, Unstaat, Massenwahn
Wissenschaftssprache und politisches Denken im Exil

1952 veröffentlicht Franz L. Neumann, Professor für Political Science an der Columbia University und selbst 1934 aus Deutschland emigriert, einen Beitrag über *Intellectual Emigration and Social Science*. Der Text entwirft eine Phänomenologie und Soziologie der intellektuellen Emigration von den griechischen Stadtstaaten bis in die Gegenwart und berichtet zugleich über die eigene Erfahrung. Weil der Intellektuelle als das Gewissen der Gesellschaft fungiere, sei er oft geächtet worden – was diese Ächtung bedeute, hänge vom jeweiligen Verhältnis von Politik und Kultur ab: Seien beide identisch wie in der griechischen Polis, so bedeute Emigration den kulturellen Tod, sei das politische Gemeinwesen in eine universelle Kultur eingebettet wie im Mittelalter, so könne der Intellektuelle leicht seinen Ort wechseln. In der Neuzeit, mit der Etablierung der Souveränität und des Nationalstaats, sei Emigration zwar möglich, aber aufgrund der ambivalenten Beziehung von Politik und Kultur problematisch:

> If the intellectual has to give up his country, he does more than change his residence. He has to cut himself off from a historical tradition, a common experience, has to learn a new language; has to think and experience within and through it; has, in short, to create a totally new life.[1]

Diese Heimatlosigkeit verschärfe sich nun – so die Grundthese des Aufsatzes – bei jenen, die Neumann »political scholars« nennt. Gemeint sind Intellektuelle, die sich mit Problemen von Staat und Gesellschaft beschäftigen wie Historiker, Soziologen, Psychologen und Politologen:

---

1 Franz L. Neumann: The social sciences. In: The cultural migration. The European scholar in America. Hg. v. Franz L. Neumann, Henri Peyre, Erwin Panofsky, Wolfgang Köhler und Paul Tillich. New York 1953, S. 4–25; hier: S. 12. Deutsche Fassung: Franz L. Neumann: Intellektuelle Emigration und Sozialwissenschaften. In: Ders.: Wirtschaft, Staat, Demokratie. Aufsätze 1930–1954. Hg. v. Alfons Söllner. Frankfurt a. M. 1978, S. 403–423; hier: S. 409–410.

for being political, they fought – or should have fought – actively for a better, more decent political system. Being compelled to leave their homeland, they thus suffered the triple fate of a displaced *human being* with property and family; a displaced *scholar*, and a displaced *homo politicus*.²

Neumann charakterisiert diese Emigranten also durch eine mehrfache Heimatlosigkeit, und jede dieser Heimatlosigkeiten hat auch eine besondere sprachliche Dimension, die es im Folgenden zu entfalten gilt. Erstens sind die Emigranten *individuell* heimatlos, weil von der »eigenen« Sprache als selbstverständlichem Kommunikationsmedium entfernt; hier handelt es sich um die gewissermaßen »normale« Heimatlosigkeit, die durch das individuelle Schicksal bestimmt wird, etwa durch die Frage, wieviel Heimat oder auch nur Familie jemand mitnehmen konnte.

Zweitens sind die Emigranten *wissenschaftlich* heimatlos, weil sie von ihrer eigenen wissenschaftlichen Tradition und auch Sprache abgeschnitten sind. Freilich ist diese Sprache nur im übertragenen Sinn die »eigene«: Wissenschaftliche Sprache ist immer eine spät gelernte Sprache und beansprucht auch in weit höherem Maße als die natürliche Sprache, übersetzbar zu sein. Nichtsdestotrotz vollzieht sich auch wissenschaftliches Denken in bestimmten Sprachen, deren Bedeutung und Ausgestaltung in verschiedenen Disziplinen und Denkschulen höchst verschieden ist. Im Falle Neumanns ist diese Bedeutung offensichtlich: Seine Ausbildung in deutschem Arbeits- und Sozialrecht konnte in den USA kaum von Nutzen sein.

Drittens – und für Neumanns Argument am wichtigsten – ist der »political scholar« *politisch* heimatlos, und zwar auf paradoxe Weise. In Neumanns Formulierung drückt sich das in der Einschränkung aus, der Emigrant kämpfe gegen den Nationalsozialismus – oder sollte das doch tun. Die Heimatlosigkeit der *homini politici* besteht nicht nur darin, nicht mehr im eigenen Land, sondern damit auch von der politischen Tätigkeit abgeschnitten zu sein, die in der Moderne wesentlich im Rahmen der Nation vollzogen wird. Die Emigranten sollen Politik machen – aber sie können nur Emigrantenpolitik machen, und das hat auch sprachliche Implikationen: Sie sprechen gewissermaßen im luftleeren Raum, sie müssen überhaupt erst wieder eine Adresse für ihre Aussagen finden, gerade wenn diese auch den politischen Anspruch haben, Konsequenzen im öffentlichen Raum zu bewirken.

Damit wirkt das Paradox auch unmittelbar zurück auf die wissenschaftliche wie auch auf die sprachliche Praxis. Denn die Politische

---

2 Neumann: The social sciences (s. Anm. 1), S. 13 und Neumann: Intellektuelle Emigration und Sozialwissenschaften (s. Anm. 1), S. 410.

Wissenschaft ist nicht irgendeine Wissenschaft, sondern sieht sich in besonderer Weise in Verbindung mit der politischen Praxis. So versteht das Staatsrecht gemäß deutscher Tradition seine Funktion nicht in der distanzierten Beobachtung, vielmehr beansprucht es eine normative Führungsrolle in der Gesellschaft. Auch die linke Tradition der Sozialdemokratie, in der Neumann sich vor der Emigration verortet, verbindet in der Weimarer Zeit fachliche – bei Neumann juristische – Tätigkeit, Reflexion und politisches Engagement. Die Emigration unterbricht diese Verbindung, sie ist, so Alfons Söllner »die zur sozialen Existenz gewordene Unmöglichkeit einer realen Vermittlung von Theorie und Praxis«[3]. Diese Krise hat wichtige Folgen, die sich als produktives Paradox oder auch als Dialektik von Entpolitisierung und Politisierung beschreiben lassen: In der Emigration werden die Analysen fast notwendig theoretischer, historischer und »geisteswissenschaftlicher«, weil sie entfernter von der konkreten Praxis sind. Damit kommt auch die eigene Tradition auf doppelte Weise in den Blick: Einmal muss sie im neuen Kontext reformuliert bzw. in die neue Situation übersetzt werden; zum anderen wird sie durch den Blick aus dem neuen Kontext auch erst eigentlich bewusst zum Gegenstand und erfährt in der Regel eine ambivalente Bewertung. Denn die in der deutschen Tradition immer schon vorhandene Neigung zu einer allgemeinen, theoretischen oder »geistigen« Politik, auf die die Emigranten nun allein durch ihre Situation zurückgeworfen werden, erscheint ihnen im Rückblick nicht unproblematisch, sondern als bloße Hilflosigkeit oder auch als Anfang vom Ende der eigentlichen Politik. Die erwähnte zweite, wissenschaftliche Heimatlosigkeit wird also politisch verstärkt, weil in der Emigration die »eigene« Tradition fremd wird. Gerade das ermöglicht allerdings auch höchst produktive Übertragungen und Synthesen zwischen dem deutschen Staatsrecht und der amerikanischen Politikwissenschaft, die für die Entwicklung der Politikwissenschaft und der politischen Kultur der Nachkriegszeit von größter Bedeutung sind.[4]

Allerdings wird diese ohnehin schon komplexe Übertragung durch eine vierte Heimatlosigkeit überschattet, die Neumann nicht erwähnt

---

3 Alfons Söllner: Franz L. Neumann – Skizzen zu einer intellektuellen und politischen Biographie. In: Franz L. Neumann: Wirtschaft, Staat, Demokratie. Aufsätze 1930–1954. Hg. v. Alfons Söllner. Frankfurt a. M. 1978, S. 7–56; hier: S. 19.

4 S. Alfons Söllner: From public law to political science? The emigration of German scholars after 1933 and their influence on the transformation of a discipline. In: Forced migration and scientific change. Emigré German-speaking scientists and scholars after 1933. Hg. v. Mitchell G. Ash und Alfons Söllner. Cambridge 1996, S. 246–272 und Alfons Söllner: Fluchtpunkte. Studien zur politischen Ideengeschichte des 20. Jahrhunderts. Baden-Baden 2006.

aber impliziert. Man könnte sie die *epistemische* Heimatlosigkeit nennen, die durch den Zivilisationsbruch hervorgehoben wird. Auch sie trifft den »political scholar« besonders hart, weil er sich auch wissenschaftlich vor die Aufgabe gestellt sieht, den Nationalsozialismus zu verstehen, dieser verschließt sich aber zunächst der Einsicht und erscheint vielmehr als irrational, als etwas, was man nicht für möglich gehalten hatte, was sich der Beschreibung entzieht und für das es keine Sprache gibt, allenfalls die Sprache des Feindes.

Welche wissenschaftlichen und sprachlichen Strategien diese vier Heimatlosigkeiten nach sich ziehen, soll im Folgenden an drei Beispielen, an Franz Neumann, Ernst Fraenkel und Hermann Broch erörtert werden. Diese Autoren sind deshalb besonders interessant, weil sie eine Frühphase der Auseinandersetzung mit dem Nationalsozialismus repräsentieren, bevor diese Anfang der 1950er Jahre unter dem Paradigma des »Totalitarismus« eine erste Gestalt gewinnt.[5] Die hier verhandelten Autoren verfügen noch nicht über einen Begriff für das, was sie beschreiben und sind schon daher politisch wie wissenschaftlich in einer besonders prekären Lage.

I. Ernst Fraenkel

Ernst Fraenkel (1898–1975), Sohn eines wohlhabenden Kölner Kaufmannes, dient im Ersten Weltkrieg als Freiwilliger, studiert Rechtswissenschaft und arbeitet seit Mitte der 1920er Jahre besonders für Gewerkschaften als Anwalt.[6] 1933 fällt er als alter Frontsoldat unter die Ausnahmeklausel des Gesetzes zur Wiederherstellung deutschen Berufsbeamtentums und kann daher weiter als Anwalt tätig sein. Er berät vor allem Geschädigte des NS-Regimes und sammelt in dieser Funktion wichtige Materialien über die Rechtspraxis in Deutschland. Gewarnt, dass seine Verhaftung unmittelbar bevorstehe, flieht Fraenkel 1938 zunächst nach London, später in die USA; dort finanziert er sich mit verschiedenen kurzfristigen Anstellungen und Übersetzungen und arbeitet gleichzeitig das mitgebrachte Material aus, das 1940 unter dem Titel *The dual state* erscheint.[7] Anfängliche Vorbehalte gegenüber der

---

5 Zur Entstehung dieser Theorie s. die Beiträge in Alfons Söllner, Ralf Walkenhaus und Karin Wieland: Totalitarismus. Eine Ideengeschichte des 20. Jahrhunderts. Berlin 1997.
6 S. zur Biografie: Simone Ladwig-Winters: Ernst Fraenkel. Ein Politisches Leben. Frankfurt a. M. 2009.
7 Schon bei diesen Übersetzungen spielen die sprachlichen Differenzen zwischen den Rechtstraditionen eine wichtige Rolle: Bei der Übersetzung eines Werkes über öffentliche Verwaltung fügt Fraenkel eine Reihe von Fußnoten und Exkursen hinzu, um die

amerikanischen Kultur weichen bald einem positiveren Verhältnis. Nach dem Krieg lehnt er sogar eine Rückkehr nach Deutschland zunächst radikal ab und geht im Auftrag der US-Regierung nach Korea.[8] Erst kommt er 1951 als Dozent, seit 1953 als Professor an die Freie Universität Berlin und ist wesentlich an der Begründung der westdeutschen Politikwissenschaft beteiligt. Nichtsdestotrotz bleibt Fraenkel gegenüber der deutschen Umgebung reserviert, beteiligt sich kaum an Versuchen der Aufarbeitung der NS-Vergangenheit und lehnt auch bis kurz vor dem Tod ab, den »Doppelstaat« auf Deutsch zu veröffentlichen; als es in den 1960er Jahren zu Konflikten mit der Studentenbewegung kommt, überlegt er erneut zu emigrieren.

In *The dual state*, eine der ersten umfassenden Analysen der nationalsozialistischen Herrschaft, entwickelt Fraenkel die These, dass diese auf der Verbindung zweier Herrschaftssysteme beruhe: Im Normenstaat gelten alte und neue Vorschriften in dem Umfang, wie es zur Funktionsfähigkeit des auf Berechenbarkeit angelegten, im Prinzip weiter privatkapitalistisch strukturierten Wirtschaftssystems erforderlich ist; im Maßnahmenstaat handeln die nationalsozialistischen Funktionsträger unabhängig von formalen Regeln nach jeweiliger politischer Opportunität. Beide Staaten sind in Spannung, wie Fraenkel an zahlreichen Gerichtsurteilen dokumentiert; dabei setzt sich der Maßnahmenstaat zunehmend gegenüber dem Normenstaat durch – das Recht beugt sich den ideologischen Impulsen. Hätten etwa die Juden anfänglich einen gewissen Rechtsschutz genossen, sei dieser zunehmend von den Gerichten selbst aufgehoben worden, welche die Juden außerhalb des Gesetzes gestellt hätten.[9]

---

unterschiedliche Bedeutung von »Beamter« und »civil servant« oder »Rechtsstaat« und »Rule of Law« zu verdeutlichen, veranschaulicht aber auch an einem Stormgedicht die Besonderheiten des zerstreuten Professors. S. Ladwig-Winters: Ernst Fraenkel (s. Anm. 6), S. 156–157.

8 Er wolle, schreibt er an Otto Suhr, keinesfalls ehemaligen Nazis auf der Straße begegnen: »Kein Jude sollte einer solchen Erfahrung ausgesetzt werden«, Ladwig-Winters: Ernst Fraenkel (s. Anm. 6), S. 208. Zugleich scheint er ein intensives Verhältnis zur deutschen Sprache gehabt zu haben, wie sein Freund Otto Kahn berichtet: »Er war der Sprache verhaftet, der Deutschen Sprache verhaftet, – sie war ihm mehr als ein Werkzeug, sie war der Gegenstand seiner ewigen Liebe«, zit. nach Ladwig-Winters: Ernst Fraenkel (s. Anm. 6), S. 256.

9 S. Ernst Fraenkel: Der Doppelstaat. Recht und Justiz im Dritten Reich. Frankfurt a. M. 1974, S. 119–121. Ich zitiere der Einfachheit halber die deutsche Ausgabe. Fraenkel verurteilt hier besonders, dass das Reichsgericht den Entzug der bürgerlichen Rechte als »unbedenklich« erachtete: »man muß ein Gefühl für die Nuancen der deutschen Sprache haben, um die Ungeheuerlichkeit dieser Entscheidung zu ermessen. Wenn das höchste deutsche Gericht ohne zu zögern über 600.000 Menschen zum ›bürgerlichen Tod‹ verdammt und sich dann mit ein paar Phrasen aus der Kanzlistensprache rechtfertigt, erübrigt sich jeglicher Kommentar.« Fraenkel: Der Doppelstaat (s. Anm. 9), S. 127.

Fraenkels Text geht wie erwähnt auf Aufzeichnungen zurück, die er noch in Deutschland gemacht und bereits zu einem Manuskript, dem sogenannten »Urdoppelstaat« zusammengefasst hatte, welches er außer Landes schmuggelte, von dem aber auch Kopien im Deutschen Reich zirkulierten – etwa in der obersten Heeresleitung.[10] In den USA überarbeitete er dieses Manuskript vollkommen und ließ es dann von Edward Shils übersetzen. Diese englische Fassung musste, da das überarbeitete deutsche Manuskript sich nicht erhalten hat, 1974 ins Deutsche zurückübersetzt werden. Die Schwierigkeiten dieses Unternehmens, welche Fraenkel im Vorwort ausführt, zeigen emblematisch, wie komplex die sprachlichen und wissenschaftlichen Transfers waren, auf denen der Text beruht:

> Stößt eine Rückübersetzung ganz generell auf erhöhte Schwierigkeiten, so gilt dies insbesondere für einen juristisch-politologischen Text – namentlich, wenn dessen Abfassung nicht nur wissenschaftliche sondern auch politische Ziele verfolgt. Bei der Herstellung des Manuskripts und seiner Übersetzung in die englische Sprache wurde besonderer Nachdruck darauf gelegt, die Herrschaftsstruktur des Dritten Reiches in wissenschaftlichen Kategorien zu erläutern, die dem sozialwissenschaftlich geschulten amerikanischen Leser vertraut waren – notfalls sie so zu umschreiben, daß sie ihm verständlich wurden. Ich verweise nur auf so grundlegende Begriffe wie ›Ausnahmezustand‹ oder ›Martial Law‹. Die Übersetzung des deutschen Textes ins Englische war aber nur dann sinnvoll, wenn sie zugleich eine Transponierung der Begriffe aus dem nationalsozialistischen in das amerikanische Regierungssystem erhielt.[11]

Die Übersetzung wie auch die Rückübersetzung geht also mit einer wesentlichen »Transponierung« einher, die nicht nur einzelne Begriffe betrifft, sondern die gesamte Argumentation. Was das bedeutet, lässt sich etwa an den Passagen zum Naturrecht veranschaulichen, die Fraenkel in die englische Version einfügt und die dann auch in die Ausgabe von 1974 rückübersetzt werden. Sie reagieren auf eine wichtige Verständnisschwierigkeit: »Das Fehlen einer deutschen, an absoluten Naturrechtsprinzipien ausgerichteten Tradition dürfte einer der Gründe dafür sein, daß Angehörige angelsächsischer Länder auf so große Schwierigkeiten stoßen, wenn sie versuchen, das heutige

---

10 Zum Vergleich der beiden Fassungen s. Ladwig-Winters: Ernst Fraenkel (s. Anm. 6), S. 139–141. Das Manuskript des Urdoppelstaats ist inzwischen veröffentlicht in: Ernst Fraenkel: Gesammelte Schriften. Hg v. Alexander von Brünneck. Bd. 2: Nationalsozialismus und Widerstand. Baden-Baden 1999, S. 271–473.
11 Fraenkel: Der Doppelstaat (s. Anm. 9), S. 11 f.

Deutschland zu verstehen«[12]. Fraenkel fügt daher in den *Doppelstaat* einen längeren ideengeschichtlichen Exkurs über die Geschichte des Naturrechts und seiner Abwesenheit in Deutschland ein, also eine historische und theoretische Perspektive, die für die politische Theorie der Exilanten typisch ist. Bemerkenswerterweise greift er dabei selbst auf ältere deutsche Forschung zurück, etwa auf Gustav Radbruch, der die Unverbrüchlichkeit des Rechts aus dem Naturrecht abgeleitet hatte, oder auf die von Adolf Jelinek und Ernst Troeltsch entworfene Genealogie des Naturrechts aus dem Protestantismus. Das geht bei Fraenkel bis zu der Behauptung, es sei wohl kein Zufall, dass die nationalsozialistische Doktrin zu großen Teilen von abtrünnigen Katholiken geformt wurde – erwähnt werden Joseph Goebbels und Carl Schmitt – die weder (katholisch) einen positiven Begriff vom Naturrecht noch (lutherisch) Verständnis für die Gewissensfreiheit hätten: »Die ausgesprochen naturrechtsfeindliche nationalsozialistische Doktrin konnte nur in einem Lande zur uneingeschränkten Herrschaft gelangen, in dem das absolute Naturrechtsdenken der christlichen Sekten zwar eine Geschichte, aber keine Tradition hat.«[13]

Der Nationalsozialismus wird also vor der Kontrastfolie der Tradition politischen Denkens beschrieben, die auch die Besonderheit des deutschen staatsrechtlichen Denkens – also der Tradition, aus der auch Fraenkel stammt – in neuem Licht zeigt. Das betrifft nicht nur die immer wieder erwähnte Rechtslehre Carl Schmitts, sondern auch Begriffe wie den »Rechtsstaat«: Diesen hatte etwa Rudolf Smend 1928 in dem Maße als autonom charakterisiert, in dem sich der Staat von anderen, etwa moralischen oder transzendenten Legitimationen absetze – eine Setzung, die um so wichtiger ist, als der wissenschaftliche Anspruch der verschiedenen »reinen« Rechtsschulen der Weimarer Zeit ja gerade auf dieser Autonomiebehauptung beruhte. Für Fraenkel ist diese Idee freilich gefährlich, weil sie den Staat auf einen »exakt funktionierenden Gesetzesapparat« reduziert, was letztlich »der Anfang vom Ende« gewesen sei.[14] Der spezifische Glaube an das Recht und den Staat, der nicht nur Fraenkels politischer Tätigkeit in Weimar zugrunde lag, sondern auch dem spezifischen Denkstil, in dem er ausgebildet worden war, erscheint damit als problematisch. Die rein rechtliche Argumentation verlangt damit auch nach einer Ergänzung. Im *Doppelstaat* geschieht das insbesondere durch eine ökonomische Perspektive:

---

12 Fraenkel: Der Doppelstaat (s. Anm. 9), S. 147. Man beachte, dass in der deutschen Übersetzung von 1974 vom »heutigen Deutschland« die Rede ist – der Text wird also nicht »aktualisiert«.
13 Fraenkel: Der Doppelstaat (s. Anm. 9), S. 164–165 f.
14 Fraenkel: Der Doppelstaat (s. Anm. 9), S. 139.

Gerade die erste, noch in Deutschland geschriebene Fassung legt großes Gewicht darauf, zu zeigen, dass der Nationalsozialismus keineswegs seine sozialistischen Versprechungen einlöse, sondern – durch die Existenz des »rationalen« Normenstaates – letztlich den Privatkapitalismus unterstütze.[15]

Fraenkel kritisiert also seine eigene wissenschaftliche Tradition und Sprache: die des Staatsrechts, mit der er gleichwohl weiterhin argumentiert. Darin deutet sich auch das erwähnte epistemische Problem an, die Natur des Nationalsozialismus theoretisch zu verstehen, die in Fraenkels Buch deutlich Ausdruck findet. Denn er entwickelt ja gerade keine einheitliche Theorie, sondern eher eine doppelte, die im Titel wie in der Grundidee des Buches – der Doppelstaat als zwiespältiger, spannungsreicher Ort, also das strikte Gegenteil einer an Einheit und Autonomie orientierten Staatsmetaphysik – zum Ausdruck kommt. Fraenkel versucht offensichtlich nicht, dem Nebeneinander der beiden Staaten eine integrative Idee überzuordnen wie es später mit der Rede vom »Totalitarismus« in extremer Weise geschieht, sondern betont im Gegenteil immer wieder die Uneindeutigkeit der Phänomene; eine Uneindeutigkeit, die ihrerseits mit den Bedingungen ihrer Erkennbarkeit zusammenhängt, in Fraenkels Fall: Mit der Schwierigkeit der Informationsbeschaffung. Im Vorwort zu *Der Doppelstaat* heißt es, das Buch sei Produkt seiner »paradoxen Isolierung«, im Rückblick heißt es sogar, es sei Produkt der »inneren Emigration«.

> Die Zwiespältigkeit meiner bürgerlichen Existenz machte mich für die Widersprüchlichkeit des Hitlerregimes besonders hellhörig. Dem Gesetze nach gleichberechtigtes Mitglied der Anwaltschaft war ich dennoch auf Schritt und Tritt Schikanen, Diskriminierungen und Demütigungen ausgesetzt.[16]

Das macht nicht nur deutlich, dass *Der Doppelstaat* Erfahrungsbericht, Kampfschrift und wissenschaftliche Abhandlung verbindet. Es zeigt auch das Problem, in einer Theorie des Nationalsozialismus – insbesondere dann, wenn sie zeitgleich zu diesem Phänomen formuliert wird und politisch sein will – Innen- und Außensicht miteinander zu verbinden. Der Verschiebung, aber auch der Desorientierung des staatsrecht-

---

15 Damit wird auch eine Selbstkritik geübt: »Die Tragik des politischen Marxismus in Deutschland liegt zum Teil in der Tatsache begründet, daß er – allen Warnungen seiner Begründer zum Trotz – seinem Glauben an die Verwirklichung des Naturrechts auch unter kapitalistischen Bedingungen zum Opfer gefallen ist.« Fraenkel: Der Doppelstaat (s. Anm. 9), S. 162.
16 Fraenkel: Der Doppelstaat (s. Anm. 9), S. 13 und S. 19.

lichen Denkens angesichts des Nationalsozialismus gibt die Prägung vom »Doppelstaat« treffenden Ausdruck.

II. Franz L. Neumann

Franz L. Neumann (1900–1954), Kind jüdischer Handwerker, beteiligt sich 1918 in Leipzig an Barrikadenkämpfen, studiert dann Rechtswissenschaft und wird in den 1920er Jahren als Anwalt für Gewerkschaften und später für die SPD aktiv – zeitweise teilt er das Büro mit dem zwei Jahre älteren Fraenkel – und unterrichtet zugleich als Dozent für Arbeitsrecht an der Berliner Hochschule für Politik.[17] 1933 emigriert er nach London, wo er 1936 eine zweite rechtstheoretische Dissertation an der London School of Economics verfasst, bevor er im selben Jahr in die USA geht. Er arbeitet eine Weile am Institut für Sozialforschung, ohne dort fest Fuß zu fassen. 1942 veröffentlicht er *Behemoth*, eine über fünfhundert Seiten lange Analyse des Nationalsozialismus, die 1944 noch einmal um 130 Seiten neue Informationen ergänzt und schon bald zum Standardwerk über den Nationalsozialismus wird. Von 1942 bis 1945 ist Neumann Berater im Office of Strategic Services, wo er schnell eine leitende Position in der Informationsbeschaffung über Deutschland erlangt und Konzepte zum Wiederaufbau Deutschlands entwickelt. 1948 wird er als Professor an die Columbia University berufen, wo er in den nächsten Jahren eine Reihe berühmter Schüler hat – unter anderem Peter Gay, Raul Hilberg und Fritz Stern. Die deutsche Nachkriegsentwicklung beobachtet er mit großer Skepsis; trotzdem wirkt er bei der Begründung der deutschen Politikwissenschaft bestimmend mit und spielt etwa bei der Berufung Fraenkels an die Freie Universität eine entscheidende Rolle.

Bei Neumann ist die biografische Zäsur von 1933 vielleicht noch tiefer als bei Fraenkel. Einerseits zeigt seine Karriere in der Weimarer Republik fast paradigmatisch, dass hier erstmals in der deutschen Geschichte auch für linke Intellektuelle die Verbindung von Theorie und Praxis möglich war; anderseits führt die Machtergreifung zu einer radikalen Enttäuschung und auch zur Selbstkritik. Bereits 1933 veröffentlicht Neumann den Aufsatz »The Decay of German Democracy«, in dem er die Schwäche der Weimarer Republik und insbesondere der Sozialdemokratie scharf anprangert. Den Nationalsozialismus beschreibt er hier als »Diktatur des Monopolkapitals und der Groß-

---

17 Zur Biografie s. insbesondere: Rainer Erd (Hg.): Reform und Resignation. Gespräche über Franz L. Neumann. Frankfurt a. M. 1985.

grundbesitzer, die sich hinter der Maske eines Ständestaates verbirgt«[18]. Wie Fraenkel thematisiert er also das Zusammenspiel von Recht, Macht und Ökonomie, das schließlich im *Behemoth* anhand einer Fülle von Quellenmaterial ausgeführt wird. Neumann geht dabei von einer Wahlverwandtschaft zwischen Monopolkapitalismus und autoritärem Staat aus, weil jener der staatlichen Eingriffe in die Gesellschaft ebenso bedürfe wie der imperialistische Führerstaat einer funktionierenden Wirtschaft. Dabei führe insbesondere die imperiale Expansion während des Krieges zu einer zunehmenden Erosion der Staatsgewalt, die in eine Fülle von einzelnen Organisationen und Eliten zerfalle; dieser Instabilität der Herrschaftsstrukturen entspreche wiederum die Permanenz des Terrors als Herrschaftsinstrument.

Neumann scheint sich bewusst für die wissenschaftliche Arbeit und Karriere in der Emigration entschieden zu haben.[19] Dazu gehört auch, dass er früh auf Englisch publiziert und auch den *Behemoth* von vornherein auf Englisch verfasst. Dennoch findet auch hier jene umfassende »Transposition« in eine andere politische Kultur statt, von der Fraenkel sprach. So soll etwa die (ursprünglich noch erheblich umfassendere) Einleitung über die Geschichte der Weimarer Republik zeigen, dass der Nationalsozialismus kein plötzliches Ereignis war, sondern aus dem Zerfall der Demokratie hervorgegangen sei. Eine ähnliche Funktion hat auch die lange Auseinandersetzung mit der Ideologie des Nationalsozialismus, nach der »die sogenannten irrationalen Begriffe wie Blut, Gemeinschaft, Volk, nur dazu dienen, die wirkliche Machtkonstellation zu verbergen und die Massen zu manipulieren«, sodass es sich um bloße Propaganda handele, »die die materiellen Grundlagen der Gesellschaft unangetastet läßt«.[20] Neumann entwickelt diese These in einer Fülle von Bemerkungen zur politischen Semantik, in denen etwa die Unterschiede zwischen Rasse, Volk, Volkstum und Nation diskutiert oder die geistesgeschichtlichen Wurzeln des Rassismus in der deut-

---

18 Franz L. Neumann: Der Niedergang der deutschen Demokratie. In: Ders.: Wirtschaft, Staat, Demokratie. Aufsätze 1930–1954. Hg. v. Alfons Söllner. Frankfurt a. M. 1978, S. 133–123; hier: S. 122.
19 Neumann äußert sich auch über die guten Bedingungen in den USA, die ihm die Integration erleichtert haben, s. Neumann: The social sciences (s. Anm. 1), S. 17–19 und Neumann: Intellektuelle Emigration und Sozialwissenschaften (s. Anm. 1), S. 414–416.
20 Franz L. Neumann: Behemoth. Struktur und Funktion des Nationalsozialismus 1933–1944. Frankfurt a. M. 1988, S. 537 und S. 540. Auch hier zitiere ich der Einfachheit halber die deutsche Ausgabe. Neumann betont insbesondere die Heterogenität dieser Ideologie, die einen irrationalen Zug hat, denn »diese unterschiedlichen Elemente sind nicht in ein Ganzes integriert, sondern fungieren lediglich als Mittel, die Macht zu etablieren, zu vermehren und Propaganda zu betreiben.« (Ebd., S. 534).

schen Kultur herausgearbeitet werden.[21] Dazu gehört auch hier eine umfassende Auseinandersetzung mit dem Naturrecht, dessen Krise hier nicht erst als ein Phänomen der Moderne interpretiert, sondern bis in die Religionsgeschichte zurückverfolgt wird: Indem die Reformatoren den Normen des Naturrechts die göttliche und herrscherliche Autorität gegenüber gestellt haben, schafften sie einen Kult des absoluten Gehorsams und machten das Charisma als Gegenkonzept zum Naturrecht möglich. Auch diese Konstruktion schließt an die Troeltsch'sche Genealogie des Naturrechts, vor allem aber an den Weber'schen Charisma-Begriff an und stellt daher auch eine Auseinandersetzung mit der Tradition dar, in der Neumann sozialisiert worden ist.

Die Betonung der charismatischen Natur des Führerkults hebt dabei auch die spezifisch irrationale Natur der nationalsozialistischen Herrschaft hervor, die sich für Neumann wie schon für Fraenkel auch als epistemisches Problem darstellt. Immer wieder kommt Neumann zu dem Schluss, dass der Nationalsozialismus kein einheitliches Gebilde ist, es vielmehr ganz verschiedene Herrschaftseliten in Staat, Partei, Wehrmacht und Industrie gibt, deren Verhältnis fundamental unklar sei. Ein solches Gebilde, so argumentiert Neumann am Schluss seines Textes durchaus normativ, dürfe nicht als Staat bezeichnet werden, auch nicht als Doppelstaat im Sinne Fraenkels, vielmehr handele es sich um »eine Gesellschaftsform, in der die herrschenden Gruppen die übrige Bevölkerung direkt kontrollieren – ohne die Vermittlung durch den rationalen, bisher als Staat bekannten Zwangsapparat«[22]. Daher sei der Nationalsozialismus letztlich nicht nur »unvereinbar mit jeder rationalen politischen Philosophie«, er entzieht sich ihr auch, weil sie ihn eben nicht als Staat beschreiben kann, sondern nur als ein Grenzphänomen, als eine Art Unstaat.[23]

Dieser »Unstaat« wird von Neumann durch den Titel *Behemoth* noch einmal als irrational markiert. Die Bedeutung dieses mysteriösen Namens erklärt eine Vorbemerkung: Behemoth und Leviathan sind zwei mythische Ungeheuer aus der jüdischen Eschatologie, die im Buch *Hiob* erwähnt werden, sowie zwei Texte von Thomas Hobbes, der neben dem *Leviathan*, dem Klassiker der Staatstheorie, auch eine wenig bekannte Analyse des englischen Bürgerkriegs unter dem Titel *Behemoth* veröffentlichte, welche Chaos, Anarchie und Herrschaft der Gesetzlosigkeit schildert, zu deren Abhilfe dann ja gerade der *Leviathan*, der Staat, geschaffen wird.[24] Wie Fraenkel schreibt sich also auch

---

21 Neumann: Behemoth (s. Anm. 20), S. 132–134 und S. 138–139.
22 Neumann: Behemoth (s. Anm. 20), S. 543.
23 Neumann: Behemoth (s. Anm. 20), S. 536.
24 Neumann: Behemoth (s. Anm. 20), S. 16.

Neumann in die große Tradition politischen Denkens, insbesondere in die angloamerikanische ein – und zwar bereits durch die Benennung seines Gegenstandes und seines Textes. Gegen die Mythologie des Staates wird ein anderer Mythos entworfen, und man wird nicht fehlgehen, darin auch eine Antwort auf Carl Schmitt zu sehen, der 1938 *Leviathan. Über Sinn und Fehlschlag eines politischen Symbols* veröffentlicht hatte. Auch hier handelt es sich also um eine Kritik der eigenen Tradition, wie überhaupt die Auseinandersetzung mit Carl Schmitt das ganze Buch durchzieht und auch in Neumanns eigenen Argumenten erkennbar ist – etwa in der durchaus normativen Aberkennung der Staatlichkeit für die nationalsozialistische Herrschaft.[25]

Aber die Rede vom *Behemoth* ist zugleich mehr. Als Benennung, zumal als mythische, macht sie das epistemologische Problem der Analyse des Nationalsozialismus deutlich. Zeigte Fraenkels *Doppelstaat* noch die Unmöglichkeit einer *einheitlichen* Theorie, so scheint der »Unstaat« Neumanns das Ende der politischen Theorie zu markieren, das mit dem symbolischen Namen *Behemoth* gerade besiegelt wird: Das Chaos der nationalsozialistischen Herrschaft ist wohl noch zu beschreiben, aber diese Beschreibung wird, indem sie auf den Begriff des Staates verzichten muss, jenseits des alten Staatsdenkens stattfinden müssen. Sachlich spielt daher bei Neumann die ökonomische Perspektive eine weit größere Rolle als bei Fraenkel, sprachlich ist nicht nur der politische Wirkungswille sehr viel deutlicher – das Buch schließt immerhin mit umfangreichen Hinweisen, die bei einer zukünftigen Demokratisierung Deutschlands zu beachten seien –, die Sprache ist auch weiter vom juristischen Duktus entfernt. Der Nationalsozialismus wird somit zum Anstoß einer umfassenden Theorie des Politischen, in der das Recht nur noch ein Element ist; er selbst entzieht sich dem Verständnis und kann allenfalls über ein Symbol adressiert werden.

Es ist daher auch nur konsequent, dass Neumann diese Irrationalität explizit anspricht und einen seiner letzten Texte 1954 dem Thema »Angst und Politik« widmet. Das kann freilich nicht mehr innerhalb des staatsrechtlichen, rechtssoziologischen oder auch politisch-ökonomischen Diskurses geschehen, sondern nur in der erheblich unsichereren Massenpsychologie, das heißt auch: nur in einer fast dilettantischen Überschreitung der eigenen Kompetenzen, wie Neumann ausdrücklich betont. Notwendig sei das, weil die Angst mit dem Sieg über den Nationalsozialismus keineswegs verschwunden sei, wie man hätte erwarten können: »Sie ist, im Gegenteil, noch größer und furchtbarer

---

25 Über die Faszination, die Schmitt auf Neumann ausübte, s. Helge Pross. In: Erd (Hg.): Reform und Resignation (s. Anm. 17), S. 48–50.

geworden, und beginnt, Nationen zu paralysieren und Menschen unfähig zu machen, sich frei zu entscheiden.«[26] Historisch schlägt sich hier die Enttäuschung des kalten Krieges nieder, wissenschaftlich das Problem, eine Theorie der nicht mehr rationalen Politik zu entwerfen. Neumann greift dabei auf seine Überlegungen zum Charisma zurück, beschäftigt sich aber vor allem mit der Rolle von Feindbildern, denn »integrieren« könne man das Volk »nur durch Haß auf einen Feind«[27], wobei sich die Juden als spezifisch machtloser Feind in der Vergangenheit besonders geeignet hätten. Gelinge es dem politischen Führer darüber hinaus, so Neumann mit deutlicher Anspielung auf die Shoah, seine Anhänger zu Verbrechen zu motivieren, werde der Hass noch durch ein unbewusstes Schuldgefühl überlagert und die diffuse Angst vor dem Feind »zu einer beinahe panischen, die nur durch restlose Verschreibung an den Führer überwunden werden kann und zu neuen Verbrechen zwingt.«[28] Hier dürfte es wohl nicht nur die nachträgliche Erkenntnis der Verbrechen des Nationalsozialismus sein, die Neumann motiviert, sondern auch die Folgerungen, die daraus für die politische Theorie zu ziehen sind: Die Produktion von Angst stellt die freie Entscheidung und damit auch die Möglichkeit einer rationalen politischen Theorie infrage.

III. Hermann Broch

Hermann Broch (1886–1951), Sohn jüdischer Intellektueller, früh getauft und zeitweise im politischen Katholizismus tätig, war in den 1930er Jahren als Romanschriftsteller hervorgetreten und interessierte sich später zunehmend für internationale Politik und versuchte etwa eine antifaschistische Völkerbund-Resolution zu initiieren.[29] Nach dem »Anschluss« von Österreich emigrierte er über England in die USA, wo er sich entschloss, seine literarische Arbeit zugunsten einer Massenwahntheorie zurückzustellen, an der er während der 1940er und frühen

---

26 Franz L. Neumann: Angst und Politik. In: Ders.: Wirtschaft, Staat, Demokratie. Aufsätze 1930–1954. Hg. v. Alfons Söllner. Frankfurt a. M. 1978, S. 424–459; hier: S. 424.
27 Neumann: Angst und Politik, S. 222. In der Anmerkung fügt Neumann hinzu, Carl Schmitt habe das »richtig gesehen, ha[be] aber daraus eine allgemeine Theorie gemacht, statt sie auf regressive Massenbewegungen zu beschränken« (Ebd., S. 257–258).
28 Neumann: Angst und Politik, S. 451.
29 Zur Biografie s. Paul Michael Lützeler: Hermann Broch. Frankfurt a. M. 1986. Zur Massenwahntheorie insbesondere s. Christian Borch: Modern mass aberration. Hermann Broch and the problem of irrationality. In: History of the human sciences 21/2 (2008), S. 63–83.

1950er Jahren unter meist prekären Umständen und mit spärlichster Finanzierung arbeitete. Anders als Hannah Arendt, mit der Broch intensiv über dieses Thema korrespondierte, gelang es ihm nicht, dieses Projekt zum Abschluss zu bringen; das immer wieder umgearbeitete Material erschien erst postum im Rahmen von Gesamtausgaben und hat auch seitdem wenig Beachtung gefunden. Broch gelingt es insbesondere nicht, auch nur Teile dieses Projektes übersetzen zu lassen, was um so bemerkenswerter ist als sein zeitgleich verfasster Roman *Der Tod des Vergil* unmittelbar nach dem Erscheinen kongenial von Jean Starr-Untermeyer übersetzt wird.[30]

Brochs Projekt beginnt als Analyse der psychischen Disposition, welche die Anhänger des Faschismus auszeichnet, wird aber zunehmend zu einer umfassenden, auf mehrere Bände projektierten Analyse des Nationalsozialismus mit Seitenblicken auf den Bolschewismus und antidemokratische Tendenzen in Westeuropa und Amerika. Es zeigt paradigmatisch die Problematik politischer Theorie unter den Bedingungen des Exils – bis in seine sprachliche Gestalt hinein: Broch arbeitet weitgehend autodidaktisch, das heißt nicht im Gefüge einer Disziplin, geschweige denn als Mitglied einer wissenschaftlichen Institution. Das schlägt sich auch in der idiosynkratrischen Form des Textes nieder, der sich über viele hundert Seiten hinweg kaum ausführlich mit anderen Positionen auseinandersetzt und so gut wie keine Fußnoten hat. Es zeigt sich auch im hypertrophen Anspruch Brochs, der nicht nur eine neue Theorie der Politik samt deren erkenntnistheoretischen Voraussetzungen entwickeln will, sondern auch eine Therapie der »Gegenbekehrung« der wahnhaften Anhänger Hitlers entwirft. Er scheut sich dabei nicht, von der Notwendigkeit demokratischer »Propaganda« zu sprechen und versucht auch selbst, einige populär geschriebene Texte wie eine Filmkritik zu *Gone with the Wind* zu veröffentlichen, womit er allerdings letztlich scheitert.[31]

Auch theoretisch greifen Brochs Überlegungen wesentlich weiter aus, als die im Grunde in Recht und Ökonomie verankerten Analysen Fraenkels und Neumanns. Broch bedient sich nicht nur ausführlich verschiedener psychologischer Kategorien, die großteils wiederum von

---

30 S. John Hargraves: »Beyond words:« The translation of Broch's *Der Tod des Vergil* by Jean Starr Untermeyer. In: Paul Michael Lützeler (Hg.): Hermann Broch – visionary in exile. The 2001 Yale Symposium. Rochester 2003, S. 217–229.

31 Hermann Broch: »Gone with the Wind« und die Wiedereinführung der Sklaverei in Amerika. In: Hermann Broch: Schriften zur Literatur 2. Theorie. Frankfurt a. M. 1981, S. 237–246. Zur demokratischen Propaganda s. Hermann Broch: Zur Diktatur der Humanität innerhalb einer totalen Demokratie. In: Ders.: Kommentierte Werkausgabe. Hg. v. Paul Michael Lützeler. Bd. 11. Frankfurt a. M. 1978, S. 24–71, insb. S. 64–66.

ihm selbst entwickelt worden sind, er greift auch auf anthropologische und religionsgeschichtliche Konzepte zurück. Insbesondere die Figur des Opfers spielt dabei eine wichtige Rolle, denn nach Broch beruht die psychologische Attraktivität des Nationalsozialismus auf der »Magie der Versklavung«, die sich im »teuflischen Spaß des Lynchens« manifestiere, welcher einen modernen »Opferakt« darstelle.[32] Die Rede von »Opfer« und »Magie« versucht hier, der Irrationalität ihres Gegenstandes durch eine Theorie des Irrationalen zu begegnen – die aber zunehmend selbst irrationale Züge annimmt. Denn der Text der Massenwahntheorie gleicht über weite Strecken eher dem assoziativen, über Symbole gesteuerten Gedankenstrom, der charakteristisch für Brochs literarische Schreibweise ist, als einer klar entwickelten Argumentation.

Das kann man besonders an einem der bemerkenswertesten Teile von Brochs Projekt sehen: An seiner Reaktion auf die Vernichtung der Juden, die in seinem Entwurf, anders als bei Fraenkel und Neumann einen systematisch zentralen Platz einnimmt. Zu seiner Theorie des Massenwahns gehört eine umfangreiche Theorie des Antisemitismus, den Broch vor allem darin begründet sieht, dass die Juden für ihre Verfolger die Moderne repräsentieren und daher das an dieser empfundene Unbehagen auf sich ziehen. Solche Projektion bestimme den »dümmsten aller dummen antisemitischen Anwürfe«, die Idee, dass die Juden die Welt regierten:

> Doch wie dumm und widerlegbar dieser Anwurf auch ist, unwiderlegbar ist die vom Antisemitismus daraus gezogene Folgerung, nämlich die Folgerung der Notwendigkeit einer allgemeinen Judenausrottung, nach deren Vollzug sich die Weltverhältnisse zuverlässig bessern würden; hier ist die Grenze des Widerlegbaren bereits überschritten, und gar wenn die Ausrottungsabsicht bereits in die Tat umgesetzt worden ist.[33]

Brochs Formulierungen sind höchst bemerkenswert, weil sie gleichzeitig mit der Vernichtung der Juden geschrieben werden, von der sie sprechen. Entscheidend für seine Argumentation ist dabei auch nicht der Antisemitismus als »Ideologie«, »Tendenz« oder gar Symptom ökonomischer Prozesse, sondern das *Ereignis* der Ausrottung. Denn wie beim Opfer ist es die *Ausführung* des Mordes, die Kohäsion stiftet, während alle »Erklärungen« etwa durch antisemitische Ideologeme nur

---

32 Hermann Broch: Massenwahntheorie. Beiträge zu einer Psychologie der Politik. Frankfurt a. M. 1979, S. 392 und S. 484.
33 Broch: Massenwahntheorie (s. Anm. 32), S. 399 f. Über die Rolle des Judentums in Brochs Exiltexten s. auch Hartmut Steinecke: Menschenrecht und Judentum bei Hermann Broch vor und nach der Shoah. In: Thomas Eicher, Paul Michael Lützeler, Hartmut Steinecke (Hg.): Hermann Broch. Politik, Menschenrechte – und Literatur? Oberhausen 2005, S. 51–63.

nachträgliche Rationalisierungen darstellen. Aber nicht nur die totalitäre Praxis erreicht in der Vernichtung der Juden ihren Höhepunkt, sondern auch Brochs eigener Text, der folgendermaßen fortfährt:

> Vom magischen Bereich aus betrachtet, mag vielleicht der Gedanke aufdämmern, daß das Menschenopfer, dem da ein ganzes Volk verfallen soll, zu einer ins Massenhafte des modernen Lebens gesteigerten Symbolstärke werden könnte, zu einer ins Massenhafte gesteigerten Wiederholung der göttlichen Selbstaufopferung, mit welcher Christ, eben als Angehöriger desselbigen Volkes, unsere Zeitrechnung eingeleitet hat. Doch dies ist fast ein Nazigedanke, ebenso blasphemisch vom christlichen wie vom jüdischen Standpunkt aus.[34]

Denn, so beeilt sich Broch zu versichern, die Juden würden ja nicht als Märtyrer sterben, sondern als Kaufleute, Beamte, Advokaten – also schlicht als Durchschnittsmenschen: »Das jüdische Schicksal ist grauenhaft, aber unfeierlich.«[35]

Man spürt förmlich, wie der Text hier ins Schlingern kommt und sich selbst ins Wort fällt, um jenen »Nazigedanken« nicht zu Ende zu denken – um die Assoziation der Heiligkeit und der Sühne wieder abzudrängen, die das Modell des Opfers notwendig zu implizieren scheint; um den Blick wieder zurechtzurücken, der für einen Moment die Perspektive der Verfolger oder zumindest der Zuschauer einnahm. Denn von Opfer, Selbstopfer, Magie und neuer Zeitrechnung sprach ja bereits der Nationalsozialismus selbst. Und dieses Schlingern ist kein Einzelfall, sondern durchzieht den ganzen Text, der sich über weite Strecken eher wie ein assoziativer Monolog als wie eine politische Theorie liest. In gewisser Hinsicht ist das auch konsequent: Wenn ein konventionelles Verständnis von Politik – von interessengeleitetem Handeln, von rationaler Entscheidung etc. – nicht genügt, um den Nationalsozialismus zu begreifen, weil man auch seine irrationalen Kräfte verstehen muss; und wenn man diese wiederum nicht durch einfache Psychologie, sondern unter Zuhilfenahme von religiösen Modellen verstehen muss – dann kommt dieses Verstehen in gefährliche Nähe zu seinem Gegenstand und der Text in gefährliche Nachbarschaft zu dem, was er beschreibt. Und gerade dieses Ausgeliefertsein des Textes an seinen Gegenstand macht Brochs *Massenwahntheorie* zu einer besonders interessanten, aber auch irritierenden Lektüre: Sie ist zugleich Zeugnis, Theorie und Symptom der totalitären Vernichtung, die sich gerade in ihren Idiosynkrasien niederschlägt. Sie ist damit auch nicht nur symptomatisch für die prekäre Lage, vor die sich die politische Theorie im

---

34 Broch: Massenwahntheorie (s. Anm. 32), S. 400.
35 Broch: Massenwahntheorie (s. Anm. 32), S. 400.

Exil gestellt sieht, sondern auch für den Zivilisationsbruch, den die nationalsozialistische Herrschaft und insbesondere die Shoah darstellen.

Alle drei Autoren zeigen die Schwierigkeiten, aber auch die Möglichkeiten der Exilsituation gerade für politische Denker. Einerseits sind sie von ihrer eigenen Tradition und auch von ihrem politischen Umfeld abgeschnitten, andererseits versetzt sie diese Situation auch in die Rolle von Experten und ermöglicht ein neues Leben, das mit einer Transformation der politischen und wissenschaftlichen Position und damit verbunden auch mit einem neuen Blick auf die eigene Tradition einhergeht, die nun im Rückblick in einem neuem Licht erscheint. Bei dieser Transformation hat die Sprache eine wichtige und zugleich in doppeltem Sinne spezifische Funktion: Als Wissenschaftssprache und als politische Sprache. Spezifisch ist diese Funktion gerade deshalb, weil sie von der normalen Funktion der Sprache und deren Beeinflussung durch die Exilsituation abweicht und daher auch oft übersehen wird. Denn bei beiden Sprachen handelt es sich nicht um ›natürliche‹ Sprachen, also um solche, in denen man einfach ›beheimatet‹ war und deren Verlust als Metapher für den Verlust der Herkunft verstanden wird, wie das in Narrativen des Exils oft geschieht.

Wissenschaftssprachen sind künstliche und damit auch immer sekundäre Sprachen: Sie werden spät gelernt, orientieren sich an Objektivität, sind hoch konventionalisiert und setzen – anders als dichterische Sprache – auch in hohem Maße prinzipielle Übersetzbarkeit voraus. Alle drei Autoren versuchen daher auch, wenngleich mit unterschiedlichem Erfolg, mehrsprachig zu produzieren, sei es mit Hilfe von Übersetzern, sei es, indem sie selbst auf Englisch schreiben. Dabei zeigt sich freilich, dass die Übersetzung aus einer Wissenschaftssprache in eine andere ihre eigenen Schwierigkeiten aufweist, insbesondere wenn es sich um stark national differenzierte Wissenschaftstraditionen handelt oder wenn der Gegenstand selbst stark an nationale Sprachen gebunden ist. Beides ist bei der politischen Theorie in hohem Maße der Fall. Gerade darum ist die Übersetzung hier aber auch zumindest potenziell besonders produktiv: Sie schafft neue Wissensfelder, hier etwa den Vergleich politischer Systeme.

Politisch sind diese Äußerungen aber nicht bloß hinsichtlich ihres Gegenstandes. Sie sind es vor allem, weil sie als Medium politischen Handelns funktionieren oder sogar selbst schon politisches Handeln sind. Auch diese Sprachformen sind nicht ›natürlich‹, sie drücken weniger eine vertraute Sicht der Welt aus, als dass sie sich am Handeln in der Welt orientieren. Sie lassen sich weniger als Herkunft aus kulturellen

Wurzeln denn als Gegenwart des gemeinsamen Handelns beschreiben und richten sich daher auch immer schon mehr am Sprechhandeln als an der Sprache als selbstverständlichem Besitz aus. Auch hier ist die Funktion des Sprachwechsels ambivalent: Auf der einen Seite zwingt der Situationswandel alle drei Autoren, sich der politischen Dimension ihres Handelns bewusst zu werden, auf der anderen Seite schneidet er sie von den unmittelbaren Wirkungsmöglichkeiten aber auch ab. Diese Situation hat sprachlich zu höchst kreativen Lösungen geführt und eine neue Art von Theoriesprache hervorgebracht, die – zumindest im Fall von Fraenkel und Neumann – über den Umweg des Einflusses auf die Gestaltung der universitären Politikwissenschaft auch politisch höchst wirksam geworden ist.

II. Sprachverlust, Spracherhalt, Sprachwandel: Linguistische Analysen

Monika S. Schmid, Cornelia Lahmann und Rasmus Steinkrauss

Sprachverlust im Kontext von Migration und Asyl

> Als wir wegfuhren von Deutschland [...] da konnten wir noch [...] einige Möbel mitnehmen, aber da war nur so viel Platz und mein Vater und meine Mutter sagten dann, ich könnte entweder Bücher oder Spielzeuge mitnehmen [...] so viele Bücher oder irgend etwas anderes, ich nahm zwei von meinen Steiff Knopf im Ohr Tieren mit, aber später [...] hatten meine Kinder die hier auch. Aber ein Buch, was ich schrecklich gerne mal haben- ich wünschte, ich hätt's mitgebracht, war unser Biologiebuch.[1]

Geschichten von Auswanderung sind fast immer auch Geschichten über Verluste. Wie im Eingangszitat beschrieben, muss bei einer Auswanderung abgewogen werden, was mitgenommen werden kann und was zurückbleiben muss, und diese Entscheidungen werden im Nachhinein oft bedauert. Der erste Band der autobiografischen Romantrilogie von Judith Kerr, *When Hitler Stole Pink Rabbit*[2], trägt ein solches Bedauern sogar im Titel. Er bezieht sich auf ein vielgeliebtes rosa Stoffkaninchen, das die damals 9-jährige Autorin bei der überstürzten Abreise aus Berlin in die Schweiz zurückließ – zugunsten eines neueren Stofftieres.

Da politisch Verfolgte Repressalien oft zuerst an ihrem materiellen Besitz zu spüren bekommen, und da gerade Juden über die Jahrhunderte und Kontinente hinweg regelmäßig zur Zielscheibe solcher Verfolgungsmaßnahmen wurden, hat sich insbesondere in der jüdischen Kultur die Wahrnehmung vom Wert immaterieller Güter gefestigt. Hieraus erklärt sich die Wertschätzung und Achtung, die in dieser und anderen, ähnlich verfolgten, Kulturen dem Wissen und der Bildung zugeschrieben wird. Dieses lässt sich nicht wegnehmen, beschlagnahmen, besteuern oder verzollen; es unterliegt keinerlei Gepäcksbeschränkungen und ist auch ansonsten in einer Fluchtsituation gewissermaßen unproblematischer. Umso größer ist später oft die Bestürzung, wenn sich herausstellt, dass auch solches Wissen nicht unantastbar ist.

---

1 Lebensgeschichtliches Interview, Corpus Mahn- und Gedenkstätte Düsseldorf.
2 Judith Kerr: When Hitler stole pink rabbit. London 1971. Die deutsche Ausgabe erschien unter dem Titel *Als Hitler das rosa Kaninchen stahl* (Ravensburg 1973).

In diesem Zusammenhang fällt die Kenntnis der Muttersprache in eine besondere Kategorie. Diese haben wir fast buchstäblich mit der Muttermilch eingesogen, und sie ist in der allgemeinen Wahrnehmung so untrennbar mit Identität und Persönlichkeit verbunden, dass die Vorstellung, sie könnte dem Vergessen anheimfallen, eine fast undenkbare Bedrohung darstellt. Wenn sich der Einfluss der Zweitsprache in der Muttersprache niederzuschlagen beginnt, sind die Reaktionen hierauf oft sehr negativ. So äußert sich Klaus Mann abfällig über ›Deutschamerikaner‹: »Sie sind ›assimiliert‹ bis zu dem Grade, dass sie keinen Satz in ihrer Muttersprache mehr fehlerlos herausbringen«[3], und deutet damit an, dass es sich bei dem englischen Einfluss um eine bewusste Affektation handelt.

Solche Auffassungen und Reaktionen lassen sich in der Literatur und populären Kultur häufig finden. So beschreibt Kerr im dritten Band ihrer Autobiografie, *A Small Person Far Away*[4], eine Unterhaltung, die sie als Erwachsene mit einem befreundeten Ehepaar und deren 6-jährigen Sohn hatte:

> »I do find it absolutely extraordinary«, she said to Anna[5], »that when you were his age you were speaking nothing but German. Can you still speak it?«
> »A bit,« said Anna. »I've forgotten a lot of it.«
> Elizabeth handed the child the saucer. »This lady has forgotten nearly all the words she knew when she was your age, can you imagine?« she said. »And she's learned a whole lot of new ones instead.«
> He stared at Anna in disbelief. Then he said, »I wouldn't. [...] I wouldn't forget the words I know. Even if – even if I learned a million trillion new words. I'd always remember.«[6]

Eine ähnlich negative Ansicht findet sich in der Aussage eines polnischstämmigen Doktors in Stephen Kings Roman *The Dead Zone*, der als 9-jähriger Junge aus dem Warschauer Ghetto (wo seine Eltern ermordet worden waren) in die USA geflüchtet war, und für den die Tatsache, dass er seine Muttersprache größtenteils vergessen hat, »a shameful thing«[7] ist. Die Titelfigur in Peter Høegs *Fräulein Smillas Gespür für Schnee* vergleicht die ›Zersetzung‹ ihrer Muttersprache mit der Korrosion von Karabinerhaken, die längere Zeit den feindlichen Wetterver-

---

3 Zitiert nach Susanne Utsch: Sprachwechsel im Exil. Die »linguistische Metamorphose« von Klaus Mann. Köln 2007, S. 198.
4 Judith Kerr: A small person far away. London 1978.
5 Anna ist Judith Kerrs zweiter Vorname und der Name der Protagonistin in ihrer Autobiografie.
6 Kerr: A small person far away (s. Anm. 4), S. 28.
7 Stephen King: The dead zone. New York 1979, S. 121.

hältnissen des grönländischen Eismeers ausgesetzt waren, bis der massive Edelstahl sich so weit aufgelöst hatte, dass man ihn mit den Fingernägeln auseinanderpulen konnte.[8] Die Kernaussage solcher und ähnlicher Beschreibungen lässt sich in dem Vorwurf »Die Muttersprache vergisst man nicht!« zusammenfassen, mit dem die Deutsch-Amerikanerin R. im Gespräch mit einem ihrer deutschen Freunde konfrontiert wurde[9] – wenn jemandem dennoch ein solcher Verlust wiederfahren sollte, ist dies zumindest nachlässig, unerwartet, und eigentlich eine Schande.

Diesem weitverbreiteten Vorurteil stehen empirische Ergebnisse zu Sprachgebrauch, Interferenz und Sprachverlust (engl. *language attrition*) entgegen, aus denen klar hervorgeht, dass Mehrsprachigkeit – insbesondere, aber durchaus nicht ausschließlich, über einen längeren Zeitraum und in Situationen, in denen die Muttersprache wenig oder kaum verwendet wird – fast unweigerlich zu einer Veränderung der Erstsprache führt, und zwar auf allen Ebenen des sprachlichen Systems.

Im Bereich der Phonetik und Phonologie ist seit langem bekannt, dass Zweisprachige für bestimmte Phoneme, die sich in Erst- und Zweitsprache (L1 und L2) unterscheiden, eine Art Zwischensystem verwenden. Dies hat James E. Flege[10] anhand der sogenannten Voice Onset Time (VOT), d.h. bezüglich des Zeitabstandes zwischen einem prävokalischen Verschlusslaut (Plosiv) und dem Einsetzen der Stimmhaftigkeit des nachfolgenden Vokals, gezeigt. Dieses Zeitfenster ist im Englischen und Deutschen relativ lang (> 36 ms., engl. *long lag*), während es z.B. im Französischen und im Niederländischen deutlich kürzer ist (0–36 ms., *short lag*).[11] Flege untersuchte Gruppen von ein- und zweisprachigen französischen und englischen Muttersprachlern, die ihre jeweilige Zweitsprache – das Französische bei den US-Amerikanern bzw. das Englisch bei den Franzosen – unterschiedlich lang und gut beherrschten. Seine Untersuchung zeigt, dass sich die Länge der VOT für alle zweisprachigen Gruppen in beiden Sprachen von der der Einsprachigen unterschied: im Englischen war diese kürzer, im Französischen länger

---

8 Peter Høeg: Fräulein Smillas Gespür für Schnee. Deutsch von Monika Wesemann. München 1994, hier: Reinbek 1997, S. 133.
9 Doris Stolberg und Alexandra Münch: Die Muttersprache vergisst man nicht – or do you? A case study in L1 attrition and its (partial) reversal. In: Bilingualism. Language and Cognition 13 (2010), S. 19–31.
10 James E. Flege: The production of ›new‹ and ›similar‹ phones in a foreign language. Evidence for the effect of equivalence classification. In: Journal of Phonetics 15 (1987), S. 47–65.
11 Monika S. Schmid, Steven Gilbers und Amber Nota: Ultimate attainment in late second language acquisition. Phonetic and grammatical challenges in advanced Dutch-English bilingualism. In: Second Language Research 30 (2014), S. 129–157.

als bei denjenigen, die der anderen Sprache nicht mächtig waren. Diese Angleichung war in der L1 am niedrigsten und in der L2 am höchsten bei der Gruppe, in der die Teilnehmer die Zweitsprache erst seit ca. 9 Monaten lernten (US-amerikanische Studierende), wohingegen sich das Muster bei Teilnehmern der französischen Gruppe (Französinnen in Chicago), die seit vielen Jahren in den USA lebten, umkehrte (s. Fig. 1).

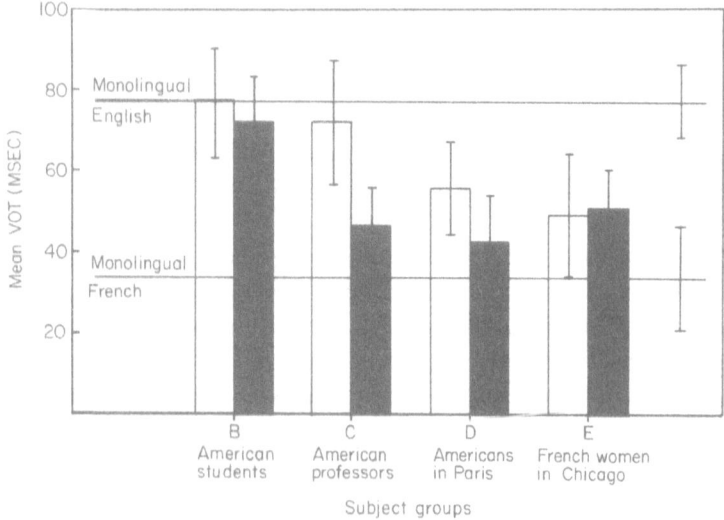

Fig. 1: VOT bei englisch-französischer und französisch-englischer Zweisprachigkeit nach Länge der Spracherwerbsperiode. Gemessen wurde VOT in dem französischen Wort *tous* (■) und dem englischen *two* (□). Die Balken repräsentieren die vier zweisprachigen Gruppen, die horizontalen Linien die einsprachigen Muttersprachler. Gruppe B hatte die kürzeste Periode des Spracherwerbs, Gruppe E die längste.[12]

Flege konnte also nachweisen, dass sich gewisse phonetische Marker auch in der Muttersprache bereits nach relativ kurzer Erfahrung mit einer Zweitsprache verändern können, selbst dann, wenn diese lediglich im Heimatland durch Unterricht erlernt wird. Noch deutlicher wird dies aus einer neueren Untersuchung, die zeigt, dass sich bereits nach sechs Wochen intensiven Spracherwerbs phonetische Veränderungen in der L1 messen lassen (in diesem Fall waren die Sprachlerner Muttersprachler des US-amerikanischen Englisch, die in Korea einen sechswöchigen Intensivkurs Koreanisch belegt hatten).[13]

---

12 Flege: The production of ›new‹ and ›similar‹ phones (s. Anm. 10), S. 54. Copyright Elsevier 1987, Abdruck mit freundlicher Genehmigung des Verlages.
13 Charles B. Chang: Rapid and multifaceted effects of second-language learning on first-language speech production. In: Journal of Phonetics 40 (2012), S. 249–268.

Dass sich Angleichungen in der Muttersprache von Menschen, die eine Fremdsprache lernen, nicht auf die phonetische Ebene beschränken, ist ebenfalls gut dokumentiert, wie zum Beispiel Studien zur Interpretation von Relativsätzen zeigen. So wird der spanische bzw. englische Satz in (1) sprachspezifisch unterschiedlich interpretiert:

(1) a. I just saw the sister of the actress who is pregnant.
 b. Acabo de ver a la hermana de la actriz que está embarazada.
 ›Ich habe gerade die Schwester der Schauspielerin gesehen, die schwanger ist.‹

Der spanische Satz (1.b) wird normalerweise dahingehend ausgelegt, dass es *die Schwester* ist, die schwanger ist, während dies im Englischen eher *der Schauspielerin* zugeschrieben wird. Daher haben englische Muttersprachler Schwierigkeiten mit der Interpretation von (2.a), während im Spanischen eher (3.b) Verwirrung auslöst.[14]

(2) a. I just saw the sister of the actor who is pregnant.
 b. Acabo de ver a la hermana del actor que está embarazada.
 ›Ich habe gerade die Schwester des Schauspielers gesehen, die schwanger ist.‹
(3) a. I just saw the brother of the actress who is pregnant.
 b. Acabo de ver al hermano de la actriz que está embarazada.
 ›Ich habe gerade den Bruder der Schauspielerin gesehen, die schwanger ist.‹

Messungen der Augenbewegungen (engl. *eye tracking*) haben gezeigt, dass englische Muttersprachler beim Lesen von (2.a) mehr Zeit benötigen und tendenziell häufiger zu den bereits gelesenen Wörtern zurückkehren als es bei (3.a) der Fall ist. Bei spanischen Muttersprachlern ist dies umgekehrt; für sie ist eher (3.b) problematisch. Dieses Muster kehrt sich jedoch nach dem Erlernen von Englisch als Zweitsprache um, insofern als auch in der L1 Spanisch Sätze nach dem in (2) gezeigten Muster bevorzugt werden.[15]

Auch auf der lexikalischen Ebene ist seit langem bewiesen, dass die Kenntnis einer anderen Sprache ständig bei der Wortwahl mitschwingt.

---

14 Paola E. Dussias: Parsing a first language like a second. The erosion of L1 parsing strategies in Spanish-English bilinguals. In: International Journal of Bilingualism 8 (2004), S. 355–371.
15 S. Dussias: Parsing a first language like a second (s. Anm. 14); Paola E. Dussias und Nuria Sagarra: The effect of exposure on syntactic parsing in Spanish-English bilinguals. In: Bilingualism. Language and Cognition 10 (2007), S. 101–116.

So haben Untersuchungen gezeigt, dass Wörter in der L1 schneller benannt werden können, wenn diese in der L2 sogenannte Kognate, also ähnlich lautende (und in der Regel etymologisch verwandte) Wörter sind. Mehrsprachige haben also Einsprachigen gegenüber einen Vorteil in ihren Reaktionszeiten bei Wortnennungs- und Wortentscheidungstests, wenn die Wörter in ihren beiden Sprachen Ähnlichkeiten aufweisen, sind jedoch langsamer, wenn keine solche Verwandtschaft besteht.[16]

All diese Erkenntnisse zeigen, dass das Lernen und Verwenden einer Zweitsprache unweigerlich zu Veränderungen in der Erstsprache führt. Wie stark ausgeprägt diese Merkmale sind, hängt von den Umständen ab und unterscheidet sich auch von Sprecher zu Sprecher. Migranten, die lange Zeit in einem anderen Land und einer anderen Sprachumgebung leben und deutliche Erscheinungen von Sprachverlust zeigen, sind daher nur die Spitze des Eisberges – unbemerkt und eher subtil manifestieren sich die gleichen Einflüsse bei allen Sprechern, die eine weitere Sprache erlernen.

Das Hauptmerkmal, das Mehrsprachige und Einsprachige unterscheidet, ist also die Variabilität, nicht nur (wie seit langem bekannt) in der L2 sondern auch in der L1.[17] Dies wirft die Frage auf, weshalb diese Variabilität (also der Einfluss von L2 auf L1) bei manchen Sprechern so viel deutlicher ausgeprägt ist als bei anderen. Klaus Mann zieht hier die Verbindung zur Assimilation bzw. dem Wunsch nach einer solchen Angleichung: Ihm zufolge ist die Tatsache, dass manche Exildeutsche sich förmlich an ihre Muttersprache klammern, ein Zeichen von kleinbürgerlichem Konservativismus, wohingegen der assimilatorische Übereifer anderer eben zu einem raschen Verlust der L1 führe. Für ihn selbst spielte in diesem Zusammenhang der Schock über die schrecklichen Ereignisse in Deutschland, und insbesondere die Pogromnacht im November 1938, eine zentrale Rolle.[18]

Ähnliche Erkenntnisse lassen sich auch in empirischen Studien zum Sprachverlust finden. Eine Studie zur muttersprachlichen Kompetenz deutscher Juden in anglophonen Ländern belegt, dass das Deutsche derjenigen, die Deutschland schon relativ früh (1933–1935, also vor den Nürnberger Gesetzen) verließen, den geringsten englischen Einfluss zeigt. Der stärkste Einfluss der Zweitsprache, gemessen an der

---

16 Janet van Hell und Ton Dijkstra: Foreign language knowledge can influence native language performance in exclusively native contexts. In: Psychonomic Bulletin and Review 9 (2002), S. 780–789.
17 Monika S. Schmid: First language attrition. In: WIRE's Cognitive Science 4 (2013), S. 117–123.
18 Vgl. hierzu Utsch: Sprachwechsel im Exil (s. Anm. 3), S. 139.

Fehlerhäufigkeit und auch am fremdsprachigen Akzent, findet sich bei Sprechern, die das Pogrom noch in Deutschland erlebt hatten und erst danach fliehen konnten (s. Fig. 2).[19]

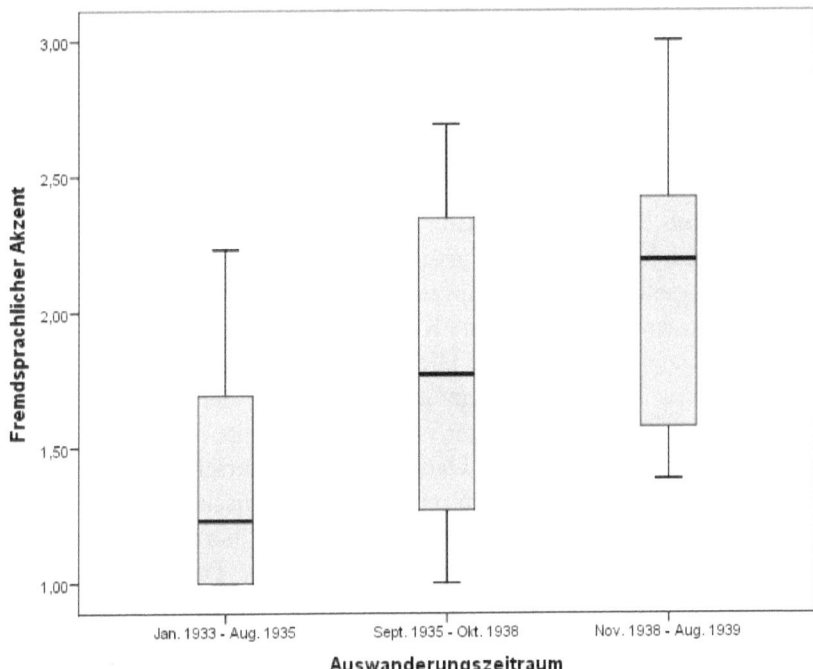

Fig. 2: Englischer Akzent im gesprochenen Deutsch von deutschjüdischen Migranten.[20]

Der Grad des fremdsprachigen Akzents (beurteilt durch 19 deutsche Muttersprachler auf einer Skala von 1 bis 3) ist im Rahmen des vorliegenden Artikels von besonderem Interesse. Der Unterschied zwischen den drei Emigrationsgruppen ist statistisch signifikant. Schmid interpretiert diese Ergebnisse im Kontext der traumatischen Erfahrungen, die die späteren Auswanderergruppen in Deutschland gemacht haben, und zieht den Schluss, dass diese zu einer stärkeren Distanzierung von der L1 und damit einem höheren Grad von Sprachverlust geführt haben.[21]

---

19 Monika S. Schmid: First language attrition, use, and maintenance. The case of German Jews in Anglophone countries. Amsterdam 2002.
20 Schmid: First language attrition, use, and maintenance. (s. Anm. 19), S. 188.
21 Schmid: First language attrition, use, and maintenance. (s. Anm. 19), S. 191f.

Der Einfluss anderer Faktoren, die scheinbar eindeutig und offensichtlich mit Sprachverlust korrelieren sollten, wie z. B. die Häufigkeit, mit der die L1 im Emigrationskontext weiterhin verwendet oder rezipiert wird, ist auf der anderen Seite keineswegs so eindeutig festzustellen. In einer breit angelegten Analyse des Sprachverlusts bei deutschen Migranten in Kanada und in den Niederlanden, in der die individuellen Ergebnisse aus einer Reihe Experimente (Grammatikalitätsurteile, C-Test[22], Film-Nacherzählung) mit Daten zum Sprachgebrauch und auch zur persönlichen Motivation und Einstellung zur L1 in Zusammenhang gesetzt und statistisch ausgewertet wurden, kamen keine eindeutigen Muster zum Vorschein.[23] Insbesondere der tägliche Sprachgebrauch mit Partner, Kindern oder Freunden schien für den individuellen Grad des Sprachverlusts keinerlei Rolle zu spielen, und ebenso wenig ließ sich eine Korrelation mit der Länge des Aufenthaltes im Gastland feststellen. Dieses auf den ersten Blick kontraintuitive Ergebnis hat sich seitdem in einer Reihe von Untersuchungen bestätigt. So finden z. B. Holger Hopp und Monika S. Schmid, die den fremdsprachigen Akzent im Deutschen von deutschen Migranten in Kanada und den Niederlanden mit dem von englischen und niederländischen Migranten in Deutschland vergleichen, heraus, dass sich bei den L2-Lernern des Deutschen zwar bestimmte Faktoren statistisch bemerkbar machen – insbesondere die Muttersprache des Partners ist hier von Bedeutung –, dass diese Faktoren für die Deutschen im Ausland jedoch keine vergleichbare Rolle spielen. Insgesamt überlappen sich die Ergebnisse beider bilingualen Gruppen zu großen Teilen (s. Fig. 3) und unterscheiden sich deutlich von denen der deutschen Kontrollgruppe.[24]

---

22 Die ursprünglich von Wilson L. Taylor (s. ders: Cloze procedure. A new tool for measuring readability. In: Journalism Quarterly 30 (1953), S. 415–433) entwickelte Methode des C- oder Cloze-Tests ist ein viel verwendetes Mittel zur Messung von Sprachkenntnissen in der L1 oder in Fremdsprachen. Die Aufgabe der Probanden besteht darin, fehlende Wörter oder Teile von Wörtern in Lückentexten zu ergänzen.
23 Monika S. Schmid und Elise Dusseldorp: Quantitative analyses in a multivariate study of language attrition. The impact of extralinguistic factors. In: Second Language Research 26 (2010), S. 125–160. Es wurden pro Gruppe 53 Fälle untersucht.
24 Holger Hopp und Monika S. Schmid: Perceived foreign accent in L1 attrition and L2 acquisition. The impact of age of acquisition and bilingualism. In: Applied Psycholinguistics 34 (2013), S. 361–394.

Sprachverlust im Kontext von Migration und Asyl   129

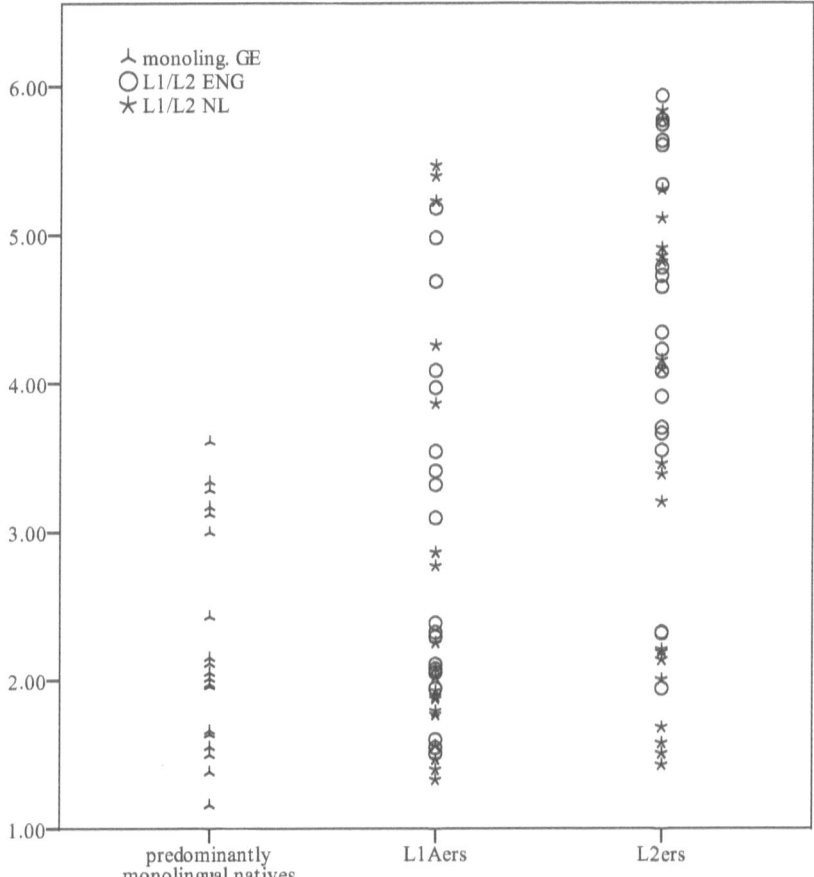

Fig. 3: Wahrgenommener fremdsprachiger Akzent bei monolingualen Sprechern des Deutschen (links), deutschen Migranten in Kanada und den Niederlanden (Muttersprachler mit Sprachverlust [L1Aers], Mitte), und niederländisch- und englischsprachigen Migranten in Deutschland (Zweitsprachenlerner [L2ers], rechts).[25]

Auf der Basis der hier zusammengefassten Ergebnisse lassen sich die folgenden vorläufigen Schlussfolgerungen ziehen:
1. Kenntnis und Verwendung der Muttersprache sind für Zweisprachige, insbesondere für Migranten, nicht stabil und unveränderlich. Einflüsse der Zweitsprache lassen sich bereits kurz nach Beginn des Zweitspracherwerbs auf allen sprachlichen Ebenen messen, sind al-

---

25 Hopp/Schmid: Perceived foreign accent (s. Anm. 24), S. 380. Copyright Cambridge University Press 2013, Abdruck mit freundlicher Genehmigung des Verlages.

lerdings bei Migranten stärker ausgeprägt als bei Zweitsprachenlernern, die in der muttersprachlichen Umgebung verbleiben.
2. Bislang konnten keine klaren Ursachen für Sprachverlust ermittelt werden. Weder die Länge des Aufenthaltes im Zielland noch die Häufigkeit des Kontaktes mit der L1 spielen eine messbare Rolle. Traumatische Erlebnisse scheinen den Sprachverlust zu beschleunigen.
3. Es ist unmöglich, Muttersprachler, die längere Zeit im Ausland gelebt haben, aufgrund ihres Akzents von Zweitsprachenlernern zu unterscheiden.

Diese Schlussfolgerungen lassen eine heutzutage gängige Praxis in einem zweifelhaften Licht erscheinen: Seit Mitte der 1990er Jahre ist es in vielen Ländern (hauptsächlich innerhalb Europas, aber z. B. auch in Australien) üblich, in Fällen, in denen Asylsuchende ihre Herkunft nicht dokumentarisch belegen können, mithilfe einer ›Sprachanalyse‹ zu überprüfen, ob sie tatsächlich aus dem Land oder aus der Region stammen, die sie angeben. Hierzu gibt entweder ein Linguist mit Kenntnis des Landes und der Sprache oder ein hierzu ausgebildeter Muttersprachler (in manchen Fällen auch beide gemeinsam[26]) ein Urteil darüber ab, wie wahrscheinlich es ist, dass die Herkunft wahrheitsgemäß angegeben wurde. Ein negatives Urteil kann zur Abschiebung führen.[27]

Seit ihrer Einführung wurde diese Praxis aus sprachwissenschaftlicher Sicht vielfach kritisiert. Zu den Kritikpunkten zählt die Tatsache, dass die Herkunftsländer der größten Gruppen der Asylsuchenden durch sehr große Sprachen- und Dialektvielfalt gekennzeichnet sind, was die genaue Identifizierung schwierig bis unmöglich macht. Daneben ist die Interviewsituation, aus der die zu beurteilenden Daten stammen, ein Gesprächskontext, in dem eine stark asymmetrische Verteilung von Macht und Prestige besteht, und in dem daher die authentische Verwendung von häufig stigmatisierten Minoritätensprachen und -varietäten äußerst unnatürlich ist.[28] Das Problem des Sprachverlusts ist in diesem Zusammenhang bislang noch wenig diskutiert oder

---

26 Die Details der Praxis variieren von Land zu Land.
27 Karin Zwaan, Maaike Verrips, und Pieter Muysken (Hg.): Language and origin. The role of language in European asylum procedures. Linguistic and legal perspectives. Nijmegen 2010.
28 Diese und andere Punkte werden in den Beiträgen in einem Sammelband zur Sprachanalyse (Zwaan, Verrips und Muysken (Hg.): Language and origin, s. Anm. 27) sowie in einem Sonderband des *International Journal for Speech, Language and the Law* 11/2 (2004) vorgestellt und diskutiert.

wahrgenommen worden, spielt jedoch eine wichtige Rolle: Asylsuchende bringen oft lange Perioden in Zentren zu, in denen sie Kontakt mit Menschen aus angrenzenden Sprach- und Dialektregionen haben, und die Sprachanalyse wird in den seltensten Fällen unmittelbar nach der Ankunft vorgenommen (daneben gibt es natürlich viele Menschen, die eine sehr komplexe Migrationsgeschichte mit Zwischenstationen in anderen Ländern haben). In den Niederlanden ist es sogar zulässig, Sprachanalysen in Fällen durchzuführen, in denen die Asylgenehmigung bereits erteilt wurde, und die Entscheidung aufgrund des Befundes neu aufzurollen. Hier vergehen oft viele Jahre zwischen der Ankunft im ›Gast‹-Land und der eigentlichen Untersuchung. Wie aus den oben aufgeführten Ergebnissen hervorgeht, kann eine solch späte Analyse kein zuverlässiges Ergebnis liefern. Die Absurdität solcher Analysen wird deutlich, wenn man sich die Erhebung zum fremdsprachigen Akzent von deutsch-jüdischen Holocaustüberlebenden (wie in Fig. 2 grafisch dargestellt) vor Augen hält. Was wäre wohl geschehen, wenn diese Flüchtlinge ihre deutsche Herkunft – zu Reparationszwecken, zur Wiedererlangung ihrer Staatsbürgerschaft, oder aus anderen Gründen – anhand ihrer Sprachkenntnisse hätten belegen müssen?

Ilse Stangen und Tanja Kupisch

Erhalt und Verlust von Sprache(n) im Migrationskontext
Vom Nutzen der Analyse herkunftssprachlicher Daten für die Exilforschung

I. Spracherhalt und Sprachverlust im Exil

> Während wir unser Französisch, Englisch oder Spanisch noch nicht gelernt hatten, begann unser Deutsch bereits Stück für Stück abzubröckeln, so heimlich und allmählich, daß wir den Verlust gar nicht bemerkten.[1]

Aussagen wie diese deuten darauf hin, dass im Exil lebende Personen häufig befürchten, ihre Sprache und ihre Sprachfähigkeit und damit auch einen Teil ihrer Identität zu verlieren. Spracherhalt und Sprachverlust im Exil sind Themen, mit denen man vor allem Autoren im Exil während der Zeit des Nationalsozialismus verbindet. Aber auch andere nach dem Zweiten Weltkrieg Vertriebene oder ausgewanderte Autoren beschreiben in ihren Werken die Auseinandersetzung mit Sprachwechsel und Spracherhalt im Exil.[2] Die Angst vor einem Verlust der Muttersprache ist häufig in der Dominanz der Umgebungssprache im Alltag begründet sowie in der Tatsache, dass es schwierig ist, im Aufenthaltsland weiterhin in der Muttersprache zu publizieren. Ein Einfluss der Umgebungssprache auf die Schriftsprache wird nicht nur befürchtet, sondern oft auch beobachtet. Durch den teils mangelnden Austausch mit gleichsprachigen Personen blieb der Autor häufig mit seiner Sprache allein. Heutzutage sind die Kommunikationsmöglichkeiten, gerade auch durch das Internet, vielfältiger; eine aktive Nutzung der Muttersprache ist auch bei geografischer Distanz noch möglich. Da ein Einfluss der Umgebungssprache auf die Erstsprache aber nicht ausgeschlossen werden kann, ist die Frage berechtigt, inwieweit zwei Sprachen nebeneinander bestehen können.

---

1 Günther Anders: Post festum. In: Ders.: Tagebücher und Gedichte. München 1985, S. 64–93; hier: S. 90.
2 Renata Cornejo: Sprachwechsel und Alterität als zwei konstituierende Begriffe für die kulturelle Identität im Exil. Zur Identitäts- und Heimatkonstruktion von Ota Filip und Libuše Moníková. In: Der deutschsprachige Roman aus interkultureller Sicht. Hg. v. Gabriella Rácz. Veszprém 2009, S. 77–89. Axel Englund und Anders Ohlsson (Hg.): Languages of exile. Migration and multilingualism in twentieth century literature. Oxford 2013. Thomas Weitin: Exil und Migration. Minoritäres Schreiben auf Deutsch im 20. Jahrhundert. Von Kafka zu Zaimoğlu. In: Weimarer Beiträge 58/2 (2012), S. 195–224.

In einer ähnlichen Situation wie Exilanten befinden sich Herkunftssprecher, d. h. Sprecher der ersten oder zweiten Generation von Einwanderern. Diese beabsichtigen in der Regel zwar nicht, das Land nach einiger Zeit wieder zu verlassen, aber auch in ihrem Fall entspricht die Muttersprache – oder zumindest eine ihrer Muttersprachen – nicht der Umgebungssprache. Mit diesem Beitrag möchten wir zeigen, in welcher Form unterschiedliche Gruppen von Herkunftssprechern ihre Muttersprache(n) beherrschen und erhalten, und welche Faktoren die Koexistenz zweier Sprachen beeinflussen.

II. Gemeinsamkeiten und Unterschiede von Exilanten und Herkunftssprechern

Zunächst möchten wir die Frage klären, ob es überhaupt sinnvoll ist, anhand von Sprachdaten von Herkunftssprechern Aussagen zum möglichen Spracherhalt und -verlust von Exilanten zu treffen. In der Literatur finden sich Hinweise darauf, dass die sprachliche Situation von Herkunftssprechern als ähnlich zu der von Exilanten empfunden wird, doch der Zusammenhang wird nicht immer expliziert. Die Parallele scheint darin zu bestehen, dass sich beide Gruppen bei Ankunft in einem neuen Land kulturell und damit auch sprachlich assimilieren wollen oder müssen.[3] Wir beginnen im Folgenden mit einem Vergleich der charakteristischen Merkmale von Herkunftssprechern und Exilanten. Dabei gehen wir insbesondere auf Gemeinsamkeiten und Unterschiede im Hinblick auf den Auswanderungsgrund und Aufenthaltsstatus sowie auf die Situation der Muttersprache (z. B. offizieller Status und täglicher Gebrauch) ein.

Ein Exilant wird als »eine im Exil lebende Person« definiert und das Exil wiederum als »langfristiger Aufenthalt außerhalb des Heimatlandes, das aufgrund von Verbannung, Ausbürgerung, Verfolgung durch den Staat oder unerträglichen politischen Verhältnissen verlassen wurde«[4]. Eine einheitliche Definition von Herkunftsprechern gestaltet sich dagegen als schwierig. Zum Beispiel erfassen einige Definitionen nur solche Bilinguale, die zu Hause ausschließlich die Minderheitensprache hören und sprechen, andere schließen Kinder ein, die zu Hause zwei Sprachen hören und sprechen. Ferner unterscheiden sich die Defi-

---

[3] S. hierzu Vittorina Cecchetto: From immigrant to exile. Does language contribute to this process? In: Exile, language and identity. Hg. v. Magda Stroinska und Vittorina Cecchetto. Frankfurt a. M. 2003, S. 151–161.
[4] Duden online, unter: http://www.duden.de/rechtschreibung/Exil [abgerufen: 26.03.2014].

nitionen dahingehend, dass die Herkunftssprache passiv und aktiv oder nur passiv beherrscht werden muss. Gemein ist allen Definitionen, dass ein Herkunftssprecher in seiner Familie mit einer Sprache aufwächst, die nicht der dominanten Umgebungssprache des Aufenthaltslandes entspricht.[5] Oft werden Herkunftssprecher als bilinguale Sprecher einer Minderheitensprache verstanden, die einer ethnischen oder Immigrantengruppe angehören und deren Kompetenz in der ersten Sprache (L1) im Erwachsenenalter nicht an die Kompetenz eines Muttersprachlers heranreicht.[6] Ferner sind in der Regel Immigranten der zweiten Generation gemeint, also die Kinder der ursprünglichen Einwanderer, die vom frühen Kindesalter an in einer zwei- oder sogar mehrsprachigen Umgebung aufwachsen. Sie sind »frühe Bilinguale«, die während ihrer sprachlichen Entwicklung (etwa im Alter von 0–5 Jahren) zwei Sprachen, nämlich die Herkunftssprache (oft als L1 bezeichnet) und die dominante Landessprache lernen, entweder simultan als eine weitere L1 oder sukzessiv als frühe Zweitsprache (L2). Die Landessprache wird im Laufe der Kindheit (oft mit oder nach dem Schuleintritt) zur Primärsprache, d.h. zur meistverwendeten Sprache.

Kommen wir nun zu den Hintergrunddaten und der Situation der Sprache bei Exilanten und Herkunftssprechern. Die Auswanderungsgründe der beiden Gruppen sind unterschiedlich, da die Elterngeneration der Herkunftssprecher meist freiwillig oder aus ökonomischen Gründen ausgewandert ist, Exilanten aber vertrieben wurden. Ferner repräsentieren Herkunftssprecher oft (jedoch nicht immer) die zweite Generation der ursprünglichen Einwanderer, während es sich bei Exilanten um die erste Generation handelt.

Die unterschiedlichen Gründe der Auswanderung gehen auch mit einer unterschiedlichen Rückkehrplanung einher. Exilanten planen meistens, in ihr Herkunftsland zurückzukehren, wenn die Gründe für die Auswanderung nicht mehr bestehen; Herkunftssprecher tun dies nur sehr selten bzw. wäre es für sie keine Rückkehr im wörtlichen Sinne, da sie meist im Aufenthaltsland geboren worden sind (Herkunftssprecher werden in der Literatur allerdings auch als *returnees* bezeichnet, wenn sie in das Heimatland ihrer Eltern zurückziehen)[7].

---

5   S. Jason Rothman: Understanding the nature of early bilingualism. Romance languages as heritage languages. In: International Journal of Bilingualism 13 (2009), S. 155–163.
6   S. Elabbas Benmamoun, Silvina Montrul und Maria Polinsky: Heritage languages and their speakers. Opportunities and challenges for linguistics. In: Theoretical Linguistics 39/3–4 (2013), S. 129–181.
7   Cristina Flores: The effect of age on language attrition. Evidence from bilingual returnees. In: Bilingualism. Language and Cognition 13/4 (2010), S. 533–546.

Die sprachliche Situation beider Gruppen ist dagegen sehr ähnlich. In beiden Fällen ist die (oder eine der) Muttersprache(n) nicht die dominante Umgebungs- oder Verkehrssprache des Aufenthaltslandes. Der Kontakt mit der (oder einer der) Muttersprache(n) ist dadurch bei beiden Gruppen auf bestimmte Kontexte wie zum Beispiel die Familie, die Exilkommune oder Kontakte per Post/E-Mail mit im Herkunftsland Wohnenden beschränkt.

Was die Sprache betrifft, ist der wohl größte Unterschied zwischen Exilanten und Herkunftssprechern der Zeitpunkt des ersten intensiven Kontakts mit der Umgebungssprache bzw. Verkehrssprache des Aufenthaltslandes. Dieser findet bei Herkunftssprechern meistens im frühen Kindesalter statt, weshalb der Erwerb der Sprache somit unbewusst (implizit), unreflektiert und ungesteuert stattfindet. Exilanten hingegen nehmen die sprachlichen Unterschiede und Schwierigkeiten beim Erwerb der Umgebungssprache oder Verkehrssprache des Aufenthaltslandes in der Regel bewusst wahr und sind auch häufig wissentlich um die Bewahrung der Muttersprache bemüht. Aber auch Herkunftssprecher gelangen im Laufe ihres Lebens in Situationen, in denen sie bewusst wahrnehmen, dass ihnen in einer ihrer Sprachen – in der Regel in der Herkunftssprache – weniger Ausdrucksmöglichkeiten zur Verfügung stehen als in der anderen, was auch in dieser Gruppe zu einem bewussten Bemühen um den Erhalt und zum Ausbau der sprachlichen Fähigkeiten führen kann.

III. Drei Gruppen von Herkunftssprechern in Deutschland

In diesem Abschnitt werden drei Gruppen von Herkunftssprechern in Deutschland eingeführt, wobei wir auf die Gründe der Auswanderung der Elterngeneration der Sprecher eingehen und exemplarisch einige Studien[8] zu deren sprachlicher Kompetenz vorstellen. Mit allen drei Gruppen wurde ein vergleichbares Experiment zur Wahrnehmung eines möglichen fremdsprachlichen Akzents durch Muttersprachler der entsprechenden Sprache durchgeführt (s. IV).

---

8 Die Studien zu den sprachlichen Kompetenzen deutsch-französisch und deutsch-italienisch Bilingualer wurden im Teilprojekt E11 »Linguistische Aspekte der Spracherosion und des Zweitspracherwerbs bei erwachsenen Bilingualen« (Leitung: Tanja Kupisch) des Sonderforschungsbereichs 538 »Mehrsprachigkeit« (Hamburg) durchgeführt. Die Arbeiten zu den deutsch-türkischen Sprechern entstanden ebenfalls unter der Leitung von Tanja Kupisch im Rahmen des an der Universität Hamburg lozierten Landesexzellenzclusters »Linguistic Diversity Management in Urban Areas« (LiMA).

In der Literatur werden die Begriffe ›Muttersprachler‹, ›monolingual‹ und ›bilingual‹ unterschiedlich verwendetet, weshalb wir sie hier kurz definieren. Unter einer Muttersprache verstehen wir eine seit der Kindheit erworbene Sprache, sei es durch die Eltern oder durch die nationale Umgebung. Sprecher, die in der Kindheit zwei Sprachen erwerben, haben somit zwei Muttersprachen. Den Begriff ›bilingual‹ verwenden wir nicht funktional, sondern mit Bezug auf die seit der Kindheit erworbenen Sprachen. Mit anderen Worten ist jemand, der mehrere Sprachen benutzt noch nicht bilingual, sondern nur dann, wenn er diese Sprachen während der Kindheit erworben hat. Ein Sprecher ist monolingual, wenn in seiner Kindheit zu Hause nur eine Sprache gesprochen wurde, diese Sprache auch seiner Schulsprache entsprach und er keine weitere Sprache vor dem Alter von zehn Jahren erworben hat.

III.1 Italienisch-deutsche Herkunftssprecher in Deutschland

Bei der ersten Gruppe von Herkunftssprechern handelt es sich um italienisch-deutsche zweisprachige Erwachsene (IDZ). Alle sind in binationalen Familien aufgewachsenen und haben zu Hause von Geburt an beide Sprachen, Italienisch und Deutsch, gehört, wobei in einigen Fällen die Väter das Italienische repräsentierten und in anderen Fällen die Mütter. Häufig gaben die IDZ an, dass mit der Einschulung in eine einsprachig deutsche Schule der Gebrauch des Italienischen deutlich abnahm. Der Hauptgrund für die Auswanderung der Eltern der IDZ war meistens die Suche nach Arbeit (Anwerbabkommen Deutschland-Italien 1955). Oft kam ein Elternteil zum Arbeiten nach Deutschland und lernte hier seinen deutschsprachigen Partner kennen.

Zum Zeitpunkt der Datenerhebung waren die IDZ zwischen 19 und 39 Jahre alt. Mit diesen Sprechern wurden Tests zur allgemeinen Sprachfertigkeit, spontansprachliche Interviews sowie Experimente zum grammatischen Geschlecht (Genus), zur Verwendung von Artikeln und zur Stellung der Adjektive durchgeführt, größtenteils in ihren beiden Sprachen.

Für einen Eindruck über die allgemeinen Sprachfertigkeiten füllten alle Sprecher einen C-Test (Lückentext) aus, in dem unterschiedliche Wortarten ergänzt werden mussten, inklusive lexikalischer Wörter (z. B. Nomen und Verben) und Funktionswörter (z. B. Artikel oder Pronomen).[9] In der Regel erzielten die Sprecher bessere Ergebnisse im

---

9 Zum Begriff ›C-Test‹ s. Monika S. Schmid, Cornelia Lahmann und Rasmus Steinkrauss: Sprachverlust im Kontext von Migration und Asyl, in diesem Band; Tanja Kupisch, Neal Snape und Ilse Stangen: Foreign language acquisition in heritage speakers. The acquisition of articles in L3-English by German-Turkish bilinguals. In: Linguistic

Deutschen (78 % der Lücken angemessen gefüllt) als im Italienischen (68 % der Lücken angemessen gefüllt). Die Werte im Deutschen ähnelten denen monolingualer Sprecher.

Die gleiche Gruppe von Sprechern wurde dann mit Hinblick auf die Syntax und Semantik von Nominalphrasen (NPn) untersucht. So wurde in beiden Sprachen überprüft, ob Adjektive und Artikel in Übereinstimmung mit dem Genus des Nomens gewählt wurden (z. B. *das Klavier*, aber nicht *der Klavier*).[10] Im Italienischen wurde darüber hinaus die Partizipialkongruenz untersucht, denn – anders als im Deutschen – werden hier Partizipien im Genus an das Nomen angeglichen, mit dem sie in einer syntaktischen Beziehung stehen (Kongruenz, s. Beispiel 1).

Es wurden zwei unterschiedliche Experimente durchgeführt. Im ersten Experiment haben die IDZ die Akzeptabilität von Sätzen beurteilt, die sie lesen und hören könnten. Hierbei sollte der Satz entweder wiederholt (wenn akzeptabel) oder korrigiert werden (wenn nicht akzeptabel). Ein Beispiel folgt in (1). Der Satz in (1.a) ist ungrammatisch und daher mit einem * gekennzeichnet; in (2.b) wird die erwartete Korrektur gegeben.[11]

(1) a. Zu beurteilender Satz:
   *Ha tagliato la$_F$ mela$_F$ e l'ha mangiato$_M$.
   hat geschnitten D Apfel und ihn.hat gegessen
   ›Er / sie hat den Apfel geschnitten und ihn gegessen.‹
 b. erwartete Korrektur:
   Ha tagliato la$_F$ mela$_F$ e l'ha mangiata$_F$.

Im zweiten Experiment wurden Sätze wie in (1) mit Hilfe von Bildern elizitiert. Bei der Auswertung wurde die Wahl der Artikel (Genuszuweisung) von der Übereinstimmung (Kongruenz) des Artikels mit dem Partizip getrennt. Im Italienischen waren die Akzeptabilitätsurteile der IDZ mit Hinblick auf die Kongruenz in 96 % aller Fälle richtig; in der

---

superdiversity in urban areas. Research approaches. Hg. v. Joana Duarte und Ingrid Gogolin. Amsterdam 2013, S. 99–121.
10 S. Giulia Bianchi: Gender in Italian-German bilinguals. A comparison with German L2 learners of Italian. In: Bilingualism. Language and Cognition 16/3 (2013), S. 538–557; Antje Stöhr, Deniz Akpınar, Giulia Bianchi und Tanja Kupisch: Gender marking in Italian-German heritage speakers and L2-learners of German. In: Multilingual individuals and multilingual societies. Hg. v. Kurt Braunmüller und Christoph Gabriel. Amsterdam 2012, S. 153–169.
11 Zur Glossierung der Sprachbeispiele werden folgende Abkürzungen verwendet: D (Determinant / Artikelwort), F (Genus femininum), LOK (Kasus Lokativ), M (Genus maskulinum).

Sprachproduktion (zweites Experiment) haben die Herkunftssprecher in 86 % aller Fälle das Partizip korrekt angeglichen. In der Wahl des italienischen Artikels *il* oder *la* lagen die IDZ im Akzeptabilitätstest zu 75 % richtig und im Elizitationstest zu 90 %. Im Deutschen wurde ebenfalls die Wahl des Artikels fokussiert, aber die Kongruenz wurde an Adjektiven untersucht (z. B. wäre *in ein kleines Mädchen* das Adjektiv richtig angeglichen, aber nicht in *ein kleiner Mädchen*). Die IDZ haben im Deutschen die Wahl des Artikels in 99 % aller Fälle korrekt beurteilt (Akzeptabilität) und in 97 % aller Fälle richtig produziert (Elizitation). Die Adjektivkongruenz war in beiden Experimenten zu 99 % zielsprachenkonform.

Alle Sprecher wurden zusätzlich im Hinblick auf die Artikelverwendung getestet.[12] Eine besondere Eigenschaft des Italienischen ist die Verwendung definiter Artikel in der sogenannten generischen Lesart: Wird eine allgemeine Aussage über Klassen von Objekten getroffen, erscheint hier obligatorisch der bestimmte Artikel (2.a), während im deutschen Äquivalent die NP keinen Determinanten aufweist (2.b).

(2) a. I   gatti   sono   intelligenti.   vs. *Gatti sono intelligenti.
        D   Katzen   sind   intelligent.
    b.   Katzen sind intelligent.

Wenn man deutsche Sätze wie (2.b) mit dem bestimmten Artikel verwendet, werden sie nicht ungrammatisch, sondern haben für die meisten Sprecher nur eine andere Lesart, nämlich eine spezifische (im Sinne von ›bestimmte Katzen‹). Deshalb sind Pluralnomina mit Artikeln lediglich in bestimmten Kontexten unpassend, wie im ersten des folgenden Satzpaares: ?*Jeder weiß, dass die Katzen Fleischfresser sind* vs. *Jeder weiß, dass Katzen Fleischfresser sind.*[13] Das Fragezeichen (?) zeigt an, dass der so markierte Satz zwar prinzipiell grammatisch korrekt ist, jedoch in generischer Lesart meist als unpassend empfunden wird. Da es für das Experiment wichtig war, dass die Testteilnehmer die Sätze vor dem Hintergrund einer bestimmten Lesart beurteilten, waren die Sätze immer in einen Kontext eingebettet (z. B. *In der Schule lernt man ...*), der den Satz eindeutig als generische Aussage auswies. Mit einem Ak-

---

12 S. Tanja Kupisch: Generic subjects in the Italian of early German-Italian bilinguals and German learners of Italian as a second language. In: Bilingualism. Language and Cognition 15/4 (2012), S. 736–756.
13 Allerdings variieren die Urteile deutscher Muttersprachler gerade bei dieser Eigenschaft. Für einige (monolinguale) Sprecher des Deutschen (zumeist aus dem süddeutschen Raum) ist der definite Artikel in diesen Kontexten akzeptabel, genau wie im Italienischen.

zeptabilitätstest wurde untersucht, ob die Herkunftssprecher im Italienischen auch Nomina ohne Artikel akzeptieren, also ungrammatische Sätze wie *Gatti sono intelligenti. Im Deutschen war hingegen die entscheidende Frage, ob sie auch Nomen mit Artikeln akzeptieren, wie z. B. *Die Katzen sind intelligent*.

Die Tests zeigten, dass die Herkunftssprecher im Italienischen Nomina mit Artikeln korrekterweise akzeptierten (99 % aller Fälle), aber auch artikellose Nominalgruppen übermäßig häufig akzeptieren (67 % aller Fälle). Letztere werden hingegen von monolingual italienischsprachigen Sprechern in Italien konsequent abgelehnt (97 % der Fälle). Die Ergebnisse zeigen also, dass die generische Lesart definiter italienischer Artikel von den Herkunftssprechern erworben wurde, obwohl diese Lesart im Deutschen anders kodiert wird. Trotzdem akzeptieren sie viele Nomen ohne Artikel, obwohl diese im Italienischen schlichtweg ungrammatisch sind. Im Deutschen wurden in generischen Kontexten Nomen ohne Artikel in 100 % aller Fälle korrekterweise akzeptiert. Abfolgen des Typs ›Artikel+Nomen‹ wurden auch als richtig beurteilt, aber nur in 34 % aller Fälle.[14] Insgesamt zeigte sich, dass sich die IDZ in ihren beiden Sprachen unterschiedlich verhalten, aber dass die Sprachen sich gegenseitig beeinflussen, wobei die beeinflusste Sprache das Italienische ist.

Ein weiteres Untersuchungsphänomen war die Adjektivstellung. Adjektive stehen im Deutschen vor dem Nomen (*rotes Haus*), aber im Italienischen meistens nach dem Nomen (*casa rossa*). Eine Schwierigkeit im Italienischen ist, dass, anders als im Deutschen, die attributiven Adjektive je nach Bedeutung und Kontext vor oder nach dem Nomen stehen können (z. B. *un grande artista* ›ein berühmter Künstler‹ vs. *un artista grande* ›ein hochgewachsener Künstler‹). Auch hier wurde mit einem Akzeptabilitätstest überprüft, ob die Sprecher die Adjektivstellung korrekt beurteilen.[15] Die IDZ entschieden sich in 83 % der Fälle für die korrekte Adjektivstellung. In einem vergleichbaren Experiment im Deutschen beurteilten die IDZ die Sätze stets korrekt. Die Stellung der italienischen Adjektive wurde auch in spontansprachlichen Daten untersucht (Interviews von 20–30 Minuten Dauer), und es zeigte sich, dass die IDZ so gut wie nie Stellungsfehler machen. Von insgesamt 691 produzierten Sequenzen mit einem Adjektiv und einem Nomen wur-

---

14 Wie zuvor erwähnt, ist die Variante mit realisierten Artikeln in einigen, insbesondere süddeutschen Varietäten erlaubt. Die Sprecher in dieser Studie kamen allerdings aus Norddeutschland.
15 Tanja Kupisch: Adjective placement in simultaneous bilinguals (German-Italian) and the concept of cross-linguistic overcorrection. In: Bilingualism. Language and Cognition 17/1 (2013), S. 222–233.

den weniger als 1,5 % von monolingualen Italienern als unangemessen empfunden.

Zusammenfassend verhalten sich die IDZ in ihrer Umgebungssprache, dem Deutschen, genau so, wie man es von einsprachigen Sprechern erwartet. Im Italienischen, ihrer Herkunftssprache, haben einige Sprecher mit bestimmten Phänomenen Probleme, die sich auf den Kontakt mit dem Deutschen zurückführen lassen. Der Sprachfluss und die Verständigung werden davon keinesfalls beeinträchtigt.

III.2 Französisch-deutsche Herkunftssprecher in Deutschland
Bei der zweiten Gruppe von Herkunftssprechern handelt es sich um französisch-deutsch zweisprachige Erwachsene (FDZ). Auch diese Sprecher entstammen binationalen Familien, in denen sie von Geburt an beide Sprachen gehört haben, wobei in der Hälfte der Fälle der Vater das Französische repräsentiert und in der anderen Hälfte die Mutter. Die meisten Sprecher wurden in eine französische Schule in Deutschland eingeschult. Im Gegensatz zu den IDZ nahm mit der Einschulung der Gebrauch des Französischen zu Hause nicht ab, und im Unterschied zu den IDZ (s. o.) und den türkisch-deutsch Zweisprachigen (TDZ) (s. u.) war der Grund für die Auswanderung in der Elterngeneration häufig kein ökonomisch dringlicher, sondern vielmehr die Möglichkeit, die berufliche Position zu verbessern.

Die FDZ waren zum Zeitpunkt der Datenerhebung zwischen 20 und 42 Jahre alt. Sie haben an ähnlichen Tests wie die IDZ teilgenommen, d. h. Test zur allgemeinen Sprachfertigkeit, spontansprachliche Interviews sowie Experimente zum grammatischen Genus[16], zur Verwendung von Artikelwörtern und zur Adjektivstellung[17].

Der deutsche C-Test war derselbe wie bei den IDZ; der französische Test war mit dem italienischen und dem deutschen thematisch und mit Hinblick auf den Schwierigkeitsgrad vergleichbar. In der Regel erzielten die FDZ im Deutschen bessere Ergebnisse als im Französischen (89 % vs. 72 % der Lücken wurden angemessen gefüllt), wobei die Werte im Deutschen denen einsprachiger Sprecher ähnelten.

---

16 S. Tanja Kupisch, Deniz Akpınar und Antje Stöhr: Gender assignment and gender agreement in adult bilingual and second language speakers of French. In: Linguistic Approaches to Bilingualism 3/2 (2013), S. 150–179; Tanja Kupisch und Joost van de Weijer: The role of the childhood environment for language dominance. Adult simultaneous bilingual speakers of German and French. In: Operationalizing and measuring language dominance. Hg. v. Carmen Silva-Corvalán und Jeanine Treffers. Cambridge (erscheint).

17 S. Ilse Stangen: Interfaces in French adjective placement. Masterarbeit (unveröffentlicht). Universität Hamburg 2010.

Zur Untersuchung von Genuszuweisung und Kongruenz wurden auch bei dieser Gruppe Produktions- und Akzeptabilitätstests durchgeführt. Im Produktionstest sollten die Sprecher Bilder beschreiben, auf denen Gegenstände (zur Elizitation von Nomina) mit bestimmten Eigenschaften (zur Elizitation von Adjektiven) abgebildet waren. Anschließend wurde überprüft, ob die Sprecher den Artikel (*le, la*) in Übereinstimmung mit dem grammatischen Geschlecht des Nomens verwenden. Ferner wurde die Kongruenz der Artikel mit den Adjektiven untersucht. Anschließend sollten die Sprecher in einem Akzeptabilitätstest die Grammatikalität vorgegebener Sätze mit Artikeln, Adjektiven und Nomen beurteilen und gegebenenfalls korrigieren. Diese Testkomponente wurde nur auf Französisch durchgeführt (s. Beispiel 3).

(3) a. vorgelegter Satz: Le$_M$ poule$_F$ astucieux$_M$ sait   voler.
                           D   Huhn   schlau   weiß   fliegen
                           ›Das schlaue Huhn kann fliegen.‹
    b. erwartete Korrektur: La$_F$ poule$_F$ astucieuse$_F$ sait voler.

Die FDZ produzierten im Deutschen in 98 % aller Fälle den richtigen Artikel (Zuweisung), und Adjektive waren in 100 % aller Fälle korrekt angeglichen (Kongruenz). Im französischen Produktionstest wurden identische Ergebnisse für Zuweisung und Kongruenz erzielt (98 % bzw. 100 %). Im Akzeptabilitätstest haben die FDZ die Genuszuweisung in 93 % aller Fälle korrekt beurteilt und die Genuskongruenz in durchschnittlich 95 % aller Fälle.

Mit zwei weiteren Experimenten wurde untersucht, ob die Sprecher zwischen allgemeinen (generischen) und bestimmten (spezifischen) Aussagen unterscheiden und die Artikel entsprechend verwenden. Wie zuvor erwähnt, ist der Artikel im Deutschen in der Regel abwesend, wenn eine Aussage über Klassen von Objekten im Allgemeinen getroffen wird und das Nomen im Plural steht (4.a). Wie im Italienischen, ist die generische Lesart auch im Französischen eine Eigenschaft des definiten Artikels; seine Verwendung ist obligatorisch (4.b).

(4) a. Katzen sind intelligent. (= 2.b)
    b. Les   chats   sont   intelligents.
       D   Katzen   sind   intelligent

Im Französischen haben die Sprecher artikellose Nominalphrasen konsequent abgelehnt, Nomina mit Artikeln jedoch akzeptiert (mit einer Akkuratesse von über 95 %). Im Deutschen wurden Sequenzen des

Typs ›Artikel+Nomen‹ (z. B. *Die Katzen sind intelligent* als verallgemeinernde Aussage) in 90 % aller Fälle abgelehnt, obwohl dies der direkten Übersetzung aus dem Französischen entspräche und diese Option in einigen Varietäten des Deutschen erlaubt ist. Die FDZ verhielten sich somit extrem normativ und zeigen einen deutlichen Kontrast zwischen ihren beiden Sprachen.

Auch zur Stellung der Adjektive (vor oder nach dem Nomen) wurden wie bei den IDZ Akzeptabilitätsurteile in beiden Sprachen erhoben. Die Aufgabe der Sprecher bestand darin, vorgegebene Sätze zu beurteilen und gegebenenfalls zu korrigieren (siehe Beispiel 5).

(5) a. vorgelegter Satz:
     *Sie trägt ein Kleid rot.   *Elle porte une rouge robe.
    b. erwartete Korrektur:
     Sie trägt ein rotes Kleid.   Elle porte une robe rouge.

Hier verhielten sich die Sprecher im Deutschen in 99 % aller Fälle zielsprachlich, im Französischen in etwas geringerem Maße (90 %). Auch für die Herkunftssprache wird also ein Ergebnis erzielt, das sich von dem erwarteten Ergebnis monolingualer Sprecher nur geringfügig unterscheidet.

Insgesamt zeigen die Ergebnisse, dass sich die FDZ in ihrer Umgebungssprache Deutsch wie monolinguale Sprecher verhalten. Die Verständigung in der Herkunftssprache Französisch wird in keiner Weise beeinträchtigt, und sogar in der Sprachproduktion weichen die FDZ nur marginal von der zielsprachlichen Norm ab. Diese Abweichungen sind deutlich weniger ausgeprägt als bei den IDZ, was mit dem Besuch französischer Schulen während der Kindheit im Zusammenhang stehen könnte.

III.3 Türkische-deutsche Herkunftssprecher in Deutschland
Bei der dritten Gruppe von Sprechern handelt es sich um türkisch-deutsche zweisprachige Erwachsene (TDZ) in Hamburg (Alter: 20–42 Jahre). Anders als die IDZ und die FDZ sind sie in einsprachig türkischen Familien aufgewachsen; ihr erster intensiver Kontakt mit dem Deutschen fand im Alter zwischen 0 und 9 Jahren statt, meistens im Kindergarten oder in der Grundschule. Die Einschulung in eine einsprachig deutsche Schule führte häufig dazu, dass sich der Anteil des Deutschen zu Hause im täglichen Sprachgebrauch mit den Eltern und den Geschwistern erhöhte. Die Eltern der TDZ sind aus ähnlichen Gründen ausgewandert wie die der IDZ: Die meisten türkischstämmigen Personen sind auf der Suche nach Arbeit nach Deutschland gekom-

men (Anwerbeabkommen Deutschland-Türkei 1961). Bei den TDZ kam oft zuerst der Vater zum Arbeiten nach Deutschland; später wurde die Familie nachgeholt.

Auch mit dieser Sprechergruppe wurde in beiden Sprachen ein C-Test zur Bestimmung der allgemeinen Sprachfertigkeit durchgeführt, wobei sich dieser Text von denen in den anderen Sprachen im Hinblick auf den Schwierigkeitsgrad unterschied. Die Auswertung ergab, dass Deutsch und Türkisch in einem relativ ausgeglichenen Verhältnis zueinander standen (87 % im Deutschen, 82 % korrekt ausgefüllte Lücken im Türkischen). Anschließend haben alle TDZ an einem Akzeptabilitätstest in beiden Sprachen teilgenommen.[18] Mit allen Teilnehmern wurden Interviews auf Türkisch und Deutsch geführt, die unter anderem die Grundlage einer Akzentbeurteilungsstudie bildeten (s. IV).[19]

Im Akzeptabilitätsurteilstest wurden Definitheitseffekte (DE) in sogenannten Existenzialsätzen untersucht, also in Konstruktionen, in denen – oft bezogen auf einen bestimmten Ort – eine Aussage über das Vorhandensein von Personen oder Gegenständen getroffen wird. In deutschen Existenzialsätzen wie (6.a) können nur indefinite (also unbestimmte) NPn vorkommen; definite (bestimmte) NPn lösen hingegen den DE aus, d. h. sie resultieren in ungrammatischen Strukturen (6.b).

(6) a. Es ist ein Mann im Garten.
    b. *Es ist der Mann im Garten.

In verneinten Sätzen gilt die gleiche Regel:

(7) a. Es ist kein Mann im Garten.
    b. *Es ist nicht der Mann im Garten.

Im Türkischen gelten in positiven Existenzialsätzen die gleichen Regeln wie im Deutschen; da das Türkische keine definiten Artikel aufweist, wurde anstelle der Abfolge ›definiter Artikel + Nomen‹ ein Eigenname

---

18 S. Tanja Kupisch, Alonya Belikova, Öner Özçelik, Ilse Stangen und Lydia White: On complete acquisition in heritage speakers. The definiteness effect in German-Turkish bilinguals. Manuskript (unveröffentlicht). Lund, McGill, Indiana, Hamburg 2013.
19 S. Ilse Stangen, Tanja Kupisch, Ana Lia Proietti und Marina Zielke: Foreign accent in heritage speakers of Turkish in Germany. In: Transfer effect in multilingual language development. Hg. v. Hagen Peukert. Amsterdam (erscheint) 2015; Kupisch, Snape und Stangen: Foreign language acquisition in heritage speakers (s. Anm. 9). Zusätzlich wurden von den TDZ englische Daten (Interviewdaten, C-Test Daten, Akzeptabilitätsurteile) zur Untersuchung der chronologisch dritten Sprache erhoben. So wurde auf der Basis der englischsprachigen Interviews eine Studie zur Artikelverwendung im Englischen durchgeführt, s. hierzu die in Anm. 9 zitierte Literatur.

gewählt (8.a).[20] In negativen Existenzialkonstruktionen treten im Gegensatz zum Deutschen keine DE auf (8.b), weshalb hier negativer Transfer aus dem Deutschen auftreten könnte. Zudem verfügt das Türkische über die existenziellen Verbformen *var* ›ist vorhanden/es gibt‹ bzw. *yok* ›ist nicht vorhanden/es gibt nicht‹, die keine direkte Entsprechung im Deutschen haben.

(8) a. *Bahçe-de   Ali   var.[21]
       Garten.LOK   Ali   ist vorhanden
       ›Es ist Ali im Garten.‹
   b. Bahçe-de   Ali   yok.
       Garten.LOK   Ali   nicht vorhanden
       ›Es ist Ali nicht im Garten.‹

In den Ergebnisse des Akzeptabilitätstest verhielten sich die TDZ im Deutschen wie einsprachige Sprecher, indem sie definite NPn in Existenzialsätzen ablehnten und diese entsprechend korrigierten, während indefinite NPn grundsätzlich akzeptiert wurden. Auch im Türkischen verhielten sich die TDZ in den meisten Fällen wie monolingual türkische Sprecher. Sie lehnten definite NPn in positiven Existenzialsätzen zu 95 % ab, akzeptierten diese aber in negierten Existenzialsätzen in 85 % der Fälle. Insgesamt zeigen die Ergebnisse dennoch die Beherrschung der relevanten Eigenschaften in beiden Sprachen.

Zusammenfassend verhalten sich die TDZ im Deutschen wie monolingual deutsche Sprecher, während sie in ihrer Herkunftssprache geringfügig von monolingual türkischen Sprechern abweichen. Wie bei beiden anderen Gruppen sind Sprachfluss und Verständigungsvermögen auch bei diesen Herkunftssprechern nicht beeinträchtigt.

IV. Die Akzentbewertungsstudien

Dieser Abschnitt erfasst die Experimente zur Akzentbewertung bei den Herkunftssprechern. In diesem Fall basieren die Akzentbewertungen auf subjektiven Beurteilungen von Muttersprachlern, die Ausschnitte aus natürlichsprachlichen Interviews hören. Dieser Datentyp ist deshalb relevant, weil auf dieser Basis gut demonstriert werden kann, wie Herkunftssprecher in natürlichen Gesprächskontexten insge-

---

20 Eigennamen zählen ebenfalls zu den definiten NPn, da sie in der Regel auf spezifische, als bekannt vorausgesetzte Entitäten referieren.
21 Die hier verwendete Schreibung mit Bindestrich zeigt die Grenze zwischen Wort und Kasusmarkierung an, ist aber nicht Bestandteil der türkischen Orthografie.

samt wahrgenommen werden, anders als in Fallstudien zu individuellen Phänomenen. Aus theoretischer Sicht ist der Vergleich von Lautung und Grammatik von Interesse.[22]

Die zu beurteilenden Sprecher wurden bereits in Abschnitt III vorgestellt (siehe Tab. 1 für eine Übersicht). Jeder Sprecher wurde in seinen beiden Sprachen (Türkisch und Deutsch, Italienisch und Deutsch, Französisch und Deutsch[23]) von monolingualen Sprechern der jeweiligen Sprache bewertet (insgesamt 6 Akzentbewertungsexperimente).

Jedes der Experimente enthielt zusätzlich Interviewausschnitte von Personen, die die jeweilige Sprache als einzige Sprache in der Kindheit (n=5) bzw. als Fremdsprache im Erwachsenenalter (n=5) erworben haben. Diese Sprechproben hatten eine kontrollierende Funktion. Erwartungsgemäß sollten monolinguale Sprecher eindeutig als muttersprachlich beurteilt werden und Fremdsprachenlerner eindeutig als fremdsprachlich. Da dies der Fall war und es sich lediglich um Kontrolldaten handelte, werden diese Sprecher im Folgenden nicht weiter erwähnt.

	TDZ	IDZ	FDZ
Anzahl der Sprecher	21	10	10
Alter bei Erwerbsbeginn Deutsch/ Durchschnitt	0–9/3,7	0 Jahre	0 Jahre
Alter bei Studienteilnahme/Durchschnittsalter	20–42/28	18–39/28	20–42/27
Sprache der Eltern	TÜ/TÜ	IT/DE	FRZ/DE
Sprache zu Hause vor Einschulung	TÜ	IT/DE	FRZ/DE
Sprache zu Hause nach Einschulung	mehr TÜ	mehr DE	FRZ/DE

Tab. 1: Sprechergruppen.

Die Hörer hatten die Aufgabe, den Akzent der bilingualen Sprecher zu beurteilen. In allen drei Studien handelte es sich um erwachsene Hörer, die einsprachig aufgewachsen sind (siehe Tab. 2).

---

22 S. hierzu auch Christoph Gabriel, Susann Fischer und Elena Kireva: Judenspanisch in Bulgarien. Eine Diasporasprache zwischen Archaismus und Innovation, in diesem Band.
23 Tanja Kupisch, Tatjana Lein, Dagmar Barton, Dawn Judith Schröder, Ilse Stangen und Antje Stoehr: Acquisition outcomes across domains in adult simultaneous bilinguals with French as weaker and stronger language. In: Journal of French Language Studies 24 (2014), S. 347–376.

	TDZ		IDZ		FDZ	
Getestete Sprache	TÜ	DE	IT	DE	FRZ	DE
(einzige) Muttersprache der Hörer	TÜ	DE	IT	DE	FRZ	DE
Anzahl der Hörer	15	15	20	20	23	21

Tab. 2: Hörergruppen.

Fig. 1 zeigt, dass alle drei Gruppen häufiger im Deutschen als muttersprachlich wahrgenommen wurden als in ihrer Herkunftssprache.

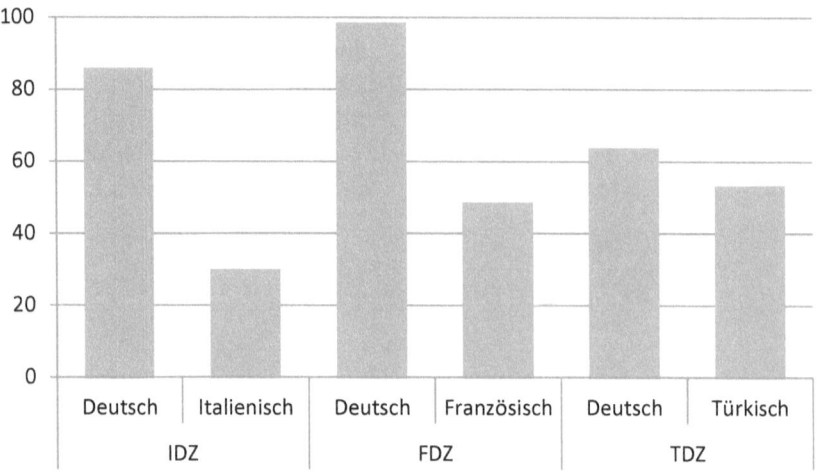

Fig. 1: Häufigkeit (%), mit der die bilingualen Sprecher in ihren jeweiligen Sprachen als muttersprachlich eingestuft wurden

Ferner zeigen sich Unterschiede zwischen den drei Gruppen: Die FDZ werden am häufigsten im Deutschen als muttersprachlich bewertet (99 %), gefolgt von den IDZ (86 %), während die TDZ nur zu ca. einem Drittel als muttersprachlich bewertet werden (64 %). In der Herkunftssprache ergibt sich ein anderes Bild: Hier werden die TDZ am häufigsten als muttersprachlich eingestuft (53 %), gefolgt von den FDZ (49 %), wohingegen nur knapp ein Drittel der IDZ als L1-Sprecher wahrgenommen wird (30 %). Die Unterschiede zwischen den beiden Sprachen sind bei den IDZ und FDZ deutlich größer als bei den TDZ.

Insgesamt weichen die lautsprachlichen Daten also stärker von monolingualen Normen ab als die grammatischen Daten, und bei den TDZ gilt dies sogar in der dominanten Umgebungssprache.

V. Zusammenfassung und Diskussion

Generell zeigten die Einzelstudien, dass grammatische und satzsemantische Faktoren bei den Herkunftssprechern im Vergleich zur lautlichen Oberfläche relativ resistent gegen Sprachverlust oder unvollständigen Erwerb sind. Diese Ergebnisse decken sich mit denen von Monika S. Schmid und Kollegen[24], die für deutsche Exilanten gezeigt haben, dass die meisten grammatischen Phänomene (z. B. Wortstellung) nicht angegriffen werden, wohingegen viele Sprecher als nicht-muttersprachlich bewertet werden. Mit anderen Worten zeigten diese Sprecher grammatische Stabilität, aber phonische Erosion.

Ferner zeigen alle drei Gruppen von Herkunftssprechern bei allen Phänomenen eine Dominanz, d.h. einen höheren Beherrschungsgrad des Deutschen gegenüber der Herkunftssprache. Dieses Dominanzverhältnis ist in den verschiedenen Gruppen unterschiedlich stark ausgeprägt und hängt von mehreren Faktoren ab, die durch den Vergleich der Gruppen präzisiert werden können. Die TDZ zeigen, dass die Herkunftssprache durch vermehrten Gebrauch im familiären Kontext gestärkt wird. Der Vergleich dieser Gruppe zu den anderen Gruppen deutet allerdings auch darauf hin, dass der vermehrte Gebrauch der Herkunftssprache das Deutsche beeinflussen kann, denn im Gegensatz zu den IDZ und FDZ, die zu Hause auch Deutsch gesprochen haben, werden die TDZ im Deutschen seltener für Muttersprachler gehalten. Die Vermutung, dass unter bestimmten Bedingungen auch die dominante Sprache, zumindest in der Aussprache, beeinflusst werden kann, wird durch die Erkenntnisse zu bulgarisch-judenspanischen Sprechern bekräftigt, denn diese zeigen im Sprachrhythmus einen Einfluss des Spanischen auf die dominante Sprache Bulgarisch.[25]

Die IDZ zeigten in der Herkunftssprache die größten Abweichungen von der Zielgrammatik der Herkunftssprache, während sie sich im Deutschen ausnahmslos wie monolinguale Sprecher verhalten. Alle IDZ besuchten monolingual deutsche Schulen und berichteten teilweise von einem Rückgang in der Verwendung des Italienischen zu Hause. Unter den FDZ hingegen besuchten viele eine französische Schule und berichteten seltener von einem Rückgang in der Verwendung des Französischen zu Hause. Das Französische lag unter den von uns untersuchten Herkunftssprachen in allen untersuchten Bereichen mit Ausnahme des Akzents am dichtesten an den zu erwartenden

---

24 S. Schmid, Lahmann und Steinkrauss: Sprachverlust im Kontext von Migration und Asyl (s. Anm. 9).
25 S. Gabriel, Fischer und Kireva: Judenspanisch in Bulgarien (s. Anm. 22).

Ergebnissen einsprachiger Muttersprachler, was darauf hindeutet, dass die Entwicklung einer Herkunftssprache, zumindest im grammatischen Bereich, gestärkt werden kann, wenn die Herkunftssprache die Schulsprache ist. Ferner zeigt der Fall der FDZ, dass die Stärkung der Herkunftssprache keine Schwächung der dominanten Umgebungssprache zur Folge habe *muss*.

Zusammenfassend ist als erstes wichtigstes Ergebnis festzuhalten, dass sich alle Sprecher in der dominanten Umgebungssprache in allen Tests zur Morphosyntax und Semantik wie monolinguale Sprecher verhielten. Hinsichtlich des Akzents zeigten nur die TDZ Abweichungen, und diese können unserer Vermutung nach mit einem wahrgenommenen Soziolekt in Verbindung stehen, der typischerweise innerhalb dieser Kommunen gesprochen wird und der von einigen monolingualen Hörern als ›fremd‹ klingend perzipiert wird.[26] Das zweite wichtige Ergebnis ist, dass die Kompetenz in der Herkunftssprache variiert, aber dass die Sprecher aller Gruppen in der Lage waren, sich in ihrer Herkunftssprache fließend und verständlich auszudrücken.

Da das Deutsche bei allen hier untersuchten Herkunftssprechern zur dominanten Sprache wurde, stellt sich die Frage, ob bei einer Stärkung der Umgebungssprache eine Schwächung der Herkunftssprache in Kauf genommen werden muss. Übertragen auf den Fall der Exilanten könnte dies bedeuten, ihre Muttersprache sei bedroht. Allerdings repräsentiert das Deutsche der Herkunftssprecher die Umgebungssprache während der Kindheit, und sie wurde durch den Schulbesuch und die damit einhergehende Literalität (engl. *literacy*) wesentlich gestützt. Bei Exilanten hingegen repräsentieren die Umgebungssprache während der Kindheit und die Sprache der Literalität zusammen in der Regel die Muttersprache. Da die Umgebungs- und Schulsprache bei den Herkunftssprechern auch in einer Situation des Sprachkontakts stabil bleibt und sogar zur dominanten Sprache wird, könnte man folgern, dass sich Exilanten – sofern sie erst im Jugend- oder Erwachsenenalter ausgewandert sind – nicht um den Erhalt ihrer Muttersprache sorgen müssen. Auch wenn man die Sprachfähigkeiten in der Herkunftssprache betrachtet, wird deutlich, dass sich bilinguale Sprecher, ohne bewusstes Bemühen um Spracherhalt, in ihrer Herkunftssprache fließend verständigen können. Die aktive Bemühung um den Spracherhalt, wie sie bei

---

26 Für eine präzise Beschreibung dieses Soziolekts müssten Fallstudien zu spezifischen Phänomenen, z. B. zur Vokalqualität, durchgeführt werden. Wir können allerdings ausschließen, dass es sich um Hybridformen zwischen Herkunfts- und Umgebungssprache oder um sogenanntes Kiezdeutsch handelt, das teilweise anderen grammatischen Regeln unterliegt als das Standarddeutsche.

zahlreichen Exilanten sowie bei den FDZ zu verzeichnen ist, könnte einem Sprachverlust zusätzlich vorbeugen.

Bei einem Vergleich von Spracherhalt und Sprachverlust bei Exilanten und Herkunftssprechern ist weiterhin zu beachten, dass es sich in unseren Studien um eine Untersuchung der gesprochenen Sprache handelt. Angaben zur Sprache von Exilanten beziehen sich jedoch häufig auf die Schriftsprache und dabei insbesondere die Literatursprache. Da Schriftsprache ohne gesprochene Sprache nicht möglich ist, könnten Erkenntnisse zu Spracherhalt und zur Koexistenz zweier Sprachen bei Herkunftssprechern auch für die Situation von Exilanten relevant sein.

Ein letzter wichtiger Punkt zum Spracherhalt bei Exilanten ist die Weitergabe der Muttersprache an die im Exil geborenen Kinder. Zwar planen die meisten Exilanten eine Rückkehr in ihr Heimatland, jedoch kann sich diese hinauszögern und in einigen Fällen wird aus dem Exil schlussendlich ein permanenter Aufenthalt. Die Kinder von Exilanten sind diesbezüglich mit unseren Herkunftssprechern vergleichbar. Von daher halten wir einen vollständigen Verlust der Muttersprache für äußerst unwahrscheinlich. Die Weitergabe der Muttersprache an die dritte Generation (also an die Kinder der Kinder von Exilanten bzw. an die Kinder von Herkunftssprechern) wurde in Deutschland bislang nur wenig untersucht, ist aber ein Bereich dem in Zukunft vermehrte Aufmerksamkeit geschenkt werden sollte.

Christoph Gabriel, Susann Fischer und Elena Kireva

Judenspanisch in Bulgarien
Eine Diasporasprache zwischen Archaismus und Innovation

I. Spanien auf dem Balkan: Das Judenspanische in Bulgarien als Diasporavarietät

Elias Canetti, als Sohn einer wohlhabenden jüdischen Familie 1911 im bulgarischen Rustschuk, dem heutigen Ruse (Pyce), geboren, über Manchester, Zürich und Frankfurt 1924 nach Wien gelangt, von dort aus nach dem »Anschluss« Österreichs an das Deutsche Reich nach London emigriert und schließlich 1994 in Zürich verstorben, beschreibt in seiner 1977 unter dem Titel *Die gerettete Zunge* erschienenen Autobiografie den Sprachgebrauch in seinem Elternhaus wie folgt:

> Meine Eltern sprachen untereinander deutsch, wovon ich nichts verstehen durfte. Zu uns Kindern und zu allen Verwandten und Freunden sprachen sie spanisch. Das war die eigentliche Umgangssprache, allerdings ein altertümliches Spanisch, ich hörte es auch später oft und habe es nie verlernt. Die Bauernmädchen im Hause konnten nur Bulgarisch, und hauptsächlich mit ihnen wohl habe ich es auch gelernt. Aber da ich nie in eine bulgarische Schule ging und Rustschuk mit sechs Jahren verließ, habe ich es sehr bald vollkommen vergessen.[1]

In einem dezidiert mehrsprachigen Kontext aufgewachsen und somit früh an das Miteinander unterschiedlichster Sprachen gewöhnt, war seine Erstsprache das »altertümliche Spanisch« der aus ihrer Heimat vertriebenen sephardischen Juden. Dieses auch als *(d)judezmo, djudyo, sefardí, laž-az, spanyolit* oder *ladino*[2] bezeichnete Judenspanisch erscheint ihm vor allem archaisch: »Im Lauf der Jahrhunderte seit ihrer Vertreibung hatte sich das Spanisch, das sie untereinander sprachen, sehr wenig verändert.«[3] Wie im Folgenden zu zeigen sein wird, bestätigt sich Canettis Eindruck einer vor langer Zeit von den Sepharden in

---
1 Elias Canetti: Die gerettete Zunge. Geschichte einer Jugend. München 1977, S. 15.
2 Zu den unterschiedlichen Bezeichnungen vgl. Yvette Bürki, Beatrice Schmid und Armin Schwegler: Introducción a la Sección temática »Una lengua en la diáspora. El judeoespañol de oriente«. In: Revista internacional de lingüística iberoamericana IV/2 (2006), S. 7–11.
3 Canetti: Die gerettete Zunge (s. Anm. 1), S. 15.

ihre neuen Siedlungsgebiete ›mitgebrachten‹ und seither kaum veränderten Exil- oder besser: *Diaspora*sprache[4] durchaus in Bezug auf bestimmte sprachliche Merkmale, doch blendet eine solche Sichtweise aus, dass sich das sephardische Spanisch in der neuen Umgebung – hier im Kontakt mit dem Bulgarischen – auch nachhaltig verändert hat, dass es also verglichen mit den heutigen Varietäten der iberischen Halbinsel[5] durch zugleich archaische und innovative Züge gekennzeichnet ist. Es drängt sich also die Frage auf, weshalb Canetti – und mit ihm zahlreiche andere[6] – nur die eher konservativen Merkmale des Judenspanischen wahrnimmt, sprachliche Erneuerung hingegen außer Acht lässt. Hierin jedoch ausschließlich einen verengten, nostalgisch verklärten Blick auf die im Exil ›konservierte‹ Sprache der Vorfahren zu vermuten, griffe zu kurz. Zwar spielt die Zuschreibung altertümlicher Charakteristika bei der Konstruktion eines in der Diaspora konservierten Spanisch auf dem Balkan keine unerhebliche Rolle, doch zeigt ein genauerer Blick auf die sprachlichen Strukturen des in Bulgarien gesprochenen Judenspanisch, dass als archaisch wahrgenommene Merkmale wie z.B. im modernen Spanisch nicht mehr gebräuchliche Wortstellungsvarianten (s. II.1 und III.1) oder die Artikulation einzelner Lautsegmente (s. II.2) in der Tat ›salienter‹, also für die Wahrnehmung durch die Sprecher ›auffälliger‹ sind als der durch den Kontakt mit dem Bulgarischen nachhaltigem Wandel unterworfene Bereich der Prosodie[7]. Hier hat der Jahrhunderte währende Sprachkontakt, wie er sich vor allem in der konstant parallelen Verwendung des Judenspanischen (als Sprache der Nähe) und des Bulgarischen (als Sprache der Distanz)[8] durch die – allesamt bilingualen und bulgarisch dominanten – *judezmo*-Sprecher niederschlägt, deutliche Spuren hinterlassen: So ha-

---

4 S. Elisabeth Güde: Linguas i ezgilos, diller ve sürgünler. Sephardische Mehrsprachigkeiten in der zeitgenössischen Literatur, in diesem Band.
5 Lateinamerikanische Varietäten können hier außer Acht gelassen werden, da das iberische Spanisch die Ausgangsbasis für das Judenspanische ist.
6 Zur Konstruktion des Judenspanischen als archaische Varietät in literarischen Texten und in den Sprechergemeinschaften selbst s. Güde: Linguas i ezgilos, diller ve sürgünler (s. Anm. 4).
7 Unter Prosodie (oder: suprasegmentaler Phonologie) werden alle systematischen lautsprachlichen Merkmale zusammengefasst, die über die Artikulation einzelner Segmente hinausgehen, d.h. im Wesentlichen tonhöhen- und dauerbasierte Merkmale (Intonation und Sprachrhythmus) sowie Lautstärke. Für eine zusammenfassende, auf das Spanische bezogene Darstellung s. Christoph Gabriel, Trudel Meisenburg und Maria Selig: Spanisch. Phonetik und Phonologie. Eine Einführung. Tübingen 2013, S. 123–216.
8 Das Nähe-Distanz-Modell erfasst sprachliche Variation im Spannungsfeld zwischen Mündlich- und Schriftlichkeit und geht von einem Kontinuum zwischen konzeptioneller Nähesprachlichkeit (meist mündlich) und konzeptioneller Distanzkommunikation aus (vorzugsweise schriftlich); s. Peter Koch und Wulf Oesterreicher: Gesprochene Sprache in der Romania [1990]. Berlin 2011 (2. Aufl.).

ben neuere Untersuchungen zum Sprachrhythmus, d. h. zur systematischen Verwendung dauerbasierter Merkmale,[9] gezeigt, dass das heute in Bulgarien gesprochene Judenspanisch diesbezüglich der Kontaktsprache gleicht und sich zugleich deutlich von anderen Varietäten des gegenwärtigen iberischen Spanisch unterscheidet (s. III.2). Merkmale wie der Sprachrhythmus, die die lautliche Oberfläche einer Äußerung als Ganzes betreffen, sind den Sprechern jedoch in der Regel deutlich weniger bewusst als etwa die varietätenbedingt unterschiedliche Aussprache einzelner Lautsegmente,[10] grammatische Besonderheiten oder gar der Wortschatz.

Wie kaum eine andere Sprache reflektiert das Judenspanische die Geschichte seiner Sprecher, die seit der Vertreibung durch die *Reyes Católicos* Isabella I. von Kastilien und Ferdinand II. von Aragón im Zuge der *Reconquista* (1492) und der hierauf folgenden, gewaltsamen flächendeckenden Christianisierung Spaniens in ihren Zielgebieten mit zahlreichen typologisch unterschiedlichen Sprachen in Kontakt kamen.[11] Neben Nordafrika, Griechenland und Flandern (wo der Kontakt zur hispanischen Welt bis zur Loslösung von Spanien 1789 fortdauerte) war v. a. das Osmanische Reich Hauptsiedlungsgebiet der Vertriebenen. In dessen Nachfolgestaaten (u. a. Türkei, Bulgarien, Serbien) bestanden bis ins 20. Jahrhundert große sephardische Gemeinschaften, die das Judenspanische als Muttersprache an die Folgegenerationen weitergaben und es innerhalb der jüdischen Gemeinschaften parallel zu den jeweiligen Umgebungssprachen als Mittel der nähesprachlichen Kommunikation nutzten. Die Herauslösung Bulgariens aus dem Osmanischen Reich und die Gründung eines autonomen Staates (1879) brachte einen Aufschwung jüdischen Lebens mit sich, was sich u. a. in der Einweihung der Sofioter Synagoge (1909) und in einer Blüte des judenspanischen Pressewesens widerspiegelte.[12] 1934 lebten

---

9 Empirische Studien zur Intonation (Sprachmelodie) des bulgarischen Judenspanisch und zur möglichen Beeinflussung durch die Kontaktsprache liegen noch nicht vor.
10 S. John Clark und Colin Yallop: An introduction to phonetics and phonology [1990]. Oxford 1995 (2. Aufl.), S. 329.
11 Außer germanischen, slawischen und anderen romanischen Sprachen (z. B. Flämisch, Bulgarisch, Italienisch) sind dies v. a. Türkisch, Griechisch, Arabisch und Neuhebräisch. Für einen historischen Überblick s. u. a. David M. Bunis: El idioma de los sefardíes. Un panorama histórico. In: Moréšet Sefarad. El legado de Sefarad. Hg. v. Haim Beinart. Jerusalem 1993, S. 414–437; Laura Minervini: El desarrollo histórico del judeoespañol. In: Revista internacional de lingüística iberoamericana IV/2 (2006), S. 13–34; Aldina Quintana Rodríguez: Geografía lingüística del judeoespañol. Estudio sincrónico y diacrónico. Bern 2006.
12 Von den zahlreichen Titeln seien hier nur das *Buletino de la comunidad djudia de Sofia* und *La tribuna* genannt; s. Marcel Israel: Community and social life of the Sephardic

in Bulgarien knapp 50.000 Juden (0,8 % der Gesamtbevölkerung), die nicht zuletzt aufgrund des Rückhalts in der nicht-jüdischen Bevölkerung trotz der politischen Allianz Bulgariens mit Deutschland während des Zweiten Weltkriegs von den Deportationen verschont blieben.[13] Durch die große Auswanderungswelle v. a. nach Israel, die nach der kommunistischen Machtergreifung und der Gründung der Volksrepublik Bulgarien (1946) einsetzte und ca. 90 % der jüdischen Bevölkerung umfasste, verringerte sich die Anzahl sephardischer Juden beträchtlich. Heute leben noch ca. 2500 Sepharden in Bulgarien, wovon 250–300 Personen als Sprecher des Judenspanischen gelten können. Es handelt sich damit um eine bedrohte Sprache, die über keine monolingualen L1-Sprecher verfügt. Alle noch lebenden Muttersprachler – die ältesten wurden in den 1920er, die jüngsten in den 1960er Jahren geboren – sind bilingual und bulgarisch dominant; der Gebrauch des Judenspanischen ist auf die entsprechenden Gemeinschaften begrenzt.[14] Nicht zuletzt durch die Aktivitäten des 1998 zur Pflege des Judenspanischen in Sofia ins Leben gerufenen *Club ladino* ist die Sprache jedoch wieder verstärkt in das öffentliche Bewusstsein gerückt.

Im Folgenden charakterisieren wir das (bulgarische) Judenspanisch in Bezug auf dessen sprachliche Merkmale (II), bevor wir eine empirische Studie zur Wortstellung und zum Sprachrhythmus vorstellen, die wir mit fünf Sprecherinnen des bulgarischen Judenspanisch durchgeführt haben (III), und den Beitrag mit einer Zusammenfassung abschließen (IV).

II. Sprachliche Merkmale des Judenspanischen

Zwar hat die linguistische Forschung zum Judenspanischen in jüngerer Zeit erheblich zugenommen,[15] doch bestehen nach wie vor große For-

---

Jews in Bulgaria during the 19th and 20th centuries, unter: http://esefarad.com/?p=33755 [abgerufen: 03.06.2014].
13 Jens Hoppe: Bulgarien. In: Handbuch des Antisemitismus. Judenfeindschaft in Geschichte und Gegenwart. Hg. v. Wolfgang Benz. Berlin 2009, S. 64–70.
14 S. Anna Schelling: Judenspanisch in Bulgarien. Eine bedrohte Minderheitensprache. Masterarbeit (unveröffentlicht). Köln 2005; Michael Studemund-Halévy und Susann Fischer: What happens when a language ceases to be used by its speakers? Documentation of Bulgarian Judezmo. In: Sefarad an der Donau. Lengua y literatura de los Sefardíes en tierras de los Habsburgos. Hg. v. Michael Studemund-Halévy, Christian Liebl und Ivana Vučina Simović. Barcelona 2013, S. 407–424.
15 S. neuere Monografien wie Quintana Rodríguez: Geografía lingüística del judeoespañol (s. Anm. 11); Marie-Christine Varol Bornes: Le judéo-espagnol vernaculaire d'Istanbul. Etude linguistique. Bern 2008; Alexandre Veiga und Manuel Mosteiro Louzao: El modo verbal en cláusulas condicionales, causales, consecutivas, concesivas, finales y

schungslücken. Während zu Beginn des 20. Jahrhunderts v. a. Fragen des Wortschatzes und der Morphologie im Mittelpunkt standen, konzentriert sich die neuere Forschung auf den kontaktbedingten Wandel des Judenspanischen. Der Einfluss der Balkansprachen auf die Morphosyntax wurde z. B. von Mark S. Gabinsky und Haralambos Symeonidis in den Blick genommen; überzeugende Arbeiten zum Kontakt mit dem Türkischen wurden u. a. von Marie-Christine Varol Bornes, Michael Studemund-Halévy und Peter Hill (v. a. zu Lexik und Formeninventar) sowie – mit phonologischem Fokus – von José Ignacio Hualde, Mahir Şaul und Rey Romero vorgelegt.[16] Hinsichtlich der Syntax wurden in der vorliegenden Literatur zwar vereinzelt auffällige, weil von anderen spanischen Varietäten abweichende Phänomene registriert, die jedoch kaum systematisch untersucht und analysiert wurden – ein selektiver Blick, der durchaus zu Fehleinschätzungen führte. So wurde etwa dem Judenspanischen aufgrund der hohen Verwendungsrate von Subjektpronomina die Nullsubjekteigenschaft abgesprochen.[17] Weitere Studien sind dem judenspanischen Tempus- und

---

adverbiales de lugar, tiempo y modo. Salamanca 2006. Vgl. auch den von Winfried Busse und Michael Studemund-Halévy edierten Band zur Lexikologie (Lexicología y lexicografía judeoespañolas. Frankfurt 2011) sowie die Sonderhefte der Zeitschriften *Revista internacional de lingüística iberoamericana* IV/2 (2006) und *Hispanorama* 122 (2008).

16 Mark S. Gabinsky: Die sephardische Sprache aus balkanologischer Sicht. In: Zeitschrift für Romanische Philologie 112 (1996), S. 438–457; Haralambos Symeonidis: Das Judenspanische von Thessaloniki. Beschreibung des Sephardischen im griechischen Umfeld. Bern 2002; Marie-Christine Varol Bornes: Calques morphosyntaxiques du turc en judéo-espagnol. Mécanismes et limites. In: Langues de diaspora. Langues en contact. Hg. v. Anaïd Donabédian. Paris 2001, S. 85–99 ; Marie-Christine Varol Bornes: Contact de langues et ordre des mots en judéo-espagnol (Turquie) et espagnol andin (Pérou). In: Comment les langues se mélangent. Codeswitching en francophonie. Hg. v. Cécile Canut und Dominique Caubet. Paris 2001, S. 33–47; Marie-Christine Varol Bornes: El judeoespañol en contacto. El ejemplo de Turquía. In: Revista internacional de lingüística iberoamericana IV/2 (2006), S. 99–114; Varol Bornes: Le judéo-espagnol vernaculaire d'Istanbul (s. Anm. 15); Marie-Christine Varol Bornes: Les verbes empruntés au turc en judéo-espagnol (Bulgarie). In: Busse und Studemund-Halévy (Hg.): Lexicología y lexicografía judeoespañolas (s. Anm. 15), S. 87–106; Michael Studemund-Halévy und Peter Hill: A dictionary of the Ottoman Turkish elements in the languages of South-Eastern Europe. Its significance for the study of Balkan Spanish. In: Estudios Sefardíes 1 (1978), S. 342–345; José Ignacio Hualde: Intervocalic lenition and word-boundary effects. Evidence from Judeo-Spanish. In: Diachronica 32 (2013), S. 232–266; José Ignacio Hualde und Mahir Şaul: Istanbul Judeo-Spanish. In: Journal of the International Phonetic Association 41 (2011), S. 89–110; Rey Romero: Palatal east meets velar west. Dialect contact and phonological accommodation in Judeo-Spanish. In: Studies in Hispanic and Lusophone Linguistics 6 (2013), S. 279–300.

17 Winfried Busse: Das Judenspanische. In: Hispanorama 122 (2008), S. 12–14; hier: S. 14. Mit dem Begriff der Nullsubjekteigenschaft erfasst man das strukturelle Merkmal einer Sprache, die Subjektposition kontextbedingt unbesetzt zu lassen. Dies gilt

Modusgebrauch gewidmet;[18] syntaktische Untersuchungen liegen unseres Wissens mit Ausnahme einer Einzelstudie von Varol Bornes zur Syntax des Judenspanischen im Kontakt mit dem Türkischen nicht vor.[19] Ebenfalls gering ist die Ausbeute an phonologischer Literatur, die sich – abgesehen von den bereits erwähnten Studien von Hualde, Şaul und Romero[20] – auf allgemeine Darstellungen der Aussprache in Handbüchern beschränkt.[21] Speziell zur Lautung der in Bulgarien gesprochenen Varietät liegt nur die 1975 in Sofia verteidigte Dissertation von Ivan Kanchev vor.[22] Nachfolgend stellen wir ausgewählte syntaktische und phonologische Eigenschaften des (bulgarischen) Judenspanisch dar und vergleichen diese sowohl mit dem Altspanischen und dem modernen iberischen Spanisch als auch mit dem Bulgarischen, um so einerseits archaische und andererseits (durch Sprachkontakt bedingte) innovative Züge aufzuzeigen.

II.1 Syntax

Aufgrund der spärlichen Forschungslage zur judenspanischen Wortstellung skizzieren wir die syntaktischen Eigenschaften auf Basis der Auswertung zweier Texte, zum einem der judenspanischen Übersetzung von Antoine de Saint-Exupérys *Le petit prince – El Princhipiko –*, eines Textes, der sich aufgrund des Fehlens regionaler Variation für das Bestimmen varietätenübergreifender Wortstellungseigenschaften des Judenspanischen eignet, und zum anderen der *Letra a Antonio Saura*[23],

---

z. B. für das Spanische, wohingegen das Französische keine solchen subjektlosen Sätze erlaubt, s. sp. *Comen manzanas* vs. fr. (*Ils/elles) mangent des pommes* ›Sie essen Äpfel‹. Für eine grundlegende Darstellung s. Christoph Gabriel und Trudel Meisenburg: Romanische Sprachwissenschaft [2007]. Paderborn 2014 (2. Aufl.), S. 39f. und 212f.
18 Arlene C. Malinowski: Aspects of contemporary Judeo-Spanish in Israel based on oral and written Sources. Dissertation (unveröffentlicht). Michigan 1979; Marius Sala: Sobre el verbo del judeoespañol. In: Romanica Gandensia 20 (1983), S. 73–80; Armin Hetzer: Sephardisch, Judeo-español, Djudezmo. Einführung in die Umgangssprache der südosteuropäischen Juden. Wiesbaden 2001, S. 19–21, 27, 33f.
19 Varol Bornes: Contact de langues et ordre des mots (s. Anm. 16).
20 Hualde und Şaul: Istanbul Judeo-Spanish (s. Anm. 16); Romero: Palatal east meets velar west (s. Anm. 16).
21 Z. B. Hetzer: Sephardisch (s. Anm. 18), S. 6–9.
22 Ivan V. Kanchev: Fonética y fonología del judeoespañol de Bulgaria. Dissertation (unveröffentlicht). Sofia 1975.
23 Antoine de Saint-Exupéry: El Princhipiko. Trezladado del fransez al ladino por Avner Perez i Gladys Pimienta. Neckarsteinach 2010. Die verwendete Fassung der *Letra a Antonio Saura* beruht auf der zweisprachigen Ausgabe, die neben dem judenspanischen Originaltext *Letras a un pintor ke kreya azer retratos imaginarios por un sefardi de Turkia, ke se akodra perfektamente de kada uno de sus modeles* (Madrid 1985) eine französische Übersetzung enthält, s. Marcel Cohen: Lettre à Antonio Saura. Traduit du judéo-espagnol. Paris 1997.

eines Textes, der u. a. den Verlust der Muttersprache durch das allmähliche Aussterben des Judenspanischen thematisiert und damit Raum für pragmatisch affektiv aufgeladene Strukturmuster bietet. Dabei widmen wir uns zunächst allgemein den judenspanischen Wortstellungseigenschaften und befassen uns in einem weiteren Schritt mit der Stellung schwacher (sogenannter ›klitischer‹) Objektpronomina.[24]

Bezüglich der Syntax nicht-komplexer Sätze lässt sich für das Spanische die Abfolge Subjekt-Verb-Objekt (SVO) als Grundwortstellung ausmachen ([$_S$ *la niña*] [$_{Vfin}$ *come*] [$_{dO}$ *manzanas*] ›Das Mädchen isst Äpfel‹),[25] wobei in pragmatisch markierten Kontexten auch andere Stellungsmuster zu finden sind, so z. B. OVS, wenn wie in [$_{dO}$ *MANZANAS*] [$_{Vfin}$ *come*] [$_S$ *la niña*] (›ÄPFEL isst das Mädchen‹ (und keine Birnen)) das Objekt kontrastiv fokussiert und prosodisch hervorgehoben ist (angezeigt durch Großschreibung).[26] Das mittelalterliche Spanisch ist insofern syntaktisch flexibler, als Sätze mit vorangestelltem Objekt auch in nicht-kontrastiver Lesart möglich sind, so etwa im folgenden, dem Chroniktext *General Estoria* entnommenen Beispiel: [$_{dO}$ *este logar*] [$_{Vfin}$ *mostro*] [$_S$ *dios*] [$_{iO}$ *a abraam*] (›Diesen Ort zeigte Gott Abraham‹). Aufgrund dieser Eigenschaft ist das Altspanische in der Literatur vielfach als V2-Sprache (›Verb in zweiter Position‹) charakterisiert worden, da hier – wie etwa im Deutschen – das konjugierte Verb des Hauptsatzes an zweiter Stelle erscheint, und zwar unabhängig davon, welche Konstituente ihm vorangeht (im genannten Beispiel und in der deutschen Übersetzung jeweils das Objekt).[27] Davon abweichend wurde dem mittelalterlichen Spanisch auch eine eher freie Wortstellung zugeschrieben, da das Vorkommen zahlreicher Verb-dritt-Sätze wie in [$_{Adv}$ *después*] [$_S$ *el rey*] [$_{Vfin}$ *caso*] [$_{PO}$ *con la hermana*] (›dann verheiratete sich der König mit der Schwester‹) gegen eine dem Deut-

---

24 Klitisch (gr. κλίνειν ›sich neigen‹) sind nicht betonbare Elemente, die einen sogenannten ›Wirt‹ (engl. *host*) als syntaktische Basis benötigen. So können die klitischen Objektpronomina des Spanischen nur gemeinsam mit dem Verb auftreten (z. B. ¿*Lo viste?* ›Hast du ihn gesehen?‹), während bei isoliertem Gebrauch die starke Pronominalform zu wählen ist (z. B. in einem Kontext wie ¿*A quién viste? – A él. *Lo.* ›Wen hast du gesehen? – Ihn.‹).

25 Abkürzungen: A (Adjektiv), Adv (Adverb), Aux (Auxiliar/Hilfsverb), D (Determinant/Artikelwort), dO (direktes Objekt), iO (indirektes Objekt), Kl (klitisches Pronomen), P (Präposition), PO (präpositionales Objekt), S (Subjekt), Vfin (finites Verb), VInf (Infinitiv), VPart (Partizip).

26 Zu den Stellungsvarianten des Spanischen s. Christoph Gabriel: Fokus im Spannungsfeld von Phonologie und Syntax. Eine Studie zum Spanischen. Frankfurt 2007.

27 S. die Dissertationsschrift von Josep Fontana (Phrase structure and the syntax of clitics in the history of Spanish. Pennsylvania 1993), der alle hier zitierten altspanischen Beispiele entnommen sind.

schen vergleichbare rigide V2-Eigenschaft spricht.[28] Auch das Bulgarische weist eine freie Wortstellung auf, wobei neben der Abfolge SVO wie in [s майката] [Vfin даде] [dO топката] [iO на детето] (*majkata dade topkata na deteto* ›Die Mutter gab dem Kind den Ball‹, wörtl. ›Mutter:D gab Ball:D P Kind:D‹)[29] eine große Anzahl weiterer Stellungsmuster, z. B. mit vorangestelltem direkten, indirekten oder präpositionalen Objekt und unterschiedlicher Position des Verbs, zu verzeichnen sind.[30] Die in den untersuchten judenspanischen Texten auftretenden Stellungsvarianten entsprechen im Wesentlichen denen des modernen iberischen Spanisch, insofern vorwiegend subjekt-initiale Konstruktionen auftreten ([s *la muerte*] [Vfin *avla*] *por tu boka* ›Der Tod spricht aus Deinem Mund‹[31]) und postverbale Subjekte fast ausschließlich auf den Kontext der sogenannten Narrativen Inversion (NI) beschränkt sind (*ya no puedo ...* [Vfin *disho*] [s *el princhipiko*] ›Ich kann schon nicht mehr, sagte der kleine Prinz‹[32]). Als eine besondere Stellungsvariante, die für das Altspanische umfassend belegt ist, jedoch sowohl im modernen iberischen Spanisch als auch im Bulgarischen ausgeschlossen ist, ist das sogenannte *Stylistic Fronting* (SF).[33] Bei diesen, auch als ›Stilistische Inversion‹ bezeichneten Konstruktionen wird eine infinite Verbform (Partizip oder Infinitiv) oder ein Adjektiv vor das finite Verb gezogen, wenn die präverbale Position nicht durch das Subjekt besetzt ist, so etwa im folgenden altspanischen Beispiel: [VPart *dexado*] [Aux *ha*] *heredades e cases* (›Verlassen hat er Grundstücke und Häuser‹). Auch im Judenspanischen scheint SF zumindest marginal möglich zu sein: So findet sich in der *Letra a Antonio Saura* mit [A *triste*] [Vfin *va*] *de korazon* ›Er hat ein schweres Herz / ist sehr traurig‹ (wörtl. ›Traurig geht er von Herzen‹) ein entsprechendes Beispiel, nicht jedoch im *Princhipiko*. Sieht man von dem singulären Vorkommen einer Stilistischen Inversion ab, scheint sich die Wortstellung nicht-komplexer Sätze des Judenspanischen nicht nennenswert von der des modernen iberischen Spanisch zu unterscheiden.

---

28 S. Susann Fischer: Word-order change as a source of grammaticalisation. Amsterdam 2010.
29 Die Präposition (P) на (*na*) wird im Bulgarischen verwendet, um Dativobjekte zu markieren.
30 Für eine umfassendere Darstellung s. Susann Fischer, Christoph Gabriel und Elena Kireva: Towards a typological classification of Judeo-Spanish. Analyzing syntax and prosody of Sofia *judezmo*. In: Factors and mechanisms in divergence and stability. Hg. v. Kurt Braunmüller, Steffen Höder und Karoline Kühl. Amsterdam 2014, S. 77–108.
31 Letra a Antonio Saura (Cohen: Lettre à Antonio Saura (s. Anm. 23), S. 49).
32 De Saint-Exupéry: El Princhipiko (s. Anm. 23), S. 19.
33 S. hierzu Susann Fischer: Revisiting stylistic fronting in Old Spanish. In: Left sentence peripheries in Spanish. Diachronic, variationist and comparative perspectives. Hg. v. Andreas Dufter und Álvaro S. Octavio de Toledo. Amsterdam 2014, S. 53–76.

Gleiches lässt sich auch für die Stellung der klitischen Objektpronomina sagen. Die altromanischen Klitika weisen alle den sogenannten Tobler-Mussafia-Effekt auf, eine Variante des sogenannten Wackernagel-Gesetzes, das besagt, dass inhärent unbetonte (also nicht betonbare) Wörter vorzugsweise in der zweiten Position des Satzes stehen. Die von Adolf Tobler und Adolfo Mussafia formulierte romanische Variante dieser Generalisierung hingegen schließt aus, dass unbetonte Objektpronomina satzinitial positioniert sind.[34] Auf diese Weise lässt sich erfassen, dass altspanische (und andere altromanische) Objektklitika im Hauptsatz postverbal auftreten ([$_{Vfin}$ *fizo*] [$_{Kl}$ *lo*] *traer preso* ›er ließ ihn als Gefangenen bringen‹), im Nebensatz jedoch vor dem Verb stehen (*si dios* [$_{Kl}$ *lo*] *non* [$_{Vfin}$ *fizies*] ›wenn Gott es nicht täte‹). Im Gegensatz zum Altspanischen (wo satzinitiale Klitika qua Tobler-Mussafia-Gesetz ausgeschlossen sind), entspricht das Bulgarische dem Wackernagel-Gesetz, d. h. schwache Pronomina erscheinen grundsätzlich in der zweiten Position: Той [$_{Kl}$ му] даде книгата (*Toj* [$_{Kl}$ *mu*] *dade knigata* ›Er gab ihm das Buch‹) vs. *[$_{Kl}$ Му] даде той книгата (**Mu dade toj knigata*). Im modernen Spanisch sind Objektklitika sowohl satzinitial als auch in zweiter oder dritter Position möglich; bei finiten Verben sind schwache Pronomina stets proklitisch, d. h. sie stehen vor der Verbform. Die gleiche Distribution konnte in den untersuchten judenspanischen Texten nachgewiesen werden, wie die folgenden Beispiele aus dem *Princhipiko* zeigen: [$_{Kl}$ *Le*] *avlava de bridj* (›Ich sprach mit ihm über Bridge‹, satzinitial), *Kuando* [$_{Kl}$ *me*] *enkontrava kon alguno ke ...* (›wenn ich mich mit jemandem traf, der ...‹, zweite Position) bzw. *Entonses no* [$_{Kl}$ *le avlava ni de ...* (›Also sprach ich mit ihm weder über ...‹, dritte Position). Die Tatsache, dass bestimmte Strukturen in den untersuchten schriftlichen Daten nur äußerst selten (SF) bzw. gar nicht auftreten (vom modernen Spanisch abweichende Klitikpositionen), beweist jedoch noch nicht, dass sie marginal bzw. grundsätzlich ausgeschlossen sind. Um diesbezüglich Gewissheit zu erhalten, haben wir von Sprechern des bulgarischen Judenspanisch Grammatikalitätsurteile erhoben (s. III.1).

---

34 Jacob Wackernagel: Über ein Gesetz der indogermanischen Wortstellung. In: Indogermanische Forschungen 1 (1892), S. 333–436; Adolfo Mussafia: Una particolarità sintattica della lingua italiana dei primi secoli. In: Miscellanea di filologia e linguistica. In memoria di Napoleone Caix e Ugo Angelo Canello. Hg. v. Graziadio Isaia Ascoli. Florenz 1886, S. 255–261; Adolf Tobler: Besprechung von J. Le Coultre, De l'ordre des mots dans Crestien de Troyes [1875]. In: Ders.: Vermischte Beiträge zur französischen Grammatik. Fünfte Reihe. Leipzig 1912, S. 395–436.

II.2 Phonologie

In der Literatur wurde vielfach betont, dass die Lautung des Judenspanischen generell archaische Züge aufweist. Dies zeigt sich z.B. in der Beibehaltung altspanischer Silbilanten (Zischlaute), die in anderen Varietäten des Spanischen in dieser Form nicht mehr auftreten. So wurden die lateinischen Formen FILIU(M) und JUSTU(M) im Altspanischen zu [iʒo] bzw. [dʒusto] weiterentwickelt, wobei der altspanische Lautstand im Judenspanischen beibehalten, in anderen Varietäten des modernen Spanisch jedoch zu [ixo]/[iço] bzw. [xusto]/[husto][35] weiterentwickelt wurde. Ein weiteres konservatives Merkmal ist der Erhalt des altspanischen Phonemkontrasts zwischen dem stimmlosen /s/ und seinem stimmhaften Gegenstück /z/.[36] Als archaisch gilt die judenspanische Lautung auch, weil die im Spanischen dialektübergreifend eingetretene Abschwächung (sogenannte Spirantisierung) der intervokalischen Verschlusslaute /p t k/ des Lateinischen – zuerst zu [b d g] (im mittelalterlichen Spanisch) und weiter zu den entsprechenden Reibelauten [β ð ɣ] – hier nur beschränkt auftritt. So wird im bulgarischen Judenspanisch nur das intervokalische /b/ zum Reibelaut [v] abgeschwächt (z.B. *beber* ›trinken‹ [beˈver]), während /d/ und /g/ als Verschlusslaute erhalten bleiben.[37] Innovative Züge lassen sich im bulgarischen Judenspanisch v.a. im Vokalsystem und – darauf aufbauend – im Sprachrhythmus ausmachen. Während das Vokalsystem standardnaher Varietäten des modernen Spanisch die fünf Vokalphoneme /a e i o u/ umfasst, enthält das des Bulgarischen zusätzlich hierzu den auch als Schwa-Laut bezeichneten zentralen Oralvokal /ə/. In der in Sofia gesprochenen Varietät des Judenspanischen hat /ə/ den Status eines marginalen Phonems[38], da das Vorkommen dieses Lauts auf Lehnwörter beschränkt ist.[39] Aus dem Bulgarischen übernommen wurde auch die Reduktion (bzw. Anhebung) unbetonter Vokale (engl. *vowel raising*) wie /a/ zu [ə] und /o/ zu [u], ein phonologischer Pro-

---

[35] Die angegebenen Varianten entsprechen grob dem heutigen europäischen bzw. amerikanischen Spanisch, s. Gabriel, Meisenburg und Selig: Spanisch. Phonetik und Phonologie (s. Anm. 7), S. 65.
[36] Kanchev: Fonética y fonología del judeoespañol de Bulgaria (s. Anm. 22), S. 22.
[37] Kanchev: Fonética y fonología del judeoespañol de Bulgaria (s. Anm. 22), S. 23.
[38] Das Phonem ist definiert als die kleinste (Laut-)Einheit eines Sprachsystems, die eine bedeutungsdifferenzierende Funktion aufweist, s. Gabriel, Meisenburg und Selig: Spanisch. Phonetik und Phonologie (s. Anm. 7), S. 5–6, 90–91.
[39] Kanchev: Fonética y fonología del judeoespañol de Bulgaria (s. Anm. 22), S. 13. So z.B. im aus dem Bulgarischen übernommenen Lehnwort /pən/ ›Baumstamm‹, das mit dem (juden-)spanischen /pan/ ›Brot‹ kontrastiert.

zess, den die meisten Varietäten des Spanischen nicht kennen.[40] Da dies neben der Änderung der Vokalqualität auch eine Verkürzung des betreffenden Elements mit sich bringt, beeinflusst das Vorhandensein bzw. die Abwesenheit von Vokalreduktion das Verhältnis des vokalischen und konsonantischen Materials im Sprachsignal und determiniert somit maßgeblich die rhythmischen, d. h. dauerbasierten Eigenschaften der jeweiligen Sprache (s. III.2).

In Bezug auf die klassische Rhythmustypologie werden zwei grundlegende Sprachtypen unterschieden, zum einen sogenannte silbenzählende Sprachen, die wie das iberische Spanisch durch einfache Silbenstrukturen, d. h. durch vorzugsweise regelmäßige CV-Abfolgen (Konsonant-Vokal) und durch das Fehlen von Vokalreduktion charakterisiert sind, und zum anderen sogenannte akzentzählende Sprachen wie etwa das Englische oder das Deutsche, die komplexe Silbentypen (z. B. CVCCCC in dt. *schimpfst*) und Vokalreduktion aufweisen. In der neueren Forschung zum Sprachrhythmus[41] wurde die ursprüngliche, aus den 1940er Jahren stammende Dichotomie aufgegeben, und die dauerbasierten Charakteristika werden – basierend auf Messungen der Dauern vokalischer und konsonantischer Intervalle – durch das Verhältnis vokalischen und konsonantischen Materials zueinander erfasst. In einer solchen Sichtweise zeichnen sich die traditionell als silbenzählend charakterisierten Sprachen wie das iberische Spanisch durch einen vergleichsweise hohen Anteil vokalischen Materials (%V) sowie durch eine geringe Dauervariabilität vokalischer und konsonantischer Intervalle aus, wie sie z. B. durch den sogenannten paarweisen Variabilitätsindex (PVI)[42] ausgedrückt wird. Akzentzählende Sprachen wie das Deutsche weisen hingegen vergleichsweise niedrige Werte für %V und

---

40 Kanchev: Fonética y fonología del judeoespañol de Bulgaria (s. Anm. 22), S. 37. Zur Vokalanhebung in der Sofioter Varietät des Bulgarischen s. Sidney A. J. Wood und Thore Pettersson: Vowel reduction in Bulgarian. The phonetic data and model experiments. In: Folia Linguistica 22 (1988), S. 239–262. Zu anderen Varietäten des Spanischen, die kontaktbedingte Vokalreduktion aufweisen s. z. B. Ann Marie Delforge: Unstressed vowel reduction in Andean Spanish. In: Selected proceedings of the 3rd conference on laboratory approaches to Spanish phonology. Hg. v. Laura Colantoni und Jeffrey Steele. Somerville/MA 2008, S. 107–124.
41 Einen Überblick zur Entwicklung der Rhythmusforschung geben Gabriel, Meisenburg und Selig: Spanisch. Phonetik und Phonologie (s. Anm. 7), S. 167–180.
42 Der PVI wurde zu Beginn des 21. Jahrhunderts vorgeschlagen (s. Esther Grabe und Ee Ling Low: Durational variability in speech and the rhythm class hypothesis. In: Papers in laboratory phonology 7. Hg. v. Carlos Gussenhoven und Natasha Warner. Berlin 2002, S. 515–546) und vergleicht jeweils die Dauern aufeinander folgender (vokalischer bzw. konsonantischer) Intervalle miteinander. Für genauere Informationen zur Berechnung s. Gabriel, Meisenburg und Selig: Spanisch. Phonetik und Phonologie (s. Anm. 7), S. 167–180.

eine höhere Dauervariabilität auf. Das Bulgarische lässt sich diesbezüglich als Mischsprache charakterisieren, da hier – etwa verglichen mit dem iberischen Spanisch – der Anteil vokalischen Materials geringer ist, die Variabilität konsonantischer Intervalle jedoch niedriger als z. B. im Deutschen.[43] Hält man sich vor Augen, dass das in Bulgarien gesprochene Judenspanische das Merkmal der Vokalanhebung aus der Kontaktsprache übernommen – in unbetonten Silben wird /a/ als [ə] und /o/ als [u] realisiert – ist anzunehmen, dass es sich auch in Bezug auf seine rhythmischen Eigenschaften dem Bulgarischen angepasst hat, also zusätzlich zu konservativen Merkmalen im Bereich einzelner Lautsegmente in der Prosodie innovative Züge aufweist. Die im folgenden Abschnitt präsentierte empirische Untersuchung wird dies belegen.

III. Empirische Studie

Die analysierten Daten wurden von fünf Judenspanisch-Sprecherinnen (Alter: 80–88) aus dem akademischen Milieu im September 2012 in Sofia erhoben. Wiewohl in unterschiedlichen Städten geboren,[44] leben alle Probandinnen seit 1947–1950 in der Hauptstadt. Alle haben während der Kindheit ihre L1, das Judenspanische, neben dem Bulgarischen als Familiensprache verwendet; mit dem Umzug nach Sofia und der Aufnahme des Studiums wurde das Sofioter Bulgarisch ihre dominante Sprache. Der Kontakt zu den Probandinnen wurde über den *Club ladino* hergestellt, wo sie sich wöchentlich treffen, um das Judenspanische zu praktizieren. Zum Überprüfen grammatischer Strukturen wurden Grammatikalitätsurteile erhoben (*Grammaticality Judgment Task*, GJT); für die phonetische Analyse dienten Sprachaufnahmen der Fabel *Nordwind und Sonne* auf Judenspanisch und Bulgarisch.[45]

---

43 Das Bulgarische ist somit weniger akzentzählend als z. B. das Englische; »on a scale of rhythm, the language will occupy an intermediate position« (Snezhina Dimitrova: Bulgarian speech rhythm. Stress-timed or Syllable-timed? In: Journal of the International Phonetic Association 27 (1998), S. 27–33; hier: S. 27).
44 Geburtsorte: Kyustendil (Кюстендил), Pazardzhik (Пазарджик), Kazanlak (Казанлък), Samokov (Самоков), Karnobat (Карнобат).
45 Die Analyse gelesener Fassungen dieser Aesop-Fabel in unterschiedlichen Sprachen ist ein in der phonetischen Forschung etabliertes Standardverfahren; die hier verwendeten Textfassungen finden sich in Fischer, Gabriel und Kireva: Towards a typological classification of Judeo-Spanish (s. Anm. 30). Dort sind auch die im Folgenden dargestellten Ergebnisse ausführlich dokumentiert; für weitere Details zu den Ergebnissen der phonologischen Studie s. auch Christoph Gabriel und Elena Kireva: Speech rhythm and vowel raising in Bulgarian Judeo-Spanish. In: Proceedings of speech prosody 2014. Hg. v. Nick Campbell, Dafydd Gibbon und Daniel Hirst. Dublin 2014, S. 728–732.

III.1 Syntax

Die Ergebnisse des GJT zeigen eine deutliche Bevorzugung syntaktischer Strukturen, die denen des modernen iberischen Spanisch entsprechen. Allerdings werden auch archaische Stellungsmuster akzeptiert, die für das Altspanische nachgewiesen, im modernen Spanisch und im Bulgarischen jedoch ausgeschlossen sind (s. II.1). Alle Probandinnen bevorzugten die Grundwortstellung SVO, in deutlichem Gegensatz zur freieren Wortstellung des Bulgarischen und Altspanischen. Allerdings akzeptierten sie auch SF-Konstruktionen, die gemäß dem in II.1 genannten Beispiel aus der *Letra a Antonio Saura* gebildet wurden. Konstruktionen wie [$_{VInf}$ *Eskrivirte*][$_{Vfin}$ *kyero*] *en djudyo* ›Schreiben will ich dir auf Judenspanisch‹ empfanden sie jedoch als ›altmodisch‹. Sprecher des gegenwärtigen iberischen Spanisch stufen derartige Konstruktionen als gänzlich ungrammatisch ein.[46]

Auch hinsichtlich der Stellung klitischer Objektpronomina zeigten die Probandinnen eine große Übereinstimmung mit Sprechern des modernen iberischen Spanisch, indem sie bei Infinitiven postverbale, bei finiten Verbformen hingegen präverbale Klitika für grammatisch befanden (z. B. *Kyero* [$_{VInf}$ *escrivir*[$_{Kl}$ *te*]] vs. [$_{Kl}$ *Te*][$_{Vfin}$ *kyero*] *escrivir* ›Ich will dir schreiben‹). Zusätzlich wurden von drei der fünf Probandinnen postverbale Klitika auch mit finiten Verben als grammatisch bewertet, allerdings nur im Kontext der Narrativen Inversion, z. B. [$_{Vfin}$ *Avalava*[$_{Kl}$ *le*]] *de bridj* (›ich sprach mit ihm über Bridge‹). Entsprechende Konstruktionen sind in der gesprochenen Sprache des modernen iberischen Spanisch nicht mehr anzutreffen und haben lediglich als schriftsprachlicher Archaismus überlebt.

Die Ergebnisse des GJT machen insgesamt die syntaktische Nähe des bulgarischen Judenspanisch zu den modernen iberischen Varietäten deutlich. Jedoch konnten mit SF und NI zwei Strukturen nachgewiesen werden, die in dieser Form im nähesprachlichen iberischen Spanisch nicht mehr anzutreffen sind. Diese heute als archaische Merkmale geltenden Konstruktionen wurden in mittelalterlichen Texten genutzt, um in der Narration Hervorhebung (SF) bzw. Kontinuität (NI) zu markieren.[47] Da sich die Vitalität des Judenspanischen nicht zuletzt aus seiner ritualisierten Verwendung beim Vorlesen und Rezitieren älterer Texte im Rahmen der Zusammenkünfte der Sprecher in Einrichtungen wie dem Sofioter *Club ladino* speist, verwundert es kaum, dass sich gerade derartige Strukturen erhalten haben.

---

46 S. hierzu Fischer: Revisiting stylistic fronting (s. Anm. 33).
47 Fischer: Word-order change (s. Anm. 28), S. 159.

III.2 Vokalanhebung und Sprachrhythmus
Während es im syntaktischen Teil der empirischen Studie darum ging, das Vorkommen archaischer Strukturen, die in den untersuchten Texten nicht oder kaum auftreten, durch Sprecherurteile zu belegen, zielt der phonologische Teil auf den kontaktbedingten Wandel im judenspanischen Lautsystem und damit auf sprachliche Innovation ab. Um die Unterschiede zwischen den von den bilingualen Probandinnen gesprochenen Varietäten (Bulgarisch und Judenspanisch) und dem Bulgarischen monolingualer Sprecher (Kontaktvarietät) und iberischen Spanisch (Vergleichsvarietät) herausarbeiten zu können, wurde zusätzlich zu den bereits erwähnten Sprachaufnahmen entsprechendes Kontrollmaterial erhoben (Bulgarisch monolingual: Aufnahmen Sofia September 2012, fünf Sprecher, Alter: 24–34; iberisches Spanisch monolingual: Aufnahmen Madrid September 2011, fünf Sprecher, Alter: 26–34). Die Probanden beider Kontrollgruppen entsprechen bezüglich ihres soziokulturellen Hintergrunds den bilingualen Sprecherinnen; alle entstammen dem akademischen Milieu. Das gesamte Sprachmaterial wurde mithilfe der Sprachanalysesoftware Praat[48] in vokalische und konsonantische Intervalle segmentiert und dann in Bezug auf das Auftreten von Vokalanhebung (bilinguales Bulgarisch und Judenspanisch) sowie unter Zuhilfenahme des Programms *Correlatore*[49] hinsichtlich des Sprachrhythmus ausgewertet (alle vier Varietäten).

Die auditiv-perzeptive Analyse der Vokalqualität durch drei bulgarische Muttersprachler[50] ergab, dass die von den Bilingualen gesprochenen Varietäten (Judenspanisch und Bulgarisch) nachhaltig durch die Vokalanhebung charakterisiert sind. Wie Tab. 1 zeigt, wird in ca. dreiviertel der Fälle unbetontes /a/ im Judenspanischen als reduziert wahrgenommen; im Bulgarischen der bilingualen Sprecherinnen liegt der entsprechende Wert mit ca. 85 % noch etwas höher. Die Perzeptionsrate von /o/ als [u] liegt bei den judenspanischen Daten mit 36 %

---

48 Paul Boersma und David Weenink: Praat. Doing phonetics by computer (Version 5.3), unter: http://www.praat.org/ [abgerufen: 18.10.2011]. Zu den technischen Daten der Aufnahmen und den Segmentierungskriterien s. Gabriel und Kireva: Speech rhythm and vowel raising in Bulgarian Judeo-Spanish (s. Anm. 45).
49 Paolo Mairano und Antonio Romano: Un confronto tra diverse metriche ritmiche usando Correlatore. In: La dimensione temporale del parlato. Hg. v. Stefan Schmid, Michael Schwarzenbach und Dieter Studer. Torriana 2010, S. 79–100.
50 Alle Vorkommen der Vokale /a/ und /o/ in unbetonten Silben wurden zunächst von Elena Kireva als reduziert oder nicht reduziert transkribiert; in einem zweiten Schritt wurden zwei (nicht phonetisch geschulte) *rater* (›Bewerter‹) gebeten, die entsprechenden Stimuli als [a] oder [ə] (für /a/) bzw. als [o] oder [u] (für /o/) zu bestimmen.

zwar niedriger als bei den bulgarischen (ca. 70%), doch spricht der Befund insgesamt dafür, dass das bulgarische Judenspanisch in diesem Punkt von der Kontaktsprache beeinflusst ist.

	Judenspanisch		Bulgarisch (bilingual)	
	Anzahl unbetonter Vokale	%	Anzahl unbetonter Vokale	%
reduziert	/a/: N=135	75.5%	/a/: N=108	84.5%
nicht reduziert		24.5%		15.5%
reduziert	/o/: N=107	36%	/o/: N=70	71%
nicht reduziert		64%		29%

Tab. 1: Vokalanhebung im Judenspanischen und Bulgarischen der Bilingualen (Perzeption).

Diese Tendenz bestätigt sich bei der akustischen Analyse. Hierzu wurden die Frequenzwerte (in Hz) des ersten und zweiten Formanten (F1, F2) aller in betonter bzw. unbetonter Stellung vorkommender Vokale /a/ und /o/ in beiden Varietäten (Judenspanisch und Bulgarisch der Bilingualen) sowie zum Vergleich die entsprechenden Werte aller /u/ in den Daten der bilingualen Sprecher sowie alle /ə/ im Bulgarischen der Bilingualen gemessen.[51] Da der F1-Wert eines Vokals dessen Öffnungsgrad widerspiegelt, insofern als er z.B. beim offenen /a/ höher liegt als beim angehobenen (und damit weniger offenen) /ə/,[52] ist für unsere Studie zu erwarten, dass betonte /a/ und /o/ in beiden Varietäten jeweils höhere F1-Werte aufweisen als unbetonte und dass die Werte unbetonter /a/ und /o/ den für /ə/ und /u/ gemessenen entsprechen. Unsere Ergebnisse bestätigen dies: Die F1-Werte der betonten /a/ und /o/ des Judenspanischen und des Bulgarischen der Bilingualen sind deutlich höher als die F1-Werte der unbetonten /a/ und /o/. Wie Fig. 1 zeigt, weisen die unbetonten Realisierungen von /a/ und /o/ in beiden Varietäten jeweils tiefere F1-Werte auf als die

---

[51] Die Messung erfolgte mithilfe eines Praat-Skripts, das die F1- und F2-Werte zu Beginn, in der Mitte und am Ende eines jeden Vokals extrahiert, s. Susana Cortés, Conxita Lleó und Ariadna Benet: Gradient merging of vowels in Barcelona Catalan under the influence of Spanish. In: Convergence and divergence in language contact situations. Hg. v. Kurt Braunmüller und Juliane House. Amsterdam 2009, S. 185–204. Da sich die Datensätze des Judenspanischen und Bulgarischen in Bezug auf das Vorkommen unterschiedlicher Silbenstrukturen unterscheiden, wurden nur die mittleren Werte berücksichtigt, um durch Koartikulation bedingte Einflüsse auf die Formantenwerte auszuschließen.

[52] S. Gabriel, Meisenburg und Selig: Spanisch. Phonetik und Phonologie (s. Anm. 7), S. 36f.

betonten (s. vertikale Achse, F1-Wert von unten nach oben abnehmend).[53]

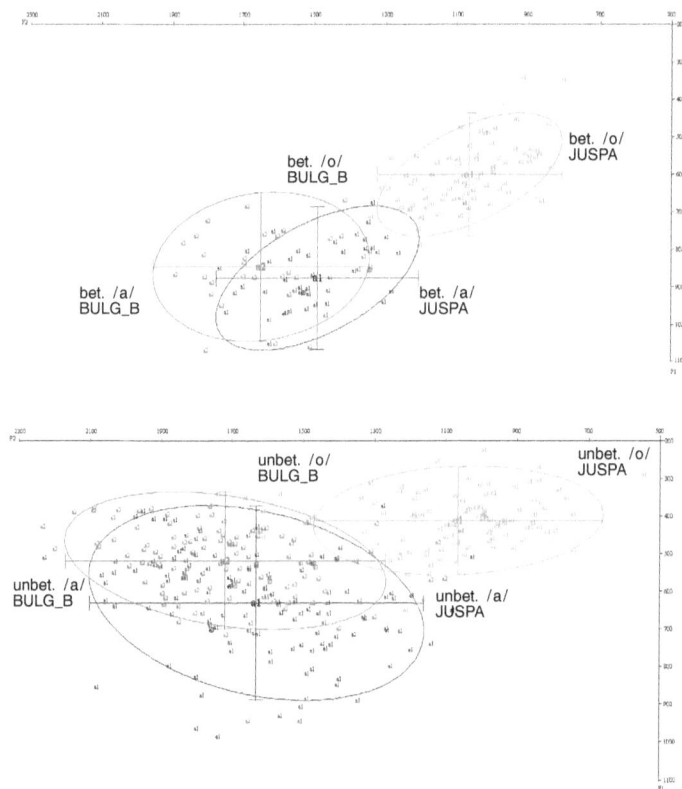

Fig. 1: F1- und F2-Werte betonter (oben) und unbetonter (unten) /a/ und /o/ im Judenspanischen (JUSPA) und im Bulgarischen der Bilingualen (BULG_B).

Da die Reduktion von unbetonten Vokalen nicht nur deren Qualität betrifft, sondern auch eine Verkürzung mit sich bringt, sollte sich die mutmaßlich aus der Kontaktsprache Bulgarisch übernommene Vokalanhebung auch auf den Sprachrhythmus auswirken. Für das bulgarische Judenspanisch ist zu erwarten, dass es verglichen mit dem iberischen Spanisch eine höhere vokalische Variabilität aufweist, da sich betonte (längere) mit unbetonten (kürzeren) Vokalen abwechseln, während die Vokaldauern im iberischen Spanisch eher gleichmäßig sind.

---

53 Für eine tabellarische Auflistung der Ergebnisse sowie eine statistische Analyse s. Gabriel und Kireva: Speech rhythm and vowel raising in Bulgarian Judeo-Spanish (s. Anm. 45).

Wie Fig. 2 zeigt, bestätigt sich diese Vermutung: Während die vokalische Variabilität (VnPVI, normalisierter Variabilitätsindex für vokalischen Intervalle) im monolingualen Bulgarisch deutlich höher liegt als im iberischen Spanisch, nehmen das Judenspanische und das Bulgarische der Bilingualen eine mittlere Position ein.

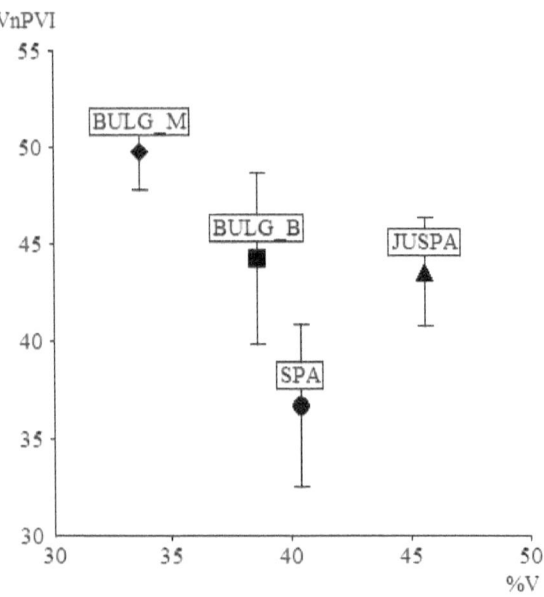

Fig. 2: Vokalischer Gesamtanteil (%V) und vokalische Variabilität (VnPVI) im iberischen Spanisch (SPA), im Bulgarischen der Monolingualen (BULG_M) sowie im Judenspanischen (JUSPA) und im Bulgarischen der Bilingualen (BULG_B).

Das Judenspanische ist also in rhythmischer Hinsicht deutlich von der Kontaktsprache beeinflusst; allerdings unterscheidet sich das Bulgarische der Bilingualen von dem der Monolingualen durch die geringere Dauervariabilität. Beide Sprachen haben sich also auf prosodischer Ebene einander angeglichen, ein Phänomen, das in der Sprachkontaktforschung als Konvergenz bezeichnet wird.[54]

IV. Zusammenfassung

Das Sofioter Judenspanisch als eine von bulgarisch dominanten Sprechern in einer begrenzten Gemeinschaft gesprochene Diasporavarietät weist zugleich archaische und innovative Züge auf. Während sich im Bereich der Syntax und der segmentalen Phonologie konservative

---

54 Die unerwartet hohen %V-Werte des Judenspanischen lassen sich als Effekt des langsamen Sprachtempos der bilingualen Sprecher beim Vorlesen der Fabel erklären.

Merkmale nachweisen lassen, ist es (als Konsequenz der aus der Kontaktsprache übernommenen Vokalanhebung) in Bezug auf den Sprachrhythmus eher durch Wandel als durch Stabilität gekennzeichnet. Die starke Beeinflussung der Diasporavarietät durch die Umgebungssprache spricht dafür, dass die bilingualen Sprecher für ihre beiden Sprachen letztlich nur *ein* konvergiertes phonologisches System verwenden. Die hier konstatierte Tendenz der lautlichen Oberfläche zur Angleichung an die Kontaktsprache auf der einen Seite und die syntaktische Stabilität auf der anderen Seite entspricht vorliegenden Befunden aus anderen migrationsbedingten Kontaktsituationen. So wurde für das Deutsche von Auswanderern im englischsprachigen Raum gezeigt, dass auch nach jahrzehntelangem Aufenthalt im Zielland und trotz geringer Verwendung der Muttersprache in den Sprachdaten kaum syntaktische ›Fehler‹ vorliegen,[55] während die Phonologie deutlich stärker durch Spracherosion betroffen ist. Wenn Elias Canetti in seiner Autobiografie das Judenspanische seiner Kindheit rückblickend als ein Idiom beschreibt, das sich seit der Vertreibung der sephardischen Juden Ende des 15. Jahrhunderts in der Diaspora kaum verändert habe, stützt er sich offensichtlich auf auffällige sprachliche Merkmale wie die punktuelle Verwendung einiger weniger grammatischer Konstruktionen und die in der Tat dem altspanischen Lautstand entsprechende Aussprache einzelner Segmente. Da lautliche Merkmale wie Vokalanhebung und Sprachrhythmus, die das gesamte Sprachsignal durchziehen, den Sprechern selbst weniger bewusst und damit weniger ›salient‹ sind, lässt sich der kontaktbedingte prosodische Wandel des bulgarischen Judenspanisch leichter ausblenden, was die nostalgische Konstruktion der Diasporasprache als ein unveränderliches Erinnerungsgut erleichtert.[56]

---

55 Monika S. Schmid (First language attrition, use and maintenance. The case of German Jews in Anglophone countries. Amsterdam 2002, S. 158, 191) hat gezeigt, dass in den englischsprachigen Raum emigrierte Juden kerngrammatische Bereiche des Deutschen wie die V2-Regel (Platzierung des flektierten Verbs im Hauptsatz an der zweiten Position) auch nach jahrzehntelanger Nicht-Verwendung ihrer L1 nahezu fehlerlos anwenden.
56 Abschließend möchten wir unseren Probandinnen Viktoriya Atanasova (Виктория Атанасова), Gracia Albuhayre (Грация Албухайре), Sofi Danon (Софи Данон), Heni Lorer (Хени Лорер) und Stela Romano (Стела Романо), die uns für die Grammatikalitätstests an ihrer muttersprachlichen Intuition haben teilhaben lassen und uns für die Sprachaufnahmen ihre Stimmen geliehen haben, herzlichen Dank aussprechen. Ohne ihr Engagement und ihre Geduld wäre dieser bescheidene Versuch, eine bedrohte Diasporasprache zumindest in Ansätzen zu dokumentieren, nicht möglich gewesen. Großer Dank gilt auch Michael Studemund-Halévy (Hamburg) für den fruchtbaren Austausch und die konstruktive Kritik, mit der er unsere Arbeit unterstützt hat.

Eva Duran Eppler

Sprach- und Kulturverlust im Exil[1]

I. Einführung

Die vorliegende Studie untersucht anhand von Gesprächstranskripten die Auswirkungen von sogenannten Akkulturationslücken (engl. *acculturation gaps*) auf das Verhältnis zwischen einer nach dem »Anschluss« Österreichs an das Deutsche Reich geflohenen Wiener Jüdin und ihrer im Londoner Exil geborenen Tochter und leistet damit einen Beitrag zur in jüngerer Zeit verstärkten Auseinandersetzung mit dem Themenkreis ›Sprache(n) im Exil‹. Es wird gezeigt, wie die Ablehnung der Muttersprache sowie der Wechsel kulturspezifischen Verhaltens – hier veranschaulicht anhand von Praktiken der Nahrungsaufnahme – zu intergenerationellen Konflikten führt, der auch die dritte Generation betreffen kann, nämlich dann, wenn unterschiedliche kulturelle Normen auf sie projiziert werden. Im Speziellen konzentriert sich die Studie auf die Beibehaltung der Sprache bzw. den Sprachwechsel sowie auf kulturspezifische Praktiken der Nahrungsaufnahme als Ausdruck der verschiedenen von Mutter und Tochter angenommen Akkulturationsstrategien. Da die Mutter im Gegensatz zu ihrer im Exilland assimilierten Tochter den Weg der kulturellen Abschottung wählt und so zu einer Vergrößerung der Akkulturationslücke beiträgt, ergeben sich Unverständnis und Missstimmigkeiten zwischen den beiden hier betrachteten Generationen weiblicher Holocaust-Flüchtlinge.

Zugrunde gelegt wird die von Eckert und McConell-Ginet[2] vertretene Auffassung, dass eine genaue Beobachtung der sprachlichen und kulturellen Verhaltensweisen im Kontext der sozialen Praktiken in der jeweiligen Gemeinschaft eine unabdingbare Voraussetzung für das Verständnis der Interaktion von Sprache und Kultur ist. Die vorliegende Studie stützt sich daher auf die exemplarische Analyse eines 90-minütigen soziolinguistischen Interviews, das mit drei Generationen von Wie-

---

[1] Aus dem Englischen übersetzt von Christoph Gabriel, Jonas Grünke und Liefka Würdemann.
[2] Penelope Eckert und Sally McConnell-Ginet: Think practically and look locally. Language and gender as community-based practice. In: Annual Review of Anthropology 21 (1992), S. 461–490.

ner Holocaust-Flüchtlingen – Mutter, Tochter und Enkelsohn – durchgeführt wurde und auf Themen wie Kindheit und Migrationserfahrungen, Leben im Exil, Sprachwahl und kulturelle Identität fokussierte. Dabei wird nach Hinweisen darauf gesucht, was die Mutter dazu veranlasste, sich eher an den Rändern der britischen Gesellschaft zu verorten, während ihre Tochter und deren Sohn die Kultur des Exillandes als die ihre angenommen haben.

In einem ersten Schritt werden Datenbasis und Studienteilnehmer vorgestellt (s. II), woraufhin der methodologische Ansatz zur Darstellung gelangt (s. III). In einem weiteren Schritt wird der Sprachwechsel in den Blick genommen (s. IV), bevor untersucht wird, inwiefern kulturspezifisch kodierte Aspekte der Nahrungsaufnahme das Potenzial aufweisen, intergenerationelle Konflikte auszulösen (s. V).

II. Datenbasis und Studienteilnehmer

Die der Studie zugrunde liegende Datenbasis umfasst eine Aufnahme der hier im Zentrum stehenden Emigrantin DOR in verbaler Interaktion mit der Interviewerin EVA (46 min.), woran sich ein 22-minütiger Gesprächsabschnitt anschließt, an dem zusätzlich DORs Tochter VIV teilnimmt; in den verbleibenden 22 Gesprächsminuten tritt schließlich VIVs Sohn NIC als weiterer Kommunikationspartner hinzu. Als einzigartiges *oral history*-Dokument[3] eröffnen die Gesprächsaufnahmen umfassende Einblicke in DORs persönliche Geschichte als aus Wien stammender, in London lebender jüdischer Flüchtling der ersten Generation und machen zugleich deutlich, inwiefern VIV als Emigrantin zweiter Generation zu zahlreichen bereits mit DOR verhandelten Themenkreisen eigenständige Perspektiven entwickelt. Die Audioaufnahmen entstanden zwischen Januar und März 1993 in London und wurden anschließend im Format LIDES[4] transkribiert; Audio- und Transkriptionsdateien sind zeitcodiert und miteinander verknüpft.[5]

---

3 Im Rahmen der als *oral history* bezeichneten (ursprünglich geschichtswissenschaftlichen) Methode werden mit Zeitzeugen, die an bestimmten Ereignissen teilgenommen oder sie beobachtet haben, Interviews durchgeführt und mit der Absicht, deren Erinnerungen und Wahrnehmungen zu bewahren, hermeneutisch ausgewertet. Ziel ist es, Informationen aus unterschiedlichen Perspektiven zu erlangen, insbesondere solche, die aus schriftlichen Quellen nicht hervorgehen.
4 S. hierzu Ruthanna Barnett, Eva Codo und Eva Eppler: The LIDES coding manual. In: International Journal of Sociolinguistics 4/2 (2000), S. 131–270.
5 Die Dateien sind abrufbar unter http://talkbank.org/media/BilingBank/Eppler [abgerufen: 29.05.2014]. Für weitere Informationen zum Kontext der Aufnahmen s.

DOR, die zum Zeitpunkt der Datenerhebung Anfang 70 war, zählte zu den rund 206.000 Juden, die Österreich zwischen Mai 1939 und November 1941 verlassen hatten. Sie entstammt einer gut integrierten, jüdischen Mittelschichtsfamilie, war also einer sozialen Gruppierung zugehörig, die sich selbst größtenteils im nationalen Sinne als österreichisch, im kulturellen und humanistischen Sinne als deutsch und im ethnischen Sinne als jüdisch identifizierte.[6] Aufgewachsen im Wiener Bezirk Döbling, erwarb DOR das Deutsche als Muttersprache und besuchte eine renommierte Oberschule, von der sie allerdings 1938 aufgrund ihrer jüdischen Herkunft verwiesen wurde. Als einziges Familienmitglied gelang es ihr, ein Visum (als Hausangestellte) für das Vereinigte Königreich zu erhalten, sodass sie 1939 Wien verließ. In London knüpfte sie ihre persönlichen Kontakte hauptsächlich im *Austria Centre*, einer für das soziale, kulturelle und politische Leben österreichischer Flüchtlinge zentralen Organisation. Hier lernte sie auch ihren ebenfalls aus Wien stammenden Ehemann kennen; die gemeinsame Tochter VIV wurde während des Zweiten Weltkrieges in Hampstead, London, geboren. Als VIV drei Jahre alt war, zogen ihre Großeltern mütterlicherseits sowie ihre Tante, die den Holocaust überlebt hatten, nach London und lebten mit der Familie zusammen. Während die Tante alsbald nach Österreich remigrierte, blieben die Großeltern bis zu ihrem Tod ein integraler Bestandteil des Mehrgenerationenhaushalts. Zur Zeit der Aufnahmen war VIV Anfang 40 und arbeitete als Büroleiterin (engl. *office administrator*) in London. Sie war mit einem Engländer verheiratet; ihr gemeinsamer Sohn, NIC, befand sich zum Zeitpunkt der Datenerhebung im Teenageralter.

III. Methodologie

Aufgrund der Datengrundlage – von authentischen Sprechern in authentischen Situationen produziertes Sprachmaterial – bietet sich für die vorliegende Studie eine soziolinguistische Herangehensweise an. Die hier gewählte Methodologie stützt sich im Wesentlichen auf sozialkonstruktivistische Ansätze zur Identität[7], bezieht aber auch die

---

Eva Duran Eppler: Emigranto. The syntax of German-English code-switching. Wien 2010.
6 S. hierzu Wolfgang Muchitsch: Österreicher im Exil. Großbritannien 1938–1945. Wien 1992.
7 Mary Bucholtz und Kira Hall: Identity and interaction. A sociocultural linguistic approach. In: Discourse Studies 7 (2005), S. 585–614.

Erkenntnisse der soziokulturell orientierten Diskurs-[8] und Konversationsanalyse[9] mit ein.

Sozialkonstruktivistische Ansätze betrachten Identität als »outcome of cultural semiotics that is accomplished through the production of contextually relevant socio-political relations of similarity and difference«[10]. Wie die im Fokus stehende Emigrantin DOR ihre geschlechtsspezifische, ethnische, kulturelle und sprachliche Minderheitenidentität in Interaktion mit ihresgleichen aufbaut, wurde von mir in einer vorausgegangenen Studie auf der Basis unterschiedlicher Aufnahmen mit derselben Probandin herausgearbeitet.[11] Im Mittelpunkt des vorliegenden Beitrags steht die Konstruktion von Ähnlichkeiten und Unterschieden zwischen zwei Generationen von Holocaust-Flüchtlingen. Dabei werden soziokulturelle Kategorien wie ethnische Zugehörigkeit, Nationalität und soziale Rolle mit einbezogen; der Fokus liegt jedoch auf lokal relevanten Identitäten, die von ihren jeweiligen Vertretern in der verbalen Interaktion konstruiert, verhandelt und bestätigt werden. Besondere Aufmerksamkeit gilt den bilingualen Praktiken der Gesprächsteilnehmer und insbesondere der Frage, wie Sprachwechsel und *code-switching* eingesetzt werden, um den Kommunikationspartnern gegenüber einen persönlichen Standpunkt deutlich zu machen.[12] Es wird deutlich, wie sich im Gesprächsverlauf unterschiedliche Aspekte von Identität herausbilden bzw. wie diese in bestimmten Passagen der sprachlichen Interaktion hervortreten, da solche Positionen (und die daraus resultierenden sozialen Verortungen) nicht starr, sondern kontextbedingtem Wandel unterworfen sind und sich situativ konstituieren können.

---

8 S. John Gumperz: Discourse strategies. Cambridge/MA 1982.
9 S. Peter Auer: Bilingual conversation. Amsterdam 1984; Peter Auer (Hg.): Code-switching in conversation. Language, interaction and identity. London 1998; Li Wei: »What do you want me to say?« On the conversation analysis approach to bilingual interaction. In: Language in Society 31 (2002), S. 159–180; Li Wei: Three generations, two languages, one family. Language choice and language shift in a Chinese community in Britain. Clevedon 1994.
10 Mary Bucholtz und Kira Hall: Language and identity. In: A companion to linguistics anthropology. Hg. v. Alessandro Duranti. Malden 2004, S. 369–394; hier: S. 382.
11 Eva Duran Eppler: A bisserl (»little«) English, a bisserl Austrian, a bisserl Jewish, a bisserl female. Minority identity construction on bilingual collaborative floor. In: International Journal of Bilingualism 17/1 (2013), S. 23–42.
12 S. hierzu auch die Untersuchung eines Streitgesprächs zwischen Mutter und Tochter in einer chinesisch-amerikanischen Familie von Ashley M. Williams: Constructing and reconstructing Chinese American bilingual identity. In: ISB4. Proceedings of the 4th International Symposium on Bilingualism. Hg. v. James Cohen, Kara T. McAlister, Kellie Rolstad und Jeff MacSwan. Somerville/MA 2005, S. 2349–2356.

Von soziokulturell orientierten Strömungen der Diskursanalyse (DA) übernimmt die vorliegende Studie die Auffassung, dass »[it is the] overtly marked separation between in- and out-group standards which perhaps best characterises the bilingual experience«[13]. Auf dieser Grundlage hat Gumperz das Begriffspaar des *wir-* und des *sie-*Codes (engl. *we code* vs. *they code*) entwickelt, wobei die den informellen Aktivitäten bilingualer Sprecher zugeordnete ethnisch spezifische Minderheitensprache den *wir-*Code repräsentiert und der *sie-*Code mit der Mehrheits- bzw. Umgebungssprache und den formelleren Beziehungen zu Personen außerhalb der eigenen Gruppe (engl. *out-group relations*) assoziiert ist. Gumperz erwartet, dass *wir-* und *sie-*Code sich zwischen der ersten und der zweiten Generation von Migranten umkehren; einen unmittelbaren Zusammenhang zwischen dem Inhalt einer Äußerung und der verwendeten Sprache schließt er jedoch explizit aus: »Th[e] association between communicative style and group identity is a symbolic one: it does not directly predict actual usage«[14]. Trotz dieses Vorbehalts hat die Unterscheidung zwischen *wir-* und *sie-*Code Forschungen hervorgebracht, die als essenzialistisch und naiv kritisiert wurden.[15] Um diese Problematik zu vermeiden, wird das Begriffspaar in der vorliegenden Studie auf einen eingegrenzten Kontext – die spezifische soziale Interaktion zwischen der exilierten Mutter und ihrer Tochter – angewendet und in einen sozialkonstruktivistischen Rahmen eingebettet.

Das zweite Konzept, das die vorliegende Arbeit von diskursorientierten Strömungen innerhalb der Soziolinguistik übernimmt, ist die Auffassung, dass Code-Wahl und *code-switching* pragmatisch genutzt werden können. Der Wechsel des Codes kann beispielsweise eine Änderung in der Konstellation der Kommunizierenden anzeigen, indirekte Rede, Wiederholungen, Zwischenkommentare und die informationsstrukturelle Gliederung des Diskurses markieren sowie die Art und Weise, wie sich die Sprecher gegenüber ihrer Äußerung positionieren, zum Ausdruck bringen (Personalisierung vs. Objektivierung). Die Möglichkeit der Verwendung von *code-switching* im Diskurs hängt jedoch von der Systemhaftigkeit der Code-Wahl (z. B. bei spezifischen Teilnehmern und/oder Kontexten) sowie von der Richtung und der Häufigkeit der Code-Wechsel ab. In sprachlich stark gemischten Daten sind derartige Code-Wechsel weniger markiert als in solchen, die durch

---

13 Gumperz: Discourse strategies (s. Anm. 8), S. 65.
14 Gumperz: Discourse strategies (s. Anm. 8), S. 66.
15 S. hierzu Auer (Hg.): Code-switching in conversation (s. Anm. 9), sowie insbesondere den darin enthaltenen Beitrag von Christopher Stroud: Perspectives on cultural variability of discourse and some implications for code-switching, S. 321–348.

die Verwendung einer Sprache dominiert sind, und es ist auch weniger wahrscheinlich, dass ein Code mit der Kultur eines Codes assoziiert wird.[16] Im Kontext der vorliegenden Studie wird dieser Aspekt dann relevant, wenn man das hier ausgewertete Sprachmaterial mit DORs Sprachgebrauch in einem anderen Kontext, d. h. unter jüdischen Emigranten, vergleicht.[17]

Mit dem Vorschlag von Code-Wechsel und Sprachwahl als Kontextualisierungshinweise, d. h. als sprachliche Signale, die einen Interpretationsrahmen für den referenziellen Inhalt einer Nachricht bieten, hat Gumperz[18] den Weg für konversationsanalytische Ansätze zum *code-switching* geebnet. Die vorliegende Studie stützt sich auf diese Ansätze und zeigt auf, wie die Gesprächsteilnehmer Kontextualisierungshinweise verwenden, um interaktionelle Ziele (engl. *interactional goals*) wie Zustimmung und Ablehnung anzuzeigen[19], und wie Sprachwechsel und *code-switching* von Bilingualen zur Gesprächsstrukturierung genutzt werden.

Ziel ist es, auf der Basis detaillierter sprachlicher Analysen den Konflikt zwischen zwei Generationen von weiblichen Holocaust-Flüchtlingen und seine möglichen Ursachen zu identifizieren. Um zu ermitteln, wie und wo sich die beiden Frauen in Bezug auf Kultur und Sprache des Heimat- und Exillandes positionieren, wurde ein interdisziplinärer Ansatz gewählt, der Berrys Akkulturations-Modell (engl. *acculturation model*)[20] sowie die Erkenntnisse und Begrifflichkeiten neuerer Forschung zur Interkulturalität[21] und zum kulturellen Gedächtnis (engl. *cultural memory*)[22] mit einbezieht.

Migranten lassen sich als Individuen charakterisieren, deren Entwicklung von einem bestimmten kulturellen Kontext geprägt ist und

---

16 S. hierzu Auer (Hg.): Code-switching in conversation (s. Anm. 9).
17 Duran Eppler: A bisserl (»little«) English, a bisserl Austrian, a bisserl Jewish, a bisserl female (s. Anm. 11).
18 S. Gumperz: Discourse strategies (s. Anm. 8), S. 131.
19 S. Helena Bani-Shoraka: Language choice and code-switching in the Azerbaijani community in Tehran. A conversation analytic approach to bilingual practices. Uppsala 2005.
20 John W. Berry: A psychology of immigration. In: Journal of Social Issues 53 (2001), S. 625–632.
21 Doreen Rosenthal: Intergenerational conflict and culture. A study of immigrant and nonimmigrant adolescents and their parents. In: Genetic Psychology Monographs 109 (1984), S. 53–75. Doreen Rosenthal, Nadia Ranieri and Steven Klimidis: Vietnamese adolescents in Australia. Relationships between perceptions of self and parental values, intergenerational conflict, and gender dissatisfaction. In: International Journal of Psychology 31 (1996), S. 81–91.
22 S. hierzu Astrid Erll und Ansgar Nünning (Hg.): Cultural memory studies. An international and interdisciplinary handbook. Berlin 2008.

die versuchen, ihr Leben in einem neuen Umfeld wieder aufzubauen. Kultur im Sinne von »whatever it is one has to know or believe in order to operate in a community in a manner that is acceptable to its members«[23] stellt dabei ein prägendes Verhaltensmoment dar. Im Migrationskontext können sich somit das Verhalten der ersten Auswanderergeneration und deren Werte und Auffassungen als für die Zielgemeinschaft unpassend offenbaren. In gleicher Weise können sich auch die Verhaltensweisen, Werte und Auffassungen der zweiten Migrantengeneration als unpassend für die Herkunftsgemeinschaft erweisen, nämlich dann, wenn kulturelles Gut nicht von Generation zu Generation weitergegeben wird. Inkompatible Verhaltensweisen können Alltagsschwierigkeiten bereiten und damit zu Akkulturationsstress führen,[24] insbesondere aufgrund der Tatsache, dass sich jüngere Generationen i. d. R. schneller als die der Eltern akkulturieren[25] – eine Diskrepanz, die zu intergenerationellen Konflikten innerhalb von Einwandererfamilien führen kann.[26]

Assimilations- und Akkulturationsprozesse werden fast unvermeidbar von Sprachwechsel begleitet, also dem Prozess, bei dem eine Sprache eine andere im sprachlichen Repertoire eines Individuums oder einer Gemeinschaft ablöst.[27] Während des Sprachwechsels nimmt die muttersprachliche Sprachbeherrschung des Individuums i. d. R. ab; die Sprecher werden zu Semi-Sprechern ihrer Muttersprache oder passiven Bilingualen und beherrschen die Sprache, zu der sie wechseln, zunehmend besser.[28] Sprachwechsel und Sprachverlust werden von der Einstellung des Einzelnen gegenüber seinen Sprachen und Kulturen

---

23 William H. Goodenough: Cultural anthropology and linguistics. In: Report of the 7th annual round table meeting on linguistics and language study. Hg. v. Paul L. Garvin. Washington/DC 1957, S. 167–173; hier: S. 167.
24 S. hierzu Karmela Liebkind: Acculturation and stress. Vietnamese refugees in Finland. In: Journal of Cross-Cultural Psychology 27 (1996), S. 161–180.
25 S. hierzu Jon K. Matsuoka: Differential acculturation among Vietnamese refugees. In: Social Work 35 (1990), S. 341–345, sowie Rosenthal: Intergenerational conflict and culture (s. Anm. 21).
26 S. Rosenthal: Intergenerational conflict and culture (s. Anm. 21); Nga A. Nguyen und Harold L. Williams: Transition from east to west. Vietnamese adolescents and their parents. In: Journal of the American Academy of Child and Adolescent Psychiatry 28 (1989), S. 505–515; Kathryn Rick und John Forward: Acculturation and perceived intergenerational differences among Hmong youth. In: Journal of Cross-Cultural Psychology 23 (1992), S. 85–94.
27 Joshua Fishman: Reversing language shift. Clevedon 1991.
28 S. hierzu die Beiträge von Monika S. Schmid, Cornelia Lahmann und Rasmus Steinkrauss: Sprachverlust im Kontext von Migration und Asyl, in diesem Band, sowie von Ilse Stangen und Tanja Kupisch: Erhalt und Verlust von Sprache(n) im Migrationskontext. Vom Nutzen der Analyse herkunftssprachlicher Daten für die Exilforschung, in diesem Band.

beeinflusst. Bearman und Woodgate bemerken bezüglich der deutschsprachigen jüdischen Auswanderergemeinschaft in London, dass »feelings and attitudes towards both the new and the old language are closely tied up with the individual's sense of identity [...] and their degree of integration into their adopted country«[29].

Sprachwechsel wird i. d. R. von Sprachkontaktphänomenen wie Entlehnungen und *code-switching* begleitet,[30] Phänomene, die auch für DORs Sprachverwendung charakteristisch sind. Unter lexikalischen Entlehnungen (engl. *lexical borrowings*) versteht man Wörter aus einer Sprache A, die sich innerhalb zweisprachiger Gemeinschaften bei der Verwendung der Sprache B verbreitet haben; Lehnwörter (engl. *loanwords*) hingegen sind Wörter aus der Sprache A, die (auch außerhalb bilingualer Kontexte) in einer Sprache B frequent sind. *Code-switching* bezieht sich auf das nicht-konventionalisierte Alternieren zwischen den Sprachen A und B innerhalb eines Satzes oder einer verbalen Interaktion. Von zentraler Bedeutung für die Interpretation des hier vorliegenden Sprachmaterials ist, dass »the occurrence of code-switching is by no means universal in bilingual situations, and lexical borrowing is not in any way dependent on code-switching«[31].

Aus dem Bereich der *memory studies* wurde für die vorliegende Studie das Konzept des *lieu de mémoire*[32] (›Erinnerungsort‹) übernommen, mit dem die Vorstellung verbunden ist, dass sich das kollektive Gedächtnis sozialer Gruppen in (nicht nur im Sinne geografischer Lokalisierungen zu denkenden) Orten kristallisiert. *Lieux de mémoire* sind damit mentale Werkzeuge oder mnemonische Mittel, die nicht wertfrei, sondern ideologisch und national- bzw. gruppenspezifisch aufgeladen sind. Nach Pierre Nora tritt eine solche Ideologisierung von erinnerten Dingen, Geschehnissen etc. ein als Konsequenz eines

> particular historical moment, a turning point where consciousness of a break with the past is bound up with the sense that memory has been torn, but torn in such a way as to pose the problem of the embodiment of memory in certain sites where a sense of historical continuity persists.[33]

---

29 Marietta Bearman und Erna Woodgate: Postwar. The challenges of settling down. In: Changing countries. The experience and achievement of German-speaking exiles from Hitler in Britain, from 1933 to today. Hg. v. Marian Malet und Anthony Grenville. London 2002, S. 217–246; hier: S. 235.
30 Sarah Thomason: Language contact. Edinburgh 2001.
31 Martin Haspelmath: Lexical borrowing. Concepts and issues. In: Loanwords in the world's languages. A comparative handbook. Hg. v. Martin Haspelmath und Uri Tadmor. Berlin 2009, S. 35–54; hier: S. 42.
32 Pierre Nora: Between memory and history. Les lieux de mémoire. In: Representations 29 (1989), S. 7–24.
33 Nora: Between memory and history (s. Anm. 32), S. 7.

Für die im Mittelpunkt dieser Studie stehende Exilantin DOR sowie für die gesamte erste Generation jüdischer Flüchtlinge aus Österreich war dieser historische Moment der »Anschluss« an das Deutsche Reich im März 1938.

Die folgenden Abschnitte befassen sich mit Ausschnitten aus den Gesprächsaufnahmen mit DOR und VIV als zwei Vertreterinnen der ersten und zweiten Generation österreichischer Holocaust-Flüchtlinge in London. Obwohl die Analyse interdisziplinär angelegt ist, stützt sie sich hauptsächlich auf soziolinguistische Methoden. Sprache wird als diskursiv bedeutsames System gesehen, in dem sich die Sprecher während des Erzählens selbst konstruieren und dekonstruieren. Der Schwerpunkt liegt auf lexikalischen, semantischen und strukturellen Besonderheiten im mono- und bilingualen Sprachgebrauch der beiden Teilnehmerinnen. Der Vergleich der Wahl sprachlicher Mittel durch Mutter und Tochter erlaubt, sprachliche und kulturelle Faktoren als Ursachen für intergenerationelle Spannungen aufzudecken. In Abschnitt IV wird zunächst der Sprachwechsel thematisiert; Abschnitt V widmet sich dem Sprach- und Kulturverlust.

IV. Sprachwechsel

DORs Muttersprache ist, ebenso wie die der großen Mehrheit der Wiener Juden[34], das Deutsche (und nicht das Jiddische oder Hebräische) – eine unmittelbare Folge des Toleranzedikts von 1781, das die jüdische Bevölkerung der österreichisch-ungarischen Monarchie zwang, ihre Kinder in deutschen Mittelschulen ausbilden zu lassen. Als weitere Folge hatten die Wiener Juden in der zweiten Hälfte des 19. Jahrhunderts begonnen, sich selbst als Österreicher im nationalen und als Deutsche im kulturellen und humanistischen Sinne zu identifizieren.[35]

Nach ihrer Ankunft in England ließ sich DOR in Hampstead, einem nordwestlichen Stadtteil von London nieder. Anders als die traditionell jüdischen Londoner Siedlungsgebiete, wie das von der Arbeiterklasse geprägte und weitgehend jiddischsprachige East End, war Hampstead ein nicht-jüdisches, englischsprachiges Mittelklasseviertel. Bedingt durch den Einfluss der wachsenden Anzahl deutschsprachiger Exilanten in den 1930er Jahren wurde Deutsch im Nordwesten Londons jedoch zu einer Art *lingua franca*. Im Textbeispiel (1) skizziert DOR

---

34 S. hierzu Marion Berghan: German-Jewish refugees in England. Ambiguities of assimilation. Oxford 1988; Malet und Grenville (Hg.): Changing countries (s. Anm. 29).
35 S. Robert S. Wistrich: The Jews of Vienna in the age of Franz Josef. Oxford 1989, S. 16.

die vorherrschenden Sprachverwendungsmuster im öffentlichen und privaten Bereich im Hampstead der 1940er Jahre.

(1)[36] DOR: hier in Hampstead # auf der Straße # man hat nur Deutsch gesprochen.
      DOR: zuhause haben wir doch auch nur Deutsch gesprochen.

DORs Darstellung des Sprachgebrauchs in Hampstead entspricht anderen Zeugnissen,[37] ist aber dennoch überraschend, da das Deutsche in England während des Zweiten Weltkriegs die Sprache des Feindes darstellte und jüdische Flüchtlingsorganisationen dazu rieten, den Gebrauch des Deutschen in der Öffentlichkeit zu vermeiden.[38] Weiterhin zeigt die Passage, dass die Beibehaltung der Sprache für DOR nicht zur Diskussion stand (*nur, doch auch nur*). Nicht so bei der nächsten Generation:[39] Wie Textbeispiel (2)[40] zeigt, war die Wahl der Sprache für DOR auch im häuslichen/privaten Bereich ein sensibles Thema.

(2) DOR: das einzige # mit meiner Tochter # mit meinem Enkerl muss ich Englisch sprechen.
      DOR: und sie [VIV] hat sie [die Großeltern] gezwungen, dass sie Englisch lernen.
      DOR: sie hat immer gesagt +«**you are in England # you have to speak English** +.«

Es lässt sich eine gewisse Verbitterung aus der zitierten Äußerung herauslesen (*muss ich Englisch sprechen*, VIV *hat sie gezwungen, dass sie Englisch lernen*) und DOR missbilligt den Wechsel von Deutsch zu Englisch in der zweiten Generation deutlich.

Mit Ausnahme des direkten Zitates sind die Textbeispiele (1) und (2) komplett auf Deutsch. Indirekte Rede ist eine gut belegte Diskursfunktion von *code-switching*[41]; dass DOR ihre Tochter in der Originalsprache zitiert, dem *wir*-Code für VIV, aber dem *sie*-Code für ihre Mutter, ist unmittelbar einsichtig. Die Nachricht, die VIV ihren Großeltern

---

36 Verwendete Abkürzungen: # (kurze Sprechpause), + (direkte Rede), /– (Abbruch ohne Wiederaufnahme), … (Auslassung), xxx (unverständliche Passage).
37 S. Berghan: German-Jewish refugees in England (s. Anm. 34).
38 S. Muchitsch: Österreicher im Exil (s. Anm. 6), S. 33.
39 S. in diesem Zusammenhang auch die folgende Äußerung eines Flüchtlingskindes: »I was terrified my parents spoke German in the street, especially during the war. I would sort of crawl away – ›I don't belong to them‹ sort of thing«. Bearman und Woodgate: Postwar (s. Anm. 29), S. 237.
40 Englischsprachige Passagen werden durch Fettdruck hervorgehoben.
41 Gumperz: Discourse strategies (s. Anm. 8).

offensichtlich zu vermitteln versucht, ist, dass Segregation keine Option ist, wenn sie Zugang zur Gesellschaft des Gastlandes erlangen möchten (*you are in England, you have to speak English*). Textbeispiel (2) zeugt weiterhin von der Dauer des Konflikts um die Sprache zwischen den Generationen: VIV hat die Entscheidung ihrer Großeltern, sich der Integration in die Alltagskultur zu verweigern, offensichtlich nie verstanden und sich schon im jungen Alter für Assimilation entschieden.

VIVs Wahl der Akkulturationsstrategie kann möglicherweise auch erklären, warum sie genauso ungern Deutsch sprach wie ihre Großeltern Englisch:

(3) DOR: sie [VIV] hat müssen Deutsch sprechen mit meinen Eltern.
     DOR: hat sie müssen verstehen; hat sie müssen sprechen, ob sie wollen hat oder nicht.

Der Groll über die Sprachwahl ging in DORs Familie in beide Richtungen; DOR war jedoch nicht der einzige Elternteil, der sich abmühte, die Muttersprache an die zweite Generation weiterzugeben.[42] Passiver Bilingualismus, die Fähigkeit eine weitere Sprache zu verstehen, sie jedoch nicht aktiv zu sprechen, ist in der zweiten Generation jüdischer Flüchtlinge[43] und darüber hinaus generell in Migrantengemeinschaften, die einem Sprachwechsel unterliegen, weit verbreitet.[44] Ungewöhnlich ist jedoch, dass sich in der deutschsprachigen jüdischen Flüchtlingsgemeinde der Sprachwechsel derart schnell vollzogen hat und mit der dritten Generation praktisch abgeschlossen ist. DOR bedauert, dass dies auch für ihre eigene Familie gilt.[45]

Es stellt sich also die Frage, warum VIV (und mit ihr generell die zweite Generation der Holocaustflüchtlinge) trotz demografischer und persönlicher Faktoren (Familie und Gemeinschaftsstruktur bzw. DORs Wunsch zur Weitergabe kulturell-sprachlicher Identität an die Folgegeneration) so sehr darauf beharrt hat, den Sprachwechsel zum Englischen zu vollziehen. Zweifellos haben der größere nationale Kon-

---

42 S. z.B. Datei alfred1.mp3, Zeile 1334, für ein ähnliches Zeugnis des Sprechers EAR (s. Anm. 5).
43 S. hierzu Malet und Grenville (Hg.): Changing countries (s. Anm. 29).
44 S. hierzu Jenny Cheshire: Age and generation-specific use of language. In: Sociolinguistics. An international handbook of the science of language and society. Hg. v. Ulrich Ammon, Norbert Dittmar, Klaus J. Mattheier und Peter Trudgill. Berlin 2005, S. 1552–1563; Michael Clyne: Dynamics of language contact. Cambridge 2003.
45 S. auch Datei IBron.mp3, Zeile 469331 (s. Anm. 5).

text (Zweiter Weltkrieg) sowie institutionelle (z. B. schulische) und staatliche Faktoren (z. B. der *Alien's act*[46]) auch DORs Familie betroffen. Diese Faktoren scheinen VIVs Einstellungen geformt zu haben, sodass sie ihre Werte, Auffassungen und Verhaltensweisen bereits früh an die der Gastkultur angepasst hat. Zwei Aspekte der Akkulturation sind VIV besonders wichtig: ›gutes‹ Englisch und ›gutes‹ Benehmen.[47]

Sprache, Kultur und Werte, die ›gutes‹ Sozialverhalten mit einschließen, genießen in vielen jüdischen Haushalten hohes Ansehen. Mutter (DOR) und Tochter (VIV) teilen ähnliche Werte, jedoch hat die Migration einige von ihnen nachhaltig verändert. Für DOR bedeuten ›gute‹ Sprache und ›gutes‹ Sozialverhalten ›gutes‹ Deutsch und im österreichischen Kontext für gut befundenes Sozialverhalten, für VIV jedoch ›gutes‹ Englisch und ›gute‹ britische Manieren. Die bisher analysierten Auszüge haben gezeigt, dass die Migration und die Auswirkungen unterschiedlicher Akkulturation die beiden Generationen in Bezug auf Fragen wie die Sprachwahl oder kulturspezifische Verhaltensweisen stark polarisieren. Diskrepanzen zwischen kulturspezifischen Werteinstellungen haben in dieser Immigrantenfamilie zu einem intergenerationellen Konflikt geführt.

Die intergenerationelle Akkulturationslücke, die sich dadurch vergrößert, dass sich DOR für Segregation, VIV jedoch für Assimilation entschieden hat, bringen Verstimmung, Unverständnis, Groll und Verlegenheit mit sich:

(4) VIV: when you used to ring me at work +, you know # (be)cause there were very [/-] sort of # very well spoken English people there.
     VIV: and they said +«VIV a foreign lady is on the phone for you».
     VIV: it's my mother!

VIV begegnet der Tatsache, dass ihre Mutter keine »very well spoken English [woman]« war, ausweichend (sort of), auch wenn sie nicht die einzige in der zweiten Generation war, die dieses Gefühl kannte. So erinnert sich eine Zeitzeugin in einem anderen Interview daran, dass die Kinder sich schämten, wenn ihre Eltern »speak so with a heavy [ˈɛksənt]« (ahmt einen deutschen Akzent nach)[48]. VIV sieht sich selbst als »the English child of # of a foreign family«. DORs zurückverfolg-

---

46 Der *Alien's act* (1914/19) verpflichtete Ausländer, sich polizeilich registrieren zu lassen, erleichterte ihre Deportation und schränkte ihren Handlungsfreiraum ein.
47 S. auch Datei IBron.mp3, Zeilen 968550, 972823, 976166, 1049727 (s. Anm. 5).
48 S. Datei IBron.mp3, Zeilen 955–999 (s. Anm. 5).

barer deutschsprachiger Hintergrund macht sie in der englischen Welt ihrer Tochter zu einer Fremden, und VIV steht vor dem Dilemma, die *foreign lady* mit ihrer *Mutter* in Einklang bringen.

V. Sprach- und Kulturverlust

An anderer Stelle habe ich gezeigt, dass die österreichische kulturelle und sprachliche Identität für DOR wichtig ist und dass der starke Wunsch besteht, diese beizubehalten.[49] Möglich war dies, weil andere deutschsprachige jüdische Flüchtlinge diesen Wunsch mit ihr teilten und die demografischen Bedingungen es ermöglichten, starke deutsche Bindungen zu erhalten. Textbeispiel (5) unterstreicht die Wichtigkeit solcher demografischer Faktoren für den Erhalt von Sprache und Kultur (s. auch Textbeispiel 1) und führt kulturspezifische Praktiken der Nahrungsaufnahme als einen weiteren Faktor ein.

(5)   DOR: [Hampstead] ist ja **more** eine **bohemian** [//] so # **you know**.
           DOR: deswegen sind wir doch alle hier, – weil es war nicht so typisch Englisch.
           DOR: da waren so, **you know, continental** Geschäfte und das Essen + …

Textbeispiel (5) kombiniert mehrere Themen, die bereits in bisher betrachteten Passagen zur Sprache gekommen sind. DORs Erfahrung als Migrantin ist durch ein starkes Bewusstsein für die Trennung zwischen *in-group* und *out-group*[50] charakterisiert: *deswegen sind wir* [jüdischen Flüchtlinge aus Zentraleuropa] *doch alle hier* [in Hampstead], *weil es war nicht so typisch Englisch* [= das kulturell und sprachlich Andere]. DOR illustriert ihren Standpunkt anhand von Beispielen aus der Kultur der Nahrungsaufnahme, erwähnt werden *continental* Geschäfte und Essen. Was die Sprachverwendung anbelangt, entlehnt DOR den englischen Diskursmarker *you know* (der u. a. Erklärungen und Exemplifikationen als wichtig empfundene Informationen markiert) und Schlüsselwörter aus der Sprache des Gastlandes. Letztere sind keine hochfrequenten Wörter, sondern Adjektive mit kulturspezifischen Bedeutungsnuancen, also *mots justes*. Das Lexem *continental* ist eine

---

49 S. Eva Duran Eppler: Language and culture contact and intergenerational conflict. In: Contact and conflict. Hg. v. Sabine Coelsch-Foisner und Herbert Schendl. Berlin (erscheint) 2015.
50 S. Gumperz: Discourse strategies (s. Anm. 8), S. 65.

typisch englische Ausdrucksweise, um sich auf für das europäische Festland Typisches zu beziehen (»characteristic of mainland Europe«[51]). *Bohemian* bezieht sich auf »a person who has informal and unconventional social habits, especially an artist or writer«[52]. Mit der Verwendung dieses Lexems spielt DOR nicht nur auf Hampstead als Stadtteil mit einer hohen Anzahl von Künstlern an, sondern sie charakterisiert auf diese Weise auch ihren eigenen sozialen Status im Gastland, indem sie sich als unangepasst und damit als sozial unkonventionell konstruiert. Durch die Attribute, die sie ihrer Wahlheimat und den Läden, in denen sie ihre Nahrungsmittel kauft, zuschreibt, verweist sie indirekt auf ihre soziale Position in England: Als Zentraleuropäerin lebt sie am Rande der Gesellschaft ihres Gastlandes.

Die hohe Relevanz von Essen und Esskultur für den Aufbau einer Identität tritt auch in Textbeispiel (6) zutage, das im Originalkontext in eine mündliche Erzählung eingebettet ist.[53] In der einleitenden Passage werden das zentrale Paradoxon, nämlich die kulturelle und sprachliche Gleichheit und Unterschiedlichkeit, sowie die Hauptcharaktere der Narrative, »die eigenen Leute« auf der einen und die kulturell Anderen, d. h. die »richtigen Engländer« auf der anderen Seite, vorgestellt. Vor der abschließenden Bewertung der kulturellen Nähe bzw. Distanz zwischen Österreichern und Engländern – »one does not have so much in common with the English« – liefert DOR mit der Wiener Kaffeehauskultur ein prototypisches Beispiel kulturspezifischen Verhaltens aus dem Bereich der Nahrungsaufnahme:

(6)   DOR: **we enjoy** [//] wir gehen gerne ins Kaffeehaus # noch immer.
      DOR: **you know**, wir sitzen da für Stunden + ...
      (*gemeinsames Gelächter DOR und EVA*)

Wiener Kaffeehäuser werden auf der UNESCO-Homepage des Immateriellen Kulturerbes in Österreich als Orte beschrieben »where time and space are consumed, but only the coffee is found on the bill«[54]. Wiener Kaffeehauskultur heißt Freunde an einem öffentlichen Platz zu

---

51   Judy Pearsall (Hg.): The new Oxford dictionary of English. Oxford 1998, S. 397.
52   Pearsall: The new Oxford dictionary (s. Anm. 51), S. 199.
53   S. Datei IBron, 347473–347524 (s. Anm. 5). S. in diesem Zusammenhang auch William Labov: The transformation of experience in narrative syntax. In: Ders.: Language in the inner city. Philadelphia 1972.
54   UNESCO: Verzeichnis des Immateriellen Kulturerbes in Österreich. Wiener Kaffeehauskultur, unter: http://immaterielleskulturerbe.unesco.at/cgi-bin/unesco/element.pl?eid=71 [abgerufen: 26.05.2014].

treffen, in einem Kaffeehaus, wo man sich stundenlang unterhält, Zeitung liest und Kaffee trinkt. Der englische *high tea* findet im Gegensatz hierzu nur auf Einladung und meist zuhause statt und ist durch den Beginn des nachfolgenden Abendessens zeitlich strikt begrenzt. Im zeitgenössischen österreichischen Kontext stellt die Kaffeehauskultur ein kulturelles Stereotyp dar; für in London ansässige jüdische Flüchtlinge aus Österreich ist sie jedoch im Sinne von Nora ideologisch, also zur Erinnerungsstätte, zum *lieu de mémoire*[55] geworden. Der Holocaust hat für viele Wiener Juden einen unwiderruflichen Bruch mit der Vergangenheit verursacht; DOR und ihre Freundinnen mussten die Kaffeehauskultur in der Londoner Rekonstruktion eines Wiener Kaffeehauses ausleben. In stundenlangen Gesprächen im Kaffeehaus erhalten, beleben und verstärken DOR und ihre Freundinnen ihre »zerrissenen«[56] Erinnerungen und rekonstruieren ihre Identitäten aus den Brüchen und Diskontinuitäten des Exils.[57] DORs Darstellung der Kaffeehauskultur löst bei Interviewerin und Interviewten gemeinsames Lachen aus. Diese Art von Sequenzen – Handlungsaufforderung gefolgt von Lachen – tritt häufig am Ende von Gesprächssequenzen auf[58] und wurde als Ausdruck gegenseitigen Verständnisses in gleichgeschlechtlich-weiblicher verbaler Interaktion interpretiert.[59] Konversationsanalytisch geht der Diskursmarker *you know* in Textbeispiel (6) einer Selbstkorrektur in der anderen Sprache voraus. Diskursanalytisch markiert er eine genauere Erklärung.

Das folgende Textbeispiel, eine narrative Passage, führt ebenso zu gemeinsamem Lachen und thematisiert eine weitere österreichische »Institution«, den Würstelstand. Es wird beschrieben, wie NIC, der Repräsentant der dritten Generation, nach der Rückkehr von einer Österreichreise mit seinen Großeltern wegen der Art und Weise, wie er seine Würstel isst, in einen kulturellen Konflikt zwischen Mutter und Großmutter gerät. Dass *good manners*, also ›gute‹ englische Tischmanieren, als gesellschaftlich anerkannte soziokulturelle Normen für VIV Priorität in der Erziehung haben, wurde bereits erwähnt. Der Konflikt zwischen der ersten und zweiten Generation erreicht seinen Höhepunkt, als VIV klar wird, dass DOR die Gelegenheit der Österreichreise nutzte, um ihrem Enkel NIC kulturspezifische Formen der

---

55 S. Nora: Between memory and history (s. Anm. 32).
56 Nora: Between memory and history (s. Anm. 32), S. 7.
57 S. Edward W. Said: Reflections on exile. In: Ders.: Reflections on exile and other literary and cultural essays. London 2001, S. 173–186; hier: S. 179.
58 Jennifer Coates: Women talk. Oxford 1996, S. 145.
59 Coates: Women talk (s. Anm. 58). Deborah Tannen: Gender and discourse. New York, Oxford 1996.

Nahrungsaufnahme zu vermitteln. Alle drei Generationen und die Interviewerin sind an diesem Gespräch beteiligt.

(7) DOR: we went, you know [//] we went to Salzburg and the(re) ### den Würstelstand
 DOR: so I said +«NIC you have to eat it [das Würstchen] with der Hand, because das schmeckt ganz anders.«
 DOR: das muss man mit der Hand essen, es schmeckt ganz anders.
 DOR: so wie er nach Haus gekommen is(t), hat er (e)s in die Hand genommen.
 DOR: sagt die VIVien »what are you doing?«
 DOR: sagt er, »es schmeckt ganz anders.«
 (gemeinsames Gelächter DOR und EVA)
 VIV: xxx tragedy xxx you know xxx.
 VIV: you know, all the things I was trying to do xxx good manners
 VIV: you know, that's what I'm saying in reverse.
 VIV: as if she didn't like, what you are doing

Die in der narrativen Passage verwendete Sprache ist das Englische. Das nach dem Toponym *Salzburg*[60] als erstes verwendete deutsche Wort ist die kulturelle Entlehnung *Würstelstand*. Das englische Pendant *hot dog stand* scheint die Realität, die die Assoziationen mit dem deutschen Wort *Würstelstand* hervorrufen, nicht richtig auszudrücken, und DOR bedient sich folglich des deutschen Lexems, denn ein *Würstelstand* ist zwar eine Art Fast-Food-Kiosk, aber kein *take away*, sondern ein Imbissstand, an dem die Kunden Würstel konsumieren, typischerweise mit Brot und Senf und ein Bier dazu trinken – so als stünden sie an einer Bar. Einen Würstelstand zu besuchen, ist Teil der österreichischen Populärkultur und bedeutet sehr viel mehr, als lediglich einen Snack einzunehmen. Würstelstände sind Orte der Kommunikation, sie sind bis spät in die Nacht oder gar bis früh in den Morgen geöffnet. Die Ähnlichkeiten zwischen Wiener Kaffeehaus- und Würstelstand-Kultur sind ebenso bemerkenswert wie die Unterschiede zwischen dem englischen *high tea* und den *fish and chips shops*. In letzteren kauft man eine Mahlzeit, die dann in der Privatsphäre verzehrt wird; an Würstelständen und in Wiener Kaffeehäusern hingegen bleibt man, um in der Gemeinschaft zu konsumieren und sich zu unterhalten.

---

60 Ortsnamen dienen der Orientierung und lassen sich somit kaum vermeiden. S. hierzu auch Labov: The transformation of experience in narrative syntax (s. Anm. 53).

Darüber hinaus lässt sich die Entlehnung des Ausdrucks *Würstelstand* auch als Anspielung auf einen Eigennamen (engl. *proper-name allusion*)[61] interpretieren, die gezielt an das andere Mitglied der kulturellen Eigengruppe, nämlich die Interviewerin EVA, gerichtet ist: DOR und EVA wissen, dass es an einem Würstelstand nur eine einzige kulturell angemessene, unmarkierte Art und Weise der Nahrungsaufnahme gibt, nämlich *with der Hand*. Die volle Bedeutung dieser Entlehnung ist kulturell bestimmt und kann nur verstanden werden, wenn ihre Verwendung Assoziationen mit dem Referenten *und* bestimmten damit verbundenen charakteristischen Merkmalen hervorruft (etwa dass man sich mit dem Besitzer und anderen Kunden unterhält). Zugänglich ist dies nur der Sprecherin DOR und der Interviewerin EVA. Diese Interpretation wird durch das gemeinsame Lachen unterstützt – was in der Literatur als Ausdruck weiblicher Solidarität interpretiert wurde.[62] Am Schluss des in (7) wiedergegebenen Textbeispiels unterteilt DOR ihr Publikum deshalb indirekt in kulturelle und sprachliche Eigen- und Fremdgruppenmitglieder: Sie selbst und EVA sind das *wir*, ihre Tochter VIV repräsentiert das kulturell Andere, das *sie*; der Enkel NIC steht zwischen den beiden.

Das Thema und die ersten beiden deutschen Wörter in Textbeispiel (7), *Salzburg* und *Würstelstand*, lösen häufiges *code-switching* innerhalb eines Satzes aus. Die Erklärung, warum es für DOR wichtig ist, Würstel auf eine kulturell angemessene Art und Weise zu essen, wird schon in einem fast gänzlich deutschen Satz gegeben, because *das schmeckt ganz anders*. Das ist selbstverständlich kein kausaler Grund und ergibt nur in einem Kontext Sinn, in dem DOR ihre österreichische kulturelle Identität als jüdische Geflüchtete in London beibehält, d. h. wenn *Würstelstand* als *lieu de mémoire* interpretiert wird. Mit der englischen Konjunktion *because* stellt DOR sprichwörtlich die identitätsstiftende Verbindung zwischen ihrem Enkel NIC und der Esskultur ihrer Heimat her.[63]

Offensichtlich hat DOR Freude daran, diesen Teil der Geschichte zu erzählen und wiederholt die ganze vorausgegangene Aussage, die zugleich den Höhepunkt der Geschichte darstellt, auf Deutsch. Auch

---

61 Hierunter versteht man eine Anspielung, die Spezialwissen oder Interesse voraussetzt und nur einer begrenzten Minderheit von Empfängern zugänglich ist, s. Ritva Leppihalme: Culture bumps. Clavedon 1997, S. 3.
62 S. beispielsweise in Carole Edelsky: Who's got the floor? In: Gender and conversational interaction. Hg. v. Deborah Tannen. Oxford 1993, S. 189–227; hier: S. 220, sowie in Coates: Women talk (s. Anm. 58), S. 145.
63 Pierre Bourdieu: Distinction. A social critique of the judgement of taste. Cambridge/MA 1984.

beim nächsten Übergang in der Geschichte wechselt sie nicht wieder ins Englische zurück. Indem sie ihre Sprachwahl beibehält, schließt DOR ihre Tochter VIV zwar nicht von der Partizipation aus, höchstwahrscheinlich jedoch ihren Enkel NIC. Als wolle sie den Sprach- und Kulturkonflikt zwischen den Generationen noch hervorheben, zitiert DOR VIVs schockierte Reaktion auf das neu erworbene österreichische Benehmen ihres Sohnes auf Englisch. Gumperz[64] unterstreicht, dass bei Zitaten die in der ›anderen‹ Sprache wiedergegeben werden der Kontrast zwischen *wir*- und *sie*-Code zentral ist – und nicht die getreue Repräsentation von Sprache als solcher. DOR zitiert ihre eigene Tochter hier auf Englisch; NIC, dem soeben österreichische Essenskultur beigebracht wurde, jedoch auf Deutsch. Indem sich DOR entscheidet, ihre Tochter im *sie*-Code wiederzugeben, betont sie die Tatsache, dass ihre Tochter sich andere kulturelle Normen zu Eigen gemacht hat und schließt sie damit aus der kulturellen Eigengruppe aus. Umgekehrt interpretiert VIV den Versuch ihrer Mutter, ihrem Enkel NIC österreichisches kulturelles Verhalten nahezubringen, als ein wenig willkommenes Durchkreuzen ihrer eigenen erzieherischen Bemühungen. DOR provoziert also einen Konflikt mit der Tochter, indem sie dem Kultur- und Sprachverlust von einer Generation zur nächsten aktiv entgegenwirkt und versucht, ihre eigene Essenskultur in der dritten Generation wieder aufleben zu lassen.

VI. Zusammenfassung

Wie die Analyse der Gesprächstranskripte gezeigt hat, lassen sich Sprachwechsel[65] und kulturspezifische Arten der Nahrungsaufnahme als zwei zentrale Gründe für den Konflikt zwischen Mutter und Tochter identifizieren. Beide Faktoren sind mit den Akkulturationsstrategien verbunden, die die beiden Generationen von Frauen übernehmen. DORs Englisch ist ausreichend für die Bereiche, in denen sie Kontakt mit der Kultur des Gastlandes aufnehmen muss, wie z. B. im Geschäftsleben, doch zieht sie es vor, in der Interaktion mit ihren Eltern, ihrem Mann und ihren engsten Freundinnen das Deutsche zu verwenden. Gerne würde sie die Muttersprache an die nächsten Generationen weitergeben (s. Abschnitt V) und auch mit ihrer Tochter und ihrem Enkelsohn Deutsch sprechen. ›Gutes‹ Englisch ist jedoch eine Priorität für

---

64 Gumperz: Discourse strategies (s. Anm. 8).
65 Hua Zhu: Duelling languages, duelling values. Codeswitching in bilingual intergenerational conflict talk in diasporic families. In: Journal of Pragmatics 40 (2008), S. 1799–1816.

die nächste Generation (VIV) und DOR ›muss‹ Englisch mit VIV und NIC sprechen (Textbeispiel 2).

Die Beibehaltung der Kultur ist der andere Faktor, der aus den Sprachdaten als Grund für den intergenerationellen Konflikt hervorgeht: Wiener Kaffeehauskultur ist ein immaterielles kulturelles Erbe, das in London schwer an zukünftige Generationen weiterzuvermitteln ist. DOR und ihre Freundinnen, die ebenfalls der Flüchtlingsgeneration entstammen, geben sich daher damit zufrieden, in Repliken von Wiener Kaffeehäusern in London die Erinnerung an Wien zu erhalten und wiederzubeleben, und ihre Identitäten aus den Brüchen und Diskontinuitäten des Exils heraus wieder aufzubauen. Durch erzwungene Migration ist ein *milieu de mémoire* zu einem *lieu de mémoire* geworden. Wenn sie die Möglichkeit hat, typisch österreichische Arten der Nahrungsaufnahme wie das Würstelessen an ihren Enkel weiterzugeben, tut DOR dies, ohne die erzieherischen Prioritäten ihrer Tochter zu reflektieren. Wenn sie jedoch die Geschichte vom Würstelstand einem anderen Mitglied der kulturellen Eigengruppe erzählt, tritt der Generationenkonflikt in der Sprachverwendung offen zu Tage: DOR verwendet *wir-* und *sie-*Codes, um sich gegenüber ihrer akkulturierten Tochter zu positionieren. Sie verwendet ihre zwei Sprachen also gezielt, um auf den intergenerationellen Konflikt zu verweisen und divergente sprachliche und kulturelle Identitäten zu konstruieren.

Simona Leonardi

Sprachmetaphorik in biografischen Interviews mit Israelis deutschsprachiger Herkunft

I.

Biografische Interviews sind erzählte Lebensgeschichten. Ein biografisches Interview ist ein Text, der aus einer Vielzahl von miteinander verbundenen oder aufeinander bezogenen Geschichten besteht, durch die das Ich aus der heutigen Perspektive aus seiner Vergangenheit erzählt. Dies ist keine mechanische Wiedergabe, sondern eine komplexe kognitive Operation, in der das Erzählte sich als kohärente Rekonstruktion der Vergangenheit entwickelt, in deren Verlauf die erzählende Person Verbindungen zu früheren Stufen des Ichs und dessen Erfahrungen und Erlebnisse herstellt. Die Rekonstruktionen der eigenen Lebensgeschichte implizieren somit immer auch eine Interpretation der Vergangenheit.[1] Aufgrund der Fokussierung auf die performativen Eigenschaften des Erzählens[2] werden Erzählungen als Mittel der Identitätsher- und -darstellung gesehen.[3] Seit den 1990er Jahren werden zunehmend biografische Zugänge in der Mehrsprachigkeitsforschung angewandt, weil in sogenannten Sprachbiografien[4] »subjektives Erleben, emotionales Empfinden und sprachideologische Wertungen, aber auch Wünsche oder Imaginationen, die mit Sprache

---

1 S. Jürgen Straub: Historisch-psychologische Biographieforschung: theoretische, methodologische und methodische Argumentationen in systematischer Absicht. Heidelberg 1989. Hier bes. S. 99, 177 u. 182.
2 S. Michael Bamberg: Emotion talk(s). The role of perspective in the construction of emotions. In: The language of emotions. Hg. v. Susanne Niemeier und René Dirven. Amsterdam, S. 209–225.
3 Zum Begriff der »narrativen Identität« s. v. a. Paul Ricoeur: Narrative Identität. In: Heidelberger Jahrbücher 31 (1987), S. 57–67 u. Gabriele Lucius-Hoene und Arnulf Deppermann: Rekonstruktion narrativer Identität. Ein Arbeitsbuch zur Analyse narrativer Interviews. Wiesbaden 2004 (2. Aufl.).
4 S. Rita Franceschini und Johanna Miecznikowski (Hg.): Leben mit mehreren Sprachen/Vivre avec plusieurs langues: Sprachbiographien/Biographies langagières. Bern 2004. Dass Sprachbiografien sich nicht unbedingt mit Fragen der externen Mehrsprachigkeit beschäftigen, zeigt u. a. das Themenheft *Sprache und Biographie* der Zeitschrift für Literaturwissenschaft und Linguistik 40/160 (2011).

verbunden sein können«[5] aus der Perspektive der Sprecher und Sprecherinnen verbalisiert werden. In der Biografieforschung[6] wurde längst die Rolle metaphorischer Äußerungen im Prozess der Strukturierung und (Re-)Konstruktion der eigenen Lebensgeschichte seitens des Subjekts unterstrichen, denn »Metaphern [...] konstituieren und strukturieren zugleich auch die Perspektiven und Relevanzsetzungen, die moralisch-evaluativen Maßstäbe, die Wünsche, Sehnsüchte, kurz: die Wahrnehmungs- und Denkstrukturen«[7], die als kognitiv-psychische Grundlage neuer Erfahrungen des Subjektes gelten.[8]

Ziel meiner Untersuchung ist die Fokussierung auf Äußerungen über Sprache(n) und über das Verhältnis zu Sprachen, insbesondere im Hinblick auf metaphorische Formulierungen (s. I.2) in einem Korpus biografischer Interviews mit Israelis deutschsprachiger Herkunft.

I.1 Korpus

Meiner Analyse liegen Interviews (Dauer: 60–200 min.) aus dem Korpus *Emigrantendeutsch in Israel* zugrunde, die Anne Betten und Mitarbeiterinnen in den Jahren von 1989 bis 1994 in Israel geführt haben.[9] Es

---

5 Brigitta Busch: Mehrsprachigkeit. Wien 2013; hier: S. 17; zu den sprachbiografischen Zugängen zur Mehrsprachigkeit s. insbesondere S. 14–36.
6 S. exemplarisch Jürgen Straub und Ralf Sichler: Metaphorische Sprechweisen als Modi der interpretativen Repräsentation biographischer Erfahrungen. In: Biographisches Wissen. Beiträge zu einer Theorie lebensgeschichtlicher Erfahrung. Hg. v. Peter Alheit und Erika M. Hoerning. Frankfurt a.M. 1989, S. 221–237; Rudolf Schmitt: Metaphernanalyse. In: Handbuch Qualitative Methoden in der Sozialen Arbeit. Hg. v. Karin Bock und Ingrid Miethe. Opladen 2010, S. 325–335.
7 Straub und Sichler: Metaphorische Sprechweisen (s. Anm. 6), hier S. 230.
8 Weitere Untersuchungen, die aus linguistischer Perspektive auf metaphorische Formulierungen in Interviews aus dem hier behandelten Korpus eingehen, sind Eva-Maria Thüne und Simona Leonardi: Wurzeln, Schnitte, Webemuster. Textuelles Emotionspotential von Erzählmetaphern am Beispiel von Anne Bettens Interviewkorpus »Emigrantendeutsch in Israel«. In: Auf den Spuren der Schrift. Israelische Perspektiven einer internationalen Germanistik. Hg. von Christian Kohlross und Hanni Mittelmann. Berlin, New York 2011, S. 229–246 und Eva-Maria Thüne: Die Erzählungen des sprachlosen Leibs. Körpererfahrung und Identität im Erzählkorpus »Emigrantendeutsch in Israel« (1. Generation). In: Gesprochenes und Geschriebenes im Wandel der Zeit. Festschrift für Johannes Schwitalla. Hg. v. Arnulf Deppermann und Martin Hartung. Mannheim 2013, S. 145–158.
9 S. Anne Betten (Hg.), unter Mitarbeit von Sigrid Graßl: Sprachbewahrung nach der Emigration. Das Deutsch der 20er Jahre in Israel. Teil I: Transkripte und Tondokumente. Tübingen 1995 und Anne Betten und Miryam Du-nour (Hg.), unter Mitarbeit von Monika Dannerer: Sprachbewahrung nach der Emigration. Das Deutsch der 20er Jahre in Israel. Teil II: Analysen und Dokumente. Tübingen 2000. Dieses Korpus wurde 1998 um weitere Interviews mit ehemaligen Österreichern und Österreicherinnen ergänzt (Korpus ISW); zwischen 1999 und 2006 wurde von Anne Betten das Korpus ISZ erstellt, das 62 Interviews mit der 2. Generation umfasst (meist Kindern der Interviewpartner der Korpora IS und ISW, größtenteils in Palästina/Israel geboren).

handelt sich um biografisch-narrative Interviews[10] mit über 170 Einwander/inne/n aus deutschsprachigen Gebieten Europas, die überwiegend zwischen 1933 und 1939 nach Palästina/Israel emigrierten. Die interviewten Personen erzählen die eigene Biografie, dabei thematisieren sie auch den Bruch im Leben durch die antisemitischen Maßnahmen und die Ausgrenzung in Deutschland bzw. den annektierten Gebieten, die Wege der Auswanderung nach Palästina/Israel und später das v. a. anfangs oft schwierige Leben im neuen Land. Die Gesprächspartner aus dem Korpus IS meldeten sich 1989 zunächst auf Annoncen in der deutschsprachigen Tageszeitung *Israel Nachrichten*[11] und im Mitteilungsblatt des *Irgun Olej Merkas Europa* (›Vereinigung der Israelis mitteleuropäischer Herkunft‹).

Die Interviews aus dem Korpus IS können auch als sprachbiografische Quellen gelten, denn in ihnen

> wurden die Sprachverhältnisse in den verschiedenen Stadien der Einzelbiografien genau beleuchtet, und zwar sowohl das Sprachengefüge (Deutsch, Hebräisch und weitere Sprachen) wie auch seine Verschiebungen in Frequenz, Kompetenz und Wertschätzung/Einstellung, in Abhängigkeit zu den äußeren Gegebenheiten und persönlichen Erfahrungen.[12]

I.2 ›Exil‹ und Palästina/Israel

Bekanntlich ist es heikel, im Zusammenhang mit der Einwanderung nach Palästina/Israel von ›Exil‹ zu sprechen.[13] Aus zionistischer Per-

---

Die Interviews der drei Korpora und deren Transkripte sind am IDS Mannheim/Deutsches Spracharchiv/Datenbank für Gesprochenes Deutsch (DGD) archiviert (unter http://dgd.ids-mannheim.de [abgerufen: 30.06.2014] zugänglich). An der *Oral History Division* der Hebräischen Universität Jerusalem sind die Interviews mit der ersten Generation als *Autobiographical interviews of Jews born in German speaking countries* (»Yekkes«) – *50/60 years after their immigration to Israel, 1989–1994* archiviert; die Interviews mit der zweiten Generation sind ebenfalls dort aufbewahrt.

10 Zu den Interviews aus dem Korpus IS (und späteren Ergänzungen) als *Oral History*-Zeugnissen und narrativen Interviews s. Anne Betten: Sprachbiographien der 2. Generation deutschsprachiger Emigranten in Israel: Zur Auswirkung individueller Erfahrungen und Emotionen auf die Sprachkompetenz. In: Zeitschrift für Literaturwissenschaft und Linguistik 40/160 (2011): Sprache und Biographie. [Themenheft]. Hg. v. Rita Franceschini, S. 29–57; hier: S. 29.

11 Die Zeitung wurde 1935 in Tel Aviv von Siegfried Blumenthal unter dem Namen *S. Blumenthals Private Korrespondenz* gegründet; von 1943 bis 1974 erschien sie als *Jediot Chadaschot* (›Neueste Nachrichten‹), danach und bis zur Einstellung 2011 als *Chadschot Israel – Israel Nachrichten*; seit 2012 erscheint eine Online-Zeitung mit dem Titel *Israel Nachrichten*, unter: http://www.israel-nachrichten.org [abgerufen: 30.06.2014].

12 Betten: Sprachbiographien der 2. Generation (s. Anm. 10); hier: S. 30.

13 S. Armin A. Wallas: »Exilland« Palästina/Israel. Österreichische Literatur im Exil. 2002, unter http://www.literaturepochen.at/exil/lecture_5010_1.html [abgerufen:

spektive stellt *Eretz Israel*, das Gelobte Land, die wiedergefundene Heimat dar, die Erlösung aus dem diasporischen Exil, aus der *Galut*.[14] Aber nur ein Teil der deutschsprachigen Einwanderer in Palästina, und das gilt auch für die meisten Gesprächspartner aus dem Korpus IS, war vor 1933 eng mit der zionistischen Ideologie verbunden. Die Mehrheit von ihnen stammte aus gut assimilierten, oft kultiviert-bürgerlichen Häusern und dementsprechend erlebten sie die Etappen der sozialen Ausgrenzung und schließlich der Vertreibung aus der ehemaligen Heimat als besonders schmerzlich.

Für die meisten deutschsprachigen Einwanderer passt, was Ruth Tauber sagt:

(1) RT: Also meine Kindheit war in Ordnung, war schön, ich möchte sagen, bis ›33, 1933 war ich schon fast 14, *das war ein sehr, ein großer Einschnitt, wenn man geglaubt hat, deutsch zu sein und jüdischer Religion, plötzlich ist einem der Boden unter den Füßen weggenommen worden*. Man hat uns klar, auch in der Schule schon, zu verstehen gegeben, wir gehören nicht mehr dazu. Das war eigentlich ein tiefer *Einschnitt*.[15]

Ähnlich problematisch ist es, von der ›Exilsprache Hebräisch‹ zu sprechen. Viele der Einwanderer/innen aus der sogenannten 5. Alija, d. h. der deutsch geprägten Einwanderungswelle von Mitteleuropa ins englische Mandatsgebiet Palästina als Folge der nationalsozialistischen Politik und der damit verbundenen Verbreitung antisemitischer Einstellungen bis zum Ausbruch vom Zweiten Weltkrieg, hatten zum Zeitpunkt der Emigration – wenn überhaupt – nur geringe Hebräischkenntnisse.[16] Die nicht selten mühsame Auseinandersetzung mit dem Hebräischen wurde von einer starken anti-deutschen Stimmung überschattet, die

---

28.03.2014]. Speziell mit Bezug auf die Interviews und die Interviewten im Korpus IS s. Anne Betten: »Aber die Schwierigkeit hier war nun eben das Schreiben« – Die Sprache als Barriere zwischen erwählter und ersehnter Identität. In: Exilerfahrung und Konstruktionen von Identität 1933 bis 1945. Hg. v. Hans Otto Horch, Hanni Mittelmann und Karin Neuburger. Berlin, Boston 2013, S. 31–63, hierzu bes. Anm. 2.

14 S. Markus Bauer: Exil und Galut. Zum jüdischen Selbstverständnis nach 1933. In: Exilforschung 18 (2000): Exile im 20. Jahrhundert, S. 37–50.

15 Interview Anne Betten mit Ruth Luise Tauber, geb. Schönfeld (*3.8.1919 in Lugnian/Oberschlesien, Emigration 1938; Sde Warburg, 28.4.1991); IS_E_00129 – Kassette 1, Seite A, 1 min 14s–1 min 58s. Das Sigel IS_E_00129 bezieht sich auf die sogenannte *Ereignis-ID*, unter der die Aufnahme in der Datenbank für Gesprochenes Deutsch aufbewahrt ist, wobei IS für das Korpus »Emigrantendeutsch in Israel« steht (wie ISW für das Korpus »Emigrantendeutsch in Israel – Wiener in Jerusalem« und ISZ für das Korpus »Zweite Generation deutschsprachiger Migranten in Israel«). Hier und im Folgenden wurden Stellen, die für die Analyse besonders aussagekräftig sind, von mir *kursiv* hervorgehoben.

16 S. Miryam Du-nour: Sprachbewahrung und Sprachwandel. In: Betten und Du-nour: Sprachbewahrung nach der Emigration (s. Anm. 9), S. 182–216, bes. S. 185–188.

sich oft speziell gegen die deutsche Sprache richtete und die v. a. nach der Staatsgründung 1948 sprachpolitisch von dem starken Druck zugunsten der Verwendung des Iwrits begleitet wurde.[17] Angesichts dieser facettenreichen Konstellation wundert es nicht, dass die Beziehung der interviewten Personen zur deutschen und zur hebräischen Sprache eine zentrale Rolle spielt, zumal Gesprächspartner häufig erklärten, »sich nur deswegen gemeldet zu haben, weil das Sprachenproblem ihr zentrales Identitätsproblem berühre«.[18] (Das ursprüngliche Forschungsprojekt hatte das Ziel, die »Sprachbewahrung nach der Emigration«[19] zu untersuchen).

I.3 Metaphern, Konzeptualisierung und Sprache

Gemäß dem Ansatz, den ich bei der folgenden Analyse benutzen werde, sind Metaphern Träger kognitiver Strukturen. Populär wurde dieser Ansatz im Rahmen der Kognitiven Linguistik im Anschluss an die Arbeiten von George Lakoff und Mark Johnson[20], wobei frühere Arbeiten von z. B. Hans Blumenberg und Harald Weinrich in eine ähnliche Richtung gehen.[21]
Wenn Alfred Abraham Wachs sagt

(2) AW: aber was mich anbetrifft war also mein hebräischer meine hebräische Kenntnisse waren reichlich *schwach*. Ich habe allerdings ich konnte hebräisch lesn und verstehn äh was ich las aber ich *hatte keinerlei Freiheit in der Sprache* und das hat mich leider noch sehr lange verfolgt aber das viel-

---

17 S. dazu die Aussagen des Gesprächspartners Dr. Paul Avraham Alsberg (* 30.3.1919 in Elberfeld, Emigration nach Palästina 1939) im Interview mit Anne Betten (Jerusalem, 25.4.1994; IS_E_00002): »Es gab einen Kampf darum, sprich Iwrit, damit das Land einen jüdischen Charakter bekommt. Dieser Kampf war fraglos ideologisch. [...] Es war kein Kampf gegen Deutsch, sondern es war ein Kampf für Iwrit. Man hat denselben Kampf für Iwrit auch gegen andere Sprachen geführt, denn man wollte, dass man in der Öffentlichkeit Iwrit sprechen soll«.
18 Anne Betten: Sprachheimat vs. Familiensprache. Die Transformation der Sprache von der 1. zur 2. Generation der Jeckes. In: Auf den Spuren der Schrift. Israelische Perspektiven einer internationalen Germanistik. Hg. v. Christian Kohlross und Hanni Mittelmann. Berlin, Boston 2011, S. 205–228; hier: S. 211.
19 So lauten auch die Titel der von Anne Betten (1995) und von Anne Betten und Miryam Du-nour (2000) herausgegebenen Bände (s. Anm. 9).
20 Mark Johnson: The body in the mind: the bodily basis of meaning, imagination, and reason. Chicago 1987; George Lakoff: Women, fire and dangerous things. What categories reveal about the mind. Chicago 1987; George Lakoff und Mark Johnson: Metaphors we live by. Chicago 1980; George Lakoff und Mark Johnson: Philosophy in the flesh. The embodied mind and its challenge to Western thought. New York 1999.
21 S. Hans Blumenberg: Paradigmen zu einer Metaphorologie. Frankfurt a. M. 1960; Harald Weinrich: Semantik der kühnen Metapher. In: Deutsche Vierteljahrsschrift für Literaturwissenschaft und Geistesgeschichte 37 (1963), S. 325–344; Harald Weinrich: Semantik der Metapher. In: Folia Linguistica 1 (1967), S. 3–7.

leicht in der Folge s is erst sehr spät gewesn, dass ich durch die ne hebräischn Sprache auch *ein bisschen äh Fuß fand* mehr habe ich nie getan und ich bin auch heute noch also heute is Hebräisch nicht meine beste und auch nicht meine zweitbeste Sprache.²²

wird deutlich, dass seine Beziehung zur hebräischen Sprache gespannt ist. Dieser Befund entspricht der Grundannahme der Kognitiven Linguistik, nach der sprachliche Äußerungen zum einen Spuren der kognitiven und emotionalen Prozesse ihrer Verfasser aufweisen; zum anderen offenbaren sie zugrunde liegende übergeordnete mentale Einstellungen, emotionale Haltungen und konzeptuelle Schemata.²³ Die Verbalisierung geht dann auf eine bestimmte Konzeptualisierung zurück, d.h. auf den »Prozess der Bildung von geistigen, intern gespeicherten Repräsentationen«²⁴.

Im Textbeispiel (2) trägt die Verbindung der hebräischen Sprache mit dem negativ besetzten Gefühl der begrenzten Bewegungsmöglichkeit (»ich *hatte keinerlei Freiheit in der Sprache*«) zu einem Bild der hebräischen Sprache bei, das eine problematische Beziehung widerspiegelt. Dies wird in der darauffolgenden phraseologischen Wendung bestätigt »dass ich durch die ne hebräischn Sprache auch *ein bisschen äh Fuß fand*« (wohl das Ergebnis einer Kontamination der Phraseologismen *Fuß fassen* und eventuell *Halt finden*): hier ist die hebräische Sprache ein Werkzeug (*durch*), das zur Integration in die neue Umgebung beitragen sollte, was durch den metaphorischen Phraseologismus *Fuß fassen* ausgedrückt wird, dem eine Konzeptualiserung der INTEGRATION ALS KÖRPERLICHE VERANKERUNG²⁵ zugrunde liegt. Laut Wachs konnte ihm die hebräische Sprache nur bedingt (*ein bisschen*) beim Integrationsprozess helfen; dies weist auf eine prekäre Integration hin.

Die Kognitive Linguistik, die auf die Interaktion der Kenntnissysteme von Sprache, Kognition und Emotion bei der Sprachproduktion und -rezeption fokussiert, geht davon aus, dass auch hinter alltäglichen sprachlichen Äußerungen metaphorisch strukturierte Konzepte stehen, die unser Handeln und Fühlen bestimmen. Demnach sind metaphorische Formulierungen weit mehr als ein Stilmittel an der Oberfläche

---

22 Interview Anne Betten mit Dr. Alfred Abraham Wachs (*23.5.1914 in Berlin, 1939 Emigration nach England, 1942 Ankunft in Palästina); Haifa, 27.6.1990; IS_E_00132 – Kassette 1, Seite A, 18 min 11s –18 min 49s.
23 S. Monika Schwarz-Friesel: Sprache und Emotion. Tübingen 2013 (2. Aufl.); hier: S. 17–42, und Monika Schwarz: Einführung in die Kognitive Linguistik. Tübingen 2008 (3. Aufl.).
24 Helge Skirl und Monika Schwarz-Friesel: Metapher. Heidelberg 2013 (2. Aufl.); hier: S. 8.
25 Wie in der kognitiven Metaphernforschung üblich, werden im Folgenden Konzeptualisierungen in KAPITÄLCHEN wiedergegeben.

eines Textes und auch keine uneigentlichen und vereinzelten sprachlichen Ausdrücke; sie stellen hingegen die Verbalisierung metaphorisch strukturierter Vorstellungen dar, die das menschliche Kognitionssystem durchweg organisieren.

Die für Metaphern charakteristische Übertragung besteht darin, Merkmale aus einem Bereich (engl. *source domain* ›Bildspender, Herkunftsbereich‹) auf einen anderen Bereich (engl. *target domain* ›Bildempfänger, Zielbereich‹) zu projizieren. Im Textbeispiel 2 spricht Alfred Abraham Wachs metaphorisch von seinem Verhältnis zum Hebräischen, indem er die körperliche Erfahrung von etwas, das die Bewegung beeinträchtigt («Ich hatte keinerlei Freiheit») mit der Sprache in Verbindung bringt. Bei einer metaphorischen Formulierung wird nämlich die Referenz auf Bereiche, die mit einfachen und wiederholten körperlichen Wahrnehmungen, Tätigkeiten oder vertrauten Gegenständen gekoppelt sind und die sich deswegen leicht in Worten fassen lassen, auf einen Bereich übertragen, der unscharfe Konturen hat und mit komplexeren Erfahrungen verbunden ist, wie die Sprache (s. o.). In diesem Prozess wird analogisch eine Beziehung zwischen etwas Abstraktem oder Unbekanntem und etwas Konkretem, Vertrautem hergestellt. Das Ergebnis ist die Konzeptualisierung DIE HEBRÄISCHE SPRACHE IST ETWAS, DAS DER FREIEN ENTFALTUNG DES DENKENS ENTGEGENSTEHT.

Aus der Analyse solcher Konzeptualisierungen können wichtige Rückschlüsse auf die sprecherbezogene Perspektivierung und Evaluierung gezogen werden. Der Gebrauch von Metaphern spielt nämlich in dem Prozess der Fokussierung, Perspektivierung und der damit verbundenen Entwicklung eines Emotionspotenzials[26] in Texten eine entscheidende Rolle.

---

26 Das Emotionspotenzial ist eine textinterne Eigenschaft, die sowohl aus emotionsbezeichnenden als auch aus emotionsausdrückenden Worten bzw. Formulierungen besteht. Da emotionale Zustände oft durch Metaphern kodiert werden, tragen auch metaphorische Formulierungen zum Emotionspotenzial einer Äußerung bei. S. Schwarz-Friesel: Sprache und Emotion (s. Anm. 23), hierzu besonders S. 200–220. In der gesprochenen Sprache spielen beim Ausdruck von Emotionen neben lexikalischen und semantischen Kodierungen (wie metaphorischen Formulierungen) prosodische Merkmale eine erhebliche Rolle. Dazu s. Roland Kehrein: Prosodie und Emotionen. Tübingen 2002; Isabella Poggi und Emanuela Magno Caldonetto: Il parlato emotivo. Aspetti cognitivi, linguistici e fonetici. In: Atti del Convegno »Italiano parlato« (Napoli 14–15 febbraio 2003). Hg. v. Federico Albano Leoni, Francesco Cutugno, Massimo Pettorino und Renata Savy. Neapel 2004, S. 1–21 und Sylvie Hancil (Hg.): The Role of Prosody in Affective Speech. Bern u. a. 2009. Prosodische Aspekte als Ausdruck von Emotionen in einem Interview aus dem Korpus IS waren Untersuchungsgegenstand folgender Masterarbeit: Veronica D'Alesio: Caratteristiche prosodiche del parlato emotivo: analisi di un racconto dell'*Israel Korpus*. Università La Sapienza, Rom 2013.

Aus dem bisher Aufgeführten geht nicht nur hervor, dass Metaphern in der Alltagssprache weit verbreitet sind, sondern auch, dass konventionalisierte, lexikalisierte Metaphern keine ›toten‹ Metaphern sind[27], denn selbst wenn ihre metaphorische Übertragung längst konventionell ist, können die Angehörigen einer Sprachgemeinschaft die zugrunde liegenden Konzeptualisierungen erkennen (s. o. im Textbeispiel (1) die lexikalisierte Metapher vom ›Einschnitt‹). Darüber hinaus können sie »metaphorische […] Topoi bzw. […] tief verwurzelte […] Bildfeldtraditionen«[28] hervorrufen.

Nicht nur einzelne Wörter können im Lexikon einer Sprache mit einer metaphorischen Zusatzbedeutung gespeichert sein, auch Phraseologismen, d. h. mehrgliedrige Wortverbindungen, sind häufig metaphorisch motiviert und können kognitionslinguistisch auf innerhalb einer Sprachgemeinschaft kulturell verankerte Konzeptualiserungen bzw. Deutungsmuster hinweisen[29] (s. o. im Textbeispiel den somatischen Phraseologismus *Fuß fassen*).

Neben den lexikalisierten gibt es auch neuartige Metaphern. Diese lassen sich in *kreative* und *innovative* Metaphern unterscheiden. Kreative Metaphern gehen auf geläufige konzeptuelle Projektionen zurück, die aber unkonventionell verbalisiert oder auch erweitert werden, während bei innovativen Metaphern bisher noch nicht hergestellte Verbindungen zwischen konzeptuellen Bereichen zustande kommen.[30]

Im Folgenden werde ich auf metaphorische Formulierungen in Interviews aus dem Korpus IS eingehen, die Konzeptualisierungen für das Phänomen »Sprache« darstellen, d. h. in denen »Sprache« als »Bildempfänger« dient. Da, wie schon unter I.2 erwähnt, die Beziehung der Sprecher/innen zu der deutschen und auch zu der hebräischen Sprache eine zentrale Stellung in den Narrativen des Korpus hat, können aus solchen Formulierungen wichtige Rückschlüsse auf ihre Spracheinstellungen gezogen werden, d. h. auf ihre subjektiven und wertenden Haltungen zu sprachlichen Phänomenen.[31] Meine Analyse schließt an

---

27 Als ›tote‹ Metaphern gelten lediglich diejenigen, deren metaphorische Konzeptualisierung ohne sprachgeschichtliches Wissen nicht greifbar ist, s. Skirl und Schwarz-Friesel: Metapher (s. Anm. 24); hier: S. 28. Ein Beispiel dafür ist der Begriff *Dolmetscher*, der ins Deutsche über das Ungarische und möglicherweise weitere Zwischenstationen im slawischen Sprachgebiet aus dem türkisch-osmanischen *tilmac/dilmaç* kam, eigentlich ›Vermittler‹.

28 S. Bernhard Debatin: Die Rationalität der Metapher. Eine sprachphilosophische und kommunikationstheoretische Untersuchung. Berlin 1995; hier: S. 307.

29 S. Dmitrij Dobrovol'skij und Elisabeth Piirainen: Zur Theorie der Phraseologie. Kognitive und kulturelle Aspekte. Tübingen 2009.

30 S. Skirl und Schwarz-Friesel: Metapher (s. Anm. 24), S. 29–33.

31 Unter Spracheinstellungen verstehe ich mit Gerhard Stickel »Haltungen gegenüber Sprachen, Sprachvarietäten oder Sprachverhalten anderer Individuen oder Gruppen,

mehrere Untersuchungen zu Spracheinstellungen und zu subjektiven Sprachtheorien an, die hervorgehoben haben, wie metasprachliche Äußerungen oft metaphorisch strukturiert sind.[32]

II. Sprachmetaphern im Korpus IS

Da das Spektrum der deutschsprachigen Einwanderung je nach Zeitpunkt der Ausreise bzw. Vertreibung und Alter zur Zeit der Emigration, Einstellung zum Zionismus bzw. Religion, sozialem Status und Ausbildung recht breit ist,[33] sind auch die Einstellungen zur Sprache unterschiedlich.[34] Es lassen sich trotzdem etliche metaphorische Deutungsmuster erkennen, die ich im Folgenden analysieren werde.

II.1 Sprache und »Assoziationen«
Das Bild, das im Korpus am häufigsten vertreten ist, ist zweifellos das der Sprache als einer Netzstruktur,[35] das v. a. durch das Vorkommen des

---

oft mit wertender Berücksichtigung der jeweils eigenen Sprache. Wie andere Einstellungen gelten Spracheinstellungen als erlernt, relativ beständig, wenn auch veränderbar« (Gerhard Stickel: Zur Sprachbefindlichkeit des Deutschen. Erste Ergebnisse einer Repräsentativumfrage. In: Sprache – Sprachwissenschaft – Öffentlichkeit (Jahrbuch des IDS 1998). Hg. v. Gerhard Stickel. Berlin 1999, S. 16–44, hier S. 17). Zu Spracheinstellungen im Korpus ISZ s. Anne Betten: Zusammenhänge von Sprachkompetenz, Spracheinstellung und kultureller Identität – am Beispiel der 2. Generation deutschsprachiger Migranten in Israel. In: Sprache und Migration. Linguistische Fallstudien. Hg. v. Eva-Maria Thüne und Anne Betten. Rom 2011, S. 53–87.

32 S. exemplarisch Michael Bamberg und Ulman Lindenberger: Zur Metaphorik des Sprechens. Mit der Metapher zu einer Alltagstheorie der Sprache. In: Sprache und Literatur in Wissenschaft und Unterricht 53 (1984), S. 18–33; Werner Welte und Philipp Rosemann: Alltagssprachliche Metakommunikation im Englischen und Deutschen. Frankfurt a. M. 1990; Jürgen Spitzmüller: Metasprachdiskurse. Einstellungen zu Anglizismen und ihre wissenschaftliche Rezeption. Berlin, New York 2005; Eva-Maria Thüne: Metaphern für den Bereich »Sprache« und »Spracherwerb« in italienisch-deutschen Sprachbiographien. In: Deutsch-italienische Kulturbeziehungen als Seismograph der Globalisierung in Literatur, Übersetzung, Film, Kulturarbeit und Unterricht. Hg. v. Maria E. Brunner, Nicoletta Gagliardi und Lucia Perrone Capano. Würzburg 2014, S. 149–166.

33 S. Anne Betten: Sprachbiographien deutscher Emigranten. Die »Jeckes« in Israel zwischen Verlust und Rekonstruktion ihrer kulturellen Identität. In: Das Deutsch der Migranten. Hg. v. Arnulf Deppermann. Berlin: 2013, S. 145–191; hier: S. 147.

34 S. Betten: Sprachbiographien deutscher Emigranten (s. Anm. 33) und Anne Betten: Die deutsche Sprache bei der 1. und 2. Generation deutschsprachiger Immigranten in Israel. In: Der Sprachdienst 57/4–5, Themenheft »Deutsch in Israel«. Beiträge zum Symposion der Gesellschaft für deutsche Sprache am 10. und 11. Januar 2012 in Tel Aviv, S. 169–180.

35 S. Wilhelm Köller: Sinnbilder für Sprache. Metaphorische Alternativen zur begrifflichen Erschließung von Sprache. Berlin 2012; hier: S. 184–186.

Wortes *Assoziationen* verbalisiert wird,[36] z. B. beim folgenden Gesprächsausschnitt aus dem Interview Anne Betten mit Hilde Rudberg:

(3) HR: im Deutschen und im Englischen und ich denke das is dass entscheidend für für eine Sprache hab ich die *Assoziationen*, das heißt ä jä hm *bei jedem Wort und jedem Satz sind ä ä gibt es ä eine Assoziation zu dem was man ä von aus einem Buch oder aus einem Lied oder aus einem Gedicht oder aus einem Theaterstück in Deutsch und Eng-*
AB: ja sie ham auch
HR: *lisch im Hebräischen fehlt es*
AB: nicht *den Tiefkreis biblischer Assoziationen wie*
HR: hm
AB: einige meiner Gesprächspartner die immer grade sagen
HR: genau das, genau
AB: drück mich in allen Sprachen gleich gut aus aber im hebräischen hab ich die *Assoziationstiefe* sacht mir Professor Walk nich, ja
HR: ja ja ja, ge genau das is es, genau das is es, dass es ä dass es mir *fehlt*
AB: hm
HR: auch die hebräische Literatur *fehlt mir*, denn ä ä: ein hebräisches Buch zu lesen is ä is für mich eine eine Aufgabe der ich ä hm hm mich heute jä bestimmt nicht unterziehe.[37]

Nachdem Hilde Rudberg 1933 wegen des Gesetzes zur Wiederherstellung des Berufsbeamtentums ihr Rechtsreferendariat abbrechen musste, wandte sie sich zunehmend zionistischen Positionen zu und war in der Leitung der *Jugend-Alija*[38] tätig, bis sie 1938 nach Palästina auswanderte. Nach einer Zeit im Kibbuz nahm sie in Jerusalem noch zur britischen Mandatszeit die juristische Laufbahn erneut auf (dazu musste sie dementsprechend eine Prüfung im englischen Recht auf Englisch ablegen) und bekleidete bis zu ihrer Pensionierung eine wichtige Stelle im Ministerium für Kommunikation. Es ist die Biografie einer kultivierten Frau, die es geschafft hat, eine zentrale öffentliche Position in der israelischen Gesellschaft zu erreichen, die sich an mehreren Stellen im Interview völlig zu Israel bekennt und sich mit dem Staat Israel ausdrücklich identifiziert. Ihr Verhältnis zur hebräischen Sprache bleibt aber problematisch: auf der einen Seite wird sie mit der einzigen Tochter immer Deutsch re-

---
36 S. Betten: Sprachheimat vs. Familiensprache (s. Anm. 18); hier: S. 217.
37 Interview Anne Betten mit Dr. Hilde Rudberg (geb. David, *21.5.1909 in Breslau, 1938 Emigration nach Palästina); Jerusalem, 28.4.1991; IS_E_00109 – Kassette 2, Seite A, 39min – 40 min 03s.
38 *Jugend-Alija* bezeichnet die Einwanderung von jüdischen Jugendlichen aus Nazi-Deutschland bzw. aus den annektierten Gebieten ins britische Mandatsgebiet Palästina. Die Organisation gleichen Namens bereitete die Auswanderung der Jugendlichen und deren Unterbringung in Wohnheimen in Palästina vor, denn sie emigrierten ohne Eltern, da die britischen Behörden für diese keine Visa ausstellten.

den, auf der anderen Seite besteht sie darauf, wenn sie nach ihrer Pensionierung gelegentlich in vom *Irgun Olej Merkas Europa* betriebenen Altersheimen Vorträge hält, diese auf Hebräisch zu halten und dass die anderen alten Damen mit ihr Hebräisch und nicht Deutsch sprechen.[39] In dem hier angeführten Gesprächsausschnitt räumt sie ein Defizit in ihrer Beziehung zur hebräischen Sprache durch das Assoziationen-Bild ein: »im Deutschen und im Englischen [...] hab ich die Assoziationen [...] im Hebräischen fehlt es«. Diesem Bild liegt eine Konzeptualisierung der Sprache als Netzwerk[40] zugrunde, in dem die einzelnen Bestandteile sich in komplexeren Strukturen (Wörtern, Sätzen) kombinieren lassen. Das Netz ist aber auch historisch-kulturell verankert, denn diese »Maschen« rufen ähnliche Kombinationen hervor, die sich im Laufe der kulturgeschichtlichen Entwicklung der Sprache in verschiedenen zum kulturellen Erbe einer Sprachgemeinschaft gehörenden sprachlichen Zeugnissen niedergeschlagen haben. In der Ko-Konstruktion des Bildes durch Anne Bettens Gesprächsbeitrag wird deutlich, dass dieses Sprachnetz eine in die Tiefe gehende mehrdimensionale Struktur aufweist: *Tiefenkreis biblischer Assoziationen, Assoziationstiefe*. Genau diese historisch-kulturelle Dimension ist es, die Hilde Rudberg nach eigener Aussage im Hebräischen vermisst (während sie sowohl im Deutschen als auch im Englischen vorhanden sei).

Paul Avraham Alsberg betont in seinem Interview mit Anne Betten die fehlenden Assoziationen als Grund für die ungenügenden Sprachkenntnisse seiner Frau Betti:[41]

(4) PA: Ja, das ist die Frage, die Sie eben anschnitten. *Da fehlt Betti die Assoziation.* Also der der obwohl sie grade viel mehr hebräische Kulturgüter get/getrieben hat, gelesen hat, bekommen hat in *Bet Hakerem* als ich.
BA: Na sicher, aber –
PA: *Aber die Assoziationen haben da viel mehr gefehlt.*[42]

---

39 S. Betten: Sprachbiographien der 2. Generation (s. Anm. 10).
40 Die Vorstellung der Sprache als Netz ist auch bei Wittgenstein vorhanden, allerdings handelt es sich bei ihm um Sprachspiele, die »ein kompliziertes Netz von Ähnlichkeiten« bilden (s. Ludwig Wittgenstein: Philosophische Untersuchungen [1953]. Frankfurt a. M. 2003, § 66–67).
41 Für eine detaillierte Analyse der metaphorischen Formulierungen in diesem Interview s. Simona Leonardi: Wie Metaphern zur Konstruktion narrativer Identitäten beitragen: Eine Metaphernanalyse im Interviewkorpus »Emigrantendeutsch in Israel«. In: Constructing Identity in Interpersonal Communication/Construction identitaire dans la communication interpersonnelle/Identitätskonstruktion in der interpersonalen Kommunikation. Hg. v. Minna Palander-Collin, Hartmut Lenk, Minna Nevala, Päivi Sihvonen und Marjo Vesalainen. Helsinki 2010, S. 323–336.
42 Interview Anne Betten mit Dr. Paul Avraham Alsberg (s. Anm. 17) und Betti Alsberg, geb. Keschner (*1.1.1920 in Hattingen, Nordrhein-Westfalen, 1939 Emigration nach

Der im Gespräch mit Hilde Rudberg von Anne Betten erwähnte Prof. Walk (*28.1.1914 in Breslau, 1936 Emigration nach Palästina, u. a. Direktor des Leo Baeck Instituts) gibt im Gegensatz zu den bisher aufgeführten Fällen zu, sich schriftlich mittlerweile besser auf Hebräisch auszudrücken, »weil eben der assoziative Sprachhintergrund weit größer ist, das hängt wirklich zusammen mit meiner religiösen Bildung«[43]. Die assoziative Netzstruktur, die auch hier mehrdimensional in die Tiefe geht (*Sprachhintergrund*), wird von Walk mit der Rolle der Religion in seiner Biografie und Ausbildung in Verbindung gebracht.

Ähnliches gilt für Elsa Belah Sternberg, die ihre »Assoziationsmöglichkeiten« auf ihre »fromme Erziehung« zurückführt:

(5) ES: Also ich hatte, sagen *wir Assoziationsmöglichkeiten durch die fromme Erziehung*. Wir haben hebräisch Lesen und Schreiben gelernt, bevor wir in die Schule gingen [...] Aber unsere Beziehung zur deutschen Sprache war sehr bewusst und wir wollten sie also, da der Onkel Germanist war und auch meine Schwiegermutter und auch meine Mutter sehr viel Wert auf die deutsche Kultur gelegt haben, wollten wir es auch den Kindern weitergeben.[44]

II.2 »Man kann sein Vaterland wechseln, aber nicht seine Muttersprache«

Die Nähe, die Elsa Sternberg zur hebräischen Welt und auch zur Sprache bekennt, bedeutet nicht, dass sie die deutsche Kultur verwirft. Ganz im Gegenteil, sie gibt zu, dass ihre »Beziehung zur deutschen Sprache sehr bewusst [war]« (s. Textbeispiel 5).

Elsa Sternbergs enges Verhältnis zur deutschen Sprache wird in einem späteren Ergänzungsinterview pointiert in einer hyperbolischen Formulierung zusammengefasst:

(6) ES: Vor allen Dingen, wir haben uns nicht, ich meine ich habe Hitler nicht das Recht gegeben das Deutsch zu präsentieren. *Es war meine Muttersprache, man kann sein Vaterland wechseln, hat jemand gesagt, aber nicht seine Muttersprache.*[45]

Palästina); Jerusalem, 25.4.1994; IS_E_00002, Kassette 1, Seite B, 35 min 59s – 36 min 22s.
43 Interview Anne Betten mit Joseph Walk, Jerusalem, 16.4.1991; IS_E_00135.
44 Interview Anne Betten mit Elsa Belah Sternberg (ehem. Else Rosenblüth, *3.11.1899 in Messingwerk, 1933 Emigration nach Palästina); Kfar Saba, 29.04.1991; IS_E_00126; Kassette 1, Seite A, 17 min 52s – 18 min 4s; 19 min 5s – 19 min 23s.
45 Interview Anne Betten mit Elsa Belah Sternberg (s. Textbeispiel 5). Ergänzungsinterview; Sde Warburg, 26.6.1999; IS_E_00160, 9 min 52s – 10 min 9s.

Diese Formulierung kann als eine Variation vom berühmten Satz Ben-Chorins »Aus einem Land kann man auswandern, aus der Muttersprache nicht«[46] verstanden werden, der Elsa Sternberg, wie mehreren anderen Gesprächspartnern aus dem Korpus IS (z. B. Mirjiam Michaelis[47]) bekannt gewesen sein muss. Elsa Sternberg zitiert den Satz aus dem Gedächtnis, weil er offensichtlich ihrem Gefühl entspricht. Interessant ist, dass in ihrer Erinnerungsarbeit das ursprüngliche Verb *auswandern*, das v. a. aus der Perspektive der aus Nazi-Deutschland Emigrierten üblicherweise mit negativen Konnotationen der Vertreibung, Flucht, des prekären Lebens, des schwierigen Neuanfangs in einem anderen Land verbunden ist, durch das Verb *wechseln* ersetzt wurde. *Wechseln* ruft gar keine dramatischen Assoziationen hervor – vielmehr Veränderungen, die zum Alltag gehören können und wenn dann Veränderungen zum Guten. Zu erwähnen ist, dass im Interview aus dem Jahre 1991 (s. Textbeispiel 5) von Elsa Sternberg wiederholt betont wird, dass die Ankunft in Palästina für sie nur mit positiven Erlebnissen verbunden war, denn es war die Erfüllung ihrer Wunschvorstellungen: »Es war so mein *Traumland* auch, nich wahr, und mein *Wunschland* und mein *Traumland*. Für mich ist das sehr *harmonisch*, die *Erfüllung* gewesen«, es war sogar »ein Gefühl *von Nach-Hause-Gekommen-Sein*«. Das gilt aber nicht für die Muttersprache. Implizit bedeutet dies, dass sich im Fall der Muttersprache keine Trennungslinie als Grenze zwischen der Subjektsphäre (Ich) und der Objektsphäre (Muttersprache) ziehen lässt, weil die Muttersprache ein Bestandteil des Ichs ist.

Auch bei Moshe Moritz Cederbaum, der, in Berlin aufgewachsen und in den frühen 1930er Jahren in der SPD aktiv, 1933 aus hauptsächlich politischer Motivation zuerst nach Paris emigriert war, zeigt sich eine insgesamt unproblematische Beziehung zur hebräischen Sprache, obwohl er zugibt, dem Deutschen näher zu stehen.

(7) MC: Ich spreche zwar *fließend* äh äh Deu- Hebräisch und kann heute, da meine Tätigkeit heute sich heute auch damit beschäftigt äh äh Pensionäre in Erholungsorte zu begleiten und dort seminarartige Abende zu veranstalten äh, also da kann ich mich natürlich *frei in der Sprache bewegen*, aber die ganzen Jahre lese ich doch mehr deutsche Bücher, äh und äh bin

---

46 Schalom Ben-Chorin: Germania Hebraica. Beiträge zum Verhältnis von Deutschen und Juden. Gerlingen 1982, S. 33. 1979 wurde Ben-Chorins Essay, das mit diesen Worten eingeleitet war, der erste Preis im Rahmen des von der Internationalen Assoziation deutschsprachiger Medien (IADM) ausgeschriebenen Wettbewerbs »Sprache als Heimat« verliehen.
47 S. IS_E_00086.

sozusagen *in der deutschen Sprache doch mehr beheimatet* äh äh wie sagen wir in der hebräischen Literatur, nicht.[48]

Die positive Einstellung zur hebräischen Sprache, die durch konventionalisierte Metaphern zum Ausdruck kommt, die auf die Konzeptualisierungen der SPRACHE ALS FLUSS[49] (*fließend*) und als Behälter, in dem er sich frei bewegen kann, zurückgreifen, werden schon auf der syntaktischen Ebene relativiert, indem *fließend* durch *zwar* eingegrenzt wird. Die Einschränkung wird im von *aber* eingeleiteten Adversativsatz und im darauffolgenden Satz ausformuliert. Diesem letzten Satz liegt die Konzeptualisierung der SPRACHE ALS HEIMAT zugrunde, in der mit ›Heimat‹ positive Konnotationen (Vertrautheit, Geborgenheit, kulturelles Erbe, Schutz) verbunden sind. Hier reihen sich metaphorische Formulierungen aneinander, die zwar auf die ›Sprache‹ fokussieren, aber mit verschiedenen (positiv besetzten) Konzeptualisierungen verbunden sind. Metaphern aus unterschiedlichen Bildbereichen in enger Abfolge nennt man *clusters*. Solche Metaphernketten markieren oft in mündlichen Erzählungen besonders relevante Stellen bzw. Stellen, die die Sprechenden hervorheben möchten.[50] Später im Interview kommt es zu folgendem Gesprächswechsel zwischen Anne Betten und Moritz Cederbaum, nachdem er kurz von seiner ersten (und einzigen) Reise zurück nach Berlin, wohin er zu seinem 70. Geburtstag von der Stadt eingeladen worden war, erzählte:[51]

(8) AB: Sie sprechen natürlich auch, da haben wir jetzt noch gar nicht, sicher mittlerweile sehr gut Iwrit, trotzdem äh soviel Berufstätigkeit, wie Sie berichtet haben, *aber äh haben Sie sich da sprachlich äh momentan zu Hause gefühlt?*
MC: Äh also das ist eine nette Frage. Ich hab mich *gefühlt wie ein Fisch im Wasser*. Äh ich hab nur so *rumgespielt* mit den alten Worten: icke, dette, kiecke mol, ogen, fleesch und beene, ja, also dem Berliner äh Jargon. Und ich war mit meinem Bruder. Wir wurden zus- da er seine Frau auch damals schon nicht mehr lebte, wurden wir zusammen eingeladen und nahmen ein Enkelkind mit von ihm. Also wir fühlten uns *sauwohl, muss man*

---

48 Interview Anne Betten mit Moshe Moritz Cederbaum (*17.2.1910 in Hannover, 1933 Emigration nach Paris, 1934 Ankunft in Palästina); Tel Aviv, 25.4.1991; IS_E_00022; Kassette 1, Seite B, 5 min 36s–6 min 14s.
49 S. Köller: Sinnbilder für Sprache (s. Anm. 35), S. 343–353.
50 Elena Semino: Metaphor in Discourse. Cambridge 2008; hier: S. 24–25.
51 Dazu Anne Betten: Die erste Reise zurück nach Deutschland: Thematische Fokussierung und Perspektivierung in Erzählungen jüdischer Emigranten. In: Gesprochenes und Geschriebenes im Wandel der Zeit. Festschrift für Johannes Schwitalla. Hg. v. Martin Hartung und Arnulf Deppermann. Mannheim 2013, S. 115–144; hier: S. 120–121.

sagen mit (LACHT) der deutschen Sprache, sofort Kontakt gefunden, auf der Straße mit Menschen gesprochen und äh al / also das war direkt *himmlisch*, muss ich sagen.[52]

In diesem Gesprächsausschnitt führt Anne Betten in ihrer Frage den Phraseologismus *zu Hause sein* in Verbindung mit der deutschen Sprache ein. Es handelt sich um eine konventionalisierte metaphorische Formulierung, die aber genau deswegen zeigt, wie das ›Haus‹ konzeptuell als »Sinnbild für eine vertraute und geordnete Welt bzw. für einen Kosmos […], in dem alles einen sinnvollen und verstehbaren Platz hat«[53] tief verankert ist. In seiner Antwort bejaht Cederbaum die Frage, indem er den metaphorischen Phraseologismus »Ich hab mich gefühlt *wie ein Fisch im Wasser*« verwendet, der wie eine Steigerung zur phraseologischen Wendung der Frage interpretiert werden kann, denn Wasser ist für Fische, was Häuser für Menschen sind: die vertraute Welt. Außerdem bietet Wasser uneingeschränkte Bewegungsfreiheit, und es ist diese Freiheit, die einen spielerischen Umgang mit der Sprache ermöglicht: »ich hab nur so mit den alten Worten rumgespielt«. In der Schlussevaluierung »das war direkt *himmlisch*« trägt das metapherngenerierende Schema[54] GUT IST OBEN und dessen Verschränkung mit den positiven Konnotationen vom ›Himmel‹ in den westlichen Kulturen zur Assoziation dieser Erfahrung mit angenehmen Emotionen bei. Auch in diesem Fall entwickelt sich im Gespräch ein Metapherncluster.

Mehrere Gesprächspartner aus dem Korpus IS geben zu, im Alter, v. a. wenn die Kinder aus dem Haus waren, intensiver zur deutschen Sprache zurückgefunden zu haben. Nira Cohn emigrierte 1937 dank der Jugend-Alija nach Palästina; nach einer Zeit im Kibbuz wurde sie Englischlehrerin. Im Interview betont sie, dass sie sowohl Hebräisch als auch Deutsch und Englisch sehr gut spricht. Doch dann räumt sie ein, in letzter Zeit mit ihrem Mann häufiger das Deutsche zu verwenden:

(9) AB: Und das hat Einfluss auf Ihre Familiensprache gehabt, Sie sprechen mit Ihrem Mann seitdem [d. h. häufigeren Deutschlandbesuchen seit der Pensionierung und seitdem die Kinder nicht mehr zu Hause sind] wieder mehr deutsch?
NC: Mehr deutsch, das ist je, ja, das hat wir sagen immer, das ist oder das ist ent entweder eine Alters Alterserscheinung, es ist auch eine bestimmte Alterserscheinung und hängt auch mit den Besuchen zusammen und es ist *bequemer* –

---

52 IS_E_00022 (s. Textbeispiel 7); Kassette 2, Seite A, 18 min 5s–19 min 8s.
53 Köller: Sinnbilder für Sprache (s. Anm. 35), S. 243.
54 S. Lakoff: Women (s. Anm. 20), bes. S. 283.

AB: Es ist *bequemer*.
NC: es ist *bequemer, das ist wie mit den ausgetretenen Hausschuhen* unbedingt das, kein Zweifel. Man ist trotzdem mit 17 Jahren oder 19 Jahren schon sehr geprägt, sehr sehr, mehr als auch. Ich hätte das nie gedacht, grade, weil ich so gut hebräisch konnte und übersetzen konnte und alles, hab ich mir eingebildet.[55]

Der Grund für die Wahl des Deutschen als (späte) Familiensprache liegt für Nira Cohn nicht an der (objektiv) mangelnden Kenntnis des Hebräischen (das Nira Cohn gut beherrscht), sondern in der (subjektiven) Einstellung zur deutschen Sprache. Die deutsche Sprache ist *bequem*, sie wird also mit einem Gefühl der Gemütlichkeit in Verbindung gebracht. Um dieses Gefühl zu veranschaulichen, fährt sie mit einem metaphorischen Vergleich fort: »das ist wie mit den ausgetretenen Hausschuhen«. Dieser kreativen Metapher liegt eine Konzeptualisierung der Sprache zugrunde, die das konventionalisierte Bild der Sprache als Haus um ein konkretes Element ergänzt, das synekdotisch auf eine häusliche Szene von Gemütlichkeit und Wärme hinweist. Allerdings schrumpft die Welt, in der man eine solche Sprache spricht, zur (kleinen) Welt, die man »mit den ausgetretenen Hausschuhen« betritt.

II.3 Gegen die deutsche Sprache

Die jüngeren unter den deutschsprachigen Emigrant/inn/en haben oft und schnell die hebräische Sprache erlernt, wie z.B. Frau Cohn aus dem vorangehenden Textbeispiel (9); dazu gehören allgemein diejenigen, die dank der Jugend-Alija nach Palästina einwandern konnten. So auch das Paar Benjamin und Miriam Kedar. Nach einer Zeit im Kibbuz studierte Benjamin Kedar zuerst (MA) klassisches Hebräisch und sowohl deutsche als auch spanische Sprache und Literatur an der London University, danach (MA) hebräische Sprache und Bibelwissenschaft an der Hebräischen Universität Jerusalem, schließlich promovierte er an der Hebräischen Universität Jerusalem; er wurde Professor für Biblische Philologie. Ebenfalls nach einem Aufenthalt in demselben Kibbuz studierte Miriam Kedar Bibliothekwesen an der Universität Haifa und wurde Bibliothekarin. In ihrem Interview kritisieren sie die negative Einstellung zum Hebräischen, die ihrer Meinung nach zur Zeit ihrer Emigration und auch in den Jahren danach unter den deutschsprachigen Einwanderern verbreitet war, stark:

---

55 Interview Anne Betten mit Nira Cohn (ehem. Erna Kraushaar, *6.8.1920 in Hannover, Emigration nach Palästina 1937) und Yair Cohn (ehem. Helmut Cohn, *27.5.1918 in Breslau, Emigration nach Palästina 1939); Kirjat Motzkin, 2.7.1990; IS_E_00024, Kassette 2, Seite A, 8 min 54s – 9 min 30s.

(10) MK: ja, wir haben bei und dann haben wir ja beide nachher in diesem Kinderheim gear, ich hab auch im Kinderheim gearbeitet. Äh wir haben verschiedene Gruppen gehabt und verschie verschiedene Altersgruppen, und ich hab auch gearbeitet, und das war uns ganz selbstverständlich, *dass wir überhaupt nur Iwrit sprechen.*
MD: Ja, also Naharija, das ist doch sehr bekannt, Naharija, weil äh ja *Naharija bleibt deutsch*, ja? Und doch
MK: *Für uns nicht.*
MD: Ja, und doch seid ihr nach Naharija überzogen und habt nicht mitgemacht an dieser äh (...) Naharija.
MK: Nein, das war ja Zufall, dass wir dahin kamen
BK: ja, ich hatte da äh jemanden, der äh der mir die Stelle da in der mh *Jewish Settlement Police* äh versprechen konnte, und so kamen wir nach Naharija. Das war gar nicht bewusst, aber und jetzt
MK: Wir waren nicht verheiratet, wir waren nur befreundet
BK: (...) wir waren nicht verheiratet, es es ist hier nicht über katholische Moral, nein. Aber es ist ja folgendes, äh die es gab natürlich auch ein *Gegengift* oder *Gegenkräfte, gegen diese sehr deutsche*, das ging von der Schule aus, die Lehrer dort zum Teil wie wir Deutsche zum Teil nicht mal. Das äh der Schulleiter und andere Leute auch zum Teil aus äh Bewusstsein, waren ja *gegen diese deutsche äh den Schlendrian, es war ja keine prodeutsche Einstellung*, es war ganz einfach nicht mitmachen bei dem, was in Palästina geschieht, sondern so ein bisschen sich abseits halten oder *sprachlich nicht mitmachen bei dem Gesamtgeschehenen.* Da gabs eine *Gegenströmung*, die von der Schule ausging, von allen Kulturträgern und so weiter. Zu denen haben wir da *mehr gehört als*
MK: (...) überhaupt den jüngeren Leuten als (...).[56]

Zu beachten ist, dass dieses Gespräch von Miryam Du-nour, selbst in Israel in einer deutschsprachigen Zionistenfamilie aus Prag geboren, geführt wurde. Ihre Aufnahmen wurden (auch) mit dem Ziel gemacht, das Korpus auszugleichen, d.h. Leute ins Projekt mit einzubeziehen, die die israelischen deutschsprachigen Zeitungen vermutlich nicht lasen, in denen die Annoncen für die Teilnahme am Projekt inseriert wurden. Deswegen interviewte Miryam Du-nour besonders gut hebraisierte Bekannte und Freunde, mit denen sie oft noch nie Deutsch gesprochen hatte. Es ist ferner zu erwähnen, dass sowohl Benjamin als auch Miriam Kedar in Palästina alleine blieben, denn die Eltern folgten ihnen nicht nach – d.h., sie hatten keine Möglichkeit, innerhalb der Familie mit den Eltern oder Großeltern Deutsch zu sprechen. Miriam Ke-

---

[56] Interview Miryam Du-nour mit Dr. Benjamin Kedar (ehem. Benjamin Kopfstein, *1.8.1923 in Seesen, Niedersachsen, Emigration nach Palästina 1939) und Miriam Kedar (ehem. Margita Heymann, *22.8.1922 in Breslau, Emigration nach Palästina 1939); Jerusalem, 12.11.1993; IS_E_00066; Kassette 1, Seite B, 23 m 19s–25 m 12s.

dar betont, dass sie »nur Iwrit« sprachen. Der Hinweis Miryam Dunours »Naharija bleibt deutsch« bezieht sich auf eine Anekdote aus der Staatsgründung: Als 1948 die Grenzen des künftigen jüdischen Staats besprochen wurden, kam ein Gesandter nach Naharija, das von deutschsprachigen Einwanderern gegründet wurde und wo die deutsche Sprache stark verbreitet war, um zu erklären, dass die Stadt Teil des arabischen Staats werden würde. Als die Anwesenden gelassen zuhörten, war er erstaunt; auf seine Frage, ob es ihnen egal sei, in einem jüdischen oder in einem arabischen Staat zu leben, soll geantwortet worden sein: »Naharija bleibt deutsch«.[57] Miriam Kedar verneint sofort, dass diese Position für sie je zutraf.

Die darauf folgende Schilderung der Situation in Naharija durch Benjamin Kedar nimmt die Züge einer Verteidigung gegen einen Angriff an, denn er sagt: »Äh die es gab natürlich auch ein *Gegengift* oder *Gegenkräfte, gegen diese sehr deutsche*«, d. h. er spricht zuerst von *Gegengift*, sodass die deutsche Sprache implizit das Gift ist, gegen das man sich wehren muss. Gleich darauf mildert er die Formulierung ab zu *Gegenkräfte[n]*, d. h. Deutsch als nicht weiter präzisierte Kraft, gegen die zu kämpfen ist. Schließlich sagt er »Da gabs eine *Gegenströmung*, die von der Schule ausging«, d. h. man muss sich gegen ein Naturereignis (*Strömung*) wehren. Benjamin Kedar verwendet hier Komposita mit *gegen* als Bestimmungswort, mit denen er besonders auf die Schutzmaßnahmen hinweist. In der Formulierungen »*gegen diese sehr deutsche*« und »*gegen* diese deutsche äh den *Schlendrian*, es war ja keine prodeutsche Einstellung« variiert er das bisher analysierte Muster, indem die Präposition *gegen* Nominalphrasen regiert. Damit wird die zu bekämpfende Entität in den Vordergrund gerückt. Der ganzen Passage liegt das Schema der GEGENKRAFT bzw. der ANTAGONISTISCHEN BEWEGUNG[58] zugrunde, die als Abwehrmaßnahme gegen das Deutsche nötig ist, und die sprachlich unterschiedlich kodiert wird. Die Wiederholung von *gegen*, als Kopf von Präpositionalphrasen (»*gegen diese sehr Deutsche*« und »*gegen* diese deutsche äh den *Schlendrian*«), und in den Komposita (*Gegengift*, *Gegenkraft* und *Gegenströmung*), sowie die impliziten Konzeptualisierungen der DEUTSCHEN SPRACHE ALS GIFT bzw. ALS (GEFÄHRLICHE) KRAFT zeigen die affektiven Evaluierungen. Die gefährliche Kraft der deutschen Sprache und Kultur ist aber keine aktive Kraft, denn sie werden mit dem *Schlendrian* identifi-

---

57 Zit. nach: http://www.mmz-potsdam.de/files/MMZ-Potsdam/Download-Dokumente/Ansprachen_Preistraeger_MM-Medaille/Dankesrede_Avi_Primor_2013.pdf [abgerufen: 30.03.2014].
58 S. Johnson: The body in the mind (s. Anm. 20); hier: S. 125–126.

ziert, einer Passivität, die offensichtlich gegen den Aufbaugeist der zionistisch eingestellten Benjamin und Miriam Kedar stößt.

III. Ausblick: Die 2. Generation

Mehrere Interviewte aus dem Korpus ISZ (»2. Generation deutschsprachiger Migranten in Israel«, s. Anm. 10), deren beste Sprache das Hebräische ist, obwohl für viele Deutsch die zuerst gelernte Sprache war, weil sie in ihrer frühen Kindheit in der Familie und v. a. mit den Großeltern gesprochen wurde, berichten von den Schwierigkeiten, »zwei total gegenübergesetzte[n] äh Mentalitäten«[59] in Einklang zu bringen. Viele Interviewte können aber aus der heutigen Perspektive die deutsche Sprache und Kultur, die sie in ihrer Kindheit und Jugend häufig als Last empfanden, als Bestandteil ihrer Familiengeschichte betrachten und somit emotional positiv konnotieren. Nicht wenige betonen ausdrücklich die Kluft zwischen der ihnen vertrauten deutschen Sprache und Kultur und den Schrecken der Nazi-Zeit und der Shoah. Dazu ein letztes Beispiel aus dem Interview von Anne Betten mit Chanan Tauber, dem Sohn von Ruth Tauber (vgl. Textbeispiel 1).

(11) CT: Da hab ich einfach eine eine *Dichotomie*, das habe ich einfach in zwei, das sind *zwei verschiedene Abteilungen*. Das eine das eine hat im Grunde genommen bei mir nichts, *das eine hat mit dem anderen nichts zu tun*. Das ist, es gibt eine sehr-, ich meine eine *Analogie*, die vielleicht nicht ganz hundert Prozent dazu bei da passt, es gibt in der jüdischen Geschichte aus dem Talmud gab es einen Talmudgelehrten, der hieß Elischa Ben Abujah und der war sehr sehr intelligent und sehr berühmt, aber er ist ein Epikureer geworden, d. h. er ist er hat aufgehört zu glauben und einer seiner Schüler Rabbi Meir war war einer, ist noch weiter mit ihm Kontakt gehabt. Die Kollegen von Rabbi Meir haben gefragt, sag mal, wieso hast du mit dem anderen eine weiter Kontakt? Sagt er, *ich habe einen Granatapfel gefunden, die Kerne habe ich gegessen und die Schale habe ich weggeschmissen. [hebräisch] Ich habe den die Frucht benutzt und die Schale werfe ich weg.* Also bei mir, ist nicht dass ich ein, ich mache einen ziemlichen Unterschied zwischen der deutschen Sprache, der deutschen Kultur, den den sagen wir mal *den besseren Seiten*, ich will nicht sagen deutschen Philosophie, weil ich das habe ich nicht gelesen, nicht gelernt und zwischen dem zwischen dem Nazideutschland, was was ich natürlich verab-

---

59 Interview Anne Betten mit Tom Lewy (*8.12.1935 in Berlin); Tel Aviv 2006; ISZ_E_00027, s. Betten: Sprachbiographien der 2. Generation (s. Anm. 10).

scheue, und das eines hat mit dem andern nichts bei mir nichts zu tun. *Ich kann das sehr schön auseinandersetzen.*[60]

Chanan Tauber erzählt die talmudische Geschichte, in der die Metapher des Granatapfels auf die Beziehung Rabbi Meirs zu Elischa Ben Abuja verweist, und er sagt ausdrücklich vorweg, dass er die Geschichte analog zu seinem Verhältnis zur deutschen Sprache sieht. Wie in der talmudischen Geschichte Rabbi Meir das Agens ist, der die Kerne isst und die Schale wegwirft, ist Chanan Tauber das Agens, der, wie er selbst sagt, die »besseren Seiten« der deutschen Sprache und der deutschen Kultur ausgewählt hat. Der Bildspender dieser Metapher (Kerne des Granatapfels) ist zum einen ein Lebensmittel, zum anderen ist dieses Lebensmittel mit positiven Geschmacksassoziationen verbunden. Aus dieser Konzeptualisierung ergibt sich ein komplexes, aber durchaus positives Bild der deutschen Sprache, das weit über die nicht metaphorischen Formulierungen hinausgeht, denn der Bildspender ›Lebensmittel‹ kann auch auf das Prinzip des Einspeisens, des Assimilierens der Nahrung als lebensnotwendigem Prozess verweisen.[61] Darüber hinaus weist die Assoziation mit ›Lebensmitteln mit gutem Geschmack‹ auch auf eine sinnliche, emotionale Beziehung zur deutschen Sprache und Kultur hin. Die Wahl einer talmudischen Geschichte hingegen zeigt seine Verwurzelung in der jüdischen Kultur.

IV. Zusammenfassung

Auf der Basis von Interviews aus dem Korpus IS habe ich untersucht, wie eine Metaphernanalyse methodisch dazu führt, verschiedene Facetten der komplexen Beziehung der Informant/inn/en zur deutschen Sprache und Kultur zu fokussieren. Es sind Facetten, die nicht immer in der narrativen ›bewussten‹ Erzählung zum Ausdruck kommen.

Aus allen aufgeführten Textbeispielen geht hervor, dass metaphorische Formulierungen nicht isoliert erscheinen, sondern dass sie in den Kontext eingebettet sind und im Diskurs entwickelt und variiert werden können, oft in Metaphernketten (*clusters*) und in Ko-Konstruktionen mit der jeweiligen Gesprächspartnerin. Aus diesem Grund tragen

---

60 Interview Anne Betten mit Dr. Chanan Tauber (*5.2.1944 in Kfar Saba); Sde Warburg, 26.6.1999; ISZ_E_00056, 1 h 4 min 9s – 1 h 5 min 38s.
61 Zu den metaphorischen Projektionen zwischen Sprache und Essen s. Eva-Maria Thüne: Senf oder Suppe? Überlegungen zu kulinarischen Sprachmetaphern im Deutschen und Italienischen. In: Komm ein bisschen mit nach Italien. Hg. v. Andrea Birk. Bologna 2006, S. 73–87.

sie zum einen zur diskursiven Kohärenz, zum anderen zur Fokussierung besonderer Aspekte entscheidend bei.

Dass metaphorische Formulierungen kulturell verankerte Sinnstrukturen verdichten, wird besonders bei den in verschiedenen Interviews wiederkehrenden Konzeptualisierungen klar, wie v. a. der der SPRACHE ALS NETZSTRUKTUR und deren Ausdruck durch das Lexem *Assoziation* (vgl. Textbeispiele 3–4 und Anm. 40). Die Aufnahme von metaphorisch aufgebauten berühmten Zitaten bzw. Geschichten (vgl. Textbeispiele 6 und 11) sind auch ein Beispiel dafür. Allerdings zeigt sich in der Wiedergabe von Ben-Chorins Zitat aus dem Gedächtnis durch Elsa Sternberg (Textbeispiel 6), wie sich durch (auf den ersten Blick minimale) lexikalische Variation eine andere Perspektivierung zur Emigration und deren Verhältnis zur Muttersprache ergibt, die sich kohärent in die Lebensgeschichte der Sprecherin einfügen lässt.

Aus den angeführten Beispielen wird ferner ersichtlich, dass dieselbe Konzeptualisierung, z. B. SPRACHE ALS HAUS, sowohl in lexikalisierten Formulierungen als auch in kreativen Metaphern (s. Textbeispiel 6–8) verbalisiert werden kann, wobei bei diesen letzteren die emotionale Komponente stärker ans Licht kommt.

Die Metaphernanalyse trägt schließlich dazu bei, die Spracheinstellungen der Interviewten deutlicher in ihren komplexen Bezügen nicht nur zu kulturellen Deutungsmustern, sondern auch zu emotiven Erlebensvorgängen zu erkennen.

III. Mehrsprachigkeit in der Exilliteratur: Formen, Funktionen, Grenzen

Primus-Heinz Kucher

»a precarious balance between my two means of expression«
Sprachreflexion, Kulturtransfer und mehrsprachige Werksignatur im Exil am Beispiel von Leo Lania und Hilde Spiel[1]

I.

Unter den zahlreichen in Österreich gebürtigen Exilautoren und -autorinnen, die seit 1933 bzw. 1938/39 ins Exil gedrängt und vertrieben worden sind, findet sich eine Reihe von Beispielen, an denen das breite Spektrum möglicher Haltungen zur bzw. Erfahrungen mit der Sprache in den jeweiligen Exilländern dargelegt und zur Diskussion gestellt werden kann. Die traumatische Zäsur des Exils ist vielfach beschrieben und aus den verschiedensten Blickwinkeln vermessen worden. Im Hinblick auf die schwierige Re-Konstruktion eines schlüssigen Lebenszusammenhanges und in der Folge auch einer ihm konvergierenden Sprache und Erinnerungsdimension hat der 1950 aus dem US-Exil zurückgekehrte Günther Anders in seinem prägnanten Kurztext *Vitae, nicht vita* eine der treffendsten Einschätzungen vorgelegt:

> Die Kerben, die die Phasen unseres Lebens voneinander trennen, reichen viel tiefer als jene Kerben, die Lebensphasen gewöhnlich gegeneinander abgrenzen; so tief, daß nun die Zugehörigkeit der Phasen zum Leben als *einem* unspürbar, sogar objektiv fraglich geworden ist.[2]

Diese »ganz besondere Zeichnung unseres Lebensganges«, d.h. »die Zerfällung unseres Lebens in mehrere Leben«[3], hat wesentlich zur Wahrnehmung von De-Territorialisierung unter Exilanten und Exilan-

---
[1] An dieser Stelle danke ich all jenen, die in verschiedenster Weise, als Institutionen (Der *Wisconsin Historical Society* in Madison hinsichtlich der Arbeit am Nachlass von L. Lania bzw. dem ÖLA Wien für die Einsichtnahme in den Nachlass von H. Spiel, der Austro-American Fulbright Commission Wien, in deren Rahmen ich im Sommersemester 2013 eine Gastprofessur an der UVM in Burlington/USA wahrnehmen konnte) wie als interessierte Kolleginnen und Kollegen den vorliegenden Beitrag in verschiedenen Phasen seiner Genese begleitet haben, insbesondere Wolfgang Mieder und Helga Schreckenberger (UVM).
[2] Günther Anders: Post Festum 1962. Vitae, nicht vita. In: Ders.: Tagebücher und Gedichte. München 1985, S. 64–70; hier: S. 64.
[3] Anders: Post Festum 1962 (s. Anm. 2), S. 67.

tinnen beigetragen, aber in nicht wenigen Fällen auch zu Anstrengungen, die erlittene Katastrophe durch Überschreibungen in Form von Sprach- und Identitätswechseln zu bearbeiten. Glückende wie scheiternde Immigration in die Aufnahmekulturen bilden dabei ein wiederkehrendes Muster, das vor allem über Reflexionen im Sprachlichen abläuft, ebenso die Hinwendung zu sprachkulturellen Vermittlerrollen, während die Ausbildung zwei- und mehrsprachiger simultaner Werksignaturen nur selten gelungen bzw. zustande gekommen ist. Das »tägliche Risiko des Verstummens zwischen den Sprachen«[4] begleitete die ins Exil Vertriebenen dabei ebenso wie die Annahme der Herausforderung »to be transplanted into the language of a second culture« und »to create a self in the new world«[5] oder, anders formuliert, die Erkenntnis, in einem neuen »cultural background«, so Arthur Koestler, angekommen zu sein:

> [...] the adoption of a new language, particulary by a writer, means a gradual and unconscious transformation of his patterns of thinking, of style and his tastes, his attitudes and reactions [...]. For several years, while I thought in English, I continued to talk French, German and Hungarian in my sleep.[6]

Im Besonderen trifft diese Sprachwahrnehmung auf zwei Gruppen bzw. Generationen zu: zum einen auf jene, die ihre sprach-kulturelle Sozialisierung zum Teil noch in der Österreichisch-Ungarischen Monarchie, insbesondere in mehrsprachigen Regionen wie z.B. in Galizien, der Bukowina, aber auch in Teilen Ungarns erlebt haben und familienbiografisch mit mehreren Sprachpraxen konfrontiert waren. Zum anderen betrifft sie jene Generation, die um 1933/38 sich erst am Anfang oder noch vor dem Beginn ihrer literarisch-künstlerischen

---

4 Michael Hamburger: Niemandsland-Variationen. In: Ders.: Zwischen den Sprachen. Essays und Gedichte. Frankfurt a.M. 1966, S. 33; ferner: Stella Rotenbergs Zwischenfazit im Gedicht *Ohne Heimat* (1940): »Wir sprechen die Sprachen die nicht unser sind ...«; in: Dies.: Scherben sind endlicher Hort. Lyrik und Prosa. Hg. von Primus Heinz Kucher und Armin A. Wallas. Wien 1991, S. 30 sowie Jakov Lind: Selbstporträt. Aus dem Englischen von Jakov Lind und Günther Danehl. Wien 1997, S. 157: »Bei der Überprüfung meiner Habe stellte ich fest, daß sie aus nichts als aus der bloßen Haut bestand. Alles übrige war dahin [...] Das Schlimmste – keine Sprache.«
5 Lore Segal: Living in Two Languages. In: Walter Hinderer (Hg.): Altes Land, neues Land: Exil, Verfolgung, biografisches Schreiben. Texte zum Erich Fried-Symposium 1999. Wien 1999 (= Zirkular Sondernummer 56), S. 97–98.
6 Arthur Koestler: The invisible writing. The second volume of an autobiography 1932–40. London 1954, Neuaufl. 2005, S. 518. Zu grundsätzlichen Aspekten der Sprachthematik im Exil s. Dieter Lamping: Haben Schriftsteller nur eine Sprache? Über den Sprachwechsel in der Exilliteratur. In: Ders.: Literatur und Theorie. Über poetologische Probleme der Moderne. Göttingen 1996, S. 33–48.

Laufbahn sah und im Exil eine sprachlich wie ästhetisch neue Herausforderung anzunehmen bereit war.

Zur erstgenannten Gruppe zählte neben Rose Ausländer, Henry W. Katz oder Arthur Koestler auch der 1896 in Charkow als Hermann Lazar geborene und seit 1904 in Wien aufgewachsene Leo Lania; zur zweiten die 1911 in Wien geborene Hilde Spiel. Im Folgenden wird der Versuch einer Verschränkung zweier Exil- und Werkbiografien mit Aspekten der Sprach- und Identitätsthematik unternommen, um ästhetisch-kulturelle Praxen im Exil zu identifizieren und beschreibbar zu machen. Mögen viele Exilantinnen und Exilanten, insbesondere jene mit bereits in der Zwischenkriegszeit ausgebildeter Werksignatur, sich an ihre Herkunftssprache geklammert und dies entsprechend zum Ausdruck gebracht haben, so gilt letztlich auch für sie, was Imre Kertész über die Generation der Auschwitz-Überlebenden festgehalten hat, nämlich dass »die Kontinuität ihres Lebens zerbrochen war« und die Vor-Exil-Sprache mit der Exil- bzw. einer Postexil-Realität immer wieder neu auszuhandeln war.[7] Andererseits stellt sich auch für Exilanten, die zu Bürgerinnen und Bürger ihres Aufnahmelandes werden, die Frage einer zumindest partiellen Rückgewinnung der aufgegebenen Herkunftssprache. Dies kann anhand mehrerer in den USA in unterschiedlichen Feldern erfolgreichen Schriftsteller seit Ende der 1990er Jahre beobachtet werden: z.B. bei Frederic Morton (Fritz Mandelbaum) oder Carl Djerassi, aber auch an dem 1938 nach Buenos Aires geflüchteten Alfredo Bauer.[8]

---

[7] Imre Kertész: Die exilierte Sprache. In: Ders.: Die exilierte Sprache. Essays und Reden. Frankfurt a. M. 2003, S. 206–221; hier: S. 212. Dies trifft u. a. auch auf den während der 1960er und 1970er Jahre in den USA einigermaßen wahrgenommenen Lyriker Felix Pollak (1909–1987) zu und kann anhand seines Briefwechsels mit Anaïs Nin nachgezeichnet werden; vgl. George H. Mason (Hg.): Arrows of longing: The correspondence between Anaïs Nin and Felix Pollak 1951–1976. Ohio 1998, bes. im Kontext einer Diskussion über die Wahrnehmung eines Ambivalenzgefühls bei nicht in den USA Geborenen (1954; S. 17f.). Über Pollaks sprachliche Signatur seines aphoristischen Schreibens (im Deutschen wie im Englischen) vgl. Wolfgang Mieder: Proverbs are obvious. Aphorisms are insightful. In: The German Quarterly 67 (1994) S. 534–548.

[8] Zu Morton, insbesondere mit Bezug auf dessen Roman *Crosstown Sabbath*, vgl. Primus-Heinz Kucher: Topographie und Exil. Konstellationen der Erinnerung und Aneignung bei Ernst Waldinger, Theodor Kramer, Jean Améry und Frederic Morton. In: Fabrizio Cambi und Wolfgang Hackl (Hg.): Topographie und Raum in der deutschen Sprache und Literatur. Wien 2013, S. 157–174; hier: S. 171–172.; zu Djerassi vgl. seine kürzlich erschienene Autobiografie *Der Schattensammler* (Dt. 2013) sowie sein Theaterstück *Foreplay/Vorspiel*, das z.T. unter Mitwirkung von Djerassi selbst seit 2009 mehrmals auf Deutsch, Englisch und in sprachlich gemischten Fassungen aufgeführt worden ist. Dazu genauer: http://www.djerassi.com/foreplay/foreplay_performance_schedule.html. [abgerufen: 30.3.2014]. Zu Bauer vgl. mein Nachwort zu seinem Buch: »Anders als die

II.

Leo Lanias Laufbahn begann 1918 in Wien als Mitarbeiter für die *Arbeiter-Zeitung*. Seinen Durchbruch als Kritiker, Autor aufsehenerregender Reportagen (die ihm 1924 einen Hochverratsprozess einbrachten), kleiner Dramen (im Umfeld der Piscator-Bühne), Radio-Texten, Film-Drehbüchern, eigenen Filmen und Romanen erlebte er ab 1923 in Berlin, wohin er im September 1921, nach dem Bruch mit der Kommunistischen Partei Österreichs, übersiedelte.[9] Als Schriftsteller und Intellektueller bezog Lania seit dem Aufstieg Hitlers, dessen Putschversuch und Querverbindungen zur Schwerindustrie bereits 1924 Thema seiner Undercover-Reportage *Die Totengräber Deutschlands* gewesen war, konsequent Position gegen den aufziehenden Nationalsozialismus. Dies tat er auch noch im Februar 1933 in der letzten freien Nummer der Zeitschrift *Das Tage-Buch* unter dem Titel *Wie lange?*[10] Unmittelbar danach wurde seine Berliner Wohnung aufgebrochen und verwüstet; Lania selbst rettete sich durch Flucht nach Wien vor einer Verhaftung. Kaum in Wien angekommen, trat er schon am 3. März 1933 mit dem Vortrag *Wie lange noch Hitler?* an die Öffentlichkeit, der zu heftigen Polarisierungen führte.[11] Mit diesem Schritt war eine Rückkehr nach Berlin verbaut und der Gang ins Exil naheliegend. Er unternahm ihn noch Ende April 1933 Richtung Paris, wohin ihn Rudolf Bernauer eingeladen hatte mit der Anmerkung »that he had become a partner in a film company«[12]. Obwohl Lania auf Freundschaften im Zeitungsbereich sowie aufgrund seiner beiden Filme *Schatten der Maschine* und *Hunger in Waldenburg* (beide 1929) und seiner Mitwirkung an der von W. G. Papst und Bela Balázs verantworteten Filmfassung von Bertolt Brechts *Dreigroschenoper* (1931) auch auf prominente Verbindungen im Filmbereich zählen konnte, stellte diese erste Emigrationserfahrung (als Exil wird er sie erst später definieren) gerade auch auf der Ebene der Sprache eine grundlegende Zäsur dar:

---

anderen. 2000 Jahre jüdisches Schicksal«. Eine Szenenfolge. Wien 2004, S. 173–187, bes. S. 175–177.
9 Zu Lanias Biografie vgl. Franz-Heinrich Hackel: Leo Lania. In: Deutschsprachige Exilliteratur seit 1933. Hg. von John M. Spalek und Joseph Strelka. Bd. 2, Teil 1, Bern 1989, S. 491–508. Ferner dazu auch Leo Lania: Today we are brothers. The biography of a generation. Boston 1942, S. 186.
10 Leo Lania: Wie lange? In: Das Tage-Buch, H. 8, 25.2.1933, S. 293–300.
11 Vgl. dazu meine Skizze: Theodor Kramer und Leo Lania: eine Briefbegegnung im März 1933. In: Zwischenwelt 3–4 (2013). Literatur/Widerstand/Exil, S. 7–8.
12 Lania: Today we are brothers (s. Anm. 9), S. 320.

Emigration – for me meant losing the chief implement of my trade: the German language. I spoke and wrote French fluently, but I did not for a moment imagine that I could be a French writer. I could have my articles and books translated, but the isolationism of the French press and publishers was hard to break through.[13]

Lania, der ständige publizistische Präsenz gewohnt war, musste sich nunmehr mit vergleichsweise bescheidenen Möglichkeiten arrangieren, insbesondere in der französischsprachigen Zeitungslandschaft, wo ihm nur gelegentliche Kolumnen in der Wochenschrift *Vu et Lu* von Lucien Vogel zugestanden wurden. Auch die Filmarbeit kam nicht im erwarteten Ausmaß voran, wie die Drehbuch-Typoskripte aus jenen Pariser Jahren dokumentieren.[14] Dagegen gelang Lania Ende 1934 mit dem Roman *Land of promise* ein internationaler Erfolg, der nicht zuletzt darin gründete, dass er über die englischsprachige Erstausgabe und prominente Fürsprache in der Kritik ein größeres Publikum erreichen und aufgrund der Verlagsunterstützung von London aus auch in weitere Sprachen vermittelt und übersetzt werden konnte. Der Roman behandelt innerhalb des Themenfeldes des deutsch-jüdischen Verhältnisses die in der Zwischenkriegszeit heftig debattierte Frage der Integration der seit 1915/16, insbesondere aber im Zuge der ukrainischen Pogrome unter dem Staatsgründer Petljura 1918/19 aus den polnisch-russischen Territorien geflüchteten oder auf andere Weise in Deutschland, im vermeintlichen »Land of Promise«, gestrandeten Ostjuden. Vordergründig als Familien- und Liebesroman strukturiert, der von Reportage ähnlichen Flashback-Einstellungen auf die politischen Ereignisse in den 1920er Jahren durchwoben ist, wirft er nicht nur die Frage nach der Zugehörigkeit seiner Protagonisten wie z. B. des preußisch eingestellten jüdischen Leutnants Kurt Rosenberg oder des 1919 nach Berlin geflüchteten ostjüdischen Schneiders Moische Mendel und seiner Tochter Esther auf. Vielmehr verknüpft Lania diese, implizit wie explizit, mit einschneidenden Momenten aus seiner eigenen Biografie, insbesondere mit den ihn selbst betreffenden Ent-Ortungs- und Fluchterfahrungen und der Notwendigkeit, sich in einem fremden Kontext, wie es das Exil per se ist, neu zu positionieren. Diese strukturelle Nähe wird vor allem in den letzten Szenen des Romans deutlich: wenige Wochen nach der Machtergreifung der Nazis wird die Wohnung Rosenbergs durch die

---

13 Lania: Today we are brothers (s. Anm. 9), S. 322 f.
14 Lania: Today we are brothers (s. Anm. 9), S. 324 f. sowie: Leo Lania Papers 1916–1959. (= Nachlass) im Archiv der Wisconsin Historical Society, Box 7 (Filmscripts); zum Bestandsverzeichnis des Nachlasses vgl.: http://digicoll.library.wisc.edu/cgi/f/findaid/findaid-idx?c=wiarchives; view=reslist; subview=standard; didno=uw-whs-us0027af; focusrgn=C01; cc=wiarchives; byte=320705929 [abgerufen: 5.3.2014].

SA aufgebrochen und verwüstet, eine Erfahrung, die Lania wohlbekannt war. Im Unterschied zu diesem gelingt es dem ehemaligen Weltkriegsoffizier jedoch nicht mehr, nach Paris zu flüchten. Beim Versuch, die SA-Männer zur Räson zu bringen, wird er brutal niedergeschlagen und stirbt in seiner Wohnung.[15] Obwohl sich das *Times Literary Supplement* kritisch über die Erzählform – »less a novel than a skinful piece of reporting« – äußerte, dagegen aber die Perspektivenvielfalt als »one of the merits of the book« heraushob, hat es der Roman offenbar verstanden, tiefer liegende Problemlagen anzusprechen und Lania im englischsprachigen Raum als Autor durchgesetzt: Auch Lion Feuchtwanger und Stefan Zweig gaben hymnische Empfehlungen ab, so z.B. Feuchtwanger: »Every reader must have the feeling: This is how it happened«.[16]

Der darauf folgende Roman, der ebenfalls auf Deutsch konzipiert worden war und unter dem Titel *Pilgrims without shrine* (*Wanderer ins Nichts*) durch Henry R. d'Erlanger ins Englische übertragen wurde, erschien in Buchform zuerst in London und kurz darauf, unter Verweis auf die englische Erstausgabe, zwischen Juli und Oktober 1935 in Fortsetzungen im *Pariser Tageblatt*. Auch dieser Roman wurde bis 1937 in mehrere Sprachen, darunter ins Holländische, Schwedische und Polnische, übersetzt. Seine gute Aufnahme motivierte Lania, im Januar 1937 einen Brief an (ungenannt bleibende) Exilverlage zu verfassen, in dem er sein Interesse an deutschsprachigen Ausgaben seiner beiden Exilromane zum Ausdruck brachte. Antworten auf diesen Brief sind im Nachlass nicht auffindbar. Der Roman selbst knüpft nicht nur an die traumatische Zäsur von 1933 an, sondern verbindet das deutsch-jüdische Exil über die Schauplätze Paris und London auch mit einer europäischen Dimension und modifiziert somit die deutsche Perspektive, ohne sie in ihrer Zentralität zu beschneiden. Joseph Leftwich, Rezensent des *Jewish Chronicle*, hob gerade diesen Aspekt der kulturellsprachlichen Vielfalt heraus:

---

15 Leo Lania: Land of Promise. London 1925, S. 395 bzw. Ders.: Land im Zwielicht. Wien 1949, S. 385.
16 Leo Lania Papers, box 2, folder 8. Dort finden sich kürzere und ausführlichere Besprechungen in der Times, im Sunday Referee, in The Spectator, im Jewish Chronicle, im Neuen Tage-Buch sowie im Pariser Tageblatt. Vgl. ebenso die Ankündigungen der holländischen Ausgabe in der Übersetzung von Niko Rost sowie die einer polnischsprachigen. Dieser Text wird auch im Verzeichnis *Jewish fiction in English 1900–1940*, verfasst von Fanny Goldstein, aufgelistet und dort wie folgt kurz charakterisiert: »The Jewish tragedy is set forth with dramatic intensity«. In: American Jewish Yearbook 1941, S. 499–518; hier: S. 509.

> [...] the existence of a vast population of refugees from various countries, expatriates, people who have been tipped out of all their familiar surroundings and find themselves living a nightmare life on shifting soil. We sometimes do not realise how many refugees there are.[17]

Ab 1936–37 zeichneten sich wieder Möglichkeiten ab, im Filmbereich tätig zu werden. Davon zeugen mehrere Filmscripts in unterschiedlicher Regiekonstellation, die auch französischsprachige Projekte einschließen, wie z. B. *Cavalcade d'amour*, *Frontières* oder *Rhapsodie Hongroise*.[18] Keines dieser Projekte schaffte es jedoch, auf eine Kinoleinwand zu kommen, auch nicht *Poet im Exil*, das Heinrich Heine gewidmet war. Das Heine-Script lässt aufgrund präzise gesetzter Zitate und einer programmatischen Vorbemerkung Bezüge zur eigenen Zeit und zu Lanias Situation als Intellektuellen im Exil anklingen, obgleich die Filmgeschichte selbst durchaus Züge einer konventionellen ›story‹ mit klischierten Akzenten auf Heines turbulenter Beziehung zu seiner Gattin Mathilde aufweist:

> Kaum eine andere historische Persoenlichkeit ist heute so ›aktuell‹, so zeitgemaess wie Heinrich Heine. Seine dramatischen und romantischen Erlebnisse scheinen als haetten sie sich in den letzten Jahren zugetragen. Heine, der Dichter im Exil, der von Deutschland verbannte Demokrat, Heine der grosse Liebende, der Saenger der Freiheit und der Liebe waere ein Vorwurf fuer einen internationalen Film.[19]

Unter den Film-Vorhaben mit guten Chancen auf Realisierung befand sich auch ein Filmporträt des tschechischen Präsidenten Thomas G. Masaryk. Dieses wurde Lania nach seiner Rückkehr von einer Russlandreise im Jahr 1936 nach London, wo er sich aufgrund seiner Verlagskontakte wiederholt aufhielt, vorgeschlagen und sollte mit Hilfe einer englischen Filmgesellschaft umgesetzt werden. Zu diesem Zweck flog Lania 1937 sogar nach Prag, wo er auf Vermittlung seines Schriftsteller-Freundes Karel Čapek den Präsidenten zu einem Gespräch traf. Warum dieses Film-Vorhaben nicht zustande kam, darüber gibt Lania in seiner Autobiografie keine weitere Auskunft als die lapidaren Ver-

---

17 Lania Papers, box 2, folder 8.
18 Lania Papers, box 7, folder 1–17; *Frontières* greift dabei eine Episode aus dem Roman *Pilgrims without shrine* auf; zu *Rhapsodie Hongroise* vgl. auch den 1978 entstandenen gleichnamigen Film des ungarischen Regisseurs Miklos Jancso, in dem allerdings nicht die Zwischenkriegszeit als vielmehr der Widerstand gegen die Beteiligung Ungarns am Zweiten Weltkrieg im Zentrum steht.
19 Lania Papers, box 7 folder 17.

weise: »And then came Munich. Not only was Czechoslovakia left in the lurch – France and England didn't even let her defend herself.«[20]

Unmittelbar nach dem deutschen Angriff auf Frankreich im Mai 1940 bemühte sich Lania um amerikanische Visa für sich und seine Familie. Zunächst aber ereilte ihn das Schicksal der Internierung. Erst nachdem seine amerikanischen Freunde – darunter Edgar A. Mowrer, den er anlässlich der deutschen Ausgabe seines Amerikabuches *This American world* (*Amerika, Vorbild und Warnung*) kennengelernt hatte,[21] und Dorothy Thompson – intervenierten, gelang es ihm, im Herbst 1940 über Lissabon das rettende US-Exil zu erreichen. Sein Fluchtbericht *The darkest hour* (1941), zu dem Mowrer das Vorwort beisteuerte, verhalf Lania zu einem bedeutenden Verkaufserfolg, zu förderlichen Kritiken wie z. B. von Thomas Mann und Stefan Zweig[22] sowie zu breiter Resonanz in nahezu allen großen Zeitungen. Das Spektrum reichte dabei vom britischen *Observer* oder der *New York Times*, der *Harold Tribune* und der *Chicago Tribune* zu einer Reihe kleinerer Blätter quer durch die USA, was ihm später während seiner Vortragsreisen zugute kommen sollte. Die Erfahrung der Internierung, wahrgenommen als unerwartete wie unverdiente Demütigung, sowie die Rettung durch seine amerikanischen Freunde bewogen Lania dazu, auf dem Buchrückentext seiner Autobiografie *Today we are Brothers* festzuhalten, diese sei »[…] the expression of my gratitude to America« – eine Hommage, die er auch Lesungen häufig voranstellte. In den USA stellte er sich in den Dienst der antinationalsozialistischen Aufklärung und Propaganda, d. h. er wurde Mitarbeiter im *American Lecture Bureau* (ALB) ab 1942 und widmete sich nebenher wieder verstärkt Filmprojekten bzw. Radioscripts. Zunehmend auch auf Englisch verfasst, zielten diese unter anderem darauf, Aspekte autoritärer Ideologie und Haltungen zu gestalten und zu problematisieren, so z. B. das 1941 datierte *A call of youth / Der Ruf der Jugend*. Zu diesem Projekt liegen ausführlichere deutschsprachige und – knapper gehaltene – englischsprachige Synopsen vor. In der als »Grundidee« betitelten Skizze konzentriert sich Lania vorerst darauf, zu umreißen, was ein Film, »der

---

20 Lania: Today we are Brothers (s. Anm. 9), S. 335.
21 Lania Papers, box 13, folder 2: Zeitungsbelege 1924–1932; Lania verfasste eine Besprechung für die ›Neue Bücherschau‹ und ›Das Tagebuch‹ (Nov. 1928); Mowrer war zu dieser Zeit als Korrespondent verschiedener US-Zeitungen in Berlin tätig.
22 Lania Papers, box 13, folder 1, Brief Thomas Mann vom 18.5.1941: »[…] verbindet alles Gewicht eines Quellenwerkes mit den Reizen eines guten Romans« bzw. Brief Stefan Zweig vom 7.5.1941: »[…] Bisher hat mir das Buch einen ausgezeichneten Eindruck gemacht« sowie ein späterer, allerdings undatierter nach beendeter Lektüre: »[…] Ihr Buch kommt im rechten Augenblick […] Ihr Bericht überzeugt; man spürt, dass Sie tief in die Zeit gesehen und ihr Bild nicht entstellt haben.«

es sich heute zur Aufgabe stellt, gegen die Intoleranz gegen Rassen und Glaubenshass und fuer die Demokratie einzutreten« vermeiden müsse, nämlich einen lehrhaften Vortrag oder gar propagandistischen Charakter sowie »Nazibrutalitäten«, gegen die das Publikum inzwischen »abgestumpft« wäre. Die Tendenz des Films soll vielmehr über das »menschliche Drama, das zwischen den Hauptpersonen durchscheint«, fassbar werden und dabei deutlich machen, dass der Kampf gegen den Nazismus nicht mit einem statisch-starren Fest- und einem Dagegenhalten am Status quo zu verwechseln sei. Demokratie biete nur dann »Gewaehr [...] einer bessern Zukunft«, wenn sie sich in der Lage zeige, eine »starke optimistische und positive Tendenz« zu vermitteln, die der Film auch benötige, weil er »ein Film der Jugend« sei.[23] Erst in einer separaten mehrseitigen »Vorbemerkung« geht Lania auf den Inhalt und die Problemstellungen des Filmes ein: auf die Geschichte eines Lehrers aus kleinbürgerlichen Verhältnissen, der, »im Charakter schwach« und sich als »ein Opfer dieser Gesellschaftsordnung« begreifend, zum Sprachrohr gegen die Demokratie wird. Kann er zunächst zahlreiche Schüler für seine autoritären Ideen begeistern und mobilisieren, so findet er in einem anderen Lehrer einen Gegenspieler, dem es schließlich gelingt, die Mehrzahl der Schüler wieder auf die Seite der Demokratie zu ziehen. Die englische Synopse verzichtet auf Präliminarien und zielt direkt auf die eigentlichen Anliegen. So stellt sie schon zu Beginn klar, worum es gehe:

> A political story, told in non-political terms [...] told realistically, as an incident that takes place in a small American town [...] The story, a realistic study of adolescence, that of a group of young students who come in contact with two teachers of diametrically opposed characters and the psychological triumph of one teacher over the other winning the affection of the students, is in itself an organic thing.[24]

Die deutlich voneinander abweichende Strukturierung der Synopsen, die nach unterschiedlichen Gesichtspunkten angeordneten Argumente sowie die differenten Hervorhebungen geben zu erkennen, dass es sich hier vermutlich nicht mehr um eine Übersetzung des deutschsprachigen Konzepts ins amerikanische Englisch handelt, sondern um zwei parallel anzusehende Konzeptfassungen, die sich an unterschiedliche Adressaten richten und dementsprechend ihre Perspektiven gewichten. Das potenzielle Publikum wird dabei jeweils nuanciert ins Visier genommen: Dominieren in der deutschsprachigen Fassung emotionale

---

23 Lania Papers, box 7, folder 3.
24 Lania Papers, box 7, folder 3.

Gefühlslagen, die es anzusprechen gilt wie z. B. »das Publikum durch seine menschlichen Qualitäten rühren« oder »Charaktere zeigen [...] deren Schicksale fesseln und ergreifen«, wird in der englischsprachigen Synopse – fast in Brecht'scher Manier – auf eine ›epische‹ Erkenntnisdimension gesetzt: »[...] to realize that what he is seeing is something beyond the immediate story«, die recht präzise Konturen besitzt, z. B. den »inferiority complex«, das Kippen von Frustration in Bigotterie oder »how youngsters can be given fantastic visions, which appeal to their sense of the heroic«.[25] Dass die verschiedenen Filmscripts, die Lania bis Ende der 1940er Jahre anfertigte, offenbar nicht weit über Konzeptfassungen hinaus gelangten, schmälert natürlich ihren Status insgesamt, besonders im Hinblick auf die Frage, ob es dem ehemals experimentell-kritischen, u. a. von Dziga Vertov geprägten Drehbuchautor und Regisseur gelungen wäre, eine angemessene Adaption seiner Themen an die zeitgenössische amerikanische Filmsprache zu erreichen.[26] Immerhin gewähren sie Einblicke in eine an den Bedingungen des Mediums ausgerichteten Reflexion zeitaktueller Fragestellungen, aber auch adressatenspezifischer Akzente, die sich vor allem im Fall (noch) parallelen Arbeitens an einer deutschen wie an einer englischsprachigen Version herauskristallisieren.

Blieben Lania auch Erfolgserlebnisse mit seinen Filmvorhaben versagt, so trieb er über seine Vortragstätigkeit im ALB und später für das *Joint Distribution Comittee / United Jewish Appeal* – immerhin, wie er auf eine kritische briefliche Anfrage hin bemerkte, rund 900 Vorträge in den Jahren 1943–1953[27] – konsequent seine Integration in das kulturelle, publizistische und sozialpolitische Establishment der USA voran. Diese Integrationsanstrengung ließ ihn die in der Zwischenkriegszeit und in den ersten Exiljahren vertretenen politischen Positionen weitgehend aufgeben. Ein interessanter Beleg, der deutlich macht, dass Lania auch in der Kommunikation mit Weggefährten aus gemeinsamer Berliner Vergangenheit nicht mehr das Deutsche, sondern zunehmend das amerikanische Englisch verwendet, ist seine Einleitung zur Aufführung

---

25 Lania Papers, box 7, folder 3.
26 Zu Lania und Vertov vgl.: Christian Dewald, Brigitte Mayr und Michael Omasta: Proletarisches Kino in Österreich. Eine Projektvorstellung des Filmarchivs Austria. In: Viennale 2005. Special Programs. Wien 2005, S. 195.
27 Lania Papers, box 2, folder 2, American Jewish Joint Distribuition Comittee, lecture trip 1943 f. Es finden sich dort Dutzende von begeisterten Berichten und Dankschreiben, z. B. eines von D. C. Schonthal (President of the Federated Jewish Charities) vom 24.10.1944 an Sarah F. Brandes (Direktorin des Speakers Bureau des United Jewish Appeal), wo u. a. über einen Lania-Vortrag Folgendes zu lesen ist »This meeting is the best we ever had in Huntington, both from the standpoint of interest and attendance, and the results obtained in contributions.«

von *Nathan der Weise / Nathan the wise* durch Erwin Piscator in dessen »Studio Theatre« im März 1944. Piscator antwortet ihm freundlich, wenngleich ein wenig förmlich: »Dear Mr. Lania, Thank you very much for your wonderful speech at our ›Nathan the Wise‹ performance. Everyone who listened to your words was greatly impressed by your message.«[28]

Vor dem Hintergrund dieses Rollen- und Funktionswechsels büßte fortan die literarische Arbeit an Bedeutung ein, wiewohl sie Lania zunächst nicht aufzugeben gedachte. Erst der unerwartete Misserfolg mit seiner Exilbilanz *The uprooted*, die keinen amerikanischen Verleger fand und nur in der deutschsprachigen Fassung *M. B. oder die unerhörte Melodie* (1948) im rührigen, aber kleinen Schweizer Nachkriegsverlag Mondial, in dem auch Max Brod veröffentlichte, zugänglich war, bewog ihn, sich schrittweise aus dem engeren Feld der Literatur zurückzuziehen und stärker politischen Projekten oder biografisch ausgerichteter Essayistik zuzuwenden.[29] Unter den realisierten biografischen Werken der 1950er Jahre, die von Ernest Hemingway über Jan Masaryk bis Willy Brandt reichen, sticht jedoch ein Projekt deutlich heraus: *My father and I. As told to Leo Lania*, die Lebensgeschichte des Schauspielers Joseph Schildkraut und seines Vaters Rudolf, einer schillernden Figur nicht nur des Jiddischen Theaters im New York der 1920er Jahre, sondern bereits im Umfeld von Max Reinhardt in Wien und Berlin zur Jahrhundertwende.[30] Anhand von Gesprächen und zur Verfügung gestellten Materialien schrieb Lania diese Biografie nicht zuletzt deshalb nieder, weil Joseph Schildkraut kurz davor in der Rolle des Otto Frank bei der Dramatisierung der Tagebücher Anne Franks in über 1000 Vorstellungen Triumphe gefeiert hatte und die Frank-Rolle zugleich als ständige Ausreizung seiner Identität wie als »the climax in my long career in theater« empfand. Schildkrauts Biografie bot Lania auch die Möglichkeit, in einzelne Erinnerungspassagen seine eigene profunde Wien- und Berlinkenntnis einzuarbeiten. Letzteres kommt vor allem im Abschnitt über das Café Central, über Karl Kraus und die künstlerische wie literarische Szene Wiens zum Vorschein.[31] Vermoch-

---

28 Lania Papers, box 2, folder 8, Brief Piscators vom 8.3.1944 (versehen mit dem handschriftlichen Zusatz: »When do you come back? Call me!«)
29 Vgl. Hackel: Leo Lania (s. Anm. 9), S. 501 f.
30 Joseph Schildkraut: My father and I. As told to Leo Lania. New York 1959.
31 Zum Material-Bestand vgl. Lania Papers, box 4, folder 1: Schildkraut's notes sowie box 3, folder 6, wo Schildkraut in einem Exposé zur Herausforderung, diese Rolle zu spielen, festhält: »I have played the part of Otto Frank one thousand eighty-six times, day after day. After the New York run I toured the whole country from coast to coast. I did not miss a single performance in twenty-eight months [...] For close three years I have lived in another world, in another period of history«. Zum angesprochenen Café-

ten einzelne von Lania verfasste Biografien am Buchmarkt und in der Kritik auch breitere Resonanz zu erzielen, so steht am Ende doch die ernüchternde Bilanz, trotz guter Vernetzung im amerikanischen Kulturbetrieb und der Fähigkeit, zwischen den Sprachen adressatenbezogen wechseln zu können, in den von ihm als wichtig erachteten Feldern, d. h. in der Literaturkritik, Film- und Radiosparte sowie in der Romanprosa letztlich gescheitert zu sein, wie die zahlreichen im Nachlass auffindbaren, aber nicht zur Publikation gelangten Entwürfe und Typoskripte nahelegen.

III.

Ende Oktober 1936, wenige Monate nach der niederträchtigen Ermordung des an der Wiener Universität tätigen Philosophen Moritz Schlick durch seinen ehemaligen Studenten Hans Nelböck, verließ Hilde Spiel, die ebenfalls bei Schlick studiert hatte und seit ihrem preisgekrönten Debüt *Kati auf der Brücke* (1933) zu den vielversprechenden Stimmen einer modernen österreichischen Prosa zählte, Wien in Richtung England.[32] Nach ihrer Verehelichung mit dem schon 1934 nach England emigrierten Peter de Mendelssohn, der über gute Kontakte zu britischen publizistischen Kreisen verfügte, gelang es Spiel erstaunlich schnell und nicht zuletzt aufgrund ihrer Sprachbegabung sowie ihrer intensiven Auseinandersetzung mit der zeitgenössischen englischen Literatur (Virginia Woolf, Elizabeth Bowen), im Londoner Kulturbetrieb Fuß zu fassen. Bereits 1937 wurde sie in den britischen P. E. N. aufgenommen, was trotz der Offenheit der damaligen Präsidentin Margaret Storm Jameson nur wenigen Exilanten und Exilantinnen zuteil wurde. Ihre erste englischsprachige Arbeit, die Erzählung *Spring*, erschien 1938 in der Anthologie *Great stories from Austria*.[33] Nur kurze Zeit später legte Spiel einen englischsprachigen Roman vor, *Flut*

Central-Abschnitt vgl. J. Schildkraut: My father and I (s. Anm. 30), S. 140 f. bzw. S. 237 betr. die Einschätzung der Übernahme der Frank-Rolle.

32 Zur Ermordung Schlicks und der kulturpolitischen Stimmungslage, die dabei manifest wurde, vgl. Peter Malina: Tatort Philosophenstiege. In: Michael Benedict und Rudolf Burger (Hg.): Bewusstsein, Sprache, Kultur. Wien 1988, S. 231–253.

33 Vgl. Sandra Wiesinger-Stock: Hilde Spiel. Ein Leben ohne Heimat? Wien 1996, S. 112. Zu den Kontakten in London selbst vgl. Hilde Spiel: Die hellen und die finsteren Zeiten. Erinnerungen 1911–1946. München 1989, S. 153–156. Dabei werden folgende Namen explizit angeführt: Eric Dancy, Philip Gibbs, Elwyn Jones, Naomi Mitchison, Eleanor Farjeon, die als »Freundin« ausgewiesene Dorothy. Dazu auch Lara Feigl: The love-charm of bombs: Restless lives in the Second World War. London 2013, S. 78 betr. Spiel und Storm Jameson. Mit Woolf stand Spiel bereits 1939 in Briefkontakt.

and drums (1939), der sich gemäß einer paratextlichen Angabe als Selbstübersetzung – »translated from German by the Authoress« – auswies, deren Zustandekommen sie allerdings wesentlich der Unterstützung durch den Freundeskreis (insbesondere durch Eric Dancy) verdankte. Spiels Eintauchen in die englische Sprach- und (literarische) Bilderwelt war zudem von ihrer Entscheidung bestimmt, den Spracherwerb ihrer etwa zeitgleich geborenen Tochter aktiv zu begleiten und auf diese Weise »gleichermaßen die Ontogenese« nachzuvollziehen.[34] Bereits das nachfolgende Romanprojekt, *Fruits of property*, wurde daher, wie die Handschriften und Typoskripte belegen, fast durchgängig auf Englisch konzipiert. An ihm arbeitete Spiel zwischen 1940 und 1942, d.h. noch vor ihrer Mitarbeit an der renommierten linksliberalen Zeitung *New Statesman* sowie am Höhepunkt der nazistischen Angriffe auf England bzw. der NS-Machtausdehnung auf dem Kontinent. Entsprechend zurückhaltend fielen die Reaktionen der Verlage aus, zumal es sich um einen historischen Wienroman über die Jahrhundertwende handelte, eine Thematik, die in jenen schwierigen Jahren kaum an ein Lesepublikum vermittelbar erschien. Mit diesem wie mit dem nachfolgenden Projekt *The streets of Vineta*, das ab Herbst 1946 im Umfeld ihres ersten Nachkriegsaufenthalts in Österreich aus Tagebuchnotizen heraus skizziert wurde, versuchte sich Hilde Spiel auch als englischsprachige Autorin zu positionieren. Analog zum Fall ihres Jugendfreundes Robert Neumann oder des seit 1935 in London lebenden Hans Flesch-Brunningen, der 1940 mit seinem dritten englischsprachigen Roman *Untimely Ulysses*, den das *Times Literary Supplement* als »a most intriguing and frightening book« lobte, mehr als bloß einen Achtungserfolg verzeichnen konnte.[35]

Die Rückschläge infolge der Verlagsablehnungen, insbesondere *Fruits of property* betreffend, waren schmerzhaft und machten für Hilde Spiel eine permanente Neu- bzw. Um-Orientierung nötig.[36]

Zu diesen Neuorientierungen zählt insbesondere die Anstrengung, im deutschsprachigen Raum, den sie, parallel zu ihrer *New Statesman*-Tätigkeit ab 1946 konsequent mit Texten beliefert, publizistisch Fuß zu fassen. Erleichtert wurde dies durch den Umstand, dass Peter de Men-

---

34 Hans A. Neunzig: Die sinnliche Wahrnehmung der Welt. Hilde Spiel als Erzählerin. In: Hans A. Neunzig und Ingrid Schramm (Hg.): Hilde Spiel. Weltbürgerin der Literatur. Wien 1999, S. 23–32; hier: S. 26.
35 Times Literary Supplement, 30.6.1940, S. 337; zit. nach: Richard Dove: The gift of tongues. In: W. Abbey, Ch. Brinson, R. Dove, M. Malet und J. Taylor (Hg.): Between two languages. German-speaking exiles in Great Britain 1933–1945. Stuttgart 1995, S. 99.
36 Vgl. Ingrid Schramm: »Rückkehr nach Wien«. Hilde Spiel als Nachkriegs-Korrespondentin. In: Neunzig/Schramm: Hilde Spiel (s. Anm. 34), S. 69–79, bes. S. 70.

delssohn als britischer Presseoffizier die Berliner Presselandschaft neu und vor allem gegen den Konkurrenzdruck wiedererstandener bzw. neugegründeter Zeitungen aus dem Sowjetsektor zu ordnen und zu positionieren hatte. Zugleich bedeutete dies auch ein Wiedereintauchen in die mittlerweile fast schon »fremdgewordene deutsche Sprache«[37]. Seit 1947 verfasste Spiel regelmäßig Theaterkritiken und Feuilletonbeiträge für die *Welt*. Rasch entwickelt sie sich zu einer profunden Kennerin der zeitgenössischen Literatur- und Theaterszene und erweitert ihr Spektrum nach ihrer Rückkehr nach London um die Sparten Ausstellungs- und Musikkritik für eine Reihe deutscher und österreichischer Zeitungen (*Neue Zeitung, Der Monat, Neues Österreich* u. a. m.). Diese versorgt sie bis in die 1960er Jahre regelmäßig und intensiv mit Texten, darunter auch Essays zur modernen englischen Literatur, was ihre nachfolgende Verpflichtung durch die FAZ als festangestellte Kulturberichterstatterin aus Wien ab 1963 vorbereiten sollte.[38]

Nichtsdestotrotz riss Hilde Spiels Interesse an eigener literarischer Arbeit nicht ab, wobei in Bezug auf die Sprache und die kulturelle Verankerung das von ihr später gewählte Titel-Motto zum zweiten Band ihrer autobiografischen Aufzeichnungen *Welche Welt ist meine Welt?* die tiefere, sich zunehmend zerklüftet präsentierende Identitätsfrage bündelt und treffend ihren weiteren (Entwicklungs-)Horizont absteckt.[39] So schrieb sie in nur wenigen Monaten 1958 mit *The darkened room* ihre Exilbilanz in Romanform nieder. Diese Arbeits- und Lebensphase markiert eine zentrale Wegmarke, wie sie in dem späteren Vortragstext *Pleasures and problems of translating* anmerkte. Es schien ihr nämlich, als ließe sich nach dem geglückten Eintauchen in die parallel erfolgte Sprach-Erziehung der Kinder der Traum einer weitgehend vollständigen »éducation sentimentale in the country I had chosen to live in« verwirklichen und: »a precarious balance between my

---

37 Hilde Spiel: Die Grande Dame: Gespräche mit Anne Linsel. Hg. von Ingo Hermann. Göttingen 1992, S. 40.
38 Vgl. dazu Waltraut Strickhausen: Das harte Brot des Freelance-Journalismus. Hilde Spiels publizistische Tätigkeit 1948 bis 1963. In: Neunzig/Schramm: Hilde Spiel (s. Anm. 34), S. 96–102. Einer der kundigsten frühen Essays erschien unter dem Titel *Die Situation des englischen Romans* in der Zeitschrift *Der Monat* Nr. 21 (1950) und dokumentiert mit ihrer Verortung von James Joyce, Virginia Woolf, George Orwell, aber auch von im deutschsprachigen Raum weniger bekannten Autoren wie Leslie P. Hartley, Rex Warner oder Joyce Cary in den verschiedenen Diskursen und Traditionen der europäischen Moderne Spiels beeindruckende Textkenntnis sowie ihre mitunter pointiert formulierte und stilistisch raffinierte analytische Kompetenz.
39 Marcel Reich-Ranicki erblickt darin ein Eingeständnis des Scheiterns, wenn er meint: »Nicht glücklich kann ein Mensch sein, der, sein Leben überblickend, die Frage, welche Welt denn die seinige sei, offen lassen muß.« In: Ders.: Über Hilde Spiel. München 1998, S. 72.

two means of expression, and the pretence of my being bi-lingual could be upheld«.[40]

Die an Zahl wie Gewicht eher verhaltenen Reaktionen auf den 1961 erschienenen Roman, der paradoxerweise zugleich anhand seiner Hauptfigur Lisa eine Fallgeschichte des Scheiterns im (amerikanischen) Exil sowie eine glückende Integration durch Verdrängung und Vergessen am Beispiel der komplementären Nebenfigur Lele thematisiert, motivierten sie, den Text auch in eine deutschsprachige Fassung zu bringen, die 1964 erschien und innerhalb der österreichischen Exilliteratur den Status eines Schlüsseltextes erlangen konnte. Was Hilde Spiel nicht zuletzt dank fortbestehender tieferer Bindung an die zentraleuropäische Kultur und ihrer bewegten Geschichte in der Zwischenkriegszeit ein wesentliches Anliegen war, zumal die Thematisierung der Neuausrichtung eines Lebens im bzw. einer Beschädigung durch das Exil, das die Protagonistin im Roman als Verlust-Existenz wahrnimmt, hat das englische Lesepublikum offenbar nicht übermäßig interessiert. Zwar lief der Verkauf recht gut an, die Abrechnung seitens des Verlagshauses Methuen & Co vom 30.6.1961 weist immerhin die Zahl 859 als »number of copies sold« aus, doch schon wenige Monate danach brach das Kaufinteresse fast völlig zusammen: die vierteljährlichen Abrechnungen verzeichneten selten mehr als zehn verkaufte Exemplare.[41]

Die Kenntnis der zeitgenössischen englischen Literatur, die trotz mancher Selbstzweifel erreichte Souveränität in beiden Sprachen, aber wohl auch die Enttäuschung über die laue Resonanz auf *Darkened room* und die daraus resultierende Unmöglichkeit, auch die Fanny Arnstein-Romanbiografie bei Methuen unterzubringen,[42] bewogen Spiel nach ihrer Rückkehr nach Wien (1963), in das Feld der literarischen Übersetzung zu wechseln und so modernes englisches (und irisches) Theater in den deutschsprachigen Raum der 1960er Jahre zu vermitteln: »Translation, however, was still open to me [...] not as my main job but as a labour of love, my second-best joy perhaps in the literary field.«[43]

---

40 Zit. Nachlass H. Spiel. ÖLA, Box 15/S 24.
41 Zit. Nachlass H. Spiel. ÖLA, Box 15/B 2334, Gr. 2.7.1.
42 Dazu ein ablehnendes Gutachten zum Projekt, demzufolge Arnsteins Gestalt als nicht »extraordinary« genug in ihrer Zeit eingestuft und eine Biografie als wenig erfolgversprechend eingeschätzt wurden; Nachlass H. Spiel, ÖLA, Box 15/B 2334, Gr. 2.7.1.
43 H. Spiel: The pleasures and problems; Nachlass, ÖLA, Box 15/S 24 (S. 2 des Typoskripts).

Ihre Leistungen auf diesem Feld sind nicht nur unbestritten hinsichtlich des durch sie vermittelten Spektrums zeitgenössischer, auch experimentell ausgerichteter Theaterkultur; sie sind dies auch im Hinblick auf translatorische und damit auch transkulturelle Aspekte.[44] Tom Stoppard, von dem Spiel mehrere Stücke ins Deutsche übersetzte, die anschließend auch Bühnenerfolge wurden, zollte ihr im Programmheft zur deutschsprachigen Erstaufführung von *The real thing* (*Das Einzig Wahre*) großen Respekt, als er unter anderem die Problematik adäquater Übertragungen ansprach und dies an einem Vergleich mit der eigenen Übersetzung des Schnitzler-Stückes *Das weite Land* ausführte.[45]

Spiels letzte literarische Arbeit, das bereits in den frühen 1980er Jahren entstandene Filmdrehbuch *Anna und Anna*, führt nochmals das ästhetisch und sprachlich frappierend vielfältige Register der Autorin vor Augen. Zwar blieb auch diesem Vorhaben in seiner ursprünglichen Form Realisierung versagt, als Theaterstück dagegen, wenngleich – so die Autorin – eine Art »Notlösung«, erreichte das Werk im Gedenkjahr 1988 eine breitere Öffentlichkeit, – nicht zuletzt auch dank Claus Peymann, der es im Vestibül des Burgtheaters zur Aufführung brachte.[46] In der Grundidee geht es um eine selbstbewusste wie von Selbstzweifeln geprägte Frauenfigur (Anna), in der sich Aspekte von Spiels eigener Exilerfahrung spiegeln, ohne sich mit ihnen zur Deckung bringen zu lassen. Durch Aufspaltung in zwei Figuren (Anna 1 / Anna 2) betrachtet sie die Zeit 1938–1945 simultan aus zwei unterschiedlichen Blickwinkeln: einmal aus jenem des Exils in London, einmal aus der Sicht einer Figur, die 1938 in Wien geblieben ist und die NS-Jahre aus der Perspektive der inneren Emigration und scharfen Beobachtung des sozialen Umfelds durchlebt hat.[47] Am Ende vereinen sich die beiden Figuren wiederum zu einer einzigen und thematisieren komplementär zur Exilerfahrung auch jene der Remigration.

---

[44] Dazu v. a. Otto Rauchbauer und Monika Wittmann: »Mordio-Feurio-Diebio«. Hilde Spiels kreative Leistung als Übersetzerin englischer Dramatik. In: Neunzig/Schramm: Hilde Spiel (s. Anm. 34), S. 111–124.

[45] Nachlass H. Spiel, ÖLA, Box 15/91, 15/S 23.

[46] Dazu Hilde Haider-Pregler: Theater als »Notlösung«. Die literarischen Mutationen von *Anna und Anna*. In: Neunzig/Schramm: Hilde Spiel (s. Anm. 34), S. 43–50, bes. S. 43. Dazu auch Wiesinger-Stock: Hilde Spiel (s. Anm. 33), S. 136 f., auch zu den Bemühungen um eine Verfilmung, die schließlich nur in Form einer zweimal ausgestrahlten Aufzeichnung des Theaterstücks im ORF-Fernsehen zustande kam.

[47] Hilde Spiel: Anna und Anna. Ein Filmdrehbuch eingerichtet für die Bühne. Hg. vom Burgtheater Wien 1988. (= Programmbuch 30), S. 30, Szene I/14 (handschriftlich von Hilde Spiel eingefügt): »Anna 1 in ihrer Wohnung – Anna 2 tritt auf und packt ihre Koffer.«

Dem simultanen Blick dieser in zwei Personen aufgespaltenen Figur korrespondiert ab dem Moment der Flucht von Anna 2 aus Wien im März 1938 eine mehrsprachige Signatur, die sich insbesondere mit der Ankunft in London in eine durchgängig englischsprachige verwandelt und knapp die Hälfte des Gesamttextes ausmacht. Zu den Besonderheiten des Textes zählen ferner intertextuelle personelle Bezüge und Verweise, aber auch die Entwicklung zahlreicher, insbesondere der in London angesiedelten Dialoge aus ihren Tagebuch-Notizen heraus, die der Bühnenfassung als Anhang beigefügt sind. Ersteres trifft vor allem auf die Thomas Munk-Figur zu, die bereits in *The darkened room* eine zentrale Rolle einnimmt und sich dort in den ersten Typoskript-Skizzen wie folgt einführt: »I was a premature anti-Stalinist like those premature anti-Fascists who fought in Spain at least for the crowd who were all Stalinists when I'd stopped being it«[48]. Im Theaterstück wird er von Anna nach einem Überfall eines NS-Schlägertrupps auf ein jiddisches Kellertheater (mit dem der Text, als signifikantes sprachkulturelles Signal, einsetzt) als bereits im Exil befindliche Gegenfigur zu ihrem opportunistisch agierenden Freund Stefan eingeführt: »Wenn Thomas dagewesen wär, der wär nicht davongerannt. Hätt sich zuerst auf den Kerl mit dem Sessel gestürzt. Wie lange weg? Vier Jahre schon, vier Jahre und drei Wochen. Prag. Noch in Prag? Oder längst weiter? Thomas. Thomas.«[49]

Während Anna 2 sich in London auf eine Exilexistenz mit Verbleibeoption einrichtet, d. h. so rasch wie möglich über ihre Tätigkeit als Haushälterin (und damit einer weit verbreiteten weiblichen Lebenspraxis im Exil) Zugänge zur englischen Sprach- und Lebenskultur, z. B. über englische Kinderlieder, erschließt (einschließlich komplizierter emotionaler Verstrickungen), muss Anna 1 in Wien mit dem nationalsozialistischen Alltag zurechtkommen, der ihr Depressionen und Ekelgefühle bereitet, emotionale Krisen, aber auch subversive, widerständige Tätigkeiten zur Folge hat.

So reibungslos die sprachlich-kulturelle Integration der Londoner Anna-Figur auch voranzukommen scheint – sie zeigt in den unterschiedlichsten Anforderungsfeldern wie z. B. der Konversation bei Tisch, im Umgang mit Kindern, in der Begegnung mit Menschen aus dem Alltag, ja selbst in der sprachlichen Verwaltung ihres amourösen Abenteuers mit dem Hausherrn und Arbeitgeber (Peter) eine erstaunliche Modulations- und Adaptionskompetenz, die sich auf das Essenzielle konzentriert und fast immer den richtigen Ton trifft – so wenig

---

48 Zit. Nachlass H. Spiel, ÖLA 15/91, 15/W10, fol. 22.
49 Spiel: Anna und Anna (s. Anm. 47), S. 12.

gelingt es ihr trotz alledem nachhaltig Fuß zu fassen. Zum einen liegt dies an der stets ausweichenden Antwort Peters auf die ihre Lebensperspektive zentral betreffende Frage »Would you like me to stay?«[50], zum anderen wohl auch daran, dass Anna – hier sind die biografischen Überschneidungen mit Hilde Spiel unübersehbar – auch intensive Kontakte zum ›Free Austrian Movement‹, zu dessen Veranstaltungen (Lesungen, Kabarettabende, Vorträge) und Protagonisten (wie z. B. zu Theodor Kramer) unterhält. Diese Passagen sind im Text auch jene, in denen ins Deutsche gewechselt und eine kulturelle Brücke zur späteren Rückkehr vorbereitet wird. Am Ende, d. h. in einer der letzten London-Szenen, fasst Anna ihre psychologisch komplexe Lage, also ihren Wunsch nach einem ›englischen‹ Leben und die gleichzeitige Einsicht dessen Unmöglichkeit, in einem knappen, aufschlussreichen Dialog mit Peter zusammen:

> *Anna*
> [...] I feel quite at home in England now, you know.
> *Peter* (etwas mitleidig)
> Do you?
> *Anna*
> Strange, isn't it? If anybody said to me – stay here, I would. [Pause] But nobody does. Everbody seems to think it's the most natural thing for me to return. So perhaps I will. Let's see.[51]

Damit wird im Text die Entscheidung zur Remigration vorbereitet, die, übertragen auf die Exilbiografie Spiels, Parallelen zu ihrer ersten Rückkehr nach Wien Anfang 1946 aufweist und dabei eine Traumnotiz aus dem Jahr 1943 – »Träumte wieder von der Eroicagasse und Heiligenstadt« – Realität werden lässt.[52] Die Entscheidung Annas ist aber auch im Kontext von Hilde Spiels Exilfigurationen, d. h. ihrer Auseinandersetzung mit Dissoziationskonstellationen, zu verorten, die bereits im *The darkened room / Lisas Zimmer*-Roman, im Tagebuch-Band *Rückkehr nach Wien* (1968) sowie in den Essays *Psychologie des Exils*, *Die Kluft* und im Erzählfragment *Die Preisgabe* aufgeworfen worden sind.[53]

---

50 Vgl. z. B. die Szene VI/2, die unmittelbar nach einem Liebesakt einsetzt. Spiel: Anna und Anna (s. Anm. 47), S. 123.
51 Anna und Anna (s. Anm. 47), Szene VIII/3, S. 165 f.
52 Anna und Anna (s. Anm. 47), Szene VIII/3, S. 194.
53 Vgl. dazu Haider-Pregler: Theater als ›Notlösung‹ (s. Anm. 46), S. 45 f. Dieses Erzählfragment, zugleich eine Synopse des Theaterstücks, findet sich in Hilde Spiel: In meinem Garten schlendernd. München 1981, S. 13–14.

IV.

Welche Schlussfolgerungen ergeben sich aus den vorgestellten Exil-Werk-Biografien? Exil, aber auch daraus resultierende Immigration und Integration in eine andere Sprach-Kultur, war (und ist) in vielen Fällen von der Notwendigkeit radikaler Überprüfungen und ungewisser Neupositionierungen begleitet. Ihr euphemistischer Anklang korreliert nicht selten mit einer tiefergreifenden offenen oder verdeckten Trauma-Spur, »Kerben« und »Knickungen« in der Diktion von Günther Anders, deren Bearbeitung oft erst in größerer zeitlicher Distanz möglich erscheint. Für die Sprache wie für das imaginative Arsenal und die Narrative, über die z. B. eine Autorin oder ein in der Filmbranche zuvor erfolgreicher Autor verfügen konnte, bedeutet dies – wie vor Kertész bereits Jean Améry oder Rose Ausländer festgehalten haben – dass mit dem Zerbrechen der Lebenskontinuität auch eine sprachliche wie psychologische Re-Lokalisierung zu bewältigen ist. Rose Ausländer hat dies in Versen wie »[...] where shall we start / Death in our hand, / life in our heart- / Where do we end?« in ihrem kurzen amerikanischen Nachkriegsexil bündig zusammengefasst.[54] Dies erklärt vielleicht auch, warum sich selbst sprachmächtige Autoren wie z. B. Soma Morgenstern im Exil lange gelähmt oder als »Schriftsteller ohne Sprache« gefühlt haben. Das als Rettung wahrgenommene Exil generierte vielfach auch ein Gefühl von Überlebens-Schuld, ausgedrückt z. B. in der Wahrnehmung eines Weiterlebens in *Other people's house*, wie Lore Segal ihren ersten Roman 1965 überschrieb.[55]

Von der Wahrnehmung, dass einem das Werkzeug Sprache »jäh aus der Hand geschlagen worden ist«[56], konnten sich die Exilierten kaum gänzlich frei machen. In unterschiedlicher Weise traf dies auf Lania wie Spiel trotz beeindruckender Werkbiografien in den Exiljahren zu. Lania, der in der Zwischenkriegszeit als einer der produktivsten Autoren an den Schnittflächen von Literatur, Kritik, Reportage und Politik positioniert war, aber auch den Medienwandel mit eigenständigen Akzenten mitgestaltet hatte, musste im Exil, insbesondere in den USA-Jahren, ungeachtet seiner Anfangserfolge, sukzessive einen Funktions-

---

54 Rose Ausländer: Where shall we start? In: Dies.: Gesammelte Werke. Hg. von Helmut Braun. Bd. 1, Frankfurt a. M. 1984, S. 321.
55 Soma Morgenstern: New Yorker Tagebuch. In: Ders.: Kritiken. Berichte. Tagebücher. Hg. von Ingolf Schulte. Lüneburg 2001, S. 648. Zu Segals Roman und der Thematik der Überlebensschuld vgl. Philip H. Cavanaugh: The present is a foreign country: Lore Segal's fiction. In: Contemporary Literature 3 (1993), S. 475–477, bes. S. 477.
56 Hilde Spiel: Psychologie des Exils. In: Neue Rundschau 86 (1975), S. 424–439; hier: S. 433.

wechsel durchlaufen: vom Referenten für das ›Speakers for Democracy‹-Programm über einen zwar engagierten, erfolgreichen, die vielseitigen Kompetenzen jedoch kaum ausschöpfenden Redner und Fund Raiser im ›Joint Distribution Comittee‹. Diese zwar kulturell und politisch verdienstvollen Tätigkeiten gingen zu Lasten seiner filmischen und literarischen Projekte. Die Engführung seines Spätwerks auf das Genre der Biografie trug ebenfalls dazu bei, Lania nachhaltig aus dem ohnehin labilen Kanon der Exilliteratur hinauszudrängen.

Im Vergleich präsentiert sich die Bilanz des literarischen Schaffens und der Kulturtransfer-Aktivitäten Spiels durchaus erfolgreicher, wenngleich diese ebenfalls nicht frei von Rückschlägen und Erfahrungen des Scheiterns bis hin an der Rand der Kränkung waren. Letzteres scheint insbesondere dort durch, wo ambitiöse Romanprojekte nicht die erhoffte Resonanz erzielten: im zurückhaltenden Echo auf *The darkened room* und in der Ablehnung der englischen *Fanny von Arnstein*-Ausgabe. Dies führte dazu, dass die Perspektive einer Remigration an Gewicht gewann, wenngleich auf der Haben-Seite eine erfolgreiche literaturkritische und übersetzerische Arbeit gegenüber steht. Spiel vermochte wenigstens im Ansatz den Exil-Immigrations-Traum, auch als englischsprachige Schriftstellerin reüssieren zu können – ein Projekt, das selbst noch in den späten Erinnerungen leise anklingt – kompensatorisch, ja fast psychoanalytisch auf andere Felder produktiv zu übertragen. Im sprachlich wie kulturell von Aufspaltungen geprägten *Anna und Anna*-Drehbuch ermöglicht diese Übertragungsleistung wohl auch die finale Aussöhnung. Diese kann zwar den tieferen Charakter einer erpressten Rückkehr nicht gänzlich überdecken, lässt sie aber als den Exil- wie Postexil-Gegebenheiten geschuldete, akzeptable Option erscheinen.

Mark H. Gelber

Mehrsprachigkeit und Stationen des Exils in der Literatur des Überlebens
Stefan Zweig, Fanya Gottesfeld Heller, Ruth Klüger

Zwei verschiedene Untersuchungsfelder liegen diesem Essay zugrunde. Das erste betrifft Mehrsprachigkeit in Exil-Literaturen, oder besser in der Literatur des Überlebens. Es beginnt mit der Analyse der Verwendung fremdsprachiger lexikalischer Begriffe (Lexeme) sowie der Syntax in spezifischen Texten, die als typisch für diese Literatur betrachtet werden können. Lexikalische Begriffe und Syntax kann man auch als fremd bezeichnen, wenn sie eigentlich nicht wirklich sehr fremd sind, weil Sprachen normalerweise Fremdwörter enthalten, die dem Muttersprachler in der Regel verständlich sind. Es handelt sich hierbei um ein komplexes Thema, das auch mit der Frage nach den Rezipienten, den verschiedenen Lesergruppen, an die sich ein Text richtet, verbunden ist. De facto zeigt sich in fast allen literarischen Texten eine dominierende Sprache, wenngleich es auch zu dieser Regel Ausnahmen gibt. Stefanie Leuenberger hat in ihrem Artikel »Fremdwörter, Fremdkörper und Unübersetzbarkeit«[1] argumentiert, dass bestimmte Arten von Störfaktoren in der menschlichen Erfahrung wie etwa Immigration, Flucht und Exil automatisch »Zwischenräume« schaffen, also Lücken zwischen und innerhalb von Sprachen und Kulturen. Sie stellt die These auf, dass fremdsprachige Wörter in literarischen Texten, die von einer Sprache dominiert werden, genau diese Lücken füllen sollen. Nach meiner Ansicht ist es in Bezug auf Mehrsprachigkeit von Bedeutung, sowohl Aufbau als auch das Verständnis von Exil-Literatur infrage zu stellen. Vorwegzunehmen wäre eine Erweiterung oder eine Ersetzung des Begriffs Exil-Literatur durch Literatur des Überlebens.

Die zweite Untersuchungsebene hängt mit dem Schreiben über jüdisches Leben vor und nach der Shoah zusammen. Es geht darum, zu verstehen, welche Kontinuitäten und welche Brüche im jüdischen Bewusstsein durch die tragischen Ereignisse in Europa in den 1930er und 1940er Jahren entstanden sind und wie diese rückblickend in autobiografischer Literatur dokumentiert werden können. Mein Aufsatz

---

[1] Stefanie Leuenberger: Fremdkörper, Fremdwörter und Unübersetzbarkeit in der Literatur der Postmoderne. In: transversal. Zeitschrift für Jüdische Studien 10/2 (2009), S. 59–78.

konzentriert sich auf das Vorhandensein und die Funktion spezifisch-jüdischer Lexeme innerhalb eines Glossars verschiedener fremdsprachiger Ausdrücke in der Literatur des Überlebens. Die Beispiele stammen aus der deutsch- und englischsprachig-jüdischen Literatur. Daher erscheinen die jüdischen Ausdrücke oder die spezifischen Jiddismen innerhalb jener Texte als fremdsprachige Elemente. Meine Wahl des Jiddischen basiert auf der Behauptung, dass es als jüdische Sprache einen Sonderstatus hat, sowohl was seine Rolle als Hauptsprache der jüdischen Naziopfer Osteuropas, als auch was seine Sonderstellung in der jüdischen Literatur in nicht jüdischen Sprachen betrifft. In diesem Zusammenhang kann Jiddisch oder die Verwendung von Jiddismen in bestimmten Texten als impliziter Anspruch auf jüdische Authentizität angesehen werden. In jeden Fall ist das Hauptanliegen der folgenden Untersuchung, die spezifischen Bedeutungen jiddischer Terminologie oder spezieller Syntax in der autobiografischen Literatur des Überlebens anhand einiger Textstellen zu eruieren, wobei spezifische Stationen des Überlebens in Betracht gezogen werden.

Das erste Beispiel ist Stefan Zweigs *Die Welt von Gestern*, das in deutscher Sprache verfasst, aber entschieden mehrsprachig konzipiert wurde. Es handelt sich hierbei um die vielgepriesenen Memoiren eines der international populärsten deutschsprachigen Autoren des 20. Jahrhunderts. Er schrieb sie hauptsächlich während seines amerikanischen Exils 1940–1941, also in einer sehr schwierigen Zeit während des Zweiten Weltkriegs, und sie erschienen erst nach seinem Freitod 1942 in Brasilien. Eigentlich begann Zweig schon während seines britischen Exils (ab 1934) mit der Arbeit an diesem Werk. Seine Autobiografie, die ich als eine mehrsprachige bezeichne, entstand demnach innerhalb englischer, US-amerikanischer, spanischer und portugiesischer Sprachräume oder vielmehr in deren Lücken.

Der zweite untersuchte Text ist ein nachträglich verfasstes Memoirenbuch, eine Denkschrift, die 40 Jahre nach der erlebten Erfahrung von einer Überlebenden des Holocaust geschrieben und in den USA veröffentlicht wurde: Fanya Gottesfeld Hellers *Strange and Unexpected Love*. Dieses Buch ist weder in den USA noch in anderen Ländern besonders bekannt. Der Text wurde auf Englisch verfasst und, wie die Autorin bestätigt hat, von Anneliese Wagner redigiert. Unter sprachlichen Gesichtspunkten betrachtet, sind die Fremdsprachen des Textes die des ostgalizischen »Shtetls« vor, während und kurz nach der Shoah. Die zeitliche und räumliche Distanz zwischen der Niederschrift des Textes und den beschriebenen Ereignissen führt dazu, dass sich das Buch zuweilen wie eine Übersetzung liest. Anlässlich der zweiten Auflage 2005 wurde das Buch erneut, diesmal von Fern Levitt, redigiert und mit einem geänderten Titel versehen: *Love in a world of sorrow*. Durch die zweimalige Herausgeberschaft kann also weder Fanya Gottesfeld Heller, obwohl ihr Name auf dem Buchumschlag als Autorin angegeben ist, noch ein anderer der Beteiligten, als alleiniger Autor bezeichnet werden. Betrachtet man die Dislozierungen und die linguistischen Änderungen, die für die spezifische Überlebensgeschichte an sich charakteristisch sind, ist es eigentlich nicht verwunderlich, dass der Text viele jiddische und andere fremdsprachige Ausdrücke aufweist.

Das letzte Beispiel ist Ruth Klügers auf Deutsch verfasste, preisgekrönte Autobiografie *weiter leben. Eine Jugend* (1992), neu geschrieben und teilweise von ihr selbst übersetzt unter dem Titel: *Still alive. A Holocaust girlhood remembered*. Die britische Ausgabe des amerikanischen ›Originals‹ heißt *Landscapes of memory*, ist aber bis auf den Titel textlich kaum von der amerikanischen zu unterscheiden. Die Autorin war offensichtlich der Meinung, dass das deutsche Buch auf Englisch noch einmal neu geschrieben werden musste und nicht einfach übersetzt werden konnte, obwohl bereits Übersetzungen in mehrere andere Sprachen vorlagen. Auch die Übersetzung ins Hebräische (*Nofei Zikaron*) basiert auf der britischen Ausgabe und nicht auf dem deutschsprachigen ›Original‹. Diese Differenzierung ist wichtig, da es sich bei der deutschen und der englischen Version um verschiedene Texte handelt. Ein Grund für Ruth Klügers Entscheidung, nicht einfach den deutschen Text ins Englische übersetzen zu lassen, kann damit zusammenhängen, dass das Original ein sehr deutsches oder sehr europäisches Buch ist: Es wurde eindeutig für eine deutsche Leserschaft geschrieben.

Der Anfangspunkt meiner Analyse ist die Gegenüberstellung zweier Aussagen zur Verbindung von Sprache und kultureller Zugehörigkeit. Die erste findet sich in Max Weinreichs bekanntem auf Jiddisch verfasstem Werk *Geschikte fun der yidischer Sprakh: bagrifen, faxten, metodn* (1973) (*Geschichte der jiddischen Sprache: Begriffe, Fakten, Methoden*), nämlich: »Jiddisch ist diejenige Sprache, in der einer zu Jiddischkeit bewegt wird«[2].

Die zweite Behauptung findet sich in Ruth Klügers englischsprachigem Text *Still Alive*: »German, strange as the statement may sound, is a Jewish language.«[3] Diese vielleicht verblüffende und provokante Aussage fehlt im deutschen Original und ist ein gutes Beispiel für die Diskre-

---

2 Max Weinreich: History of the Yiddish language. Übersetzt von Shlomo Noble. Chicago 1980, S. 254.
3 Ruth Klüger: Still alive. A Holocaust girlhood remembered. New York 2011, S. 205.

panz, die zwischen ihrem deutschen und englischen Text herrscht. Wenn man sich Weinreichs Aussage näher ansieht, stellt sich die Frage, ob Leser auch mittels der Verwendung jiddischer Lexeme zur »Yiddishkeyt« bewegt oder geweckt werden könnten. Bezüglich Klügers Aussage lässt sich fragen, inwiefern – oder ob überhaupt – Deutsch als eine jüdische Sprache betrachtet werden kann. In welcher Beziehung stehen Jiddisch, Hebräisch oder weitere Sprachen wie Ladino, die weithin als jüdische Sprachen gelten, zum Deutschen, bei dem das normalerweise nicht der Fall ist.

I.

Bei Stefan Zweigs *Die Welt von Gestern* handelt es sich um einen deutschsprachigen Text, der zahllose Lexeme, Sprachwendungen und komplette Sätze aus Sprachen enthält, die dem mitteleuropäischen Bildungsbürgertum des frühen 20. Jahrhunderts zugänglich waren: an erster Stelle Französisch, dann Latein, Italienisch und Englisch. Im Auftauchen bestimmter Ausdrücke oder ganzer Sätze in diesen Sprachen manifestiert sich eine breite, humanistische Ausbildung, die auf Fremdspracherwerb, Reisen und dem Kontakt mit verschiedenen sprachlichen Kulturen fußt. Eine bedeutende Rolle spielt hier die Idee der Bildungsreise, die auf dem Ideal eines umfassenden Erlernens fremder Kulturen basiert. Gerade dies aber wird in der Literatur des Überlebens zur bitteren Ironie: Denn in dieser Literatur verfolgen die fremden Kulturen das autobiografische Ich und versuchen im Rahmen einer Geschichte des Genozids, dieses Ich und seine Verwandten mit Hilfe einer Fremdsprache oder mehrerer auszurotten. Es gibt auch einen jüdischen Zugang zur Mehrsprachigkeit in diesem Text: Zweig lobt die Mehrsprachigkeit seiner Eltern und zeigt sich vor allem stolz über die kosmopolitische und polyglotte Familie seiner Mutter. Generell lässt sich sagen, dass Zweig die Mehrsprachigkeit in *Die Welt von Gestern* nicht primär mit der Exilerfahrung oder den verschiedenen Dislozierungen oder Stationen verbindet, welche für den zweiten Teil seines Lebens charakteristisch sind. Es finden sich z. B. weder spanische noch portugiesische Ausdrücke in seinem Werk. Das Exil überschattet in diesem Text das überkommene Ideal der Bildung, gerade im Hinblick auf den Aspekt der Mehrsprachigkeit. Dies wäre als charakteristischer Vorgang in der Exil-Literatur überhaupt zu prüfen.

Es gibt in *Die Welt von Gestern* einen einzigen Jiddismus, einen *hapax legomenon*, wie er genannt wird, der einer Erklärung im Rahmen einer Diskussion über Mehrsprachigkeit bedarf. Das Wort lautet *Golus*.

Es ist ein Jiddismus, der den deutschen Lesern, und somit auch dem impliziten Leser dieses Textes, nicht zugänglich ist. Dennoch wird *Golus* nirgends erklärt oder übersetzt, auch nicht in einem angefügten Glossar. Für den impliziten Leser ist es somit keine leichte Aufgabe, die Bedeutung des Ausdrucks im Kontext zu dechiffrieren. Meine eigenen Versuche mit Studenten und Kollegen, deren Muttersprache Deutsch ist, oder die Deutsch fast auf muttersprachlichem Niveau beherrschen, haben meine Vermutung, dass sie das Wort in der Regel nicht verstehen, bestätigt. Man müsste das Konzept des impliziten Lesers, wie es Wolfgang Iser formuliert und verwendet hat, grundlegend modifizieren, um der Verwendung dieses Jiddismus im Text Rechnung zu tragen.[4]

Golus als einziger jiddische Ausdruck in *Die Welt von Gestern* taucht im Kapitel »Universitas Vitae« auf (an sich bereits ein gutes Beispiel für den Gebrauch von Latein im Text), und zwar in dem Abschnitt, der sich mit Theodor Herzl und dem Zionismus befasst. Im Allgemeinen bezieht sich der Begriff *Golus* auf die Exilexistenz des jüdischen Volkes seit der Zerstörung des Zweiten Tempels durch die Römer im ersten Jahrhundert nach Christus. *Golus* hat eine ausgesprochen negative Konnotation, zu welcher noch weitere Konnotationen hinzukommen, die über das räumliche Exil hinausreichen:

> Immer, wenn einer – Prophet oder Betrüger – in den zweitausend Jahren des Golus an diese Saite gerührt, war die ganze Seele des Volkes in Schwingung gekommen, nie aber so gewaltig wie diesmal, nie mit solchem brausenden, rauschendem Widerhall.[5]

Zweig selbst schrieb den Großteil seines autobiografischen Textes fern seiner europäischen Heimat im Exil. So gesehen bot ihm das Konzept einer jüdischen Nation und insbesondere einer Nation im Exil einen größeren Rahmen zum Verständnis seiner persönlichen Misere, die ihn kurz nach der Fertigstellung von *Die Welt von Gestern* – zumindest bis zu einem gewissen Ausmaß – in den Suizid trieb. Seine persönliche Exilerfahrung hat sicher seine Solidarität mit Personen und Gemeinschaften im Exil oder mit der Auffassung von *Golus* an sich gefördert.[6] *Golus* ist aber kein von Herzl häufig verwendeter Ausdruck, denn Herzl war kein großer Freund des Jiddischen. Er schätzte die Sprache lediglich, weil er damit die Massen der osteuropäischen Juden erreichen

---

[4] Wolfgang Iser: Readers and the concept of the implied reader. In: The act of reading. A theory of aesthetic response. Baltimore 1978, S. 27–38.
[5] Stefan Zweig: Die Welt von Gestern. Frankfurt a. M. 1978, S. 103.
[6] S. Mark H. Gelber: Stefan Zweig's conceptions of exile. In: Bernard Greiner (Hg.): Placeless topographies. Jewish perspectives on the literature of exile. Tübingen 2003, S. 103–114.

und sie so für den Zionismus gewinnen konnte. Zweig verwendet den jiddischen Begriff in dem Bemühen, ihn sich zu eigen zu machen. Er drückt dadurch seine Solidarität mit dem jüdischen Volk als Nation im Exil aus. Man darf also die Verwendung des Jiddismus als Zeichen des Überlebens auslegen.

Als Aspekt der Ästhetik des Überlebens wählt er einen Terminus, der das Exil sowie das Überleben als jüdische Erfahrung *par excellence* betont. Er versucht als quasi-Zugehöriger dieser Gemeinde eine unter Juden bekannte und weitverbreitete Ansicht auszudrücken: das Gefühl, ständig im Exil zu leben. Vielleicht wurde diese Stimmung für ihn am deutlichsten durch das Beispiel des osteuropäischen Juden illustriert, dessen Sprache vor der Shoah vor allem Jiddisch war. Zweigs späte Zuwendung und Solidarität mit jüdischen Lebens- und Ausdrucksformen wurde in der Zweigforschung bisher kaum berücksichtigt.[7] Dennoch kann das Auftauchen eines einzigen jiddischen Schlagworts in seinen Memoiren zusammen mit anderen Hinweisen die Behauptung stützen, dass er diesen Aspekt seiner jüdischen Identität positiv bewerten wollte.

II.

Fanya Gottesfeld Hellers *Strange and unexpected love* ist vom Blickwinkel der Mehrsprachigkeit aus gespickt mit fremden Lexemen, die aus den Sprachen des ostjüdischen »Shtetls« in Ostgalizien und Polen vor dem Zweiten Weltkrieg schöpfen. Dies sind vor allem: Jiddisch, Polnisch, Ukrainisch, Hebräisch, Französisch, Deutsch und Russisch. Lexeme dieser Sprachen, die im Text normalerweise kursiv hervorgehoben sind, werden im Anschluss ins Englische übersetzt oder sofort glossiert. Obwohl das Buch in amerikanischem Englisch verfasst wurde und der implizite Leser demnach amerikanisch ist, scheint das linguistische Objekt zwischen den oben genannten Sprachen zu wechseln. Der Text nimmt so auf verschiedenen Ebenen immer wieder Übersetzungsvorgänge vor. Vom Leser wird eine gewisse Toleranz gegenüber der sprachlichen Dissonanz erwartet, die durch diese Situation entsteht. Gleichzeitig wird durch die Verwendung von jiddischen, russischen, deutschen oder polnischen Worten oder jiddischer und slawischer Syntax ein Effekt der Authentizität produziert. Wenn also Sätze mit mehr oder weniger verfremdeter englischer Syntax auftauchen, wird der englischsprachige Leser an die Syntax anderer Sprachen erinnert. Zugleich

---

7 S. Mark H. Gelber: Stefan Zweig, Judentum und Zionismus. Innsbruck 2014.

wird ein Bruch der Wahrnehmungsebene bemerkt, da die gesprochene Sprache des literarischen Geschehens, das in Osteuropa stattfindet, natürlich nicht Englisch ist, obwohl das Buch im Sinne einer Dislozierung englisch geschrieben wurde. Interessanterweise entstehen die größten Sprachverdrehungen in der direkten Rede der nichtjüdischen Figuren. Dieses besondere sprachliche Merkmal unterstreicht ihre Andersartigkeit gegenüber Juden. Der Ukrainer Jan sagt zum Beispiel: »Rumors there are plenty«[8]. Oder der armenische Apotheker Moizesevich berichtet: »Syphilis the Russians have too.«[9] Ein grammatikalisch korrektes Standardenglisch taucht mehr in der direkten Rede der jüdischen Figuren auf, während Juden in der Realität Osteuropas hauptsächlich Jiddisch, aber auch alle der oben genannten Sprachen beherrschen und verwenden – je nachdem, wie ihr Gesprächspartner oder die individuelle Situation es erfordert. Somit ist die maßgebliche Sensibilität des Buches ausdrücklich jüdisch, ganz unabhängig davon, in welcher Sprache oder in welcher Situation gesprochen wird. Betrachtet man speziell das Jiddische, scheint der Text davon auszugehen, dass der implizite Leser über keinerlei Jiddischkenntnisse verfügt, da sogar weithin bekannte Jiddismen – also jene, die auch einem durchschnittlichen amerikanischen Leser vielleicht bekannt wären – glossiert werden. Dieselbe Annahme gilt auch für Ausdrücke anderer »Fremdsprachen«, die im Text verwendet werden. So werden jiddische Wörter wie *gonif* (Dieb), *shanda* (Schande), *balabusta* (pedantischer Hausmeister) oder sogar *Yiddishkeyt* (jüdische Kultur) glossiert. Dasselbe gilt für die russische *Kretschma* (eine Art Kneipe), das deutsche *Judenrat*, das hebräische *Tarbut* (hebräische Kulturbewegung) oder das polnische *Szlachta* (Adel). Auffassungen von Historizität oder Authentizität einer mehrsprachigen Erfahrung jüdischen Überlebens in Osteuropa können durch die Verwendung so vieler fremdsprachiger Ausdrücke in einem englischsprachigen Text abgeleitet werden. Trotzdem kann man wohl nicht abstreiten, dass der Text große Sympathien für das Jiddische hegt. Dennoch, um es in den Worten Max Weinreichs auszudrücken: Die Verwendung von Jiddisch im Text kann im Leser keine oder kaum »Jiddischkeit« erwecken. Nichtsdestotrotz aber kann der amerikanische Leser durch die mehrsprachige Lebensart, die so charakteristisch für das Ostjudentum ist, beeindruckt und inspiriert werden. Jüdische Mehrsprachigkeit als Faktor jüdischen Lebens und Überlebens ist ein vielfältig verwendetes Motiv des Textes, das durch das Auftreten von

---

8 Fanya Gottesfeld Heller: Strange and unexpected love. A teenage girl's Holocaust memoirs. Hoboken 1993, S. 210.
9 Gottesfeld Heller: Strange and unexpected love (s. Anm. 8), S. 230.

Figuren, die mehrere Sprachen beherrschen, aber auch durch Beispiele von Privat-Bibliotheken veranschaulicht wird, die, wie im ostgalizischen Heimatort des autobiografischen Ichs Skala, Bücher auf Französisch, Russisch, Deutsch, Polnisch, Hebräisch und Jiddisch beinhalten. Der Kindheitsfreund Shimek beeindruckt das autobiografische Ich mit seiner polyglotten Fähigkeit »von Englisch über Deutsch und Latein zu Hebräisch innerhalb eines einzigen Satzes zu wechseln«[10]. Die zahllosen Stunden, die die Familie in Verstecken verbringt, füllt ihr Vater mit dem Aufsagen von Gedichten und Erzählungen von Goethe, Schiller und Shakespeare und Ausschnitten aus polnischen und jiddischen Romanen. Über die Tante heißt es: »Aunt Sophie, who spoke Polish, Russian, Ukrainian, German, and Hebrew, and had a sophisticated command of Yiddish, regretted that her schooling had been cut off early«[11].

Das Hauptthema des Textes ist meines Erachtens aber nicht Sprache oder Mehrsprachigkeit, sondern liegt vielleicht in einer allgemeinen Betonung der Wichtigkeit jüdischer Solidarität, die sich hier außerdem mit einem feministischen Anliegen verbindet. Die Ablehnung der Ehe mit einem Nichtjuden ist die größte Bewährungsprobe für die jüdische Solidarität und Identität. Die Ehe kommt trotz wahrer Liebe und trotz starker Verpflichtungs- und Schuldgefühle für den Liebhaber, der sich anhaltend um sie bemüht und der mutig Fanyas Leben, das ihres Bruders und ihrer Eltern zu retten versucht hat, nicht zustande. Eine Mischehe würde aus der Perspektive der autobiografischen Stimme Betrug an ihrer Familie und am jüdischen Volk bedeuten. In *Strange and unexpected love* kann Mehrsprachigkeit als mögliche Überlebenshilfe angesehen werden, wobei hier alle Sprachen ihren Teil dazu beitragen. Nach meiner Interpretation kann Jiddisch, obwohl es eine wichtige Rolle in der mehrsprachigen Welt des »Shtetls« und im Überlebenskampf in der Shoah spielt, keine sprachliche Überlegenheit bezüglich jüdischer Identität und dem Weiterbestehen jüdischen Lebens nach der Shoah für sich beanspruchen.

III.

Das letzte Beispiel ist Ruth Klügers *weiter leben. Eine Jugend*. Das deutschsprachige Original wurde in mehrere Sprachen übersetzt und sowohl vom Publikum als auch von den Kritikern in Europa begeistert

---
10 Gottesfeld Heller: Strange and unexpected love (s. Anm. 8), S. 46.
11 Gottesfeld Heller: Strange and unexpected love (s. Anm. 8), S. 241.

aufgenommen. *weiter leben* hat seiner Autorin noch dazu verschiedene renommierte Literatur- und Kulturpreise eingebracht, u. a. den Thomas Mann-Preis (1999), die Hermann Cohen-Medaille (2008) und den Theodor Kramer-Preis (2011). Dennoch kann die amerikanische Rezeption der englischsprachigen Fassung von *weiter leben* weder mit der deutschen noch mit der europäischen verglichen werden. Es fragt sich, ob dieses auf Deutsch geschriebene und von der Autorin selbst als deutsch charakterisierte Buch[12] für eine amerikanische Leserschaft nicht leicht hätte neu geschrieben oder adaptiert werden können. Die großen Schwierigkeiten oder gar die Unmöglichkeit, entsprechende Änderungen vorzunehmen, um den ursprünglich impliziten deutschen Leser nun durch einen amerikanischen zu ersetzen, kann hierfür verantwortlich sein.

Bezüglich der in direkter Rede stehenden Mehrsprachigkeit enthält der deutsche Text Jiddismen wie auch Hebraismen und Ausdrücke anderer Sprachen wie Englisch. Wenn man diese Ausdrücke zusammen betrachtet, scheinen sie die Authentizität jüdischer Sprachmuster in Wien oder in den Lagern und auch nach dem Krieg zu reflektieren. Diese müssen normalerweise in Klammern glossiert werden, um den Leser, ob deutsch oder amerikanisch, die Bedeutung der Ausdrücke verständlich zu machen. So wird zum Beispiel einmal die Mutter zitiert, wie sie den jiddischen Ausdruck *Rachmones* [Mitleid] in einen deutschen Satz einbettet, in der englischen Parallelversion als *rakhmones* [pity][13] zu finden. Der jiddische Ausdruck wird ins Deutsche bzw. Englische übersetzt, sobald er im Text erscheint. Interessant und nicht unbedingt eine Ausnahme ist, dass jiddische Lexeme, die ursprünglich aus der direkten Rede bestimmter Figuren zitiert werden, anschließend im Wortschatz des autobiografischen Ichs auftauchen.

In diesen Fällen reicht der Gebrauch des Jiddischen über den Versuch Authentizität herzustellen hinaus, da das Jiddische in das erzählende Deutsche oder Englische der autobiografischen Stimme hineindringt. So etwa wird zu Beginn des Buches eine Tante in Wien zitiert, welche sagt: »Judenkinder, die sich schlecht benehmen machen *Risches* [Antisemitismus]«. Dem jiddischen Ausdruck folgt die Glosse in Klammern. In *Still alive* wird dieser Abschnitt wortgetreu ins Englische übersetzt: »Jewish children who have bad manners cause *rishes* [anti-Semitism].«[14] Im Textabschnitt über Theresienstadt, als das autobiografische Ich sich an den Rabbiner Leo Baeck erinnert, dem es per-

---

12 Ruth Klüger: weiter leben, Eine Jugend. Göttingen 1992, S. 2.
13 Klüger: weiter leben (s. Anm. 12), S. 28; Klüger: Still alive (s. Anm. 3), S. 35.
14 Klüger: weiter leben (s. Anm. 12), S. 11; Klüger: Still alive (s. Anm. 3), S. 20.

sönlich begegnet ist, erzählt es ironisch ein Beispiel typisch deutscher Staatstreue: Baeck hatte vor seiner Deportation noch seine Betriebskostenrechnung bezahlt, um während seiner Abwesenheit keine Schulden zu hinterlassen. Nun fragt die retrospektive, autobiografische Stimme: »Wollte er einen guten Eindruck hinterlassen, *Risches* vermindern, bevor man ihn abschleppte? Schildbürger waren die Juden …«[15] Genauso wird es auch in der englischen Version dargestellt. Im Text steht: » Did he want to reduce *rishes* before they deported him? There is a story about a village of simpletons, *Schildbürger* in German …«[16]. In diesem Abschnitt muss »Rishes/rishes« nicht glossiert werden, da die Bedeutung schon an früherer Stelle erläutert wurde. Hier muss eher die sehr deutsche Referenz auf die »Schildbürger« für die amerikanischen Leser erklärt werden. So wird deren Bedeutung, obwohl sie nicht in all ihren Konnotationen vermittelt werden kann, im Text als Narren aus einem »Dorf der Einfältigen« erläutert. Dieses sprachliche Phänomen, das Vermeiden einer sich wiederholenden Glosse, ist jedoch nicht unbedingt auf das Jiddische beschränkt und kann so nur dazu dienen, die Grundanpassung von vergangener und gegenwärtiger Erfahrung, sowie vergangener und gegenwärtiger sprachlicher Phänomene und Umgebungen im Bewusstsein und Wortschatz des überlebenden autobiografischen Ichs zu vermitteln. Jiddisch spielt keine besondere Rolle bezüglich der Authentifizierung einer jüdischen Erfahrung in der Gegenwart. Die Mehrsprachigkeit authentifiziert eine besondere historische Erfahrung, welche in diesem Fall vom autobiografischen Ich rückblickend erzählt wird. An einer Stelle fragt die autobiografische Stimme in der englischen Version, ob sie etwas »improper, something not kosher« macht, wenn sie sich zu sehr auf das Schicksal eines bestimmten Kindertransports einlässt, der nun so viele Jahre zurückliegt. Aber der Ausdruck *kosher* fehlt im deutschen Original. Das Wort *kosher*, welches später hinzugefügt wurde, passt anscheinend in das amerikanische Umfeld, aber nicht in die deutsche Parallelpassage.

Diese Neutralisation des Jiddischen scheint mit der zeitgenössischen amerikanisch-jüdischen Identitätsbildung verbunden zu sein. Sie hilft uns, Ruth Klügers bereits zitierte Aussage, Deutsch sei eine jüdische Sprache, die manche für gewagt oder empörend halten, zu verstehen. Was sie offensichtlich meint, ist, dass bis zur Shoah viele der weltbekannten Juden Deutsch sprachen und schrieben. Sie nennt Kafka, Freud, Einstein, Marx, Heine, Theodor Herzl und Hannah Arendt als

---

15 Klüger: weiter leben (s. Anm. 12), S. 100f.
16 Klüger: Still alive (s. Anm. 3), S. 85.

nur einige Beispiele.¹⁷ Ob die Tatsache, dass zahllose jüdische Koryphäen auf Deutsch schrieben, dazu ausreicht, um die Sprache zu einer jüdischen Sprache zu machen, ist fraglich und es ist wichtig, in diesem Kontext zu betonen, dass diese Ausführung im deutschen Original komplett fehlt. Man kann annehmen, dass sie Klügers deutschsprachige Leserschaft befremdet hätte, selbst wenn es richtig ist, dass zahlreiche prominente, mitteleuropäische Juden, von denen manche zum Christentum konvertierten, oder sich abseits normativer Zentren jüdischen Lebens positionierten, Deutsch schrieben.

Dieser letzte Abschnitt mag den Leser an einen ähnlichen in Stefan Zweigs *Die Welt von Gestern* erinnern, in dem er die jüdische Kreativität im österreichischen Kulturleben enthusiastisch feiert, während sich der Text selbst in der apologetischen Rhetorik des »Einen Beitrag Leistens« ergeht. Zweig beschreibt, wie Juden sich hervorragend österreichischen bzw. Wiener Gefühlslagen anpassen konnten und so in der Lage waren, wesentlich zur österreichischen Kultur beizutragen.¹⁸ Er nennt viele jüdische Talente, die hier Beiträge leisteten. Viele von ihnen, unter anderen Gustav Mahler und Peter Altenberg, konvertierten zum Christentum oder hatten, wie Hofmannsthal, Vorfahren, die diesen Schritt bereits getan hatten. Dennoch werden sie in Zweigs Text als Juden identifiziert. Ich vermute, dass einer bestimmten jüdischen Leserschaft diese Art der Diskriminierung problematisch und unangenehm ist. Während ich überzeugt bin, dass ein Weg zur *Yiddishkeyt* (wenn wir an Max Weinreichs Wendung denken) durch das Medium der deutschen Schrift und Sprache erreicht werden kann, ist es normalerweise in den mir bekannten Beispielen so, dass Juden zuerst mit dem »degree zero« konfrontiert werden, also mit dem Nichtvorhandensein jüdischen Lebens, dem alles dominierenden Versuch, in Europa das jüdische Volk und alles Jüdische im 20. Jahrhundert zu zerstören. Der jüdischen Leserschaft, vermute ich, ist es bei weitem lieber, Wege zur *Yiddishkeyt* über die Auseinandersetzung mit der authentischen Kreativität und Ausdruckskraft der jüdischen Sprachen wie Jiddisch und Hebräisch (oder Ladino) zu gelangen. Oder vielleicht durch die Beschäftigung mit jüdischen kulturellen und religiösen Umfeldern, die in Ruth Klügers Autobiografie oft marginalisiert werden. Vielleicht helfen diese Faktoren auch zu verstehen, warum die Rezeptionsgeschichte ihres Buches in Deutschland/Österreich und in den USA so unterschiedlich verlaufen ist. Wie dies auch sei, Ruth Wisses Buch »Modern Jewish Canon« erinnert uns in einem Kommentar über

---

17 Klüger: Still alive (s. Anm. 3), S. 205.
18 Zweig: Die Welt von Gestern (s. Anm. 5), S. 32.

Agnon, dass *Yiddishkeyt*, die Art des jüdischen Lebens, weniger eine Antwort als vielmehr ein Leben mit Fragen bedeutet.[19] Umso mehr ist dies bezüglich der Literatur des Überlebens der Fall.

---

19 Ruth R. Wisse: The modern Jewish canon. New York 2000, S. 186.

Reinhard Andress

Benno Weiser Varons Dreisprachlichkeit im Exil
Ein Beispiel für Transkulturalität

Mehrsprachigkeit ist unter deutschsprachigen Schriftstellern und Schriftstellerinnen, die das »Dritte Reich« ins Exil zwang, keine Seltenheit gewesen. Je nachdem, wohin das Schicksal sie verschlug, erweiterten sie schon vorhandene Fremdsprachenkenntnisse oder erlernten neue Sprachen dazu. Eine eigentliche Doppelsprachigkeit, d. h. jene intime Aneignung der Sprache des Aufnahmelandes, die es ermöglichte, auch literarisch in ihr zu schreiben, war dagegen eher selten.[1] In diesem Zusammenhang wären Autoren und Autorinnen wie Peter Weiß (Schwedisch), Erich Fried, Michael Hamburger, Stefan Heym oder Klaus Mann (alle Englisch), Roberto Schopflocher oder Hilde Domin (beide Spanisch) zu erwähnen.

War die Doppelsprachlichkeit im Exil schon selten genug, war die Dreisprachlichkeit umso seltener. Einen solch seltenen Fall stellt Benno Weiser Varon dar. Er veröffentlichte auf Deutsch, Spanisch und Englisch; außerdem besaß er noch Polnisch-, Jiddisch- und Hebräisch-Kenntnisse. Im Folgenden wird seine biografische, sprachliche und schriftstellerische Entwicklung nachgezeichnet, um sie dann als Beispiel der Transkulturalität zu betrachten. Dabei definiert Transkulturalität begrifflich die vielschichtige Verknüpfung und Vermischung von Kulturen im Gegensatz etwa zur Interkulturalität und Multikulturalität, die eher von einheitlichen Kulturformen ausgehen.[2]

Benno Weiser, im Jahre 1913 als Jude in Czernowitz geboren, kam als Zweijähriger nach Wien, wo er seine Jugend in der Leopoldstadt, dem wichtigsten Judenviertel der österreichischen Metropole, ver-

---

1 »Doppelsprachlichkeit« im Sinne der Fremdsprachenlerner/innen, die ein muttersprachliches Sprachniveau in zwei Sprachen erreichen, wird beispielsweise von Georges-Arthur Goldschmidt verwendet, so in seinem Aufsatz: Exil und Doppelsprachlichkeit. In: Exilforschung 25 (2007): Übersetzung als transkultureller Prozess, S. 1–2; hier: S. 2.
2 Um nur ein Beispiel zur Diskussion um das Thema Transkulturalität anzuführen, s. die Schriften von Wolfgang Welsch, z. B. Wolfgang Welsch: Transkulturalität – Lebensformen nach der Auflösung der Kulturen. In: Information Philosophie 2 (1992), S. 5–20 oder ders.: Transculturality – the puzzling form of cultures today. In: Spaces of culture: city, nation, world. Hg. v. Mike Featherstone und Scott Lash. London 1999, S. 194–213. Diese Diskussion ist heute noch sehr aktuell, wie sich bei einer Internetsuche zeigt.

brachte.³ Seine Familie war selbstverständlich jüdisch, wenn auch nicht streng orthodox. Die Großmutter sprach Jiddisch, die Geschwister – abgesehen von Benno Weiser sowie einem Bruder und einer Schwester – antworteten meistens auf Deutsch. Die Familie war zwar weitgehend assimiliert, doch Weiser bekannte sich eindeutig zum Judentum, wie er Jahre später in der Autobiografie *Professions of a lucky Jew* schrieb:

> But I know one thing: at no time in my life did I regret having been born a Jew, and not even in the darkest moments did the idea of shedding, or even hiding, my Jewishness cross my mind. To be a Jew was – and is – for me a great adventure.⁴

Zunächst war es eher die kulturelle Seite des Judentums, die Weiser interessierte, später sollte auch ein von Theodor Herzl beeinflusster Zionismus eine wichtige Rolle spielen. Doch erstmal war er stolz darauf, in einer Stadt aufzuwachsen, deren kulturelle Errungenschaften stark auf den jüdischen Beitrag zurückzuführen waren. Arthur Schnitzler, Stefan Zweig, Hugo von Hofmannsthal, Hermann Broch, Karl Kraus, Max Reinhardt, Fritzi Massary, Gustav Mahler und Arnold Schönberg sind nur einige der Juden in Literatur, Theater und Musik, die Weiser in seiner Autobiografie im Zusammenhang mit dem jüdischen Kulturleben Wiens anführt.⁵ In diesem Kulturleben liegen auch die Wurzeln für Weisers kabarettistische Ader. Hier führt er den Einfluss auf Karl Farkas, Fritz Grünbaum, Hans Weigel, Jura Soyfer, Peter Hammerschlag oder Friedrich Torberg zurück.⁶ Unter dem Namen Bobby Weiser schrieb er »Kleinkunst«, z. B. Gedichte mit sozialem Inhalt, kurze Texte fürs Kabarett oder Zeitungsartikel. Als Gymnasiast führte er 1932 das eigene Stück *Der achtjährige Krieg* auf, das sich auf die Schulzeit bezog und von den darauf folgenden Jahrgängen, leicht verändert, wiederholt wurde. Durch die erfolgreiche kabarettistische Tätigkeit konnte Weiser sein Medizinstudium finanzieren; mit der Revue *Rassisches und Klassisches* wollte er sogar auf Tournee gehen, doch kam der

---

3 Als Grundlage der folgenden biografischen Ausführungen dient vor allem Weisers Autobiografie: Benno Weiser Varon: Professions of a lucky Jew. New York 1992. S. auch ders.: Si yo fuera paraguayo. Artículos aparecidos y charlas pronunciadas en el Paraguay. Asunción 1972. S. ebenfalls Weisers Aufsatz: Von den Alpen zu den Anden. In: Wie weit ist Wien. Lateinamerika als Exil für österreichische Schriftsteller und Künstler. Hg. v. Alisa Douer und Ursula Seeber. Wien 1995, S. 147–150. S. auch den Ausstellungskatalog: Die Zeit gibt die Bilder. Schriftsteller, die Österreich zur Heimat hatten. Hg. v. Alisa Douer, Ursula Seeber und Evelyne Polt-Heinzl. Wien 1992, S. 137.
4 S. Weiser Varon: Professions of a lucky Jew (s. Anm. 3), S. 10.
5 Weiser Varon: Professions of a lucky Jew (s. Anm. 3), S. 29.
6 Weiser Varon: Professions of a lucky Jew (s. Anm. 3), S. 30.

»Anschluss« Österreichs an das Deutsche Reich am 12. März 1938 dazwischen, was dem fast abgeschlossenen Medizinstudium ein Ende setzte.

Kurz darauf sollte Weiser nach Ekuador auswandern. Schon vorher hatte er Spanisch gelernt, als er auf Vermittlung eines Verwandten den ekuadorianischen Schüler Jaime Navarro Cardenas betreute. Cardenas kam aus einer wohlhabenden ekuadorianischen Familie, und Weiser sollte ihn auf das gymnasiale Studium am bekannten Theresianum in Wien vorbereiten. Den Schüler hatte er schon in einem passablen Spanisch begrüßen können; sechs Monate lang trafen sie sich fast täglich vier Stunden lang: zwei dem Unterricht gewidmet, zwei dem Gespräch sowohl auf Deutsch als auch auf Spanisch. Wie Weiser in seiner Autobiografie ausführt, soll er von Cardenas bereits ins *Quiteño* eingeweiht worden sein, d. h. in die sprachliche Varietät der Hauptstadt Quito. Die Auswanderung von Weisers ganzer Familie nach Ekuador vermittelte wiederum Cardenas' Vater, der in Ekuador hochangesehen und sehr gut vernetzt war.

Nach anfänglichen finanziellen Schwierigkeiten in Ekuador ergab sich eine erste Beschäftigungsmöglichkeit für Weiser:

> Als der Krieg ausbrach, suchte der Herausgeber des ›El Comercio‹, der bedeutendsten Zeitung der Hauptstadt, verzweifelt nach einem europäischen Immigranten, der etwas von den Vorgängen in Europa verstünde, und alle Anfragen führten ihn zu mir. Nicht weil ich ein militärischer Sachverständiger war, aber ich sprach und schrieb Spanisch.[7]

So erschien ein erster Essay, auf dem weitere folgen würden, im April 1940 unter dem Titel »La tragedia del Señor Quisling«, in dem sich Weiser über Vidkun Quisling lustig machte.[8] Als Führer der *Nasjonal Samling*, der faschistischen Partei Norwegens, war dieser nach der nationalsozialistischen Invasion des Landes am 9. April desselben Jahres von Hitler zunächst umgangen worden. Die Essays wurden insofern positiv aufgenommen, als Weiser ab Juni 1940 für die von El Comercio herausgegebene Abendzeitung *Últimas Noticias* eine fast tägliche Kolumne schrieb, die unter dem Titel »El mirador del mundo« erschien. Diese Kolumne wurde wiederum im Dezember desselben Jahres von *El Universo* übernommen, der größten Zeitung Ekuadors, die in Guayaquil herauskam. Im Gegensatz zu der oft humorvoll-ironischen Qualität der im El Comercio erschienenen Essays nahmen die neuen Beiträge in der Auseinandersetzung mit den Kriegsereignissen in Europa einen

---

7 S. Weiser Varon: Von den Alpen zu den Anden (s. Anm. 3), S. 147.
8 S. Benno Weiser: La tragedia del señor Quisling. In: El Comercio, 12.04.1940, S. 4.

ernsthafteren Ton an. Laut eigenen Angaben wurde Weiser dabei der erste Journalist in der Geschichte Ekuadors, dessen Artikel sowohl in Quito als auch in Guayaquil, den beiden wichtigsten Städten des Landes, veröffentlicht wurden, wodurch er in der Kriegszeit ein gewisses Monopol bei der Interpretation der Nachrichten aus Europa gewann.[9] Als der deutsche Botschafter in Ekuador im Juni 1941 vergeblich versuchte, »El mirador del mundo« wegen seiner antifaschistischen Richtung zu unterdrücken, berichtete sogar die *New York Times* wenig später davon und sprach von der Kolumne als »among the best known in Latin America«[10]. Seine journalistische Popularität führte Weiser Varon auf sein leicht verständliches, weil erlerntes Spanisch zurück: »I was no fancy stylist. I could not be one. And if obscurity is a virtue in literature, it's not for me. I find it totally out of place in journalism.«[11] Als frühe Bilanz seiner journalistischen Tätigkeit für die ekuadorianischen Tageszeitungen veröffentlichte der Autor 1941 eine Auswahl seiner Essays und behielt hier den bekannt gewordenen Titel der Kolumne »El Mirador del Mundo« bei. Im Vorwort erfahren wir, welche aufklärerischen Beweggründe Weiser während der Kriegszeit zum Journalisten machten:

> Llegará la hora en que se pedirán cuentas a cualquier individuo, sobre qué ha hecho él, mientras el Mundo estaba envuelto en la batalla más titánica de todos los tiempos. Llegará la hora en que se reprochará a los indiferentes su indiferencia y a los neutrales su neutralidad. Llegará la hora en que se castigará a los enemigos de la Humanidad, dondequiera que ellos hubieran actuado. Para esa hora, lejana o tal vez no tan lejana, preparo este libro.[12]

> Es wird die Stunde kommen, in der man von jedem Menschen Rechenschaft verlangen wird, was er getan hat, als die Welt in die titanischste Schlacht aller Zeiten verwickelt war. Es wird die Stunde kommen, in der man den Gleichgültigen ihre Gleichgültigkeit und den Neutralen ihre Neutralität vorwerfen wird. Es wird die Stunde kommen, in der man die Feinde der Menschheit bestrafen wird, wo immer sie auch gewirkt haben. Für diese ferne oder vielleicht nicht allzu ferne Stunde schreibe ich dieses Buch.[13]

---

9 S. Weiser Varon: Professions of a lucky Jew (s. Anm. 3), S. 110.
10 S. Nazis curb Latin press. Column suppressed in Ecuador on Reich envoy's protest. In: New York Times, 07.06.1941, S. 5.
11 Weiser Varon: Professions of a lucky Jew (s. Anm. 3), S. 108.
12 Benno Weiser: El mirador del mundo. Quito 1941, S. 1–2.
13 Übersetzung Andreas Löhrer.

Weiser wollte ausdrücklich von seinem politischen Engagement und kämpferischen Geist Zeugnis ablegen.

Die von den Nazis unterstützten pro-faschistischen Gruppierungen in Ekuador, die sogenannte »Fünfte Kolonne«, agierten in ihren eigenen Wochenzeitungen (z. B. *Transocean*, *El Debate* oder *Intereses comerciales*) gegen Weisers weit verbreitete Kolumnen. Um verschärft gegen diese pro-faschistischen Elemente vorzugehen, gründete er zusammen mit seinem Freund Filemón Borja die Zeitung *La Defensa*, »Die Verteidigung«, die von Oktober 1940 bis Anfang 1943 in Quito erschien. In ihrem Programm verpflichtete sich die Zeitung, freiheitliche Werte in Ekuador als Antwort auf Goebbels Zeitung *Der Angriff* zu verteidigen. Dabei unterschied sie zwischen dem »guten« Deutschland und dem der Nationalsozialisten, das als »Nazilandia« bezeichnet wurde.[14] Im Februar 1941 erschien in *La Defensa* z. B. ein Aufruf des in Lateinamerika verbreiteten *Movimiento Alemania libre*, das im Sinne einer Volksfront alle antifaschistisch eingestellten Deutschen mobilisieren wollte.[15] Obwohl Weiser unter seinem eigenen Namen Beiträge in *La Defensa* veröffentlichte, sind vermutlich die Pseudonyme »Multatuli«, »Slavicus« oder »Atabalipa« ebenfalls auf ihn zurückzuführen. Allerdings ist schwer einzuschätzen, welche Wirkung *La Defensa* letzten Endes auf die ekuadorianische Öffentlichkeit hatte. Laut eigenen Angaben erreichte die Zeitung im Juni 1941 mit der 33. Nummer eine Gesamtauflage von 5000 Exemplaren, was auf etwa 150 Exemplare pro Nummer schließen lässt und eine eher bescheidene Verbreitung bedeutete.[16]

In *La Defensa* veröffentlichte Weiser auch seinen Roman *Yo era europeo. Novela de una generación* ab Januar 1942 in 53 Folgen von jeweils vier Seiten. Ein Jahr später erschien das Buch im Fernández-Verlag in Quito. Die Stärke des Romans, der die Wiener Zeit und die Auswanderung des Protagonisten nach Ekuador schildert, liegt in den autobiografisch geprägten, memoirenhaften Vignetten, die aneinandergereiht sind. Die Beschreibung etwa des einjährigen Jubiläums der Maturafeier oder der Prüfung in Anatomie sind Beispiele für einen knappen Erzählstil, der einen aufschlussreichen, zugleich aber auch witzigen Blick auf das Wien kurz vor dem »Anschluss« Österreichs wirft. Kapitel XII, das von der Pflichtassistenz in einer Entbindungsstation erzählt, stellt einen gelungenen Versuch einer kontrastiv einge-

---

14 S. den in der ersten Nummer veröffentlichten, programmatischen Artikel: Nuestra línea. In: La Defensa, 29.10.1940, S. 1 und 7.
15 S. Proclamación del movimiento ›Alemán [sic] Libre‹. In: La Defensa, 20.02.1941, S. 5.
16 S. Benno Weiser: Amigos de La Defensa. In: La Defensa, 10.06.1941, S. 10.

setzten Idyllenbeschreibung dar. Mitten in einer Welt, die der Katastrophe entgegenging, behauptet sich das Wunder der Geburt.

Die Niederschrift ab etwa 1939 im fernen und zu dem Zeitpunkt noch relativ isolierten Ekuador ohne den Vorteil zeitlicher Distanz erklärt die eine oder andere Kurzsichtigkeit des Romans. So wird Weisers Gutgläubigkeit manche Leser stören. In Kapitel XXXVII betritt der Erzähler den südamerikanischen Kontinent und schwärmt begeistert:

> Aquí podían vivir juntos, unidos más bien que separados por sus diferencias. El blanco al lado del negro el chino al lado del indostano, y docenas de otras razas, cuyos descendientes habíanse arraigado en esta estación céntrica del tráfico mundial. Aquí vivían con esta infinidad de cruzamientos raciales, en igualdad, armonía y paz.[17]
>
> Hier lebten alle zusammen, eher vereint als getrennt durch ihre Unterschiede. Der Weiße neben dem Schwarzen, der Chinese neben dem Inder, und Dutzende aller Rassen, deren Vorfahren sich an diesem Umschlagplatz des Weltverkehrs niedergelassen hatten. Hier lebten sie in Gleichheit, Harmonie und Frieden in ihren vielfältigen rassischen Kreuzungen.[18]

Das ging schon damals an der Realität Lateinamerikas vorbei, in der die behauptete Gleichheit doch mehr als problematisch war und es zu einem großen Teil noch heute ist. Verständlich ist die Begeisterung insofern, als dem Erzähler und somit auch Weiser das Zusammenleben und die Durchmischung der Ethnien im Gegensatz zum alltäglichen Antisemitismus im deutschsprachigen und geschichtlich gesehen überhaupt im europäischen Raum als beispielhaft und als zukunftsträchtige Hoffnung vorgekommen sein müssen. Es ist eine Begeisterung, die viele jüdische Mitemigranten teilten und die sich auch in literarischen Werken wie Stefan Zweigs Liebeserklärung an sein Gastland, *Brasilien. Ein Land der Zukunft* (1945), oder Marte Brills Roman *Der Schmelztiegel* (2002) niederschlug.

Die publizistische Rezeption von *Yo era europeo* war nach seiner Veröffentlichung relativ bescheiden. Es lässt sich nur eine Zeitungskritik von Olmedo del Pozo nachweisen, die zunächst in der ekuadorianischen Zeitschrift *Eslabón* erschien und dann in Weisers *Revista de dos mundos* 1945 nachgedruckt wurde.[19] Die Kritik geht u. a. auf das journalistische Schaffen des Autors ein, um dann den Inhalt des Romans wiederzugeben. Er sei »con nervio, con pasión« geschrieben. Abschlie-

---

17 Benno Weiser Varon: Yo era europeo. Novela de una generación. Quito 1943, S. 201.
18 Übersetzung aus Benno Weiser Varon: Ich war Europäer. Roman. Übersetzt v. Reinhard Andress und Egon Schwarz. Wien 2008, S. 202.
19 S. Revista de dos mundos, 14.09.1945, S. 9.

ßend werden alle Autorenemigrant/inn/en, die sich wie Weiser für Freiheit einsetzen, in Südamerika willkommen geheißen, denn ihr Kampf sei auch der Kampf Südamerikas. In jedem Fall vermittelte der Roman seinem ekuadorianischen Publikum das Schicksal eines Juden in der turbulenten »Anschlusszeit« in Wien und danach. Durch eine 2008 erschienene Übersetzung des Romans ins Deutsche wird hoffentlich ein größeres Lesepublikum erreicht.[20]

Weiser schrieb seine Kolumne »El mirador del mundo« für *Las últimas noticias* und *El universo* während der ganzen Kriegsjahre weiter. Im Mai 1945, am Tag nach der deutschen Kapitulation, erschien eines seiner Essays unter dem Titel »Victoria sobre el Nazismo«, in dem er hervorhob, dass der Sieg über den Nationalsozialismus nicht überrasche, doch sei man von einer wirtschaftlichen Normalität noch weit entfernt. Deswegen sei der 7. Mai nicht im selben Sinne wie der 11. November 1918 zu feiern, dennoch »sei er ein Zeichen für den Triumph der Menschheit, der das Schlimmste erspart worden ist«.[21] Insgesamt glaubt Weiser mit seiner journalistischen Tätigkeit in Ekuador die Berichterstattung des Landes zum Zweiten Weltkrieg beeinflusst zu haben, wie er rückblickend in der Autobiografie schreibt:

> The fact that the serious press of the nation didn't go overboard for the victorious Germans must have had something to do with my rather restrained reactions to Germany's victories. I couldn't help feeling that at least this not-going-overboard had something to do with my widely read columns.[22]

Im Jahre 1943 war Weiser mit seinem Vater nach New York gereist, damit sich dieser einer Krebsbehandlung unterziehen lassen konnte. Dort bekam der Sohn einen von Gisi Fleischmann vermittelten Bericht von zwei Häftlingen zu lesen, die einem KZ entkommen waren. Weiser war vom Schicksal so vieler Mitjuden sehr stark betroffen, was seine zionistische Haltung insofern verfestigte, als er nun ausdrücklich für cinc israelische Staatsgründung eintrat. In der Autobiografie lesen wir: »Now I understood that there was no solution to the Jewish problem other than a Jewish state. From then on the accent of my Zionism was on Zion.«[23] So gründete Weiser 1944 in Ekuador die *Federación sionista del Ecuador*, deren Präsident er wurde und die sich für ein jüdisches Pa-

---

20 S. Weiser Varon: Ich war Europäer (s. Anm. 18).
21 »Señala el triunfo de la humanidad, que se ha salvado de lo peor«. Benno Weiser: Victoria sobre el Nazismo. In: El universo, 08.05.1945, S. 6. Übersetzung Andreas Löhrer.
22 Weiser Varon: Professions of a lucky Jew (s. Anm. 3), S. 119–120.
23 Weiser Varon: Professions of a lucky Jew (s. Anm. 3), S. 129.

lästina einsetzte. Im September 1945 kam die neue, schon erwähnte Wochenzeitschrift *Revista de dos mundos* dazu, die Weiser in eigener Regie herausgab, wobei sich der Titel der »Zeitschrift zweier Welten« auf die untergehende Vorkriegs- und die neue Nachkriegswelt bezog. Die Zeitschrift wandte sich an alle europäischen Flüchtlinge in Ekuador, doch da die meisten von ihnen jüdischer Herkunft waren, dominierten Themen, die für diese Einwanderergruppe von Interesse waren. Obwohl sich die *Revista* unabhängig gab, war die zionistische Tendenz nicht zu verneinen. Weisers Einsatz für die israelische Staatsgründung war jedoch eher in einem humanistischen als politischen Sinne zu sehen: Von europäischen Juden könne nicht verlangt werden, dass sie weiterhin in Ländern leben sollten, die nicht frei von Antisemitismus seien und an den Holocaust erinnerten.[24]

Weiser entwickelte sich langsam zu einem fast vollberuflichen Advokaten des Zionismus. Die *Jewish Agency* beauftragte ihn im späten Frühjahr 1946 mit der Gründung einer regionalen Vertretung in Bogotá, wohin Weiser auch umsiedelte. Seine Aufgabe bestand darin, die Unterstützung Venezuelas, Kolumbiens, Ekuadors und überhaupt Lateinamerikas vor den Vereinten Nationen bei der für die israelische Staatsgründung unerlässlichen *Palestine Partition Resolution* zu sichern. In der kolumbianischen Hauptstadt schrieb Weiser für die Tageszeitung *El Tiempo*, für die Wochenzeitschrift *Revista de las Américas* und führte die *Revista de dos mundos* weiter, die nun auch in Kolumbien gelesen wurde. Sie wurde zum *Órgano oficial de la federación sionista de Colombia*, also ihrem offiziellen Organ, und im November 1946 in *La Revista Sionista. Revista de dos mundos* umbenannt, womit sie sich nun offener zionistisch gab. Da die Nachkriegsentwicklung in Europa, wie Weiser ausführte, für die Juden enttäuschend sei, gebe es keine Bleibe für sie dort, und es erhöhe sich der Druck, einen israelischen Staat zu gründen.[25]

Im November 1947 publizierte Weiser erstmals in seiner *Revista* auch einen literarischen Text, ein satirisches Drama mit dem Titel »Kindergarten ›Palestina‹«.[26] Das jüdische Kind Israel und das arabische Kind Ismael werden von einer englischen Kindergärtnerin betreut, die eine von den Vereinten Nationen beschäftigte Kollegin ablöst. Das widersprüchliche Verhalten Englands in Palästina, das eher die arabi-

---

24 S. wie Weiser die neue Zeitschrift im Artikel »Dos Mundos« programmatisch vorstellte. In: Revista de dos mundos, 24.08.1945, S. 1–2.
25 S. Weisers programmatischen Artikel im Zusammenhang mit der Umbennung der Wochenzeitschrift: De »Dos Mundos« hacia »La Revista Sionista«. In: La Revista Sionista. Revista de dos mundos, 19.11.1946, S. 1–2.
26 S. Benno Weiser: Kindergarten »Palestina«. In: La Revista Sionista, 08.11.1947, S. 7–8.

schen Länder begünstigte, wird aufs Korn genommen, und es werden implizit Hoffnungen auf die Vereinten Nationen und die *Palestine Partition Resolution* formuliert. Offensichtlich sah Weiser die Trennung von Arabern und Juden als Ausweg aus den damaligen Konflikten, wobei am Ende der Satire offenbleibt, ob sie wieder den friedlichen Weg zueinander finden. Bei einer Veranstaltung des erwähnten zionistischen Bundes in Kolumbien wurde das satirische Drama anscheinend mit großem Erfolg aufgeführt.[27]

Als es im November 1947 vor den Vereinten Nationen zur Abstimmung hinsichtlich der *Palestine Partition Resolution* kam, stammten 40 Prozent der Ja-Stimmen aus den lateinamerikanischen Ländern, was einer Zweidrittelmehrheit entsprach, die zur Billigung der Resolution erforderlich war. Aufgrund der *Resolution* wurde der israelische Staat dann am 15. Mai 1948 gegründet. Als dieses Ereignis in der jüdischen Gemeinde Ekuadors gefeiert wurde, war Weiser der Hauptredner. Die Aufgaben im Zusammenhang mit der israelischen Staatsgründung ließen ihm keine Zeit mehr, *La Revista Sionista* fortzuführen, abgesehen davon, dass die Wochenzeitschrift ihr Ziel erreicht hatte. Sie wurde im Juni 1948 eingestellt. Was Weisers Engagement im Zusammenhang mit der israelischen Staatsgründung betrifft, ist in der *Encyclopedia Judaica* nachzulesen:

> The Jewish Agency promoted the beginnings of Latin American support. Benno Weiser (later Israeli ambassador to various Latin American countries under the name of Benjamin Weiser Varon) and Moshe Tov (also later an Israeli ambassador in Latin America), driving forces in the Latin American department of the Jewish Agency, won the political backing of these governments for the plan to partition Palestine in 1947–48.[28]

Weiser selbst schrieb in der Autobiografie: »I consider it the greatest satisfaction of my career that I was privileged to participate in gaining this support.«[29]

Weisers Einsatz für den israelischen Staat führte dazu, dass er nach New York versetzt wurde, um von dort aus die lateinamerikanische Abteilung der *Jewish Agency* zu leiten, was er von 1948 bis 1960 tat. Es war vor allem der Aufruf Ben-Gurions, ein Zionist habe in Israel zu leben, der Weiser 1951 zu einem ersten Besuch Israels veranlasste, von dem er enttäuscht nach New York zurückkehrte. Er fand nicht den

---

27 S.: Era un grandioso acontecimiento el Acto de Balfour de la Organización Sionista de Bogotá. In: La Revista Sionista, 15.11.1947, S. 7–8.
28 Erel Shlomo: Latin America. In: Encyclopedia Judaica Bd. 10. New York 1971, S. 1455.
29 Weiser Varon: Professions of a lucky Jew (s. Anm. 3), S. 139.

Benno Weiser und seine Frau Miriam Laserson im New Yorker Central Park, vermutlich Ende der 1950er Jahre

Zionismus vor, den er sich vorgestellt hatte; ihn stießen die ärmlichen Verhältnisse und die Anfangsschwierigkeiten des israelischen Staates ab. Im Jahre 1954 bei einem zweiten Besuch sah er die Dinge mit offeneren Augen. Ihm wurde klar, dass er Israel als intellektuelle Heimat brauchte, mit der er das Possessivum *mein* verbinden konnte. In der Autobiografie lesen wir:

> I felt that, though I had lived in many friendly ports throughout my life, I had missed something substantial by not living in that dimension the possessive pronoun provides. The world was open to me and many a place was tempting. But in other countries, my presence would add nothing and my absence take away nothing. In Israel it could make a difference.[30]

Langsam reifte die Entscheidung heran, nach Israel zu übersiedeln.

In diese Zeit fällt die Veröffentlichung von Weisers Gedichtband unter dem Titel *Visitenkarte* (1956). Darin hält er in 16 Gedichten Gedanken, Liebeserinnerungen, Heimatgefühle, Reiseeindrücke und Begegnungen aus der Zeit von 1932 bis 1953 fest, wobei das Emigrantenschicksal der gemeinsame Nenner fast aller Gedichte ist. In »Paar

---

30 Weiser Varon: Professions of a lucky Jew (s. Anm. 3), S. 221.

Worte in Prosa«, die als Vorwort dienen, schreibt Weiser vom deutschsprachigen Adressatenkreis, was teilweise die Veröffentlichung auf Deutsch erklärt:

> Dieser Band kann nur für einen dünnen, peripheren Kreis des deutschen Sprachbereichs bestimmt sein, für Schicksalsgenossen von gestern, Auslandsdeutsche von heute. Es ist ein schrumpfender Kreis. Wie auch die Gefühle schrumpfen, die viele dieser wenigen Verse gebaren. Man ist nicht mehr bitter, hat keinen Grund zum Selbstmitleid. Und selbst auf den Hass kann man sich nicht mehr verlassen.[31]

So dokumentiert der Gedichtband einerseits Weisers Emigrantenzeit in Versen, zieht aber andererseits einen Schlussstrich unter diese Zeit. In »Südamerikanische Emigrantenelegie«, 1942 in Quito geschrieben, ergibt sich ein widersprüchliches Bild zum Emigrantendasein, wobei Weiser das Sprachrohr für alle Exilant/inn/en in der Zeit sein will. Man ist dem Gastland dankbar, dass es einen aufnahm, als man der Bestialität des Faschismus entkam, doch sterben möchte man dort nicht. Dennoch wird die Emigration, »einstmals Produkt von Zwang und Pression [...] langsam zur Weltanschauung«.[32] Das Gedicht schließt mit einem starken Selbstbekenntnis zur Emigration aus eigenem Willen:

> Und doch sehen wir alles durch hellere Scheiben
> und fühlen schon leichter die Last.
> Wir sind Emigranten und wollen es bleiben,
> doch nicht, weil uns die andren vertreiben,
> sondern – w e i l e s u n s p a s s t .[33]

Der Gedichtband enthält auch ein starkes Gefühlsbekenntnis Weisers zur deutschen Sprache: »Ich dichte Deutsch. Denn so ist's wie ich fühle.«[34] Damit liefert er eine weitere Erklärung für diese Veröffentlichung auf Deutsch.

Im Jahre 1960 fand die *aliyah* von Weiser, seiner Frau Miriam Lascrson und dem Sohn Lenny statt, d. h. ihre Übersiedlung nach Israel im Sinne des Zionismus. Sie ließen sich in Jerusalem nieder, wo Weiser Direktor des Israel-Iberoamerikanischen Instituts wurde und in dem Zusammenhang oft mit Staatsbesuchen aus Lateinamerika zu tun hatte. Er blieb weiterhin journalistisch tätig, indem er für lateinamerikanische Zeitungen über Israel schrieb, und leitete eine wöchentliche Radiosendung, die von New York aus nach Lateinamerika ausgestrahlt wurde.

---

31 Benno Weiser: Visitenkarte. Gedichte. New York 1957, S. 4.
32 Weiser: Visitenkarte (s. Anm. 31), S. 15.
33 Weiser: Visitenkarte (s. Anm. 31), S. 15.
34 Weiser: Visitenkarte (s. Anm. 31), S. 39.

Wenige Monate nach der Ankunft in Israel wurde die Tochter Daniela geboren. Mit viel Mühe lernte Weiser Hebräisch, wie er in der Autobiografie schreibt: »With other languages you may flirt: Hebrew you have to marry.«[35] Das Leben in Israel führte bei Weiser zu einem verstärkten Bewusstsein seiner jüdischen Herkunft: »My Jewish awareness was heightened by living in Israel. Never steeped in the scriptural sources of Judaism and a stranger to the wisdom of the Talmud, the communion with the soil from which all this had grown somehow filled the gap.«[36] Im Aufbau Israels im Sinne einer wieder gewonnenen Heimat der Juden nach so vielen Jahrhunderten Verfolgung fand Weiser einen neuen Lebenssinn: »Things fell into place. It made sense to have evaded and survived the Holocaust, to have been spared in order to be part and witness of all this.«[37]

Da sich Weiser weiterhin als Lateinamerika-Experte hervortat, wurde er 1964 zum ersten Botschafter Israels in der Dominikanischen Republik ernannt. Allerdings bestand der israelische Staat darauf, dass er seinen bis dahin geführten Namen Benno Weiser hebräisierte. Nach längerem Hin und Her entschied er sich für Benjamin Weiser Varon. Abgesehen davon, dass Varon ein alttestamentarischer Ort der Weingärten war, hatte das Wort im Spanischen (allerdings als *varón* mit markierter Endbetonung) eine Bedeutung. In der Autobiografie lesen wir: »It was ›male‹. In Spanish the word has a beautiful, masculine sound and I would, after all, be serving in Hispanic countries.«[38] Es begann eine Karriere als Botschafter, die bis 1972 währte und, abgesehen von der Dominikanischen Republik, auch nach Jamaika, zurück zu den Vereinten Nationen in New York und nach Paraguay führte.

Die Arbeit als Botschafter brachte ein reges Gesellschaftsleben mit sich. Zusammen mit seiner Frau hatte Weiser bereits während der New Yorker Zeit ein politisches Theaterstück mit dem Titel *A letter to the Times* geschrieben, das nun im Dezember 1966 mit Miriam Laserson in einer der Hauptrollen im Dominikanisch-Amerikanischen Institut in Santo Domingo erfolgreich aufgeführt wurde.[39] Es handelt von einem im New Yorker Exil lebenden lateinamerikanischen Revolutionär, der regelmäßig Briefe an die *New York Times* schreibt, die die Zustände in

---

35 Weiser Varon: Professions of a lucky Jew (s. Anm. 3), S. 255.
36 Weiser Varon: Professions of a lucky Jew (s. Anm. 3), S. 268.
37 Weiser Varon: Professions of a lucky Jew (s. Anm. 3), S. 271–272.
38 Weiser Varon: Professions of a lucky Jew (s. Anm. 3), S. 281.
39 S. die Rezension: Diplomats write and produce play in Santo Domingo. In: New York Times, 05.12.1966, S. 63. Miriam Laserson trat später im Leben auch als Dichterin hervor. S. Miriam Laserson: Thoughtprints. Tel Aviv 1975, dies.: Wind Chimes: Tel Aviv 1996 und Miriam Laserson Varon: Late Harvest. Leicester 2012.

seinem Heimatland kritisieren, was ihn dort zu einem Helden macht. Er wird aufgefordert, in sein Land zurückzukehren, was er aber nicht will, da er inzwischen sein New Yorker Junggesellenleben zu sehr genießt. Daraufhin wird er vom Militärregime seines Landes entführt, das ihn beseitigen will, kommt jedoch frei, weil das Regime gestürzt wird. Die neue Regierung, die seine Popularität zu Hause fürchtet, ernennt ihn zum Botschafter bei den Vereinten Nationen. Zweifellos hat Weiser Varon einiges aus seinen Lebenserfahrungen in diesem Stück verarbeitet. Es entstand auch eine spanische Übersetzung, die einige Monate später im *Teatro de bellas artes* in Santo Domingo Premiere hatte.

Zehn Monate vor Ende seiner Amtszeit in der Dominikanischen Republik im September 1967 gab das israelische Außenministerium Weiser Varon den Auftrag, auch als Botschafter in Jamaika zu fungieren, um dort die Regierung zu einer pro-israelischen Haltung bei Abstimmungen der Vereinten Nationen zu bewegen. Als deren Mitgliedsstaaten Paraguay für die Zeit 1968–1969 zum Mitglied des Sicherheitsrats wählten, bat das israelische Außenministerium Weiser Varon, eine Botschaft in Asunción zu eröffnen und den Botschafterposten dort zu besetzen. Weiser Varon verpflichtete sich für zwei Jahre, aus denen jedoch viereinhalb wurden. In Paraguay lag Weiser Varons Hauptaufgabe darin, den Diktator Stroessner zu einem Freund Israels zu machen. Prägend während dieser Zeit war der 4. Mai 1970, als zwei Palästinenser ein Attentat auf Weiser Varon als Vertreter Israels in Paraguay verübten, was in die Weltpresse einging.[40] Durch glückliche Umstände kam er unverletzt davon; für den Rest seiner Amtszeit in Paraguay erhielt er einen Leibwächter. Um sich der Öffentlichkeit Paraguays vorzustellen, schrieb Weiser Varon regelmäßige Beiträge für *La Tribuna*, die damals führende Zeitung des Landes, und widmete sich einer weitgehenden Vortragstätigkeit. Er schrieb und sprach, oft auf humorvolle Weise, zu einer Vielzahl von Themen, die z. B. mit seinem eigenen Lebenslauf, der Geschichte Israels oder dem Unterschied zwischen antisemitischen und jüdischen Witzen zusammenhingen. Die Beiträge und Vorträge sammelte er in dem Buch *Si yo fuera paraguayo*, dessen Titelessay eine Liebeserklärung an das Land ist, in dem er während der letzten Jahre seiner diplomatischen Karriere lebte.[41] Laut Weiser Varon wurde das Buch zu einem Bestseller in Paraguay.[42]

---

40 S. Israeli slain in attack at embassy in Paraguay. In: New York Times, 05.05.1970, S. 9.
41 S. Weiser Varon: Si yo fuera paraguayo (s. Anm. 3).
42 S. Weiser Varon: Professions of a lucky Jew (s. Anm. 3), S. 404.

Im Jahre 1972 gegen Ende der Amtszeit in Paraguay wurde ihm der Botschaftsposten in Guatemala angeboten, doch nach einem Vierteljahrhundert als Diplomat sah Weiser keine Herausforderung mehr darin und kam zu dem Entschluss, sich mit 59 Jahren aus dem Diplomatendienst zurückzuziehen und sich einer Vortragstätigkeit für die *United Jewish Appeal* zu widmen, die ihn von New York aus als Fundraiser in viele Städte der USA führte. Anlässlich des 25-jährigen Jubiläums der israelischen Staatsgründung schrieb Weiser Varon 1973 einen Einakter mit sieben Szenen unter dem Titel *Three came from outer space*. Ein Araber, ein Jude und ein britischer Soldat, die alle im Zuge der arabisch-israelischen Konflikte gewaltsam starben, kommen vom Himmel herunter, um nach 25 Jahren Israel Bilanz zu ziehen. Trotz aller Tragik ist der Ton humorvoll, witzig, reich an Wortspielen und vor allem versöhnlich im Sinne des Zionismus. Am Ende des Stückes lässt Weiser Varon den Araber sagen: »Perhaps the horizon is too limited as long as one looks horizontally. We took a bird's-eye view. We came from where there is no hatred, and looking without hatred we liked what we saw.«[43] Das Stück ist ein eindeutiges Bekenntnis zum Zionismus und zu Israel trotz der wechselhaften, schwierigen und oft kontroversen Geschichte des Landes.

Im Jahre 1973 ließ sich die Familie Weiser Varon in Brookline, Massachusetts in unmittelbarer Nähe Bostons nieder, vor allem, weil ihnen dort die öffentlichen High Schools für die beiden Kinder Lenny und Daniela empfohlen worden waren. Weiser Varon schrieb u. a. für die *Boston Globe*, die *New York Times* und *Commentary*.[44] Er veröffentlichte auch weiterhin in *El Comercio*. Darüber hinaus wurde er als ehemaliger Botschafter und Kenner Israels regelmäßig zu jüdischen Angelegenheiten zitiert.[45] 1986 erhielt Weiser Varon eine Professur an der Boston University, wo er bis etwa 2000 *Judaic Studies* unterrichtete. Dazu meinte Weiser Varon lapidar: »What I teach is basically the story of my life.«[46] Die in diesem Aufsatz oft zitierte Autobiografie *Professions of a lucky Jew* entstand auch in dieser Zeit und erschien 1992. Weiser Varon verstarb 2010.

---

43 Benno Weiser Varon: Three came from outer space. New York 1973, S. 40.
44 Beispielsweise schrieb Weiser Varon unter dem Titel »A caged canary no longer sings« einen Kommentar zum Mangel an Pressefreiheit im Nicaragua der Sandinisten. In: Boston Globe, 26.12.1981, S. 11.
45 Bei einer elektronischen Suche im Archiv des Boston Globe und der New York Times taucht Weiser Varons Name als Fachmann wiederholt auf. S. unter: http://www.nytimes.com [abgerufen: 30.06.2014] und http://www.boston.com/news/globe [abgerufen: 30.06.2014].
46 Weiser Varon: Professions of a lucky Jew (s. Anm. 3), S. 413.

Die Entwurzelung und die damit einhergehende Entfremdung in der Exilsituation konnten sich wider Erwarten auch als schöpferisch produktiv erweisen. Egon Schwarz, ein bekannter Literaturwissenschaftler und Jahre lang Mitexilant Weiser Varons in Südamerika, bevor es in die USA ging, äußerte sich dazu in seiner eigenen Autobiografie:

> Zu verkünden, daß Hitler für mich gut war, wäre eine Verhöhnung der Millionen, die er auf dem Gewissen hat und zu denen ich, in jeder Phase des faschistischen Vernichtungszuges durch die Welt, leicht hätte gehören können. Dennoch ist es eine Tatsache, daß ich durch die explosionsartigen Ausbrüche des Hitlerismus in die freie Luft geschleudert wurde, wo ich einen längeren Atem und einen weiteren Ausblick gewonnen habe, als wenn ich in der heimatlichen Enge geblieben wäre.[47]

Ähnlich ist es bei Weiser Varon gewesen: Aus Österreich vertrieben und der Heimat verlustig, doch stark durch die österreichische und österreichisch-jüdische Kultur geprägt, gleichzeitig aber nicht vollständig in Südamerika, den USA oder Israel zu Hause, konnte er einen erweiterten Blickwinkel einnehmen, dem seine Dreisprachlichkeit zugrunde lag. Diese wiederum ermöglichte es ihm, mehrere Kulturen zu verknüpfen und zu durchdringen. Z.B. vermittelte sein Roman *Yo era europeo* ein Bild der »Anschlusszeit« in Wien und des Schicksals eines dortigen Juden, sodass ekuadorianische Leser von aktueller Verfolgung auf einem anderen Kontinent erfuhren. Seine auf Spanisch geschriebenen Kolumnen in Ekuador und die Herausgabe der Zeitschrift *La Defensa* erweiterten diesen Anspruch, indem sie eine Interpretation der weit entfernten Kriegsereignisse für das lokale Publikum boten und eventuell ihre allgemeine Berichterstattung antifaschistisch beeinflussten. Die *Revista de dos mundos* erzählte vor allem der jüdischen Einwanderergruppe in Kolumbien und Ekuador von Nachkriegsereignissen in der alten Welt und machte sich zionistisch für die israelische Staatsgründung stark, die diese Länder dann auch unterstützten. Sein Essayband *Si yo fuera paraguayo* verbreitete wiederum das Wissen von jüdischer Kultur in Paraguay. Die Autobiografie *Professions of a lucky Jew* brachte der englischsprachigen Welt ein jüdisches Schicksal in der Diaspora näher. Seine auf Deutsch geschriebenen Gedichte in *Visitenkarte* hielten poetisch das Emigrantenschicksal nicht nur für die Mitemigrant/inn/en, sondern auch für jene Deutschen fest, die nicht selbst ein solches Schicksal erleben mussten. Insgesamt können die journalistischen und literarischen Texte Weiser Varons nicht einem einzigen

---

47 Egon Schwarz: Unfreiwillige Wanderjahre. Auf der Flucht vor Hitler durch drei Kontinente. München 2005, S. 233.

Kulturraum zugerechnet werden, vielmehr überschreiten sie integrativ Grenzen und zeugen von einer bemerkenswerten kulturellen Hybridität. Weiser Varons biografische, sprachliche und schriftstellerische Entwicklung bildet ein produktives Beispiel für Transkulturalität und verweist auf aktuelle Diskussionen zu diesem Thema.[48]

---

[48] S. hierzu Anm. 2.

Lina Barouch

Heim(at)liche Nacht
Die mehrsprachigen Gedichte Ludwig Strauss'
aus den Jahren 1936 bis 1937 in Palästina

Die Frage von Exil und Sprache wird im Folgenden anhand des Gedichtbandes *Kleine Nachtwachen. Sprüche in Versen* des exilierten deutsch-jüdischen Dichters Ludwig Strauss näher beleuchtet.[1] Strauss schrieb die in dieser Sammlung enthaltenen Gedichte zwischen 1936 und 1937 kurz nach seiner Flucht aus Deutschland und seiner Übersiedlung nach Palästina im Jahr 1935. Thematisiert wird unter anderem das Motiv der Nacht, das sowohl auf konkreter als auch metaphorischer Ebene in seinen Gedichten erscheint und vor allem in den mehrsprachigen Gedichten besondere Bedeutung erhält. Dieses Element der Nacht schafft eine Achse bei Strauss: Sie verbindet sein früheres Schaffen in Deutschland, das unter anderem eine intensive Beschäftigung mit Hölderlin und dem Thema einer gottverlassenen oder umnachteten Welt reflektiert, mit seiner Dichtung aus den Jahren unmittelbar nach der Immigration nach Palästina.[2] In diese Zeit fallen seine Nachtwachen in Jerusalem und im Kibbutz Hazorea während der wachsenden Unruhen zwischen Briten, Arabern und Juden ab 1936.[3]

In den *Kleinen Nachtwachen* stellt sich Strauss ausdrücklich in der Zwiegestalt des Dichters und Nachtwächters dar, was an die satirischen und fragmentarischen Züge des Romans *Nachtwachen* erinnert, der 1804 unter dem Pseudonym Bonaventura erschien.[4] Die Nacht steht in Strauss' Gedichten einerseits für das Dämonische, Chaotische, andererseits aber für den Ursprung von Kreativität und für die ästhetische und moralische Antithese zu Sprachpurismus und kultureller Gleichschaltung.

Bevor ich näher auf ausgewählte Gedichte eingehe, vorneweg ein paar Daten zu Ludwig Strauss' Leben und Werk. Ludwig Strauss

---

1 Ludwig Strauss: Kleine Nachtwachen [1937]. In: Ders.: Gesammelte Werke. Hg. v. Tuvia Rübner und Hans Otto Horch. Göttingen 1998–2002. Bd. III. Hg. v. Tuvia Rübner. Göttingen 2000, S. 365–394.
2 Siehe z. B. David Constantine: 1800–1802: The Coherent Years. In: Ders.: Hölderlin. Oxford 1988, S. 152–181.
3 Yehoshua Porath: The Palestinian Arab national movement. From riots to rebellion 1929–1939. London 1977.
4 Bonaventura: Nachtwachen [1804]. Leipzig 1990.

wurde 1892 als Sohn jüdischer Eltern in Aachen geboren. Er veröffentlichte etwa seit 1910 Gedichte, Prosa, Dramen, literaturwissenschaftliche und politische Essays und darüber hinaus Übersetzungen aus dem Jiddischen. Nach seiner Flucht aus Deutschland ließ er sich 1935 in Palästina nieder, das damals noch unter britischem Mandat stand und wo er – nun im unabhängigen Staat Israel – 1953 starb.[5] Ein Schwerpunkt seines literaturwissenschaftlichen Interesses lag auf den Werken Friedrich Hölderlins: Sowohl in seiner Doktorarbeit von 1927 mit dem Titel *Hölderlins Anteil an Schellings frühem Systemprogramm*, die er bei Franz Schulz in Frankfurt am Main schrieb, als auch in seiner Habilitation an der Fakultät für Allgemeine Wissenschaft an der TH Aachen mit dem Titel *Das Problem der Gemeinschaft in Hölderlins »Hyperion«* von 1933 beschäftigte sich Strauss, wie auch in weiteren Abhandlungen, mit diesem Dichter.[6] In seinen kulturpolitischen Schriften, die hauptsächlich in Deutschland entstanden, versuchte Strauss immer wieder aufs Neue seine Identität und seine Position als deutsch-jüdischer Dichter und Buberianer zu finden und zu definieren.[7] So nahm er etwa 1912 an der sogenannten »Kunstwartdebatte« teil, äußerte sich zur Frage der Teilnahme jüdischer Soldaten am Ersten Weltkrieg und versuchte durch seine Schriften und Übersetzungen, die Verbindung der »westjüdischen Intelligenz« zur Kultur des Ostjudentums zu stärken, das für ihn – ganz im Sinne Bubers – die authentischere jüdische Kultur verkörperte.[8]

Das Erlernen »authentischer« jüdischer Sprachen wie des Jiddischen und Hebräischen betrieb und propagierte Strauss sowohl theoretisch als auch praktisch. Zwar äußerte er sich zeitweise kritisch gegenüber einer deutsch-jüdischen »Zwitterkultur«, befürwortete aber letztlich eine hybride, mehrsprachige Existenz. In einem Aufsatz von 1912 erklärt er etwa, den Weg der neuhebräischen Literatur einschlagen,

---

5 Strauss: Gesammelte Werke (s. Anm. 1). Bd. IV, S. 692–696.
6 Strauss: Gesammelte Werke (s. Anm. 1). Bd. II, S. 95–149 und S. 170–252.
7 Itta Shedletzky: Fremdes und Eigenes. Zur Position von Ludwig Strauss in den Kontroversen um Assimilation und Judentum in den Jahren 1912–1914. In: Ludwig Strauss 1892–1992. Beiträge zu seinem Leben und Werk. Mit einer Bibliographie. Hg. v. Hans Otto Horch. Tübingen 1995, S. 173–183.
8 Die Kunstwart-Debatte wurde von einem 1912 erschienenen Artikel von Moritz Goldstein ausgelöst, in dem er die problematische, hauptsächlich »verwaltende« Rolle deutsch-jüdischer Dichter diskutierte. Siehe Moritz Goldstein: Deutsch-jüdischer Parnaß. In: Der Kunstwart 25 (1912), S. 281–294. Strauss erwiderte mit einem Beitrag kurz darauf: [Beitrag zur Kunstwartdebatte] [1912]. In: Strauss: Gesammelte Werke (s. Anm. 1). Bd. IV, S. 439–447. Weitere Beiträge von Strauss in diesem Zusammenhang sind: Die Revolutionierung der Westjüdischen Intelligenz [1913], sowie Reichstreue und Volkstreue [1914] in Strauss: Gesammelte Werke (s. Anm. 1). Bd. IV, S. 455–460 und S. 481–484.

jedoch das Deutsche in seinem Leben und Schreiben nicht aufgeben zu wollen. Schließlich sei es lächerlich, die Sprache zu leugnen, die sich so sehr »mit uns verwoben [habe]«.[9]

Im Jahr 1934, zehn Jahre nach seinem ersten Besuch in Palästina, begann Strauss erste Gedichte in hebräischer Sprache zu schreiben. Parallel dazu setzte bei ihm ein Prozess der »Autotranslation« ein, wobei er bezeichnenderweise vor allem seine hebräischen Gedichte ins Deutsche, weniger seine deutschen Gedichte ins Hebräische übersetzte.

In diesem Aufsatz möchte ich mich allerdings auf die *Kleinen Nachtwachen* konzentrieren. Bei ihnen handelt es sich nicht um solche Selbstübersetzungen, also um Gedichte, die Strauss in zwei unterschiedlichen Versionen, d. h. in hebräischer *und* deutscher Sprache verfasste, sondern um Gedichte, die gleichzeitig von zwei oder sogar drei Sprachen durchdrungen sind. Strauss schrieb sie weitestgehend auf Deutsch, integrierte aber immer wieder transliterierte hebräische und seltener auch jiddische Ausdrücke. Ich möchte zeigen, inwiefern diese Gedichte sprachliche, kulturelle und politische Grenzen verrücken und gar sprengen.

1940 schrieb Strauss: »Wo ist die Sprache (Lippe) in der ich alles sagen kann, was in mir ist? Meine zwei Sprachen (Lippen) sind das Lippenpaar meines Herzens.«[10] Diese Verse übersetzte Martin Buber ins Deutsche. Ursprünglich schrieb Strauss sie auf Hebräisch in die rechte Innenseite eines Heftes, in das er sowohl deutsche als auch hebräische Gedichte notierte. Im Hebräischen, so ist hier zu betonen, steht das von Strauss im Original verwendete Wort *Safa* sowohl für *Sprache* als auch für *Lippe*. Eine Doppelbedeutung, die sich nur schwer ins Deutsche übersetzen lässt. Was die deutsche Sprache aber zulässt, ist die Bildung eines aus zwei Wörtern kombinierten, einzelnen Lexems wie »Lippenpaar«, das genau die Untrennbarkeit beider Lippen bzw. Sprachen zum Ausdruck bringt. Hieraus ergeben sich automatisch weitere Fragen: Spricht aus den Gedichten tatsächlich *eine* Stimme? Wie genau kommunizieren beide Lippen-Sprachen miteinander – harmonisch oder disharmonisch? Welche Wechselwirkung lässt sich zwischen den Sprachen im einzelnen Gedicht und im gesamten Zyklus erkennen? Findet Strauss mithilfe der Mehrsprachigkeit eine neue Stimme oder verschwindet seine Stimme in einer wechselseitigen Über-Rede, in der Überschreibung?

---

9 Strauss: Gesammelte Werke (s. Anm. 1). Bd. IV, S. 447.
10 Ludwig Strauss übersetzt aus dem Hebräischen von Martin Buber. In: Martin Buber: Authentische Zweisprachigkeit. In: Ders.: Werkausgabe. Hg. v. Paul Mendes-Flohr und Peter Schäfer. Gütersloh 1998–2013. Bd. VI: Sprachphilosophische Schriften. Hg. v. Asher Bieman. 2003, S. 91.

Über den israelischen Dichter Jehuda Amichai, als Ludwig Pfeuffer in Würzburg geboren, wurde die kontroverse Behauptung aufgestellt, er habe sich zwischen zwei Sprachen versteckt und eine »grauenhafte sprachliche Bekehrung« und »Camouflage« unternommen, um seine deutschen Wurzeln zu verleugnen und Israels Nationaldichter zu werden.[11] Eine Interpretation, die Amichais Umgang mit seiner deutschen Muttersprache in einer komplexeren Weise zu beschreiben versucht, stammt von der Literaturwissenschaftlerin Chana Kronfeld. Sie behauptet, in Amichais hebräischen Gedichten scheine seine deutsche Muttersprache, wenn auch versteckt, weiterhin erkennbar durch.[12] Amichai kam bereits mit elf, Ludwig Strauss dagegen erst mit 43 Jahren nach Palästina. Strauss hatte sich in Deutschland bereits als Dichter, Dramaturg und politischer Essayist etabliert. Er begann nach seiner Emigration sowohl Gedichte als auch literaturwissenschaftliche Essays auf Hebräisch zu verfassen. Deutsch blieb dabei allerdings mehr als eine nur durchschimmernde oder sich gar ganz verbergende Sprache. Gleichzeitig führte seine Beziehung zum Hebräischen teilweise aber auch, wie in den *Kleinen Nachtwachen* deutlich wird, zu einer Marginalisierung, Funktionalisierung und sogar Bedrohung der Position des Deutschen. Insgesamt lässt sich von einer konfliktreichen, wenn auch humoristisch dargestellten Konstellation sprechen.

I. Wiederkehrende Nacht

Die *Kleinen Nachtwachen* weisen eine thematische Kontinuität mit Strauss' noch in Deutschland erschienenem Gedichtband *Nachtwache* von 1933 auf. Dieser Band enthält Gedichte aus den Jahren 1919 bis 1933. Darin befinden sich neben dem titelgebenden Gedicht »Nachtwache« auch einige weitere Gedichte, welche die Nacht zum Thema haben: so etwa »Ruf aus der Nacht«, »Nächtiges Gebet«, »Schlaflied«, »An den Traum«, und »Zwischen Tag und Traum«. Das folgende Gedicht weist eine wichtige Verbindung zwischen den Metaphern von Nacht und Schweigen auf. Es erscheint als Epitaph zum Zyklus »Ufer des Schweigens« aus besagtem Band:

---

11 Nili Scharf Gold: Yehuda Amichai. The making of Israel's national poet. Waltham/MA 2008.
12 Ich danke Sidra Dekoven Ezrahi für den wichtigen Verweis auf Chana Kronfeld: Yehuda Amichai. On the Boundaries of Affiliation. In: Dies.: On the margins of modernism. Decentering literary dynamics. Berkeley 1996, S. 143–158.

Rauschend lockte das Nichts mich fort,
Da geschah mir tönendes Halt:
Wuchs am Ufer des Schweigens das Wort,
Stand am Ufer der Nacht die Gestalt.[13]

Die Nacht wird dem Schweigen gleichgestellt: So wie das Schweigen das Wort hervorruft, tritt aus der Nacht die Gestalt hervor. Die Nacht erscheint hier als notwendige Schwelle, als Passage, wie in Elisabeth Bronfens Abhandlung *Night passages*.[14] In der Einleitung ihres Buches behandelt Bronfen im Detail *Die Zauberflöte* und versteht in diesem Zusammenhang die Nacht als das dialektische Gegenstück zur aufklärerischen Erkenntnistheorie. Sie greift in ihrer Darstellung unter anderem auf Texte von Adorno, Foucault, Hegel und Freud zurück, die sich mit dem Thema der Nacht auf unterschiedliche Weise auseinandersetzen. Bei Adorno, so Bronfen, stehe die Nacht für ein Angst einflößendes »Äußeres« oder »Anderes«. Bei Foucault repräsentiere die Nacht dagegen gerade die Grenze der Repräsentierbarkeit während des Umbruchs in der Geschichte des Wissens Ende des 18. Jahrhunderts. Dieser epistemologische Umbruch hätte das »Andere« der Vernunft zum Schweigen verurteilt, indem die nächtliche Seite der Kultur als verrückt oder kriminell erklärt und als Folge pathologisiert, diszipliniert und bestraft wurde. Diese epistemische Verrückung um 1800 hätte also die Nacht rückblickend als eine ursprünglichere konzeptuelle Position definiert und die Grenze – jedoch auch den Ursprung – von Repräsentierbarkeit in Beziehung zu ihr ausgehandelt.[15] Auch im oben zitierten Gedicht aus dem Zyklus *Ufer des Schweigens* wird die Nacht als metaphorische Passage verstanden, an deren Ufer die Repräsentierbarkeit der Gestalt durch das simultane Hervortreten des Wortes eintrifft.

Zeigt die metaphorische Behandlung der Nacht in den Gedichten der *Kleinen Nachtwachen* eine Kontinuität mit dieser hier angedeuteten Thematisierung der Nacht als »Grenze der Repräsentierbarkeit« auf? Als dunkle Schwelle, die zwar Ursprung von Kreativität, aber auch Angst einflößend und bedrohlich ist?

Das unmittelbare Aufprallen mehrerer empirischer Sprachen in dem spezifisch biografisch-historischen Kontext der Zeitgedichte von *Kleine Nachtwachen* ergänzt diese metaphorische Behandlung von Nacht und (sprachlicher) Repräsentierbarkeit. Im Folgenden wird insbesondere auf die Frage eingegangen, inwieweit im biografischen Zusammenhang des sprachlichen Exils, der Nachtwachen in Palästina

---

13 Strauss: Gesammelte Werke (s. Anm. 1). Bd. III, S. 223.
14 Elisabeth Bronfen: Night passages. Philosophy, literature, film. New York 2013. Kindle edition.
15 Bronfen: Introduction. In: Dies.: Night passages (s. Anm. 14).

zwischen 1936 und 1937 und im Kontext der mehrsprachigen Realität im Lande, die Metaphern der Nacht bei Strauss eine Kontinuität gegenüber seinem früheren Schaffen, aber auch eine Nuancierung in der Darstellung der Erfahrung dieses Sprachexils und der eigenen Mehrsprachigkeit aufweisen.

II. *Kleine Nachtwachen:* Nächtliche Rendezvous oder finstere Gefechte?

In der Zeit der Nachtwachen Strauss' in Jerusalem und im Kibbutz Hazorea geschrieben, führt uns das Motto des Gedichtbandes in folgende nächtliche Szene ein: »Ganz private, fast geheime, / Neue kleine Nachtwache / (Denn es geht nicht ohne Reime, / Selbst auf einem Wachtdache)«.[16] Dieses Motto hebt den historisch konkreten Zusammenhang humoristisch hervor, wobei die hybride Gestalt des Nachtwächter-Poeten für alle weiteren Gedichte von Bedeutung bleibt.

Auch dieser folgende Reim, der die Situation auf dem erwähnten Wachtdache beschreibt, ist humoristisch: »Auf eines Daches Brüstung stehn / Vier Blumentöpfe mit Kakteen. / Dazwischen steht mein werter Kopf / als fünfter Kaktusblumentopf.«[17] Diese Zeilen erinnern in ihrer Ironie nicht nur an Heine, sondern unweigerlich auch an Verse aus Schillers »Ring des Polykrates«: »Er stand auf seines Daches Zinnen / Und schaute mit vergnügten Sinnen / auf das beherrschte Samos hin.« Eben diese Verse von Schiller führt Amos Funkenstein im Rahmen seiner Arbeit über die »Dialektik der Assimilation« als Beispiel an.[18] In der Darstellung dieser Dialektik von Assimilation und Isolation in der jüdischen Geschichte und Kultur weist Funkenstein der Frage von Sprache und Mehrsprachigkeit eine zentrale Rolle zu. Diese Dialektik werde, so Funkenstein, in besonderer Weise in humoristischen Versen sichtbar, welche eine Doppeldeutigkeit aufwiesen, die nur für ein stark assimiliertes deutsch-jüdisches Bildungsbürgertum verständlich sei. So etwa im Falle des Verses »Und schaute mit vergnügten Sinnen«: Er ist einem akkulturierten deutsch-jüdischen Publikum augenblicklich als Schiller-Zitat erkennbar, lässt für dieses zugleich aber auch die Assoziation mit dem hebräischen bzw. jiddischen Wort *shote* (Hanswurst) zu.[19] Auf diese exklusive Doppeldeutigkeit, die sich aus

---

16 Strauss: Gesammelte Werke (s. Anm. 1). Bd. III, S. 369.
17 Strauss: Gesammelte Werke (s. Anm. 1). Bd. III« S. 370.
18 Amos Funkenstein: The dialectics of assimilation. In: Jewish Social Studies 1/2 (1995), S. 1–14; hier: S. 2.
19 Funkenstein: The dialectics of assimilation (s. Anm. 18), S. 2.

der mehrsprachigen Anspielung ergibt, wird an späterer Stelle noch einmal hingewiesen.

Die hybride Gestalt des Poeten-Nachtwächters erinnert, wie bereits erwähnt, an Bonaventuras *Nachtwachen* und das Genre der Menippeischen Satire. Zwar konnten in Strauss' Werken keine direkten Zitate aus Bonaventuras *Nachtwachen* gefunden werden, aber das zentrale Thema der nächtlichen Begegnungen, die Zwiegestalt des Poeten-Nachtwächters sowie der humoristische, wie wir sehen werden, parodistische Ton und die heteroglossische Form stellen Strauss' *Kleine Nachtwachen* in diese literarische Tradition. Der »Menippeische Diskurs« ist als ein hybrider und parodistischer Schreibmodus definiert, der kulturelle und politische Grenzen hinterfragt und gegen sprachliche wie dichterische Konventionen verstößt.[20] Dieser Schreibmodus ist gekennzeichnet durch eine Mischung aus Prosa und Dichtung, aus verschiedenen Genres, Stilen und Tönen.[21] Strauss legt sich tatsächlich auf kein exaktes Genre fest, wenn er seine *Kleinen Nachtwachen* »Sprüche in Versen« nennt. Auch vermischt der Text, ganz im Sinne der Menippeischen Technik, »hohen« und »niedrigen« Stil, das Ernste mit dem Komischen bzw. »Makkaronischen«. Führt dies bei Strauss zu einem disruptiven Diskurs, der Grenzen sprengt und ins Anarchische abgleitet? Die mehrsprachigen Gegenüberstellungen und Wortspiele betonen sein Feingefühl für sprachliche Hybridität auf eine humoristisch-parodistische Art und Weise und weisen auf eine leicht subversive Haltung in seinem Schaffen hin. Außerdem erlauben die mehrsprachigen und heteroglossischen (d. h. heterogene, verbale Ausdrucksformen, die eventuell auch einen monolingualen Text bewohnen) Aspekte seiner Gedichte eine Bachtin'sche Interpretation, obwohl Bachtins Theorie sich mit Formen des Romans beschäftigt. Bachtin spricht von einem Karneval, bei dem der in mehreren Stimmen und Sprachen geführte Dialog es keiner Sprache erlaubt, das »authentische, unanfechtbare Gesicht« aller Sprachen zu sein, d. h. *alle* Sprachen als »Masken« entlarvt werden.[22]

Ein weiteres Kennzeichen der Menippeischen Satire, das sich auch in den *Kleinen Nachtwachen* findet, ist die Herabsetzung der Autorposition und eventuell auch der Schreibposition des Protagonisten als Autor. Nicht nur bezeichnet Strauss seine Nachtwachen als »klein« und seine Gedichte als bloße Sprüche in Versen, er setzt auch sich selbst

---

20 Edward J. Milowicki und Robert Rawdon Wilson: A measure for Menippean discourse. The example of Shakespeare. In: Poetics Today 23 (2002), S. 291–326.
21 Milowicki/Rawdon Wilson: A measure for Menippean discourse (s. Anm. 20), S. 301.
22 Mikhail M. Bakhtin: Discourse in the Novel. In: Ders. The dialogic imagination. Four essays. Hg. v. Michael Holquist. Übers. v. Caryl Emerson und Michael Holquist. Austin 1981, S. 259–422; hier: S. 273.

als Dichter einem Nachtwächter und gar einem Kaktusblumentopf gleich. Wie in Bonaventuras *Nachtwachen* übernimmt Strauss hier die Rolle des Hanswursts, indem er sowohl den Dichter als auch den Nachtwächter verkörpert, zwei Rollen, die sich gegenseitig relativieren und parodieren.

Diese hybride, selbstironische Haltung ist Ausgangspunkt einer spielerischen Spiegelung Deutschlands mit Jerusalem, die Strauss in dem folgenden einsprachigen Gedicht direkt thematisiert. Hier erscheinen die Jerusalemer Doppelgänger der Bremer Stadtmusikanten: »Stadtmusikanten gibt's auch hier: / Katz, Hund, Hahn, Esel, – alle vier, / Sind die Jerusalemer / Nicht fauler als die Bremer.«[23] Diese Spiegelung wird natürlich durch den Reim von »Bremer« auf »Jerusalemer« formal unterstützt. In einem anderen Gedicht aus dem Zyklus sind die tierischen »Stadtmusikanten« durch nächtliche Geister ersetzt:

> Ich merke: hier spukt es von allerlei Geistern,
> Die wechselweise meines Geists sich bemeistern,
> Mich bald in einem Einfall beschwätzen,
> Mich bald zu einem Ausfall hetzen,
> Bald meine Träume und Klagen
> Wie Wolkenfetzen
> Unterm Mond hinjagen.
> Noch will ich mich wehren, schon lass ich mich treiben
> Und morgen werd ichs wohl niederschreiben.[24]

Hier wird eine ambivalente Haltung gegenüber der nächtlichen Begegnung erkennbar: Der Dichter wird von den Geistern nachts heimgesucht, bemeistert und »beschwätzt« und gleichzeitig hofft er, am nächsten Morgen dank der nächtlichen Erfahrung ein Gedicht schreiben zu können. Die Kontrolle des Dichters über das eigene Werk und die eigene Sprache ist hier stark eingeschränkt: was auf der einen Seite bedrohlich erscheint, ist auf der anderen Seite Quelle der Inspiration und Kreativität. Steht hier der Kontrollverlust über das eigene Schreiben im Vordergrund – oder doch der Dichter als bloßer irdischer Bote einer transzendentalen Poesie?[25] Das Bild des Nachtwächters, der sich weder wach halten noch richtig über sein Werk wachen kann, bestimmt auch das folgende mehrsprachige Gedicht, das den Eintritt der hebräischen Sprache ankündigt:

---

23 Strauss: Gesammelte Werke (s. Anm. 1). Bd. III, S. 370.
24 Strauss: Gesammelte Werke (s. Anm. 1). Bd. III, S. 370.
25 Ich danke Anja Tippner für den Hinweis auf die Ähnlichkeit mit der Thematik der Geister in Goethes »Zauberlehrling«, worauf ich hier allerdings nicht weiter eingehen kann.

Eine Feder, geübt durch tägliche Predigt,
Hatte sich der Vormundschaft ihres Schreibers soweit entledigt,
Dass er ihr vollständig abhanden kam.
Sie schrieb weiter. *Schum nesek lo nigram.*[26]

»*Schum nesek lo nigram*« bedeutet auf Hebräisch »Kein Schaden wurde angerichtet« und wird hier von Strauss in transliterierter Form am Ende des ansonsten deutschen Gedichtes eingefügt. Auch diese Einfügung trägt ambivalente Züge, sowohl inhaltlicher als auch formaler Art. Der eingefügte Ausdruck suggeriert inhaltlich zwar Harmlosigkeit, aber seine Einfügung, d. h. der plötzliche Wechsel zum Hebräischen, schafft doch zugleich einen Bruch. Dennoch wird die semantische Bedeutung von Harmlosigkeit auch formal unterstützt. Der plötzliche Übergang zur hebräischen Wendung wird dadurch geglättet, dass der Ausdruck transkribiert erscheint und lediglich am Schluss des deutschen Satzes bzw. des gesamten Gedichts eher *an-* als *ein*gefügt ist, und somit die Syntax nicht völlig zerstört wird. Diese relativ glatte, harmlose Hinzufügung wird durch den Reim von »kam« und »nigram« noch zusätzlich unterstützt.

Dieses Gedicht kombiniert darüber hinaus das Thema der Mehrsprachigkeit mit Fragen kultureller Authentizität und schöpferischen Schaffens. Die Dichotomie zwischen sogenannter Originalität und vermittelnder Funktion wird durch den Kontrollverlust des Autors über seine eigene Feder dargestellt. Strauss hatte sich schon in seinen früheren Werken in Deutschland mit Fragen dichterischer Originalität und kultureller Authentizität auseinandergesetzt. So vertrat er etwa die Auffassung, ein Dichter sei lediglich irdischer Bote oder Mittler einer poetischen Transzendenz: Der Dichter werde gedichtet, genauso wie er von der Sprache gesprochen werde.[27] In seinen politischen Schriften dagegen, die sich hauptsächlich mit Fragen deutsch-jüdischer Identität beschäftigen, weigerte er sich, die kulturelle Rolle jüdischer Künstler auf ein Vermitteln und Verwalten zu reduzieren. Diese Position wird in seinem Beitrag zur »Kunstwartdebatte« besonders deutlich. Darin richtet sich Strauss vor allen Dingen gegen Julius Babs Artikel »Der Anteil der Juden an der deutschen Dichtung der Gegenwart« (1911) und die

---

26 Strauss: Gesammelte Werke (s. Anm. 1). Bd. III, S. 372. In der Erstausgabe von *Kleine Nachtwachen* im Schocken Verlag gibt Strauss Übersetzungen und Erklärungen der verschiedenen hebräischen Ausdrücke. »*Schum nesek lo nigram*« war, so Strauss, ein Ausdruck, der in offiziellen Berichten während der Unruhen in 1936 in Palästina verwendet wurde. Siehe: Ludwig Strauss: Kleine Nachtwachen. Sprüche in Versen. Berlin 1937, S. 57.
27 Strauss: Gesammelte Werke (s. Anm. 1). Bd. II, S. 28.

darin vertretene Behauptung, die lediglich verwaltende und reproduktive Rolle vieler jüdischer Künstler und Dichter lasse sich auf ihren »Rassencharakter« zurückführen.²⁸ Strauss selbst bestreitet die Behauptung der rein vermittelnden Rolle dieser jüdischen Autoren als solche zwar nicht, sieht sie aber vielmehr als Folge von historischen Entwicklungen, von Assimilation und mangelnder Freiheit. Diese Entwicklungen erklärten, so Strauss, warum jüdische Dichter hauptsächlich reproduktives Talent statt »ursprünglich schöpferische Begabung«²⁹ besäßen. Strauss verfällt hier selbst der Dialektik der Assimilation, indem er die Dichotomie zwischen autochthoner und entlehnter Kultur selbst aufgreift und damit akzeptiert.

Die Obsession für Ideen der Spontaneität und Originalität ist Erbe der Romantik und der jüdischen Abneigung gegen die Assimilation in ihrer säkularen, kulturellen Form.³⁰ Dichter der Romantik feierten den »Genius« als die Fähigkeit, Werke zu schaffen, die vollkommene Unabhängigkeit von den Ideen und der Ausdrucksweise anderer zeigten.³¹ So kann laut Harold Bloom Dichtung sogar als die Manifestation des aggressiven Kampfs um Selbstbehauptung gedeutet werden, und das Gedicht als Manifestation der Angst, die dem Ringen um Originalität entspringt, und weniger als Ausdruck ihrer Überwindung.³² Nach Edward Said ist das romantische Konzept der Originalität als »Variation des vorherrschenden Musters« zu verstehen und entsprechend der Originalität ein eng umrissener Rahmen gesetzt.³³ Die Suche nach dem originären Schaffen findet eine Parallele auf nationaler Ebene. Minderheiten, die den Hervorbringungen der Assimilation und Integration mit Misstrauen begegnen, verwenden gleichermaßen Ideen von Ursprünglichkeit und Authentizität, die sie als intrinsisch, organisch und frei von »fremden« kulturellen Einflüssen verstehen. Funkenstein verweist etwa auf die Neigung jüdischer Historiker, zwischen einem stabilen, ursprünglichen Wesen und von außen übernommenen Elementen zu unterscheiden. In der Tat lässt sich aber, wie Funkenstein zeigt, zwischen den exogenen und endogenen Bestandteilen einer Kultur nicht unterscheiden.³⁴

---

28 Julius Bab: Der Anteil der Juden an der deutschen Dichtung der Gegenwart. In: Kölnische Zeitung, 17.12.1911.
29 Strauss: Gesammelte Werke (s. Anm. 1). Bd. IV, S. 448–453.
30 Funkenstein: The dialectics of assimilation (s. Anm. 18), S. 5–6.
31 Jessica Millen: Romantic creativity and the ideal of originality. A contextual analysis. In: Cross-sections 6 (2010), S. 91–104; hier: S. 92.
32 Harold Bloom: The anxiety of influence. A theory of poetry. Oxford 1973, S. 94–95.
33 Edward Said: The world, the text, the critic. London 1991, S. 134.
34 Funkenstein: The dialectics of assimiliation (s. Anm. 18), S. 8–9.

III. Der Nachtwächter als Grenzgänger zwischen den Sprachen

In den *Kleinen Nachtwachen* vermeidet es Strauss, die eine Sprache als »eigene«, »authentische« und die andere als »fremde«, »annektierte« zu definieren. Es geht ihm vielmehr um die unterschiedliche Dynamik zwischen den beteiligten Sprachen. In einigen seiner Gedichte wird ein disharmonisches und sogar zerreißendes Potenzial in der Gegenüberstellung der Sprachen sichtbar. Wie bereits erwähnt, erlaubt bzw. fordert der Menippeische Diskurs sogar die Integration radikal unterschiedlicher Texte innerhalb einer teils antagonistischen Matrix. Strauss sammelte mehrsprachige und heteroglossische Ausdrücke, d. h. offizielle Wendungen, Ausdrücke aus Alltagssprache und Medienjargon wie im Falle von »*schum nesek lo nigram*«, um mit ihnen spielerisch und höchst kunstfertig zu experimentieren. In der Erstausgabe der *Kleinen Nachwachen* aus dem Schocken-Verlag von 1937 bietet Strauss dem Leser Übersetzungen bzw. Erklärungen zu den jeweiligen Ausdrücken. So schreibt er etwa über »*schum nesek lo nigram*«, es handle sich um einen Ausdruck, der immer wieder in offiziellen Meldungen während der Unruhen von 1936 verwendet worden sei. Wie die Nachtwachen, die Strauss während der Unruhen in seiner neuen Heimat selbst ableistete, verweisen auch die mehrsprachigen Einfügungen in seinen Gedichten auf direkte, unmittelbare Erfahrungen in Palästina nach der Immigration. So wie das Bild der Nachtwachen, die auf eine reale Erfahrung zurückgehen, aber ebenso als Metapher in den Gedichten erscheinen, hebt Strauss auch die mehrsprachigen und heteroglossischen Ausdrücke, die er hauptsächlich dem Hebräischen entnimmt, auf eine zusätzliche metaphorische Ebene: auf die Ebene des kreativen Schaffens und der Frage nach literarischen Kanones, nach Sprachpurismen und politischem Extremismus. Dies wird nicht zuletzt in dem folgenden Gedicht deutlich:

> Lasst mich den Unbekannten preisen,
> Dem in eiserner Stirn wuchs das Wort von Eisen!
> Dem Verdienste seine Krone!
> Wem gebührte sie, wenn nicht ihm,
> Der die feindliche Melone
> Entlarvt als *tozeret hamrazchim*.[35]

---

[35] Strauss: Gesammelte Werke (s. Anm. 1). Bd. III, S. 372. In der Schocken-Ausgabe schreibt Strauss, dieser Ausdruck sei einer von vielen »Wortexzessen« der Presse in dieser Zeit. Strauss: Kleine Nachtwachen (s. Anm. 26), S. 57. Ich danke Daniel Weidner für die Anregung, einem möglichen Einfluss Karl Kraus' zu verfolgen, worauf ich hier aber leider nicht weiter eingehen kann.

»*Tozeret hamrazchim*« bedeutet auf Hebräisch »das Erzeugnis von Mördern«, und spezifischer das landwirtschaftliche Erzeugnis arabischer Bauern, die zur Zeit der Unruhen teils als feindlich angesehen wurden. Das Gedicht parodiert die kulturpolitischen, wirtschaftlichen und sprachlichen Konflikte dieser Zeit zwischen Juden und Arabern in Palästina. *Avoda ivrit* – zu Deutsch »hebräische Arbeit« – galt innerhalb der jüdischen Gemeinschaft Palästinas als Ideal einer wirtschaftlichen und kulturellen Erneuerung und Förderung der Selbständigkeit des jüdischen Volkes.[36] Vertreter einer extremen Haltung forderten während der Unruhen von 1936/37 entsprechend den Boykott aller arabischer Arbeiter und Waren, die sie als *tozeret hamrazchim*, als »das Erzeugnis von Mördern« brandmarkten.[37]

Strauss verbindet in seinem deutsch-hebräischen Gedicht die deutsch-hebräische mit der jüdisch-arabischen Problematik auf sprachlicher und politischer Ebene. Es stellt sich also die Frage, ob Strauss hier die politisch-extreme jüdische Position, deren Sprachpolitik einen hebräischen Monolingualismus durchzusetzen bestrebt war, und zugleich eine antisemitische Sprach-Auffassung, welche Juden die Möglichkeit, deutsche Muttersprachler zu sein, absprach, verbindet.[38] Parodiert Strauss hier also die Vorstellung, dass Mehrsprachigkeit im Text als solche bedrohlich sei, und die in seine Gedichte eingeführte hebräische Sprache dem deutschen Text Gewalt antun könne? Ist das »Erzeugnis von Mördern« nicht nur *in* Hebräisch ausgesprochen, sondern steht nicht die hebräische Sprache sogar *selbst* dafür? Es ist durchaus möglich, dass Strauss hier auf die fünfte These »wider den deutschen Geist« anspielt, welche den Deutsch schreibenden Juden zum »Lügner« und »Verräter« erklärt.[39] Umgekehrt war das Deutsche zur Zeit des Nationalsozialismus und der Nachkriegszeit innerhalb des Jischuws in Palästina verpönt und wurde teilweise sogar boykottiert.[40] Strauss reduziert die skrupellose Botschaft von »*tozeret hamrazchim*«,

---

36 Anita Shapira: Ha-ma'avak ha-nikhzav. ›avoda ivrit‹ [Der unfruchtbare Kampf. Hebräische Arbeit]. Tel Aviv 1977.
37 Strauss: Kleine Nachtwachen (s. Anm. 26).
38 Siehe hierzu Sander L. Gilman: Jewish self-hatred: Anti-semitism and the hidden language of the Jews. London 1986. S. 309–324. Eine extreme Ausprägung fand diese ausgrenzende Behauptung in den von der nationalsozialistischen Studentenschaft im Zusammenhang mit der Bücherverbrennung formulierten »Thesen wider den deutschen Geist« von 1933.
39 Zit. nach Gilman: Jewish self-hatred (s. Anm. 38), S. 309.
40 Adi Gordon: »be-falestina. be-nekhar«. ha-shavu'on »Orient« beyn »galut germanit« le-»aliyat yekit« [»In Palestine. In a foreign land.« The Orient – A German-Language Weekly between German Exile and Aliyah] Jerusalem 2004 [Hebräisch].

die von dem harten Klang der Worte, d. h. dem Aufprall der Konsonanten t, z und ch (oder taf, tsadik und het im Hebräischen) auf den weichen Klang von »Melone« untermauert wird, auf ihre kulturelle und politische Relativität, um die Absurdität jeglicher extremer Haltung zu entlarven.

Den satirischen Ton des Gedichts erreicht Strauss, indem er auf die Symbolik des Eisens zurückgreift: »in *eiserner* Stirn« und »das Wort von Eisen« betonen die Sturheit und Kompromisslosigkeit der angesprochenen politischen Haltung. So nehmen wir die metallene, leblose Eigenschaft der »eisernen« sturen Stirn im Gegensatz zur reifen, weichen, jedoch »feindlichen« Melone wahr. In diesem Gedicht fügt Strauss den hebräischen Ausdruck mithilfe des Wortes »als« in den deutschen Satz ein. Zudem reimt sich »*hamrazchim*« mit »ihm« am Ende der vierten Strophe. Zwei formale Aspekte, die den fremden Ausdruck über die Transliteration hinaus in das deutsche Gedicht eingliedern. Einerseits verursacht also der hebräische Ausdruck durch seine semantische Bedeutung und seinen harten Klang einen Bruch, andererseits wird er in den Satzbau und mithilfe des Reimes wiederum in das Gedicht integriert. Dieser bleibende Gegensatz spiegelt die unumstrittenen konfliktreiche und unlösbare Komplexität der mehrsprachigen und politischen Kontexte.

Ein weiteres Gedicht aus den *Kleinen Nachtwachen* thematisiert das Aufeinandertreffen von Deutsch, Hebräisch und Jiddisch auf humorvolle Weise. Hier verwandelt Strauss ein banales, akustisches Missverständnis in ein kreatives Wortspiel, das die komische, aber auch höchst aufschlussreiche Seite der Mehrsprachigkeit hervorkehrt. Es steht vielleicht im Gegensatz zu den ernsteren politischen Aspekten des vorherigen Gedichts.

> Ein Alter stieg heute herab meine Stufen,
> Hat in hundert Tönen ein Wort gerufen,
> Gesagt, gesungen, geschnarrt, geschallt
> In vielerlei wechselnder Gestalt.
> Erst klang mirs wie ›*al tesakén!*‹ ins Ohr –
> Aufschrak ich und lauschte erstaunt empor.
> Wie kommt solche Botschaft mir von der Straße
> Und noch geweiht in besonderem Maße
> Durch den eigens erfundenen Intensiv?
>
> Doch als der Alte wiederum rief,
> Da verstand ich nur ›alte Sachen!‹
> Und aus dem Staunen wurde Lachen.
> Doch heiße sie immer auch missverstanden,

> Die Botschaft wird dran nicht zuschanden.
> Und mag ers, wie ers meinte, halten –
> Mir gilt sein Mahnwort: nicht veralten!⁴¹

Das hier beschriebene Missverständnis entsteht aus dem Aufeinandertreffen der drei Sprachen Deutsch, Hebräisch und Jiddisch. Die amüsante Kakophonie, die für die Irritation des Dichters sorgt, ist zuallererst akustisch: Der »Alte« ruft, sagt, singt, schnarrt und schallt das Wort in hundert Tönen und in wechselnder Gestalt. Schon bevor Strauss uns sein mehrsprachiges Wortspiel vorführt, beschreibt er den Straßenhändler als eine karnevaleske Figur mit grotesken Zügen ganz im Sinne Bachtins und der Menippeischen Satire. Es ist auch der alte, singende Händler, der zum erstaunten Dichter die Treppe *hinunter*läuft. Mehrsprachigkeit wird hier also durch das Vertauschen von sogenannter hoher und niedriger Kultur ergänzt, was wiederum zur Menippeischen »Selbstdegradierung« bzw. Selbstironisierung des Dichters führt. Diese Herabsetzung der eigenen Person ist gleichwohl ausdrücklich als Effekt seiner philologischen Kompetenz und Innovation lesbar.

In Erwartung einer hebräischen Aussage konstruiert der Hörer-Dichter den semantisch absurden und morphologisch neuen Befehl »*al tesakèn*« – »nicht veralten«. Strauss benutzt das Innovationspotenzial von Sprache, d. h. die Chance, neue Bedeutungen mithilfe dessen zu erzeugen, was er im Gedicht selbst »den eigens erfundenen Intensiv« nennt. In der Ausgabe des Schocken-Verlags von 1937 erklärt er sogar, »*al tesakèn*« sei eine ungewöhnliche Intensivkonjugation (im Gegensatz zu »al tiskan«).⁴² In der zweiten Strophe wird bei sorgfältigerem Hinhören die eigentliche Bedeutung dieser überraschenden Mitteilung als deutscher bzw. jiddischer Ausruf »alte Sachen« entlarvt. Der Philologe und Dichter Strauss kombiniert also zwei Worte bzw. Wortfolgen, die sich sowohl in ihrem Klang als auch in ihrer Bedeutung nahestehen: beide kreisen um den Aspekt des Alterns. Dies erinnert wiederum an Bachtins Definition des Parodistischen: Ein Autor kann sich für seine eigenen Zwecke des Wortes eines anderen bedienen, indem er diesem Wort eine neue semantische Bedeutung zuschreibt. Dadurch erhält ein einzelnes Wort einen doppelten Sinn. Das Parodistische und spezifischer das Humoristische versteht Bachtin als zersplitternde, verdoppelnde bzw. dezentralisierende Kraft, die sich gegen alles Dogmatische und Monoglossische in der Sprache wehrt. Der Autor hat also keine

---
41 Strauss: Gesammelte Werke (s. Anm. 1). Bd. III, S. 375–76.
42 Strauss: Kleine Nachtwachen (s. Anm. 26), S. 57.

absolute Macht über seinen eigenen Text und seine eigene Stimme.[43] So lässt sich Strauss' Verwendung von »*al tesakèn*« als eine parodistische, subversive Äußerung im Sinne Bachtins lesen: Sie löst sprachliche Grenzen auf und lässt drei Sprachen und zwei Stimmen miteinander verschmelzen.

Die moderne hebräische Sprache, so haben Linguisten mehrfach aufgezeigt, ist hier besonders produktiv, da ihre Morphologie vielerlei Transpositionen erlaubt. Das Hebräische ist eine »Wurzelsprache«: Worte entwickeln sich aus konsonantischen Wurzeln, aus denen sich durch Prä- und Suffixe sowie Vokalveränderungen verschiedenste Substantive, Verben und Adjektive kreieren lassen. Als hybride Sprache lässt das Hebräische Neologismen zu, die sowohl die Bedeutung als auch den Klang des parallelen Ausdrucks der Ursprungssprache wiedergeben können.[44]

Im Dialog zwischen Deutsch, Jiddisch und Hebräisch werden im Gedicht zudem Vergangenheit und Zukunft, Diaspora und Zion gegenseitig gespiegelt. Dieses Verständnis von Sprache erinnert an Franz Rosenzweigs Essay »Vom Geist der hebräischen Sprache«. Rosenzweig versteht Sprache hier als ein Kontinuum zwischen zeremonieller und alltäglicher Sprache, zwischen Vergangenheit und Zukunft. Hebräisch bleibt somit immer jung und im »Zeitfluss«:

> Dies *schon* oder *noch*, dieses *nicht mehr*, dieses *noch nicht*, das sind die großen Unruhen in der Uhr der Weltgeschichte. Das ist die Sprache der Propheten, für die die Zukunft nicht ein *irgendwo* ist, sondern das was *noch im Werden* ist und die daher auch für die Vergangenheit nicht die nötige Ruhe aufbringt um einfach zu sehn: sie *war*.[45]

Laut Rosenzweig ist diese Sprache revolutionär, dynamisch und befindet sich in einem ständigen Prozess der Weiterentwicklung und Veränderung. Als solche reflektiere sie die Geschichte und all ihre Umwälzungen. In seinen Essay fügt Rosenzweig nicht-transkribierte hebräische Ausdrücke ein:

---

43 Bakhtin: Discourse in the novel (s. Anm. 22), S. 302. Siehe auch Dragan Kujundzic: Laughter as otherness in Bakhtin and Derrida. In: Mikhail Bakhtin. Hg. v. Michael E. Gardiner. London 2003. Bd. IV, S. 39–60; hier: S. 42, 49 und 52.
44 Ghil'ad Zuckermann: Language contact and lexical enrichment in Israeli Hebrew. New York 2003, S. 68.
45 Franz Rosenzweig: Vom Geist der hebräischen Sprache. In: Ders. Der Mensch und sein Werk. Gesammelte Schriften. Hg. v. Reinhold und Annemarie Mayer. Dordrecht 1984. Bd. III: Zweistromland. Kleinere Schriften zu Glauben und Denken, S. 719–721; hier: S. 720.

In die wissenschaftlich sauber auseinandergelegte Welt der »Gegebenheiten« [setzen wir] unser revolutionäres עתיד ['atid, Zukunft], das das Kleid der Vergangenheit, unser עבר ['avar, Vergangenheit], das das Kleid der Zukunft trägt, unsern Werderuf der gläubigen Hoffnung.[46]

Bei Rosenzweig gilt dieser dynamische und nicht-puristische Anspruch auch für die Muttersprache der deutschen Juden. Die deutschen Juden, so Rosenzweig, sprächen ihr eigenes Deutsch, ein jüdisches Deutsch, in dem die Nachklänge der hebräischen Sprache noch immer hörbar seien.[47] In diesem Sinne tritt in Strauss' *Kleinen Nachtwachen* der Autor bzw. Protagonist als dichtender Nachtwächter, d.h. als Grenzgänger zwischen und in den Sprachen hervor. So wird in diesem Gedicht-Zyklus der Zusammenhang von konkreter, grenz(über)schreitender Mehrsprachigkeit und der metaphorischen Schwellenposition der Nacht deutlich.

Im Sinne der kulturgeschichtlichen Bedeutungstradition der Nacht seit Ende des 18. Jahrhunderts, wie sie Elisabeth Bronfen analysiert, ist auch bei Strauss die Nacht Quelle von Kreativität, die gleichzeitig vielversprechend und bedrohend wirkt, da sie das dichterische Schaffen ermöglicht, aber den Kontrollverlust des Dichters über sein Werk und seine Sprache mit sich bringt. Als Dichter und Exilant von »authentischer Zweisprachigkeit«[48] erfährt und thematisiert Strauss den Zustand der Passage doppelt: Während in der Tradition der Romantik einige seiner Gedichte die Rolle der »nächtlichen Geister« im Rahmen dichterischer Kreativität sowohl loben als auch beklagen, bringen die mehrsprachigen Momente das kreative aber auch bedrohende Potenzial dieser sprachlichen Begegnungen zum Vorschein. Die wechselseitige Bewegung zwischen Nacht und Tag spiegelt sich also in der Bewegung zwischen »Fremdsprache« und »Muttersprache«, zwischen alter Heimat und neuer Heimat im Exil. In den *Kleine Nachtwachen* sind demzufolge das Nachtmotiv sowie die Mehrsprachigkeit von inklusiver, mehrdeutiger, teils auch ambivalenter und konfliktreicher Potenz. Die Ambivalenz tritt etwa in folgendem Gedicht mit dem Titel »Heimatliche Nacht« als Spannungsverhältnis zwischen heimlich und umhüllend in Erscheinung. Es stammt aus dem 1952 erschienenen Band *Heimliche Gegenwart*[49], das Gedichte aus den Jahren 1933 bis 1951 enthält:

---

46 Rosenzweig: Vom Geist der hebräischen Sprache (s. Anm. 45), S. 721.
47 Rosenzweig: Vom Geist der hebräischen Sprache (s. Anm. 45), S. 720.
48 Martin Buber über Ludwig Strauss (s. Anm. 10), S. 89–92.
49 Strauss: Gesammelte Werke (s. Anm. 1). Bd. III, S. 395–471.

»Heimatliche Nacht«

Nun wölbt sich zu,
Allem Blut vertraut,
Lebendige Nacht.
Weitblinder Griff
Hüllt, was noch wacht,
In Sternenruh
Mächtig ein.
Pfeift ein Schiff?
Schauert auf ein Wald?
Jeder Laut,
Der verhallt,
Hallt heim.[50]

Wenn in »Ufer des Schweigens« das Wort aus dem Schweigen und die Gestalt aus der Nacht herauswachsen, so geschieht in dem obigen Gedicht fast eine Umkehr: der Laut scheint kurz in der Gefahr, in der Nacht zu verhallen, zu verschwinden und sich in das Gestaltlose, Schweigende zurückzuziehen. Andererseits aber wird die Nacht hier als heimatlich dargestellt: zwar als mächtige, aber vertraute, umhüllende Kraft. Der Laut ist nicht verklungen, sondern findet seinen Widerhall in der Nacht, die in diesem Gedicht nicht als unheimliche Schattenseite oder gestaltlose Passage auftritt, sondern als ursprünglich schöpfendes Heim.

---

50 Strauss: Gesammelte Werke (s. Anm. 1). Bd. III, S. 412.

Friederike Heimann

Sprachexil
Zum Verhältnis von Muttersprache und »Vätersprache« bei Gertrud Kolmar und Paul Celan

Bei Gertrud Kolmar und Paul Celan handelt es sich um eine Dichterin und einen Dichter, deren Leben und Dichtung auf eine besondere und schließlich katastrophale Weise von dem – um ein Wort Celans zu zitieren – »Neigungswinkel«[1] ihres deutsch-jüdischen Schicksals bestimmt war. Zugleich haben sich beide auf eine unvergleichlich genaue und tiefgreifende Weise mit der deutschen, ja europäischen geistesgeschichtlichen Tradition auseinandergesetzt, die sie in ihrer Poetik aufgegriffen und weitergeschrieben haben, um sie schließlich aufgrund ihrer eigenen zeitgeschichtlichen Erfahrungen mit dem deutschen Zivilisationsbruch grundsätzlich infrage zu stellen, das eigene, gebrochene Verhältnis dazu zu reflektieren, das andere, das »Gegenwort«[2] dazu zu suchen. Diese Entwicklung zeigt sich bei beiden auf allerdings je sehr unterschiedliche Weise.

I.

Gertrud Kolmar, die ältere von beiden, hieß mit bürgerlichem Namen Gertrud Käthe Chodziesner und war mütterlicherseits eine Cousine Walter Benjamins. Sie wurde 1894 in Berlin als erstes von vier Kindern in einem gutbürgerlichen, akkulturierten jüdischen Elternhaus geboren. Bis auf einige kürzere Abwesenheiten verbrachte sie fast ihr ganzes Leben in Berlin, wo sie sich ab 1927 in ihrem Elternhaus in Berlin-Finkenkrug niederließ. Hier: In Finkenkrug wandte sie sich besonders ihrem dichterischen Werk zu, hier entstanden die großen Gedichtzyklen sowie der Großteil ihrer Prosaarbeiten. Nachdem die Nationalsozialisten die Macht übernommen hatten, gelang es Gertrud Kolmar nicht mehr aus Deutschland zu emigrieren. Die Dichterin, die ihr Judentum schon vor 1933 immer wieder auch »als eine Fremdheit in

---
[1] Paul Celan: Der Meridian. Rede anlässlich der Verleihung des Georg-Büchner-Preises. Darmstadt, am 22. Oktober 1960. In: Ders.: Gesammelte Werke in sieben Bänden. Bd. 3. Frankfurt a. M. 2000, S. 197.
[2] Celan: Der Meridian (s. Anm. 1), S. 189.

der deutschen Gesellschaft«[3] erfahren hatte, erlitt schließlich alle Phasen der Entrechtung und Demütigung nationalsozialistischer Ausgrenzungspolitik gegenüber den Juden: Die Enteignung des eigenen Hauses mit Beschlagnahmung aller Güter, ein Leben ohne jede Privatsphäre im Judenhaus, Zwangsarbeit und im Frühjahr 1943 dann die Deportation nach Auschwitz in den Tod.

Mit dieser Ausbürgerung aus »Recht, Gesellschaft und Welt überhaupt«, die auf der Auslöschung all dessen beruhte, »was zuvor, das heißt seit der Aufklärung und der bürgerlichen Emanzipation, kulturell mit den Begriffen von Identität und Legalität verbunden war«[4], wurde Gertrud Kolmar zur »Exilantin« im eigenen Land, wobei die »unheimliche Paradoxie ihres Exilortes« eben gerade darin bestand, dass dieser »zuhause«, mitten in Deutschland, gewesen ist. Dieser Situation wie den damit verbundenen Gefühlen verleiht sie besonders in ihren Briefen an ihre in die Schweiz emigrierte jüngere Schwester Hilde Wenzel Ausdruck. So schreibt sie darin von einem »Gefühl der Unwirklichkeit unseres Berliner Lebens« (1.10.1939), spricht sie über »Vereinsamung« (22.10.1939) oder von dem Wunsch, einfach »weit, weit fort« zu wandern (13.12.1939). Ein anderes Mal erklärt sie, dass sie schon seit langem spüre, dass sie »hier in der Fremde« lebe (26.12.1939), während sie in einem Brief vom Juni 1941 ausführt: »Und ich fühle eine Nähe nur zwischen mir und dem Früheren, was mir jetzt geschieht, ist für mich das Unwirkliche, das Ferne. [...] ich wandle gleichsam durch eine Zwischenwelt, die keinen Teil an mir hat, an der ich keinen Teil habe.«[5] Mit dieser Bezeichnung einer »Zwischenwelt« wird von der Dichterin ein immer unausweichlicher werdendes auch inneres Exil beschrieben, das nicht ohne Auswirkungen auf das Verhältnis zu ihrer Muttersprache Deutsch bleiben konnte.

In diesem Zusammenhang stellt sich die Frage, wie der Begriff der Muttersprache überhaupt aufzufassen ist, ob dieser immer schon eine »Heimat« im Sinne einer Verflechtung von Namen und Identitäten zu bedeuten hat? Denn die Sprache von Kolmars Gedichten kann keineswegs nur als eine Zuflucht im Sinne einer intimen Bewahrung des Eigenen angesehen werden, sondern äußert sich darüber hinaus in oftmals hochkomplexen poetischen Entwürfen, in denen gerade die Gebrochenheiten und Grenzen sprachlicher Ausdrucksmöglichkeiten in der

---

[3] Alfred Bodenheimer: Wandernde Schatten. Ahasver, Moses und die Authentizität der jüdischen Moderne. Göttingen 2002, S. 169.

[4] Birgit R. Erdle: Antlitz – Mord – Gesetz. Figuren des Anderen bei Gertrud Kolmar und Emmanuel Lévinas. Wien 1994, S. 24–25.

[5] Alle Briefangaben sind zitiert nach Gertrud Kolmar: Briefe. Hg. von Johanna Woltmann. Göttingen 1997, S. 38, S. 41, S. 45, S. 49, S. 89.

Muttersprache Deutsch immer wieder neu ausgelotet und erprobt werden.⁶

So ist beispielsweise im Gedicht »Die Fahrende« aus dem noch vor 1933 entstandenen Zyklus *Weibliches Bildnis*, das schon vom Titel her an romantisches Fernweh und Wanderlust denken lässt, zunächst ein euphorisches Ich zu vernehmen:

> Alle Eisenbahnen dampfen in meine Hände,
> Alle großen Häfen schaukeln Schiffe für mich,
> Alle Wanderstraßen stürzen fort ins Gelände,
> Nehmen Abschied hier; denn am andern Ende,
> Fröhlich sie zu grüßen, lächelnd stehe ich.
>
> Könnt' ich einen Zipfel dieser Welt erst packen,
> Fänd ich auch die drei andern, knotete das Tuch,
> Hängt' es auf einen Stecken, trüg's an meinem Nacken,
> Drin die Erdenkugel mit geröteten Backen,
> Mit den braunen Kernen und Kavillgeruch.
>
> Schwere eherne Gitter rasseln fern meinen Namen,
> Meine Schritte bespitzelt lauernd ein buckliges Haus;
> Weit verirrte Bilder kehren rück in den Rahmen
> Und des Blinden Sehnsucht und die Wünsche des Lahmen
> Schöpft mein Reisebecher, trinke ich durstig aus.
>
> Nackte, kämpfende Arme pflüg' ich durch tiefe Seen,
> In mein leuchtendes Auge zieh' ich den Himmel ein.
> Irgendwann wird es Zeit, still am Weiser zu stehen,
> Schmalen Vorrat zu sichten, zögernd heimzugehen,
> Nichts als Sand in den Schuhen Kommender zu sein.⁷

Während bereits mit dem Konjunktiv der zweiten Strophe ein Umschwung in der freudigen Aufbruchsstimmung zu vermerken ist, weist die Metaphorik der dritten Strophe dann deutlich auf einen latenten Konflikt mit der Muttersprache hin, ist hier doch die Nennung des eigenen Namens zugleich mit einer Erfahrung höchster Entfremdung gekoppelt (»schwere eherne Gitter rasseln fern meinen Namen«). Das »Haus« dieser Sprache, ein »buckliges Haus«, »bespitzelt lauernd« die »Schritte« – die auch poetische Schritte sein können – und ist zugleich

---

6 Von der ersten Annahme geht z. B. Franco Buono aus. Vgl. Franco Buono: Ein präventives Exil: Gertrud Kolmar. In: Weibliche jüdische Stimmen deutscher Lyrik aus der Zeit von Verfolgung und Exil. Hg. v. Chiara Conterno und Walter Busch. Würzburg 2012, S. 75–82.
7 Gertrud Kolmar: Das lyrische Werk. Gedichte 1927–1937. Hg. v. Regina Nörtemann. Göttingen 2003, S. 93.

umgeben von schweren, ehernen Gittern, die zwar für eine alte, gediegene Tradition stehen mögen, zugleich aber »fern meinen Namen« misstönend, entstellend und vielleicht sogar bedrohlich mit ihrer verschließenden und versperrenden Struktur »rasseln«. Ein solchermaßen eingeschränktes Ich ist nicht mehr in der Lage, auf freie Fahrt zu gehen. Gefangen in diesen »Sprachgittern« – wobei hier durchaus eine Vorausdeutung auf Celan gesehen werden kann – bleibt ihm nur mehr, wie es in der vierten und letzten Strophe abschließend heißt, irgendwann »still am Weiser zu stehen / Schmalen Vorrat zu sichten, zögernd heimzugehen / Nichts als Sand in den Schuhen Kommender zu sein«[8].

Der letzte Vers ruft dabei nicht zufällig einen Kontext jüdischer Überlieferung auf. So heißt es bei Jesaja über das Volk Israel in Kapitel 48, Vers 19: »Deine Kinder werden zahlreich sein wie Sand und deine Nachkommen wie Sandkörner«. Mit dieser Anspielung wird von der Dichterin gleichsam auf eine Differenz hingewiesen, die sich in dieser Muttersprache nur umschreiben lässt, sowohl in dem, was einschränkt und behindert als auch in dem Wunsch, ein Anderes, das hier nicht zufällig jüdischer Überlieferung entstammt, dagegenzusetzen.

Jenes Paradoxon, das Jacques Derrida in seinem Essay »Die Einsprachigkeit des Anderen« formuliert hat – in welchem er seine eigene franko-maghrebinische Situation als aus Algerien stammender Franzose jüdischer Herkunft reflektiert – scheint daher besonders auch für Gertrud Kolmar zuzutreffen, wenn es bei ihm heißt:

> Ich habe nur eine Sprache, und das ist nicht die meinige, meine ›eigentliche‹ Sprache ist eine Sprache, die ich mir nicht aneignen [inassimilable] kann. Meine Sprache, die einzige, die ich zu sprechen verstehe, ist die Sprache des anderen.[9]

Abgesehen davon, dass die Muttersprache als allgemeine symbolische Ordnung immer schon die Sprache eines Anderen ist, war das Deutsche für Gertrud Kolmar noch auf mehrfache Weise eine Sprache des Anderen. Vor allem war dieses Deutsch für die deutsch-jüdische Dichterin auch eine Sprache, die einer abendländisch geistesgeschichtlichen Tradition entstammt, in deren Reduktion auf eine »Hegemonie des Homogenen«[10] das Jüdische keinen Ort mehr hat, in der jegliches jüdische Idiom, sei es das Jiddische oder das Hebräische, ausgestrichen worden war. Es ist somit eine Muttersprache, in der auch schon die Mutter

---

8 Das ungewöhnliche Wort »Weiser« würde ich hier im Sinne von ›Wegweiser‹, ›Richtungsweiser‹ lesen.
9 Jacques Derrida: Die Einsprachigkeit des Anderen – oder die ursprüngliche Prothese (1996). Aus dem Französischen von Michael Wetzel. München 2003, S. 46.
10 Derrida: Die Einsprachigkeit des Anderen (s. Anm. 9), S. 68.

ebenso wenig eine Sprache sprach, »die man ›im vollen Sinne‹ Muttersprache nennen könnte.«[11] Und schließlich wird diese Muttersprache Deutsch innerhalb der eigenen zeitgeschichtlichen Erfahrung von Stigmatisierung und Ausgrenzung gerade für die jüdische Dichterin zu einer grundsätzlich vernichtenden Alterität. Mehr als alles andere geht es hier um das »Schweigen dieses Bindestrichs«, deutsch – jüdisch, dessen abgrundtiefes Schweigen auch für Gertrud Kolmar nichts »befriedet oder beruhigt« hat, »keine Qualen, keine Folter«.[12]

Besonders für diese Dichterin wie auch im Folgenden für den Dichter Paul Celan gilt daher, »dass solche ›Ausschlüsse‹ ihr Mal auf jener Zugehörigkeit oder Nicht-Zugehörigkeit von Sprache, [...] auf jener Zuweisung an das, was man schlicht Sprache nennt, hinterlassen.«[13] Für beide gleichermaßen stellt sich die Frage: Wie soll man unter diesen Umständen die eigene einmalige Partikularität beschreiben? Wie lässt sich »das Anderswo« eines Anderen, das nicht Übersetzbare gleichsam im Inneren der Muttersprache selbst mitteilen? Denn »man kann von einer Sprache nur in dieser Sprache sprechen. Und sei es, um sie außer sich selbst zu bringen«.[14] Oder, um einen Vers Celans aufzugreifen, wer »zeugt für den Zeugen«?[15]

Eine Sprachsuche bis an die Grenzen oder Ränder dieser Sprache wird damit initiiert, die dieses nicht Mitteilbare, Unübersetzbare in stets aufs Neue ansetzenden Bewegungen zu umkreisen versucht. In den Dichtungen Gertrud Kolmars zeigt sich dies in einem fortgesetzten Prozess der äußersten Entfaltung der Muttersprache Deutsch verbunden mit vielfachen, offenen oder verborgenen Anknüpfungen an die deutsche Dichtungstradition, wobei diese in höchstem Maße kunstvolle poetische Fortschreibung des Deutschen zugleich immer wieder in unterschwelligen Bewegungen der Gegenläufigkeit und des Überschreibens gebrochen, hinterfragt und neu entfaltet wird.

Vor allem in ihrem letzten Verszyklus *Welten*, den die Dichterin in der zweiten Hälfte des Jahres 1937 verfasst hat, lassen sich diese diskursiven Brüche gerade auch in Hinblick auf das Jüdische nachvollziehen. So ist die Bezugnahme auf Hölderlins Elegie »Brot und Wein«, die ja ebenfalls eine dichterische Sinnkrise umfasst, in Kolmars Gedicht »Aus

---

11 Derrida: Die Einsprachigkeit des Anderen (s. Anm. 9), S. 63.
12 Derrida: Die Einsprachigkeit des Anderen (s. Anm. 9), S. 26.
13 Derrida: Die Einsprachigkeit des Anderen (s. Anm. 9), S. 34.
14 Derrida: Die Einsprachigkeit des Anderen (s. Anm. 9), S. 39 – 41.
15 Aus Paul Celan »Aschenglorie«. In: Ders.: Gesammelte Werke (s. Anm. 1). Bd. 2, S. 72.

dem Dunkel« nicht zu verkennen.¹⁶ Doch während es bei Hölderlin noch eine ruhende Stadt mit still erleuchteter »Gasse« ist und die Menschen heimgehen »von Freuden des Tags zu ruhen«, hat sich in Kolmars Gedicht eine deutliche Verfinsterung durchgesetzt. Hier nun hören wir einen anderen Ton, der noch dazu von expressionistischen Anklängen durchsetzt ist:

> Aus dem Dunkel komme ich.
> Durch finstere Gassen schritt ich einsam,
> Da jäh vorstürzendes Licht mit Krallen die sanfte Schwärze zerriss,
> [...]
> Und weit aufgestossene Tür hässliches Kreischen, wüstes Gejohle,
> tierisches Brüllen spie.
> Trunkene wälzten sich...¹⁷

Dieses Ich, von einem grellen Licht gewaltsam »aus dem Dunkel« seiner Einsamkeit gerissen, sieht sich mit einer rohen und unmenschlichen Form der Artikulation konfrontiert, die mit der geliebten und verehrten Muttersprache deutscher Dichtungstradition nichts mehr gemeinsam hat. Und auch die Götter Griechenlands sind für diese Dichterin nun alles andere als noch eine utopische Vision. Um auf »des Wortes Gewalt«, das »wachsend schläft« – wie es bei Hölderlin heißt – zu »lauschen«, bleibt dem Ich, das sich hier zur Sprache bringt, allein noch »eine Höhle« fernab von dieser Welt:

> Da werde ich eingehn,
> [...]
> Verdämmernd dem stummen wachsenden Wort meines Kindes lauschen
> Und schlafen, die Stirn gen Osten geneigt,
> Bis Sonnenaufgang.

Es ist ebendiese Hinneigung nach Osten, die den so finster gewordenen, abendländischen Horizont übersteigt. Eine Ausrichtung, die sich schon früh in Kolmars Werk erkennen lässt, die allerdings in dem Gedichtzyklus von 1937 die Bedeutung einer entscheidenden, ja rettenden Perspektive gewinnt. Und so kreist die poetische Sprache dieser Gedichte immer wieder um jene »Scheide von Ost und West«, als einer »Mauer zwischen zwei Erden« – wie dies in einem anderen Gedicht des Zyklus (»Der Ural«) ausgedrückt wird – die unüberbrückbar geworden

---

16 Friedrich Hölderlin: Brot und Wein. In: Ders.: Sämtliche Werke. Bd. 2. Hg. v. Friedrich Beissner. Stuttgart 1953, S. 94.
17 Die Schreibweise des Gedichts folgt hier dem im Marbacher Literaturarchiv hinterlegten Durchschlag des Originaltyposkripts, das in dieser Form bislang noch nirgends veröffentlicht worden ist.

ist.[18] Sie habe nun einmal, wird sie schließlich am 13. Mai 1939 ihrer Schwester Hilde Wenzel schreiben, und das habe sich schon früh gezeigt, »wie bei unserem Gebet – das Antlitz nach Osten gekehrt«[19]. Der Hinwendung nach Osten aber kommt in der jüdischen Tradition eine hohe Bedeutung zu. Nach Osten wandte man sich von jeher zum Gebet, dort, wo das imaginäre oder auch reale Jerusalem liegt. Der Osten weist in den Ursprung und zugleich in eine ersehnte Zukunft. »Ostwärts« zu schauen bedeutet also, sich gleichermaßen nach vorn, in die Zukunft, wie auch zurück, in die ferne Vergangenheit, zu wenden.[20]

Es scheint mithin genau diese doppelte Perspektive einer Rückvergewisserung wie auch einer Zukunftsausrichtung zu sein, an die Gertrud Kolmar mit der Metonymie des Ostens in ihren Gedichten wie auch in ihren späteren Briefen anknüpft und die für sie gleichsam eine Perspektive des Widerstehens und der Selbstbehauptung in ihrer zunehmend aussichtsloser werdenden Lage bedeutet haben mag. Nie wieder wird sie nach dem *Welten*-Zyklus Gedichte auf Deutsch verfassen, nur noch einzelne Prosawerke. Stattdessen ist aus ihren Briefen an Hilde Wenzel zu erfahren, dass sie wenige Jahre später erste Dichtungsversuche auf Hebräisch unternimmt, wobei sie besonders in einem Brief vom 24. November 1940 an die Schwester Auskunft über ihr verändertes poetologisches Selbstverständnis gibt. Die Dichterin berichtet darin von ihren inzwischen fortgeschrittenen Hebräischstudien und erklärt, dass sie hoffe, bald in dieser Sprache, der »Vätersprache«[21], wie sie sie nennt, dichten zu können. Einige Versuche habe es schon gegeben, doch seien diese noch mehr oder weniger Übertragungen aus dem Deutschen gewesen. Nun aber begreife sie allmählich, dass ein wirklich hebräisches Gedicht ganz anders klingen müsse. Sie »fühle jetzt, dass ich bald wissen werde, wie ich dichten *muss*, und dieses Gedicht, das noch nicht da ist (›das Ungeborene‹), das bildet sich schon in mir«. Und sie schließt ihre Überlegungen mit dem programmatischen Satz ab »Vielleicht hab' ich deshalb letztlich auch gar nichts mehr in deutscher Sprache geschaffen.« Zugleich tröstet sie sich selbst damit, dass sie mit dieser Problematik keineswegs allein dastehe, sondern auch große hebräische Dichter wie Chaim Nachman Bialik und Saul Tschernichowski mit ähnlichen Problemen zu kämpfen gehabt haben. Schließlich sei das Hebräische bis vor kurzem »wohl nirgendwo in Europa die erste Spra-

---

18 Gertrud Kolmar: Das lyrische Werk (s. Anm. 7), S. 540.
19 Gertrud Kolmar: Briefe (s. Anm. 5), S. 33.
20 Vgl. dazu auch Amos Oz and Fania Oz-Salzberger: Jewsandwords. New Haven & London 2012, S. 118 – 123.
21 Gertrud Kolmar: Briefe (s. Anm. 4), S. 79.

che eines Menschen gewesen, sondern höchstens die zweite ... dort, wo Jiddisch die erste war ...«.[22]

In der Nennung dieser beiden Dichternamen, die paradigmatisch für die Erneuerungsbewegung einer modernen hebräischen Poesie stehen, reiht sich die Dichterin, für die alles Deutsche zu diesem Zeitpunkt, 1940, mehr und mehr zerbricht, in einen Prozess der Neubewertung und Neubelebung jüdischer Kultur und Dichtung ein. Zugleich wendet sie sich unmissverständlich ab von ihrer ersten Sprache, der Muttersprache, die für die einem akkulturierten Elternhaus entstammende Gertrud Kolmar eben nicht Jiddisch, sondern Deutsch war. Dabei ist die Anspielung auf das Jiddische keineswegs als nebensächlich zu verstehen, verweist sie doch auf ein Idiom, das im Verlauf der Assimilation an das Deutsche verdrängt wurde und damit zugleich auf den Verlust einer Muttersprachlichkeit, der dieses Deutsche wiederum als ausschließend und fremdbestimmt ausweist.

Selbst wenn keine der hebräischen Dichtungsversuche Kolmars mehr aufgefunden werden konnten, so wird doch allein schon aus diesen Briefzeilen deutlich, dass sich die Dichterin einem anderen Traditionszusammenhang zuzuschreiben sucht. Aus der ehemals deutsch-jüdischen Dichterin, deren Dichtung sich teilweise schon in frühen Jahren und dann zunehmend mehr gerade aus dieser Differenz zwischen dem Deutschen und dem Jüdischen in jeweils unterschiedlicher Gewichtung gespeist hatte,[23] wird in diesem Brief, der einem persönlichen poetischen Manifest gleichkommt, eine allein nur noch jüdische Dichterin. Und so endet auch dieser Brief mit den Worten »Mein Gesicht blickt nach Osten, nach Südosten ...«[24].

II.

Paul Celan kam aus einem Osten. Er, der nicht aus Deutschland stammte und nie in Deutschland gelebt hatte, habe deutlich genug gesagt, erklärt Jean Bollack, der mit Celan befreundet war, »dass er aus einem slawischen Osten kam, aus einer totalen Exteriorität.«[25] 1920 als Paul Antschel im multilingualen Czernowitz geboren, wächst Celan

---

22 Gertrud Kolmar: Briefe (s. Anm. 4), S. 79.
23 Vgl. hierzu Friederike Heimann: Beziehung und Bruch in der Poetik Gertrud Kolmars. Verborgene deutsch-jüdische Diskurse im Gedicht. Berlin, Boston 2012, bes. S. 41–57.
24 Gertrud Kolmar: Briefe (s. Anm. 5), S. 80.
25 Jean Bollack: Paul Celan. Poetik der Fremdheit. Aus dem Französischen von Werner Wögerbauer. Wien 2000, S. 192.

mit Deutsch als Muttersprache auf. »Offiziell war Czernowitz eine rumänische Provinzstadt geworden, in Wirklichkeit aber musste man sie als eine jüdische Stadt deutscher Sprache ansehen«, schreibt der ebenfalls aus Czernowitz stammende Israel Chalfen in seiner Jugendbiografie Celans.[26] Fast die Hälfte der Einwohner von Czernowitz waren Juden, von denen die Mehrzahl deutschsprachig war. Die deutschen Klassiker und Romantiker gehörten auch in Celans Familie zum selbstverständlichen Bildungskanon und man »pflegte und hütete getreulich sein österreichisch-deutsches Kulturgut«[27]. Diese hohe Wertschätzung deutscher Sprache und Kultur erfuhr durch das traumatische Erleben nach der Okkupation durch die Deutschen im Juli 1941, in deren Folge auch Celans Eltern verschleppt und ermordet worden waren, einen endgültigen Bruch, der Celans Verhältnis dazu grundsätzlich verändern sollte. Als ein »Zeuge dessen, was er im Laufe seines Überlebens durchlebte«, fühlte sich Celan – so Jean Bollack – als ein »Emigrant« in seiner Sprache, »in einem deutschen Exil«[28]. Dabei sei weniger von einer Emigration als eher von einer »selbstbestimmten Ausgeschlossenheit« auszugehen, denn »das Exil hat keinen Ort«[29].

Aus dieser Position einer radikalen Exteriorität hat der Dichter, der ähnlich wie Kolmar vieler Sprachen mächtig war und diese teilweise so exzellent beherrschte, dass er zuweilen auch in ihnen Gedichte schrieb (besonders in Rumänisch und Französisch), dennoch nie eine andere Sprache als das Deutsche als seine wahrhaft eigene Sprache begriffen. Jedem, der ihn auf die Problematik ansprach, in der Sprache der Mörder zu schreiben, hielt er entgegen, dass er an ›Zweisprachigkeit‹ in der Dichtung nicht glaube, denn nur in der Muttersprache könne man die eigene Wahrheit aussagen.[30] Dichtung, das sei »das schicksalhaft Einmalige der Sprache«[31].

Bekannt geworden sind die Worte, mit denen er in seiner Rede zur Entgegennahme des Bremer Literaturpreises dieses Verhältnis zur Muttersprache Deutsch genauer beschrieben hat:

---

26 Israel Chalfen: Paul Celan. Eine Biografie seiner Jugend. Frankfurt a. M. 1979, S. 19.
27 Ilana Shmueli: Nachwort. In: Paul Celan, Ilana Shmueli: Briefwechsel. Frankfurt a. M. 2004, S. 156.
28 Bollack: Paul Celan (s. Anm. 25), S. 192.
29 Bollack: Paul Celan (s. Anm. 25), S. 192.
30 Chalfen: Paul Celan (s. Anm. 26), S. 148.
31 Paul Celan: Antwort auf eine Umfrage der Librairie Flinker, Paris (1961). In: Ders.: Gesammelte Werke (s. Anm. 1). Bd. 3, S. 175.

Sie, die Sprache, blieb unverloren, ja trotz allem. Aber sie musste nun hindurchgehen durch ihre eigenen Antwortlosigkeiten, hindurchgehen durch furchtbares Verstummen, hindurchgehen durch die tausend Finsternisse todbringender Rede. Sie ging hindurch und gab keine Worte her für das, was geschah; aber sie ging durch dieses Geschehen. Ging hindurch und durfte wieder zutage treten, ›angereichert‹ von all dem.[32]

Mit diesen Worten wird gleichsam eine Urszene beschrieben, die Celans Poetik begründet hat. Die Muttersprache Deutsch, die zu lieben den Dichter besonders die eigene Mutter lehrte, zerbrach im zeitgeschichtlichen Trauma. Fortan wird es in Celans Umgang mit dieser Muttersprache um eine unablässige Infragestellung der in Sprache fixierten Bedeutungen gehen, die in ein eigenes System sprachlicher Umschöpfungen führt.[33] In dieser Weise findet in seiner Dichtung stets eine Gegenbewegung statt, die eine eigene poetische Sprache schafft, wobei der Ort der Auseinandersetzung sich in der Sprache selbst befindet.

Aufgrund dieser unaufhebbaren Verbundenheit zwischen Sprache und Herkunft gilt daher gerade Celans Poetik der Konfrontation mit jenen »Sprachgittern«, die das Gedicht bilden helfen und doch zugleich einer Freisetzung des dichterischen Wortes entgegenstehen und die bereits in Gertrud Kolmars Gedicht den eigenen »Namen« nur mehr entstellt hatten »rasseln« lassen. Sein Gedicht mit eben diesem Titel »Sprachgitter«, das Celan im Juni 1957 verfasst hat und das später Titel gebend für einen ganzen Gedichtzyklus werden sollte, beginnt mit den Versen:

> Augenrund zwischen den Stäben
> Flimmertier Lid
> Rudert nach oben,
> gibt einen Blick frei.
>
> Iris, Schwimmerin, traumlos und trüb:
> Der Himmel, herzgrau, muss nah sein.«[34]

Bei Gertrud Kolmar hingegen hatte es in der letzten Strophe von »Die Fahrende« geheißen:
»Nackte kämpfende Arme pflüg' ich durch tiefe Seen,/ In mein leuchtendes Auge zieh' ich den Himmel ein«. Hier einiges an schicksalhafter poetischer Verwandtschaft zu entdecken, ist wohl nicht zu weit

---

32 Paul Celan: Ansprache anlässlich der Entgegennahme des Literaturpreises der Freien Hansestadt Bremen. In Ders.: Gesammelte Werke (s. Anm. 1). Bd. 3, S. 185–186.
33 Jean Bollack: Dichtung wider Dichtung. Paul Celan und die Literatur. Aus dem Französischen von Werner Wögerbauer unter Mitwirkung von Barbara Heber-Schärer, Christoph König und Tim Trzaskalik. Göttingen 2006, S. 16.
34 Paul Celan: Sprachgitter. In: Ders.: Gesammelte Werke (s. Anm. 1). Bd. 1, S. 167.

gegriffen. Beide Gedichte sind in eine Vertikale zwischen der Tiefe des Wassers und der Höhe eines Himmels gerichtet. Doch während bei Kolmar in dem vor 1933 geschriebenen Gedicht noch eine eher kraftvolle Dynamik zu verzeichnen ist, hört sich dies bei Celan nun ungleich verhaltener an. Hier »rudert« ein »Flimmertier Lid«, was homophonisch auch als »Lied« gelesen werden kann, »nach oben«, wobei flimmern eine wechselhaft unruhige, zitternde Bewegung konnotiert. Hier ist »Iris«, Regenbogenhaut des Auges und vielleicht auch Name der Götterbotin Iris, nur mehr eine »Schwimmerin, traumlos und trüb«, also fast blind, wie ja auch der »Himmel, herzgrau«, nur noch als »nah« vermutet oder auch vorausgesetzt, aber offenbar nicht mehr gesehen werden kann.

»Worauf richtet sich die Spannung dieser Sprache?«, fragt Maurice Blanchot in seinen Reflexionen über dieses Gedicht Celans.[35] Vielleicht käme es darauf an, als Ausweg, »dem Aufruf jener Augen zu folgen«, die jenseits des »Gitternetzes der Sprache« sehen, was zu sehen ist, und sich der Erwartung eines erweiterten Blickes anzuvertrauen. Mithin gilt es gerade hier, jene Geste einer Öffnung auf jenseits der *Sprachgitter* hin wahrzunehmen, mit den Mitteln einer Sprache, die – wie Celan selbst ausführt – nicht verklärt und nicht »poetisiert«, sondern die »bei aller unabdingbaren Vielstelligkeit des Ausdrucks« in äußerster Präzision »den Bereich des Gegebenen und des Möglichen auszumessen« versucht.[36] Oder wie er in seiner 1961 gehaltenen Büchnerpreisrede erklärte:

> Aber das Gedicht spricht ja! Es bleibt seiner Daten eingedenk, aber – es spricht. Gewiss es spricht immer nur in seiner eigenen, seiner allereigensten Sache. Aber ich denke [...] dass es von jeher zu den Hoffnungen des Gedichts gehört, gerade auf diese Weise in ›fremder‹ – nein, dieses Wort kann ich jetzt nicht mehr gebrauchen –, gerade auf diese Weise ›in eines Anderen Sache‹ zu sprechen – [...].[37]

Die Sprache des Gedichts hält – trotz der Sprachgitter – auf dieses Andere zu, wobei der Dichter sich verpflichtet fühlt, in seiner Sprache anders zu sprechen. Als eine Sprache, die in ihrem Körper das unauslöschliche Archiv des traumatischen Ereignisses, von dem sie sich herschreibt, zu bewahren und die sich zugleich immer erneut gegen die Auslöschung einer Differenz zu behaupten hat, die diesem Ereignis vorausging, die diesem eingeschrieben ist und die untrennbar mit dem Jü-

---

35 Maurice Blanchot: Der als letzter spricht (1984). Aus dem Französischen von Rüdiger Görner. Berlin 1993, S. 15.
36 Celan: Antwort auf eine Umfrage der Librairie Flinker (s. Anm. 31).
37 Celan: Der Meridian (s. Anm. 1), S. 196.

dischen verbunden ist.³⁸ Es geht also stets auch um jenes Trauma, das »sich direkt in die rätselhafte Artikulation« zwischen einer universellen Struktur von Sprache »und ihren idiomatischen Zügen einprägt« und damit immer wieder um ein Sprechen am Rande des Verstummens oder eines ständig drohenden Zusammenbruchs.³⁹

»Meine Gedichte implizieren mein Judentum«, schreibt Paul Celan am 14.10.1969 während seiner Israelreise an Gerschom Schocken, den damaligen Herausgeber der Zeitung *Haaretz*.⁴⁰ Und in einem Radiointerview während derselben Reise führt er aus: »Selbstverständlich hat das Jüdische einen thematischen Aspekt. Aber ich glaube, dass das Thematische nicht ausreicht, um das Jüdische zu definieren. Jüdisches ist sozusagen auch eine pneumatische Angelegenheit.«⁴¹ Das aus dem griechischen stammende Wort *Pneuma* bedeutet so viel wie ›Geist‹, ›Hauch‹, ›Luft‹, aber auch ›Atem‹. Mithin ist es ein eigener Geist, ein spezifischer Atem, und das meint – so Celan – auch »Richtung und Schicksal«⁴², die dieses Jüdische beleben. Ein Atmendes, das sich in die Prosodie einer poetischen Sprache übertragen lässt, in ihren Rhythmus und Klang, als Versfluss und Unterbrechung, als Zäsur und Silbenmaß. »In den Moren verdeutlicht sich der Sinn« – heißt eine weitere Notiz Celans in ebendiesem Kontext.⁴³

Damit wird zugleich der Duktus einer anderen Sprache impliziert: »Manche der von Celan markierten Wörter, die einfachsten und zugleich komplexesten wie ›Herz‹ oder ›Seele‹ oder auch ›Name‹ haben einen jüdischen Ton – nicht minder als ein Wort wie ›Menorah‹«, schreibt Jean Bollack, »es ist als würden sie im Deutschen hebräisch gesagt.«⁴⁴ Manche Wörter aber werden von Celan auch auf Hebräisch in die »Text-Landschaft«⁴⁵ des Gedichts eingeführt und treten damit noch besonders als Gegenwort hervor.

---

38 Derrida: Die Einsprachigkeit des Anderen (s. Anm. 9), S. 87.
39 Derrida: Die Einsprachigkeit des Anderen (s. Anm. 9), S. 118.
40 Paul Celan: Mikrolithen sinds, Steinchen. Die Prosa aus dem Nachlass. Hg. v. Barbara Wiedemann und Bertrand Badiou. Frankfurt a. M. 2005, S. 945.
41 Celan: Mikrolithen sinds (s. Anm. 40), S. 217.
42 Celan: Der Meridian (s. Anm. 1), S. 188.
43 Celan: Mikrolithen sinds (s. Anm. 40), S. 338. Der Begriff der ›Mora‹ lässt sich als eine sprachliche »Gewichtseinheit« verstehen, die zwischen Hebungen und Senkungen, betont und unbetont, sowie zwischen lang und kurz unterscheidet. Dabei wird auf etwas Bezug genommen, das nicht unmittelbar aus der sprachlichen Struktur ersichtlich ist, sondern für jede Sprache anders differenziert wird. Unter anderem hängt hiervon auch die Zuweisung des Wortakzents in der jeweiligen Sprache ab.
44 Bollack: Paul Celan. (s. Anm. 25), S. 203.
45 Ein Begriff, der von Peter Szondi stammt. Vgl. Peter Szondi: Celan-Studien. Frankfurt a. M. 1972, S. 50.

Bereits als Kind hatte Celan damit begonnen, Hebräisch zu lernen, das er, wie man gerade während seiner späteren Israelreise feststellen konnte, offenbar ziemlich gut beherrschte. Unter dieser Voraussetzung scheinen Klaus Reicherts Überlegungen nachvollziehbar, dass sich jene bereits in der Kindheit erlernten Sprachmuster so tief einprägten, dass sie Teil von Celans Sprachkompetenz wurden und auch in seinen Gedichten zu »prägenden Bahnungen« führten, »die sich freilich immer wieder mit bewussten Hebraismen überschneiden«.[46] So finden sich einige Gedichte bereits hebräisch übertitelt, wie »Schibboleth« aus dem Zyklus *Von Schwelle zu Schwelle* (1955) und »Hawdalah« aus *Die Niemandsrose* (1963). Andere hebräische Worte sind in die Gedichttexte eingefügt, beispielsweise *Kaddisch* und *Jiskor* in dem Gedicht »Die Schleuse« (*Die Niemandsrose*) oder *Ziw* aus »Nah, im Aortenbogen« (*Fadensonnen*). Auch bilden hebräische Einsprengsel Teilkomponenten deutscher Wörter, wie ein weiteres Mal Jean Bollack anhand des Wortes »Levkojen« aus dem gleichnamigen Gedicht aus *Schneepart* (1971) nachgewiesen hat. Er liest in *Lev* das hebräische Wort für ›Herz‹, sodass »Levkojen« hier mit ›Kojen des Herzens‹ übersetzt werden könnte.[47] In dem Gedicht »Du sei wie du« aus *Lichtzwang* (1970) wiederum besteht der letzte Vers aus den zwei Worten *kumi ori* (übersetzt: ›erhebe dich, werde Licht‹). Und das Gedicht »Mandelnde« aus dem sogenannten Jerusalemzyklus in *Zeitgehöft* (1976) endet mit dem Wort *hachnissini*, was so viel bedeutet wie ›nimm mich in dich‹ oder auch ›birg mich‹ und das zugleich auf ein in Israel sehr bekanntes Lied von Chaim Nachman Bialik anspielt, das mit ebendiesem Wort beginnt und das der Dichter noch aus seiner Kindheit kannte.[48]

Den hebräischen Wörtern kommt bei Celan eine »sprachmagische Wirkung« zu.[49] Es sind Worte, welche für die im deutschen Sprachraum zumeist des Hebräischen nicht mächtigen Leserinnen und Leser ein Unvertrautes, Fremdes evozieren.[50] Es sind damit auch Worte, die

---

46 Klaus Reichert: Hebräische Züge in der Sprache Paul Celans. In: Paul Celan. Hg. v. Werner Hamacher und Winfried Menninghaus. Frankfurt a. M. 1988, S. 157.
47 Bollack: Paul Celan (s. Anm. 25), S. 273–275.
48 Siehe Shmueli: Nachwort (s. Anm. 27), S. 171–172.
49 Siehe Ferdinand van Ingen: Das Problem der lyrischen Mehrsprachigkeit bei Paul Celan. In: Psalm und Hawdalah. Zum Werk Paul Celans. Hg. v. Joseph P. Strelka. Bern, Frankfurt a. M., New York, Paris 1987, S. 73.
50 Überdies würde die schlichte Übersetzung der Vokabeln kaum dem komplexen Bedeutungszusammenhang gerecht, der zugleich damit angesprochen wird. So bezeichnet z. B. *Jiskor* (›Angedenken« Erinnerung‹) ebenfalls einen wichtigen Teil der *Jom-Kippur-Liturgie*, der besonders dem Totengedenken gewidmet ist. Desgleichen meint *Ziw* nicht allein ›Glanz‹, sondern konnotiert zugleich ein spezifisches Licht, das besonders in der *Kabbala* eine Rolle spielt. Eine weitere Hürde für das Verstehen besteht darin, dass im Hebräischen Wortzusammenziehungen üblich sind, die im

wie ein *Schibboleth* die Schwelle markieren, die einen Übergang in die idiomatische Sprache des Gedichts zugleich eröffnen und verbergen und damit den Ort des Gedichts als den einer grundsätzlichen Differenz markieren.[51] Denn das *Schibboleth*, als ein Schwellen- oder Losungswort, ist »eben nicht mehr nur ein Kennzeichen, an dem man sich verrät, sondern umgekehrt auch eine unmerkliche Nuance, in der sich etwas Signifikantes verbergen kann.«[52]

Dies kann hineingehen bis in den einzelnen Buchstaben. Ein Vorgang, der besonders in dem Gedicht »Hüttenfenster« sichtbar wird, das sich eben gerade diesen einzelnen Buchstaben zuwendet und das hier zum Abschluss noch genauer vorgestellt werden soll.

»Hüttenfenster« aus dem Gedichtzyklus *Die Niemandsrose* ist von Celan auf den 30.3.1963 datiert worden, wobei er beim Verfassen des Gedichts offensichtlich von einem Bild Chagalls inspiriert war, das ihm zu diesem Zeitpunkt in Form einer Postkarte vorlag.[53] Die Nennung der Stadt »Witebsk« im Gedicht verweist ebenfalls auf Chagall, dessen Geburtsstadt diese war. Dabei war hier wohl vor allem entscheidend, dass Witebsk – ähnlich wie Czernowitz – an ein Ostjudentum erinnert, das gleichfalls im »Schwarzhagel« – so ein Wort aus dem Gedicht – der Vernichtung ausgelöscht worden war. Das Gedicht sei außerdem im Geist von *Sukkoth* geschrieben, behauptet des Weiteren John Felstiner, des Laubhüttenfestes, das an die Wanderung der Israeliten durch die Wüste wie auch an die Vergänglichkeit allen Bleibens erinnern soll.[54]

Der Titel bereits evoziert diese sehr vorübergehende Heimstatt einer leicht gebauten Hütte, aus deren Fenster sich für einen flüchtigen Augenblick der Sammlung ein konzentriertes Sehen ergibt. So beginnt das Gedicht mit den Versen: »Das Aug, dunkel: / als Hüttenfenster«[55]. Dieses Aug sammelt »was Welt war, Welt bleibt: den Wander- / Osten

---

Deutschen nur in Form eines Satzes übersetzt werden können. Dies ist z. B. bei dem Wort *hachnissini* der Fall, bei dem es sich um einen an eine Frau gerichteten weiblichen Imperativ Singular des Verbs *lehachniss* (›einbringen‹, ›hineinlassen‹) handelt, an den noch zudem das Personalpronomen der ersten Person Singular im Akkusativ angehängt worden ist.

51 Vgl. dazu Jacques Derrida: Shibboleth. Für Paul Celan (1986). Aus dem Französischen von Sebastian Baur. Hg. v. Peter Engelmann. Wien 2002, S. 63–66.
52 Till Dembeck: »No pasaran« – Lyrik, Kulturpolitik und Sprachdifferenz bei T.S. Eliot, Paul Celan und Rolf Dieter Brinkmann. In: arcadia 48/1 (2013), International Journal of Literary Culture/Internationale Zeitschrift für Literarische Kultur, S. 1–41; hier: S. 18.
53 Bollack: Paul Celan (s. Anm. 25), S. 226.
54 John Felstiner: Paul Celan. Eine Biographie. Aus dem Englischen von Holger Fliessbach. München 1997, S. 250.
55 Celan: Gesammelte Werke (s. Anm. 1). Bd. 1, S. 278–279.

/ die Schwebenden, / die Menschen-und-Juden, / das Volk-vom-Gewölk, [...]«. Chagalls schwebende, ostjüdische Gestalten stehen einem bei diesen Versen vor Augen. Doch auch das »Grab in den Lüften« aus Celans Gedicht »Todesfuge«, mithin das Totengedenken, findet sich im Konnotationsspektrum dieser Worte. Ein Gedenken auch im Sinne eines Gegengesangs gegenüber jenen, die das, was geschah und was sie selber »säten«, nun mit »mimetischer Panzerfaustklaue« weg zu schreiben trachten.

Einige Verse später dann heißt es im Gedicht:

wohnen werden wir, wohnen, etwas
– ein Atem? ein Name? –
geht im Verwaisten umher.

Und zwei Strophen weiter ist von diesem suchend-fragenden Gehen zu vernehmen:

geht, geht umher,
sucht,
sucht unten,
sucht droben, fern, sucht
mit dem Auge, holt
Alpha Centauri herunter, Arktur, holt
Den Strahl hinzu, aus den Gräbern,
geht zu Ghetto und Eden, pflückt
das Sternbild zusammen, das er,
der Mensch, zum Wohnen braucht, hier
unter Menschen.

Genannt werden vor allem weitere Namen. Die Namen von Sternbildern, »Alpha Centauri«, ein besonders helles Doppelgestirn, und von »Arktur«, dem hellsten Stern am Nordhimmel und Hauptstern des Sternbilds Bärenhüter. Genannt wird im Doppelnamen des Sternbilds »Alpha Centauri« überdies der Buchstabenname *Alpha*, erster Buchstabe des griechischen Alphabets wie auch der Name *Centaurus*, der jene wilden Halbmenschen mit Pferdekopf zitiert, die – ebenso wie *Arktus*, als Name eines Bären- oder Ochsenhüters – der griechischen Mythologie entstammen. Mit diesem Namensspektrum geht es somit um den Ursprungsort der abendländischen Kultur und ihrer Schrift, die mit Alpha beginnt. Genannt werden darüber hinaus aber auch die Namen von »Ghetto« und »Eden«, die wiederum in eine gegenläufige, jüdische Perspektive weisen. In dieser Weise bewegen sich die genannten

Namen mit dem suchenden Auge – also in der Form eines Lesens oder eben auch Sammelns – in einer vertikalen Ausrichtung von der kosmischen Höhe des Sternbilds herunter zum Strahl »aus den Gräbern« und damit erneut zu den Toten. Und weiterhin von »Ghetto« wiederum hin zu »Eden«, um ein »Sternbild« zusammen zu pflücken, das er, »der Mensch, zum Wohnen braucht, hier, / unter Menschen«.

Diese Dynamik, die nun erst recht zu einer des Lesens wird, setzt sich fort mit den Worten:

> schreitet
> die Buchstaben ab und der Buchstaben sterblich-
> unsterbliche Seele,
> geht zu Aleph und Jud und geht weiter,
>
> baut ihn, den Davidsschild, lässt ihn
> aufflammen, einmal

Das Wort »Davidsschild« ist eine direkte Übersetzung aus dem Hebräischen, wo es *magen david*, Schutzschild Davids, heißt. Das Gedicht setzt hier gezielt sein Gegenwort zu jenen auf Deutsch gebräuchlichen Begriff Davidstern, der es gerade im Deutschen zu mehr als unheilvoller Bedeutung gebracht hat. Dabei spielt das Gedicht ein weiteres Mal mit dem Wort »Sternbild«, das erst in der von Celan vorgenommenen Setzung mit Einbeziehung von »Aleph und Jud« jenen Davidsschild »aufflammen«, d. h. ihn in Erscheinung treten lässt.

Jud, das ist zum einen der kleinste Buchstabe des hebräischen Alphabets, der gleichwohl enorm wichtig ist. Auch der hebräische Gottesname beginnt mit *Jud*. Doch konnotiert *Jud* hier im deutschen Gedicht natürlich auch das Wort Jude. Mit *Aleph* hingegen beginnt das hebräische *Alephbeth*. *Aleph*, dem der Zahlenwert Eins zukommt, verweist ebenfalls auf die Einzigartigkeit Gottes wie auch auf das Wort *Adam*, das mit *Aleph* beginnt und den aus Erde geschaffenen Menschen meint, der erst durch den göttlichen Atem zum Leben erweckt wurde und damit eine unsterbliche Seele gewinnt – wobei wir wiederum bei »Eden« als Ort dieses Geschehens wären. Eine unsterbliche Seele schreibt das Gedicht hier auch den Buchstaben zu. All dies hilft den »Davidsschild« bauen als Aufrichtung eines ganz anderen Judentums als jenes im Zeichen eines anderen »Sternbilds« verfolgten und vernichteten, das dennoch äußerst bedroht bleibt:

> lässt ihn erlöschen – da steht er,
> unsichtbar, steht
> bei Alpha und Aleph, bei Jud,
> bei den andern, bei

allen: in
dir,

Beth, – das ist
das Haus, wo der Tisch steht mit
dem Licht und dem Licht.

Mit diesen Versen endet das Gedicht. *Beth* der zweite Buchstabe des *Alephbeth*, bedeutet in der Tat auch ›Haus‹. Mit dem Buchstaben *Beth* beginnt des Weiteren die erste Erzählung der hebräischen Bibel überhaupt, *Bereschit*, was Anfänge heißt. Mit *Beth* könnte also auch eine ganz andere Erzählung anfangen, in der Atem und Name ihren Ort finden, das heißt wohnen können. Als ein Haus, »wo der Tisch steht, mit/ dem Licht und dem Licht«, das in dieser Verdoppelung sowohl auf Alpha *und* Aleph wie auch auf Kontinuität verweist und vielleicht auf das Leuchten zweier Schabbatkerzen, welche zum Erinnern und zum Gedenken aufrufen. Ein Licht, das dem Sternbild einer unmenschlichen Mythologie entgegensteht, indem es auf ein menschliches Maß »heruntergeholt« worden ist. So geht es in Celans Gedicht letztlich auch um differente Figuren der Schrift aus zwei unterschiedlichen Genealogien, deren Zusammenschreibung hier, für den Moment dieses Gedichts, vielleicht so etwas wie einen flüchtigen Ort des Wohnens herzustellen vermag.

Festzuhalten bleibt, dass der Begriff der Muttersprache bei den beiden hier vorgestellten Dichtern als höchst komplex und vielschichtig anzusehen ist. Dabei führt die Situation eines faktischen inneren Exils wie bei Gertrud Kolmar, sowie die einer grundsätzlich gegebenen Exteriorität wie im Fall von Paul Celan zu einer Situation, die ein Heimischsein in der Muttersprache Deutsch schließlich zunehmend infrage stellt, sodass das von Derrida formulierte Paradoxon auf besondere Weise hervortritt. Bei aller Unterschiedlichkeit der beiden Poetiken wird darin jeweils eine Differenz zum Ausdruck gebracht, die zuweilen auch eine Sprachüberschreitung bedeutet und die zugleich an eine »heterologische Öffnung«[56] appelliert, deren Benennung sich ins Unübersetzbare entzieht.

---

56 Derrida: Die Einsprachigkeit des Anderen (s. Anm. 9), S. 133.

Jenny Willner

Sprache, Sexualität, Nazismus
Georges-Arthur Goldschmidt und die deutsche Sprache

I. Eine Sprache beschreiben

»Man kann eine Sprache, das Deutsche insbesondere, viel eher beschreiben, als daß man sie übersetzen könnte«,[1] konstatiert Georges-Arthur Goldschmidt im Jahr 1999 im Vorwort zur deutschen Ausgabe seines Essays *Als Freud das Meer sah. Freud und die deutsche Sprache*, der zehn Jahre zuvor auf Französisch erschienen war.[2] In *Quand Freud voit la mer* geht Goldschmidt deskriptiv an die deutsche Sprache heran; im Modus der französischsprachigen Beschreibung veranschaulicht er etwas an jener Sprache, deren monolingualer Sprecher er bis zum Beginn seines Exils im Alter von elf Jahren gewesen war. Seinen deutschsprachigen Lesern erläutert er, wie die Idee zu diesem Buch nach Gesprächen mit französischen Psychiatern und Psychoanalytikern entstanden sei, die er bei der gemeinsamen Übersetzung von Freuds *Die Verneinung*[3] beraten sollte. *Quand Freud voit la mer* setzt dort an, wo Goldschmidt die Übersetzungsarbeit offenbar nur stören konnte. Später schilderte er die Situation wie folgt:

> Nach drei, vier Sitzungen gab man mir höflichst zu verstehen, meine Mitarbeit sei nicht unbedingt erwünscht, denn ich nähme die Arbeit nicht ernst genug und reiße zu viel Witze. Tatsächlich war die ganze Sache äußerst komisch und zugleich ein wenig unheimlich.[4]

---

1 Georges-Arthur Goldschmidt: Vorwort zur deutschen Ausgabe. In: Ders.: Als Freud das Meer sah. Freud und die deutsche Sprache. Aus dem Französischen von Brigitte Große. Zürich 1999, S. 9–14; hier: S. 9 f.
2 Georges-Arthur Goldschmidt: Quand Freud voit la mer. Freud et la langue allemande. Paris 1990. In den Folgejahren erschienen: Ders.: Quand Freud attend le verbe. Paris 1996 sowie die deutsche Übersetzung Freud wartet auf das Wort. Aus dem Französischen von Brigitte Große. Zürich 2006.
3 Sigmund Freud: Die Verneinung. In: Ders.: Studienausgabe. Hg. v. Alexander Mitscherlich, Angela Richards und James Strachey. Bd. 3: Psychologie des Unbewußten. Frankfurt a. M., S. 371–377.
4 Es handelt sich um den Vorabdruck einer Rede, die Goldschmidt am 12.05.2006 im Berliner Zentrum für Literaturforschung gehalten hat. Georges-Arthur Goldschmidt: Freud übersetzen. Als die Psychoanalyse nach Frankreich kam, veränderte sie sich. In: Die Welt, 29.04.2006.

Was genau könnte an der deutschen Sprache unheimlich und komisch sein? Es sind verruchte, obszöne Dinge, die Goldschmidt der Sprache selbst abhorcht, und der Impuls, störende Witze zu reißen, findet eine subtilere Entsprechung im Spiel seines Essays mit den Lesern. Dass *Quand Freud voit la mer* zum Teil im Duktus einer linguistischen Abhandlung verfasst ist und in anderen Passagen Bezüge zur Geschichte der deutschen Philosophie herstellt, vermag nur vorübergehend von dem Umstand abzulenken, dass sich das Wesentliche in diesem Text nicht auf der argumentativen, sondern auf der performativen Ebene vollzieht. Goldschmidt vergrößert bestimmte subjektiv wahrgenommene Momente der Sprache, die eine Übersetzung eher verkleinern müsste, um nicht von Beginn an ins Stocken zu geraten. Es sind sprachliche Besonderheiten, die er aufgrund seiner Exilperspektive verschärft und zugleich wie im Zerrspiegel wahrnimmt. Sie hervorzuheben birgt eine Provokation: Finstere Komik steckt in seiner zentralen These, der zufolge das, was im Nationalsozialismus verboten, verdrängt und vernichtet werden sollte, mit jeder Silbe aus ebendieser Sprache der Verbote, Befehle und Diskriminierungen immerfort, über die Köpfe der Sprecher hinweg, weiterspricht.

II. Die Exilperspektive auf die Sprache

Goldschmidt hat seinen Essay nicht selbst ins Deutsche übersetzt, allerdings hat er das Manuskript für die Übersetzung sowohl um ein Vorwort als auch um einige Passagen ergänzt. Wie um zu vermeiden, dass deutschsprachige Rezipienten Entscheidendes überlesen, werden Zusammenhänge, die im Französischen allenfalls konstatierend genannt werden, auf Deutsch in aller Deutlichkeit ausbuchstabiert:

> Und es ist so, als wäre das gesamte Freudsche Werk ein vehementes, wenn auch zunächst nicht bewußtes, bald aber verzweifeltes Bemühen, zu bannen, was sich in Europa anbahnte. Man sollte Freuds Schriften vielleicht einer erneuten Betrachtung unterziehen: unter dem Blickwinkel des noch bevorstehenden Genozids, der mitten im Feld jener Sprache ausbrechen sollte, die Freud zu erhellen bemüht war.
> Dieser Essay unternimmt den Versuch, die Sprache Freuds im Lichte jenes Verdrängten zu analysieren, das im Nationalsozialismus wirksam wurde. Womöglich war das ganze Freudsche Werk ein Warnruf angesichts der bedrohlichen Vorzeichen, die damals am Horizont des deutschen Sprachbereichs auftauchten.[5]

---

5 Goldschmidt: Als Freud das Meer sah (s. Anm. 1), S. 31. Die französische Fassung der Einleitung endet vor dieser Passage. S. ders.: Quand Freud voit la mer (s. Anm. 2), S. 34.

Quand Freud voit la mer widmet sich der Sprachwahrnehmung als einer subjektiven, häufig unbewussten Form der Empfänglichkeit gegenüber sozialhistorischen Dynamiken. Goldschmidt zufolge schöpft Freuds Theorie aus dessen biografisch wie historisch bedingter Sensibilität gegenüber der deutschen Sprache: Die prekäre Position als Jude in der deutschsprachigen Gemeinschaft habe eine Hellhörigkeit gegenüber sprachlichen Phänomenen bewirkt. Freud habe womöglich etwas in der Sprache arbeiten, etwas in ihr hochkommen sehen: »Il convient donc d'amorcer une interrogation de cette sorte à travers de la langue, et il faut se demander, si Freud n'a pas senti venir ce qui allait arriver.«[6] In diesem Sinne betrachtet Goldschmidt Freuds Gespür für das Deutsche als sprachorientierte Form von Alarmbereitschaft, als Beispiel jener extremen Sensibilität für eine drohende Gefahr, die einige jüdische Intellektuelle am Vorabend des Nationalsozialismus kennzeichne.[7]

Zugleich drängt sich der Eindruck auf, dass Goldschmidts Essay nicht nur Freuds Wahrnehmung der deutschen Sprache, sondern auch die spezifische Perspektive dessen mit verhandelt, der die Jahre der nationalsozialistischen Vernichtungspolitik im Exil überlebte. Im Jahr 1938 wurde Goldschmidt von seinen Eltern von Hamburg aus über Italien nach Frankreich geschickt. Nicht von ungefähr trifft er ein halbes Jahrhundert nach dem Ende der nationalsozialistischen Herrschaft die Entscheidung, die deutsche Sprache in der Sprache seines Exils und seiner neuen Heimat in zwei Bänden zu beschreiben. Im Vorwort zu *Als Freud das Meer sah*, der deutschen Übersetzung von *Quand Freud voit la mer*, begründet Goldschmidt die Wahl der französischen Sprache mit der sozialhistorischen Bedeutung von Freuds Schriften: Diese verlange geradezu eine »Veranschaulichung des Sprachinhalts in der anderen Sprache«[8]. Zugleich dürfte es sich um eine sehr persönliche Angelegenheit handeln: Rückblickend, aus der Perspektive des überstandenen Exils und unter Rückgriff auf später erworbenes historisches Wissen, betrachtet Goldschmidt die Sprache seiner eigenen Kindheit und seiner frühen Pubertät als Sprache der Täter.

Für dieses Unterfangen birgt der Gebrauch des Französischen einen wesentlichen Vorteil: Wer eine Sprache veranschaulicht, indem er sie in einer anderen Sprache beschreibt, nimmt Distanz ein, um etwas über-

---

6 Goldschmidt: Quand Freud voit la mer (s. Anm. 2), S. 33. S. ders.: Als Freud das Meer sah (s. Anm. 1), S. 30: »Hat Freud geahnt, was geschehen wird? Was sah er in der Sprache hochkommen, in ihr arbeiten? Es ist an der Zeit, die Sprache einem solchen Verhör durch die Sprache zu unterziehen.«

7 Goldschmidt: Quand Freud voit la mer (s. Anm. 2), S. 210. S. ders.: Als Freud das Meer sah (s. Anm. 1), S. 173.

8 Goldschmidt: Vorwort zur deutschen Ausgabe (s. Anm. 1), S. 12 f.

haupt erst sichtbar und erzählbar zu machen. Mit *Quand Freud voit la mer* widmet sich Goldschmidt der deutschen Sprache aus der Distanz der französischen; ebenfalls auf Französisch erschien zwei Jahre zuvor seine autofiktionale Erzählung *Un jardin en Allemagne*.[9] Die Wahl der französischen Sprache begründete Goldschmidt damals, in einem deutschen Nachwort, in dem er von sich selbst in der dritten Person Singular schreibt, wie folgt: »Die Heimat, die einen verstieß, macht es ihm auch unmöglich, in dieser Muttersprache von der Heimat zu erzählen.«[10] Mit *Quand Freud voit la mer* wird eine anderssprachige Exilperspektive nicht nur auf die Heimat, sondern auf die Muttersprache selbst essayistisch umgesetzt. Goldschmidt betont, dass es ihm keinesfalls um »die Sprache als solche« gehe, sondern vielmehr um den Versuch, den Blick umzudrehen, von der Sprache hin zum Sprecher: »Wie fühlt sich die Sprache an, wenn ich mit ihr umgehe, oder besser noch: Was passiert mit mir, wenn ich rede?«[11] Es geht also sowohl um die Frage, welche Perspektive in Bezug auf die Dinge die einzelne Sprache für uns bereithält, als auch darum, wie das Individuum diese Sprache wahrnimmt. Mit der mehrfach gebrochenen Perspektive des Zweisprachigen, des Exilierten und des Zurückblickenden arbeitet Goldschmidt dasjenige an der deutschen Sprache heraus, womit der hypersensibilisierte Einzelne sowohl das Intime, Verbotene und Obszöne assoziiert als auch jene historische Entwicklung, die in der Nazizeit kulminierte.

Goldschmidts Erläuterungen zur deutschen Ausgabe lenken die Aufmerksamkeit darauf, dass die genaue Lektüre seines Essays gerade für deutschsprachige Leser mit erheblichen Schwierigkeiten verbunden sein müsste. Der Essay verlangt ihnen eine Perspektivierungsübung ab, Zeile für Zeile fordert Goldschmidt gleichsam zu einer Verfremdungsgymnastik bei der Wahrnehmung der deutschen Sprache heraus. Wer mitmacht, wird um ein beunruhigendes Bild des Deutschen bereichert, vertraut wie fremdartig, intim und bedrohlich zugleich.

Als Freud das Meer sah ist in der deutschsprachigen Rezeption als Liebeserklärung an die beiden Sprachen Französisch und Deutsch bezeichnet worden.[12] Die Geste, die der Essay vollzieht, kann aller-

---

9 Georges-Arthur Goldschmidt: Un jardin en Allemagne. Paris 1986. S. Ders.: Ein Garten in Deutschland. Ins Deutsche übertragen von Eugen Helmlé. Zürich 1988.
10 Goldschmidt: Deutsches Nachwort des Verfassers. In: Ders.: Ein Garten in Deutschland (s. Anm. 9), S. 184.
11 Goldschmidt: Vorwort zur deutschen Ausgabe (s. Anm. 1), S. 9.
12 Heribert Knott: Als Freud das Meer sah. [Rezension] In: Psyche – Zeitschrift für Psychoanalyse und ihre Anwendungen 53 (1999), S. 682–683. Besonders erhellend wird der literarische Umgang Goldschmidts mit seinen Sprachen von Stefan Willer beleuchtet: Selbstübersetzungen. Georges-Arthur Goldschmidts Anderssprachigkeit. In: Exo-

dings genauso als Angriff gelesen werden, insofern, als dass hier jenen der Boden unter den Füßen weggezogen wird, die über die deutsche Sprache im Zeichen von Herrschaft, geistiger Überlegenheit oder Ausschluss zu verfügen meinen. Im April 1933 waren die Schriften Freuds öffentlich verbrannt worden, begleitet vom Ruf: »Gegen seelenzerfasernde Überschätzung des Trieblebens, für den Adel der menschlichen Seele! Ich übergebe der Flamme die Schriften des Sigmund Freud.«[13] Im Jahr 1989 – also im unmittelbaren Vorfeld seines späten Debüts als deutschsprachiger Schriftsteller mit *Die Absonderung*[14] – unterzieht Goldschmidt die deutsche Sprache einer peinlich genauen Betrachtung im Zeichen Freuds. Bevor er also mit seiner Prosa als deutschsprachiger Schriftsteller die öffentliche Bühne betritt, liest er die deutsche Sprache mit seinem Essay in französischer Sprache gründlich gegen den Strich. Eine fröhliche List besteht darin, die Gegenwart all dessen, was von den Nationalsozialisten als »undeutscher Geist« verfemt wurde, in der Struktur, in der Grammatik und im Wortschatz der deutschen Sprache selbst zu verorten. Mit seinem Essay über die deutsche Sprache behauptet Goldschmidt somit die Gegenwart des Trieblebens sowie des verdrängten, verworfenen, bis hin zur Vernichtung verfolgten Leibes in den Worten und Denkstrukturen der Verfolger.

III. Der schuldlos schuldige Körper

Auf Goldschmidts Schreibweise trifft zu, was er selbst über einen anderen Schriftsteller geschrieben hat: »Alles bei Peter Weiss inszeniert immer wieder diesen Körper, den unaufhörlich die Schuld der anderen umgibt.«[15] Goldschmidt ist vor allem für seine zunächst ausschließlich auf Französisch verfasste autofiktionale Prosa bekannt, für seine Schil-

---

    phonie. Anderssprachigkeit (in) der Literatur. Hg. von Susan Arndt, Dirk Naguschewski, Robert Stockhammer. Berlin 2007, S. 264–281.
13 Die Rufe der Aktion »Wider den undeutschen Geist«, die sich jeweils spezifisch gegen eine ganze Reihe von Autoren richteten, wurden im Neuköllner Tageblatt vom 12.05.1933 abgedruckt. Hier zit. nach Joseph Wulf: Kultur im Dritten Reich. Bd. 2: Literatur und Dichtung. Frankfurt a. M., Berlin 1989, S. 50.
14 Georges-Arthur Goldschmidt: Die Absonderung. Zürich 1991.
15 Georges-Arthur Goldschmidt: Die Bedeutung einer Lektüre. In: Peter Weiss Jahrbuch 8 (1999), S. 21–33; hier: S. 32. Zum Verhältnis von Goldschmidt und Weiss in der Forschungsliteratur s. Martin Rector: Frühe Absonderung, später Abschied. Adoleszenz und Faschismus in den autobiographischen Erzählungen von Georges-Arthur Goldschmidt und Peter Weiss. In: Peter Weiss Jahrbuch 4 (1995), S. 122–139, Simone Hein-Khatib: Mehrsprachigkeit und Biographie. Zum Spracherleben der Schriftsteller Peter Weiss und Georges-Arthur Goldschmidt. Tübingen 2007, sowie Jenny Willner: Wortgewalt. Peter Weiss und die deutsche Sprache. Konstanz 2014, S. 141–145.

derungen eines Kindes, das aus Deutschland vertrieben wurde. In der Erzählung *Un jardin en Allemagne* entfaltet sich das Universum dieses Kindes vor der Flucht. Was in montierter, verdichteter Form geschildert wird, ließe sich als ein Prozess umschreiben, bei dem die Selbstwahrnehmung des Kindes durch das sexualitätsfeindliche bürgerliche Familienleben, durch sadistische Bestrafungspraktiken, durch das Dilemma der Assimilation sowie durch den zunächst verdeckten, dann immer offeneren Antisemitismus geprägt wird. Das Narrativ kreist um eine Erfahrung, die darin besteht, sich selbst auf der verkehrten Seite der brutal gezogenen Grenze zwischen Zugehörigkeit und Außenseitertum, Normalität und Perversion wiederzufinden. In der Wahrnehmung des kindlichen Protagonisten verschränkt sich die wachsende antisemitische Bedrohung mit den ersten eigenen sexuellen Regungen sowie ihrer Ahndung. Der Junge vermutet einen Zusammenhang zwischen seinem Verstoß gegen das Verbot zu onanieren, und dem für ihn beängstigenden Wort *Jude*, das zu Hause tabuisiert, aber außerhalb immer wieder gegen ihn gerichtet wird. Als er versteht, dass seine Eltern planen, ihn fortzuschicken, erscheint ihm dies wie eine Strafe und zugleich wie die Bestätigung ebendieses Zusammenhangs.

In *Quand Freud voit la mer* wird die deutsche Sprache vor dem Hintergrund von Theorieansätzen beschrieben, denen zufolge man sagen müsste, dass die kindliche Angst des Jungen in *Un jardin en Allemagne* eine sozialhistorische Konstellation intuitiv nur zu genau erfasst: Goldschmidt verweist auf Alice Miller, der zufolge die Erziehungspraktiken, die die gesamte Tätergeneration in der Kindheit erfuhr, darauf ausgerichtet waren, Gefühle, Begehren und Eigensinn jeglicher Art gewaltsam zu unterdrücken, sodass das Verdrängte sich in entstellter und tödlicher Form als Judenhass entladen musste.[16] Er verweist des Weiteren auf Bertram Schaffner, der das Familienleben als Schlüssel begreift, um den Charakter von Autoritarismus zu verstehen,[17] sowie auf Nicolaus Sombart, der sich anhand von Carl Schmitt mit der mentalitätsgeschichtlichen Bedeutung von patriarchalem Macht- und Ordnungsdenken in der deutschen Geschichte befasst.[18] Ausgehend von Freuds berühmten Thesen über den Fall Daniel Paul Schreber betrachtet Gold-

---

16 Goldschmidt: Quand Freud voit la mer (s. Anm. 2), S. 210. S. Ders.: Als Freud das Meer sah (s. Anm. 1), S. 173 f. Verwiesen wird auf Alice Miller: Am Anfang war Erziehung. Frankfurt a. M. 1983.
17 Goldschmidt: Quand Freud voit la mer (s. Anm. 2), S. 34. S. Ders.: Als Freud das Meer sah (s. Anm. 1), S. 31. Verwiesen wird auf Bertram Schaffner: Fatherland. A Study of Authoritarianism in the German Family. New York 1948.
18 Goldschmidt: Vorwort zur deutschen Ausgabe (s. Anm. 1), S. 14. Verwiesen wird auf Nicolaus Sombart: Die deutschen Männer und ihre Feinde. Carl Schmitt – ein deutsches Schicksal zwischen Männerbund und Matriarchatsmythos. München 1991.

schmidt die paranoide Grundkomponente des Nationalsozialismus – die Invasions- und Kontaminationsangst, den Kontroll- und Größenwahn – als Projektion und Übertragung gewaltsam verdrängter homoerotischer Empfindungen.[19] Eine historische Tiefendimension wird mit Léon Poliakov hergestellt: Auf ihn verweisend läuft Goldschmidts theoretische Positionierung darauf hinaus, dass dem Antijudaismus und Antisemitismus eine strukturell tragende Funktion für das abendländische Denken seit dem Mittelalter zukomme und dass das antisemitische Bild vom Juden ein Ventil für das Verdrängte und Verbotene biete.[20]

In seiner Prosa variiert Goldschmidt immer wieder eine literarische Strategie, die darin besteht, die Dinge vom Standpunkt des Ausgeschlossenen und Abgewehrten her zu beschreiben. Einerseits ist das Kind in *Un jardin en Allemagne* das Objekt der Projektion, andererseits wird diese einschreibende Gewalt allein schon dadurch unterminiert, dass das Narrativ auf denkbar radikale Weise die Blickrichtung umkehrt: Der Text zwingt den Leser, die Perspektive eines Jungen einzunehmen, der mit seinem ganzen Dasein, mit seinem Schmerz und seinem Genuss auf einen Diskurs reagiert, der darauf ausgerichtet ist, ihn auszuschließen. Dieses Wesen erfährt die ausschließende Gewalt der Sprache als Erschütterung am eigenen Leib.

Wie in der Erzählung geht Goldschmidt auch in seinem Essay von einem Sprachgefühl aus, an dem alle Sinne beteiligt sind. Das Phänomen, das in *Un jardin en Allemagne* Gegenstand literarischer Darstellung ist, erinnert an jene bereits zitierte Frage aus dem deutschen Vorwort zu *Quand Freud voit la mer*: Wie fühlt sich die Sprache für den Einzelnen an? Eine schmerzhafte Konnotation entsteht später im Verlauf des Essays, wo es heißt, dass die Sprache dem Leib unaustilgbar eingepflanzt sei: »La langue est implantée en lui, indéracinable.« Gleich im Anschluss erklärt Goldschmidt, dass der Leib im Unterschied zum Begriff des Körpers den spezifischen Körper bezeichne, »der ich bin«, »mein Leib und Leben«: »Mais *der Leib*, c'est le corps tel que je le suis, le corps même.«[21] Goldschmidts Protagonisten reagieren physisch auf

---

19 Goldschmidt: Quand Freud voit la mer (s. Anm. 2), S. 116, 120f., 208. S. Ders.: Als Freud das Meer sah (s. Anm. 1), S. 99, 120f., 171. Für eine an Lacan orientierte Diskussion des Schreber-Komplexes bei Goldschmidt s. die Erläuterungen zum Begriff der Grundsprache in Tim Trzaskalik: Gegensprachen. Das Gedächtnis der Texte. Georges-Arthur Goldschmidt. Frankfurt a.M. 2006, S. 125–128; 141–147 u.a.
20 Goldschmidt: Quand Freud voit la mer (s. Anm. 2), S. 199f. S. ders.: Als Freud das Meer sah (s. Anm. 1), S. 163f. Verwiesen wird auf Léon Poliakov: Geschichte des Antisemitismus, 8 Bde. Worms 1977f.
21 Die vorangegangenen französischsprachigen Zitate finden sich in Goldschmidt: Quand Freud voit la mer (s. Anm. 2), S. 16., für die deutschsprachigen Zitate siehe die

Zuschreibungen und psychisch auf Züchtigungen, als drehte sich die ganze Welt um ihren Leib, als stünde ihr Leben schon beim Angesprochenwerden in Gefahr. In seiner Prosa kreist alles um Drohungen, die für diesen »Körper, der ich bin« spürbar sind, um die intuitiv wahrgenommene Gefahr für »Leib und Leben«.

Vor diesem Hintergrund wäre es naheliegend, wenn Goldschmidts Essay eine Traditionslinie nachzeichnen würde, in der die deutsche Sprache als Sprache der Repression, der Körperfeindlichkeit und des Militarismus eingesetzt wird. Mit *Quand Freud voit la mer* tut er freilich etwas ganz anderes, und darin besteht seine Strategie: Er bejaht die deutsche Sprache, und zwar im Namen des Leibes. Er lässt verstehen, dass man diese Sprache genießen kann, jedoch nicht als Sprache der Dichter und Denker: Goldschmidts Lob der deutschen Sprache ist darauf ausgerichtet, bestimmte Ideen, die in der Sprache der Dichter und Denker hervorgebracht wurden, ad absurdum zu führen. Auf den eigentlichen philosophischen Diskurs lässt er sich dabei kaum ein, vielmehr macht er sie zum Gegenstand einer spielerischen Textstrategie.

Einer der zentralen Passagen zufolge sei das Deutsche auf intime Weise an die Gebärden und Begierden des Körpers gebunden, »l'allemand est lié, dans son intimité même, aux geste et aux désirs du corps«,[22] und dieser Körperbezug wird im Verlauf des Essays durchweg positiv konnotiert. Goldschmidt konstatiert, dass die deutsche Sprache genau dort immer simpler und konkreter werde, wo sich die deutsche Philosophie besonders tief und vergeistigt gibt: »Plus la ›philosophie‹ allemande se faite profonde, plus son vocabulaire est simple et concret, ou proche en tout cas de ce *leibliche Befinden*, de cet emplacement du corps même.«[23] Seine These, der zufolge die deutschsprachige Philosophie der kindlichen Wahrnehmung und dem leiblichen Befinden besonders eng verbunden ist, berücksichtigt weder die Aussage der einzelnen Texte noch ihre gewohnten Rezeptionszusammenhänge, sondern zielt vielmehr darauf, den Philosophen die Worte im Munde herumzudrehen. Hegels Begriff der Aufhebung kommentiert Goldschmidt damit, dass jedes Kind über dieses Wort verfüge: »*Das Stück*

Übersetzung der gleichen Passage in ders.: Als Freud das Meer sah (s. Anm. 1), S. 17. Die deutschsprachige Umschreibung im Haupttext ist an diese Übersetzung angelehnt.

22 Goldschmidt: Quand Freud voit la mer (s. Anm. 2), S. 20 f. S. Ders.: Als Freud das Meer sah (s. Anm. 1), S. 21.

23 Goldschmidt: Quand Freud voit la mer (s. Anm. 2), S. 17. S. Ders.: Als Freud das Meer sah (s. Anm. 1), S. 18: »Je tiefer sich die deutsche ›Philosophie‹ gibt, desto simpler und konkreter ihre Sprache, in jedem Fall aber sehr nahe dem leiblichen Befinden, dieser inneren und äußeren Befindlichkeit des Leibes.«

Schokolade hebe ich mir für morgen auf«.[24] Das Deutsche sei generell der Abstraktion nahezu unfähig, »une langue presque incapable d'abstraction«,[25] denn im Deutschen gehe alles vom Körper aus, kehre zu ihm zurück, gehe durch ihn hindurch: »En allemand, tout part du corps, tout y revient, tout le traverse«,[26] ob es die Deutschen wahrhaben wollen oder nicht.

> Tel le marcheur sur la plage qui, sans le savoir, modèle son soufflé sur le battement des vagues, la langue allemande est traverse tout entiere par le movement meme d'inspiration et d'expiration des poumons.[27]

Goldschmidt gibt beiläufig zu verstehen, dass er sich mit seiner These von der Körperlichkeit und Räumlichkeit des Deutschen auf Leibniz bezieht,[28] der Ende des 17. Jahrhunderts konstatierte, dass die deutsche Sprache dem »gemeinen Lauff«[29] überlassen worden sei und sich deshalb auf räumliche und handwerkliche Dinge habe spezialisieren können, während die Gelehrten jahrhundertelang die lateinische Sprache pflegten. Wenn Goldschmidt von den Gebärden und Begierden des Körpers spricht, überträgt er allerdings Leibniz' Beobachtung in einen eminent modernen Körperdiskurs: Goldschmidts Essay richtet sich gegen das Bild von Turnern, fanatischen Naturliebhabern und teutonischen Kämpfern zugunsten von allem, was als Abspaltungsprodukt des normierenden Ideals vom starken, vermeintlich natürlichen und gesunden Körper verstanden werden könnte. Die Gebärden und Begierden, die Goldschmidt mit der deutschen Sprache in Verbindung bringt, sind genau jene, die im Verlauf des 19. und 20. Jahrhunderts mit verheerenden Konsequenzen als degeneriert, pervers, unmännlich, unnatürlich und undeutsch gebrandmarkt wurden.

---

24 Goldschmidt: Quand Freud voit la mer (s. Anm. 2), S. 32, im französischen Text auf deutsch zitiert. S. Ders.: Als Freud das Meer sah (s. Anm. 1), S. 29.
25 Goldschmidt: Quand Freud voit la mer (s. Anm. 2), S. 31 f. S. ders.: Als Freud das Meer sah (s. Anm. 1), S. 29.
26 Goldschmidt: Quand Freud voit la mer (s. Anm. 2), S. 16. S. ders.: Als Freud das Meer sah (s. Anm. 1), S. 17.
27 Goldschmidt: Quand Freud voit la mer (s. Anm. 2), S. 15 f. S. ders.: Als Freud das Meer sah (s. Anm. 1), S. 17: »Wie der Spaziergänger am Strand mit dem Wellenschlag atmet (und das nicht weiß), ist das Deutsche durchdrungen von der Bewegung der Lunge.«
28 Goldschmidt: Vorwort zur deutschen Ausgabe (s. Anm. 1), S. 11 f.
29 Gottfried Wilhelm Leibniz: Unvorgreifliche Gedanken, betreffend die Ausübung und Verbesserung der deutschen Sprache. Zwei Aufsätze. Hg. v. Uwe Pörksen. Kommentiert von Uwe Pörksen und Jürgen Schiewe. Stuttgart 1983, S. 8.

IV. Der Körper in der Sprache

Die These von der Körperbezogenheit erläutert Goldschmidt zunächst anhand der Struktur der deutschen Sprache.[30] Hier spricht der Didaktiker Goldschmidt, der an französischen Gymnasien Deutsch als Fremdsprache unterrichtet hat: Was jedem Schüler, der die deutsche Grammatik lernt, wie ein abstraktes Regelwerk vorkommt, veranschaulicht Goldschmidt anhand der Lage und der Befindlichkeit von Körpern im Raum. Als Grundwörter der deutschen Sprache bezeichnet er Verben wie *stehen, liegen, steigen, laufen, stellen, tragen, fallen*, da diese durch Vorsilben nahezu unendlich variiert werden und in ihren Abwandlungen somit die Sprache dominieren: *ab-, an-, ver-, be-, auf-, ab-, hin-, her-, ein-, aus-*. Diese Vorsilben, so Goldschmidt, geben die Richtung jenes Körpers an, den man sich zu jedem Grundwort vorzustellen habe. Über die im Deutschunterricht übliche Tabelle zur Deklination des bestimmten Artikels von Substantiven, die entlang der beiden Koordinaten Genus und Kasus gezogen wird, konstatiert Goldschmidt, dass man hier nur danach fragen müsse, ob der Körper sich bewegt oder nicht, um als Schüler die Kasusreaktion von Präpositionen zu verstehen und die Wahl zwischen Akkusativ und Dativ korrekt zu treffen (z. B. *an die Wand* oder *an der Wand*).

Eine gewiefte rhetorische Strategie besteht darin, dass Goldschmidt entlang der Beispiele für die Grundwörter – etwa des Wortes *fallen* – Assoziationsketten aufbaut, die in den Bereich der Psychoanalyse hineinführen: Vom Thema des *Auffälligen* über die Nennung zufälliger *Zwischenfälle*, über verschiedene Beispiele für *Vorfälle* (die ebenfalls *auffallen*), über Variationen der Wörter *Abfall, Überfall* und *Anfall* kommt er zum Thema »Prüfungsangst mit Durchfall«, was, wie es heißt, »nous ramène tout droit à cette partie du corps dont est si souvent partie la pensée de Freud.«[31] Vom Begriff der Zwangsneurose über die einschlägige Etymologie des Wortes *Zwang* schlägt er anschließend den Bogen zur Verstopfung, dem Gegenteil vom *Durchfall*, um dann

---

30 Zum Folgenden s. Goldschmidt: Quand Freud voit la mer (s. Anm. 2), S. 17–28. S. Ders.: Als Freud das Meer sah (s. Anm. 1), S. 18–26. Dass Goldschmidts Darstellung der deutschen Sprache als literarische Strategie analysiert werden muss, wird deutlich, wenn man bedenkt, dass auch die romanischen Sprachen durch Raum- und Körpermetaphorik charakterisiert sind, siehe z.B. Kathleen Plötner: Raum und Zeit im Kontext der Metapher. Korpuslinguistische Studien zu französischen und spanischen Raum-Zeit-Lexemen und Raum-Zeit-Lokutionen. Frankfurt a. M. 2014. Den Hinweis verdanke ich Christoph Gabriel.

31 Goldschmidt: Quand Freud voit la mer (s. Anm. 2), S. 28. S. Goldschmidt: Als Freud das Meer sah (s. Anm. 1), S. 26: »direkt zu jenem Teil des Körpers, mit dem sich das Freudsche Denken so oft befaßt.«

mithilfe des Wortes *Rückfall* zurück zum Thema *Durchfall* und damit wieder zu den grammatikalischen *Fällen* zu kommen, getreu seiner eingangs formulierten Vermutung: »Toute l'œuvre de Freud était peut-être, aussi, une constante modulation autour du verbe *fallen*.«[32]

Ähnlich ergeht es im Verlauf des Essays den Vorsilben *auf-*, *ab-*, *hin-*, *her-*, *ein-* und *aus-*. In ihrer freistehenden Form als das *Auf und Ab*, das *Hin und Her* und das *Ein und Aus* bilden sie deutschsprachige Einsprengsel, die den französischen Text zunächst allenfalls sanft rhythmisieren. Inhaltlich ist der Rückgriff auf diese Formeln naheliegend, setzt Goldschmidt doch scheinbar unschuldig damit an, die Sprache mit dem Meer zu parallelisieren, um vom Rhythmus des Wellenschlags zum Geräusch des Atmens zu kommen. In einer Fußnote verweist er auf Wilhelm von Humboldts »Ueber die Verschiedenheit des menschlichen Sprachbaues«.[33] Eine Übersetzung bringt unter Umständen Dimensionen eines Textes zur Geltung, die im Original nicht auffallen: Spätestens wenn man die deutsche Übersetzung *Als Freud das Meer sah* parallel mit Humboldt liest, fällt auf, wie Goldschmidt Humboldts Begriffe aufgreift und langsam verschiebt. Das Sprachdenken Humboldts setzt am Leib des Sprechenden an:

> Denn sie [die Stimme] geht, als lebendiger Klang, wie das athmende Daseyn selbst, aus der Brust hervor, begleitet, auch ohne Sprache, Schmerz und Freude, Abscheu und Begierde, und haucht so das Leben, aus dem sie hervorströmt, in den Sinn, der sie aufnimmt.[34]

Eine unausgesprochene Affinität zwischen Goldschmidt und Humboldt besteht in der Annahme, dass das Denken sich entlang von Sprachstrukturen bewegt, die dem Individuum vorgängig sind.[35] Die Sprache sei »durch die Empfindungen der früheren Geschlechter durchgegangen«, heißt es bei Humboldt, sie habe »ihren Anhauch be-

---

32 Goldschmidt: Quand Freud voit la mer (s. Anm. 2), S. 27. S. Goldschmidt: Als Freud das Meer sah (s. Anm. 1), S. 25: »Vielleicht war das gesamte Werk Freuds auch eine beharrliche Variation über das Wort *fallen*.«
33 Wilhelm von Humboldt: Ueber die Verschiedenheit des menschlichen Sprachbaues und ihren Einfluss auf die geistige Entwicklung des Menschengeschlechts [1830–1835]. In: Ders.: Werke in fünf Bänden. Hg. v. Andreas Flitner und Klaus Giel. Bd. 3: Schriften zur Sprachphilosophie. Darmstadt 1963, S. 368–756. Der Verweis bei Goldschmidt findet sich in: Als Freud das Meer sah (s. Anm. 1), S. 18.
34 Humboldt: Ueber die Verschiedenheit (s. Anm. 33), S. 428.
35 Humboldts hohe Einschätzung der Sprache gegenüber der Vernunft sowie sein Fokus auf den körperlichen Akt der Spracherzeugung sind als materialistische, idealismuskritische Herangehensweise an die Sprache interpretiert worden. Hierin sei eine implizit sozialphilosophische Dimension der Sprachphilosophie Humboldts zu erkennen, s. Hans-Ernst Schiller: Die Sprache der realen Freiheit. Sprache und Sozialphilosophie bei Wilhelm von Humboldt. Würzburg 1998, S. 93.

wahrt«.[36] Goldschmidt zitiert nur den Titel von Humboldts Aufsatz, streut allerdings die Bemerkung ein, dass bei Humboldt die Sprache sich immer vom synästhetischen Punkt des Ich aus organisiere.[37] Reminiszenzen an Humboldt entstehen vor allem durch den Umgang Goldschmidts mit den Wortfeldern der Stimme, des Atems, der Brust und der Lunge, des Schmerzes und der Begierde sowie durch die titelgebende Parallelisierung von Sprache und Wasser: »La langue humaine est comme la mer«, lässt Goldschmidt seinen Essay beginnen und beschreibt, wie das Wasser fließt, zurückweicht, sich an alles schmiegt, »die Sprache des Menschen ist wie die See […] die geringste Berührung prägt sich der See wie die Seele des Menschen ein«.[38] Humboldt konstatierte seinerzeit, dass keiner bei einem Wort das Gleiche denke wie der andere, »und die noch so kleine Verschiedenheit zittert, wie ein Kreis im Wasser, durch die ganze Sprache fort«.[39] Während Humboldt das »theils Feste, theils Flüssige in der Sprache«[40] beschreibt, lässt Goldschmidt das Wasser um die festen Pfosten der körperbezogenen Grundwörter »*schwappen*«[41]. »Die Sprache enthält aber zugleich nach zwei Richtungen hin eine dunkle, unenthüllte Tiefe«[42], heißt es bei Humboldt; »Erst unlängst«, scheint Goldschmidt daran anzuknüpfen, »begann man den Grund des Meeres zu erforschen, zur gleichen Zeit, als die Psychoanalyse sich aufmachte, die Seelengründe des Menschen zu entdecken. […] Man hielt die Tiefen des Ozeans für unbewohnt und wußte noch nichts vom Leben des Unbewußten.«[43]

Während Humboldt darauf achtet, wie »der Laut aus der Tiefe der Brust nach aussen«[44] strömt, gibt Goldschmidt vor, den »Wechsel von Hebung und Senkung des Brustkorbes«[45] in der Struktur der Sprache selbst zu vernehmen. Das Wort »Brustkorb« ist ein Beispiel dafür, wie die deutsche Übersetzung von Goldschmidts Essay eine Ebene der Vergleichbarkeit freilegt, die hinter französischen Ausdrücken wie »cage thoracique« im Original verhüllt sind. Was den Wortfeldern Humboldts genau widerfährt, wird allerdings anhand der Rhythmik

---

36 Humboldt: Ueber die Verschiedenheit (s. Anm. 33), S. 437.
37 Goldschmidt: Als Freud das Meer sah (s. Anm. 1), S. 18.
38 Goldschmidt: Als Freud das Meer sah (s. Anm. 1), S. 15.
39 Humboldt: Ueber die Verschiedenheit (s. Anm. 33), S. 439.
40 Humboldt: Ueber die Verschiedenheit (s. Anm. 33), S. 437.
41 Goldschmidt: Quand Freud voit la mer (s. Anm. 2), S. 19. Das deutsche Wort wird im Französischen kursiv hervorgehoben. S. auch Goldschmidt: Als Freud das Meer sah, S. 19.
42 Humboldt: Ueber die Verschiedenheit (s. Anm. 33), S. 436 f.
43 Goldschmidt: Als Freud das Meer sah (s. Anm. 1), S. 16.
44 Humboldt: Ueber die Verschiedenheit (s. Anm. 33), S. 427.
45 Goldschmidt: Als Freud das Meer sah (s. Anm. 1), S. 17.

deutschsprachiger Einsprengsel im französischen Original deutlich. Zunächst allenfalls unterschwellig, von der Bewegung von Ebbe und Flut über die Nennung des Wellenschlags und der Atembewegung, *auf und ab, ein und aus*, bahnen sich beim Lesen von Goldschmidts Essay *Quand Freud voit la mer* Vorstellungen anderer leiblicher Regungen an. So subtil wie Goldschmidt seine Ausführungen einleitet, so obszön sind deren Höhepunkte, wenn er nämlich die Bewegung des Brustkorbs immer schneller, den Atem immer heftiger werden lässt, bis die Schilderung schließlich darin kulminiert, dass ein hektisches wie ekstatisches Hecheln den Rhythmus der gesamten deutschen Sprache bestimmt:

> *Ich atme ein und aus*, «j'inspire et j'expire de l'air» (expirer est connoté différemment en français), *einen Atemzug lang war nichts zu hören*, «le temps d'une inspiration, d'un mouvement respiratoire, on n'entendait plus rien»: ce mouvement de haut en bas, ce *hecheln*, cette respiration saccadée que s'efforce de cacher l'adolescent coupable, ce rythme respiratoire, est le point même à partir duquel parle toute la langue allemande. Sans cesse rythmé par le *auf und ab* (le «de haut en bas»), ou le *hin und her* (l'«aller-retour»), l'allemand évoque en quelque sorte le déroulement de la «scène primitive», l'*Urszene*, telle que la surprit jadis le petit enfant, plus d'ailleurs par l'ouïe que par la vue. [...]
> *Hin und her, auf und ab* se retrouvent dans la plupart des composés verbaux. «Ne regarde pas!», dit-on à l'enfant qui ne doit pas voir ce qu'il voudrait regarder: *du sollst nicht hinsehen*, dit-on à l'enfant allemand. Ce mouvement de flux et de reflux, d'aller et de retour, cette sorte de rythme à deux temps – qui évoque on ne sait quelle pratique obscène que l'adolescent allemand, à la puberté tardive, découvre plus lentement que les autres, et qu'il pratique peut-être beaucoup plus longtemps – est la base même de la langue allemande, ramenée constitutivement, nativement, à ne penser qu'à de telle choses. Est-ce le rythme de la pratique enfantine qui fonde l'allemand ?[46]

---

46 Goldschmidt: Quand Freud voit la mer (s. Anm. 2), S. 21 f. S. ders.: Als Freud das Meer sah (s. Anm. 1), S. 21 f. »*Ich atme ein und aus, einen Atemzug lang war nichts zu hören*; das Hecheln, das Auf und Ab, der stoßweise Atem, die der schuldige Jugendliche zu verbergen sucht: Von diesem Rhythmus hebt die deutsche Sprache zu sprechen an. Von diesem *Auf und Ab* und *Hin und Her* skandiert, erinnert das Deutsche an die Urszene, bei der einst das Kind die Eltern überrascht und wohl mehr gehört hat als gesehen. [...] *Hin und her, auf und ab* finden sich wieder in der Mehrzahl der zusammengesetzten Verben. *Sieh nicht hin*, sagt man zu einem deutschen Kind, das nicht anschauen soll, was es doch sehen will. Diese Bewegung von Ebbe und Flut, das Hin und Her, der zweitaktige Rhythmus – man denkt an gewisse unzüchtige Handlungen, die deutsche Jugendliche in ihrer verzögerten Pubertät später als andere entdecken und wahrscheinlich länger ausüben – ist eigentlich die Basis der deutschen Sprache, welche im Grunde von Natur aus nur solche Dinge im Sinn hat. Gründet das Deutsche nicht im Rhythmus der kindlichen Praktik?«

Goldschmidt inszeniert das Abhorchen jener Geräusche und Bewegungen, von denen die deutsche Sprache ihm zufolge allein durch die Anwesenheit von *hin* und *her*, *auf* und *ab* sowie *ein* und *aus* durchdrungen ist. Was mit den poetischen Worten der einleitenden Sätze beginnt, durchflutet somit die Erläuterung der deutschen Grammatik, wird unterwegs zum Vehikel eines ernsten Spiels mit Wilhelm von Humboldt und mündet schließlich in der Schilderung eines pubertierenden Kindes beim Akt der Masturbation. Seine Bewegungen, *auf und ab*, das Geräusch seines Atems, *hin und her*, so suggeriert Goldschmidt mit poetischen Mitteln, tönt aus der Sprache auch jener Dichter und Denker deutscher Zunge, die sich mit Metaphysischem zu befassen wähnen. In diesem Sinne ist es zu verstehen, dass die deutsche Sprache, je höher ihr vermeintliches Abstraktionsniveau reiche, umso tiefer in die verbotenen Regionen des Körperlichen hineindringe.

Goldschmidt evoziert Körperbilder, die dazu geeignet sind, geläufige Charakterisierungen der deutschen Sprache zu untergraben. Am auffälligsten ist eine besonders in der deutschen Übersetzung zutiefst essenzialistisch klingende Formulierung, der zufolge der »volkstümliche, heidnische Charakter [...] geradezu das Wesen der deutschen Sprache«[47] sei, denn die deutsche Sprache komme weitgehend ohne Fremdwörter aus.[48] Adornos Auseinandersetzung mit »Wörter[n] aus der Fremde«[49] vor Augen – man denke auch an seinen Aphorismus »Fremdwörter sind die Juden der Sprache«[50] –, könnte man beinahe den Eindruck gewinnen, dass Goldschmidt einer puristischen Einstellung beipflichtet. Das Risiko eines solchen Missverständnisses nimmt er in Kauf, um die Vorstellung einer eigenen, in sich geschlossenen, reinen und verwurzelten Sprache umso gründlicher von innen zu destabilisieren. »Il y a en allemand une sorte d'*Urwüchsigkeit*, une sorte de croissance de la langue à partir d'elle-même, qui lui fait à chaque instant revivre, en quelque façon, son enfance linguistique.«[51], schreibt Goldschmidt. Die Kehrseite dieser Formulierung besteht darin, dass die

---

47 Goldschmidt: Als Freud das Meer sah (s. Anm. 1), S. 27 f. S. ders.: Quand Freud voit la mer (s. Anm. 2), S. 30: »Or, ce caractère à la fois populaire et païen est presque l'essence de la langue allemande«.
48 Goldschmidt: Als Freud das Meer sah (s. Anm. 1), S. 29. S. ders.: Quand Freud voit la mer (s. Anm. 2), S. 32.
49 Theodor W. Adorno: Wörter aus der Fremde. In: Ders.: Gesammelte Schriften. Hg. v. Rolf Tiedemann. Bd. 11: Noten zur Literatur. Frankfurt a. M. 1974, S. 216–232. S. hierzu den Beitrag von Birgit Erdle in diesem Band.
50 Theodor W. Adorno: Gesammelte Schriften. Hg. v. Rolf Tiedemann. Bd. 4: Minima Moralia. Reflexionen aus dem beschädigten Leben. Frankfurt a. M. 1980, S. 123.
51 Goldschmidt: Quand Freud voit la mer (s. Anm. 2), S. 22 f. S. Goldschmidt: Als Freud das Meer sah (s. Anm. 1), S. 22: »[D]ie Sprache wächst aus sich selbst heraus und läßt gewissermaßen ständig an ihre linguistische Kindheit denken«.

deutsche Sprache in der Pubertät verharrt, wohingegen die französische längst erwachsen geworden ist. Wenn in einem Essay über Freud von linguistischer Kindheit die Rede ist, gilt es zudem zu bedenken, dass Freud das Kind als »polymorph pervers« bezeichnete:

> Das Kind hat [...] von allem Anfang an ein reichhaltiges Sexualleben, welches sich von dem später als normal geltenden in vielen Punkten unterscheidet. [...] Das Kind kann also ›polymorph pervers‹ genannt werden [...]. Es sind oft dieselben Leute, die erst in der Kinderstube hart gegen alle sexuellen Unarten der Kinder wüten und dann am Schreibtisch die sexuelle Reinheit derselben Kinder verteidigen.[52]

Goldschmidts Essay greift implizit die Vorstellung von der linguistischen Kindheit des Deutschen auf, um sie im Sinne von Freuds Vorstellung einer tabuisierten kindlichen Sexualität zu verschieben. Analog dazu setzt er auch die deutschpatriotische Vorstellung einer volkstümlichen Verwurzelung der Sprache gerade gegen das Paradigma von Ursprung und Reinheit ein. Das Deutsche neige zur Regression, heißt es bei ihm, es sei kindlich, naiv, selbst der philosophische Begriff des Wesens wurzele in der Alltagssprache: »*Die Kinder treiben im Garten ihr Wesen.*«[53] Genau genommen bestehe das ganze erste Kapitel von Hegels *Phänomenologie des Geistes* nur aus Wörtern, über die schon ein fünfjähriges Kind verfüge.[54] Hegel kam aus Schwaben. Ausgehend vom Schwaben Hölderlin bemerkt Goldschmidt, dass Geist auf schwäbisch »Geischt« ausgesprochen werde, »c'est-à-dire Gischt, le jaillissement, l'écume, les embruns dont il faut se protéger par un suroît«[55]. Zusammen gelesen evozieren diese Beispiele den Eindruck, als würde die deutsche Sprache gerade dann, wenn sie vom Geist spricht, genau das

---

52 S. Sigmund Freud: 13. Vorlesung. Archaische Züge und Infantilismus des Traums. In: Ders.: Studienausgabe. Hg. v. Alexander Mitscherlich, Angela Richards, James Strachey. Bd. 1: Vorlesungen zur Einführung in die Psychoanalyse. Und neue Folge. Frankfurt a. M. 1982, S. 204–216; hier: S. 212 f. Bei Freud ist der Anfangszustand, sowohl ontogenetisch als auch phylogenetisch betrachtet, pervers. Zu Freuds Umgang mit Ernst Haeckel, Wilhelm Bölsche und der Theorie einer biogenetischen Grundregel, siehe Sigmund Freud: 22. Vorlesung. Gesichtspunkte der Entwicklung und der Regression. Ätiologie. In: Ders.: Studienausgabe Bd. 1 (s. o.), S. 333–349; hier: S. 347: »Der Libidoentwicklung, möchte ich meinen, sieht man diese phylogenetische Herkunft ohne weiteres an. [...] Man sieht bei den Tieren sozusagen alle Arten von Perversion zur Sexualorganisation erstarrt.«
53 Goldschmidt: Quand Freud voit la mer (s. Anm. 2), S. 32. S. ders.: Als Freud das Meer sah (s. Anm. 1), S. 29.
54 Goldschmidt: Quand Freud voit la mer (s. Anm. 2), S. 17 f. S. ders.: Als Freud das Meer sah (s. Anm. 1), S. 17 f.
55 Goldschmidt: Quand Freud voit la mer (s. Anm. 2), S. 19. S. Ders.: Als Freud das Meer sah (s. Anm. 1), S. 20: »*Gischt* also, das Emporschießende, Schäumende, Sprühende, vor dem man sich mit einem Südwester schützen kann«.

verkörpern, wovor sich ihre Sprecher mithilfe des Begriffes *Geist* abzugrenzen glauben, das, wovor sie sich gewaltig ekeln: das Zitternde, Spritzende, Schäumende und Triefende.

V. Sprache gegen den Strich gelesen

Die normierende Gewalt der Ekelempfindung hat in den Textwelten Goldschmidts keinen Platz, denn hier wird das Objekt entsprechender Diskurse gefeiert. Indem Goldschmidt der deutschen Sprache peinlich berührende Eigenschaften zuspricht, erhebt er den Anspruch, eine spezifisch deutsche Tradition von Körperfeindlichkeit anhand ihrer sprachlichen Manifestationen zu untergraben. Er tut dies mithilfe genau jener Vorstellungen von Leiblichkeit, gegen welche sich das faschistische Körperideal und das nationalsozialistische Gewaltidiom richten. *Quand Freud voit la mer* muss von der Passage über den masturbierenden Jüngling her gelesen werden, denn der Text stellt diesen Körper ins Zentrum der deutschen Sprache und zelebriert ihn. Wichtiger als die These, die deutsche Sprache sei körperbezogen, ob philosophisch oder linguistisch begründet, ist deshalb Goldschmidts Fokus auf spezifische Formen von Körperlichkeit.[56] Goldschmidt liest die repressive Sprache gegen den Strich; in der Sprache selbst verortet er den verworfenen Leib, den Gegenstand von Disziplinierung, Pathologisierung und Abwehr. Alles, was der Nationalsozialismus ausschließen und vernichten wollte, sei demnach bereits in der Struktur, der Grammatik und im Wortschatz der deutschen Sprache selbst zu finden: Die Sprache selbst verkörpere genau das, was sie verbiete.

Mittels seiner Beschreibung der deutschen Sprache richtet sich Goldschmidt explizit gegen das »Tabu von der Trennung von Politik und Sexualität«.[57] Das eigentlich Bemerkenswerte seiner Essayistik setzt bei der Aufhebung dieser Trennung jedoch erst an: Es vollzieht sich nicht auf der diskursiven Ebene, sondern im literarischen Verfahren als Spiel mit der Rezeption. Goldschmidts Lob der deutschen Sprache verfügt

---

56 Gleichwohl ist auch eine Lektüre mit Fokus auf den philosophischen Gehalt der Essayistik Goldschmidts sinnvoll und notwendig, wie etwa bei Tzraskalik, der allerdings bezeichnenderweise nicht etwa mit Hegel und Humboldt argumentiert, sondern mit Benjamin, Derrida, Bollack, Deleuze und Lacan. Mit seinem Fokus auf die von Goldschmidt thematisierten Verführungskräfte des Deutschen, sowie auf die Vorstellung eines im Deutschen wuchernden Wahns beleuchtet Trzaskalik wesentliche Aspekte, die im vorliegenden Kontext in den Hintergrund rücken mussten, um die Effekte des Textes als Spiel mit der Rezeption hervorzuheben. S. Trzaskalik: Gegensprachen (s. Anm. 19), S. 109–222.
57 Goldschmidt: Vorwort zur deutschen Ausgabe (s. Anm. 1), S. 14.

über ein kränkendes Potenzial – allerdings nur für die Stolzen, die sich kränken lassen. Wer sich von diesem Text provozieren lässt, wird regelrecht vorgeführt; er tappt in die Falle, die Goldschmidts Beschreibungen der deutschen Sprache bereithalten. Indem der Text den verdrängten, mit Scham beladenen Körper zelebriert, unterminiert er die Logik von Stolz und Kränkung. Nicht zuletzt ist die Vorstellung einer für peinlich befundenen, verbotenen Körperlichkeit, die immerfort aus der Sprache jener spricht, die sie abwehren, sowohl unheimlich als auch hoch komisch. Goldschmidt, der in der eingangs zitierten Aussage von einer komischen wie unheimlichen Angelegenheit sprach, operiert mit ebendieser Wirkung im Rahmen seiner literarischen Strategie.

Elisabeth Güde

Linguas i egzilos, diller ve sürgünler[1]
Über sephardische Mehrsprachigkeiten in der Literatur

Die kritische Befragung möglicher Beziehungspunkte sephardischer Mehrsprachigkeit zu Phänomenen des Exils fördert eine ambivalent gelagerte Verbindung zutage. Denn zum einen steht die Entwicklung des Judenspanischen[2], um die es hier zentral gehen wird, exemplarisch für das Fortbestehen einer Sprache im Exil. Zum anderen scheint es gerade die jahrhundertelange enge Verflechtung von sephardischer Sprache und Kultur mit der Umgebung des Osmanischen Reiches und das Nachleben dieser Verbindung in der Türkei und anderen Teilen der Welt besonders schwierig zu machen, heute in Bezug auf das Judenspanische noch von einer Sprache im Exil zu sprechen. Dies gilt umso mehr, als das Sprechen über Sprache angesichts der Mehrsprachigkeit der osmanischen, respektive türkischen Sepharden, in diesem Zusammenhang immer bereits ein Sprechen über Sprachen ist. Dabei bildet der Übergang von der Vielsprachigkeit im Osmanischen Reich zur Einsprachigkeitspolitik der Türkischen Republik ein Spannungsverhältnis, das in Teilen bis heute fortwirkt und auch die Literatur nicht unberührt lässt.[3] Literarische Texte reflektieren und poetisieren diese Konstellationen mit unterschiedlichen Verfahren, in denen Mehrsprachigkeit als Thema stets präsent, jedoch nur selten Bestandteil der Schreibpraxis ist.

---

1 Judenspanisch bzw. türkisch für ›Sprachen und Exil(iert)e‹; zum türkischen Begriff *sürgün* s. auch Abschnitt IV.
2 Während in den USA und in Israel meist auch zur Bezeichnung der sephardischen Alltagssprache der Begriff Ladino benutzt wird, haben sich gemeinhin die Termini Judezmo, Judenspanisch, *judéo-espagnol* und *Judeo-Spanish* durchgesetzt, um die Vernakularsprache gegen die Liturgiesprache Ladino abzugrenzen. S. zur Terminologie Yvette Bürki, Beatrice Schmid und Armin Schwegler: Introducción a la sección temática »Una lengua en la diáspora. El judeoespañol de oriente«. In: Revista internacional de lingüística iberoamericana IV/2 (2006), S. 7–11.
3 Auch die Sepharden in anderen Gebieten des Osmanischen Reiches und dessen Nachfolgestaaten waren mehrsprachig, wobei jeweils unterschiedliche Spracheinflüsse von Bedeutung sind. Der vorliegende Beitrag beschränkt sich weitgehend auf die mehrsprachige Geschichte der Sepharden im Gebiet der späteren Türkischen Republik bzw. im engeren Einflussbereich des Türkischen. Zum Kontakt des Judenspanischen mit dem Bulgarischen s. Christoph Gabriel, Susann Fischer und Elena Kireva: Judenspanisch in Bulgarien. Eine Diasporasprache zwischen Archaismus und Innovation, in diesem Band.

Vielmehr werden hier unterschiedlichste Idiome erstaunlich oft in fast ausschließlich einsprachige Texte umgesetzt. Gerade dies aber widerfährt Sprache(n) im Exil im Bereich des Literarischen: Übersetzt und glossiert, werden sie zu Spuren ihrer selbst, eingebettet in die Einsprachigkeit.

I. Istanbul und die Exile

Im Frühjahr 2013 erschien in Paris das Buch *D'Istanbul en exils. La vie cosmopolite de Diana Canetti.*[4] Canetti, als Autorin weitgehend unbekannt und mit dem berühmten Namensvetter Elias Canetti weder verwandt noch verschwägert, kam 1943 in Istanbul als Tochter eines sephardischen Vaters und einer griechisch-orthodoxen Mutter zur Welt.[5] Nach dem Besuch der türkischen Grundschule und des französischsprachigen Gymnasiums ging Canetti zum Schauspielstudium nach Österreich, wo in den 1970er Jahren zwei schmale autofiktionale Romane von ihr auf Deutsch erschienen.[6] Im Klappentext des Erstlings *Eine Art von Verrücktheit. Tagebuch einer Jugend* heißt es über die Kindheit in Istanbul:

> Mit meinem Vater sprach ich das alte Spanisch, mit meiner Mutter griechisch, in der Volksschule türkisch, im Kloster machte ich das Abitur in französischer Sprache. Dieses mein erstes Buch habe ich deutsch geschrieben.[7]

Ende der 1990er Jahre beschließt Diana Canetti, wie dem Vorwort zu *D'Istanbul en exils* zu entnehmen ist, sich vorübergehend in Paris niederzulassen, um dort die eigene Lebensgeschichte, die Geschichte der

---

4 Diana Canetti: D'Istanbul en exils. La vie cosmopolite de Diana Canetti. Paris 2013.
5 In der Autobiografie des türkischen Musikers und Schriftstellers Zülfü Livaneli findet sich hinsichtlich des Bekanntheitsgrads Canettis eine vielsagende Anekdote: In der Diskussion um Yaşar Kemals Aussichten auf den Literaturnobelpreis Anfang der 1970er Jahre, die im Wesentlichen um dessen kurdische Herkunft geführt wurde, habe der schwedische Schriftsteller Lars Gustafsson im *Expressen* geschrieben »die in der Türkei aufgewachsene Schriftstellerin Diana Canetti, die er in Österreich kennengelernt habe, sei in der Türkei bekannter als Yaşar Kemal.« Auf Livanelis Replik, wonach er von Canetti noch nie etwas gehört habe, wirft Gustafsson Livaneli Rassismus vor: Livaneli zitiert ihn mit den Worten: »Für Herrn Livaneli zählt Diana Canetti wohl nicht als türkische Schriftstellerin, aber er sollte nicht vergessen, dass Istanbul vor den Türken den Canettis gehörte«. Zülfü Livaneli: Roman meines Lebens. Ein Europäer vom Bosporus. Stuttgart 2011, S. 28; türkisches Original: Sevdalım hayat. Istanbul 2007, S. 9.
6 Diana Canetti: Eine Art von Verrücktheit. Tagebuch einer Jugend. Wien 1972; Diana Canetti: Cercle d'Orient. Wien 1974.
7 Canetti: Eine Art von Verrücktheit (s. Anm. 6).

Familie zu verfassen, und zwar auf Französisch. D'*Istanbul en exils* – der Titel setzt das Exil in den Plural, er präsentiert die Lebensorte Salzburg und Düsseldorf somit als ›Exile‹ und schließt dabei bemerkenswerterweise gerade jenes Exil aus, das sich mit den Signalwörtern Canetti und Istanbul als Erstes aufdrängen könnte, das ›Exil‹ der Sepharden im Osmanischen Reich. Istanbul steht in Diana Canettis Buchtitel offensichtlich als Gegensatz zum Exil, zu den Exilen.[8]

Lenkt man nun den Blick auf die Sprache(n) im Exil, so ergeben sich keine eindeutigen Antworten: Weder das Spanische[9] der im 15. Jahrhundert von der iberischen Halbinsel vertriebenen Vorfahren noch das Griechische der Mutter, deren Ahnen schon vor der osmanischen Eroberung am Bosporus lebten, weder das Deutsch der Studienzeit, der ersten Bücher, der zweiten Heimat, noch das im Istanbuler *Lycée Notre Dame de Sion* mühsam eingepaukte Französisch, das nun zur Sprache des letzten Buches geworden ist, scheinen hier Aufschluss zu geben.[10] In der Überlagerung von Diana Canettis mehrsprachiger Familiengeschichte, den Wandlungen der Geburtsstadt Istanbul und ihren eigenen Orts- und Sprachwechseln, werden die Exile des Titels zu Fragezeichen, die grundlegende Überlegungen nach sich ziehen; danach, ob unter der Sprache im Exil die mitgebrachte firmiert, oder die vorgefundene verstanden wird – und was sich ändert, wenn man mit mehreren Sprachen ankommt, oder auf mehrere trifft, ob die Rede von Spra-

---

8 An dieser Stelle sei darauf verwiesen, dass Istanbul als Exil in jüngerer Zeit insbesondere im Kontext komparatistischer Forschungen große Aufmerksamkeit zukam. Erich Auerbach und sein in Istanbul entstandenes Hauptwerk *Mimesis* bilden dabei den zentralen Bezugspunkt, u. a. für Edward Said, Aamir Mufti, Emily Apter und zuletzt Kader Konuk, die sich mit den vorherigen Positionen kritisch auseinandersetzt, s. Kader Konuk: East-West mimesis. Auerbach in Turkey. Stanford 2010.

9 Spanisch, türk. *İspanyolca* (auch: *bizim İspanyolca* ›unser Spanisch‹ oder judenspan. *la lingua muestra* ›unsere Sprache‹), ist neben *djudio/djudyo* eine der gängigen Bezeichnungen der Sprecher für das Judenspanische, s. Mary Altabev: Judeo-Spanish in the Turkish social context. Language death, swan song, revival or new arrival? Istanbul 2003, S. 57.

10 Die französischsprachigen Schulen der *Alliance Israélite Universelle* durften nach der Einführung des Türkischen als Unterrichtssprache im Jahr 1925 nicht mehr unterrichten. Klosterschulen wie das *Lycée Notre Dame de Sion* bestanden weiter und werden bis heute auch von Angehörigen der Minderheiten besucht. Zur Geschichte der *Alliance*-Schulen und frankophoner Schulbildung in der Türkei s. Aron Rodrigue: French Jews, Turkish Jews. The Alliance Israélite Universelle and the politics of Jewish schooling in Turkey, 1860–1925. Bloomington 1990. Canettis Hinweise auf die traumatischen Aspekte des Französischlernens sind eher ungewöhnlich. Zumeist wird Französisch nicht als Fremdsprache, sondern als (zweite) Familiensprache oder Muttersprache deklariert, so z. B. von Mario Levi: »Fransızca, kim ne derse desin, İstanbul'un yabancı dillerinden değildi aslında.« »Was die Leute auch sagen, Französisch war in Istanbul eigentlich keine Fremdsprache«, Mario Levi: İçimdeki İstanbul fotoğrafları. Istanbul 2010, S. 369.

che(n) im Exil nicht *per se* beides impliziert, das Aufeinandertreffen, die Durchdringung, die Verstrickung von ›fremd‹ und ›eigen‹? Bereits Diana Canettis Titel destabilisiert damit die Vorstellung vom Judenspanischen als Sprache im Exil.

II. »Judeo-Espanyol: Lingua del Egzilo«[11]

Als Sprache, an deren Anfang die Vertreibung von der iberischen Halbinsel steht, ist die Entstehung des Judenspanischen ohne Exil nicht zu denken. Das Exil ist der Sprache also gleichsam von Beginn an eingeschrieben, und doch scheint die Bezeichnung Exilsprache problematisch. Denn die Verschränkung von Sprache und Exil durchkreuzt von Anfang an die Kategorien von Mehr- und Einsprachigkeit, ›Mutter‹- und ›Fremd‹sprache: Auf der Basis des Altkastilischen hat sich das Judenspanische in Istanbul, Thrakien und Westanatolien im Laufe der Jahrhunderte zu einer Sprache entwickelt, deren Lexikon neben Entlehnungen aus dem Hebräischen nicht nur von türkischen und mitunter griechischen Elementen durchsetzt ist, sondern auch durch das Italienische[12] und seit der Gründung der *Alliance Israélite Universelle* 1860 vor allem durch das Französische beeinflusst wurde. Letzteres führte zu einer Französisierung des Judenspanischen bis in die Syntax hinein, was den Linguisten Haïm Vidal Sephiha dazu veranlasste, in Anlehnung an Étiembles Begriff *franglais* von *judéo-fragnol* zu sprechen.[13] Die jüdische Istanbuler Mittelschicht wandte sich mehr und mehr dem Französischen zu; es bildete sich eine Varietät heraus, die zuweilen als *français de Turquie*[14] bezeichnet wird und in den Ausei-

---

11 Coya Delevi: Judeo-Espanyol. Lingua del Egzilo. In: Şalom, 11.12.2013, unter: http://www.salom.com.tr/newsdetails.asp?id=89305 [abgerufen: 07.03.2014].
12 Das Italienische war, wenn auch in weit geringerem Ausmaß, neben dem Französischen als Bildungs- und Schulsprache präsent. Georg Bossong beschreibt, wie sich »eine neue Schicht von Italianismen über jene älteren Übernahmen aus dem Italienischen gelegt hat, die aus der Zeit der vorübergehenden Ansiedlung spanischer Juden in Zentren wie Livorno und Ancona sowie aus den levantinischen Handelsbeziehungen stammen.« (s. Georg Bossong: Sprachmischung und Sprachausbau im Judenspanischen. In: Iberoromania 25 (1987), S. 1–22; hier: S. 12 f.).
13 Der Komparatist René Étiemble hatte mit seinem Buch *Parlez-vous franglais?* (Paris 1964) gegen Anglizismen im Französischen mobil gemacht. Haïm Vidal Sephiha bildet das Kompositum *judéo-fragnol* und spricht von einer »galoppierenden Gallomanie« (»gallomanie galopante«), in der zwei Gallomanien – die türkische und die jüdische – zusammenfließen (s. Haïm Vidal Sephiha: L'agonie des judéo-espagnols. Paris 1991, S. 44 f.).
14 S. Marie-Christine Varol Bornes: Le judéo-espagnol vernaculaire d'Istanbul. Bern 2008, S. 86. Der türkische Autor Mario Levi bezeichnet das Französische in der Türkei als eine sterbende Sprache: »Ihr Französisch war, genau wie jenes ›Spanjolisch‹, eine

nandersetzungen um die sprachliche Zukunft der osmanischen Sepharden gab es durchaus Stimmen, die für das Französische und gegen das Spanische als Sprache der ehemaligen Verfolger plädierten. Mit der Republikgründung war schließlich das Türkische dominant. Zugleich wurden die anderen Sprachen nicht (gänzlich) aufgegeben, und so blieb die Mehrsprachigkeit trotz fortschreitender Einsprachigkeitspolitik ein Charakteristikum der Sepharden in der Türkei.[15] Allerdings wurde das Judenspanische in dieser Entwicklung zunehmend als rückständiger Jargon gebrandmarkt und in vielen Familien nicht mehr an die Kinder weitergegeben. Seit der Wiederentdeckung und Aufwertung des Judenspanischen in den 1970er Jahren durch die Forschung und die Sprecher-*Communities* selbst, besetzt die Sprache als im Verschwinden begriffenes Erbe, als Verbindungspunkt zur Projektionsfläche ›Sepharad‹ und als Moment der Verhandlung von Alterität und Identität, einen äußerst bedeutungsvollen Platz. Coya Delevi bezeichnete in der Zeitung *Şalom*, dem letzten verbliebenen Presseorgan der jüdischen *Community* in Istanbul, das Judenspanische als Sprache des Exils und der Nostalgie: »El Judeo-Espanyol o el Ladino, es la lingua de la Nostaljiya i Egzilo.«[16]

In der Tat nehmen in den meisten literarischen Texten der letzten Jahrzehnte Erhalt und Verlust des Judenspanischen eine zentrale Rolle ein. Verankert sind die Geschichten zumeist am Übergang der Generationen und der Sprachen; wo Großeltern noch Judezmo sprechen, Eltern es noch verstehen, sich aber mit den eigenen Kindern bereits auf Französisch, Türkisch oder in einer anderen Sprache unterhalten.[17] Das Judenspanische erfährt verschiedene Zuschreibungen; fast durchgehend ist es als Sprache der Herkunft, insbesondere als Großelternsprache

---

vom Aussterben bedrohte Sprache«. Mario Levi: Istanbul war ein Märchen. Frankfurt a. M. 2010, S. 339. Das Französische ist kein auf die jüdische Minderheit beschränktes Phänomen; auch andere Minderheiten und Teile der Mehrheitsgesellschaft waren frankophon, jedoch nicht in gleichem Maße.

15 Sephardische Mehrsprachigkeiten sind nicht auf die trianguläre Verbindung von Französisch, Judezmo und Türkisch beschränkt, auch wenn diese seit dem späten 19. Jahrhundert im später türkischen Teil des Osmanischen Reiches die drei zentralen Sprachen darstellten. Diesem Umstand versucht der Plural Mehrsprachigkeiten gerecht zu werden, indem er verdeutlicht, dass es sich um je unterschiedliche Ausprägungen von Mehrsprachigkeit handelt.

16 Delevi: Judeo-Espanyol (s. Anm. 11). Die Wochenzeitung *Şalom* erscheint auf Türkisch mit je einer Seite auf Judezmo und einer monatlichen Beilage, *El Amaneser*, die komplett auf Judezmo erscheint. Im Osmanischen Reich existierten zeitweise mehrere Hundert sephardische Zeitungen, die größtenteils auf Judenspanisch verfasst und im Rashi-Alphabet gedruckt wurden. Zur Geschichte dieser Zeitungen s. Olga Borovaya: Modern Ladino culture. Press, belles lettres, and theater in the late Ottoman Empire. Bloomington 2011.

17 S. z. B. Stella Ovadia: Çeviri Hayatlar. In: Metis Defter Dergisi 11 (1990), S. 17–19.

präsent. So äußert der Erzähler in Mario Levis Roman *Istanbul war ein Märchen*: »Der Tod meiner Großmutter bedeutete, mich aus einer der Muttersprachen meiner Kindheit herauszureißen, dem alten Spanjolisch, das mir einen wohligen Ort bot [...].«[18] Auffallend und zugleich paradigmatisch sind hier der Plural »Muttersprachen« auf der einen und die emotional aufgeladene Beschreibung des Judenspanischen als Kindheitssprache auf der anderen Seite. Der türkische Autor Levi gehört zu den Schriftstellern, für die der seit Jahrzehnten beschriebene Niedergang des Judenspanischen und der osmanisch-sephardischen Kultur zum Motor des literarischen Schaffens geworden ist. Im Moment des Verschwindens setzt der Drang ein, die Erinnerungen festzuhalten, die Sprachen der Ahnen zu ergründen, das Familienarchiv zu rekonstruieren. Kinder und Enkelkinder graben in den Fotoschubladen ihrer Eltern, lassen alte Briefe übersetzen, reisen an die Orte ihrer Vorfahren und versuchen, fremd-vertraute Genealogien zu erforschen.[19] Eltern und Großeltern wiederum stellen ihren Memoiren, Autofiktionen und Romanen Widmungen an Enkel und Kinder voran, die sich zuweilen wie ein Testament, ein Vermächtnis, lesen.

Diese *nostography*[20], wie ich das Phänomen in Anlehnung an André Aciman nennen möchte, umfasst dabei explizit und implizit immer die Sprachenfrage und rankt sich insbesondere um das Judenspanische, aber nicht minder um die sephardische Mehrsprachigkeit. Texte, die das türkisch-osmanische Universum der Eltern und Großeltern in einer neuen Exil- oder Diasporasituation zum Thema haben, verarbeiten entsprechend nicht nur Judezmo, sondern auch das Französische und das Türkische. So kreist eine Erzählung der US-amerikanischen Autorin Gloria DeVidas-Kirchheimer um das 1919 während der Überfahrt von Izmir nach New York auf Französisch verfasste Tagebuch des Vaters, während die Szene ansonsten durch Sprachwechsel von Englisch zu Judezmo und umgekehrt geprägt ist.[21] Aus der Überlagerung mehrerer Migrationsgeschichten ergibt sich so, auch literarisch, die Tendenz

---

18 Levi: Istanbul war ein Märchen (s. Anm. 14), S. 808. Dass die Übersetzer sich für die wenig gebräuchliche Bezeichnung Spanjolisch entschieden haben, geht vermutlich auf Elias Canettis Verwendung des Begriffs zurück. Mario Levi verwendet in den frühen Texten die Bezeichnungen *yahudi ispanyolcası* (›Judenspanisch‹) oder *eski ispanyolca* (›altes Spanisch‹), in seinem letzten Roman ist er zu *ladino* übergegangen.
19 David Gramling bezeichnet die Wirkung des Jiddischen auf die Zuhörerschaft in Kafkas *Rede über den Jargon* von 1912 als »exotisch, weil halbvertraut.« Diese Grundposition scheint mir auch hier gegeben, s. David Gramling: Zur Abwicklung des Mythos literarischer Einsprachigkeit. In: kultuRRevolution. zeitschrift für angewandte diskurstheorie 65 (2013), S. 11–16; hier: S. 14.
20 S. André Aciman: Family fictions. In: Salmagundi 90/91 (1991), S. 33–44.
21 S. Gloria DeVidas-Kirchheimer: The voyager. In: Ders.: Goodbye, evil eye. Stories. New York 2000, S. 131–137.

einer doppelten Nostalgie, einer doppelten Suche nach Genealogien, nach Wörtern, Traditionen und Orten der Vergangenheit, die sich sowohl nach Spanien richtet als auch auf das Osmanische Reich und indes sprachlich fast ausschließlich in einer Sprache, in diesem Fall auf Englisch, ihren Ausdruck findet. Wenn das Judenspanische dabei als »Lingua del Egzilo« eine Rolle spielt, so ist damit noch nicht gesagt, ob (nur) auf Spanien oder nicht vielmehr (auch) auf das Osmanische Reich verwiesen wird.

III. ¿Españoles sin patria?

Der Romanist Georg Bossong betitelte unlängst einen Vortrag »Spanier ohne Heimat. Die sephardischen Juden im Exil«[22]. Der Titel referiert vermutlich auf das Buch *Españoles sin patria* des philosephardischen Spaniers Ángel Pulido, der um 1900 von der Existenz der Sepharden auf dem Balkan erfuhr und sich um deren Rückkehr nach Spanien bemühte.[23] Dass die spanischsprachigen Osmanen längst ein Vaterland hatten und diesem gar recht patriotisch gegenüberstanden, scheint Pulido in der Konstruktion der heimatlosen Spanier nicht realisiert zu haben.[24] Auch in heutigen Kontexten gerät dieser Aspekt zuweilen in

---

22 Vortrag vom 14.10.2012 im Rahmen der Jüdischen Musik- und Theaterwochen Dresden, s. http://juedische-woche-dresden.de/veranstaltung/items/31.html [abgerufen: 27.2.2014].
23 Anna Menny weist auf den Umstand hin, dass der Begriff Philosephardismus als eine »paternalistische, sich aus hispanistischem Gedankengut speisende Haltung gegenüber als spanisch verstandenen Sepharden« in der Forschungsliteratur häufig ohne die entsprechende theoretische Durchleuchtung verwendet werde. Dazu gehöre auch die Einsicht, dass er ebenso wie der Antisemitismus auf rassistischen Vorannahmen beruhe. S. Anna Lena Menny: Spanien und Sepharad. Über den offiziellen Umgang mit dem Judentum im Franquismus und in der Demokratie. Göttingen 2013, S. 72–80.
24 Die sprachliche Nähe des Judenspanischen zum Spanischen sollte nicht dahingehend interpretiert werden, auch die Sprecher in die Nähe Spaniens zu positionieren. Im Gegenteil haben die osmanischen Sepharden bis zum Ende des 19. Jahrhunderts wenig Bindung zu Spanien gehabt. Zu der dann einsetzenden paradoxen Bindung der Sepharden an Spanien gehört auch die nostalgisch-romantische Überhöhung, mit der Sepharad zu einem Mythos stilisiert wurde. Diese wiederum wurde partiell vermittelt durch Haskala und Wissenschaft des Judentums, die die sephardische Vergangenheit auf der iberischen Halbinsel und die *convivencia* zum »Leitbild für die Entwicklung einer modernen jüdischen Identität« erhoben. S. Carsten Schapkow: Vorbild und Gegenbild. Das iberische Judentum in der deutsch-jüdischen Erinnerungskultur 1779–1939. Köln 2011, S. 28. Durch jüngste Vorstöße des spanischen Staates, den Nachfahren vertriebener Sepharden die spanische Staatsbürgerschaft zu verleihen, gewinnt die Diskussion um das Verhältnis zu Spanien wieder an Aktualität. Allerdings ist das keine Neuheit; im Laufe des 20. Jahrhunderts gab es immer wieder Repatriierungsinitiativen.

Vergessenheit, und das trotz der in Teilen stark nationalistisch ausgeprägten Bindung der türkisch-jüdischen Community, im Sinne einer affirmativ positiven Bezugnahme auf die Türkische Republik.[25] Tatsächlich ist, wie im Folgenden deutlich werden soll, die heutige Situation der jüdischen Türken äußerst vielschichtig; stets auf das Exil zu rekurrieren aber wird dieser Komplexität – so meine ich – nicht gerecht.

Die Rede von »500 Jahren Exil« führt also in die Irre, auch in Bezug auf Sprachfragen. Die simplifizierende Beschreibung des Judenspanischen als vermeintlich mitgebrachte Sprache, die seit 500 Jahren gleichsam versteinert ein Dasein als ›Exilsprache‹ fristet, hält sich indes hartnäckig, und zwar sowohl im wissenschaftlichen Kontext als auch unter den Sprechern selbst – und in der Literatur. Dazu trug unter anderem bei, dass die frühen romanistischen Forscher, wie Max Leopold Wagner, in ihrer Faszination für die Archaismen des Judenspanischen andere Aspekte, etwa den Einfluss des Türkischen oder Französischen, weniger positiv wahrnehmen.[26] Während der Wechselbewegung von Archaismus und Innovation[27], die im Judenspanischen angelegt ist, nur selten Aufmerksamkeit geschenkt wird, durchzieht die Faszination für die spanischen Juden ›im Exil‹ und deren ›konserviertes‹ Brauchtum bis heute alle möglichen Textsorten und hat sich in mancher Hinsicht nicht weit von Esriel Carlebachs 1932 unter dem Titel *Exotische Juden* publizierten Ausführungen entfernt:

---

25 Als ein Beispiel für die Staatsnähe einer wichtigen jüdischen Organisation in der Türkei kann an dieser Stelle die *500. Yıl Vakfı* (500.-Jahr-Stiftung) genannt werden. Zum ambivalenten Verhältnis der türkischen Juden zum türkischen Staat s. Rıfat N. Bali: Model citizens of the state. The Jews of Turkey during the multi-party period. Madison 2012.
26 S. Beatrice Schmid: Ladino (Judenspanisch). Eine Diasporasprache. Bern 2006, S. 10f.: »Die bis heute unausrottbare Vorstellung, das Judenspanische sei ein versteinertes Spanisch aus der Zeit der Katholischen Könige, ist mindestens teilweise darauf zurückzuführen, dass sich die Dialektologen für eine möglichst unverfälschte Sprache interessierten. Sie suchten und beschrieben mit Vorliebe die konservativen Sprachzüge. Wie damals üblich, hielten sie sich an ältere, möglichst ungebildete Sprecher und befassten sich vorzugsweise mit der Sprache der Volksmärchen, Sprichwörter und Lieder. In den damals modernen und produktiven Sprachregistern – Max Leopold Wagner spricht 1914 vom ›Salonspaniolischen‹ – sahen sie eine Bedrohung für das vermeintlich echte Judenspanisch.«
27 Zur Herausarbeitung der innovativen Züge des Judenspanischen s. Gabriel, Fischer und Kireva: Judenspanisch in Bulgarien (s. Anm. 3). Das Judenspanische bildet auch insofern einen dynamischen Sonderfall innerhalb der ›Exilsprachen‹, als es sich im Osmanischen Reich als jüdische Sprache durchgesetzt hat; d.h. Juden, die bereits vor den Sepharden im Osmanischen Reich ansässig waren, haben die Sprache der nominal dominanten Neuankömmlinge vielfach übernommen.

> Es ist grotesk: Da leben in Adrianopel und Sofia, in Bukarest und Smyrna Tausende von Juden, die kochen, wie man in Spanien gekocht hat, die essen, ungeachtet des anderen Klimas und der Marktverhältnisse – was man in Cordova und Sevilla zu essen pflegte. [...]
> Sie heißen Joya, Valle, Tilla und Alegre (zu deutsch: Diamant, Tal, Holz und Freud). Sie nennen ihre Kinder Esmeralda, Angela und Graziosa. Sie lieben es, statt etwas zu fragen, ein spanisches Sprichwort anzuwenden und statt zu antworten, ein spanisches Sprichwort zu gebrauchen. Sie singen nur spanische Romanzen.[28]

An diesem Beispiel wird deutlich, wie sich die Vorstellung der ›mitgebrachten Sprache‹ auf zwei andere zentrale Bereiche überträgt: die Küche und die Musik. Dass gerade in jenen Bereichen die beidseitige Durchdringung mit den kulinarischen und musikalischen Traditionen der jeweiligen Regionen äußerst intensiv war, ist inzwischen vielfach erwiesen.[29] Dennoch halten sich essenzialistische Vorstellungen, die die Bedeutung des spanischen Einflusses entweder mythisch überhöhen oder ihm den Beigeschmack des Morbiden geben. So finden sich in literarischen Texten zuhauf Vorstellungen eines verstaubten, gar mumifizierten Spanisch, in denen die Dynamik der Sprache vollständig in den Hintergrund gerät. In Rosie Pinhas-Delpuechs *Anna. Une histoire française* wird das Spanisch der Großmutter, die auf dem Sterbebett danach verlangt, an ihren Geburtsort Edirne zurückzukehren (»Me kiero tornar a Inderne«), mit einem wenig schmeichelhaften Beisatz flankiert, der klarstellt, um welche Sprache es sich hier handelt: um jenes »angestaubte Kastillanisch, aus den Zeiten von Sancho und Don Quichotte«[30].

IV. *Sürgün.* Entortung und Verortung

Betrachtet man, wie Kader Konuk in ihrer Monografie zu Auerbach in Istanbul fordert, den dualen Charakter des Exils, der eben nicht nur Entortung, sondern auch (Neu-)Verortung, »dislocation and relocation«[31], umfasst, und sich gegen die vorausgesetzte Verbindung von

---

28 Esriel Carlebach: Exotische Juden. Berichte und Studien. Berlin 1932, S. 9f.
29 Als Beispiel wären neben volkstümlichem Liedgut auch Synagogengesänge zu nennen, die den musikalischen Mustern osmanischer Hofmusik folgen, s. Maureen Jackson: Mixing Musics. Turkish Jewry and the urban landscape of a sacred song. Stanford 2013.
30 »[D]ans ce castillan fossilisé, parlé du temps de Sancho et de Don Quichotte« Rosie Pinhas-Delpuech: Anna. Une histoire française. Saint-Pourçain-sur-Sioule 2007, S. 24.
31 Konuk: East-west mimesis (s. Anm. 8), S. 132.

Isolation und Exil richtet, so fragt sich nicht nur, unter welchen Umständen man überhaupt von einer Exilsprache sprechen kann, sondern auch, wie lange ein Exil währt, wie viele Generationen es überdauert.

Sürgün[32], das türkische Wort für Exil, benennt die jahrhundertealte Geschichte der Sepharden im Osmanischen Reich ebenso wie das Exil deutschsprachiger Akademiker zwischen 1933 und 1945. Das offizielle türkische Narrativ stellt die Aufnahme von einigen hundert jüdischen Wissenschaftlern und ihren Angehörigen, zu deren prominentesten Vertretern die Philologen Leo Spitzer und Erich Auerbach gehörten, in eine Linie mit der Aufnahme der von der iberischen Halbinsel vertriebenen Juden im 15. Jahrhundert, um die türkische Offenheit als Exilland zu untermauern. Damit wird einerseits von weniger rühmlichen Momenten der türkischen Geschichte abgelenkt, etwa der Erhebung der *varlık vergisi,* der 1942 verlangten Vermögenssteuer, die gegen die Minderheiten gerichtet war und dem Hinnehmen der Verhaftung, Deportation und Ermordung staatenlos gewordener türkischer Juden während der Shoah in Frankreich und anderswo.[33] Zum anderen schreibt die Verbindung beider Exile den türkischen Juden den Status von Fremden, Neuankömmlingen und Außenstehenden zu und negiert ihre Zugehörigkeit zur Türkei. Ähnliches ergibt sich in Hinblick auf die Sprache: Das Judenspanische mag sich in den Anfangszeiten in der Isolation des Exils befunden haben, aber spätestens seit dem 17. Jahrhundert wurde es zu einer spezifisch osmanischen, in Südosteuropa verorteten Sprache, der man kaum gerecht wird, wenn man sie als Sprache im Exil bezeichnet – auch wenn am Anfang die Verbannung stand. Weitaus plausibler scheint es, zumindest seit dem 20. Jahrhundert und der Zerstreuung der osmanischen Sephardim in alle Welt, von einer sephardischen Diaspora zu sprechen, und damit – wie Beatrice Schmid vorschlägt – das Judenspanische als eine Diasporasprache zu bezeichnen.[34] Einige Verbindungslinien zwischen Exil und Sprache, Mehrspra-

---

32 *Sürgün,* ursprünglich für Zwangsumsiedlungen verwendet, die nicht nur die jüdischen Bevölkerungsgruppen betrafen, bezeichnet im botanischen Bereich einen Schössling. Dem Wort selbst also scheint der Neubeginn, das Verwachsen mit der neuen Umgebung eingeschrieben.
33 Zu einer ausführlichen Darstellung dieser noch immer wenig beachteten Seite der Shoah s. Corry Guttstadt: Die Türkei, die Juden und der Holocaust. Hamburg 2008.
34 S. Schmid: Ladino (s. Anm. 26). Wohl wissend, dass Diaspora und Exil im jüdischen Kontext eine komplexe Tiefendimension zukommt, die hier nicht auszuleuchten ist, geht es zunächst um die profane Frage, wie Zugehörigkeit über Sprache verhandelt wird und wie diese – auch und gerade als Sprache im Exil, als Diasporasprache – zum Differenzierungsmerkmal gemacht wird.

chigkeit und Diaspora, Einsprachigkeit und Schreibarbeit, die sich hieraus ergeben, werden im Folgenden skizziert.

V. Writing Exile. Writing Diaspora. Writing Turkish Literature

»I could sum up exile by saying that I have made writing about exile my home«, schreibt der in Alexandria geborene US-amerikanische Autor und Literaturwissenschaftler Aciman in einer Engführung von Exil, Heimat, Sprache und Schreiben.[35] Während André Aciman, dessen osmanisch-sephardische Familie in den 1950er Jahren vor Repressionen flüchtend Ägypten verließ, explizit vom Exil schreibt und das Im-Exil-Sein als Schriftsteller durchaus kultiviert, sind die meisten der von mir untersuchten literarischen Texte aus dem türkisch-sephardischen Kontext schwerlich als Exilliteratur zu bezeichnen. Es handelt sich aber sehr wohl um Literatur, die im Spannungsverhältnis von Exil, Heimat, Diaspora und unter dem Einfluss verschiedener Sprachen entstanden ist, die sich allerdings hergebrachter Unterscheidbarkeiten sogenannter Fremd- und Muttersprachen entzieht oder diese Verhältnisse multipliziert. So wird von manchen Istanbuler Autoren etwa ganz selbstverständlich das Französische als Muttersprache bezeichnet, auch wenn die Mutter diese Sprache erst in der Schule erlernt hat und mit den eigenen Eltern weiter Spanisch spricht.[36] Der Vater der Erzählerin in Sylvie Courtine-Denamys *La maison de Jacob* reagiert auf die Frage der Tochter nach seiner Muttersprache mit den Worten: »Zuhause war es Judenspanisch, auf der Straße mit meinen Freunden Griechisch und Armenisch, mit den Angestellten Türkisch, in der Schule Französisch, mit der Gouvernante Englisch, im Gymnasium Deutsch.«[37] Muttersprachkonzepte werden, bewusst oder unbewusst, unterlaufen oder jedenfalls brüchig gemacht, was sich auch für die Frage der Schriftspra-

---

35 André Aciman: Alibis. Essays on elsewhere. New York 2011, S. 199.
36 In der Autobiografie des prominenten türkischen Kommunisten Moris Gabbay heißt es: »Benim anadilim Ladino değildir. Zaman zaman arkadaşlarım da bana bunun nedenleri sorarlar. Bu bizim aile yapımızdan kaynaklanır. Doğduğumda annem bizimle hep Fransızca konuşmuş. Bu açıdan ben ve kardeşlerimin anadili Fransızcadır. Annem ile babam kendi aralarında Ladino dilini konuşurlardı.« [»Meine Muttersprache ist nicht Ladino. Von Zeit zu Zeit fragen mich meine Freunde nach dem Grund. Es liegt in der Struktur unserer Familie. Von Geburt an hat meine Mutter mit uns immer Französisch gesprochen. In dieser Hinsicht ist die Muttersprache von meinen Geschwistern und mir Französisch. Meine Mutter und mein Vater haben untereinander Ladino gesprochen.«] Moris Gabbay: Cumhuriyetle Birlikte Büyüdüm. Istanbul 2000, S. 16.
37 Sylvie Courtine-Denamy: La maison de Jacob. La langue pour seule patrie. Paris 2001, S. 28.

che und damit für die Sprachwahl von Schriftstellern als relevant erweist. So wird von der Generation, die noch französischsprachige Schulen besucht hat, Französisch häufig kommentarlos als Sprache der eigenen Lebenserinnerungen gewählt, selbst wenn das beschriebene Leben sich nie außerhalb Istanbuls abgespielt hat.

Durch die massive Auswanderung osmanischer Juden zu Beginn des 20. Jahrhunderts vervielfältigten sich diese mehrsprachigen Kontexte noch und gaben dem Zusammenhang von Sprache und Exil eine neue Note. In New York etwa trafen im frühen 20. Jahrhundert die osmanischen Sepharden nicht nur auf *English speaker*, sondern auch auf jiddischsprachige Aschkenasim, die ihnen frei nach dem Motto »wenn Du kein Jiddisch sprichst, kannst Du nicht jüdisch sein« nicht nur häufig ihr Jüdischsein absprachen, sondern sie auch schlicht als ›Türken‹ wahrnahmen, wie es sich etwa in der Forderung »Remove the Turks in our midst« in der New Yorker Lower East Side zu Anfang des Jahrhunderts niederschlug.[38] Ironischerweise wurden die osmanischen Juden damit in der Neuen Welt zu Türken gemacht, während sie mit dem Übergang in die Republikzeit in der Türkei häufig zu Nichtzugehörigen deklariert wurden.

Dieser Umbruch hat auch in literarischen Bearbeitungen seine Spuren hinterlassen, wie es zum Beispiel an der Romanfigur Nesim in Mario Levis *Istanbul war ein Märchen* deutlich wird:

> Nach seiner Ansicht war Nesim im wahren Sinne des Wortes ein ›Osmane‹. Diese Bindung machte ihn zum Menschen einer anderen Epoche beziehungsweise eines anderen Kampfes. Eigentlich war dieses Gefühl nachvollziehbar. Die Zerstörung des ›Imperiums‹ bedeutete zugleich die Zerstörung der Werte eines Landes. Als die ›Republik‹ ausgerufen wurde, fühlte sich Nesim in seiner Stadt wie ins Exil getrieben. Es war, als müsste er in einem neuen Land leben. [...]
> Nesim fand sich in dieser Welt nicht zurecht und meinte: »Hier kann man nicht mehr leben.«
> [...]
> Als Nesim in einer Zeit, als der ›neue Staat‹ noch nicht mal ein Jahr alt war, von Istanbul nach Marseille fuhr, war er sowohl traurig als auch hoffnungsvoll. Zusammen mit seiner geliebten Frau trug das Schiff den Traum, noch einmal ein neues Leben anfangen zu können ... In seinem

---

38 Im Zeitraum zwischen 1909 und 1913 wurde diese Forderung von aschkenasischer Seite an den Bürgermeister gerichtet, s. Aviva Ben-Ur: Sephardic Jews in America. A diasporic history. New York 2009, S. 108. Während der ersten Zeit nach der Ankunft in den USA bezeichneten sich die Einwanderer selbst als »Turkinos«, um sich einerseits von griechisch- und arabischsprachigen Juden, andererseits von den muslimischen »Turkos« oder »Turkitos« abzugrenzen, s. Ben-Ur: Sephardic Jews in America, S. 43.

ersten Brief, der nach ein paar Monaten aus Paris kam, erzählte Nesim, dass er bei den Dardanellen seinen Fez ins Meer geworfen habe.[39]

Hier dringt das Exil in die eigene Stadt, in die Stadt, in die Nesims Vorfahren einst einwanderten, die nun aber seine Stadt ist, als osmanischer Jude, als jüdischer Osmane, und die sich erst anfühlt wie ein Exil, als die Republik ausgerufen wird und mit ihr die türkische Monokultur – und die Politik der Einsprachigkeit.[40]

VI. *Ötekinin tekdilliliği*. Monolinguismes[41]

Das Thema der Einsprachigkeit zieht sich auch außerhalb des Literarischen wie ein roter Faden durch die Geschichte der osmanischen und insbesondere der türkischen Sepharden. Die Gründung der Türkischen Republik bildet für die in der Türkei verbliebenen Sepharden einen gewaltigen, insbesondere sprachlichen, Umbruch. Als Beispiel für die rigide Politik der Einsprachigkeit sei die Kampagne *Vatandaş Türkçe konuş!* (Staatsbürger, sprich Türkisch!) von 1928 genannt, die nichtturkophone Minderheiten dazu zwingen sollte, im öffentlichen Raum Türkisch zu sprechen. Diese Forderung nach sprachlicher Assimilierung fand auch jüdische Fürsprecher und bildete eine Position innerhalb der seit dem späten 19. Jahrhundert aufbrechenden Diskussion um die sprachliche Zukunft der sephardischen Community. Der Wille zur Sprachreinigung manifestierte sich somit nicht nur in der Einsprachigkeitspolitik der jungen türkischen Republik und ihrem Anspruch auf Bereinigung des Türkischen von vorgeblich fremden Elementen, sondern auch unter den Sprachbewahrern, die das Judezmo vor dem Einfluss des Französischen retten wollten, oder eine Rehispanisierung des Judenspanischen anstrebten, um türkische und andere Lehnwörter aus der Sprache zu entfernen und sie so einem vermeintlich ursprünglichen Spanisch näher zu rücken. Gemeinsam scheint den verschiedenen Parteien im Kampf der Einsprachigkeiten die Ablehnung gemischter Sprache(n) und damit die Aufrechterhaltung der Kategorien von fremd und

---

39 Levi: Istanbul war ein Märchen (s. Anm. 14), S. 579. Aus Platzgründen verzichte ich hier auf die Wiedergabe des türkischen Originaltexts, wenngleich ich damit zu einer Vereinsprachlichung beitrage, die ich selbst moniere.
40 Der symbolhafte Wurf des Fez ins Meer und die Hinwendung nach Westen endet für Nesim tragisch. Als staatenlos gewordener Jude wird er von Frankreich aus deportiert und umgebracht.
41 *Ötekinin Tekdilliliği* wäre der türkische Titel für Derridas bisher noch nicht auf Türkisch erschienenen Text von der Einsprachigkeit des anderen. S. Jacques Derrida: Le monolinguisme de l'autre ou La prothèse d'origine. Paris 1996.

eigen, was wiederum eine nicht unbedeutende Hintergrundfolie für die Herausbildung der Literaturen bildet, um die es hier geht.

VII. *Nam-ı diğer.* Namen im Exil

Die Markierung als ›anders‹, als Gast, als nicht-türkisch oder nicht-dazugehörig, prägt für viele jüdische Türken bis heute den Alltag, auch wenn sie inzwischen subtilere Formen angenommen hat. Seit Sprache und Akzent als Differenzierungsmerkmal weitgehend weggefallen sind, spielen Namen bei diesen Ausschlussverfahren eine nicht zu unterschätzende Rolle.[42] Das von Moiz Kohen *nam-ı diğer* Munis Tekinalp aufgestellte erste Gebot »Türkisiere Deinen Namen« scheint nach wie vor aktuell.[43] So veröffentlichte eine Istanbuler Autorin lange unter dem unauffälligen, weil mehrheitstürkischen Pseudonym E. Emine und kehrte erst in einer Zeit zu ihrem Namen zurück[44], als sich allmählich eine Öffnung gegenüber der plurikulturellen Vergangenheit (und Gegenwart) der Türkei andeutete.[45] Der türkische Schriftsteller Mario Levi berichtet, dass sich seine Bücher regelmäßig aufgrund des nicht als Türkisch wahrgenommenen Namens in der Abteilung für fremdsprachige Literatur wiederfinden[46] und der Autor Roni Margulies sagt, er sei wiederholt für sein gutes Türkisch gelobt worden; im nächsten

---

42 S. Marcy Brink-Danan: Jewish life in 21st-century Turkey. The other side of tolerance. Bloomington 2012.
43 *Nam-ı diğer* (wörtlich: ›der andere Name‹) ist der noch im modernen Türkisch gebräuchliche osmanische Ausdruck für alias. Der 1883 als Moiz Kohen geborene Publizist und überzeugte Kemalist änderte seinen Namen in Munis Tekinalp und rief 1928 in seinem Pamphlet *Türkleştirme,* dazu auf, die ›10 Gebote‹ der Türkisierung zu befolgen, deren erste zwei lauteten: »Türkisiere Deinen Namen« und »Sprich Türkisch«.
44 Es handelt sich um die Journalistin und Autorin Vivet Kanetti. Es ist nach Brink-Danan nicht unüblich, zwei Namen zu verwenden: einen »türkischen« und einen »jüdischen«, s. Brink-Danan: Jewish life in 21st-century Turkey. (s. Anm. 42), S. 72.
45 Mit der türkischen Nostalgie(-Industrie) und Erinnerungskultur beschäftigen sich, allerdings ohne Berücksichtigung der sephardischen Perspektive, neben Esra Özyürek in: Dies.: The politics of public memory in Turkey. Modern intellectual and political history of the Middle East. New York 2007) auch die Beiträge im von Catharina Dufft herausgegebenen Sammelband: Turkish literature and cultural memory. »Multiculturalism« as a literary theme after 1980. Wiesbaden 2009, z.B. Beatrice Hendrich: Remembering culture(s) in Turkey – A brief survey, S. 13–28.
46 Es scheint allerdings nicht ganz abwegig, zu vermuten, dass in Deutschland Autoren wie Feridun Zaimoglu (der das türkische Sonderzeichen <ğ> aus seinem Namen entfernt hat) ähnliche Erfahrungen machen.

Atemzug habe man ihn gefragt, wieso er nicht in seiner Muttersprache schreibe.[47]

Als Marker, anhand dessen in einem Staat mit monolingualem Habitus immer noch über Zugehörigkeit entschieden wird, selbst wenn die Differenzen immer kleiner werden, kommen Namen eine eminente Bedeutung zu. Für die Namensträger bilden sie daneben, bei aller Veränderung des äußeren Lebens, die Verbindung zur Großelterngeneration, zumal in sephardischen Familien, anders als in der aschkenasischen Tradition, die Kinder den Namen der noch lebenden Großeltern erhalten.[48]

In vielen (auto-)fiktionalen Texten führen Reflexionsketten zu Namen, Sprache und Fremdheit in die Leben der Vorfahren. So sinniert der Erzähler in Mario Levis *Istanbul war ein Märchen*:

> Vielleicht war für meine Urgroßmutter, die aus jenen Zeiten zu mir kam und die in jenem alten ›Spanjolisch‹, das sie von ihren Müttern gelernt hatte, lebte, dachte und fühlte, dies der Grund, in den Stadtvierteln Istanbuls außerhalb der ›Mauern‹ ihr eigenes Schweigen wie einen Schutzschild zu benutzen, sich vielmehr bewusst zu sein, dass dies ihre unzerstörbare, ihre einzige uneinnehmbare Burg war. ›Die Straße‹ war ihr fremd, das Türkische, oder, mit ihren Worten, ›Turkças‹, war ihr fremd. Die Sprache der Stadt, wo sie geboren war und lebte, wo sie das Tageslicht gesehen [erblickt, EG] und verloren hatte, hatte sie nie angezogen. Doch damals, als sie eine junge Frau gewesen war, wusste sowieso niemand und konnte keiner sagen, welches die eigentliche Sprache jener Stadt war.[49]

Auch wenn diese Frage mittlerweile entschieden ist und sich das Türkische durchgesetzt hat – als Sprache Istanbuls und als Sprache des Schriftstellers Mario Levi – konserviert dieser einen Rest des Fremdseins in seinem Schreiben, und zwar auf Türkisch. Allerdings in einem

---

47 Siehe Ayşe Arman: Bugün Pazar yahudiler azar. In: Hürriyet, 28.04.2007. Margulies fügt hinzu, es sei vermutlich nicht einmal das Judenspanische gemeint gewesen, sondern Hebräisch als angebliche jüdische Muttersprache. Dies verweist wiederum auf die historische Situation, in der das Französische als Schulsprache verboten und den Juden stattdessen das Hebräische als ›Muttersprache‹ zugeschrieben wurde, s. Rodrigue: French Jews, Turkish Jews (s. Anm. 10), S. 164.

48 Das Thema Namen im Exil und insbesondere die äußerst vielschichtigen Namenskonventionen osmanischer bzw. türkischer Sepharden, die wiederum mehrsprachig sind, verdienten einen eigenen Aufsatz. Es hat sich etwa durch den Einfluss des Französischen eine interessante Form der Namensübersetzung herausgebildet, bei der die hebräischen Namen der Großväter in ›moderne‹ französische Namen umkodiert werden. Moiz wird zu Moris (Maurice), Avram zu Alber (Albert). S. auch Baruh B. Pinto: The Sephardic onomasticon. An etymological research on Sephardic family names of the Jews living in Turkey. Istanbul 2004.

49 Levi: Istanbul war ein Märchen (s. Anm. 14), S. 807 (türkisches Original: S. 718f.).

Türkisch, das bemüht ist, die Sprachen der Eltern und Großeltern, ›Spanjolisch‹ und Französisch, selten Hebräisch, in den Text aufzunehmen und sich so die Exilgeschichte der Ahnen doch wieder aneignet.

Wenn er seinen Namen heute mit einem gewissen Stolz trage, erklärt Mario Levi, so doch auch in dem Bewusstsein, dass es nicht immer leicht gewesen sei, diesen Namen zu tragen, in einem Land, dessen Politik einmal durch den Slogan *Vatandaş Türkçe konuş!* bestimmt gewesen sei.[50]

VIII. Ausblick. »Istanbul'un yerlileri«[51]

Dass die Literatur Fragen von Zugehörigkeiten und Heimat, Entortung und Verortung, Exil und Diaspora in diesem mehrsprachigen türkisch-sephardischen Kontext im Gewand von Sprachfragen verhandelt, ist nicht verwunderlich. Die in den letzten Jahrzehnten aufgekommene Nostalgie bezüglich der vorgeblichen Agonie des Judenspanischen scheint einerseits die Fixierung auf Sprachen und Mehrsprachigkeit zu befeuern, andererseits mag die Konzentration auf Genealogien, auf Mutter-, Vater- und Großelternsprachen auch zur Folge haben, dass die Betonung von Exil und Diaspora zu einer gewissen kosmopolitischen Selbststilisierung führt, auch und gerade wenn das eigene Leben vornehmlich durch Einsprachigkeit und Sesshaftigkeit geprägt ist. In Levis Prolog zu *Istanbul war ein Märchen*, der in der deutschen Übersetzung erstaunlicherweise vollständig fehlt, stehen die folgenden Sätze:

> »Wie jeder Jude war auch ich ein Reisender, der versuchte, ›sein Land‹ zu erschaffen, zu leben und zu finden. Wie jeder Jude war auch ich ein ›Vaterlandsloser‹ in den Augen mancher Menschen … sprachlos und fremd.«[52]

---

50 S. Nedim Gürsel: Mario Levi et l'exil. In: Peuples Méditerranéens 60 (1992), S. 79–84; hier: S. 79.
51 »Istanbul'un yerlileri« [Die Einheimischen Istanbuls] lautet der Titel eines Textes von Ronnie Margulies, in dem dieser anhand der Namen von Klassenkameraden aus seiner Schulzeit nachzeichnet, wie im Istanbul seiner Jugend die Einheimischen Fremde unter Fremden waren. Ronnie Margulies: Gülümser çocukluğum ardımdan. Istanbul 2000, S. 80–83.
52 Die deutsche Übersetzung ist einem Aufsatz von Beatrice Hendrich entnommen, wo er allerdings als Epilog ausgewiesen wird. S. Beatrice Hendrich: Mario Levi. Ein jüdischer und türkischer Autor. In: Deutsch-türkische und türkische Literatur. Literaturwissenschaftliche und fachdidaktische Perspektiven. Hg. v. Michael Hofmann und Inga Pohlmeier. Würzburg 2013, S. 175–195; hier: S. 186.

Der Istanbuler Historiker Rıfat Bali kritisiert diesen Hang zur emotionalen Aufladung, mit der Mario Levi auf einer kommerzialisierten Nostalgiewelle mitschwimme und vor den eigentlichen Problemen der Minderheiten die Augen verschließe.[53] Nedim Gürsel wiederum, der seit dem Militärputsch 1980 als türkischer Schriftsteller im Pariser Exil wirkt und so noch einmal eine neue Dimension des Exils im türkischen Kontext eröffnen könnte, hat über Levi geschrieben, für ihn gelte der Satz, jüdisch zu sein heiße, überall ein Fremder zu sein. Wie jeder bedeutende Schriftsteller situiere er sich am Rand der Gesellschaft, ja am Rand des Landes, wo er lebe.[54] Eine solche Charakterisierung birgt indes die Gefahr, die Ausgrenzung zu verharmlosen, indem das Am-Rande-Stehen zum Merkmal eines jeden Schriftstellers deklariert wird. Levis intellektuelle Selbstverortung als Autor, der seine Stadt und vor allem die Sprache, das Türkische, als Heimat bezeichnet, nicht aber die Nation, erscheint doch in vielem eine Reaktion auf Zuschreibungen durch die Mehrheitsgesellschaft.[55]

Letztlich bieten manche Positionierungen Mario Levis wohl auch ein »Musterbeispiel einer fragwürdigen Universalisierung jüdischen Exils«, wie sie Vivian Liska George Steiner attestiert hat, eine »Verwischung des Unterschieds zwischen Zwangsexil und Kosmopolitismus«[56]. Damit werden die Ausgangsfragen dieses Beitrags wieder aufgeworfen. Die Universalität des Verwischens aber sollte Grund genug sein, Exilforschung über Grenzen des Bekannten hinaus zu betreiben.

---

53 Zu Balis Kritik an Mario Levi siehe Rıfat N. Bali: Bir Varmış Bir Yokmuş, Bir Zamanlar Bu Diyarda Azınlıklar Yaşarmış. In: Virgül 25/1 (1999), S. 4–7.
54 Gürsel: Mario Levi et l'exil. (s. Anm. 50).
55 Die optimistische Einschätzung Laurent Mignons, wonach inzwischen mehrere jüdische Schriftsteller mit renommierten Literaturpreisen ausgezeichnet worden und daher vom Establishment vollständig anerkannt seien, teile ich nur unter Vorbehalt. S. Laurent Mignon: Neither Shiraz nor Paris. Papers on modern Turkish literature. Istanbul 2005. Kurz vor Drucklegung dieses Beitrags zeugt ein über die sozialen Medien verbreiteter Boykottaufruf gegen Levi, wonach seine Romane in die »Liste zu boykottierender israelischer Produkte« gehörten, von der Brüchigkeit dieser Anerkennung.
56 S. Vivian Liska: Exil und Exemplarität. Jüdische Wurzellosigkeit als Denkfigur. In: Literatur und Exil. Neue Perspektiven. Hg. v. Doerte Bischoff und Susanne Komfort-Hein. Berlin 2013, S. 239–255; hier: S. 245 f.

Rezensionen

Wolfgang Beutin und Franziska Wolffheim (Hg.): »Vielleicht sehe ich auch zu tief in die Dinge hinein«. Hans Wolffheim (1904–1973). Hochschullehrer, Literaturkritiker, Autor. München (edition text + kritik) 2013. 197 S.

Der aus Anlass des 40. Todestags von Hans Wolffheim, dem Gründer der Hamburger Arbeitsstelle für Exilliteratur, herausgegebene Band erinnert an den Wissenschaftler, Literaturkritiker und *homme de lettres*, dessen akademische Karriere nach dem Berufsverbot durch die Nationalsozialisten erst nach 1945 begann. Hans Wolffheim übertrug die Erfahrung des gesellschaftlichen Ausschlusses und der Prekarität zivilisatorischer Werte auf die eigene Beschäftigung mit der Literatur, die ihm zwischen 1933 und 1945 zum Refugium geworden war. Im Zentrum seiner Lektüre und literaturwissenschaftlichen Überlegungen stand die Idee einer auf Sprache, Bild und Form begründeten Ästhetik, die ihren moralischen Impuls einem der privilegierten Sphäre geistiger Existenz zugeschriebenen Humanismus verdankt. Die im ersten Teil des Bandes wieder abgedruckten Aufsätze Wolffheims zeigen, aus welchen literaturgeschichtlich widersprüchlichen Quellen sich der Versuch einer Rekonstruktion dieses ästhetisch vermittelten Humanismus speist. Von der Aufklärung ausgehend, der auch Wolffheims 1948 vorgelegte Habilitationsschrift über Wieland galt (*Erziehung zur intellektuellen und moralischen Aktivität: Humanität als Forderung und Glaube* (1949), S. 21–40), werden die unterschiedlichen Formen eines sozialkritischen (*Zwei Romane Heinrich Manns* (1966), S. 88–105) und eines ästhetisch begründeten, auf Stefan George zurückgehenden geistigen Humanismus vorgestellt (*Gedenkrede auf Rudolf Borchardt* (1957), S. 67–87).

Eine zentrale Stellung nimmt der Beitrag *Deutsche Literatur nach dem Kriege* von 1955 ein (S. 21–66). Der Text, der auf einen gleichnamigen Vortrag im Rahmen des Allgemeinen Vorlesungswesens an der Hamburger Universität zurückgeht, stellt eine kritische Intervention zur Debatte über die Nachkriegsliteratur dar. Wolffheims gegen das Schlagwort der ›Kahlschlagliteratur‹ gerichtetes Plädoyer, den »Horizont« der Betrachtung von der unmittelbaren Gegenwart in die »Vergangenheit« zu erweitern (S. 41), öffnete den Blick auf die Literatur des Exils und der Inneren Emigration: neben Rudolf Borchhardt, Alfred Mombert, Karl Wolfskehl werden Hans Henny Jahnn, Bertolt Brecht und Thomas Mann genannt; die Öffnung schließt auch Autoren ein, die wie Ernst Jünger, Hans Carossa oder Gottfried Benn zumindest zeitweise mit den Nationalsozialisten kooperiert haben. Von den Nachkriegsautoren werden Ingeborg Bachmann, Ilse Aichinger und Paul Celan mit der *Todesfuge* in den Blick genommen. Dem offenen, in den ästhetischen Positionen widersprüchlichen Szenarium korrespondiert ein in sich widersprüchlicher Literaturbegriff; der ›engagierten Literatur‹, die mit der »Traktatliteratur« gleichgesetzt wird, stellt Wolffheim seine Konzeption einer »aggressiven Literatur« (S. 44) gegenüber, die, gestützt auf die ›ursprünglichen‹ Wahrnehmungs- und Darstellungsformen der Kunst (Sprache, Bilder, Symbole), kritisch agiert (S. 55). Hier zeigt sich ein theoretischer Klärungsbedarf, für den es in der zeitgenössischen Hochschulgermanistik kaum Diskussionspartner gab. Liest man den Text als Gründungsurkunde der 15 Jahre später eingerichteten *Arbeitsstelle für Exilliteratur*, so kann man feststellen, dass er viele spätere Debatten, etwa über das Verhältnis von innerer und äußerer Emigration, von Exilliteratur und der Literatur des ›Dritten Reichs‹, aber auch die Debatte über Exil und antifaschistisches Engagement vorwegnimmt. Wolffheims Verständnis von Kunst als existenziellem Exil, das der Konzeption einer speziellen, auf die politische und kulturelle Situation des historischen Exils nach 1933 bezogenen Exilliteratur mit den besonderen Genres des Essays, der Rede und des Traktats, der politischen Lyrik, des Gesellschaftsdramas und -romans entgegenstand, spielt in die neueren Debatten um eine sich zur Migrationsliteratur öffnende Exilliteratur hinein.

Umrahmt werden die Texte Wolffheims von Beiträgen zur Biografie (Franziska Wolffheim, Jan Hans), zum Verhältnis von Hans Wolffheim und Kurt Hiller (Mirko Nottscheid und Rüdiger Schütt), zu Heinrich Mann (Peter Stein) sowie einem abschließenden Beitrag Wolfgang Beutins über Wolffheims Literaturbegriff, seine Literaturkritik, Essayistik und Lyrik. Die Originaltexte und die wissenschaftlichen Kommentare machen für den heutigen Leser deutlich, dass die konzeptionellen Widersprüche und Blockaden des Literaturtheoretikers Wolffheim durch den Hochschullehrer und Literaturkritiker, den Leser und Autor Hans Wolffheim immer wieder produktiv durchbrochen werden. Die Neugierde des Lesers und Wissenschaftlers, die Offenheit des Pädagogen und die literarische Kultur Hans Wolffheims haben sich, so scheint es, gegenüber seiner in der isolierten Situation der Inneren Emigration konzipierten konservativen Ästhetik durchgesetzt. Leider fehlt dem Band eine Bibliografie der wissenschaftlichen Arbeiten und der für eine breitere Öffentlichkeit bestimmten Literaturkritiken Hans Wolffheims. Der zur Ausstellung über Hans Wolffheim an der Staats-und Universitätsbibliothek Carl von Ossietzky vom 10.11.2012 bis 06.01.2013 erschienene *Newsletter Nr. 19* der Walter A. Berendsohn Forschungsstelle für deutsche Exilliteratur enthält einen knappen Überblick über die Seminare und Vorlesungen Hans Wolffheims von Rachel Rau sowie einen Hinweis auf seine wichtigsten literaturwissenschaftlichen Veröffentlichungen.

Lutz Winckler

Manfred Heiting und Roland Jaeger (Hg.): Autopsie. Deutschsprachige Fotobücher 1918 bis 1945. Bd. 1. Göttingen (Steidl Verlag) 2012. 516 S.
Michael Grisko (Hg): Arnold Höllriegel. Amerika-Bilderbuch. Mit Fotografien von Hans G. Casparius. Göttingen (Wallstein Verlag) 2012. 190 S.
Hannelore Fischer (Hg.): lotte jacobi. photographien. Köln (Wienand Verlag) 2012. 96 S.
Barbara Weidle und Ursula Seeber (Hg.): Kurt Klagsbrunn. Fotograf im Land der Zukunft. Bonn (Weidle Verlag) 2013. 196 S.
Ulrich Pohlmann und Andreas Landshoff (Hg.): Hermann Landshoff. Portrait – Mode – Architektur. Retrospektive 1930–1970. München (Schirmer/Mosel) 2013. 279 S.
Stefan Moses: Deutschlands Emigranten. [Mit Texten von Christoph Stölzl.] Wädenswil (Nimbus Verlag) 2013. 192 S.
Joachim Schlör (Hg.): Jüdisches Leben in Berlin 1933–1941. Fotografien von Abraham Pisarek. Berlin (Edition Braus) 2012. 192 S.
Dawn Freer (Hg.): Fred Stein. Paris. New York. Heidelberg. Berlin (Kehrer Verlag) 2013. 199 S.
Jürgen Schadeberg: Great Britain 1964–1984. Fotografien – Photographs. Halle/Saale (Mitteldeutscher Verlag) 2011. 200 S.
Ders.: Zu Besuch in Deutschland 1942–2012. Fotografien. Halle/Saale (Mitteldeutscher Verlag) 2012. 168 S.

Spätestens seit den drei Bänden *The photobook: A history* (2004/2006/2014) haben Fotobücher Hochkonjunktur, seien es mehrere historische Epochen umfassende Dokumentationen wie *Deutschland im Fotobuch* (2011), stadtbezogene Publikationen wie *Eyes on Paris* (2011) oder länderspezifische Veröffentlichungen wie *Schweizer Fotobücher 1927 bis heute* (2011) und *The Dutch Photobook. A Thematic Selection from 1945 Onwards* (2012). In diesen internationalen »Wettstreit« reiht sich nunmehr auch die von dem ehemaligen Design-Direktor der Firma Polaroid und Fotografie-Sammler Manfred Heiting mit dem Hamburger Kunsthistoriker Roland Jaeger herausgegebene *Autopsie. Deutschsprachige Fotobücher 1918 bis 1945* ein. Ein auf unzählige Buchtitel gelegtes Vergrößerungsglas auf dem Umschlag versinnbildlicht, dass die Objekte des Interesses genauestens unter die Lupe genommen werden. Der durch den Titel formulierte Anspruch, die am Original vorgenommene Überprüfung durch eigene Inaugenscheinnahme wird von den beiden Herausgebern und den elf weiteren Autoren in jedem Fall eingelöst. Das Hauptaugenmerk liegt dabei auf der buchkundlichen Untersuchung von Fotobüchern der Zwischenkriegszeit, die für Heiting als die »wohl fruchtbarste und kreativste Periode auf diesem Gebiet« angesehen wird. Die historische Zäsur von 1933 wird nicht negiert. In welchem Maße jüdische Verleger, Gestalter und Fotografen von Gleich- und Ausschaltung betroffen waren, wird allerdings äußerst diskret behandelt. Angesichts des Todesdatums von Erich Salomon wäre der Hinweis, dass sein Emigrationsweg nicht in Holland, sondern in Auschwitz endete, nicht fehl am Platz gewesen. Lobenswert hingegen ist, dass die Herausgeber die Fotobuchproduktion des NS-Propagandisten Heinrich Hoffmann sowie die fotografische Propaganda von Staat, Partei und Militär einer kritischen Betrachtung unterziehen. Dieses Buch, zu dem sich noch in diesem Jahr ein zweiter Band gesellen soll, besticht nicht nur durch seinen Seitenumfang und die umfangreiche Illustration mit 4.000 Abbildungen, sondern auch durch das großzügige, ideenreiche Layout. Buchumschläge oder aufgeklappte Seiten animieren den Leser; Leselust erzeugen auch Collagen, Bücherstapel, die Präsentation ganzer Buchreihen. Form und Inhalt entsprechen sich, die großzügig illustrierten Beiträge münden zumeist in umfangreichen Endnotenverzeichnissen und farblich abgesetzten Bibliografien. Nicht jeder mag sich mit den schweren, schwarzen Begrenzungslinien anfreunden, doch werden diese das visuelle Vergnügen und die Leselust in diesem Buch nicht schmälern.

Als 1988 das Buch mit dem aussagekräftigen Titel *Aus Nachbarn wurden Juden* erschien, wurde der Name des Fotografen Abraham Pisarek (1901–1983) einer größeren Öffentlichkeit bekannt. Da er nach 1933 von den Nationalsozialisten mit Berufsverbot belegt worden war und seine Auswanderung in die USA scheiterte, konnte er bis 1941 nur noch für die jüdische Presse arbeiten. Pisarek wurde so zum unfreiwilligen Chronisten aller Stufen der Ausgrenzung und Entrechtung der jüdischen Bevölkerung in Deutschland. Der von Joachim Schlör herausgegebene, großformatige, deutsch-englische Fotoband gliedert sich in sieben thematische Kapitel, die sowohl die systematische Diskriminierung als auch den Selbstbehauptungswillen deutscher Juden dokumentieren. Den Fotos, Bildstrecken und Fotomontagen zum Thema »Verfolgung und Auswanderung« sollte besonderes Interesse gelten. Schon das Umschlagfoto ist symbolträchtig, es zeigt die jüdische Schauspielerin Igna Beth 1935 vor einem Globus sitzend. Während ihre Eltern Opfer der deutschen Judenverfolgung wurden, gelang ihr die Flucht über England nach Kanada.

Auch für Lotte Jacobi (1896–1990), die sich im Berlin der 1920er Jahre einen Namen als Porträtfotografin von Tänzern, Schauspielern, Komponisten und Künstlern gemacht und im großen Umfang für die illustrierte Presse gearbeitet hatte, verschlechterten sich die Arbeitsbedingungen nach dem Machtantritt der Nationalsozialisten. Zwischen 1933 und 1934 erschienen ihre Fotografien unter unterschiedlichen Namen. 1935 emigrierte sie über London nach New York, wo sie schon im gleichen Jahr mit ihrer Schwester Ruth ein gemeinsames Studio eröffnete. Nach ihrer 1997 veröffentlichten Monografie zu Lotte Jacobi kuratierten Marion Beckers und Elisabeth Moortgat die 2012 im Käthe Kollwitz Museum Köln gezeigte Ausstellung *lotte jacobi. photographien*. Der gleichnamige Katalog präsentiert nicht nur Jacobis Berliner Œuvre, sondern auch die Fotografien ihrer Reise nach Russland, ihre Ansichten New Yorks, ihre dort erstellten Porträts sowie die »photogenics«, ihre kameralosen Experimente. Fotoenthusiasten werden sich an den Porträts von Lotte Lenya, Käthe Kollwitz, Klaus und Erika Mann, Albert Einstein, Thomas Mann, Eleanor Roosevelt u. v. a. erfreuen. Auch die Fotos, die Lotte Jacobi selbst zeigen, beeindrucken, insbesondere das von Otto Steinert aufgenommene Altersporträt. Der nicht mal 100 Seiten umfassende, sorgfältig erstellte Katalog würdigt eine Fotografin, die in Deutschland erst seit Anfang der 1970er Jahre öffentliche Beachtung erfährt.

Für zwei weitere Fotografen, den aus Dresden stammenden Fred Stein (1909–1967) sowie den in München geborenen Hermann Landshoff (1905–1986), wurde New York ebenfalls zum Ziel ihrer Emigration. Spätestens seit der 2005 vom Deutschen Exilarchiv ausgerichteten Ausstellung »Meinem besten Porträtisten ...« sollte der Name Fred Stein innerhalb der Exilforschung bekannt sein. Als Jude und Sozialist – Stein war Mitglied der SAP – floh er im Herbst 1933 gemeinsam mit seiner Frau nach Paris, wo die Wohnung zum Studio gemacht wurde. Eine Untermieterin war Gerta Pohorylle, die ihrem Freund André Friedmann die Benutzung der Stein'schen Dunkelkammer ermöglichte. Dieses Paar, das später unter ihren Künstlernamen Gerda Taro und Robert Capa weltweite Berühmtheit erlangen sollte, wurde von Fred Stein im legendären Café du Dôme fotografiert. Stein, der die Nähe von Menschen suchte, die ihn politisch wie kulturell interessierten, schuf eindringliche Porträts von Bertolt Brecht, Willy Brandt, Alfred Kantorowicz, Arthur Koestler, Le Corbusier und André Malraux. Nach Kriegsbeginn als »feindlicher Ausländer« interniert, gelang ihm die Flucht aus dem Lager und mithilfe Varian Frys im Mai 1941 die Emigration in die USA. Dort konnte er seine Arbeit als Fotograf wieder aufnehmen. Wie in Paris galt sein Interesse auch dort dem pulsierenden Leben der Großstadt. Fotos von der Skyline New Yorks, den Straßenschluchten Manhattans, dem Autoverkehr, den spielenden Kindern in Harlem, den Frauen in Little Italy erschienen in zahlreichen Zeitschriften und Zeitungen, in von Fred Stein herausgegebenen Jahreskalendern und Buchveröffentlichungen. Unter dem Titel *Im Augenblick. Fotografien von Fred Stein* präsentierte das Jüdische Museum in Berlin von November 2013 bis März 2014 eine umfassende Ausstellung zu Fred Stein, die auch seine in den USA entstandenen Porträts von Hannah Arendt, Martin Buber, Marc Chagall, Marlene Dietrich, Albert Einstein, Erwin Panofsky, Arnold Schönberg, Frank Lloyd Wright u. a. einschloss. Wer die Ausstellung nicht sehen konnte, mag sich mit dem von Dawn Freer im Kehrer Verlag herausgegebenen, deutsch-englischen Katalogbuch *Fred Stein. Paris. New York* trösten. Es wartet mit exzellenten Schwarz-Weiß-Reproduktionen seiner Fotos auf. Einziger Wermutstropfen: Ausgerechnet der deutsche Text, den den aus Deutschland vertriebenen Fotografen im deutschsprachigen Raum wieder bekannt machen sollte, ist zu schwach gedruckt.

Bei dem Namen Landshoff werden Exilforscher zuerst an den Verleger Fritz H. Landshoff denken, den Mitbegründer des *Querido*-Verlages in Amsterdam. Er war Onkel zweiten Grades des in der Geschichte der (Exil-)Fotografie bislang unbekannten Fotografen Hermann Landshoff. Der gebürtige Münchner hatte Buchdruck und -ausstattung sowie Gebrauchsgrafik studiert. Karikaturen aus seiner Feder erschienen im *Simplicissimus* und der *Süddeutschen Sonntagspost*. Eine erste Fotoreportage über Albert Einstein in dessen Sommerhaus in Caputh erschien im Juli 1930 in der *Münchner Illustrierten Presse*. Nach der Machtübertragung bot sich Hermann Landshoff keinerlei Perspektive in Deutschland; er floh schon im Juli 1933 nach Paris. Wie er sich die ersten Jahre dort über Wasser hielt, ist ungeklärt; nachweisbar sind jedoch seine ersten Modeaufnahmen 1936 in der französischen *Vogue*, zwei Jahre später in der Modezeitschrift *femina*. Nach Kriegsbeginn und Internierung für mehrere Monate in der Fremdenlegion gelang ihm im Mai 1941 die Emigration in die USA. Schon bald begann Landshoff wieder zu fotografieren, seinen neuen Wohnort New York, aber auch die Szene der Exilsurrealisten, die sich um die Galeristin Peggy Guggenheim geschart hatte. Erste Modeaufnahmen erschienen im April 1942 in *Harper's Bazaar*, nach 1944 auch in *Junior Bazaar* und seit 1946 in *Mademoiselle*. Wegen seines eigenen Aufnahmestils, Modelle in ungezwungener Umgebung und in Bewegung vor unscharfem Hintergrund abzulichten, wurde Landshoff zu einem gefragten und viel beschäftigten Modefotografen. Daneben entstanden bestechende Porträts von Künstlern, Schauspielern, Wissenschaftlern und Prominenten wie Albert Einstein, Walter Gropius, Eva Hesse, Annette Kolb, Robert Oppenheimer, Max Osborn, Saul Steinberg u. a. Herausragend ist eine Serie von 70 Porträts zu Fotografen wie Berenice Abbott, Ansel Adams, Margaret Bourke-White, Walker Evans, Robert Frank, Edward Steichen oder Weegee, ebenfalls emigrierten Kollegen wie Erwin Blumenfeld, Alfred Eisenstaedt, Andreas Feininger, André Kertész, Martin Munkácsi und Roman Vishniac. Welche Bedeutung Landshoff als Mode- wie als Porträtfotograf zukam, verdichtet sich in dem Satz seines berühmten Kollegen Richard Avedon: »I owe everything to Landshoff«. Er starb 1986, ohne seine Heimatstadt München je wieder besucht zu haben. Dass der komplette Nachlass von 3.600 Originalabzügen seit Frühjahr 2012 als Schenkung dem Münchner Stadtmuseum überlassen wurde, verdankt sich dem Engagement und der Großzügigkeit des Verlegers Andreas Landshoff. Durch Unterstützung der Stadt München soll ein »Hermann Landshoff-Preis« für zeitgenössische Fotografie ausgelobt werden, eine Geste, die nicht als vordergründige Wiedergutmachung, sondern als dauerhaftes, ehrendes Erinnern verstanden werden soll. Erste Schritte dazu waren die von November 2013 bis April 2014 gezeigte Retrospektive und das brillant gestaltete, mit über 300 sorgfältig reproduzierten Abbildungen illustrierte Katalogbuch *Hermann Landshoff. Portrait. Mode. Architektur. Retrospektive 1930–1970*.

Lange bevor die USA für den vielreisenden Richard A. Bermann (1883–1939), besser bekannt unter seinem Pseudonym Arnold Höllriegel, zum endgültigen Exilland wurde, hatte er das Land dreimal bereist. Das von Michael Grisko im Auftrag des Deutschen Exilarchivs herausgegebene *Amerika-Bilderbuch* präsentiert erstmals die aus Bermans Nachlass stammenden Aufzeichnungen seiner zweiten, 1928 durchgeführten Reise. Warum die unter vier Hauptüberschriften wie »Zwischen Broadway und der fünften Avenue«, »Kaliforniens Wüsten und Paradiese«, »Das Indianerland im Südwesten« und »Amerika in der Ebene« versammelten und für deutschsprachige Zeitungen geschriebenen Texte nicht zu Lebzeiten von Richard A. Bermann in Buchform erschienen, ist ungeklärt. Für den heutigen Leser bieten die von Michael Grisko mit einem kundigen Nachwort versehenen Reiseschilderungen Bermanns/ Höllriegels eine in jeder Hinsicht unterhaltsame, zuweilen amüsante Lektüre.

Den Text illustrieren die später entstandenen Fotos des in Berlin geborenen und in London verstorbenen Hans Casparius (1900–1986). Wer sich nicht nur an den pointiert geschriebenen Reiseskizzen, sondern auch an Fotos von Richard Bermann mit breitkrempigem Stetson oder mit einem Indianer im Grase liegend ergötzen will, greife zu diesem mit einem umfangreichen Glossar versehenen, sympathischen Reisebericht.

Eine weitere Neuentdeckung liefern Barbara Weidle und Ursula Seeber mit dem von ihnen herausgegebenen Buch zu dem in Wien geborenen und in Rio de Janeiro gestorbenen Kurt Klagsbrunn (1918–2005). Ihr Buch erschien parallel zur Frankfurter Buchmesse 2013 mit Brasilien als Gastland und der vom Deutschen Exilarchiv zeitgleich ausgerichteten Ausstellung *... mehr vorwärts als rückwärts schauen ... Das deutschsprachige Exil in Brasilien 1933– 1945*. Der Titel dieser Ausstellung könnte auch leitmotivisch über Leben und Werk Kurt Klagsbrunns stehen. 1939 erreichte er gemeinsam mit seinen Eltern Rio de Janeiro, an eine Fortsetzung seines Medizinstudiums war nicht zu denken. Seit 1941 konnte er als Fotograf für Zeitschriften wie *Time* und *Life*, vor allem aber für die brasilianische Illustrierte *O Cruzeiro* arbeiten. In seinem fotografischen Werk, das rund 150.000 Negative umfasst, lassen sich Themen wie Stadtansichten von Rio de Janeiro und São Paulo, Alltagsbeobachtungen und gesellschaftliches Leben unterscheiden. Ausführlich dokumentierte Klagsbrunn den Aufbau der neuen Hauptstadt Brasilia. Die von dem österreichischen Schriftsteller Erich Hackl skizzierte Familiengeschichte, eine Kommentierung des Werks durch Klaus Honnef sowie die Erinnerungen von Marta und Victor Klagsbrunn an ihren Onkel ergänzen die Initiative der beiden Herausgeberinnen, den in Österreich geborenen Chronisten der Entwicklung Brasiliens vor dem Vergessen zu bewahren.

Weil er die deutsche Gesellschaft wegen ihrer Menschenverachtung verabscheute, wollte der 1931 in Berlin geborene Jürgen Schadeberg nach Kriegsende und Befreiung vom Nationalsozialismus nur fort aus Deutschland. Es gelang ihm erst nach dem Besuch der »Staatlichen Fachschule für Optik und Fototechnik« in Berlin und einer unbezahlten Volontärstätigkeit bei der Deutschen Presse-Agentur in Hamburg. 1950 wanderte er mit Kamera und dürftigen

Englischkenntnissen nach Südafrika aus. Dort wurde der 19-Jährige wegen seiner Leica belächelt. Fotojournalismus mittels einer Kleinbildkamera war in Südafrika weitgehend unbekannt. In Johannesburg fand Schadeberg als einer der wenigen Weißen Arbeit in der Redaktion des Fotomagazins *Drum*. Dessen bald legendärer Ruf basierte auch auf den engagierten Fotoreportagen seines neuen Mitarbeiters, der sich nicht scheute, die Sklavenarbeit rechtloser Farmarbeiter, die Räumung Sophiatowns 1955 und die Beerdigung der Opfer des Sharpeville-Massakers 1960 fotografisch zu dokumentieren. Es war Schadeberg, der den jungen Rechtsanwalt Nelson Mandela in dessen Büro in Johannesburg und als Generalsekretär des ANC fotografierte. Und viele Jahre später, nach dessen Freilassung aus der Haft, porträtierte er Mandela 1994 in seiner ehemaligen Zelle auf Robben Island, ein Foto, dessen ikonografische Bedeutung erst jüngst nach dem Tode Mandelas erneut hervorgehoben wurde. Nicht zu Unrecht wurde Jürgen Schadeberg als »Vater der südafrikanischen Fotografie« bezeichnet; viele seiner Fotografien sind heute in der permanenten Ausstellung des 2001 eröffneten Apartheidmuseums in Johannesburg zu sehen.

Angesichts polizeilicher Nachstellungen und verschlechterter Arbeitsbedingungen hatte Schadeberg Südafrika 1964 verlassen, arbeitete in den 1960er und 1970er Jahren von London aus als freiberuflicher Fotojournalist, u. a. für *Time*, *Life*, in Deutschland für *Stern* und *Zeit*. Seine Zeit in England, während der er *Times* und *Observer* mit Fotos belieferte, spiegelt der Fotoband *Great Britain 1964–1984* mit Arbeiten von hohem sozialdokumentarischen Wert und mit eigenwilligem Blick auf den »British Way of Life«. Jürgen Schadeberg, der gemeinsam mit seiner Frau Claudia diverse Fotobücher veröffentlicht und bis zum heutigen Tage unzählige Einzelausstellungen eröffnet hat, kehrte wiederholt nach Deutschland zurück, zuletzt mit Wohnsitz in seiner Geburtsstadt Berlin. Er fotografierte das wirtschaftswunderliche Berlin, den Bau der Mauer 1961, das neuerliche jüdische Leben in Deutschland ebenso wie das Führungspersonal der NPD, Impressionen aus Hamburg und der heutigen Hauptstadt. Immer erweist sich der heute in Spanien lebende Schadeberg als staunender wie neugieriger Beobachter menschlichen Zusammenlebens. Für sein Lebenswerk wurde er im April 2014 vom International Center of Photography in New York mit dem »Cornell Capa Lifetime Achievement Award« ausgezeichnet.

Welche einschneidende Zäsur der Machtantritt der Nationalsozialisten für alle Bereiche kulturellen Lebens in Deutschland darstellte, führte die im Sommer 2013 in der Münchner »Akademie der Schönen Künste« gezeigte Ausstellung *Stefan Moses – Deutschlands Emigranten* auf eindringliche Weise vor Augen. Der gleichnamige Katalog legt die Fotos mit begleitenden Texten von Christoph Stölzl vor. Die Liste der Porträtierten liest sich wie ein Who's Who des deutschsprachigen Exils von Theodor W. Adorno bis zu Peter Zadek, sie zeigt Emigranten, die im Exil blieben wie Oskar Maria Graf, Gad Granach, Meret Oppenheim, aber auch Remigranten wie Fritz Bauer, Sebastian Haffner oder Grete Weil. Zu den Porträtierten, die in kontrastreichen Schwarz-Weiß-Aufnahmen auf mindestens einer Seite, in den meisten Fällen einer Doppelseite präsentiert werden, zählen auch Berufskollegen wie Ellen Auerbach, Felix H. Man und der spätere Fotohistoriker und -sammler Helmut Gernsheim. Zum Teil stammen die Fotos aus Stefan Moses Porträtserien »Die Großen Alten im Wald« (Willy Brandt, Tilla Durieux, Herbert Wehner) und »Selbst im Spiegel« (Theodor W. Adorno, Ernst Bloch, Hans Mayer), Porträts aus einem mehrere Jahrzehnte umfassenden Schaffensprozess des Fotografen, für den Fotografie »lebenslange Erinnerungsarbeit« bedeutet.

Lässt man die Zahl der allein im letzten Jahrzehnt erschienenen Veröffentlichungen zu Exilfotografen und -fotografinnen, die Vielzahl von Wieder- und Neuentdeckungen, Revue passieren, erscheint eine Überarbeitung und Ergänzung des 1997 erschienenen, von Klaus Honnef und Frank Weyers herausgegebenen Nachschlagwerks *Und sie haben Deutschland verlassen ... müssen. Fotografen und ihre Bilder 1928–1997* dringend notwendig.

Wilfried Weinke

Rezensionen

Bettina Bannasch und Gerhild Rochus (Hg.): Handbuch der deutschsprachigen Exilliteratur. Von Heinrich Heine bis Herta Müller. Berlin (De Gruyter) 2013. 653 S.

Dieses Handbuch, Gemeinschaftsprojekt von Lehrenden und Studierenden auf der Grundlage einer Ringvorlesung an der Universität Augsburg im Sommersemester 2011 und eines begleitenden Oberseminars, kartiert die deutschsprachige Exilliteratur neu. Zum einen lässt es die synonyme Verwendung von Exil und Emigration, wie sie trotz immer wieder versuchter terminologischer Abgrenzung im Exilforschung Usus ist, nicht mehr zu. Die beiden Begriffe unterscheiden sich grundsätzlich voneinander, ja, sie schließen sich aus: Exil ist keine Auswanderung, es ist erzwungen, nie freiwillig, und hier finden nur solche Texte Berücksichtigung, die diese Bedingung von Exil erfüllen. Nicht immer ganz einleuchtend wird diese strikte Unterscheidung auf die in Deutschland geschriebene nicht angepasste Literatur übertragen: In einer ›Inneren Emigration‹ schreiben die einen, Gottfried Benn vertritt sie hier; vertrieben ins innere Exil sind die anderen, jüdische Autoren und Autorinnen zumeist, denen die Flucht nicht mehr gelungen ist, Gertrud Kolmar ist das prominenteste Beispiel.

Zum anderen liegt diesem Kompendium eine Definition von Exilliteratur zugrunde, die nicht – wie bisher – Literatur von zumeist aus dem Machtbereich der Nationalsozialisten 1933 bis 1945 vertriebenen Autor/inn/en in den Blick nimmt, sondern solche Texte, »in denen die Erfahrung des Exils zur Sprache kommt.« Dabei ist es nicht erheblich, ob die Schreibenden selbst das oder ein Exil erfahren haben, vielmehr dass »die Konsequenzen von Exilerfahrungen in der Art und Weise des Erzählens selbst zu erkennen sind« (S. XI). Unter diesen Kriterien weitet sich das Feld ›Exil‹ auf einen Zeitrahmen von Rahel Varnhagens *Rahel. Ein Buch des Andenkens für ihre Freunde* (1833) und Georg Büchners *Danton's Tod* (1835) über die ›kanonisierte Exilliteratur‹ bis zu Ursula Krechels *Shanghai fern von wo* (2008) und Christa Wolfs *Stadt der Engel* (2010).

Das Handbuch ist zweiteilig angelegt: Im ersten Teil umreißen acht Einführungsessays Begriffsgeschichte, Forschungsstand und -literatur, die Verbindung mit Nachbardisziplinen und interkontextuelle Zusammenhänge im weltliterarischen Rahmen einer methodisch in der Gegenwart angekommenen Exilforschung: Migration und Exil in Geschichte und Mythos (P. M. Lützeler), Exil im deutschjüdischen Kontext (I. Shedletzky), Literatur der Inneren Emigration (B. Bannasch), Exilliteraturforschung und Postcolonial Studies (B. Spies), Exil und Interkulturalität (D. Bischoff), Exil und Geschlecht (M. Schmaus), Erinnerung des Exils (G. Butzer), Exilliteratur und Literaturgeschichte – Kanonisierungsprozesse (L. Winckler).

Diese acht Essays liefern den Rahmen für ein äußerst strenges Raster, die Kernaspekte kulturwissenschaftlicher Methodik, nach denen im zweiten Teil 60 mehr oder weniger repräsentative exilliterarische Texte nach einem verbindlichen detaillierten Fragebogen analysiert werden. Dessen drei Leitfragen sind – nach einer knappen Inhaltsangabe – die nach den »Narrationen des Exils«, nach den »theoretischen Perspektivierungen« und nach »Exil und Erinnerung«, mit einem »Fazit« als Abschluss, immer im selben Umfang von sieben Seiten, ob es sich um ein Kinderbuch von Lisa Tetzner oder um Peter Weiss' *Ästhetik des Widerstands* handelt. Die so lange beklagte Unterrepräsentanz von Autorinnen ist von gestern, hier ist quantitative Parität hergestellt: 30 Texte von Autorinnen, 30 von Autoren (und das sieht keineswegs bemüht aus).

Im Feinraster sind die verbindlichen Fragen nach den Verfahren der Narration des analysierten Textes abgearbeitet, nach seiner Entstehungsgeschichte, seinem Verständnis von Exil, nach Heimat, Nation, Identität, nach eventuellen Formen kultureller Hybridität, nach der Rolle der Geschlechter ebenso wie nach genderspezifischem Schreiben selbst, schließlich nach vorgegebenen Rezeptionsaspekten. So wurden zahlreiche der analysierten Texte noch nie in den Gesamtzusammenhang von Exil, Erzählkunst, Kulturwissenschaft und Kanonisierungsproblematik gestellt, die Ergebnisse sind anregend und allermeist mit Gewinn zu lesen.

Aber es tun sich auch neue Fragen auf: Wo es in der Einleitung heißt, dass maßgebliches Kriterium für die Auswahl der Texte

ihre Ergiebigkeit für diesen Fragenkatalog sei, führt dieses methodische Vorgehen nicht selten einen Kopfstand vor: In zahlreichen Analysen wird wortkunstreich festgestellt, dass für das jeweilige literarische Werk diese oder jene Frage nicht relevant sei (»[...] werden nicht thematisiert«, »[...] kommen nicht zum Tragen«). Scheint damit nicht der Fragebogen selbst problematisch, während dagegen Fragen nach dem ästhetischen Charakter des literarischen Werkes ganz im Hintergrund bleiben?
Bei all den Theoremen zu Narration, Erinnerung, Perspektivierung und zu Gender unter der »strikten Historisierung des Exils« (L. Winckler) haben die lebensgeschichtlichen Dimensionen der Exilerfahrung keinen Ort in der Textanalyse. Alles zeitbezogen Politische der Vertreibung scheint mit der Suspendierung des Mythos vom »anderen Deutschland« miteliminiert. Und welche Legitimation hat noch die Einschränkung »deutschsprachig« angesichts der leitenden Kategorien Inter- oder Transnationalität? Gehören dann nicht auch die Werke Nabokovs oder der Exilanten aus Spanien oder aus dem Griechenland der Militärdiktatur ebenso gut dazu? Und wie lässt sich der Verzicht auf all jene Exiltexte begründen, die von nach Deutschland Geflüchteten in einem Deutsch als Fremdsprache geschrieben sind? Schließlich geistert auf irritierende Weise der Begriff Kanon durch das Handbuch. Lutz Winckler konstatiert mit der ›historischen Rekonstruktion‹ als dem leitenden Verfahren zeitgemäßer Exilforschung »den denkbar größten Gegensatz zur Kanonisierung«. In den Einzelanalysen wird dagegen häufig gerade die Kanonfähigkeit des analysierten Textes hervorgehoben (»wird künftig zu den kanonischen Texten der Exilliteratur zählen« oder seine Kanonisierung gar gefordert (Beispiel: Else Lasker Schüler *Ichundich*).

Hiltrud Häntzschel

Anne Grynberg und Johanna Linsler: L'Irréparable. Itinéraires d'artistes et d'amateurs d'art juifs, réfugiés du ›Troisième Reich‹ en France / Irreparabel. Lebenswege jüdischer Künstlerinnen, Künstler und Kunstkenner auf der Flucht aus dem ›Dritten Reich‹ in Frankreich. Veröffentlichung der Koordinierungsstelle Magdeburg. [Bearbeitet von Andrea Baresel-Brand.] Magdeburg 2013. 455 S.

Das Exil der bildenden Künstler in Frankreich ist weniger gut erforscht als das Exil der Schriftsteller, der Publizisten oder der Vertreter politischer Parteien und Organisationen (vgl. den Forschungsbericht von Hélène Roussel und Lutz Winckler im Jahrbuch Exilforschung 30 (2012)). Eine der Ursachen dieses Defizits ist die außerordentlich schwierige Quellenlage: Biografische Daten müssen aus dem Archiv rekonstruiert werden, die Werke sind zerstreut, gingen verloren oder wurden von den Nationalsozialisten nach der Besetzung Frankreichs zerstört oder geraubt. Die kunstgeschichtliche Forschung hat sich vor allem den großen Namen wie Max Ernst, Hans Bellmer, Wols oder Hans Hartung zugewandt, deren Werk zur europäischen Avantgarde zählt.
Der vorliegende Band versucht keine Gesamtdarstellung. Er enthält Einzelstudien zu deutsch-jüdischen Künstlern, Kunstkritikern und Sammlern, über die mit Ausnahme Otto Freundlichs oder Paul Westheims wenig oder gar nicht geforscht worden ist. Die Auswahl folgt keiner kunstgeschichtlichen Präferenz, sondern ist an der Thematik des Lebens und Überlebens im Exilalltag orientiert. Die vorgestellten Beispiele erklären sich aus individuellen und institutionellen Forschungsschwerpunkten: Die Beiträgerinnen kommen in der Mehrzahl aus dem Forschungsumfeld der an der Sorbonne lehrenden Historikerin und Mitherausgeberin Anne Grynberg. Von ihr stammt auch der Einleitungsessay, der ausgehend von der nationalsozialistischen Kunstpolitik die Ursachen des Exils rekapituliert und im Anschluss an die bisherige Forschung einen Überblick über die Lebens- und Arbeitsbedingungen im französischen Exil, die Internierung, Verfolgung und das Überleben der Künstler gibt, mit bibliografischen Hinweisen auch auf die in dem Band nicht untersuchten Exilanten. Johanna Linsler ergänzt diesen Überblick durch eine präzise, historisch-systematische Darstellung der Quellenlage und der einschlägigen Archive. In

den nachfolgenden Beiträgen werden die Lebensläufe, das Exil und soweit möglich die Arbeit von sieben aus Deutschland oder Österreich vertriebenen Künstlern bzw. Kunstkritikern und -sammlern rekonstruiert.

Vier Beiträge verdienen, besonders hervorgehoben zu werden. Geneviève Debien schreibt über den Maler Otto Freundlich (1878–1943), der sich nach vorübergehenden Parisaufenthalten dort ab 1924 als Glasmaler und Bildhauer etablierte. Mit dem Ausschluss aus dem Reichsverband bildender Künstler 1933 wurde Otto Freundlich zum Emigranten. Anfang der 1930er Jahre hatte er sich in Paris der Gruppe ›Abstraction-Création‹ angeschlossen. Seine Werke wurden in München 1937 auf der Ausstellung ›Entartete Kunst‹ gezeigt. Der Kriegsbeginn und die deutsche Okkupation Frankreichs zwangen ihn, sein Pariser Atelier aufzugeben. Zwischen 1940 und 1943 lebte er illegal und vom französischen Kunstleben isoliert in Südfrankreich; finanziell wurde er unterstützt von Varian Fry, der ihm aber kein Ausreisevisum verschaffen konnte. 1943 wurde Otto Freundlich über Drancy nach Sobibor deportiert und dort ermordet. Sein Pariser Atelier und die dort aufbewahrten Werke überstanden unzerstört den Krieg. Heute dient das Atelier als Museum für Otto Freundlichs Werk. – Der Grafiker und Maler Leo Maillet (1902–1990), über den Sandra Nagel schreibt, hat überlebt, aber zweimal sein gesamtes künstlerisches Werk verloren: 1933 beim Weggang aus Frankfurt a. M. und 1943 bei der Auflösung seines Pariser Ateliers durch die Gestapo. Sein in den 1930er Jahren in Frankreich entstandenes fotografisches und künstlerisches Werk gilt als verloren und konnte mit Ausnahme eines in Gurs entstandenen grafischen Zyklus (vgl. dazu Viktoria Schmidt-Linsenhoff im Jahrbuch Exilforschung 10 (1992)) bisher nicht rekonstruiert werden. Maillet konnte 1942 aus einem Deportationszug fliehen, lebte unerkannt als Hirte in Südfrankreich und entkam 1944 zusammen mit seiner Frau in die Schweiz, wo er bis zu seinem Tod 1990 lebte. Für die Verfolgung und den Verlust seines Werks erhielt Leo Maillet nach langwierigen Prozessen eine Entschädigungszahlung, die aber die nachhaltige Störung und Zerstörung des künstlerischen Lebenswerks nicht aufheben konnte. Leo Maillets autobiografische Aufzeichnungen wurden 1994 nach seinem Tod veröffentlicht; seine Söhne Nikolaus Mayer und Daniel Maillet kümmern sich um den Nachlass. – Johanna Linsler schreibt über Jesekiel David Kirszenbaum (1900–1954). Kirszenbaum war Bauhausschüler, sein Lehrer war 1922 Paul Klee. In den 1920er Jahren arbeitete Kirszenbaum zusammen mit George Grosz, Otto Dix und John Heartfield in Berlin. Er emigrierte 1933 nach Paris und gehörte dort zu den Mitbegründern des ›Freien Künstlerbundes‹. 1940 wurde Kirszenbaum interniert, überlebte den Krieg im Versteck, seine Frau Helma wurde deportiert und wie seine in Polen lebende Familie Opfer der Shoah. 1945 kehrte Kirszenbaum schwer traumatisiert nach Paris zurück und nahm seine künstlerische Tätigkeit wieder auf – unterstützt von der Stiftung Alix de Rothschilds. Er starb 1954, seelisch und gesundheitlich gebrochen. Sein Werk überlebt in Museen, in öffentlichen und privaten Sammlungen. Ein Großneffe, Nathan Diament, kümmert sich seit 2005 mit eigenen Veröffentlichungen und Ausstellungen um den Nachlass und das künstlerische Werk Kirszenbaums. Können die genannten Beiträge an biografische und kunstgeschichtliche Forschungen anknüpfen, so stellt Pnina Rosenberg mit Horst Rosenthal (1915–1943) einen bisher unbekannten Künstler vor. Sie kann die Eckdaten seines Lebens – die Emigration, die Ausbildung im Pariser Institut ›Arts et Métiers‹, die Internierung in Gurs und die Deportation nach Auschwitz aus Unterlagen der Departementalarchive rekonstruieren. Der Alltag und das Überleben in Paris liegen im Dunkeln. Als Dokumente des künstlerischen Werks sind drei in Gurs entstandene Comic-Hefte überliefert: Es handelt sich dabei um autothematische, mit französischem Text versehene Bildsatiren über die Lebensbedingungen im Lager, die die bekannten Berichte von Lion Feuchtwanger, Gustav Regler, Hanna Schramm und anderen um neue Aspekte ergänzen. Der Band wird abgerundet durch Beiträge von Ines Rotermund zum Kunstkritiker Paul Westheim, über den sie promoviert hat (2007), von Muriel de Bastier über die Fotografin Jeanne Mandello de Bauer und Harold Chipman über den österreichischen Kunstsammler Willibald Duschnitz. Die Beschränkung auf die biografische Rekonstruktion erscheint notwendig und legitim, sie kann aber nur ein erster Schritt sein für kunsthistorische Forschungen über die ästhetische Relevanz und die kulturelle Bedeutung der im Exil entstandenen Werke, der geretteten oder verlorenen Sammlungen. Entsprechende Hinweise in der Forschung, aber auch in den Beiträgen selbst werden nicht systematisch verfolgt. So kommt es nur ansatzweise zu einer produktiven Vermittlung zwischen historischer und kunstgeschichtlicher Forschung. Die weiteren Forschungen der Pariser Arbeitsgruppe werden zeigen, ob dieser Weg beschritten wird.

Der vorliegende Band ist zweisprachig, es sollen Leser/innen und Forscher/innen in Deutschland und Frankreich erreicht werden. Leider gibt die Übersetzung der französischen Originaltexte ins Deutsche Anlass zur Kritik. Die deutsche Fassung enthält eine Reihe von Flüchtigkeiten – so wird die Überschrift »Se reconstruire« (S. 41) übersetzt mit »Der Wiederaufbau« (S. 75), statt besser mit »Neuanfang«; avantgardistische »exploration de l'art« (S. 175) wird fälschlich mit »avantgardistischer Erforschung der Kunst« (S. 202) übersetzt und so künstlerische und wissenschaftliche Tätigkeit verwechselt; aus einem »discours composé« (S. 234) wird in der deutschen Fassung eine »gedichtete Rede« (S. 249); »fêtes masquées« (S. 233) sind Maskenfeste und nicht »maskierte Feste« (S. 248). Der deutsche Text enthält, und dies ist gravierender, nicht gekennzeichnete Auslassungen, die von einigen Zeilen bis zu einem Abschnitt reichen können (vgl. S. 25/57; 37/71; 185/213 f.). Schließlich haben sich auch Fehler eingeschlichen: Der französische Text spricht davon, dass Paris am Ende der 1930er Jahre mit 300.000 Personen zum größten jüdischen Zentrum Europas wird (vgl. S. 32) – in der deutschen Fassung wird von Paris allgemein »mit über 300.000 Einwohnern, als größte(r) Stadt Europas« (S. 66) gesprochen. Im Gegensatz zu den im Band eindrucksvoll geschilderten Verlusten von Leben und künstlerischen Werken sind diese und andere Fehler und Ungenauigkeiten ›reparabel‹, sie sollten bei einer Neuauflage behoben werden.

Lutz Winckler

Chiara Conterno und Walter Busch (Hg.): Weibliche jüdische Stimmen deutscher Lyrik aus der Zeit von Verfolgung und Exil. Würzburg (Königshausen & Neumann) 2012. 226 S.

Der Sammelband geht auf eine Tagung zurück, die 2011 an der Universität Verona stattfand und auf der die besondere Aufmerksamkeit den unterschiedlichen Richtungen galt, in die sich der lyrische Ausdruck deutsch-jüdischer Dichterinnen des 20. Jahrhunderts unter dem Druck von Verfolgung und Exil entwickelt hat.

Dabei wurden in den einzelnen Beiträgen einerseits so bekannte Namen wie Else Lasker-Schüler, Rose Ausländer, Selma Meerbaum-Eisinger, Gertrud Kolmar, Nelly Sachs, Hilde Domin oder Mascha Kaléko vorgestellt, andererseits aber auch bislang eher weniger bekannte Dichterinnen wie u. a. Jenny Aloni, Stella Rotenberg oder Ilse Blumenthal-Weiss. Allen ist gemeinsam, dass sie aufgrund ihrer Erfahrungen von Vertreibung und Exil ein gebrochenes Verhältnis zu ihrer Heimat entwickelten, die ihnen zusehends fremder und unheimlicher geworden war. Untersucht werden schwerpunktmäßig Begriffe von Heimat und Exil sowie ein brüchig gewordener Identitätsbegriff, der sich auf unterschiedliche Weise immer auch auf die jeweilige Schreibposition ausgewirkt hat. Um diese Brüche im eigenen Selbstverständnis in ihren Auswirkungen auf die poetische Praxis genauer zu beschreiben, werden sowohl Methoden der Intertextualität und Komparatistik angewandt wie auch – anknüpfend an den aktuellen Stand der *postcolonial studies* – hybride oder transkulturelle Realitäten reflektiert, wobei man sich zugleich der Unvollkommenheit derartiger methodischer Annäherungen bewusst ist. Denn es geht schließlich stets um ein Sprechen aus der Situation einer extremen Vereinzelung und damit um den »Durchgang« in eine singuläre Partikularität, die für alle genannten

Dichterinnen Gültigkeit beansprucht und für die besonders der Name Paul Celans steht, dem nicht zuletzt aus diesem Grund als einzigem männlichen Dichter zwei Aufsätze des Bandes gewidmet sind.

Lucia Perrone Capano wendet sich in einem ersten Beitrag dem von Alfred Döblin geprägten Begriff der *Exilheimat* zu, der bereits von seiner Wortzusammensetzung her eine Dialektik von Heimat und Fremde reflektiert, die gerade für jene bezeichnend gewesen sei, die in der Emigration weiterhin auf Deutsch geschrieben haben. Besonders ausgeprägt zeige sich dies an der israelischen Dichterin Jenny Aloni, die trotz ihrer Identifikation mit der neuen Heimat Israel und dem damit verbundenen Sprachwechsel ins Hebräische ihre Werke weiterhin in der Muttersprache Deutsch schrieb. Die Heimatlosigkeit verschone also auch die Sprache nicht, die ebenfalls im Sinne einer *Exilheimat* zum Ort einer uneinholbaren Fremdheit geworden sei. Hier werden Fragestellungen sichtbar, die jeglicher Vorstellung einer essenzialistischen Konzeption von Heimat und Identität entgegenstehen und bereits den Blick für andere Formen hybrider Identitäten öffnen, womit sie zugleich auch einen Ausblick auf aktuelle Diskurse von Transkulturalität und Transnationalität bieten.

Im Anschluss wirft Markus May die Frage nach dem Vermächtnis der jungen deutschsprachigen Dichterin Selma Meerbaum-Eisinger aus dem multikulturellen Czernowitz auf, die im Alter von 18 Jahren von den Deutschen ermordet wurde und deren Gedichte ihm zufolge in nicht geringem Maße auf die historischen Geschehnisse in der Bukowina reagieren. Des Weiteren folgen drei Aufsätze, die sich spezifisch unter dem Gesichtspunkt eines weiblichen Schreibens mit dem Thema Mutter-Land, Mutter-Heimat, Mutter-Sprache, Mütterlichkeit und Sprachmütterlichkeit auseinandersetzen. Mutterland und Muttersprache werden hier – wie Camilla Miglio erklärt – als dynamische Bilder der Schöpfung aufgefasst und in dieser Weise zur »Sprachmutter« eines poetischen Schreibens. Dies gilt gleichermaßen für so verschiedene Dichterinnen wie Rose Ausländer, Else-Lasker Schüler und Gertrud Kolmar, in deren Poetik Mütterlichkeit für einen Raum der Verwandlung, der Geburt wie auch der Wiedergeburt steht, sodass Schmerz und Verlust in einem fortwährenden Akt mütterlicher Neuschöpfung in Sprache transformiert werden und sich so in eine neue Zukunft öffnen. Oder aber – wie Franco Buono ausführt – im Fall der in Deutschland verbliebenen Gertrud Kolmar in einem solchen »mütterlichen Erschaffen einer neuen Welt« der Schutzraum eines präventiven Exils in Sprache gestaltet zu werden vermag.

Demgegenüber wenden sich Chiara Conterno und Walter Busch in ihren anschließenden Ausführungen zu Nelly Sachs eher einem Akt des Gedenkens zu. Während Erstere insbesondere den Zyklus *Grabschriften in die Luft* vorstellt, unternimmt Letzterer den Versuch, eine Topografie von Verstummen und Schweigen im Werk dieser Dichterin zu entwerfen. Es folgen zwei Beiträge über Paul Celan, von denen besonders der Aufsatz von Irene Fantappiè über dessen Briefwechsel mit Nelly Sachs durch Einbeziehung der Briefe Inge Waerns, einer deutschen Freundin der Dichterin, interessante neue Erkenntnisse über die deutliche Veränderung im Ton der Briefe Celans an Nelly Sachs ab Sommer 1960 liefert.

Sowohl Denise Reimanns Überlegungen zu Hilde Domin als auch Stefania De Lucias anschließende Erläuterungen zu Mascha Kaléko thematisieren erneut eine Standortbestimmung innerhalb der aktuellen Exilforschung. So sei das Exil eben nicht allein als Verlust und Entbehrung anzusehen, sondern ein inzwischen »wirkmächtiges« und teilweise sogar bereicherndes Leitmotiv der modernen westlichen Kultur geworden. Gerade für Hilde Domin, die aus dem Exil in das ehemalige Heimatland zurückkehrte und die diese Rückkehr kritisch reflektiert habe, lasse sich ein Emanzipationsprozess beschreiben, in dem die Vorstellung einer in sich geschlossenen sprachlichen Heimat hinterfragt, neu benannt und umgeschrieben worden sei.

Zum Abschluss dieser mit ihren transtextuellen Hinweisen und Querbezügen zu aktuellen Diskursen der Exilforschung oft spannend zu lesenden, in den konkreten Textanalysen allerdings das Bekannte nur teilweise überschreitenden Aufsatzsammlung bietet Natalia Shchyhlevska einen

Ausblick auf ein noch einzulösendes Forschungsdesiderat, indem sie das Motiv des verwaisten oder ermordeten Kindes aufgreift. Ein Motiv, dem sich nicht nur Dichterinnen wie Nelly Sachs und Rose Ausländer zugewandt haben, sondern auch weitgehend unbekannte Dichterinnen, deren Werk erst noch zu entdecken ist.

Friederike Heimann

Els Andringa: Deutsche Exilliteratur im niederländisch-deutschen Beziehungsgeflecht. Eine Geschichte der Kommunikation und Rezeption 1933–2013. Berlin, Boston (De Gruyter) 2014. 439 S.

Die deutsche Exilliteratur in den Niederlanden ist kein unbekanntes Thema in der Exilforschung. Man kennt die diversen Veröffentlichungen über Autoren, die in den Niederlanden Zuflucht fanden, über die deutschsprachigen Abteilungen der Verlage Allert de Lange und Querido, die in den 1930er Jahren die Werke von exilierten Autoren herausgaben, über Klaus Manns Zeitschrift *Die Sammlung*. Inzwischen ist es recht still geworden um die Exilliteratur in den Niederlanden und mancher mag denken, das Thema sei in den 1980er Jahren erschöpfend behandelt worden.

Schon der Titel von Els Andringas Buch lässt erahnen, dass es in ihm nicht darum geht, die Ergebnisse früherer Forschungen noch einmal zusammenzufassen und vielleicht anders darzustellen. Die Autorin nutzt alle früheren Erkenntnisse, geht aber viel weiter. Die Einzelschicksale deutscher Exilautoren (nicht nur derer, die in die Niederlande geflohen waren) werden zwar beleuchtet, die wichtigste Leitlinie ist jedoch die Rezeption der Werke in den Niederlanden und die Wechselbeziehungen zwischen den deutschen und den niederländischen Akteuren. Wurde die deutschsprachige Exilliteratur in den Zeitungen besprochen? Wurden die Werke auch ins Niederländische übersetzt? Deutsche Literatur im Original zu lesen, war schließlich einer Elite vorbehalten. Die Übersetzungen erst zeigen, ob ein Buch in den Niederlanden wirklich gelesen wurde. Andringa inventarisiert nicht nur die Übersetzungen in den 1930er Jahren, sondern verlängert die zeitliche Perspektive bis in die Gegenwart. Gerade in den letzten Jahren werden viele Exilautoren neu entdeckt, es gibt neue Ausgaben, neue Übersetzungen. Allein von den Werken Hans Keilsons wurden seit 2006 neun neu gedruckt oder übersetzt, nachdem er jahrzehntelang als Autor völlig ignoriert worden war, obwohl er in den Niederlanden lebte.

Auffallend ist überhaupt, dass in der niederländischen Literaturgeschichte die in den Niederlanden produzierte Exilliteratur keinen Platz einnimmt. Für die bekannten Kritiker der 1930er Jahre – allen voran Menno ter Braak – war die Exilliteratur aber durchaus ein Faktor. Die Beziehungen zwischen Exilautoren, Verlegern, Kritikern und Geldgebern werden im Buch sehr schön anhand von Briefen und Briefwechseln dargelegt. Auch Rezensionen spielen eine große Rolle. So wird zum Beispiel anhand der Rezensionen zu Joseph Roths *Antichrist* gezeigt, wie das niederländische Literatursystem funktionierte, aber auch, wie die Haltung der einzelnen Kritiker von ihrer ideologischen und sozialen Couleur selbst und der Zeitung, für die sie schrieben, abhing.

Weiter geht Andringa auf viele Figuren ein, deren Rolle bisher nicht oder wenig beleuchtet wurde, z. B. auf die Rezeption der Autorinnen Irmgard Keun und Gina Kaus in der niederländischen Presse oder das Übersetzer- und Autorenehepaar Felix und Elisabeth Augustin, das auch niederländische Literatur ins Deutsche übertrug. Interessant ist ebenfalls der Rechtsanwalt Johan Warendorf, der Leopold Schwarzschild in der Herausgabe des *Neuen Tage-Buch* finanziell unterstützte. Es geht also nicht allein um Literatur in den Niederlanden, sondern um Beziehungen zum deutschen literarischen Exil überhaupt und um deren Wechselbeziehungen. So war Menno ter Braak nicht nur ein wichtiger Fürsprecher der deutschen Exilautoren, sondern hoffte seinerseits auf deren Anerkennung für seine eigenen literarischen Versuche.

Die übersichtliche Einteilung und die sorgfältige Gestaltung machen das Buch gut lesbar. Gespart wurde aber offenbar am Lektorat. Es ist Els Andringa als Nicht-

Muttersprachlerin nicht vorzuwerfen, dass es gelegentlich Schreib- und Grammatikfehler, im Deutschen nicht geläufige Wendungen oder sprachliche Ungenauigkeiten gibt, aber gerade in dem Fall hätte man eine gründliche sprachliche Redaktion erwartet. So wird grundsätzlich zwar das ß verwendet, manche Wörter werden aber konsequent mit ss geschrieben. Auch finden sich immer wieder Niederlandismen, die ein aufmerksamer Korrekturleser hätte entdecken müssen.

Katja B. Zaich

Gabriele Fritsch-Vivié: Gegen alle Widerstände. Der Jüdische Kulturbund 1933–1941. Berlin (Hentrich & Hentrich) 2013. 273 S.

Der von 1933 bis 1941 in NS-Deutschland existierende »Kulturbund deutscher Juden« (später zwangsumbenannt) ist thematisch kein unbeackertes Feld. Bereits 1992 war *Premiere und Pogrom* von Eike Geisel und Henryk M. Broder erschienen. Diese Veröffentlichung, die sich größtenteils auf persönliche Erinnerungen von Zeitzeugen stützte, enthielt eine Kritik in zwei Richtungen: Einerseits gegen den neu einsetzenden nationalen Selbstfindungsdiskurs im Deutschland nach der Wende, innerhalb dessen – so der Vorwurf – die trauernde Erinnerung an die jüdischen Opfer der NS-Zeit auf den eigenen kulturellen Verlust der exilierten oder ermordeten jüdischen Prominenz bezogen war, während über die weniger bekannten jüdischen Überlebenden geflissentlich hinweggesehen wurde. Erinnerung sei so zum selbstgefälligen Ritus mit neuer Insistenz auf die vermeintlich eigene Opferrolle geworden bei gleichzeitiger Aufrechterhaltung des antijüdischen Ressentiments. Andererseits schlossen sich Broder und Geisel der von Hannah Arendt ausgehenden Kritik am als ›Kollaboration‹ gewerteten Verhalten der Judenräte an, diesmal gegen die Verantwortlichen des Kulturbunds gerichtet. Diesen wurden im Nachhinein grenzenlose Naivität, Aufrechterhaltung einer grotesken Scheinwelt und eine typisch bürgerliche Überschätzung der Bedeutung von Kunst unterstellt. Vorwürfe dieser Art gegen den Kulturbund werden in der innerjüdischen Debatte bis heute aufrechterhalten und haben sich in der Zwischenzeit teilweise verschärft (vgl. den Vorwurf der Verhinderung rechtzeitiger Ausreisebemühungen durch M. Brenner), zusammen mit dem stetig gewachsenen generellen Unverständnis gegenüber den früheren Assimilations- und Säkularisierungsbestrebungen der deutschsprachigen Juden.

Vor diesem Hintergrund ist jede neue Befassung mit dieser Thematik eine diffizile Angelegenheit im Spannungsfeld zwischen eigener Positionierung, einer bislang unzureichenden Grundlagenforschung sowie den dazu bestehenden Urteilsbildungen. Gabriele Fritsch-Viviés Ansatz versteht sich kulturwissenschaftlich. Mit Sympathie und Einfühlsamkeit für die Akteure des damaligen Berliner Kulturbundes versucht sie der vorherrschenden Negativeinschätzung zu entgegnen, indem sie zum einen die jeweils getroffenen Entscheidungen chronologisch in ihrem Zeitkolorit nachvollzieht, um die nachträgliche Beurteilung aus dem heutigem Wissensstand über die Shoah zu vermeiden. Zum anderen betont sie die weitreichende Bedeutung dieser Institution, die als Selbsthilfeorganisation letztlich mehr als 2.000 als dem NS-Verständnis nach ›jüdisch‹ und minderwertig stigmatisierten und aus ihren Berufen entfernten deutschen Staatsbürgern eine Existenzgrundlage sowie ein Leben in Würde bot.

Konzipiert für einen offenbar breiteren Leserkreis, nimmt die Darstellung der sukzessiven antijüdischen Maßnahmen des NS-Regimes und damit der permanenten Verschlechterung der Lage für den Kulturbund einen breiten Raum ein. 20 Jahre nach Broder und Geisel standen ihr lediglich noch die Nachkommen der Überlebenden für Auskünfte zur Verfügung. Dennoch gelingt es ihr, wertvolle Fakten über die Mitglieder und die Praxis des Jüdischen Kulturbundes zusammenzutragen und dadurch auch dessen vielseitiges Programm darzustellen, das nicht nur Theaterleuten, sondern auch Musikern, Tänzern, Kabarettisten und Referenten eine Plattform bot. Darüber hinaus hat sie offensichtlich die Frage nach dem Grund dieser als ›Obsession‹ gewerteten künstlerischen Tätigkeit in einer äußerst prekären Lage beschäftigt. Diese Thematisierung gelingt weniger überzeugend, zumal sie meint, eine solche Motivation durch einen Psychiater erklären zu müssen.

Ins Auge fällt auch das Ausmaß an Beachtung, das dem Zensor des Kulturbundes, NS-Staatskommissar Hans Hinkel, in der Studie gewidmet wird. Die biografisch-psychologische Annäherung der Autorin an diese letztlich austauschbare Figur, die bei ihr zur Suggestion einer angeblichen ›Hass-Liebe‹ zu Juden sowie mit den Ausgestoßenen geteilten idealistischen Liebe zur Kultur führt, ebenso wie der Versuch, zur Erhellung von Hinkels Beweggründen ausgerechnet dessen Sohn heranzuziehen, hinterlassen Fragezeichen. Hier hätte man sich besser auf die seit langem bekannten Forschungsergebnisse zu Hinkels späteren Aktivitäten ab 1941 stützen müssen, die eine andere Sprache sprechen – etwa bei Alan E. Steinweis (1993) oder Katrin Diehl (1997).

Mit seinem gesamten Layout, den zahlreichen Abbildungen sowie dem ausführlichen Quellen- und Personenverzeichnis weist das Buch eine ausgesprochen aufwändige, ästhetische und sorgfältige Gestaltung auf – wie man es vom Verlag Hentrich & Hentrich kennt und schätzt.

Marianne Kröger

Raffaele Laudani (Hg.): Secret reports on Nazi Germany. The Frankfurt School contribution to the war effort. Franz Neumann, Herbert Marcuse, Otto Kirchheimer. [Mit einem Vorwort von Raymond Geuss.] Princeton and Oxford (Princeton University Press) 2013. 679 S.

Die von dem jungen Historiker Laudani an der Universität Bologna zusammengestellte Expertisensammlung deutscher Emigranten im Dienst des mit dem Kriegseintritt der USA gegründeten Geheimdienstes Office of Strategic Services (OSS) kommt in dem voluminösen Band aus renommiertem Verlag repräsentativ daher, bietet aber nur wenig Neues. In den USA und Deutschland sind die Texte bereits vor vielen Jahren mehrfach analysiert worden, Autoren und Autorinnen wie Barry M. Katz, Petra Marquardt-Bigman, Jürgen Heideking und Christof Mauch mögen dafür stehen, einige sind bereits vor 30 Jahren von Alfons Söllner in seiner zweibändigen Edition *Zur Archäologie der Demokratie in Deutschland* in deutscher Übersetzung veröffentlicht worden. Die seinerzeit aufregende Erkenntnis, dass deutsche intellektuelle Emigranten aus dem linken politischen Spektrum ausgerechnet im Geheimdienst OSS, dem Vorläufer der CIA, in herausgehobener Stellung mit ihren Deutschland-Analysen und Empfehlungen am ›war effort‹ und den Nachkriegsplanungen beteiligt waren, ist heute allerdings nicht mehr originell. Wenn der Herausgeber meint, dem Werk durch die Verbindung mit der sogenannten Frankfurter Schule die nötige Aufmerksamkeit geben zu können, so ist das ebenso wenig überzeugend. Von seinen drei Gewährsleuten wird man bestenfalls Herbert Marcuse im engeren Sinn zu ihr zählen können, außerdem waren sie nur eine verschwindende Minderheit unter diversen hochkarätigen Wissenschaftlern. In der Denkfabrik des OSS, der legendären Research and Analysis Branch (R&A), arbeiteten mehr als 1.000 Wissenschaftler, die in und nach dem Zweiten Weltkrieg zu den führenden Denkern ihrer Disziplinen zählten, darunter mehr als hundert deutsche Emigranten.

So ist auch die Kernaussage des Herausgebers in der Einführung, die mit der Wiedergabe der Rekrutierungsumstände und Arbeitsprozesse bei R&A und der Vorstellung des Dokumentenkorpus im Wesentlichen nur Bekanntes wiederholt, in ihrer Zuspitzung nicht ganz korrekt. Er meint, dass die Analysen von Neumann, Marcuse und Kirchheimer zu den wenigen Versuchen gehören, die ›Kritische Theorie‹ der Frankfurter Schule praktisch werden zu lassen. Dass die gelernten und vor 1933 für die Gewerkschaften praktizierenden Juristen Neumann und Kirchheimer in jenen Jahren bereits mit scharfsinnigen Analysen im Kampf um die Erhaltung der Weimarer Verfassung hervorgetreten waren, scheint dem Herausgeber unbekannt zu sein. So erkennt er auch nur unzureichend die analytische Reichweite dieser NS-Analysen. In ihrer Präzision, die das vorwegnahmen, was die spätere NS-Forschung bestätigte, formten sie nicht allein die von den deutschen Emigranten als Erfahrungswissenschaft geschaffene Totalitarismustheorie, sondern sie wurden überhaupt zum Maßstab künftiger Analysen zur modernen industriewirtschaftlichen Entwicklung und ihrer inhärenten Probleme. Auf diesen Zusammenhang weist wenigstens der erfahrene, auch mit der deutschen ›intellectual history‹ vertraute Philosoph von der Cambridge University Raymond Geuss hin. Die Qualität der von den deutschen intellektuellen Emigranten im OSS interdisziplinär erarbeiteten Analysen sieht er in der grundlegenden gemeinsamen Überzeugung, dass der Nationalsozialismus, Kommunismus sowie die liberal-kapitalistische Demokratie des New Deal-Amerika unterschiedliche Antworten auf die gleiche Ausgangslage, die ökonomischen und sozialen Krisen nach dem Ersten Weltkrieg waren. Die Alternative, die sie dazu formulierten, ließe sich, so Geuss, mit dem Begriff der ›sozialen Demokratie‹ umschreiben. Er fing erstens die grundlegende Tatsache ein, dass die modernen Gesellschaften ohne massive staatliche Interventionen in den Wirtschafts- und Sozialprozess nicht mehr zu steuern seien, zweitens knüpfte er an die bereits in Deutschland während der 1920er Jahre dazu von der politischen Linken geführten Debatten an und er wurde drittens von seinen emigrierten Wortführern in der pragmatischeren Wissenschaftskultur der USA aus seinem früheren Dogmatismus gelöst und in einen synthetischen Handlungsappell transformiert. Ironische Zeitgenossen hatten im OSS mit seinen einflussreichen Emigranten und ihrem für die Vereinigten Staaten so ungewohnten politischen Denkstilen deshalb gelegentlich die Abkürzung für »Oh, So Social« vermutet. Zwar sind die in dem Band abgedruckten Expertisen in der Forschung bekannt, vor dem Hintergrund der Globalisierung heute mit ihren Krisen und Deformationen zeigen ihre scharfsinnigen Analysen jedoch immer noch eine bemerkenswerte analytische Brillanz und Aktualität.

Claus-Dieter Krohn

Irme Schaber: Gerda Taro – Fotoreporterin. Mit Robert Capa im Spanischen Bürgerkrieg. Die Biografie. Marburg (Jonas Verlag) 2013. 256 S.

Die Entdeckung und wissenschaftliche Aufarbeitung des fotografischen Œuvres von Gerda Taro (Gerta Pohorylle 1910–1937) ist eng mit den Forschungen Irme Schabers verbunden. Ihre 1994 erschienene, ins Französische und Italienische übersetzte Monografie über die Fotografin und die von ihr kuratierte Gerda-Taro-Ausstellung im International Center of Photography (ICP), New York (2007) machten Gerda Taro und ihr fotografisches Werk einer breiteren Öffentlichkeit bekannt. Die jetzt erschienene Biografie folgt der früheren Darstellung, kann sich aber auf neue Archivfunde und umfangreiches neues Bildmaterial stützen, die das fotografische Werk Gerda Taros in seinem ganzen Umfang erkennen lassen und seine genauere historische Einordung und fotoästhetische Deutung ermöglichen. Eines der wichtigsten Ergebnisse der vorliegenden Biografie ist der Nachweis, dass Gerda Taro neben Robert Capa und David Seymour zu den Pionieren der modernen Kriegsfotografie gehört.
Die von Stuttgart über Leipzig ins Exil nach Paris und von dort nach Spanien führende Lebensgeschichte Gerda Taros steht im Spannungsfeld der jüdischen Herkunft und Tradition ihrer vor dem Ersten Weltkrieg aus Ostgalizien nach Süddeutschland eingewanderten und in der Shoah fast vollständig ermordeten Familie, dem Wunsch nach Assimilation und Teilhabe und dem im linkssozialistischen Leipziger Freundeskreis erfahrenen und praktizierten Engagement gegen den heraufziehenden Nationalsozialismus. Die offene und spontan verlaufende Entwicklung verstärkt und konkretisiert sich in der Pariser Emigration im Kreis emigrierter SAP-Anhänger und Sympathisanten, darunter dem Mediziner Erwin Ackerknecht und dem Soziologen Boris Goldenberg. Über die Leipziger Freundin Ruth Cerf, eine für die Rekonstruktion der Vita wichtige Zeitzeugin, und den Fotografen Fred Stein kommt es zu informellen Kontakten mit dem exilierten SDS, dessen literarische Veranstaltungen im Café Méphisto Gerda Taro besucht, und mit der inter-

nationalen Vereinigung revolutionärer Schriftsteller und Künstler (AEAR), zu deren bekanntesten Mitgliedern Louis Aragon, Jean Richard Bloch und Paul Nizan zählen. In Paris kam es auch zum entscheidenden Kontakt mit der Fotografie, zur Begegnung mit David Seymour und dem aus Ungarn über Berlin nach Frankreich emigrierten André Friedmann (Robert Capa). Irme Schaber zeigt, wie sich die »Lebens- und Liebesgemeinschaft« von Gerta Pohorylle und André Friedmann in Paris zu einer »Arbeitsgemeinschaft« entwickelte (S. 87 ff.), die beide im Sommer 1936 als Fotoreporter für die linksliberale und kommunistische Presse nach Spanien führt. Sie intervenieren zusammen mit Schriftstellern und Künstlern, mit Publizisten, Fotografen und Filmemachern aus aller Welt im kulturellen Kräftefeld der spanischen Volksfront. Das republikanische Spanien und die Hauptstadt Madrid werden zum »Laboratorium für jede Form medialer Vermittlung« (S. 162). Die besondere Rolle, die in diesem Kontext den Fotografien von Gerda Taro und Robert Capa zukommt, verfolgt Irme Schaber im Hauptteil ihres Buches. In Spanien entstand, so eine der zentralen, auf neues Archiv- und Bildmaterial gestützten Thesen des Buchs, mit den Arbeiten Robert Capas, David Seymour (Chim) und Gerda Taro die moderne Kriegsfotografie. Ausgehend vom »historischen Augenblick« (S. 99) dokumentieren die Fotografen in unmittelbarer Nähe zum Schauplatz die Kriegsereignisse. Ihre in der Presse veröffentlichten Arbeiten schufen eine zweite, mediale Wirklichkeit des Krieges und wirkten so informierend, aufklärend und mobilisierend auf Politik und Gesellschaft. Die neue Kameratechnik, Spiegelreflexkameras mit kurzen Aufnahme- und Entwicklungszeiten wie die von Taro benutzte Reflex-Korelle, handliche Kleinbildkameras wie die später verwendete Leica ermöglichten die räumliche und zeitliche Nähe zu den Schauplätzen, moderne Druckverfahren erlaubten gleichzeitig die massenhafte Verbreitung der Fotografien in der Presse. Der Krieg wurde zugleich als Medienkrieg ausgetragen, die fotografischen Bilder wurden zum »Teil der öffentlichen Geschichtsschreibung« (S. 129) und damit auch zum Mittel der Politik. Im günstigen Fall, wie bei Gerda Taro, fielen persönliches Engagement und politisches Ziel, die Unterstützung der spanischen Republik, zusammen. Taros Bilder von den Kämpfen um Madrid, an den Fronten im Süden und Osten Spaniens, vor allem auch Bilder von Flüchtlingen und Bombenopfern, von Frauen und Kindern, figurierten auf den Titelseiten der linksliberalen und kommunistischen Presse: der Tageszeitung *Ce Soir*, herausgegeben von Louis Aragon, den Illustrierten *Regards* und *Vu*; sie finden sich in zeitgenössischen Dokumentationen wie dem von Robert Capa 1938 zusammengestellten Foto-to-Band *Death in the Making*. Taros und Capas Fotografien folgen einer von ihnen entwickelten »Ästhetik der Anklage« (S. 164), sie rufen zur Solidarität mit den Kämpfern, aber vor allem auch mit den Opfern auf.

Am Beispiel der fotografischen Ikone des spanischen Bürgerkriegs und der Kriegsfotografie überhaupt, der Fotografie des *Falling Soldiers* (zuerst veröffentlicht in *Vu* am 23.09.1936) wird gezeigt, wie sich fotografische Dokumentation und ästhetische Konstruktion miteinander verbinden (S. 113 ff.). Das Foto, so kann Irme Schaber aufgrund der Auswertung neuen Materials aus dem ›Spanischen Koffer‹ im ICP (New York) präzisieren, entstand im Verlauf einer gemeinsam von Taro und Capa im September 1936 südöstlich von Córdoba aufgenommenen Fotoserie. Es handelt sich, wie es durchaus auch fotografischer Praxis entsprach, um gestellte Szenen, die durch feindlichen Beschuss in tödliche Realität umschlugen. Vieles spricht dafür, dass das Foto einen realen, so nicht beabsichtigten Vorgang abbildet; eine endgültige Entscheidung kann aber auf Grund der heute zugänglichen Materialien nicht getroffen werden. Das gilt auch für die Autorschaft der als Team arbeitenden Fotografen. Eine wiederentdeckte Serie von Kontaktabzügen Gerda Taros (Abb. 87, S. 116) belegt, dass Gerda Taro vor Ort war und die Szenen gleichzeitig mit Robert Capa fotografiert hat.

Ein ausführliches, wieder eng an die Monografie anschließendes Schlusskapitel ist der Erinnerungs-und Gedächtnisgeschichte der Person und der Fotografin Gerda Taro gewidmet (S. 229 ff.). Der Sakralisierung als

›antifaschistischer Jeanne d'Arc‹ durch die französische Linke und die mit ihr sympathisierenden Intellektuellen folgte der von Medienagenturen begünstigte, von Capa selbst nicht verhinderte ›Weg ins Vergessen‹. Die Medialisierung des Zweiten Weltkriegs, nicht zuletzt auch durch Capas und Seymours Fotografien, ließen den Spanischen Bürgerkrieg und seine Bilder in den Hintergrund treten. Der Kalte Krieg schien die Verdrängung und das Vergessen der politischen Fotografin und ihres Werks zu besiegeln. In der DDR wurde die Erinnerung an Gerda Taro, vor allem auch dank der Aufzeichnungen und Zeitschriftenartikel von Dina Gelbke, der Mutter des Leipziger Freundes Georg Kuritzkes, wach gehalten. Paul Wiens schrieb ein Drehbuch, der Film wurde nicht gedreht. Die Erinnerung galt in erster Linie der Antifaschistin, die zum Vorbild der Jugend stilisiert wurde. Taros undogmatisches, weltoffenes und kritisches Engagement wurde orthodox umgedeutet und begradigt.

Im Westen setzte die Erinnerung an die engagierte Fotografin erst mit dem Ende des Kalten Krieges ein. Der gleichzeitige Übergang vom kommunikativen zum kulturellen Gedächtnis führte auch zur wissenschaftlichen Beschäftigung mit Leben und Werk. Archivalische Funde im ICP in New York, in den Archives Nationales in Paris und in spanischen Archiven im Zusammenhang mit den Arbeiten zur wissenschaftlichen Biografie Robert Capas von Richard Whelan (1986, dt. 1989) führten zur Neuentdeckung und Neubewertung des fotografischen Werks von Gerda Taro. Der Fund des ›Mexikanischen Koffers‹, der 1941 als diplomatisches Gepäck aus Europa nach Mexiko gelangte und dort mehr als ein halbes Jahrhundert unbeachtet und vergessen blieb, stellte die Forschung auf eine vollkommen neue Basis (S. 153 ff.; vgl. auch Cynthia Young (Hg.): The Mexican Suitcase. New York 2010). Die 4.500 dort enthaltenen Fotoabzüge von Capa, Seymour und Gerda Taro, auf die allein mehr als 800 Abzüge entfallen, machten eine Rekonstruktion und Analyse ihres fotografischen Werks möglich (S. 153 ff.) und verdeutlichen die zentrale Rolle der Fotografin im Kanon der fotografischen Moderne des 20. Jahrhunderts.

Die Biografie ist großzügig bebildert: Die im Verlauf der zwei Jahrzehnte umfassenden Recherchen identifizierten Fotos und Fotoserien stammen aus der französischen und internationalen Presse der 1930er Jahre, aus zeitgenössischen Buchpublikationen, aus den ›Arbeitsheften‹ von Gerda Taro und Robert Capa, vor allem aber aus dem ›Mexikanischen Koffer‹ und sind in dieser Zusammenstellung hier zum ersten Mal zu sehen. Eine Bibliografie, ein Nachweis der Archive und Interviews, ein knapper, aber informativer Anmerkungsapparat erleichtern die weiterführende Lektüre. Als Desiderata für künftige Auflagen seien vermerkt: Einzelnachweise der Briefe von André Friedmann an seine Mutter (S. 78 ff.), der Zitate aus dem Briefwechsel von Ruth Cerf, dem Interview mit Meta Schwarz oder dem unveröffentlichten Manuskript von Dina Gelbke (vgl. dazu die Quellenhinweise in der Bibliografie S. 248), der Nachweis des Benjamin-Zitats (S. 84) aus seiner Rezension des Pariser Fotobuchs Mario von Bucovichs von 1928 (1929) (WB Ges. Schr. IV.1, S. 356 ff.). Ernest Hemingways *For Whom the Bell Tolls* ist in der Bibliografie versehentlich unter der wissenschaftlichen Literatur und nicht unter der zeitgenössischen Belletristik aufgeführt. *The Mexican Suitcase*, hg. v. Cynthia Young (2010), und der von derselben Autorin herausgegebene Ausstellungskatalog *We went back* (2013) über die Fotografien David Seymours sind alphabetisch falsch eingeordnet.

Irme Schaber hat mit ihrer Biografie über Gerda Taro ein Standardwerk vorgelegt, das über die wissenschaftlichen Leser und Leserinnen hinaus ein breiteres Publikum erreichen wird, das an der Geschichte der Fotografie des 20. Jahrhunderts interessiert ist.

Lutz Winckler

Günther Sandner: Otto Neurath. Eine politische Biographie. Wien (Paul Zsolnay) 2014. 351 S.

Robert Musil hat ihn einen »Kathederstreithengst« mit »sprengender Energie« genannt, hinzu kam seine gesellige Umtriebigkeit bei gleichzeitig gepflegter solitärer

Attitüde, die Otto Neuraths Wesen auszeichneten, nicht selten gepaart allerdings mit einer gehörigen Portion Scharlatanerie, wie unterschiedliche Zeitgenossen anmerkten. Günther Sandners hervorragend geschriebene Biografie liefert dafür diverse Belege. Sie skizziert eindrucksvoll das recht kleine und von Beziehungen geprägte intellektuelle Milieu im deutschsprachigen Raum zu Beginn des vergangenen Jahrhunderts, in das Otto Neurath, 1882 in Wien geboren, hineinwuchs und in dem auch andere assimilierte Juden einen so hervorragenden Platz eingenommen haben. Von seinem Vater, einem Ökonom jüdischer Herkunft aus Bratislava, der sich katholisch hatte taufen lassen – die Mutter, eine Protestantin, kam aus Ostpreußen –, stammte die Maxime, dass Wissenschaft säkularisiertes Judentum sei. Und so verlief auch die Sozialisation des Sohnes in dieser Welt. Bei einem Sommerkurs der Universität Salzburg hatte der Wiener Student mit Ferdinand Tönnies einen der Gründerväter der deutschsprachigen Soziologie kennengelernt, woraus eine intensive und jahrelang in ausführlichen Korrespondenzen gepflegte Freundschaft entstand. Tönnies vermittelte den jungen Wiener zu den damaligen Zelebritäten der Berliner Universität, den Althistoriker Eduard Meyer und den ›Staatswissenschaftler‹ Gustav Schmoller, bei denen er 1906 mit einer Arbeit zur römischen Sozialgeschichte promovierte. Seine politische Prägung erhielt er während dieser Zeit im sogenannten Revisionismusstreit der deutschen Sozialdemokratie, in dem er der realistischeren Reformperspektive Eduard Bernsteins und insbesondere den ähnlich orientierten Forschungen Franz Oppenheimers zuneigte und nicht der radikalen Klassenkampfstrategie Karl Kautskys.

Im Ersten Weltkrieg habilitierte sich Neurath zwar in Heidelberg, doch entzog ihm die Universität den Privatdozenten-Titel nach zwei Jahren, da er seiner obligatorischen Lehrverpflichtung nicht nachgekommen war. Denn zu dieser Zeit war er als einer der jüngeren Forscher auf dem neuen Feld der Kriegswirtschaftslehre bereits ein prominenter und viel gefragter Mann. Seit den Balkankriegen hatte er an diesem Thema gearbeitet, finanziert unter anderem vom *Carnegie Endowment for International Peace*, das ihn zum Mitarbeiter in diversen Stäben und Institutionen in Österreich und Deutschland machte. Noch profilierter wurde Neurath während der Neuordnungsdebatten ab 1918 nach Ende der beiden Kaiserreiche, die unter der politischen Herrschaft der Sozialdemokraten ganz im Zeichen der ›Sozialisierung‹ standen. In der publizistischen Flut dazu kamen auch von ihm einige grundlegende Ideen, die im Unterschied zu den üblicherweise marxistisch fundierten Konzepten eine »Vollsozialisierung« aus der gelenkten Wirtschaft des Krieges herleiteten, allerdings auch mit so naiven Empfehlungen wie einer geldlosen Naturalwirtschaft. Als die sozialen Wirren und ökonomischen Zwänge der jungen Republiken in Deutschland und Österreich alsbald diesen in Max Webers Worten »dilettantischen und absolut verantwortungslosen Leichtsinn« kenntlich machten, entwickelte Neurath seine moderateren und realistischeren Konzepte zur genossenschaftlich orientierten Gemeinwirtschaft.

Eine Rolle hatten dabei auch seine Erfahrungen als »Präsident« des Zentralwirtschaftsamtes in der kurzen Münchener Räterepublik gespielt, nach deren Niederschlagung er von einem Standgericht zu einer eineinhalbjährigen Haftstrafe wegen Beihilfe zum Hochverrat verurteilt worden war. Durch Intervention Otto Bauers, zu der Zeit österreichischer Staatssekretär des Äußeren, glückte ihm die Ausweisung aus Bayern. Die folgenden Jahre bis zu seiner Emigration 1934 entfaltete Neurath in Wien eine beispiellose Karriere als Multiplikator von Gemeinwirtschaftskonzepten, beginnend mit der Einrichtung von Schulungen für die nach 1918 neu geschaffenen Betriebsräte über die Gartenstadt- und Siedlungsbewegung bis hin zu den städtebaulichen Planungen des »Roten Wien«. Charakteristisch ist die dabei immer mitberücksichtigte Idee der didaktischen Vermittlung zur Überzeugung der bisher von Bildungsprozessen ausgeschlossenen Arbeiterschaft. Auf sie ausgerichtet war beispielsweise das von Neurath 1925 mitgegründete Gesellschafts- und Wirtschaftsmuseum, das als Ort der Aufklärung und Information weniger die – sonst den Museen zugewiesene – »Auswirkung der Vergangenheit« vorstellen, sondern die »Vorstufe der Zukunft« begreiflich machen wollte. Dafür wurde eine eigene bildstatistische Sprache mit eigenen Symbolen und Piktogrammen entwickelt, die im Unterschied zu den konventionellen geometrischen Visualisierungen solche Zielgruppen ansprechen wollte, deren Bildungsgrad auf schlichtere Orientierungen angewiesen war.

Gerade in solchen Abschnitten kann der Autor die Intentionen und Leistungen Neuraths übersichtlich und eindringlich erhellen. Gleiches gilt für die Abschnitte zu seinem Wirken im sogenannten »Wiener Kreis« des logischen antiidealistischen und metaphysikfreien Empirismus, der für den unabhängigen demokratischen Sozialisten Neurath unter den reinen Wissenschaftlern des Zirkels auch ein Stück intellektuelle Immunisierung gegen die verschiedenen utopischen Verheißungen der linken Parteien bot. Allerdings ist bedauerlich, dass Sandner die Exiljahre Neuraths nach den Februarkämpfen 1934 in den Niederlanden und ab 1940 in Großbritannien bis zu seinem plötzlichen vorzeitigen Tod im Dezember 1945 etwas zu stark auf dessen Engagement für die von den Vertretern des logischen Empirismus betriebene Formulierung der sogenannten Einheitswissenschaft konzentriert hat. Auf mehreren USA-Reisen Neuraths wurde zwar die Publikation einer gigantischen *International Encyclopedia of Unified Science* bei der University of Chicago Press vorbereitet, aber das Vorhaben blieb mit Beginn des Zweiten Weltkriegs bereits in den Anfängen stecken und war jenseits dieses Kreises ohnehin umstritten. Zu kurz kommt dabei Neuraths nachwirkende eigentliche Leistung im Bereich der Bildsprache, die in den holländischen Exil und während einer kurzen Zeit in Oxford als *Isotype* (International System of Typographic Picture Education) institutionell weiter ausgearbeitet und weltweite Beachtung fand, in der Sowjetunion jedoch nur bis 1934. Allerdings hat die Forschung dazu vor dem Hintergrund der daraus entstandenen und heute orientierenden piktografischen Ordnung des öffentlichen Raums dazu bereits an anderer Stelle wichtige Ergebnisse vorgelegt.

Claus-Dieter Krohn

Nadine Englhart (Hg.): Hermann Sinsheimer: Gelebt im Paradies. Gestalten und Geschichten (= Hermann Sinsheimer: Werke in drei Bänden. Hg. v. Deborah Vietor-Engländer. Bd. 1) Berlin (Verlag für Berlin-Brandenburg) 2013. 432 S.

In den Erinnerungen des 1938 emigrierten Juristen, Schriftstellers, Redakteurs, Theaterleiters und -kritikers Hermann Sinsheimer (1883–1950), die er nach dem Zweiten Weltkrieg im englischen Exil verfasste, spiegelt sich deutsche Geschichte und Kulturgeschichte der ersten Hälfte des 20. Jahrhunderts. Die 1953 nach Sinsheimers Tod erschienene erste Ausgabe war verfälscht durch starke Bearbeitung und Kürzungen sogar ganzer Kapitel, in denen er den Antisemitismus und den Aufstieg des Nationalsozialismus schilderte. Deshalb ist es außerordentlich verdienstvoll, dass nun als erster Band im Rahmen einer Werkausgabe Sinsheimers eine vollständige kritische Edition auf der Grundlage der erhaltenen Manuskripte vorliegt, in der sämtliche Kürzungen und Verfälschungen der früheren Ausgabe kenntlich gemacht sind. Außerdem wird Sinsheimers 1942 im englischen Exil geschriebener politischer Essay *Deutschland wie nie zuvor. Gedanken eines deutschen Flüchtlings* erstmals in deutscher Sprache veröffentlicht. Darin reflektiert der überzeugte Europäer die deutsche Geschichte und Gesellschaft und stellt Überlegungen zur Zukunft eines »deutschen Bundesstaats als Mitglied einer europäischen Union« an.

Deborah Vietor-Engländer gibt im Vorwort einen knappen Lebensabriss Sinsheimers. Nadine Englhart weist im Editionsbericht und den Anmerkungen detailliert die Unterschiede zur verfälschten Ausgabe von 1953 nach und erläutert Ereignisse und erwähnte Personen, wobei einige kleinere Fehler zu korrigieren sind: Hitlers Schauspiellehrer war nicht Max, sondern Paul Devrient (S. 415) und der Schauspieler und Generalintendant Ernst Ritter von Possart wäre wohl ernstlich verstimmt, dass ihm sein Adelstitel vorenthalten wird (S. 389). Die Veröffentlichung im Gedenkjahr 2014 ist gut gewählt, denn das titelgebende *Paradies* war für Sinsheimer die »sorglose« Zeit vor dem Ersten Weltkrieg, die »soviel

Annehmlichkeit, Zerstreuung, Sammlung, Erregung, Schwärmerei und sanftes Idyll« bot, »daß es schwer ist, [...] nicht in Übertreibung zu verfallen.« (S. 134). Diese Jahre erlebte Sinsheimer in dem von ihm geliebten und fast euphorisch beschriebenen Mannheim, das »gewissermaßen in der Mitte zwischen Berlin und Paris« (S. 134) lag. Dort bekam er auch seine erste Festanstellung als Theaterkritiker, denn »Theater war fast alles!« (S. 135) für ihn, der schon während seiner Studienjahre in Berlin in den Bann des Theaters geraten war. Zu Beginn des Ersten Weltkriegs wurde Sinsheimer eingezogen, nach zwei »verlorenen Jahren« (S. 157) beim Militär führte ihn sein Weg aus der Provinz in die Metropolen München und später Berlin. Dass er »in vielen Teilen Deutschlands gelebt« (S. 355) hat, dabei in unterschiedlichen verschiedenen Funktionen vielfältige Erfahrungen sammelte und zahlreichen Persönlichkeiten des kulturellen Lebens begegnete, macht seine Erinnerungen besonders farbig und aufschlussreich.

In München war er 1916 kurzzeitig Leiter der Kammerspiele, wo er u. a. die Uraufführung von Heinrich Manns *Madame Legros* inszenierte, doch blieb er mit seiner Konzeption eines politisch-literarischen Theaters ohne Fortune. Dann wurde er Theaterkritiker bei den *Münchner Neuesten Nachrichten* und schließlich von 1923 bis 1929 Chefredakteur des *Simplicissimus*, dessen Mitarbeiter er ausführlich porträtiert. 1929 holte ihn Theodor Wolff zum *Berliner Tageblatt*, um die satirische Beilage *Ulk* neu zu gestalten. Später wechselte er ins Feuilleton, blieb aber neben Alfred Kerr nur zweiter Kritiker. Erst nach dessen Flucht nahm er Kerrs Stellung ein, denn Sinsheimer, der aus zwingenden privaten Gründen bis 1938 in Deutschland blieb, schrieb noch bis Ende September 1933 für das *Berliner Tageblatt*. Die berüchtigte Kaiserhof-Rede von Goebbels, in der dieser die Vertreibung der deutsch-jüdischen Filmschaffenden ankündigte, hielt der sonst so scharfsinnige Analytiker in seiner Kritik und unbegreiflicherweise noch in seinen Erinnerungen, für einen »total unpolitischen und ungehässigen Vortrag über Filmkunst« (S. 322) und verstand nicht, dass er von der Emigration daraufhin »als Verräter und Überläufer gebrandmarkt« (S. 322) wurde. Das fatale Fehlurteil Sinsheimers wird leider von den Herausgeberinnen nicht näher kommentiert, die sich auf dessen Kontroverse mit Heinrich Mann beschränken, der den langjährigen früheren Freund in *Der Hass* ungerechterweise als Verräter darstellte. Obschon er darunter gelitten hat, hat der bis zur Starrköpfigkeit geradlinige Sinsheimer sich durch den Bruch dieser und anderer Freundschaften in seinem Urteil über die früheren Freunde nicht beeinflussen lassen, und sich stets bemüht, ihnen in seinen Porträts Gerechtigkeit widerfahren zu lassen.

Helmut G. Asper

Reiner Möckelmann: Wartesaal Ankara. Ernst Reuter – Exil und Rückkehr nach Berlin. Berlin (Berliner Wissenschafts-Verlag) 2013. 368 S.

»Ihr Völker der Welt [...], schaut auf diese Stadt«, mit diesem Appell vor gewaltiger Menschenmenge am Berliner Reichstag zu Beginn der Berliner Blockade 1948 schrieb sich Ernst Reuter in das kollektive nationale und internationale Gedächtnis ein. Reuters Biografie ist relativ gut und breit erforscht, seine Exiljahre allerdings waren bisher vergleichsweise blass geblieben. Aus Nordfriesland stammend, Jahrgang 1889, hatte er Philosophie und Sozialwissenschaften studiert, nach kurzer Tätigkeit als Lehrer war er für den SPD-Parteivorstand tätig gewesen. Im Ersten Weltkrieg schwer verwundet geriet er in russische Gefangenschaft, lernte dort russisch und schloss sich in der Revolution den Bolschewiki an, die ihn zum Volkskommissar der Wolgadeutschen Republik machten. Zurück in Deutschland arbeitete er zunächst als KPD-Stadtsekretär für Berlin, war jedoch bald von der Partei desillusioniert und kehrte 1920 zur SPD zurück. Für sie wirkte er als Redakteur des *Vorwärts*, ab 1926 als Berliner Verkehrssenator, in dessen Zeit die Gründung der BVG fiel, und ab 1931 bis zur Machtübergabe an die Nationalsozialisten als Oberbürgermeister in Magdeburg. Nach mehreren KZ-Aufenthalten konnte Reuter Anfang 1935 emigrieren und nach einem kurzen Aufenthalt in England – wie bereits zuvor viele andere aus Deutschland vertriebene Intellektuelle im Rahmen der Modernisierungsdiktatur Kemal Atatürks – eine ihm von der Türkischen Republik angebotene Tätigkeit übernehmen, zuerst als Wirtschafts- und Verkehrsberater für die türkische Regierung und ab 1938 gleichzeitig eine Professur für Stadtplanung in Ankara. Hier verbrachte er bis zu seiner Remigration im November 1946 die längste zusammenhängende Zeit seines Berufslebens.

Zu Reuters Leben gehörten die hautnahen politischen Erfahrungen und Erlebnisse mit den totalitären Ideologien des 20. Jahrhunderts, umfassende Verwaltungskompetenz und eine offenbar große Sprachbegabung. Diese Merkmale beförderten seine in den ersten Jahren recht ungewisse berufliche und soziale Akkulturation in der Türkei. Der Autor – ein pensionierter Diplomat, der viele Jahre selbst dort tätig gewesen ist – vermittelt einen konzentrierten Einblick in Reuters Wirken in seinem Zufluchtsland, das ihm zwar zur zweiten Heimat wurde, das er aber dennoch, wie viele politische Exilanten, nur als »Wartesaal« bis zur erhofften Rückkehr betrachtete. Kern des Buches ist das Netzwerk der türkischen Mitemigranten, in dem sich Reuter professionell und privat bewegte, wobei gelegentlich die Biografien der Mitemigranten allzu breit mit vorgestellt werden. Wichtige Informationen bieten die ausführlich herangezogenen Akten des Auswärtigen Amtes, die deutlich machen, wie stark die Emigranten der genauen Beobachtung und Bespitzelung der deutschen Vertretungen unterlagen und deren denunziatorischen Druck gegenüber den türkischen Behörden ausgesetzt waren; Rivalitäten mit der nazifizierten deutschen Kolonie kamen hinzu.

Ein dramatisches Kapitel ist die Beziehung Reuters zu seinem sozialdemokratischen Parteifreund Fritz Baade, der als Agrarexperte ebenfalls in Ankara arbeitete und Reuter der türkischen Regierung empfohlen hatte. Obwohl sie die gleiche politische Vergangenheit hatten und beide als konsekutive Reichstagsabgeordnete des Magdeburger Wahlkreises vor 1933 eng verbunden waren, zerbrach ihr Verhältnis an unterschiedlichen Vorstellungen über die Haltung gegenüber Deutschland. Im Unterschied zu dem rigorosen Anti-Nazi Reuter hielt Baade Kontakt zu Deutschland, seine dort gebliebenen Söhne waren Mitglieder der HJ und später Soldaten geworden. Zwar war das Zerwürfnis zunächst eine interne Angelegenheit der nur wenigen Sozialdemokraten geblieben, sie verstanden sich – das war von ihnen schließlich erwartet worden – als unpolitische Fachleute auf ihrem jeweiligen Gebiet. Aber nach der Wende bei Stalingrad und der zu erwartenden Kriegsniederlage Deutschlands änderte sich ihre Haltung. Bei den jetzt beginnenden antifaschistischen Aktivitäten, etwa der Gründung eines »Deutschen Freiheitsbundes« und ihren Verlautbarungen zu einer künftigen Ordnung in Deutschland wurden Leute wie Baade nicht dazu gebeten.

Es war klar, dass ein Politiker wie Reuter nach Ende der NS-Herrschaft so schnell wie möglich nach Deutschland zurückkehren wollte, um sich am Wiederaufbau zu beteiligen. Die Schlusskapitel des Bandes beschreiben den eineinhalb Jahre dauernden Kampf Reuters mit den alliierten Besatzungsmächten, die aus Gründen der Legitimation gegenüber der deutschen Bevölkerung sehr zögerlich waren, Rückkehrgenehmigungen an die ehemaligen Exilanten zu erteilen. Nach der Remigration wurde er in der Öffentlichkeit als »Türke« denunziert, zum nationalen Kurs des SPD-Vorsitzenden Kurt Schumacher geriet der Weltbürger Reuter alsbald in Konflikt, und die Sowjets verweigerten nach erfolgreicher Wahl seine Ernennung zum Berliner Bürgermeister – diese Funktion konnte er erst nach der Spaltung der Stadt während der Blockade übernehmen.

In den letzten Jahren ist das Exil in der Türkei mehrfach untersucht worden, erwähnt sei exemplarisch nur der eindrucksvolle Katalogband *Haymatloz* des Berliner Vereins Aktives Museum. Die vorliegende Monografie bietet dazu einige weitere Einsichten, zentriert um die Biografie Ernst Reuters, aber nicht allein auf sie beschränkt. Eine etwas konzisere Struktur des zeitgenössischen Kontextes und der Verzicht auf die Wiedergabe von Bekanntem hätten die Lektüre noch dichter und interessanter gemacht.

Claus-Dieter Krohn

Fritz Backhaus, Monika Boll und Raphael Gross (Hg.): Fritz Bauer. Der Staatsanwalt. NS-Verbrechen vor Gericht. Eine Ausstellung des Fritz Bauer Instituts und des Jüdischen Museums Frankfurt in Kooperation mit dem Thüringer Justizministerium (= Schriftenreihe des Fritz Bauer Instituts, Frankfurt am Main, Bd. 32). Frankfurt a. M., New York (Campus Verlag) 2014. 300 S.

Wenn er das Arbeitszimmer verlasse, betrete er feindliches Ausland, so charakterisierte der aus der Emigration zurückgekehrte hessische Generalstaatsanwalt Fritz Bauer seine Situation in der postfaschistischen Bundesrepublik. Bis zu seinem frühen Tode 1968 ist dieser kritische Jurist und engagierte Demokrat, doppelt stigmatisiert als Jude und linker Sozialdemokrat, ein Außenseiter geblieben, lange war er nur wenigen Fachleuten bekannt. Erst in jüngster Zeit begann man, sich in der breiteren Öffentlichkeit an ihn zu erinnern. Das fing an mit der eindringlichen Bauer-Biografie Irmtrud Wojaks 2009 (vgl. dazu meine Rezension im Jahrbuch Exilforschung 27/2009, S. 234 f.), gefolgt 2010 von Ilona Zioks Film *Fritz Bauer – Tod auf Raten*, 2013 erschien Ronen Steinkes Darstellung *Fritz Bauer oder Auschwitz vor Gericht*, und soeben ist eine umfassende DVD-Dokumentation der Auftritte und Reden Bauers im Deutschen Fernsehen zwischen 1961 und 1968 herausgekommen. Der vorliegende Katalog und die Ausstellung passen sich hervorragend in die begonnene Erinnerungskultur ein. Anlass dafür war der 50. Jahrestag des von Fritz Bauer initiierten Auschwitz-Prozesses, eines der größten der deutschen Justizgeschichte, der zwischen 1963 und 1965 zugleich die umfassendere öffentliche Aufarbeitung der Vergangenheit in der Bundesrepublik einleitete.

Anschaulich dokumentiert der Katalog mit zahllosen Bildern und eindrucksstarken Faksimiles die Biografie des 1903 in Stuttgart geborenen Fritz Bauer; vor dem Hintergrund, dass es von ihm keinen Nachlass gibt, ist dies bereits eine bemerkenswerte Leistung. Wirkungsvoller aber ist, die einzelnen Lebensstationen – zunächst seine Tätigkeit als jüngster Amtsrichter in Stuttgart seit 1929, dann seine Verhaftung als Sozialdemokrat 1933, das Exil in Dänemark mit der zeitweiligen Flucht nach Schweden 1943 und seine Rückkehr nach Deutschland angesichts der Widerstände von dort erst 1949 – sowie vor allem Bauers Rechtspositionen und sein Verhalten als Generalstaatsanwalt zuerst in Braunschweig, ab 1956 in Hessen von unterschiedlichen Fachleuten vorstellen zu lassen. Darunter finden sich zahlreiche Fachkollegen, die zum Teil aus persönlicher Bekanntschaft berichten konnten, so etwa ein seinerzeit von Bauer in Frankfurt angeheuerter junger Staatsanwalt, der die Phalanx der damals noch dominierenden Gerichtsvertreter aus der NS-Zeit aufbrechen sollte. Immerhin lag der Anteil früherer NS-Richter in den Oberlandesgerichtsbezirken Mitte der 1960er Jahre noch bei etwa zwei Dritteln, worauf die einstige Justizministerin Herta Däubler-Gmelin in ihrer systematischen Einführung zu Bauers Außenseiterrolle in der bundesdeutschen Justiz-Landschaft hinweist. Vor diesem Hintergrund berichtet sie, welche Rolle Bauer für sie und andere Berliner Studierende spielte, als sie ihn als Vorstandsrepräsentanten der 1961 gegründeten linksliberalen »Humanistischen Union« zu einer Veranstaltung eingeladen hatten.

Der Katalog und damit die Ausstellung thematisieren vor allem Bauers lebenslange Opposition gegen den deutschen Rechtspositivismus, der für falschen Gehorsam, mangelnde Zivilcourage, Untertanengeist, Staatsfrömmigkeit, Indifferenz gegenüber Menschenrechten und Freiheitsideen, in summa: für das steht, was auch die Nazi-Ideologie vorgegeben hatte. Dagegen definierte Bauer das Recht breiter und offener als lebendige Ordnung, in der nicht die abstrakte Staatsräson herrsche, sondern die Freiheit und Verantwortung des Einzelnen die Richtschnur zu sein habe. In diesem Sinne engagierte sich Bauer nicht allein für die überfälligen Justizreformen und beim Strafvollzug im Nachkriegsdeutschland, darauf waren vorderhand seine juristischen Ahndungen der NS-Vergangenheit gerichtet. Zunächst schrieb er im sogenannten Remer-Prozess 1952 in Braunschweig Justizgeschichte. Den Angeklagten, einen nach wie vor bekennenden Nationalsozialisten, verurteilte er wegen Beleidigung, nachdem er die Hitler-Attentäter vom 20. Juli 1944 als

»Verräter« denunziert hatte. Gegen diesen auch in der breiteren, nicht nur soldatischen Öffentlichkeit erhobenen Vorwurf reklamierte Bauer das Widerstandsrecht als demokratische Pflicht, wobei er das dahinterstehende Problem der Eides-Bindung von Soldaten an das Gemeinwohl und nicht an irgendwelche Autoritäten band. Vor dem Hintergrund der gerade begonnenen Wiederbewaffnung und der damit noch verstärkten Schlussstrich-Mentalität in der Bundesrepublik bekam diese Rechtsposition enorme Brisanz. Und der von ihm seit Ende der 1950er Jahre vorbereitete Auschwitz-Prozess war nicht allein auf die Bestrafung von Angeklagten für begangene Taten gerichtet, sondern auch auf die Ermittlung der Umstände, die normale Menschen dazu brachten, die monströsen Verbrechen des Holocausts zu begehen. Mithilfe umfassender historischer Expertisen, die später nach Veröffentlichung zu Schlüsselwerken der NS-Forschung wurden, war die Prozessführung didaktisch auf den aufklärerischen Nachweis gerichtet, dass die Vernichtung der Juden in den Lagern als kollektive Tat der dort tätigen Mordkommandos anzusehen sei, und es nicht, wie der Strafrechtspositivismus fordert, darauf ankomme, einzelne individuelle Verbrechenstatbestände nachzuweisen.

Mit solcher soziologisch grundierten Rechtsauffassung blieb Bauer im Auschwitz-Prozess jedoch der Außenseiter, das Frankfurter Schwurgericht wie auch der Bundesgerichtshof in der Revision verwarfen diese Position. Ähnlich erging es Bauers Einlassungen zu anderen Rechtsmaterien. Dass er überhaupt in herausgehobener Stellung wirken konnte, lag an der Sonderrolle Hessens, das unter dem Ministerpräsidenten Georg August Zinn als »Freistatt unorthodoxer und origineller Geister«, so Eugen Kogon 1966, einen Kontrapunkt in der politischen Eiswüste der Adenauer-Ära setzte. Erst heute haben Bauers Einsichten Anerkennung in der Fachwelt gefunden; der Münchner Prozess 2011 gegen den einstigen Wachmann John Demjanjuk im Vernichtungslager Sobibor und seine Verurteilung wegen Mordbeihilfe ist dafür ein Beispiel. Nicht nur diesem mühsamen Zivilisierungsprozess des deutschen Rechts geht der Katalog anschaulich nach, illustriert von diversen faksimilierten Schmähbriefen an das Frankfurter Gericht. Sie dokumentieren, was zahlreiche Deutsche von der Aufarbeitung der Vergangenheit und zumal noch unter Beteiligung jüdischer Überlebender hielten. Einen unmittelbaren Erfolg allerdings sollte Bauer noch zu seinen Lebzeiten haben: Zur kritischen Bewusstseinsbildung der jungen akademischen Generation Ende der 1960er Jahre, die ohne den Einfluss der einstigen Emigranten nicht zu denken ist, hat auch Bauer als Spiritus rector der 1968 gegründeten Zeitschrift *Kritische Justiz* nachhaltig beigetragen. Joachim Perels, von Anfang an dabei, beschreibt in seinem Katalogbeitrag, wie dort die jüngere »hauchdünne juristische Gegenelite« zusammenfand, die zuvor bereits als studentischer Arbeitskreis die bedeutenden, ins Exil getriebenen Juristen aus dem Vergessen zu retten begonnen hatte. Die Zeitschrift sah sich in der Tradition der großen rechtstheoretischen Denker der 1920er Jahre und im Exil an und lieferte mit den von ihnen angeregten gesellschaftspolitisch orientierten juristischen Analysen die Alternativen im rechtspositivistischen Lehrbetrieb der zu jener Zeit noch vielfach NS-kontaminierten juristischen Fakultäten.

Claus-Dieter Krohn

Regina Weber: Lotte Labowsky – Schülerin Aby Warburgs, Kollegin Raymond Klibanskys. Eine Wissenschaftlerin zwischen Fremd- und Selbstbestimmung im englischen Exil. Berlin, Hamburg (Dietrich Reimer) 2012. 224 S.

Regina Webers Studie über Lotte Labowsky (1905–1991) gilt Leben und Werk einer zu Unrecht vergessenen Forscherin des Warburg-Kreises. Die Verfasserin rekonstruiert auf der Basis des in Marbach aufgefundenen Briefwechsels und weiterer z. T. unveröffentlichter Materialien den Weg vom Hamburger Elternhaus zum Studium in Freiburg, Paris und Heidelberg, wo sie 1932 in der Altphilologie promoviert und 1934 zur Emigration nach England gezwungen wurde. Lotte Labowsky wird Mitarbeiterin des emigrierten Warburg Institute London, später *Fellow* und ab 1961 bis zu ihrer Pensionierung Mitglied des Lehrkörpers am Somerville College, Oxford. Weber schildert die angespannte und fragile Situation des Exilalltags, aber auch die sehr englische Atmosphäre des Oxforder Universitätscolleges als Zentrum gesellschaftlichen Lebens und wissenschaftlicher Kultur, in die sich Lotte Labowsky integriert. Wichtig ist die Unterstützung und Förderung durch das Warburg Institute, aber auch durch britische Kollegen und Kolleginnen und die Society for the Protection of Science and Learning. Die Vita und die wissenschaftliche Arbeit verbinden Labowsky mit dem ungleich bekannteren Raymond Klibansky, dem Heidelberger Studienfreund, der über London nach Montreal emigrierte und an der dortigen Universität Philosophiegeschichte lehrte. Als Schüler und späterer Mitarbeiter Fritz Saxls hat Klibansky Lotte Labowsky in den Hamburger Warburgkreis eingeführt. Im Londoner Exil wird sie zur Mitarbeiterin des von Klibansky herausgegebenen ›Corpus Platonicum Medii Aevi‹, das die lateinische und arabische Plato-Tradition dokumentiert und dessen sieben Bände zwischen 1940 bis 1962 erscheinen – an den Bänden 1 und 3 ist Labowsky als Mitherausgeberin beteiligt. Der in dieser Dokumentation unternommene Nachweis eines »kontinuierlichen Überlieferungsstroms des platonischen Gedankenguts« (S. 76) stellt die philosophiegeschichtliche Erweiterung und Ergänzung der kunstgeschichtlichen Forschungen Warburgs und des Warburgkreises über die ›Wanderstraßen der Kultur‹ (Aby Warburg) von der Antike bis zur Renaissance und zur Neuzeit dar.

Lotte Labowsky tritt aus der Anonymität ihrer Forscher- und Herausgebertätigkeit erst spät mit ihrem Buch *Bessarions Library and the Biblioteca Marciana* (1979) hervor. Die Veröffentlichung, der Regina Weber ein umfangreiches Kapitel widmet (S. 154–180), steht in engem Zusammenhang mit dem philosophiegeschichtlichen Projekt des Warburginstituts. Gegenstand ist die wissenschaftliche Rekonstruktion der Bibliothek des im 15. Jahrhundert in Nicäa und Rom wirkenden Kardinals Bessarion. Die Auswertung des Bestandsverzeichnisses der Biblioteca Marciana, in die die Bessarion-Bibliothek als Gründungsbestand Eingang gefunden hat, weist sie als ein für die Zeit einmaliges Archiv griechischer und lateinischer Texte der Antike aus. Die Bessarion-Bibliothek spielte für die im 15. Jahrhundert in Venedig und Italien einsetzende Beschäftigung mit den Originaltexten des Altertums eine zentrale Rolle. Neben dem von Raymond Klibanski erforschten Cusanus wurde Bessarion, dank der Forschungen Lotte Labowskys, zu einer der »Schlüsselfiguren des Platonismus-Transfers« (S. 156) in der frühen Neuzeit. Weber kann sich dabei auf zeitgenössische Forscher und Gutachter berufen, eine endgültige Bewertung muss aber der philosophie- und kulturgeschichtlichen Forschung überlassen bleiben. Regina Weber beschreibt das außergewöhnliche Leben einer Frau und Wissenschaftlerin im Exil. Die gelungene Integration und das respektable wissenschaftliche Werk lassen nicht die Spannungen und Konflikte vergessen, in der sich dieses Leben zwischen ursprünglicher Heimat und Exil, zwischen traditioneller Rolle als wissenschaftlicher »Gehilfin des Mannes und der emanzipierten Intellektuellen« (S. 183) abspielte. Der Unterschied in der öffentlichen Anerkennung zeigt sich im Vergleich mit der wissenschaftlichen Karriere des lebenslangen Freundes und Arbeitsgefährten Raymond Klibansky, der aber nicht zum Lebensgefährten wurde. Klibanskys philosophiegeschichtliche Forschungen zu Platon und Cusanus, seine im Auftrag der UNESCO herausgegebene Schriftenreihe mit klassischen Texten zur Toleranz von Asoka über Cusanus bis zu John Locke, die von ihm als Mitglied und Direktor (1966–1969) des Pariser ›Institut International des Philosophes‹ initiierten Publikationen zur Philosophie des 20. Jahrhunderts machten ihn zu einem der wichtigsten Wissenschaftsorganisatoren der Nachkriegszeit. Seine lesenswerte, 1998 in Paris erschienene Autobiografie *Le philosophe et la mémoire du siècle* gibt darüber Auskunft. Mit Lotte Labowsky verband ihn die kulturgeschichtliche Zielsetzung des Warburginstituts und die Überzeugung, dass der Tradierung antiker Traditionen, der Fortschreibung und Erweiterung des kulturellen Austausches im Rahmen der sich abzeichnenden Weltgesellschaft eine besondere Rolle zukommt.

Und dass das Exil der priviligierte Ort dieses Austausches ist.

Lutz Winckler

Steffi Böttger: Für immer fremd. Das Leben des jüdischen Schriftstellers Hans Natonek. Leipzig (Lehmstedt Verlag) 2013. 243 S.
Steffi Böttger (Hg.): Hans Natonek. Letzter Tag in Europa. Gesammelte Publizistik 1933–1963. Leipzig (Lehmstedt Verlag) 2013. 372 S.

Der New Yorker Verleger und Agent Barthold Fles hat Hans Natonek einen egoistischen Konfessionsschreiber genannt. Diese Charakterisierung spiegeln auch die beiden vorliegenden Bände wider, mit denen der Lehmstedt Verlag Leipzig und die Schauspielerin Steffi Böttger ihre Bemühungen fortsetzen, den inzwischen weitgehend vergessenen Publizisten Natonek wieder zu entdecken. Einen ersten Band mit Natoneks Beiträgen als Feuilletonchef beim *Leipziger Tageblatt/Neue Leipziger Zeitung* und für die großen Periodika in den 1920er Jahren, etwa *Die Weltbühne* und *Das Tage-Buch*, hatten die Herausgeberin und der Verlag bereits 2006 publiziert. Erste Hinweise auf den aus dem deutschsprachigen Prager Milieu stammenden Autor waren schon in den 1980er Jahren von Jürgen Serke in seinen publizistischen Arbeiten über die *Verbrannten Dichter* gekommen. Die ursprünglich als Einführung in Natoneks Exil-Publizistik geplante Biografie gibt, wie die Autorin sagt, keine wissenschaftliche und kulturgeschichtliche Analyse, sondern die Beschreibung seiner einzelnen Lebensstationen: Von der Geburt 1882 in Prag über kurze Aufenthalte in Wien und Berlin, seit 1917 in Leipzig, nach der Entlassung bei der *NLZ* 1933 Aufenthalt in Hamburg, 1934 Übersiedlung in die Tschechoslowakei, 1938 Flucht nach Paris, 1941 mithilfe Varian Frys und des Emergency Rescue Committees schließlich die Emigration nach New York – also die üblichen Stationen der meisten Exilanten, zu denen die Biografie nicht viel Neues beiträgt.
Interessant ist die Darstellung aber mit ihrem Blick auf das subjektive Profil ihres ›Helden‹. Natonek wird dem Leser als recht rücksichtsloser, häufig unsicherer, frauenfixierter und selbstmitleidiger Egozentriker mit dauernden Familienproblemen präsentiert, zu dessen »Lebensirrtum« (S. 180) zudem die Annahme gehörte, er sei weniger Journalist, sondern ein großer Romancier. Außer dem bekannteren *Schlemihl* (1936) hat er zwar diverse Romane geschrieben, die alle autobiografisch eingefärbt, aber wenig bemerkenswert sind und von denen die wenigsten veröffentlicht werden konnten. Unbeherrscht und unstet waren seine jeweiligen Frauenbeziehungen. Mag noch zum bourgeoisen Komment der Österreichisch-Ungarischen Monarchie gezählt haben, dass der 19-jährige Schüler einst das elterliche Dienstmädchen geschwängert hatte, so ist bemerkenswert, dass später der Vater einer seiner Geliebten und dann kurzfristigen Ehefrau, ein bekannter Hamburger Jurist und Professor der dortigen Universität, die Unterhaltskosten für eine zuvor verlassene Frau und ihre zwei Kinder mit mehreren 10.000 Reichsmark beglich, die sich ihrerseits den Nazis angedient hatte und nicht allein den verlorenen Ehepartner, sondern ebenfalls den Spender mit wüsten antisemitischen Beschimpfungen überhäufte. Alsbald trennte sich Natonek auch von seiner zweiten Frau. In New York ging er schließlich eine Liaison zu einer Tänzerin ein, die mit ihrer Familie 1944 nach Tucson in Arizona ging, um Linderung ihrer Gelenkentzündungen in der trockenen Wüstenluft zu finden. Natonek reiste ihr hinterher, heiratete sie später nach dem Tod ihres Mannes und verbrachte dort den Rest seines Lebens. Er starb 1963, von ihr als Tanzlehrerin an der Universität unterhalten, abgeschieden von der neuen Lebenswelt, ununterbrochen schreibend, ohne jedoch etwas davon zu publizieren. Zuvor hatte er in New York 1943 allerdings durch Vermittlung von Barthold Fles in einer Kleinstauflage die Monografie *In Search of Myself* veröffentlichen können, eine lose Komposition von ersten dort gemachten Erlebnissen.
Die Zusammenstellung seiner Exil-Publizistik dokumentiert Natoneks Fähigkeit zur schnellen, präzisen und pointierten Situations- und Personenbeschreibung. Mit ihrer subjektiven und autobiografischen Grundierung, den Erinnerungen an bessere

Zeiten haben die kleinen Miniaturen einen gewissen Reiz, analytisch sind sie allerdings nur von begrenztem Tiefgang. Erst ab 1938 bekommen die Texte zunehmendes politisches Gewicht; jetzt wollen sie nicht mehr nur unterhalten, sondern thematisieren die erlebte Gegenwart der Entrechtung und Verfolgung der jüdischen Existenz und insbesondere die Zerstörung seiner tschechischen Heimat. Die feuilletonistische Produktivität wurde mit der Flucht in die USA jäh abgebrochen. Er konnte zwar in den ersten Monaten nach seiner Ankunft noch wenige Beiträge im *Aufbau* veröffentlichen, darüber hinaus gelang es ihm jedoch nur noch, einen Beitrag zum Sprachwechsel des emigrierten Schriftstellers Anfang der 1950er Jahre in einer amerikanischen Zeitschrift zu veröffentlichen. Von den rund 110 abgedruckten Texten sind mehr als 100 vor Natoneks Ankunft 1941 in New York erschienen, von den restlichen 10 wurden in den folgenden beiden Jahrzehnten bis zu seinem Tode nur 5 in deutschsprachigen Zeitungen publiziert, der Rest sind Typoskripte aus seinem Nachlass. Zusammen mit der von der Herausgeberin verfassten Biografie charakterisieren sie eine Persönlichkeit, die – wie sie schreibt – aus Furcht vor der eigenen Unzulänglichkeit zur Selbstüberschätzung und ebenso zum Selbstmitleid neigte. Auch an solche Personen gilt es zu erinnern, denn sie zeigen, dass das deutschsprachige Exil nach 1933 nicht nur aus integren, aufrechten und politisch-bewussten Ausnahmeerscheinungen bestand.

Max Stein

Doerte Bischoff, Miriam N. Reinhard, Claudia Röser und Sebastian Schirrmeister (Hg.): Exil Lektüren. Studien zu Literatur und Theorie. Berlin (Neofelis Verlag) 2014. 112 S.

Der Band *Exil Lektüren. Studien zu Literatur und Theorie* versammelt Beiträge des Studientags *Exil und Literatur*, welcher von der Walter A. Berendsohn Forschungsstelle für Exilliteratur an der Universität Hamburg am 6. Juli 2012 ausgerichtet wurde. Die neun Aufsätze stammen von Absolventinnen verschiedener Bachelor- und Masterstudiengänge, von denen einige mittlerweile wissenschaftlich tätig sind. Der thematische Schwerpunkt liegt auf dem »historische[n] Exil von 1933 bis 1945« (S. 7), wobei im Vorwort auch der Wunsch zum Ausdruck gebracht wird, die Exilforschung in Beziehung zu gegenwärtigen Migrationsbewegungen zu setzen; ein aktuelles Anliegen, das zumindest im Aufsatz von Anne Benteler zu *Walter Benjamins Begriff der Übersetzung* kurz aufgegriffen wird.
Der Band gliedert sich in die drei Sektionen *Heimat und Exil*, *Exil und Judentum* sowie *Verwerfungen, Entgrenzungen, Übersetzungen*. In den Beiträgen werden Fragestellungen der gegenwärtigen Forschung diskutiert und exemplarische Analysen klassischer Exiltexte angeboten, wie Sophie Bornscheuers Interpretation von Mascha Kalékos *Emigranten-Monolog*. Dabei gehen die Autorinnen unterschiedlich mit der Erklärung von literaturwissenschaftlichen Fachtermini, theoretischen Begrifflichkeiten und methodischen Ansätzen um. Während beispielsweise Katharina Hänßler für ihre Analyse von Heines Gedichten Stilmittel nicht nur aufzeigt, sondern auch definiert oder Anne Benteler die Gründe für die Heranziehung von Walter Benjamin benennt, verzichten andere auf solcherlei Erklärungen. In dieser Hinsicht sind die Beiträge nicht einheitlich konzipiert.
Das ist schade, vor allem, wenn man die potenzielle Zielgruppe des Bandes bedenkt. Das Buch eignet sich hervorragend für den Einsatz in der universitären Lehre. Die Veröffentlichung dient zweifellos nicht nur den Autorinnen, sondern Studierenden zur Motivation. Die Beiträge sind im Duktus lockerer (selten unsicher), thematisch fokussiert, dadurch weniger voraussetzungsreich und in der Folge ideale Einstiegstexte in die akademische Lektüre- und Schreibpraxis. Dennoch verfügen sie über ein gutes bis sehr gutes wissenschaftliches Niveau. So beeindruckt Sonja Dickow mit ihrer feinsinnigen Analyse der Lyrik Nelly Sachs' vor dem Hintergrund kabbalistischer Mystik; ebenso Eleonore Schmitt mit der Untersuchung zum Flüchtling, dem ohne Bürgerrecht die Menschenrechte entzogen sind. Carla Swiderskis Ausführungen zur Mensch/Tier-Konstellation in Oskar Maria

Grafs Roman *Die Flucht ins Mittelmäßige* weisen zwar die größte Distanz zur Exil-Thematik auf, sind aber dessen ungeachtet aufschlussreich.

Angesichts dieser positiven Beispiele ist diese Veröffentlichung nur zu begrüßen. Während im anglo-amerikanischen Raum die Förderung Studierender und Graduierter in Form von Konferenzen und Veröffentlichungen bereits Usus ist, gehen die Herausgeber – Doerte Bischoff, Miriam N. Reinhard, Claudia Röser und Sebastian Schirrmeister – für die deutsche Universitätslandschaft mit gutem Beispiel voran.

Kristina Hinneburg

Kurzbiografien der Autoren und Autorinnen

Reinhard Andress, Prof. Dr., Doktorstudium der Germanistik an der University of Illinois; Lehr- und Professorenstellen an Middlebury College, Colby College, Alfred University, Saint Louis University und Loyola University Chicago; gegenwärtig als Dekan des College of Arts and Sciences an der Loyola University Chicago tätig; Forschungsschwerpunkte: Deutsche Exilliteratur und Alexander von Humboldt; Publikationen u.a.: »*Der Inselgarten*« – *das Exil deutschsprachiger Schriftsteller auf Mallorca, 1931–1936*, Amsterdam 2001; Herausgabe des Exilromans *Der Schmelztiegel* von Martha Brill (Frankfurt a.M. 2008) und des Essaybandes *Weltanschauliche Orientierungsversuche im Exil/New Orientations of World View in Exile* (Amsterdam 2010); Übersetzung (zusammen mit Egon Schwarz) von Benno Weiser Varons Exilroman *Yo era europeo* ins Deutsche (*Ich war Europäer*, Wien 2008).

Lina Barouch, Dr., Studium der Modernen Geschichte des Nahen Ostens, der Soziologie und Anthropologie an den Universitäten Tel Aviv (B.A. 1998) und Oxford (M. phil. 2000); 2012 Promotion in Germanistik über *Between German and Hebrew: Approaches to Language in the Writings of Gershom Scholem, Werner Kraft and Ludwig Strauss* an der Universität Oxford; seit 2013 Postdoktorandin und Wiss. Mitarbeiterin am Projekt zur Erschließung von Nachlässen deutsch-jüdischer Intellektueller in Israel (Franz Rosenzweig Minerva Forschungszentrum, Hebrew University of Jerusalem und Deutsches Literaturarchiv Marbach); ab 2014 Dozentin im B.A. Liberal Arts an der Universität Tel Aviv; Publikationen u.a. zur deutsch-jüdischen Literatur und Philosophie.

Doerte Bischoff, Prof. Dr., Studium der Germanistik, Geschichte, Publizistik und Philosophie in Münster, Tübingen und St. Louis/USA, Promotion 1999 in Tübingen (über die Prosa Else Lasker-Schülers), zuvor Mitglied des Graduiertenkollegs »Theorie der Literatur und Kommunikation« in Konstanz; seit 1998 Wiss. Assistentin in Münster, dort Habilitation; 2010 Professur in Siegen, seit 2011 Professorin für Neuere Deutsche Literatur in Hamburg mit Leitung der Walter A. Berendsohn Forschungsstelle für deutsche Exilliteratur; seit 2012 Mitherausgeberin des Jahrbuchs Exilforschung. Publikationen u.a. zu deutsch-jüdischer

Literatur, Holocaust-Erinnerung, Fetischismusdiskursen und der Verhandlung von Dingen in der Literatur (*Poetischer Fetischismus. Der Kult der Dinge im 19. Jahrhundert.* München 2013), zur Materialität der Zeichen, zu Rhetorik und Gender und zur Exilforschung; Mitherausgeberschaft: *Literatur und Exil. Neue Perspektiven,* Berlin 2013; Exilforschung 31: *Dinge des Exils,* München 2013.

Eva Duran Eppler, PhD, Mag. Phil., Studium der Anglistik und Germanistik an der Universität Wien; Promotion 2006 an der University of London zu strukturellen Aspekten des bilingualen Sprachverhaltens jüdischer Emigranten in London; seit 1997 Lehrbeauftragte an den Universitäten London, Lancaster und Strathclyde; ab 2011 Dozentin an der University of Roehampton, London; Gastprofessuren an den Universitäten Zypern (2008) und Graz (2001, 2012); Research Associate am ESRC Centre for Research on Bilingualism in Theory and Practice, Universität Bangor, Wales (2010–13); Publikationen zu Sprache und Gender (Mitherausgeberschaft: *Gender and Spoken Interaction,* New York 2009) und zu syntaktischen Aspekten von Zweisprachigkeit in Exilkontexten (*Emigranto,* Wien 2010); aktueller Forschungsschwerpunkt im Bercich mentale Sprachverarbeitung bei Bilingualen.

Birgit R. Erdle, PD Dr., seit 2012 Walter Benjamin Visiting Professor an der Hebrew University of Jerusalem; davor Gastprofessorin zur Erforschung des Holocaust und der deutsch-jüdischen Geschichte am Fritz Bauer-Institut/Universität Frankfurt a. M.; Vertretungs- und Gastprofessuren an der Universität Wien, der TU Berlin und an der Emory University Atlanta; zahlreiche Arbeiten zu deutsch-jüdischer Literatur- und Ideengeschichte, zu Kultur- und Literaturtheorie, zur Nachgeschichte des Nationalsozialismus und des Holocaust und zu Bezügen von Materialität, Gedächtnis und Wissen. Publikationen u. a.: *Antlitz – Mord – Gesetz. Figuren des Anderen bei Gertrud Kolmar und Emmanuel Lévinas,* Wien 1994; 2015 erscheint *Literarische Epistemologie der Zeit. Lektüren zu Kant, Kleist, Heine und Kafka* (München); Mitherausgeberschaft u. a. zur *Nachgeschichte des Nationalsozialismus* (Zürich 1995) und zu *Trauma* als kulturellem Deutungsmuster (Köln 1999).

Susann Fischer, Prof. Dr., Studium der Hispanistik und Nordamerikanistik in Berlin, Barcelona und Manchester; 1997–2000 Stipendiatin des DFG-geförderten Graduiertenkollegs »Ökonomie und Komplexität in der Sprache«; 2000 Promotion in Potsdam, 2000–2003 Mitarbeiterin im DFG-Projekt »Nicht-Strukturelle Kasus«; 2003–2008 Wiss. Mitarbeiterin Institut für Linguistik/Anglistik Universität Stuttgart, 2008 Habilitation, seit 2009 Professur für Linguistik des Spanischen und Katalanischen Universität Hamburg; Forschung und Publikationen u. a. zur komparativen diachronen Syntax, zur syntaktischen Theoriebildung und zu Schnittstellenphänomenen, u. a. *Word-order change as a source of grammaticalisation*, Amsterdam 2010; Mitherausgeberschaft *Agreement Restrictions*, Berlin 2008.

Christoph Gabriel, Prof. Dr., Lehramtsstudium Musik/Französisch HdK und TU Berlin, Staatsexamen 1997; Promotion (Linguistik des Französischen) TU Berlin 2000; 2000–2006 Wiss. Assistent Universität Osnabrück, dort 2006 Habilitation (Romanische Sprachwissenschaft); seit 2007 Professur für Romanistische Linguistik (Spanisch/Französisch) Universität Hamburg; dort 2010–2011 Sprecher des Sonderforschungsbereichs 538 »Mehrsprachigkeit«; 2009–2012 Projektleiter im Landesexzellenzcluster »Linguistic Diversitiy Management in Urban Areas« (LiMA); Publikationen u. a. zur französischen und spanischen Syntax und Phonologie sowie zu Sprachkontakt, Mehrsprachigkeit und Zweitspracherwerb, u. a. Mitherausgeberschaft *Intonational phrasing in Romance and Germanic. Cross-linguistic and bilingual studies*, Amsterdam 2011; *Multilingual individuals and multilingual societies*, Amsterdam 2012.

Mark H. Gelber, Prof. Dr., Studium der Komparatistik, Germanistik und der Jüdischen Studien in den USA, Deutschland, Frankreich und Israel; Promotion an der Yale University; Alexander-von-Humboldt-Forschungsstipendiat an der Universität Tübingen und an der FU Berlin; Gastprofessuren an der University of Pennsylvania, Yale University, New York University sowie an den Universitäten Graz, Maribor, Antwerpen, Aachen und Auckland; Mitglied der Deutschen Akademie für Sprache und Dichtung, Darmstadt; seit 2007 Leiter des Forschungszentrums für österreichische und deutsche Studien, Ben-Gurion University, Beer Sheva; zahlreiche Publikationen zu deutsch-jüdischer Literatur- und Literaturgeschichte, Exilliteratur, Kulturzionismus und literarischem Antisemitismus; letzte Buchveröffentlichung: *Stefan Zweig, Judentum und Zionismus*, Innsbruck 2014.

Elisabeth Güde, Studium der Allgemeinen und Vergleichenden Literaturwissenschaft und Französischen Philologie in Bonn, Paris, Istanbul und Berlin; Magisterarbeit zur Poetik der Sprachmischung bei Emine Sevgi Özdamar; literarische Übersetzungen aus dem Französischen; seit 2012 Doktorandin im DFG-Graduiertenkolleg »Funktionen des Literarischen in Prozessen der Globalisierung« (LMU München) mit einem

Projekt zur plurilingualen Konstellation in literarischen Texten türkisch-sephardischer Provenienz.

Friederike Heimann, Dr., Studium der Germanistik, Politologie und Soziologie an der FU Berlin; Erstes und Zweites Staatsexamen in Berlin; Studium der Italianistik in Hamburg; Deutsche Sprachassistentin in Rom; Dozentin für Erwachsenenbildung im Bereich DaF; Promotion 2012 über die Poetik Gertrud Kolmars an der Universität Basel; Publikationen insbesondere zur deutsch-jüdischen Lyrik; Arbeitsschwerpunkte: deutsch-jüdische Literatur; Exilliteratur; literarische Gedächtnis- und Erinnerungskonzepte; lebt und arbeitet freiberuflich in Hamburg.

Esther Kilchmann, Dr., Juniorprofessorin für Neuere Deutsche Literatur an der Universität Hamburg seit 2010; Studium der deutschen Sprach- und Literaturwissenschaft, der Geschichte des Mittelalters und der Neuzeit in Zürich, Prag und Berlin; Promotion 2007 in Zürich (*Verwerfungen in der Einheit. Geschichten von Nation und Familie um 1840*, München 2009); 2007–2010 Wiss. Mitarbeiterin am Zentrum für Literatur- und Kulturforschung in Berlin; Forschungen zu literarischer Mehrsprachigkeit, transnationalen Räumen, deutsch-jüdischer Literatur- und Kulturgeschichte und Nachgeschichte des Holocaust; Publikationen u. a.: Themenheft *Mehrsprachigkeit und deutsche Literatur. Zeitschrift für interkulturelle Germanistik* 3/2012; Mitherausgabe *Topographien pluraler Kulturen. Europa von Osten her gesehen*, Berlin 2011; in Vorbereitung: *artefrakte. Die Auseinandersetzung mit dem Holocaust in experimentellen Verfahren in Literatur und Kunst*.

Elena Kireva, Studium der Spanischen Philologie an der Neuen Bulgarischen Universität Sofia, B. A. 2009; Studium der Romanistischen Linguistik an der Universität Hamburg, M. A. 2012; seit 2012 Doktorandin an der Universität Hamburg mit einem Projekt zum spanisch-portugiesischen Sprachkontakt; Veröffentlichungen zur Prosodie des Spanischen in Lerner- und Kontaktsituationen.

Primus-Heinz Kucher, Prof. Dr. Mag., Studium der Geschichte und Germanistik an der Universität Klagenfurt; 1980–84 Lektor an der Universität Pisa; Promotion 1984 in Klagenfurt, ebendort Univ.-Assistent bis 1997 (Habilitation), anschließend Ao. Univ.-Prof.; 2003 Gastprofessur an der Universität Udine, 2008 Max Kade Visiting Professor an der UIC/Chicago, 2013 Botstiber Research Professor im Rahmen des Austro-American Fulbright Programms an der UVM in Burlington/VT.

1999–2001 Co-Koordinator für die Entwicklung der Lehr- und Forschungsplattform www.literaturepochen.at/exil; Publikationen u. a. zur österreichischen und deutschen Literatur seit der Romantik mit Schwerpunkten in den Bereichen Exil, Widerstand, Holocaust-Erinnerung, Migration, Literaturbeziehungen in Zentraleuropa sowie literarische Mehrsprachigkeit und Übersetzung; neuere (Mit-)Herausgeberschaften: *Erste Briefe/First Letters aus dem Exil 1945–1950*, München 2011, *»baustelle kultur«. Diskurslagen in der österreichischen Literatur 1918–1933/38*, Bielefeld 2011, Texteditionen von Exilautoren wie z. B. Stella Rotenberg (1991), Albert Drach (1993) und Alfredo Bauer (2004).

Tanja Kupisch, Dr., Juniorprofessorin für Linguistik des Italienischen und des Französischen an der Universität Hamburg seit 2007; Studium der Anglistik und Italianistik, Universität Hamburg, 2004 Promotion zur kindlichen Sprachentwicklung bei deutsch-französischer/italienischer Mehrsprachigkeit; 2005–2006 Postdoktorandin Universität Calgary mit einem Projekt zu deutschen Herkunftssprechern in Kanada; 2006–2007 Vertretungsprofessur in der Linguistik, McGill Universität Montreal; 2010–2013 Assistenzprofessorin an der Universität Lund; 2009–2011 DFG-Projekt zu Herkunftssprechern im Sonderforschungsbereich 538 »Mehrsprachigkeit« (Hamburg); 2009–2012 Projektleiterin im Landesexzellenzcluster »Linguistic Diversity Management in Urban Areas« (LiMA); Publikationen u. a. zu kindlichem Spracherwerb, Fremdsprachenerwerb bei Erwachsenen, Tertiärspracherwerb, Herkunftssprechern und Sprachverlust in mehrsprachigen Kontexten.

Cornelia Lahmann, Lehramtsstudium Englisch und Sozialkunde, FU Berlin, 1. Staatsexamen 2009; Masterstudium Linguistik, Universiteit van Amsterdam, M. A. 2011; seit 2011 Doktorandin an der Rijksuniversiteit Groningen, Promotion zum Thema *Near-native second language proficiency: Complexity, accuracy, and fluency in long-term immigrants' L2 oral productions*.

Simona Leonardi, Prof. Dr., Studium der Germanistik und der Anglistik an den Universitäten Pisa, Saarbrücken, Marburg und Oslo; 2000 Promotion in Florenz mit einer Arbeit zur Historischen Semantik; seit 2002 Professorin (*prof. ass.*) für Germanische Philologie an der Universität Federico II Neapel; 2014 Habilitation zur ordentlichen Professur; Publikationen zu Historischer Semantik und Pragmatik, Sprachkontakt und Metaphernforschung aus kognitiv-linguistischer Perspektive, u. a. in Anne Bettens Interviewkorpus *Emigrantendeutsch in Israel*.

Utz Maas, Prof. em. Dr. für Allgemeine und Germanische Sprachwissenschaft der Universität Osnabrück und Honorarprofessor für Sprachwissenschaft der Karl-Franzens-Universität Graz; Promotion 1968 in Freiburg i. Br.; Habilitation 1972 TU Berlin; Professuren in Roskilde (Dänemark, 1974) und Osnabrück (seit 1976, emeritiert 2009); Gastprofessuren und Dozenturen u.a. in Paris, Kairo und Melbourne; Forschungsschwerpunkte und Publikationen zur Sprachtypologie und zum Sprachkontakt, v.a. in Nordafrika (*Marokkanisches Arabisch*, München 2011; *Marokkanisch arabische Texte*, München 2013); Sprachgeschichte, besonders auch zur Schriftkultur (*Was ist deutsch? Die Entwicklung der sprachlichen Verhältnisse in Deutschland*, München 2. Aufl. 2014); Fachgeschichte der Sprachwissenschaft (*Verfolgung und Auswanderung deutschsprachiger Sprachforscher 1933–1945*, Tübingen 2010).

Monika S. Schmid, Prof. Dr., Diplomstudium Literaturübersetzen an der Heinrich-Heine-Universität Düsseldorf, Diplom 1996; 2000 ebd. Promotion mit einer Arbeit zu *First language attrition, use and maintenance: The case of German Jews in Anglophone countries* (Amsterdam 2002). 2000–2007 Wiss. Angestellte an der Vrije Universiteit Amsterdam, seit 2007 an der Rijksuniversiteit Groningen tätig, dort seit 2010 Professorin für englische Sprachwissenschaft; seit 2013 Professur für Zweisprachigkeit, University of Essex.

Ilse Stangen, M.A., Studium der Allgemeinen Linguistik an der Universität Hamburg; 2011–2012 Wiss. Mitarbeiterin im Landesexzellenzcluster »Linguistic Diversity Management in Urban Areas« (LiMA); Forschungsschwerpunkte in den Bereichen deutsch-türkische Mehrsprachigkeit und Korpuslinguistik.

Rasmus Steinkrauss, Dr., Studium der Skandinavistik, Germanistischen Sprachwissenschaft und der Neueren Deutschen Literatur in Hamburg, Tromsø und an der HU Berlin; 2009 Promotion an der Rijksuniversiteit Groningen mit einer Arbeit zu *The L1 acquisition of wh-questions in German*. 2010 Post-Doc-Mitarbeiter an der Université du Luxembourg im Bereich *English as a lingua franca*; 2011–2014 Dozent und Post-Doc-Mitarbeiter im Bereich *First language attrition* in Groningen.

Susanne Utsch, Dr., Kulturjournalistin; Studium der Germanistik und Geschichte in Aachen, Aix-en-Provence und Heidelberg; 2006 ebd. Promotion über *Sprachwechsel im Exil* am Beispiel von Klaus Mann (München 2007); davor Mitglied im DFG-Graduiertenkolleg »Dynamik von Substandardvarietäten«; Kulturvolontariat beim Sender Freies

Berlin (SFB); heute als Redakteurin, Moderatorin und Featureautorin v. a. für Deutschlandradio Kultur und Kulturradio vom Rundfunk Berlin-Brandenburg (RBB) tätig; parallel wissenschaftliche Veröffentlichungen zum deutschsprachigen Exil nach 1933.

Daniel Weidner, PD Dr., Komparatist und Germanist; Studium in Freiburg i. Br., Jena und Wien; 2000 Promotion; 2009 Habilitation an der FU Berlin; seit 2000 Wiss. Mitarbeiter am Zentrum für Literatur- und Kulturforschung Berlin, seit 2010 Stellv. Direktor; Gastprofessuren in Stanford, Gießen, Basel und Chicago; Arbeitsschwerpunkte: Religion und Literatur, Literaturtheorie und Geschichte der Philologie, deutsch-jüdische Literatur; Publikationen u. a. *Gershom Scholem: Politisches, esoterisches und historiographisches Schreiben*, München 2003, *Bibel und Literatur um 1800*, München 2011, (Mit-)Herausgeberschaft *Benjamin-Studien*, München 2008, 2011, *Profanes Leben. Walter Benjamins Dialektik der Säkularisierung*, Frankfurt a. M. 2010.

Jenny Willner, Dr., Promotion im Fach Allgemeine und Vergleichende Literaturwissenschaft, FU Berlin 2012 (*Wortgewalt. Peter Weiss und die deutsche Sprache*, Konstanz 2014); 2011–2012 Wiss. Mitarbeiterin am Institut für Komparatistik, LMU München; seit 2012 Wiss. Mitarbeiterin am Institut für deutsche und niederländische Philologie, FU Berlin, Forschungsprojekt über die deutschsprachige Darwin-Rezeption; Publikationen u. a. zu Literatur und sprachlicher Gewalt bei Peter Weiss, Franz Kafka und Georges-Arthur Goldschmidt; Mitherausgeberschaft *Das Tier als Medium und Obsession. Zur Politik des Wissens um Mensch und Tier um 1900*, Berlin 2014.

Exilforschung. Ein internationales Jahrbuch
Herausgegeben von Claus-Dieter Krohn und Lutz Winckler

Band 1/1983
Stalin und die Intellektuellen und andere Themen
391 Seiten

»... der erste Band gibt in der Tat mehr als nur eine Ahnung davon, was eine so interdisziplinär wie breit angelegte Exilforschung sein könnte.«
                                                    Neue Politische Literatur

Band 2/1984
Erinnerungen ans Exil
Kritische Lektüre der Autobiographien nach 1933 und andere Themen
415 Seiten

»Band 2 vermag mühelos das Niveau des ersten Bandes zu halten, in manchen Studien wird geradezu außergewöhnlicher Rang erreicht ...«
                                              Wissenschaftlicher Literaturanzeiger

Band 3/1985
Gedanken an Deutschland im Exil und andere Themen
400 Seiten

»Die Beiträge beschäftigen sich nicht nur mit Exilliteratur, sondern auch mit den Lebensbedingungen der Exilierten. Sie untersuchen Möglichkeiten und Grenzen der Mediennutzung, erläutern die Probleme der Verlagsarbeit und verfolgen ›Lebensläufe im Exil‹.«
                                                       Neue Zürcher Zeitung

Band 4/1986
Das jüdische Exil und andere Themen
310 Seiten

Hannah Arendt, Bruno Frei, Nelly Sachs, Armin T. Wegner, Paul Tillich, Hans Henny Jahnn und Sergej Tschachotin sind Beiträge dieses Bandes gewidmet. Ernst Loewy schreibt über den Widerspruch, als Jude, Israeli, Deutscher zu leben.

Band 5/1987
Fluchtpunkte des Exils und andere Themen
260 Seiten

Das Thema »Akkulturation und soziale Erfahrungen im Exil« stellt neben der individuellen Exilerfahrung die Integration verschiedener Berufsgruppen in den Aufnahmeländern in den Mittelpunkt. Bisher wenig bekannte Flüchtlingszentren in Lateinamerika und Ostasien kommen ins Blickfeld.

Band 6/1988
Vertreibung der Wissenschaften und andere Themen
243 Seiten

Der Blick wird auf einen Bereich gelenkt, der von der Exilforschung bis dahin kaum wahrgenommen wurde. Das gilt sowohl für den Transfer denkgeschichtlicher und theoretischer Traditionen und die Wirkung der vertriebenen Gelehrten auf die Wissenschaftsentwicklung in den Zufluchtsländern wie auch für die Frage nach dem »Emigrationsverlust«, den die Wissenschaftsemigration für die Forschung im NS-Staat bedeutete.

Band 7/1989
Publizistik im Exil und andere Themen
249 Seiten

Der Band stellt neben der Berufsgeschichte emigrierter Journalisten in den USA exemplarisch Persönlichkeiten und Periodika des Exils vor, vermittelt an deren Beispiel Einblick in politische und literarische Debatten, aber auch in die Alltagswirklichkeit der Exilierten.

Band 8/1990
Politische Aspekte des Exils
243 Seiten

Der Band wirft Schlaglichter auf ein umfassendes Thema, beschreibt Handlungsspielräume in verschiedenen Ländern, stellt Einzelschicksale vor. Der Akzent auf dem kommunistischen Exil, dem Spannungsverhältnis zwischen antifaschistischem Widerstand und politischem Dogmatismus, verleiht ihm angesichts der politischen Umwälzungen seit 1989 Aktualität.

Band 9/1991
Exil und Remigration
263 Seiten

Der Band lenkt den Blick auf die deutsche Nachkriegsgeschichte, untersucht, wie mit rückkehrwilligen Vertriebenen aus dem Nazi-Staat in diesem Land nach 1945 umgegangen wurde.

Band 10/1992
Künste im Exil
212 Seiten. Zahlreiche Abbildungen

Beiträge zur bildenden Kunst und Musik, zu Architektur und Film im Exil stehen im Mittelpunkt dieses Jahrbuchs. Fragen der kunst- und musikhistorischen Entwicklung werden diskutiert, die verschiedenen Wege der ästhetischen Auseinandersetzung mit dem Faschismus dargestellt, Lebens- und Arbeitsbedingungen der Künstler beschrieben.

Band 11/1993
Frauen und Exil
Zwischen Anpassung und Selbstbehauptung
283 Seiten

Der Band trägt zur Erforschung der Bedingungen und künstlerischen wie biografischen Auswirkungen des Exils von Frauen bei. Literaturwissenschaftliche und biografische Auseinandersetzungen mit Lebensläufen und Texten ergänzen feministische Fragestellungen nach spezifisch »weiblichen Überlebensstrategien« im Exil.

Band 12/1994
Aspekte der künstlerischen Inneren Emigration
1933 bis 1945
236 Seiten

Der Band will eine abgebrochene Diskussion über einen kontroversen Gegenstandsbereich fortsetzen: Zur Diskussion stehen Literatur und Künste in der Inneren Emigration zwischen 1933 und 1945, Möglichkeiten und Grenzen einer innerdeutschen politischen und künstlerischen Opposition.

Band 13/1995
Kulturtransfer im Exil
276 Seiten

Das Jahrbuch 1995 macht auf Zusammenhänge des Kulturtransfers aufmerksam. Die Beiträge zeigen unter anderem, in welchem Ausmaß die aus Deutschland vertriebenen Emigranten das Bewusstsein der Nachkriegsgeneration der sechziger Jahre – in Deutschland wie in den Exilländern – prägten, welche Themen und welche Erwartungen die Exilforschung seit jener Zeit begleitet haben.

Band 14/1996
Rückblick und Perspektiven
231 Seiten

Methoden und Ziele wie auch Mythen der Exilforschung werden kritisch untersucht; der Band zielt damit auf eine problem- wie themenorientierte Erneuerung der Exilforschung. Im Zusammenhang mit der Kritik traditioneller Epochendiskurse stehen Rückblicke auf die Erträge der Forschung unter anderem in den USA, der DDR und in den skandinavischen Ländern. Zugleich werden Ausblicke auf neue Ansätze, etwa in der Frauenforschung und Literaturwissenschaft, gegeben.

Band 15/1997
Exil und Widerstand
282 Seiten

Der Widerstand gegen das nationalsozialistische Herrschaftssystem aus dem Exil heraus steht im Mittelpunkt dieses Jahrbuchs. Neben einer Problematisierung des Widerstandsbegriffs beleuchten die Beiträge typische Schicksale namhafter politischer Emigranten und untersuchen verschiedene Formen und Phasen des politischen Widerstands: z. B. bei der Braunbuch-Kampagne zum Reichstagsbrand, in der französischen Résistance, in der Zusammenarbeit mit britischen und amerikanischen Geheimdiensten sowie bei den Planungen der Exil-KPD für ein Nachkriegsdeutschland.

Band 16/1998
Exil und Avantgarden
275 Seiten

Der Band diskutiert und revidiert die Ergebnisse einer mehr als zwanzigjährigen Debatte um Bestand, Entwicklung oder Transformation der historischen Avantgarden unter den Bedingungen von Exil und Akkulturation; die Beiträge verlieren dabei den gegenwärtigen Umgang mit dem Thema Avantgarde nicht aus dem Blick.

Band 17/1999
Sprache - Identität - Kultur
Frauen im Exil
268 Seiten

Die Untersuchungen dieses Bandes fragen nach der spezifischen Konstruktion weiblicher Identität unter den Bedingungen des Exils. Welche Brüche verursacht die – erzwungene oder freiwillige – Exilerfahrung in der individuellen Sozialisation? Und welche Chancen ergeben sich möglicherweise daraus für die Entwicklung neuer, modifizierter oder alternativer Identitätskonzepte? Die Beiträge bieten unter heterogenen Forschungsansätzen literatur- und kunstwissenschaftliche, zeithistorische und autobiografische Analysen.

Band 18/2000
Exile im 20. Jahrhundert
280 Seiten

Ohne Übertreibung kann man das 20. Jahrhundert als das der Flüchtlinge bezeichnen. Erzwungene Migrationen, Fluchtbewegungen und Asylsuchende hat es zwar immer gegeben, erst im 20. Jahrhundert jedoch begannen Massenvertreibungen in einem bis dahin unbekannten Ausmaß. Die Beiträge des Bandes behandeln unterschiedliche Formen von Vertreibung, vom Exil aus dem zaristischen Russland bis hin zur Flucht chinesischer Dissidenten in der jüngsten Zeit. Das Jahrbuch will damit auf Unbekanntes aufmerksam machen und zu einer Erweiterung des Blicks in vergleichender Perspektive anregen.

Band 19/2001
Jüdische Emigration
Zwischen Assimilation und Verfolgung, Akkulturation und jüdischer Identität
294 Seiten

Das Thema der jüdischen Emigration während des »Dritten Reichs« und Probleme jüdischer Identität und Akkulturation in verschiedenen europäischen und außereuropäischen Ländern bilden den Schwerpunkt dieses Jahrbuchs. Die Beiträge befassen sich unter anderem mit der Verbreitungspolitik der Nationalsozialisten, richten die Aufmerksamkeit auf die Sicht der Betroffenen und thematisieren Defizite und Perspektiven der Wirkungsgeschichte jüdischer Emigration.

Band 20/2002
Metropolen des Exils
310 Seiten

Ausländische Metropolen wie Prag, Paris, Los Angeles, Buenos Aires oder Shanghai stellten eine urbane Fremde dar, in der die Emigrantinnen und Emigranten widersprüchlichen Erfahrungen ausgesetzt waren: Teilweise gelang ihnen der Anschluss an die großstädtische Kultur, teilweise fanden sie sich aber auch in der für sie ungewohnten Rolle einer Randgruppe wieder. Der daraus entstehende Widerspruch zwischen Integration, Marginalisierung und Exklusion wird anhand topografischer und mentalitätsgeschichtlicher Untersuchungen der Metropolenemigration, vor allem aber am Schicksal der großstädtischen politischen und kulturellen Avantgarden und ihrer Fähigkeit, sich in den neuen Metropolen zu reorganisieren, analysiert. Ein spezielles Kapitel ist dem Imaginären der Metropolen, seiner Rekonstruktion und Repräsentation in Literatur und Fotografie gewidmet.

Band 21/2003
Film und Fotografie
296 Seiten

Als »neue« Medien verbinden Film und Fotografie stärker als die traditionellen Künste Dokumentation und Fiktion, Amateurismus und Professionalität, künstlerische, technische und kommerzielle Produktionsweisen. Der Band geht den Produktions- und Rezeptionsbedingungen von Film und Fotografie im Exil nach, erforscht anhand von Länderstudien und Einzelschicksalen Akkulturations- und Integrationsmöglichkeiten und thematisiert den Umgang mit Exil und Widerstand im Nachkriegsfilm.

Band 22/2004
Bücher, Verlage, Medien
292 Seiten

Die Beiträge des Bandes fokussieren die medialen Voraussetzungen für die Entstehung einer nach Umfang und Rang weltgeschichtlich singulären Exilliteratur. Dabei geht es um das Symbol Buch ebenso wie um die politische Funktion von Zeitschriften, aber auch um die praktischen Arbeitsbedingungen von Verlagen, Buchhandlungen etc. unter den Bedingungen des Exils.

Band 23/2005
Autobiografie und wissenschaftliche Biografik
263 Seiten

Neben Autobiografien als Zeugnis und Dokument sind Erinnerung und Gedächtnis in den Vordergrund des Erkenntnisinteresses der Exilforschung gerückt. Die »narrative Identität« (Paul Ricœur) ist auf Kommunikation verwiesen, sie ist unabgeschlossen, offen für Grenzüberschreitungen und interkulturelle Erfahrungen; sie artikuliert sich in der Sprache, in den Bildern, aber auch über Orte und Dinge des Alltags. Vor diesem Hintergrund stellt der Band autobiografische Texte, wissenschaftliche Biografien und Darstellungen zur Biografik des Exils vor und diskutiert Formen und Funktionen ästhetischen, historischen, fiktionalen und wissenschaftlichen Erzählens.

Band 24/2006
Kindheit und Jugend im Exil
Ein Generationenthema
284 Seiten

Das als Kind erfahrene Unrecht ist vielfach einer der Beweggründe, im späteren Lebensalter Zeugnis abzulegen und oft mit Genugtuung auf ein erfolgreiches Leben trotz aller Hindernisse und Widrigkeiten zurückzublicken. Kindheit unter den Bedingungen von Verfolgung und Exil muss also einerseits als komplexes, tief gehendes und lang anhaltendes Geschehen mit oftmals traumatischen Wirkungen über mehrere Generationen gesehen werden, andererseits können produktive, kreative Lebensentwürfe nach der Katastrophe zu der nachträglichen Bewertung des Exils als Bereicherung geführt haben. Diesen Tatsachen wird in diesem Band konzeptionell und inhaltlich anhand neu erschlossener Quellen nachgegangen.

Band 25/2007
Übersetzung als transkultureller Prozess
305 Seiten

Übersetzen ist stets ein Akt des Dialogs zwischen dem Selbst und dem Anderen, zwischen kulturell Eigenem und Fremdem. Übersetzen bedeutet insofern auch deutende Vermittlung kultureller Verschiedenheit im Sinne einer »Äquivalenz des Nicht-Identischen« (P. Ricœur). Ein kulturtheoretisch fundierter Übersetzungsbegriff ist daher geeignet, die traditionelle Exilliteratur aus den Engpässen von muttersprachlicher Fixierung und der Fortschreibung von Nationalliteraturen herauszuführen. Er regt dazu an, das Übersetzen als Alternative zu den Risiken von Dekulturation bzw. Akkulturation aufzufassen und nach Formen der Lokalisierung neuer Identitäten zu suchen, welche in der Extraterritorialität der Sprache und in der Entstehung einer interkulturellen »Literatur des Exils« ihren Ausdruck finden.

Der Band präsentiert Überlegungen und Analysen zu Übersetzern und Übersetzungen von bzw. durch Exilautorinnen und -autoren (u. a. Hermann Broch, Heinrich Mann, Hans Sahl, Anna Seghers). Er enthält Studien zu Sprachwechsel und Mehrsprachigkeit sowie Beispiele eines Schreibens »zwischen« den Sprachen (Walter Abish, Wladimir Nabokov, Peter Weiss), die eine geografische und zeitliche Entgrenzung der »Exilliteratur« nahelegen.

Ein Register aller Beiträge der Bände 1 bis 25 des Jahrbuchs rundet den Band ab und gibt einen Überblick über den Stand der Exilforschung.

Band 26/2008
Kulturelle Räume und ästhetische Universalität Musik und Musiker im Exil
263 Seiten

Das Themenspektrum des Bandes reicht von allgemeinen Überlegungen zum Doppelcharakter von Musik als »Werk und Zeugnis« über Musik in Exilzeitschriften, die Migration von Musiker/Komponisten-Archiven, die Frage nach »brain drain« und »brain gain« in der Musikwissenschaft bis zum Beitrag von Musikern in der Filmindustrie und einer Fallstudie zum Exil in Südamerika.

Band 27/2009
Exil, Entwurzelung, Hybridität
254 Seiten

Vor dem Hintergrund des Begriffs Hybridität, einem der Schlüsselbegriffe in den Kulturwissenschaften, versammelt der vorliegende Band Beiträge, die dazu anregen sollen, Vertreibungen und Entwurzelungen sowie die damit verbundenen Integrationsprozesse unter differenten gesellschaftspolitischen Verhältnissen, insbesondere auch im Zeichen der heutigen Massenwanderungen zu vergleichen.

Band 28/2010
Gedächtnis des Exils
Formen der Erinnerung
276 Seiten

Mit dem Zurücktreten der Zeitzeugen haben sich die Formen der Wahrnehmung des Exils verändert: Gedächtnis und Erinnerung bilden Ausgangspunkt und Rahmen der wissenschaftlichen Auseinandersetzung. Der Band stellt Institutionen des kulturellen Gedächtnisses wie Archive und Bibliotheken vor und untersucht Formen der Erinnerung und des Vergessens am Beispiel von Ausstellungen, Schulbüchern und literarischen Texten.

Band 29/2011
Bibliotheken und Sammlungen im Exil
272 Seiten

Private Bibliotheken sind Spiegelbilder von Interessen und Leidenschaften ihrer Eigentümer, sie dokumentierten einst sozialen Aufstieg und Ansehen in der bürgerlichen Kultur. Der Nationalsozialismus hat wesentliche Teile davon zerstört, eine Mitnahme dieser Überlieferung ins Exil war die Ausnahme. Bisher ließen sich immerhin überlebende Zeitzeugen ansprechen, doch solche Informationsquellen versiegen allmählich, sodass »Archive« zur künftigen Basis der Forschung werden. Während es im Bereich der Nachlassermittlung bereits umfassende Kenntnisse gibt, ist das Wissen über die verlorenen, zerstörten oder geretteten Bibliotheken derzeit noch unterentwickelt. Daher richtet der vorliegende Band den Blick auf dieses Überlieferungssegment. Dabei geht es nicht allein um die Texte, sondern auch um die Materialität, Ästhetik und haptische Bedeutung von Büchern jenseits ihrer Funktion.

Band 30/2012
Exilforschungen im historischen Prozess
358 Seiten

Die Exilforschung ist auf dem Wege der Historisierung. Eine übergreifende Bilanz steht indes noch aus. Nach drei Jahrzehnten seines Erscheinens erhellt der neue Band des Jahrbuches, wie sich die Exilforschung als eigenes Forschungsfeld entwickelt hat. Exemplarisch werden Eindrücke von den Forschungsaktivitäten in einzelnen Ländern und den transnationalen Netzwerkaktivitäten vermittelt. Auf systematische Fragestellungen und aktuelle Forschungsinteressen wird hingewiesen. Neben jüngeren Wissenschaftlerinnen und Wissenschaftlern gehören zum Kreis der Autoren einige Akteure der ersten Stunde mit ihren Deutungen aus der Doppelperspektive von beteiligtem Zeitzeugen und distanziert analysierendem Historiker.

Band 31/2013
Dinge des Exils
394 Seiten

Neben den traditionellen Bereichen der politischen Geschichte des Exils und der Erforschung von Exilliteratur sind in den letzten Jahren neue kulturwissenschaftliche Fragestellungen in den Blick der Exilforschung gerückt. Mit den »Dingen des Exils« werden in dieser Dokumentation Gegenstände fokussiert, in denen sich Erinnerungen an die verlorenen Heimaten, an das Herausgerissen- und Unterwegssein, aber auch an das Ankommen und an die Erfahrung differenter Bedeutungszuschreibungen in unterschiedlichen kulturellen Kontexten symbolisch verdichten. Zugleich zeigt das charakteristische Fremdwerden der Dinge infolge der Exilsituation die Bedeutung materieller Kultur auf, die hier interdisziplinär aus literaturwissenschaftlichen, historischen, kunst- bzw. musikwissenschaftlichen und archivwissenschaftlichen Perspektiven erkundet wird.

Ausführliche Informationen über alle Bücher des Verlags im Internet unter: www.etk-muenchen.de

Musik in der edition text + kritik

Matthias Pasdzierny
WIEDERAUFNAHME?
Rückkehr aus dem Exil
und das westdeutsche
Musikleben nach 1945
984 Seiten, zahlreiche
s/w-Abbildungen
€ 69,–
ISBN 978-3-86916-328-4

Matthias Pasdzierny untersucht in seiner Monografie erstmals die Bedeutung der aus dem Exil zurückgekehrten Emigranten für den Wiederaufbau des westdeutschen Musiklebens. Dabei zeigt er – gestützt auf eine breite Quellenbasis –, dass der Einfluss der Emigranten auf die Musikkultur nach 1945 weit größer war als bislang angenommen. Gleichzeitig wirft der Autor die Frage nach der vergangenheitspolitischen wie kulturellen Bedeutung der Rückkehr auf. Durch die Auswertung und Kontextualisierung vieler Einzelgeschichten werden auf diese Weise für den Bereich der Musikkultur die so oft ins Feld geführten Brüche und Kontinuitäten der Nachkriegszeit in ihrer Widersprüchlichkeit ebenso wie in ihrer bis in die heutige Zeit reichenden Wirkungsmächtigkeit erkennbar und darstellbar gemacht.

edition text + kritik   Levelingstraße 6 a   info@etk-muenchen.de
                        81673 München   www.etk-muenchen.de

Exilforschung in der edition text + kritik

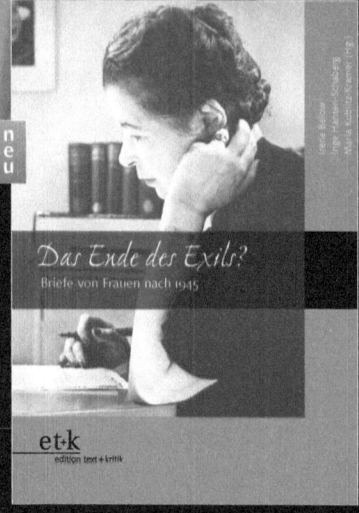

Frauen und Exil

Band 7
Irene Below/Inge Hansen-Schaberg/
Maria Kublitz-Kramer (Hg.)
DAS ENDE DES EXILS?
Briefe von Frauen nach 1945

240 Seiten, zahlreiche
s/w-Abbildungen
€ 24,–
ISBN 978-3-86916-373-4

Mit dem 8. Mai 1945 ist das Exil der aus dem nationalsozialistischen Deutschland und Österreich Geflohenen und Vertriebenen nicht beendet. Aber Versuche, Kontakt aufzunehmen und an alte Beziehungen anzuknüpfen, setzen ein, um Lebensumstände, Positionen, Stimmungen und aktuelle Entwicklungen zu klären. In den Beiträgen des Sammelbandes geht es um Briefe von Frauen unterschiedlicher sozialer Herkunft und Lage, politischer Überzeugung und beruflicher Ausbildung und Perspektive: Frauen wie Grete Weil, Erna Döblin oder Ella Bergmann-Michel schreiben über traumatische Erfahrungen, über die NS-Verbrechen, die Entfremdung und auch über ihre Akkulturation im Exilland sowie über ihre Pläne und die Vorbereitung einer möglichen Rückkehr, sofern diese nicht kategorisch abgelehnt wird, und über ihre Hoffnungen und Enttäuschungen nach der Remigration.

et+k
edition text + kritik   Levelingstraße 6a   info@etk-muenchen.de
                        81673 München   www.etk-muenchen.de

Literatur in der edition text+kritik

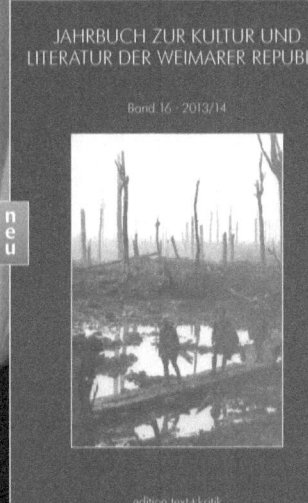

**JAHRBUCH ZUR KULTUR
UND LITERATUR DER
WEIMARER REPUBLIK**
Band 16
2013 / 2014
etwa 220 Seiten, ca. € 32,–
ISBN 978-3-86916-386-4

Die thematische Vielfalt und interdisziplinäre Ausrichtung des Weimarer Jahrbuchs spiegelt sich auch im neuen Band wider: Im Fokus steht das vielschichtige Verhältnis der Weimarer Republik zum Epochenjahr und den »Ideen« von 1914 unter literatur-, kunst- und kulturwissenschaftlichen Aspekten.

Neben einem Dokumententeil, der sich dem Briefwechsel zwischen Ricarda Huch und Hertha Petermann widmet, enthält dieser Band Aufsätze zu den Folgen der Kriegserfahrung für die Geschlechterbilder sowie den Antikriegspositionen in der Literatur der Weimarer Republik. Darüber hinaus werden die Verarbeitung des Weltkriegs im zeitgenössischen Drama und in den Romanen Erik Regers sowie Rudolf Brunngrubers akzentuiert, das Geschichtsbild und Narrativ in Emil Ludwigs populärhistorischer Darstellung »Juli 1914«. Beiträge zu Kurt Tucholskys Zeitungsarbeiten und zum politischen Autor Ernst Jünger erweitern das Spektrum ebenso wie eine Analyse der kriegsbedingten Möglichkeiten bzw. Unmöglichkeiten von Privat-Raum in Siegfried Kracauers »Ginster« und Joseph Roths »Hotel Savoy«.

edition text+kritik   Levelingstraße 6a   info@etk-muenchen.de
                      81673 München   www.etk-muenchen.de

Film in der edition text + kritik

FILM & SCHRIFT
Band 18
MANFRED GEORGE
Journalist und Filmkritiker
Konzeption und Redaktion:
Rolf Aurich,
Jennifer Borrmann
und Wolfgang Jacobsen
247 Seiten, € 26,–
ISBN 978-3-86916-338-3

Manfred George (1893–1965) wurde vor allem als »Mr. Aufbau« bekannt – als Chefredakteur der bekanntesten Emigrantenzeitschrift des deutschsprachigen Exils in New York. Diese zweite Karriere begann jedoch erst spät, im Alter von 45 Jahren, lange nach seiner Flucht aus Deutschland. Doch schon zuvor war ihm eine beeindruckende Karriere als Filmpublizist gelungen: Der jüdische Journalist und promovierte Jurist Manfred George hatte bereits 1916 erste Filmkritiken verfasst, ein Jahr später volontierte er im Ullstein-Verlag. Mit seinen Texten für zahlreiche Zeitungen im In- und Ausland sowie für kulturkritische Zeitschriften wie »Die Weltbühne«, »Die literarische Welt« oder »Marsyas« machte sich George einen Namen. Außerdem betätigte er sich als Übersetzer und Schriftsteller und veröffentlichte 1931 – im selben Jahr wie Franz Hessel – eine Biografie über Marlene Dietrich.

Der Vollblutjournalist George beschäftigte sich immer auch mit dem völkerverbindenden Element des Films. Seine Kritiken zeichnen sich darüber hinaus durch einen starken Bezug zum aktuellen politischen und kulturellen Zeitgeschehen aus.

et+k

edition text + kritik   Levelingstraße 6a   info@etk-muenchen.de
81673 München   www.etk-muenchen.de

www.ingramcontent.com/pod-product-compliance
Lightning Source LLC
Chambersburg PA
CBHW020606300426
44113CB00007B/534